Seibert (Hrsg.)
Gesetz zur Modernisierung des GmbH-Rechts
und zur Bekämpfung von Missbräuchen –
MoMiG

Gesetz zur Modernisierung des GmbH-Rechts und zur Bekämpfung von Missbräuchen – MoMiG

herausgegeben von
Ministerialrat Prof. Dr. Ulrich Seibert, Berlin

RWS Verlag Kommunikationsforum GmbH · Köln

Die Deutsche Bibliothek – CIP-Einheitsaufnahme

Seibert, Ulrich (Hrsg.)
Gesetz zur Modernisierung des GmbH-Rechts und zur Bekämpfung
von Missbräuchen – MoMiG/herausgegeben von Ulrich Seibert – Köln:
RWS Verlag Kommunikationsforum, 2008
    (RWS-Dokumentation; 23)
    ISBN 978-3-8145-1882-4

© 2008 RWS Verlag Kommunikationsforum GmbH
Postfach 27 01 25, 50508 Köln
E-Mail: info@rws-verlag.de, Internet: http://www.rws-verlag.de

Alle Rechte vorbehalten. Ohne ausdrückliche Genehmigung des Verlages ist es auch nicht gestattet, das Werk oder Teile daraus in irgendeiner Form (durch Fotokopie, Mikrofilm oder ein anderes Verfahren) zu vervielfältigen.

Druck und Verarbeitung: Hundt Druck GmbH, Köln

Haftungsausschluss:
Eine Gewähr für die Richtigkeit und Vollständigkeit der abgedruckten Texte wird nicht übernommen.

Vorwort

Die Geschichte des Aktienrechts ist eine Geschichte seiner Reformen. „Beim GmbH-Recht ist genau das Gegenteil der Fall: Es ist eher eine Geschichte gescheiterter Reformvorhaben." so die Bundesministerin der Justiz bei der abschließenden Lesung des MoMiG im Deutschen Bundestag am 28. Juni 2008. Nach über 115 Jahren war es nun doch soweit: Eine große GmbH-Reform wurde mit breiter Mehrheit verabschiedet und konnte zum Ende des Jahres 2008 in Kraft treten.

Worin unterscheidet sich das MoMiG von den früheren, gescheiterten Anläufen? Die bisherigen großen Reformvorhaben (1937 und 1971/73) verfolgten Regulierungsansätze, sie wollten geistige Früchte aus den zuvor beschlossenen Aktienrechtsreformen in das GmbH-Recht übertragen. Das MoMiG hingegen verfolgt einen Deregulierungsansatz. Es geht darum, die Gründung und das normale Leben der GmbH zu erleichtern – dafür aber am Ende, in der Krise etwas schärfer zuzugreifen. Es greift dazu auch tief in das Haftkapitalsystem ein, vertritt die „Rückkehr zum bilanziellen Denken" als Leitmotiv – und wenn man in zehn Jahren an das MoMiG zurückdenken sollte, könnte das das Schlagwort sein, das haften geblieben ist.

„Das, was einer in der Politik tut, hängt von dem ab, was der andere tut, wie im Schachspiel; mit dem Unterschied, dass es in der Politik sehr viele Spieler gibt." schreibt Golo Mann in seiner Deutschen Geschichte. Nichts anderes gilt für die Rechtspolitik. Sehr viele Spieler waren auf dem Feld; die GmbH berührt die Interessen Vieler. Was herauskam, ist trotz allem gelungen. Die GmbH tritt modernisiert und entschlackt neu an – sie ist im Wettbewerb mit der Limited damit wieder im Vorteil. Wird sie auch im Wettbewerb mit der von der EU-Kommission angekündigten Societas Privata Europaea (SPE), der Europa-GmbH „in spe", bestehen können? Man wird sehen. Ob die GmbH in ihrer neuen Fassung wieder 115 Jahre ruhig schlafen kann, erscheint indes unsicher.

Ich danke Frau Rechtsanwältin Theves-Telyakar für das Lektorat und die Hilfe bei der Zusammenstellung der Materialien.

Prof. Dr. Ulrich Seibert
Berlin, im Oktober 2008

Inhaltsverzeichnis

Vorwort V
Literaturverzeichnis XIII

I. GmbH-Reform 2008: Einführung zum Gesetz zur Modernisierung des GmbH-Rechts und zur Bekämpfung von Missbräuchen – MoMiG 1

1. Rechtspolitischer Vorlauf und Gesetzgebungsverfahren 1
   1.1 Das GmbHG – selten geändert 1
   1.2 Das MindestkapG 2
       1.2.1 „20 Maßnahmen zur Fortsetzung der Agenda 2010" 2
       1.2.2 Die 15. Wahlperiode: Der Entwurf des MindestkapG 2
       1.2.3 Die Geschäftsbrieftransparenz 3
       1.2.4 Gesetzgebungsverfahren des MindestkapG 4
   1.3 Die 16. Wahlperiode – Der Entwurf des MoMiG 4
       1.3.1 Koalitionsvereinbarung 4
       1.3.2 Think small first 5
       1.3.3 Themen einer GmbH-Reform 5
       1.3.4 Die Limited und ihre vermeintlichen Vorzüge 7
       1.3.5 Was war zu tun? 8
       1.3.6 Wir stellen uns dem Wettbewerb 8
   1.4 Das Gesetzgebungsverfahren des MoMiG 9
   1.5 GmbH-Reform – Ausgangsüberlegungen 10

2. Das Kapital der GmbH 11
   2.1 Das Mindestkapital 11
       2.1.1 Absenkung oder Ein-Euro-GmbH 11
       2.1.2 Mindeststammkapital im Ländervergleich 12
       2.1.3 Seriositätsschwelle 14
       2.1.4 Haftungsfonds und Ausschüttungssperre 14
       2.1.5 Solvenztest als Alternative 15
       2.1.6 Bewertungen in Deutschland 17
   2.2 Die haftungsbeschränkte Unternehmergesellschaft 17
       2.2.1 Rechtspolitische Entstehung 17
       2.2.2 Das Regelungskonzept 18
       2.2.3 Die Bezeichnung „UG (haftungsbeschränkt)" 18
       2.2.4 Kapitalaufholung 19
       2.2.5 Hälftiger Verlust des Stammkapitals 19
       2.2.6 Was ist, wenn der Rechtsformzusatz nicht verwendet wird? –
              Was ist, wenn eine UG sich fälschlich GmbH nennt? 19
   2.3 Die normale GmbH: Es bleibt bei 25 000 € Mindestkapital! 20
   2.4 Die Kapitalaufbringung 21
       2.4.1 Überprüfung der Kapitalaufbringung 21
       2.4.2 Die Leistung zur freien Verfügung der Geschäftsführer
              und die Prüfung der Aufbringung der Bareinlage 22
       2.4.3 Die verdeckte Sacheinlage 22
       2.4.4 Die Differenzhaftung 23
       2.4.5 Strafbarkeit der falschen Versicherung bei der verdeckten
              Sacheinlage? 24
       2.4.6 Das Gesetz: Anrechnungslösung 25

Inhaltsverzeichnis

	2.4.7	Gerichtliche Überprüfung der Sacheinlage	25
	2.4.8	Die Heilung einer verdeckten Sacheinlage	26
	2.4.9	Die so genannte Hin- und Herzahlung	26
	2.4.10	Die endgültige Fassung der Hin- und Herzahlung in § 19 Abs. 5 GmbHG	27
	2.4.11	Genehmigtes Kapital bei der GmbH (§ 55a GmbHG)	27
2.5	Kapitalerhaltung und die Rückkehr zum bilanziellen Denken – Kredite an Gesellschafter		28
	2.5.1	Die BGH-Rechtsprechung	28
		2.5.1.1 Die Novemberentscheidung	28
		2.5.1.2 Rechtsfolge des Verstoßes gegen § 30 Abs. 1 GmbHG	28
		2.5.1.3 Der Fall der Novemberentscheidung	28
		2.5.1.4 Leistung aus freien Rücklagen oder im Stadium der Unterbilanz	29
	2.5.2	MoMiG: Das Interesse der Gesellschaft und Kreditcharakter	30
	2.5.3	Der RefE des MoMiG: „im Interesse der Gesellschaft"	30
	2.5.4	Alternative Lösungsvorschläge	31
	2.5.5	Teilrückkehr zur bilanziellen Betrachtungsweise	32
	2.5.6	Das Gesetz – volle Rückkehr zum bilanziellen Denken	33
	2.5.7	Upstream-Sicherheiten	34
	2.5.8	„Bestehen" eines Beherrschungs- oder Gewinnabführungsvertrags	35
	2.5.9	Wird die Kapitalerhaltung damit zu sehr aufgeweicht?	35
	2.5.10	Kapitalerhaltung und Private Equity?	36
	2.5.11	Widerspruch zu § 43a GmbHG	36
	2.5.12	Kapitalaufbringung und Cash Pool	37
	2.5.13	Die Regelung der Hin- und Herzahlung im Gesetz	38
2.6	Kapitalerhaltung – Darlehen des Gesellschafters (Eigenkapitalersatz)		39
	2.6.1	Legal capital has no future?	39
	2.6.2	Rangrücktritt und Insolvenzanfechtung	40
	2.6.3	Die Legitimation der Neukonzeption	41
	2.6.4	Begriff des Kredits	41
	2.6.5	Subordination und Abtretung	42
	2.6.6	Folgewirkungen auf die steuerliche Behandlung nachträglicher Anschaffungskosten	42
	2.6.7	Zinsen, Mieten, Nutzungsüberlassung	43
	2.6.8	Die endgültige Regelung zur Nutzungsüberlassung (§ 135 InsO)	44
	2.6.9	Die Insolvenzanfechtung – einjährige Anfechtungsfrist	44
	2.6.10	Nutzungsüberlassung und Anfechtung	45
	2.6.11	Zuständigkeitskonzentration	45
	2.6.12	Sicherheiten und Zehnjahresfrist	46
	2.6.13	Passivierungspflicht im Insolvenzstatus (§ 19 Abs. 2 InsO)	47
	2.6.14	Ausnahmen; wirtschaftlich vergleichbare Forderungen	47
	2.6.15	Die Abschaffung der Rechtsprechungsregeln	48
	2.6.16	Schutzlücken?	49
	2.6.17	Sanierungsprivileg und Kleinbeteiligungsklausel	50
		2.6.17.1 Beibehaltung	50
		2.6.17.2 Bis zur nachhaltigen Sanierung	51
	2.6.18	Anwendungsbereich – Auslandsgesellschaften	51
	2.6.19	Die Anfechtung außerhalb der Insolvenz	52

Inhaltsverzeichnis

- 3. Weitere Deregulierungen 53
  - 3.1 Stammeinlage – Geschäftsanteil 53
  - 3.2 Anteilsstückelung – § 5 GmbHG 54
  - 3.3 Übernahme mehrerer Anteile, Teilbarkeit der Anteile, Zusammenlegung (§§ 17, 46 GmbHG) 55
  - 3.4 Stimmrecht – § 47 GmbHG 56
  - 3.5 Aufgabe der Sitztheorie – Übernahme der Gründungstheorie in Deutschland (§ 4a GmbHG) 56
    - 3.5.1 Eine unblutige Revolution 56
    - 3.5.2 Flankierung durch eine Regelung zum Internationalen Gesellschaftsrecht 57
    - 3.5.3 Forum-Shopping und weitere Konsequenzen 57
    - 3.5.4 Weitere Folgerungen: UmwG und Gerichtsstand nach ZPO, Vollstreckung 58
    - 3.5.5 GmbH & Co. KG 59
    - 3.5.6 Positive Stellungnahmen und Kritik (Mitbestimmung) ... 59
  - 3.6 Gesellschafterliste und gutgläubiger Erwerb von GmbH-Anteilen (§ 16 Abs. 1, 3, § 40 GmbHG) 61
    - 3.6.1 Eintragung in die Gesellschafterliste und relative Gesellschafterstellung 61
      - 3.6.1.1 GmbHG wie Aktienregister 61
      - 3.6.1.2 Beschlüsse unmittelbar nach Abtretung 62
      - 3.6.1.3 Reaktion bei Nicht-Einreichung 62
    - 3.6.2 Der gutgläubige Erwerb von Geschäftsanteilen 62
    - 3.6.3 Alternativen 63
    - 3.6.4 Gutgläubiger Erwerb auf der Grundlage der Gesellschafterliste ... 63
    - 3.6.5 Nichtexistente Anteile, Belastungen 63
    - 3.6.6 Zurechenbar falsche Liste: sofortiger gutgläubiger Erwerb ... 64
    - 3.6.7 Ausnahmen 64
    - 3.6.8 Die „Unrichtigkeit" der Liste 66
    - 3.6.9 Drei-Jahres-Frist 66
    - 3.6.10 Mitwirkung des Notars 67
    - 3.6.11 Verfahren bei Widerspruch 67
  - 3.7 Mustersatzung, Beurkundungsprotokoll, Musterprotokoll 68
    - 3.7.1 Vorlauf zur Mustersatzung 68
    - 3.7.2 Die Firmenbildung und der Unternehmensgegenstand ... 68
    - 3.7.3 Widerstand der Notare 69
    - 3.7.4 Bundesrat: Beurkundungsprotokoll 70
    - 3.7.5 Rechtsausschuss: Musterprotokoll 70
    - 3.7.6 Die notarielle Beurkundung der Abtretung der Geschäftsanteile ... 70
  - 3.8 Verzicht auf Genehmigung als Gründungsvoraussetzung 71
    - 3.8.1 Der RefE 71
    - 3.8.2 Komplette Abkoppelung 72
    - 3.8.3 Auslandsgesellschaften 72
    - 3.8.4 Gründung der Einpersonen-GmbH 73

- 4. Missbrauchsbekämpfung 73
  - 4.1 Anregung der Länder und das Gesetzgebungsverfahren 73
  - 4.2 Die Bestattungsbranche 74
  - 4.3 Der Sinn der Bestattungspraxis 75
  - 4.4 Zustellungserleichterungen 76

Inhaltsverzeichnis

		4.4.1	Eintragung der inländischen Geschäftsanschrift	76
		4.4.2	A Second Chance – der zusätzliche Empfangsberechtigte	77
		4.4.3	Guter Glaube an den Empfangsberechtigten	78
		4.4.4	Öffentliche Zustellung	78
		4.4.5	Ohne Ermittlungen bekannte andere Anschrift	78
		4.4.6	Die Voraussetzungen der öffentlichen Zustellung im Einzelnen	79
		4.4.7	Zweigniederlassung einer ausländischen Kapitalgesellschaft	79
		4.4.8	Zuständigkeit	79
		4.4.9	Übergangsvorschrift zur Eintragung der Geschäftsanschrift	80
		4.4.10	Zustellung an Vertreter der GmbH	80
	4.5	Führungslosigkeit der Gesellschaft und Insolvenzantragspflicht		81
		4.5.1	Verlagerung der Insolvenzantragspflicht gem. § 64 GmbHG ins Insolvenzrecht (§ 15a InsO)	81
		4.5.2	Flucht in das britische Insolvenzrecht – Insolvenztourismus	82
		4.5.3	Insolvenzantragspflicht bei Führungslosigkeit	82
		4.5.4	Unkenntnis der Gesellschafter	83
		4.5.5	Unbekannter Aufenthalt	83
		4.5.6	Weitere Inpflichtnahme der Gesellschafter?	84
		4.5.7	Recht zur Antragstellung	84
	4.6	Zahlungsverbot – § 64 Satz 3 GmbHG		84
		4.6.1	Erweiterung auf Ausplünderungsfälle – Insolvenzverursachungshaftung	84
		4.6.2	Die Schutzlücke	85
		4.6.3	Zahlungsverbot des § 64 Satz 3 GmbHG und der Solvency Test/Solvenztest	86
		4.6.4	Verhältnis des § 64 Satz 3 zu anderen Rechtsfiguren	87
		4.6.5	Die Existenzvernichtungshaftung	87
		4.6.6	Anwendungsbereich der Ausplünderungsregelung	88
		4.6.7	Der Begriff „Zahlung"	89
		4.6.8	Zahlungsverbot bei Zweigniederlassungen von Auslandsgesellschaften	89
	4.7	Inhabilität, Bestellungsverbote für Geschäftsführer		90
		4.7.1	Ausgangspunkt: Das Forderungssicherungsgesetz	90
		4.7.2	Erweiterung der Ausschlussgründe	90
		4.7.3	Forderungen nach weiterer Ausdehnung	91
		4.7.4	Zweigniederlassungen von Auslandsgesellschaften	92
5.	Übergangsregelungen			92

II.	Materialien zum MoMiG		95
1.	Allgemeiner Teil		95
	1.1	Vorblatt zum Entwurf der Bundesregierung	95
	1.2	Allgemeiner Teil der Begründung zum Entwurf der Bundesregierung	97
	1.3	Antrag der FDP-Fraktion	101
	1.4	Beschlussempfehlung des Rechtsausschusses zum Entwurf der Bundesregierung	102
	1.5	Bericht des Rechtsausschusses zum Entwurf der Bundesregierung	104
2.	Besonderer Teil – Gegenüberstellungen des Gesetzestextes und der Entwurfsfassungen		113

2.1	Änderungen des Gesetzes betreffend die Gesellschaften mit beschränkter Haftung	113
2.2	Änderungen des Einführungsgesetzes zum GmbHG	202
2.3	Änderungen des Handelsgesetzbuches	211
2.4	Änderungen des Einführungsgesetzes zum HGB	221
2.5	Änderungen des Aktiengesetzes	224
2.6	Änderungen des Einführungsgesetzes zum AktG	235
2.7	Änderung des Gerichtsverfassungsgesetzes	238
2.8	Änderung des Verwaltungszustellungsgesetzes	239
2.9	Änderung des Rechtspflegergesetzes	240
2.10	Änderung der Zivilprozessordnung	241
2.11	Änderungen der Insolvenzordnung	243
2.12	Änderung des Einführungsgesetzes zur InsO	257
2.13	Änderungen des Anfechtungsgesetzes	258
2.14	Änderungen des Gesetzes über die Angelegenheiten der freiwilligen Gerichtsbarkeit	261
2.15	Änderungen der Handelsregistervordnung	264
2.16	Änderungen der Genossenschaftsregisterverordnung	269
2.17	Änderungen der Kostenordnung	270
2.18	Änderungen des EWIV-Ausführungsgesetzes	272
2.19	Änderungen des Umwandlungsgesetzes	273
2.20	Änderungen des SE-Ausführungsgesetzes	276
2.21	Änderungen des Genossenschaftsgesetzes	278
2.22	Änderungen des SCE-Ausführungsgesetzes	280
2.23	Änderung des Gesetzes über Unternehmensbeteiligungsgesellschaften	282
2.24	Änderung des Partnerschaftsgesellschaftsgesetzes	283
2.25	Änderung der Abgabenordnung	284
2.26	Änderung des Kreditwesengesetzes	285
2.27	Inkrafttreten	286
2.28	Anlage 1 zu Artikel 1 Nr. 50	287
2.29	Anlage 2 zu Artikel 1 Nr. 51	296
3.	Weitere Materialien	303
3.1	Referentenentwurf des MoMiG	303
3.2	Reden zur 2. und 3. Lesung des MoMiG im Dt. Bundestag (Auszug)	364

III. Materialien zum MindestkapG 391

Stichwortverzeichnis (zu Teil I. Einführung) 397

Literaturverzeichnis

Altmeppen, Änderungen der Kapitalersatz- und Insolvenzverschleppungshaftung aus „deutsch-europäischer" Sicht, NJW 2005, 1911

Altmeppen, Die Grenzen der Zulässigkeit des Cash Pooling, ZIP 2007, 1025

Altmeppen, Existenzvernichtungshaftung und Scheinauslandsgesellschaften, in: FS Röhricht (2005), S. 3

Altmeppen, Geschäftsleiterhaftung für Weglassen des Rechtsformzusatzes, ZIP 2007, 889

Altmeppen, in: MünchKomm-AktG, Bd. 9/2 (2. Aufl. 2006)

Arnold, Zur ökonomischen Theorie des Solvenztests, Der Konzern 2007, 118

Bachner, Die Limited in der Insolvenz (Wien 2007)

Bader, Die neue società a responsabilità limitata in Italien, GmbHR 2005, 1474

Barta, Das Kapitalsystem von GmbH und AG – Inhalt und Zweck der Regelungen über Stamm- und Grundkapital – Zugleich Anmerkungen zum Referentenentwurf eines „Gesetzes zur Neuregelung des Mindestkapitals der GmbH (MindestkapG)", GmbHR 2005, 657

Bayer, Moderner Kapitalschutz, ZGR 2007, 220

Bayer/Hoffmann, Die Wahrnehmung der limited als Rechtsformalternative zur GmbH, GmbHR 2007, 414

Bayer/Lieder, Der Entwurf des „MoMiG" und die Asuwirkungen auf das Cash-Pooling – Zur Rechtslage de lege lata und Überlegungen de lege ferenda, GmbHR 2006, 1121

Beck, Kritik des Eigenkapitalersatzrechts (Frankfurt 2006)

Becker, Verabschiedung des Gesetzes über die französische Blitz-S.A.R.L, GmbHR 2003, 1120

Bednarz, Die Gesellschafterliste als Rechtsscheinträger für einen gutgläubigen Erwerb von GmbH-Geschäftsanteilen, BB 2008, 1854

Bezzenberger, Das Kapital der Aktiengesellschaft (Köln 2005)

Bittmann, Reform der GmbH und Strafrecht, wistra 2007, 321

Böcker, §§ 30,31 GmbHG im Wandel, ZGR 2006, 213

Böcker, Die Überschuldung im Recht der Gesellschaft mit beschränkter Haftung, (2001)

Böcker/Poetzgen, Kausalität und Verschulden beim künftigen § 64 Satz 3 GmbHG, WM 2007, 1203

Böckmann, Gläubigerschutz bei GmbH und close corporation (Diss. Köln 2005)

Bohrer, Fehlerquellen und gutgläubiger Erwerb im Geschäftsanteilsverkehr – Das Vertrauensschutzkonzept des RegE des MoMiG, DStR 2007, 995

Borges, Gläubigerschutz bei ausländischen Gesellschaften mit inländischem Sitz, ZIP 2004, 733

Bormann, Der Entwurf des „MoMiG" und die Auswirkungen auf die Kapitalaufbringung, GmbHR 2006, 1021

Bormann, Die Kapitalaufbringung nach dem RegE des MoMiG, DStR 2007, 897

Bormann/Apfelbaum, Handelsregister und GmbH-Gründungen in Deutschland als „best practice", ZIP 2007, 946

Literaturverzeichnis

Bormann/Ulrichs, Der Entwurf des MoMiG zur Regelung des Hin- und Herzahlens, GmbHR 2008, 119

Böttcher/Blasche, Gutgläubiger Erwerb von Geschäftsanteilen entsprechend der in der Gesellschafterliste eingetragenen Stückelung nach dem MoMiG, NZG 2007, 565

Bröcker, Nachgründung, Sachgründung und Kapitalschutz (Köln 2006)

Buchmann, Die Insolvenz der englischen Limited in Deutschland (Diss. Trier 2006)

Cahn, Gesellschafterfremdfinanzierung und Eigenkapitalersatz, AG 2005, 217

Dampf, Die Gewährung von upstream-Sicherheiten im Konzern, Der Konzern 2007, 157

DAV Handelsrechtsausschuss, Stellungnahme zum RegE, NZG 2007, 735

Davies, Legal Capital in Private Companies in Great Britain, Die AG 1998, 350

De Kluiver, Towards a Simpler and More Flexible Law of Private Companies – A New Approach and the Dutch Experience, ECFR 2006, 45, 54

De Kluiver/Rammeloo, Capital and Capital Protection in The Netherlands: A Doctrine in Flux, in: Das Kapital der Aktiengesellschaft in Europa, (Hrsg.: Lutter, 2006) S. 655

Dierksmeier/Schabert, GmbH und Ltd. im Wettlauf der Reformen, BB 2006, 1517

Drenckhan, Die Schweizer GmbH-Reform 2007, GmbHR 2006, 1190

Drygala, Für eine alternative Rechtsform neben einer reformierten GmbH, Leipziger Entwurf einer Kommanditgesellschaft mit beschränkter Haftung (KmbH), ZIP 2006, 1797

Drygala „Heute gegründet und morgen überschuldet?" in: Zweifelsfragen im Regierungsentwurf zum MoMiG, NZG 2007, 561

Drygala, Stammkapital heute – Zum veränderten Verständnis vom System des festen Kapitals und seinen Konsequenzen, ZGR 2006, 587

Drygala, Zur Neuregelung der Tätigkeitsverbote für Geschäftsleiter von Kapitalgesellschaften, ZIP 2005, 423

Ehlke, Voreinzahlung von Stammkapital – Geht noch was? ZIP 2007, 749

Eidenmüller, Die GmbH im Wettbewerb der Rechtsformen, ZGR 2007, 168

Eidenmüller, Gesellschafterdarlehen in der Insolvenz, in: FS Canaris (2007), S. 49

Eidenmüller, Gesellschaftsstatut und Insolvenzstatut, RabelsZ 2006, 474

Eidenmüller, Haftung der EU-Auslandsgesellschaft, NJW 2005, 1618

Ekkenga, Eigenkapitalersatz und Risikofinanzierung nach künftigem GmbH-Recht, WM 2006, 1986

Engert, Die Wirksamkeit des Gläubigerschutzes durch Nennkapital – Überprüfung anhand von Daten der Creditreform Rating AG und weiteren Rechtstatsachen, GmbHR 2007, 337

Engert, Kapitalgesellschaften ohne gesetzliches Kapital: Lehren aus dem US-amerikanischen Recht, in: Das Kapital der Aktiengesellschaft in Europa, ZGR Sonderheft 17, (Hrsg.: Lutter, 2006), S. 743

Erdmann, Ausländische Staatsangehörige in Geschäftsführungen und Vorständen deutscher GmbHs und AGs, NZG 2002, 503

Escher-Weingart, Reform durch Deregulierung im Kapitalgesellschaftsrecht (Tübingen 2000)

Fleischer, in: Michalski, GmbHG (2002), Syst. Darst. 6

Fleischer, Zweifelsfragen der verdeckten Gewinnausschüttung, WM 2007, 909

Flesner, Die GmbH-Reform (MoMiG) aus der Sicht der Akquisitions- und Restrukturierungspraxis, NZG 2006, 641

Fliegner, Das MoMiG – vom Regierungsentwurf zum Bundestagsbeschluss, DB 2008, 1668

Flitsch, Der Eigenkapitalersatz vor dem Aus? Die geplanten Änderungen durch das Gedsetz zur Modernisierung des GmbH-Rechts und zur Bekämpfung von Missbräuchen (MoMiG), DZWIR 2006, 397

Franz/Laeger, Die Mobilität deutscher Kapitalgesellschaften nach Umsetzung des MoMiG, BB 2008, 678

Freitag/Riemenschneider, Die Unternehmergesellschaft – „GmbH light" als Konkurrenz für die Limited?, ZIP 2007, 1485

Fuchs/Stibi, Reform des Gläubigerschutzes durch Kapitalerhaltung? Problembereiche eines Systemwandels der Ausschüttungsbemessung, BB 2007, 93

Gehb/Drang/Heckelmann, Gesellschaftsrechtlicher Typenzwang als Zwang zu neuem Gesellschaftstyp, NZG 2006, 88

Gehrlein, Die Behandlung von Gesellschafterdarlehen durch das MoMiG, BB 2007, 846

Gehrlein, Kein Sonderrecht für Cash-Pool-Zahlungssysteme bei Begleichung der GmbH-Stammeinlage, NZG 2006, 789

Gesell, Verdeckte Sacheinlage & Co. im Lichte des MoMiG, BB 2007, 2241

Gesmann-Nuissl, Quo vadis GmbH? – zum Entwurf des Gesetzes zur Modernisierung des GmbH-Rechts und zur Bekämpfung von Missbräuchen (MoMiG), WM 2006, 1765

Gloger, Haftungsbeschränkung versus Gläubigerschutz in der GmbH (Hrsg.: Hueck/Lutter/Zöllner/Fastrich/Hommelhoff/Noack, Köln 2007)

Götz/Hegerl, Die Sanierungsfeindlichkeit des Eigenkapitalersatzrechts und die Sanierungsobjektgesellschaft als Ausweg – Ein Diskussionsbeitrag im Rahmen der anstehenden Novellierung des § 32a GmbHG, DB 1997, 2365

Götze/Bressler, Praxisfragen der Gesellschafterliste und des gutgläubigen Erwerbs von Geschäftsanteilen nach dem MoMiG, NZG 2007, 894

Greulich/Bunemann, Geschäftsführerhaftung für zur Zahlungsunfähigkeit führende Zahlungen an die Gesellschafter nach § 64 Abs. 2 Satz 3 GmbHG-RefE – Solvenztest im deutschen Recht?, NZG 2006, 681

Groh, Der qualifizierte Rangrücktritt in der Überschuldungs- und Steuerbilanz der Kapitalgesellschaft, DB 2006, 1286

Grothaus/Halberkamp, Probleme des Cash-Poolings nach der neuen Rechtsprechung des BGH zur Stammkapitalrückgewähr, GmbHR 2005, 1317

Grunewald, Cash-Pooling und Sacheinlagen: Was bringt das MoMiG, was könnte es bringen?, WM 2006, 2333

Grunewald, Der gutgläubige Erwerb von GmbH-Anteilen: Eine neue Option, Der Konzern 2007, 13

Grunewald, Plädoyer für eine Abschaffung der Rechtsregeln für eigenkapitalersetzende Gesellschafterdarlehen, GmbHR 1997, 7

Grunewald, Rechtsfolgen verdeckter Sacheinlagen, in: FS Rowedder (München 1994), S. 111

Grunewald/Gehling/Rodewig, Gutgläubiger Erwerb von GmbH-Anteilen, ZIP 2006, 685

Literaturverzeichnis

Grunewald/Noack, Zukunft des Kapitalsystems der GmbH - Ein-Euro-GmbH in Deutschland, GmbHR 2005, 189

Gustavus, Probleme mit der GmbH ohne Geschäftsführer, GmbHR 1992, 15

Haas, Der Entwurf des „MoMiG" und Vorschläge zur Bekämpfung des Missbrauchs, GmbHR 2006, 729

Haas, Die Disziplinierung des GmbH-Geschäftsführers im Interesse der Gesellschaftsgläubiger, Teil I, WM 2006, 1369

Haas, Die Reform des gesellschaftsrechtlichen Gläubigerschutzes, NJW Beilage Heft 22/2006, S. 21

Haas, Die Reform des Kapitalersatzrechts, DB Beilage, Status:Recht, Heft 7-8/2007, S. 241

Haas, Kapitalerhaltung, Insolvenzanfechtung, Schadensersatz und Existenzvernichtung – wann wächst zusammen, was zusammengehört? ZIP 2006, 1373

Haas, Mindestkapital und Gläubigerschutz in der GmbH, DStR 2006, 993

Haas/Oechsler, Missbrauch, Cash Pool und gutgläubiger Erwerb nach dem MoMiG, NZG 2006, 806

Habersack, Das MoMiG ante portas – Nachlese zum 66. DJT, ZHR 170 (2006) 607

Habersack, Gesellschafterdarlehen nach dem MoMiG – Anwendungsbereich, Tatbestand und Rechtsfolgen der Neuregelung, ZIP 2007, 2145

Habersack/Schürnbrand, Aktienrecht im Wandel, I. Band Entwicklung des Aktienrechts (Hrsg.: Bayer/Habersack, Tübingen 2007)

Habersack/Verse, Wrongful Trading - Grundlage einer europäischen Insolvenzverschleppungshaftung? ZHR 168 (2004) 174

Hamann, GmbH-Anteilserwerb vom Nichtberechtigten, Die Mischung verschiedener Gutglaubenstatbestände im MoMiG-Regierungsentwurf, NZG 2007, 492

Happ, Deregulierung der GmbH im Wettbewerb der Rechtsformen, ZHR 169 (2005), 6

Heckschen, Aktuelle Beratungshinweise zur GmbH-Satzung – Unternehmensgegenstand, Bekanntmachung, Anteilserwerb, GmbHR 2007, 198

Heckschen, Die GmbH-Reform – Wege und Irrwege, DStR 2007, 1442

Heidenhain, Katastrophale Rechtsfolgen verdeckter Sacheinlagen, GmbHR 2006, 455

Heidinger, Die Versicherung der Geschäftsführer über die Stammeinlagenleistung, (Hrsg.: DNotI, 2003), Zehn Jahre Deutsches Notarinstitut, S. 235

Heidinger, Fluch und Segen der privatschriftlichen Mustersatzung, DB Beilage Status: Recht, Heft 7–8/2007, 243

Heinze, Die (Eigenkapital ersetzende) Nutzungsüberlassung in der GmbH-Insolvenz nach dem MoMiG, ZIP 2008, 110

Helmschrott, Der Notgeschäftsführer – eine notleidende Regelung, ZIP 2001, 636

Hentzen, Konzerninnenfinanzierung nach BGHZ 157, 71, ZGR 2005, 480

Henze, Aspekte des Insolvenzrechts an der Schnittstelle zum Gesellschaftsrecht, WM 2006, 1653

Herrler, Kapitalaufbringung nach dem MoMiG, BB 2008, 2352.

Hirsch/Britain, Artfully inspired – Werden deutsche Gesellschaften englisch?, NZG 2003, 1100

Hirte, Die Neuregelung des Rechts der (früher: kapitalersetzenden) Gesellschafterdarlehen, WM 2008, 1429

Hirte, Das Kapitalersatzrecht nach Inkrafttreten der Reformgesetzgebung, ZinsO 1998, 147

Hirte, Die organisierte „Bestattung" von Kapitalgesellschaften: Gesetzgeberischer Handlungsbedarf im Gesellschafts- und Insolvenzrecht, ZinsO 2003, 833

Hirte, Kapitalgesellschaftsrecht, (3. Aufl. 2001)

Hirte, Reform des gesellschaftsrechtlichen Gläubigerschutzes, Verhandlungen des 66. DJT, Band II/1, P13

Hirte/Bücker, Grenzüberschreitende Gesellschaften (Köln 2005), § 1, Rz. 90

Hoffmann, Die stille Bestattung der Sitztheorie durch den Gesetzgeber, ZIP 2007, 1581

Hölzle, Gesellschafterfremdfinanzierung und Kapitalerhaltung im Regierungsentwurf des MoMiG, GmbHR 2007, 729

Hölzle, Nachträgliche Anschaffungskosten auf Kapitalbeteiligungen in der Fassung des RegE-MoMiG, DStR 2007, 1185

Hommelhoff/Teichmann, Auf dem Weg zur Europäischen Privatgesellschaft (SPE), DStR 2008, 925

Hopt, Europäisches Gesellschaftsrecht und deutsche Unternehmensverfassung – Aktionsplan und Interdependenzen, ZIP 2005, 461

Hopt, Gesellschaftsrecht im Wandel, in: FS Wiedemann (2002), S. 1013

Huber/Habersack, GmbH-Reform: Zwölf Thesen zu einer möglichen Reform des Rechts der kapitalersetzenden Gesellschafterdarlehen, BB 2006, 1

Huber/Habersack, Zur Reform des Rechts der kapitalersetzenden Gesellschafterdarlehen, in: Das Kapital der Aktiengesellschaft in Europa, ZGR Sonderheft 17/2006, 370

Hüffer, AktG (6. Aufl. 2004)

Joost, Unternehmergesellschaft, Unterbilanz und Verlustanzeige, ZIP 2007, 2242

Jungmann, Solvenztest – versus Kapitalschutzregeln, ZGR 2006, 638

Kallmeyer, Bereinigung der Finanzverfassung der GmbH. Vorschlag für eine GmbH-Reform, GmbHR 2004, 377

Kallmeyer, in: GmbH-Handbuch Bd. I (Loseblatt, Stand: August 2008)

Kallmeyer, Kapitalaufbringung und Kapitalerhaltung nach dem MoMiG, DB 2007, 2755

Kallmeyer, Vor- und Nachteile der englischen Limited im Vergleich zur GmbH & Co. KG, DB 2004, 636

Karsten, Deregulierung der GmbH-Gründung, GmbHR 2006, 56

Kindler, Der Wegzug von Gesellschaften in Europa, Der Konzern 2007, 811

Kindler, GmbH-Reform und internationales Gesellschaftsrecht, Die AG 2007, 721

Kleindiek, Auf dem Weg zur Reform des GmbH-Rechts – die Initiative zur Neuregelung des Mindestkapitals der GmbH (MindestKapG), GmbHR 2005, 1366

Kleindiek, Die Unternehmergesellschaft (haftungsbeschränkt) des MoMiG – Fortschritt oder Wagnis?, BB 27/2007, Die Erste Seite

Kleindiek, Erweiterte Geschäftsleiterhaftung in unmittelbarer Insolvenznähe, DB Beilage, Status:Recht, Heft 7–8/2007, 241

Literaturverzeichnis

Kleindiek, Ordnungswidrige Liquidation durch organisierte „Firmenbestattung", ZGR 2007, 276

Knof, Die neue Insolvenzverursachungshaftung nach § 64 Satz 3 RegE-GmbHG (Teil I), DStR 2007, 1536

Knof/Mock, Das MoMiG und die Auslandsinsolvenz haftungsbeschränkter Gesellschaften, GmbHR 2007, 852

Knöfel, Gefahren beim Einsatz von Ltd.-Gründungsagenturen: Auftrags- und Beratungsumfang contra Qualifikation? BB 2006, 1233

Koppensteiner, Kritik des „Eigenkapitalersatzrechts", wbl 1997, 489

Koppensteiner, Kritik des „Eigenkapitalersatzrechts", Die AG 1998, 308

Kornblum, Bundesweite Rechtstatsachen zum Unternehmens- und Gesellschaftsrecht, Stand 1. 1. 2007, GmbHR 2008, 19

Krolop, Vom Eigenkapitalersatz zu einem insolvenzrechtlichen Haftkapitalerhaltungsrecht? ZIP 2007, 1738

Krolop/Pleister, Die entdeckte verdeckte Sacheinlage – Rücktritt vom „Versuch" ohne Beteiligung der Hauptversammlung? Die AG 2006, 650

Kübler, Unternehmensstruktur und Kapitalmarktfunktion – Überlegungen zur Krise der Aktiengesellschaft, Die AG, 1981, 5

Kübler, Gesellschaftsrecht – Das Land des Lächelns zeigt die Zähne, ZHR 170 (2006), 213

Lamb/Schluck-Amend, Kapitalaufbringung im Rahmen des Cash Pooling, DB 2006, 879

Lembeck, UK Company Law Reform – ein Überblick, NZG 2003, 956

Lenz, Die Heilung verdeckter Sacheinlagen bei Kapitalgesellschaften (Köln 1996)

Leutheusser-Schnarrenberger, Liberale Rechtspolitik in der 13. Legislaturperiode, ZRP 1995, 81

Leyendecker, Rechtsökonomische Überlegungen zur Einführung der Unternehmergesellschaft (haftungsbeschränkt), GmbHR 2008, 302

Link, J., Die Amtsniederlegung durch Gesellschaftsorgane (Köln 2003)

Lutter, Zur Entwicklung der GmbH in Europa und in der Welt, GmbHR 2005, 1

Marx, A., Die Publizität des GmbH-Gesellschafters (Diss. Berlin 2001)

Marx, P., Der Solvenztest zur Regulierung von Ausschüttungen im amerikanischen Recht, DZWIR 2006, 401

Melchior, Frühjahrsputz bei der GmbH, Zur Ankündigung grundlegender Reformen des GmbH-Gesetzes, GmbHR 10/2005, R165

Mellert, Das MindestkapG – Hoffentlich aufgehoben und nicht aufgeschoben, BB 2005, 1809

Meyer, J., Die Insolvenzanfälligkeit der GmbH als rechtspolitisches Problem, GmbHR 2004, 1417

Meyer/Ludwig, Französische GmbH-Reform 2003/2004: Hintergründe und Ein-Euro-GmbH, GmbHR 2005, 346

Mock/Schildt, Insolvenz ausländischer Kapitalgesellschaften mit Sitz in Deutschland, ZInsO 2003, 396

Mülbert, Neuordnung des Kapitalrechts? WM 2006, 1977

Müller, K.J., Der Entwurf des „MoMiG" und die Auswirkungen auf den Unternehmens- und Beteiligungskauf, GmbHR 2006, 953

Müller, K.J., Die englische Limited in Deutschland – für welche Unternehmen ist sie tatsächlich geeignet?, BB 2006, 837

Müller, W./Müller, S., Ausländische Gesellschaftsformen – eine wirkliche Alternative für deutsche GmbH-Unternehmer? GmbHR 2006, 640

Müller, H.F./Weiß, S., Die „private limited company" aus Gläubigersicht, AnwBl 2007, 247

Müller-Guggenberger, Glanz und Elend des GmbH-Strafrechts, in: FS Klaus Tiedemann (2008)

Münzel, Das revidierte Gesellschaftsgesetz der VR China: Eine Übersicht über die wichtigeren Änderungen, ZChinR 2006, 287

Nauschütz, Haftung des faktischen GmbH-Geschäftsführers wegen unzulässiger Zahlungen aus der Masse, NZG 2005, 921

Niederleithinger, Handels- und Wirtschaftsrecht in der 13. Legislaturperiode, ZIP 1995, 597

Niemeier, Die „Mini-GmbH" trotz Marktwende bei der Limited?, ZIP 2007, 1794

Niemeier, GmbH und Limited im Markt der Unternehmensrechtsträger, ZIP 2006, 2237

Noack (Hrsg.), Das neue Gesetz über elektronische Handels- und Unternehmensregister – EHUG (Köln 2007)

Noack, Der Regierungsentwurf des MoMiG – Die Reform des GmbH-Rechts geht in die Endrunde, DB 2007, 1395

Noack, Neues Insolvenzrecht – Neues Kapitalersatzrecht?, in: FS Claussen (1997), S. 307

Noack, Reform des deutschen Kapitalgesellschaftsrechts: Das Gesetz zur Modernisierung des GmbH-Rechts und zur Bekämpfung von Missbräuchen, DB 2006, 1475

Oppenhoff, Die GmbH-Reform durch das MoMiG – ein Überblick, BB 2008, 1630

Paefgen, Existenzvernichtungshaftung nach Gesellschaftsdeliktsrecht, DB 2007, 1907

Pananis/Börner, Strafbarkeit des Vermittlers der ordentlichen Abwicklung einer GmbH wegen Teilnahme an einer Insolvenzverschleppung? GmbHR 2006, 513

Pape, Gesetzwidrigkeit der Verweisung des Insolvenzverfahrens bei gewerbsmäßiger Firmenbestattung, ZIP 2006, 877

Paulus, Die ausländische Sanierung über einen Debt-Equity-Swap als Angriff auf das deutsche Insolvenzrecht, DZWiR 2008, 6

Paulus, in: Kübler/Prütting, InsO, § 135

Pellens/Brandt/Richard, Kapitalschutz in Kalifornien – Vorbild für die europäische Gesellschaftsrechtsreform? DB 2006, 2021

Pellens/Jödicke/Richard, Solvenztest als Alternative zur bilanziellen Kapitalerhaltung? DB 2005, 1393

Pentz, Einzelfragen zu Cash Management und Kapitalerhaltung, ZIP 2006, 781

Peters, Verlegung des tatsächlichen Verwaltungssitzes der GmbH ins Ausland, GmbHR 2008, 245

Poertzgen, Die künftige Insolvenzverschleppungshaftung nach dem MoMiG, GmbHR 2007, 1258

Literaturverzeichnis

Preuß, Die Wahl des Satzungssitzes im geltenden Gesellschaftsrecht und nach dem MoMiG-Entwurf, GmbHR 2007, 57

Preuß, Freie Wahl des Satzungssitzes, DB Beilage, Status:Recht, Heft 7–8/2007, 242

Priester, „GmbH light" – ein Holzweg, ZIP 2005, 921

Priester, Die deutsche GmbH nach „Inspire Art" – brauchen wir eine neue? DB 2005, 1315

Priester, Die GmbH-Reform in der Diskussion 2006, VGR-Sondertagung, S. 5, 17

Priester, Kapitalaufbringung beim Cash Pool – Kurswechsel durch das MoMiG?, ZIP 2006, 1557.

Priester, Kapitalaufbringung nach Gutdünken?, ZIP 2008, 55

Rahmann, Besicherung von Gesellschafterverbindlichkeiten durch das Vermögen der GmbH, in: FS Lüer (München 2008), S. 277

Raiser, Durchgriffshaftung nach der Reform des GmbH-Rechts, in: FS Priester (2007), S. 619

Rau, Der Erwerb einer GmbH nach Inkrafttreten des MoMiG, Höhere Transparenz des Gesellschafterkreises, gutgläubiger Erwerb und vereinfachte Stückelung, DStR 2006, 1892

Rieble, Schutz vor paritätischer Unternehmensmitbestimmung, BB 2006, 2018

Röhricht, Das neue Konzept des Bundesgerichtshofs zur Gesellschafterhaftung bei der GmbH (RWS-Forum Gesellschaftsrecht, Köln 2003)

Röhricht, Insolvenzrechtliche Aspekte im Gesellschaftsrecht, ZIP 2005, 505

Römermann, „MoMiG" – die deutsche Antwort auf die Limited, GmbHR 2006, 673

Römermann, Die vereinfachte Gründung mittels Musterprotokoll, GmbHR 2008, 16

Roth, G.H., Die deutsche Initiative zur Kodifizierung der Gründungstheorie, in: FS H.P. Westermann (2008), S. 1345

Roth, G.H., Gläubigerschutz bei der GmbH: Was ist unverzichtbar? in: FS Doralt (2004), S. 479

Roth, G.H., Qualität und Preis am Markt für Gesellschaftsformen, ZGR 2005, 348

Rubner, Abschied von der Existenzvernichtungshaftung, DStR 2005, 1694

Rudolph, Zur ökonomischen Analyse von Gesellschafterdarlehen, ZBB 2008, 82

Saenger, Gegenwart und Zukunft des Cash Pooling, in: FS für H.P. Westermann (2008), S. 1381

Schäfer, Probleme des Cash-Poolings bei der Kapitalaufbringung und -erhaltung – Welche Lösung bringt das MoMiG? BB-Spezial 7/2006, GmbH-Reform, S. 5

Schäfer, Reform des GmbHG durch das MoMiG – viel Lärm um nichts, DStR 2006, 2085

Schall, Die Neuwahlen zum Deutschen Bundestag liegen hinter uns – kommt jetzt die „UGG"? GmbHR 2005, R357

Schall/Westhoff, Warum Deutschland eine neue Kapitalgesellschaftsform braucht, GmbHR 2004, R381

Schärtl, Die Doppelfunktion des Stammkapitals als Schlüssel für ein wettbewerbsfähiges GmbH-Recht in Deutschland? GmbHR 2007, 344

Schärtl, Die Doppelfunktion des Stammkapitals im europäischen Wettbewerb (Diss. 2006)

Schärtl, Gesetzliche Rücklage und Unternehmergesellschaft (haftungsbeschränkt) GmbHR 6/2008, R81

Schimanski/Bunte/Lwowski (Hrsg.), Bankrechtshandbuch, Bd. I (München 2001)

Schlößer, Die Auswirkung der Schweizer GmbH-Reform 2007 auf die Übertragung von Geschäftsanteilen einer deutschen GmbH in der Schweiz, GmbHR 2007, 301

Schmidt, K., Brüderchen und Schwesterchen für die GmbH? – Eine Kritik der Vorschläge zur Vermehrung der Rechtsformen, DB 2006, 1096

Schmidt, K., Debitorisches Bankkonto und Insolvenzverschleppungshaftung, ZIP 2008, 1401

Schmidt, K., Eigenkapitalersatz, oder: Gesetzesrecht versus Rechtsprechungsrecht? ZIP 2006, 1925

Schmidt, K., Entbehrlicher Rangrücktritt im Recht der Gesellschafterdarlehen? Kritik an § 19 Abs. 2 E-InsO im MoMiG-Entwurf, BB 2008, 461

Schmidt, K., in: *Scholz*, GmbHG (Köln, 10. Aufl. 2006)

Schmidt, K.,, Nutzungsüberlassung nach der GmbH-Reform, Rätsel oder des Rätsels Lösung? DB 2008, 1727

Schmidt, K., Rangrücktritt bei Gesellschafterdarlehen: Problem gebannt?, DB 2006, 2503

Schmidt, K.., Reform der Kapitalsicherung und Haftung in der Krise nach dem MoMiG, GmbHR 2007, 1072

Schmidt, K., Übermäßige Geschäftsführerrisiken aus § 64 Abs. 2 GmbHG, § 130a Abs. 3 HGB?, ZIP 2006, 2177

Schmidt, K., Verantwortlichkeit der Geschäftsführer, in: Die GmbH-Reform in der Diskussion (Hrsg.: VGR, Köln 2006), S. 143

Schmidt, K., Verbotene Zahlungen in der Krise der Handelsgesellschaften, ZHR 168 (2004) 637

Schmidt, K., Von der „GmbH-Reform 2005" zum Referentenentwurf eines Mindestkapitalgesetzes, DB 2005, 1095

Schmidtbleicher, Verwaltungssitzverlegung deutscher Kapitalgesellschaften in Europa: „Sevic" als Leitlinie für „Cartesio"? BB 2007, 613

Schockenhoff/Höder, Gutgläubiger Erwerb von GmbH-Anteilen nach dem MoMiG: Nachbesserungsbedarf aus Sicht der M&A-Praxis, ZIP 2006, 1841

Schön, Die Zukunft der Kapitalaufbringung, Der Konzern 2004, 162

Schön, EU-Auslandsgesellschaften im deutschen Handelsbilanzrecht, in: FS A. Heldrich (2005) S. 391 ff.

Schön, Vermögensbindung und Kapitalschutz in der AG – Versuch einer Differenzierung, in: FS Röhricht (2005), S. 559

Schön, Zur „Existenzvernichtungshaftung" der juristischen Person, ZHR 168 (2004) 268

Schön/Eidenmüller (Hrsg.), Efficient Creditor Protection in European Company Law, wo diese Fragen ausführlich erörtert werden – European Business Organization Review (EBOR) Vol. 7, 2006/1

Schröder/Cannivé, Der Unternehmensgegenstand der GmbH vor und nach dem MoMiG, NZG 2008, 1

Schröder/Grau, Plädoyer für die Krise – ein Beitrag zur geplanten Reform des Eigenkapitalersatzrechts durch das MoMiG, ZInsO 2007, 353

Schuhmann, Amtsniederlegung des GmbH-Geschäftsführers, GmbHR 2007, 305

Literaturverzeichnis

Schürmann, Zur Stückelung von GmbH-Geschäftsanteilen. Ergebnis einer Befragung der interessierten Kreise durch das Bundesministerium der Justiz, GmbHR 1998, 1014

Seibert, Aktienrechtsreform in Permanenz? Die AG 2002, 417

Seibert, BB-Gesetzgebungsreport: Entwurf eines Mindestkapitalgesetzes (MindestkapG) – Substanzielle Absenkung des Mindeststammkapitals, BB 2005, 1061.

Seibert, Close Corporations – Reforming Private Company Law: European and International Perspectives, European bussiness Organzation Law Review (EBOR), 8/2007, S. 83

Seibert, Der Bundestag greift in die Diskussion zum Eigenkapitalersatz ein, GmbHR 1998, 309

Seibert, Der Regierungsentwurf des MoMiG und die haftungsbeschränkte Unternehmergesellschaft, GmbHR 2007, 673

Seibert, Die rechtsmißbräuchliche Verwendung der GmbH in der Krise – Stellungnahme zu einer Umfrage des Bundesministeriums der Justiz, in: FS Röhricht (Hrsg: Crezelius/Hirte/Vieweg, 2005), S. 585

Seibert, Einschränkung des Kapitalersatzrechts bei nicht-unternehmerischer Beteiligung – zum Entwurf eines Kapitalaufnahmeerleichterungs-Gesetzes, DStR 1997, 35

Seibert, GmbH-Reform und alternative Konzepte, GmbHR 13/2006, S. R241

Seibert, GmbH-Reform: Der Referentenentwurf eines Gesetzes zur Modernisierung des GmbH-Rechts und zur Bekämpfung von Missbräuchen – MoMiG, ZIP 2006, 1157

Seibert, Neuordnung des Rechts der Zweigniederlassung im HGB, DB 1993, 1705

Seibert, Reform in Deutschland: Der Regierungsentwurf eines MoMiG – aktueller Stand des Gesetzgebungsverfahrens, in: GmbH-Reform, (Hrsg.: Bachner, Wien 2008), S. 43 ff

Seibert/Decker, Das Gesetz über elektronische Handelsregister und Genossenschaftsregister sowie das Unternehmensregister (EHUG) – der „Big Bang" im Recht der Unternehmenspublizität, DB 2006, 2446

Seibert/Decker, Die GmbH-Reform kommt! Zur Verabschiedung des Gesetzes zur Modernisierung des GmbH-Rechts und zur Bekämpfung von Missbräuchen (MoMiG) im Deutschen Bundestag, ZIP 2008, 1208

Seibert/Wedemann, Der Schutz der Privatanschrift im elektronischen Handels- und Unternehmensregister, GmbHR 2007, 17

Seyboth, Die Mitbestimmung im Lichte der beabsichtigten Neuregelung des Internationalen Gesellschaftsrechts, AuR 2008, 132

Sieger/Wirtz, Cash Pool: Fehlgeschlagene Kapitalmaßnahmen und Heilung im Recht der GmbH, ZIP 2005, 2277

Spindler, Der Gläubigerschutz zwischen Gesellschafts- und Insolvenzrecht, NJW 2006, 839

Steffek, Zustellungen und Zugang von Willenserklärungen nach dem RegE zum MoMiG, BB 2007, 2077

Stimpel, Zum Auszahlungsverbot des § 30 GmbHG – Die Befreiung vom handelsbilanziellen Denken und die Unzulässigkeit von Vermögenszuwendungen an Gesellschafter gegen hinausgeschobene schuldrechtliche Ausgleichsverpflichtungen, in: FS 100 Jahre GmbHG (1992), S. 335

Stodolkowitz, in: MünchKomm-InsO (München, 2. Aufl. 2008), § 135

Streit/Bürk, Keine Entwarnung bei der Geschäftsführerhaftung im Insolvenzfall, DB 2008, 742

Teichmann, Reform des Gläubigerschutzes im Kapitalgesellschaftsrecht, NJW 2006, 2444

Tettinger, UG (umwandlungsbeschränkt)?, Der Konzern 2008, 75

Thiessen, Eigenkapitalersatz ohne Analogieverbot – eine Alternativlösung zum MoMiG-Entwurf, ZIP 2007, 253

Thiessen, Insolvenzeröffnungskapital statt Mindestkapital – ein Vorschlag zur GmbH-Reform, ZIP 2006, 1892

Thiessen, Johann Buddenbrock und die Reform des GmbH-Rechts (Teil I), DStR 2007, 202

Tillmann, Organstellung und Gesellschaftsstruktur im Eigenkapitalersatzrecht der AG, Anm. zu BGH v. 5. 5. 2005, DStR 2005, 2128

Tillmann, Upstream-Sicherheiten der GmbH im Lichte der Kapitalerhaltung – Ausblick auf das MoMiG, NZG 2008, 401

Triebel/Otte, 20 Vorschläge für eine GmbH-Reform: Welche Lektion kann der deutsche Gesetzgeber vom englischen lernen? ZIP 2006, 311

Triebel/Otte, Reform des GmbH-Rechts: MoMiG – Stärkung der GmbH im Wettbewerb oder Kompromiss auf halber Strecke? ZIP 2006, 1321

Ulmer Der „Federstrich des Gesetzgebers" und die Anforderung der Rechtsdogmatik, ZIP 2008, 45

Ulmer, Freigabe der Stückelung von Stammeinlagen/Geschäftsanteilen im Zeitpunkt der GmbH-Gründung – ein empfehlenswertes Reformanliegen? in: FS Happ (2006), S. 325

Ulmer, Schutzinstrumente gegen die Gefahren aus der geschäftstätigkeit inländischer Zweigniederlassungen von Kapitalgesellschaften mit Auslandssitz, JZ 1999, 662

Urbain-Parleani, Das Kapital der Aktiengesellschaft in Frankreich, in: Das Kapital der Aktiengesellschaft in Europa (Hrsg.: Lutter, 2006), S. 577

Veil, Die Reform des Rechts der Kapitalaufbringung durch den RegE MoMiG, ZIP 2007, 1241

Veil, Die Unternehmergesellschaft nach dem MoMiG, GmbHR 2007, 1080

Veil, Kapitalerhaltung, Das System der Kapitalrichtlinie versus situative Ausschüttungssperren, Das Kapital der Aktiengesellschaft ZGR-Sonderheft 17/2006, S. 91

Vetter, J., Die neue dogmatische Grundlage des BGH zur Existenzvernichtungshaftung, BB 2007, 1965

Vetter, J., Grundlinien der GmbH-Gesellschafterhaftung, ZGR 2005, 788,

Vetter, J., Verhandlungen des 66. DJT, Band II/1, P83

Vetter/Schwandtner, Kapitalerhöhung im Cash Pool, Der Konzern 2006, 407

Vietz, Die neue „Blitz-GmbH" in Spanien, GmbHR 2003, 26

Vietz, Verabschiedung des Gesetzes über die neue Blitz-GmbH in Spanien, GmbHR 2003, 523

Vossius, Entwicklung und Zukunft des Kapitalschutzrechts, NotBZ 2006, 373

Vossius/Wachter, BB-Forum: Entwurf eines GmbH-Reformgesetzes, BB 2005, 2539

Literaturverzeichnis

Wachter, Auswirkungen des EuGH-Urteils in Sachen Inspire Art Ltd., GmbHR 2004, 88

Wachter, Der Entwurf des „MoMiG" und die Auswirkungen auf inländische Zweigniederlassungen von Auslandsgesellschaften, GmbHR 2006, 793

Wachter, Die GmbH & Co. KG nach MoMiG, GmbHR 2008, 87

Wachter, Die neue Unternehmergesellschaft (haftungsbeschränkt), GmbHR 2008, 25

Wachter, Gründung einer GmbH nach MoMiG, GmbHR 2008, 5

Wachter, Wettbewerb des GmbH-Rechts in Europa – Vergleich der Rechtslage in ausgewählten Ländern, in: Die GmbH im europäischen Vergleich, (Hrsg.: Schröder, 2005), S. 27

Wachter, Wettbewerb des GmbH-Rechts in Europa – Vergleich der Rechtslage in ausgewählten Ländern, GmbHR 2005, 717

Waclawik, Fernwirkungen des MoMiG auf den Umfang nachträglicher Anschaffungskosten, ZIP 2007, 1838

Wälzholz, Die insolvenzrechtliche Behandlung haftungsbeschränkter Gesellschaften nach der Reform durch das MoMiG, DStR 2007, 1914

Wedemann, Das neue GmbH-Recht, WM 2008, 1381

Wedemann, Die Übergangsbestimmungen des MoMiG – was müssen bestehende GmbHs beachten? GmbHR 2008, 1131

Weiler, Haftung für rückständige Einlagen bei angefochtenem GmbH-Anteilserwerb, ZIP 2006, 1754

Weiss, Erfahrungen mit dem „solvency test" in Neuseeland? Der Konzern 2007, 109

Weller, „Inspire Art". Weitgehende Freiheiten beim Einsatz ausländischer Briefkastengesellschaften, DStR 2003, 1800

Weller, Die Neuausrichtung der Existenzvernichtungshaftung durch den BGH, ZIP 2007, 1681

Wenzel, Die Fortgeltung der Rechtsprechungsregeln zu den eigenkapitalersetzenden Gesellschafterdarlehen (2005)

Wessels, Aufsteigende Finanzierungshilfen in GmbH und AG, ZIP 2004, 793

Wessels, Cash Pooling und Upstream-Sicherheiten – Gestaltungspraxis im Lichte aktueller BGH-Rechtsprechung und anstehender GmbH-Novelle, ZIP 2006, 1701

Westermann, Die GmbH in der nationalen und internationalen Konkurrenz der Rechtsformen, GmbHR 2005, 4

Westhoff, Die Verbreitung der englischen Limited mit Verwaltungssitz in Deutschland, GmbHR 2007, 475

Westhoff, Die Verbreitung der Limited in Deutschland, GmbHR 2006, 525

Wicke, Die Bedeutung der öffentlichen Beurkundung im GmbH-Recht, ZIP 2006, 977

Wilhelm, J., Cash-Pooling, Garantiekapital der GmbH und die GmbH-Reform, DB 2006, 2729

Wilhelm, J., „Unternehmergesellschaft (haftungsbeschränkt)" Der neue § 5a GmbHG in dem RegE zum MoMiG, DB 2007, 1510

Wilhelm, J., Umgehungsverbote im Recht der Kapitalaufbringung, ZHR 167 (2003) 520

Wilhelmi, Das Mindestkapital als Minderheitenschutz – eine Apologie im Hinblick auf die Diskussion um eine Reform der GmbH angesichts der englischen Limited, GmbHR 2006, 13

Winter, M., Die Rechtsfolgen der „verdeckten" Sacheinlage – Versuch einer Neubestimmung in: FS Priester (Hrsg.: Hommelhoff/Rahwe/Schmidt, K., Köln 2007), S. 867

Winter, M., Upstream-Finanzierungen nach dem MoMiG-Entwurf, DStR 2007, 1484

Wirsch, Die Legalisierung verdeckter Sacheinlagen. Ende der präventiven Wertkontrolle? GmbHR 2007, 736

Wulfetange, Die Reform des GmbH-Rechts: Schneller und einfacher gründen, wettbewerbsfähiger in Europa werden! BB-Spezial GmbH-Reform 2006/17, S. 19

Ziemons, Mehr Transaktionssicherheit durch das MoMiG? BB-Spezial 7/2006, GmbH-Reform, S. 9

Zimmer, Nach Inspire Art: Grenzenlose Gestaltungsfreiheit für deutsche Unternehmen? NJW 2003, 3585

Zöllner, Konkurrenz für inländische Kapitalgesellschaften durch ausländische Rechtsträger, insbesondere durch die englische Limited Company, GmbHR 2006, 1

I. GmbH-Reform 2008:
Einführung zum Gesetz zur Modernisierung des GmbH-Rechts und zur Bekämpfung von Missbräuchen – MoMiG

1. Rechtspolitischer Vorlauf und Gesetzgebungsverfahren

1.1 Das GmbHG – selten geändert

Die Aktiengesellschaft ist das „Zielobjekt geradezu perfektionistischer Kodifikationsbestrebungen, während die übrigen Rechtsformen dem legislatorischen Zugriff allenfalls punktuell und sporadisch ausgesetzt werden."[1] So ist auch das GmbH-Gesetz aus dem Jahr 1892 von Reformen weitgehend verschont geblieben (siehe Rede von Ministerin *Zypries* zur 2./3. Lesung abgedruckt S. 364 ff.). „Zum Glück", werden viele denken.

Auch 1980 kam – nach ursprünglich großen Reformplänen, deren Umsetzung den Charakter der GmbH grundlegend verändert hätte – nur eine kleine Novelle, die 1981 in Kraft getreten ist[2]. Eine der bemerkenswertesten Änderungen war die Anhebung des Mindeststammkapitals von 20 000 auf 50 000 DM!

Eine weitere kleine Novelle im Jahr 1994 brachte die vereinfachte Kapitalherabsetzung. Im Jahr 1998 sind mehrere disparate Änderungen erfolgt, so die Änderungen durch die Handelsrechtsreform, mit der u. a. die Anforderungen an die Satzungsprüfung durch das Registergericht herabgesetzt wurden (§ 9c GmbHG). Mit dem EuroEG aus demselben Jahr kam die Umstellung der Haftkapitalia und Gesellschafteranteile auf Euro, und mit dem KonTraG und dem KapAEG[3] kamen das Sanierungsprivileg und das Kleinbeteiligtenprivileg im Eigenkapitalersatzrecht (§ 32a Abs. 3 Sätze 2 und 3 GmbHG).[4] Dies waren punktuelle Befreiungsschläge[5] angesichts zunehmenden rechtspolitischen Unmutes[6] über die wuchernde Entwicklung des Eigenkapitalersatzrechts, dem auch die Wissenschaft folgte.[7]

---

1) *Kübler*, Die AG, 1981, S. 6.
2) Gesetz zur Änderung des Gesetzes betreffend die Gesellschaften mit beschränkter Haftung und anderer handelsrechtlicher Vorschriften vom 4. 7. 1980 (BGBl I, 836).
3) Gesetz vom 20. 4. 1998, BGBl I, 707 von 23. 4. 1998, Inkrafttreten: 24. 4. 1998; *Seibert*, Einschränkung des Kapitalersatzrechts bei nicht-unternehmerischer Beteiligung – zum Entwurf eines Kapitalaufnahmeerleichterungs-Gesetzes, DStR 1997, 35; *ders.*, Der Bundestag greift in die Diskussion zum Eigenkapitalersatz ein, GmbHR 1998, 309.
4) Zu den rechtspolitischen Hintergründen *Seibert*, DStR 1997, 35; *ders.*, GmbHR 1998, 309; Gesetzgebungsmaterialien abgedr. bei *Ernst/Seibert/Stuckert*, KonTraG-KapAEG-StückAG-EuroEG, Textausgabe mit Einführung, Düsseldorf 1998.
5) *Hirte*, Das Kapitalersatzrecht nach Inkrafttreten der Reformgesetzgebung, ZInsO 1998, 147, „The Empire strikes back" (S. 149).
6) *Leutheusser-Schnarrenberger*, Liberale Rechtspolitik in der 13. Legislaturperiode, ZRP 1995, 81, 82; *Niederleithinger*, Handels- und Wirtschaftsrecht in der 13. Legislaturperiode, ZIP 1995, 597, 602.
7) Z. B. schon damals: *Grunewald*, Plädoyer für eine Abschaffung der Rechtsregeln für eigenkapitalersetzende Gesellschafterdarlehen, GmbHR 1997, 7; *Noack*, Neues Insolvenzrecht – Neues Kapitalersatzrecht?, in: FS Claussen (1997), S. 307; *Koppensteiner*, Kritik des „Eigenkapitalersatzrechts", wbl 1998, 489 und Die AG 1998, 308; *Götz/Hegerl*, Die Sanierungsfeindlichkeit des Eigenkapitalersatzrechts und die Sanierungsobjektgesellschaft als Ausweg – Ein Diskussionsbeitrag im Rahmen der anstehenden Novellierung des § 32a GmbHG, DB 1997, 2365.

Wenn man die „Reform in Permanenz"[8] am Aktiengesetz betrachtet, liegt die Vermutung nahe, dass sich bei der GmbH ein Reformstau aufgebaut hatte. Überlegungen zu einer Überarbeitung des GmbH-Rechts im neuen Jahrhundert wurden u. a. angeregt durch einen Beschluss der Justizministerkonferenz der Länder vom 14. November 2002 mit der Bitte an das Bundesministerium der Justiz, die Reformbedürftigkeit der GmbH vor dem Hintergrund ihrer Insolvenzanfälligkeit zu prüfen. Auf diesen Vorstoß hin begannen Überlegungen und Vorarbeiten im BMJ zu einer Überarbeitung des GmbH.

1.2 Das MindestkapG[9]

1.2.1 „20 Maßnahmen zur Fortsetzung der Agenda 2010"

Am 17. März 2005 hat der damalige Bundeskanzler Schröder in seiner Regierungserklärung „20 Maßnahmen zur Fortsetzung der Agenda 2010" unter anderem eine „substanzielle Absenkung" des Mindestkapitals der GmbH angekündigt.[10] Das GmbHG hat selten die Ehre, im Mittelpunkt von Regierungserklärungen zu stehen. Mit dieser Kanzlerweihe ist zweierlei erreicht worden: Erstens war eine politische Vorentscheidung getroffen: Das Mindestkapital wird deutlich abgesenkt (aber nicht ganz abgeschafft). Zweitens aber geriet die GmbH-Novelle nun unter einen erheblichen Erwartungs- und Zeitdruck. Schon am 6. April beriet das Bundeskabinett über die Pläne und die rasche Umsetzung wurde angekündigt.[11]

1.2.2 Die 15. Wahlperiode: Der Entwurf des MindestkapG[12]

Die öffentliche Aufmerksamkeit richtete sich zunächst stark auf die Änderung des Mindeststammkapitals. Das ist nach meiner Einschätzung ein weniger wichtiger Teil der Reform (die damals noch unter dem Arbeitstitel „MiKaTraG" lief), aber ein besonders anschaulicher. Manche hielten eine Ein-Euro-GmbH bereits für ausgemacht[13], andere hatten

---

8) *Seibert*, Aktienrechtsreform in Permanenz? Die AG 2002, 417; zu den Entwicklungen im europäischen Gesellschaftsrecht umfassend *Hopt*, Europäisches Gesellschaftsrecht und deutsche Unternehmensverfassung, ZIP 2005, 461; ferner sehr informativ: *Habersack/Schürnbrand*, Aktienrecht im Wandel, I. Band Entwicklung des Aktienrechts (2007), S. 891 ff.

9) *Seibert*, BB-Gesetzgebungsreport: Entwurf eines Mindestkapitalgesetzes (MindestkapG) – Substanzielle Absenkung des Mindeststammkapitals, BB 2005, 1061.

10) Plenarprotokoll BT-Drucks. 15/166, S. 15491.

11) Kritisch *Kleindiek*, Auf dem Weg zur Reform des GmbH-Rechts – die Initiative zur Neuregelung des Mindestkapitals der GmbH (MindestKapG), GmbHR 2005, 1366, 1368: der meint, es habe „der Blick auf den erwarteten Wahlkampf den Ausschlag gegeben".

12) *Seibert*, BB 2005, 1061; *Schmidt, K.*, Von der „GmbH-Reform 2005" zum Referentenentwurf eines Mindestkapitalgesetzes, DB 2005, 1095; *Priester*, „GmbH light" – ein Holzweg, ZIP 2005, 921; *ders.*, Die deutsche GmbH nach „Inspire Art" – brauchen wir eine neue? DB 2005, 1315; *Kleindiek*, GmbHR 2005, 1366; *Mellert*, Das MindestkapG – Hoffentlich aufgehoben und nicht aufgeschoben, BB 2005, 1809.

13) *Grunewald/Noack*, Zukunft des Kapitalsystems der GmbH – Ein-Euro-GmbH in Deutschland, GmbHR 2005, 189; *Hasselmann*, Börsen-Zeitung, 27. 4. 2005, S. 2; *Eilmann/Seulen*, FAZ vom 3. 5. 2005; Handelsblatt vom 6. 4. 2005, S. 9: „Ganz oder gar nicht"; Frankfurter Allgemeine Zeitung, 9. 2. 2005, S. 11 „Ein-Euro-GmbH soll erlaubt werden"; *Mellert*, BB 2005, 1809.

gehört, eine Verdopplung des Mindestkapitals sei im Ministerium geplant[14]. Wegen der plötzlichen politischen Eilbedürftigkeit[15] im Jahr 2005 wurde die Mindestkapitalfrage von allen anderen Reformüberlegungen abgekoppelt und vorgezogen. Mit dem MindestkapG[16] sollte das Mindestkapital der GmbH von 25 000 € auf 10 000 € abgesenkt werden. Zum Entwurf eines Mindestkapitalgesetzes und seinen Hintergründen habe ich mich bereits an anderer Stelle geäußert, so dass dies hier abgekürzt werden kann.[17] Er ist abgedruckt mit Begründung S. 391 ff.

1.2.3 Die Geschäftsbrieftransparenz

Um auf eine angemessene Eigenkapitalausstattung hinzuwirken[18] sah der Referentenentwurf vor, das Haftkapital einer Gesellschaft auf den Geschäftsbriefen auszuweisen (§ 35a Abs. 1 GmbHG-E).[19] Das eingezahlte Kapital sollte daneben nur auszuweisen sein, wenn es vom gezeichneten Kapital abweichen würde. Die Haftkapitalsituation der Gesellschaft sollte den Marktteilnehmern transparent gemacht werden.[20] Der Entwurf ging ausweislich seiner Begründung davon aus, dass sich bei einer Offenlegung des gezeichneten Stammkapitals ein ökonomischer Anreiz und gewissermaßen erzieherischer Druck zu einer hinreichenden Kapitalausstattung ergeben würde, wenn die GmbH bei potenziellen Geschäftspartnern um Vertrauen werben möchte. In den Stellungnahmen ist aber gefragt worden: Wird dadurch der Haftkapitalzeichnung nicht eine übertriebene Bedeutung beigelegt? Wirkt das nicht so, als handele es sich bei dem Startkapital um tatsächliche Kapitalausstattung, während in Wahrheit in der Krise auch die Geschäftsbriefe Makulatur sind? Wird ein Irrtum des rechtsunkundigen Publikums, hier gehe es um einen Haftungsfonds, nicht geradezu perpetuiert? Im Regierungsentwurf wurde auf Kritik der Verbände hin die Geschäftsbrieftransparenz fallen gelassen. Sie wäre zwingender zu begründen gewesen, wenn man auf ein Mindestkapital ganz verzichtet hätte (Konzept der Ein-Euro-GmbH). Bei einer bloßen Absenkung erzeugte sie aber Widerstände unter dem Argument zusätzlicher Bürokratie. Die Geschäftsbrieftransparenz ist überdies in Europa wenig verbreitet.[21]

---

14) Berliner Zeitung vom 17. 3. 2005: „Justizministerium erwägt eine Verdopplung des Stammkapitals für GmbH"; *Kleindiek*, GmbHR 2005, 1368. sieht das offenbar auch so: „eher über Anhebung sollte man diskutieren"; und *Altmeppen* sieht auch formallogisch eher ein „zurück zu den (mindestens) 100 000 € von 1892" für geboten: Änderungen der Kapitalersatz- und Insolvenzverschleppungshaftung aus „deutsch-europäischer" Sicht, NJW 2005, 1911, 1912; *Wilhelmi*, Das Mindestkapital als Minderheitenschutz – eine Apologie im Hinblick auf die Diskussion um eine Reform der GmbH angesichts der englischen Limited, GmbHR 2006, 13, hält auch eher Verbesserungen des durch das Mindestkapital gewährleisteten Schutzes für angezeigt (S. 21); ebenso *Goette*, ftd vom 20. 9. 2006: Entscheide man sich für das deutsche Modell, sei sinnvoller, das Stammkapital zu erhöhen.

15) Am 17. 3. 2005 hat der Bundeskanzler *G. Schröder* in seiner Regierungserklärung „20 Maßnahmen zur Fortsetzung der Agenda 2010" unter anderem eine „substanzielle Absenkung" des Mindestkapitals der GmbH angekündigt: Plenarprotokoll Bundestag 15/166, S. 15491.

16) Fraktionsentwurf: BT-Drucks. 15/5673 vom 14. 6. 2005; Regierungsentwurf: BR-Drucks. 619/05 vom 12. 8. 2005.

17) *Seibert*, BB 2005, 1061.

18) *Niemeier*, GmbH und Limited im Markt der Unternehmensrechtsträger, ZIP 2006, 2237, 2250: Wettbewerbliches Element in der Gründung.

19) So geregelt in Frankreich und Italien, in den anderen EU-MS aber nicht; *Wachter*, Wettbewerb des GmbH-Rechts in Europa – Vergleich der Rechtslage in ausgewählten Ländern.

20) *Schärtl*, Die Doppelfunktion des Stammkapitals als Schlüssel für ein wettbewerbsfähiges GmbH-Recht in Deutschland? GmbHR 2007, 344, 349.

21) *Wachter*, Wettbewerb des GmbH-Rechts in Europa – Vergleich der Rechtslage in ausgewählten Ländern, in: Die GmbH im europäischen Vergleich, *Schröder* (Hrsg.), 2005, S. 27, 58.

Die Überlegungen zu einer Geschäftsbrieftransparenz sind zwar im Rahmen des § 5a GmbHG erneut aufgeflackert, wegen derselben Bedenken aber auch dort nicht aufgenommen worden.

1.2.4 Gesetzgebungsverfahren des MindestkapG

Der Entwurf des MindestkapG ist am 1. Juni 2005 vom Bundeskabinett als Regierungsentwurf verabschiedet worden. Das Gesetz sollte zum 1. Januar 2006 in Kraft treten. Daraus wurde wegen der zum 18. September 2005 anstehenden vorgezogenen Bundestagswahlen nichts.[22] Im Bundesrat wäre der Entwurf voraussichtlich ohnehin gescheitert, denn die Länder hatten ihn (nicht ganz zu unrecht) als politischen Aktionismus kritisiert und Ablehnung signalisiert. Der Entwurf fand auch sonst wenige positive Stimmen: „Schnellschuss" (*Kleindiek*[23]), „Aktionismus" (*Priester*[24]), „ut aliquid fiat" (*K. Schmidt*[25]).

1.3 Die 16. Wahlperiode – Der Entwurf des MoMiG[26]

1.3.1 Koalitionsvereinbarung

Nach langer Ankündigung, allgemeiner Diskussion, vielerlei Reformvorschlägen[27] und Alternativentwürfen[28] ist in der 16. Wahlperiode die GmbH-Reform erneut in Angriff genommen worden. Dies kündigte auch ausdrücklich die Koalitionsvereinbarung an:

„Mit einer Novellierung des GmbH-Gesetzes sollen Unternehmensgründungen nachhaltig erleichtert und beschleunigt, die Attraktivität der GmbH als Unternehmensform auch im Wettbewerb mit ausländischen Rechtsformen gesteigert sowie Missbräuche bei Insolvenzen bekämpft werden."

Die Koalitionsvereinbarung ging also von einer Novellierung des GmbH-Rechts aus, die GmbH sollte erhalten und dazu modernisiert werden.

---

[22] Die Opposition hat im Rechtsausschuss eine Anhörung gefordert, für eine solche war aber keine Zeit mehr.

[23] Der Entwurf wurde auch sonst von vielen als Schnellschuss bezeichnet, *Vossius/Wachter*, BB-Forum: Entwurf eines GmbH-Reformgesetzes, BB 2005, 2539 m. w. N.

[24] Die GmbH-Reform in der Diskussion 2006, VGR-Sondertagung, S. 5.

[25] DB 2005, 1095.

[26] Überblicksaufsatz zum Referentenentwurf: *Seibert*, GmbH-Reform: Der Referentenentwurf eines Gesetzes zur Modernisierung des GmbH-Rechts und zur Bekämpfung von Missbräuchen – MoMiG, ZIP 2006, 1157; *ders.*, Close Corporations – Reforming Private Company Law: European and International Perspectives, European Business Organization Law Review (EBOR), 8/2007, S. 83; *Noack*, Reform des deutschen Kapitalgesellschaftsrechts: Das Gesetz zur Modernisierung des GmbH-Rechts und zur Bekämpfung von Missbräuchen, DB 2006, 1475; *Römermann*, „MoMiG" – die deutsche Antwort auf die Limited, GmbHR 2006, 673; *Triebel/Otte*, Reform des GmbH-Rechts: MoMiG – Stärkung der GmbH im Wettbewerb oder Kompromiss auf halber Strecke? ZIP 2006, 1321; *Gesmann-Nuissl*, Quo vadis GmbH? – zum Entwurf des Gesetzes zur Modernisierung des GmbH-Rechts und zur Bekämpfung von Missbräuchen (MoMiG), WM 2006, 1765; *Schäfer*, Reform des GmbHG durch das MoMiG – viel Lärm um nichts, DStR 2006, 2085.

[27] Reformvorschläge gibt es viele: So z. B. *Triebel/Otte*, 20 Vorschläge für eine GmbH-Reform: Welche Lektion kann der deutsche Gesetzgeber vom englischen lernen? ZIP 2006, 311.

[28] *Gehb/Drang/Heckelmann*, Gesellschaftsrechtlicher Typenzwang als Zwang zu neuem Gesellschaftstyp, NZG 2006, 88: Unternehmensgründergesellschaft (UGG); *Kallmeyer*, Bereinigung der Finanzverfassung der GmbH. Vorschlag für eine GmbH-Reform, GmbHR 2004, 377.

1.3.2 Think small first

Passend zu der Stoßrichtung des Koalitionsvertrages hatte in Brüssel der Europäische Rat vom 23./24. März 2006 Schlussfolgerungen des Vorsitzes zur Erschließung des Unternehmenspotenzials, insbesondere von kleinen und mittleren Unternehmen (KMU) formuliert.

„Der Europäische Rat fordert daher die Kommission auf, spezielle Bestimmungen – beispielsweise längere Übergangsfristen, niedrigere Gebühren, geringere Anforderungen an die Berichterstattung und Ausnahmeregelungen – zur Förderung des Wachstums und der Entwicklung von KMU zu unterbreiten. Der Europäische Rat erwartet auch, dass die Kommission auch weiterhin die Mitgliedstaaten bei der Anpassung ihrer KMU-Politik unterstützt und den Dialog mit allen Betroffenen fördert."

Es heißt dort unter anderem:

„30. Die Mitgliedstaaten sollten bis 2007 eine zentrale Anlaufstelle für die schnelle und einfache Gründung von Unternehmen einrichten oder Vorkehrungen treffen, die zu demselben Ergebnis führen. Die Mitgliedstaaten sollten geeignete Maßnahmen ergreifen, um die für eine Unternehmensgründung, insbesondere die Gründung eines KMU, im Durchschnitt erforderliche Zeit erheblich zu reduzieren, wobei angestrebt wird, dass bis Ende 2007 überall in der EU ein Unternehmen innerhalb einer Woche gegründet werden kann. Die Gebühren für eine Unternehmensgründung sollten so niedrig wie möglich sein, und bei der Einstellung eines ersten Arbeitnehmers sollte nicht mehr als eine öffentliche Verwaltungsstelle beteiligt sein."

1.3.3 Themen einer GmbH-Reform

Die danach in Angriff genommene Novellierung setzte an zwei Polen an: Zum einen an den seit Jahren beklagten Missständen in der Krise und der Insolvenz. Hier hat sich eine regelrechte Dienstleistungsbranche entwickelt, die die geräuschlose Beseitigung der in Schwierigkeiten geratenen GmbH zum Nachsehen der Gläubiger besorgt (so genannte „Bestattungsfälle").

Zum zweiten und andererseits war die deutsche GmbH unter zunehmenden Wettbewerbsdruck in Europa geraten.[29] Dies wurde sichtbar mit der EuGH-Rechtsprechung zu den „Scheinauslandsgesellschaften"[30] – zuletzt im „Inspire Art"-Urteil vom 30. September 2003. Die „Herausforderung Limited" ist sicherlich eine Pars-pro-toto-Verkürzung,[31] aber tatsächlich liegt hier mengenmäßig das Hauptproblem. Erstaunlicherweise führt die neue Lage nicht zu einem Wettbewerb unter 27 Rechtsformen in der EU, sondern im Wesentlichen nur zur Konkurrenz der GmbH mit der britischen *Private Limited Company* (Limited),[32] die als Alternative zur GmbH wahrgenommen und propagiert wird.[33] In den ande-

---

29) *Lutter*, Zur Entwicklung der GmbH in Europa und in der Welt, GmbHR 2005, 1; *Westermann*, Die GmbH in der nationalen und internationalen Konkurrenz der Rechtsformen, GmbHR 2005, 4; *Wachter*, Wettbewerb des GmbH-Rechts in Europa – Vergleich der Rechtslage in ausgewählten Ländern, GmbHR 2005, 717, 727; *Dierksmeier/Schabert*, GmbH und Ltd. im Wettlauf der Reformen, BB 2006, 1517.

30) Der Begriff ist im Grunde falsch, es handelt sich um – unter dem Blickwinkel der Gründungstheorie – und ganz normale Auslandsgesellschaften, die im Inland eine Zweigniederlassung unterhalten, welche de facto eine Hauptniederlassung ist; diese aber als „Hauptniederlassung" zu qualifizieren, dürfte europarechtlich nicht möglich sein – vgl. auch *Schön*, EU-Auslandsgesellschaften im deutschen Handelsbilanzrecht, in: FS A. Heldrich (2005) S. 391, 396.

31) *Hirte*, Reform des gesellschaftsrechtlichen Gläubigerschutzes, Verhandlungen des 66. DJT, Band II/1, P13.

32) *Wachter*, GmbHR 2005, 717, 718.

ren europäischen Mitgliedstaaten, vielleicht mit Ausnahme der Niederlande und in sehr geringem Umfange Österreich, scheint eine solche Vorliebe für die Limited kein spürbares Problem zu sein.[34]

Zahlen

In Deutschland haben Limited-Gründungen (britische Private Limited Companies mit ausschließlichem Verwaltungssitz in Deutschland) in 2005 deutlich zugenommen, die genauen Zahlen sind aber schwer zu ermitteln.[35]

Die Schätzungen über die Zahl der Limiteds mit alleiniger Tätigkeit in Deutschland gehen weit auseinander, Westhoff vertritt die wohl höchsten Schätzungen mit 40 000,[36] seriöser dürfte die Zahl von 20 000 Ende 2006 sein oder die sehr vorsichtige Auswertung von *Kornblum*: 14 000 zum 1. Januar 2007.[37] Dabei ist die Sterblichkeit hoch und viele scheinen gar kein Gewerbe und keine Zweigniederlassung angemeldet zu haben.[38] Es ist auch unklar, wie viele dieser Gesellschaften überhaupt aktiv tätig sind.[39]

Seit 2006 scheint der Gründungs-Boom aber bereits wieder abzuschwellen[40] und die Wachstumsraten scheinen abzuflachen (2006: im Monatsdurchschnitt 720 Anmeldungen); zugleich wächst der Trend bei den (Gewerbe-)Abmeldungen (2006: im Schnitt 264 pro Monat).[41] Im letzten Quartal 2006 entsprach die Zahl der Abmeldungen sogar 48 % der Anmeldungen. Ebenso steigt die Zahl der Limited-Insolvenzen markant.[42]

Die Ermittlung konkreter Zahlen war aber bisher schwierig. Wie man hört, wird in RegisSTAR und AUREG eine Sammelposition für Rechtsformen ausländischen Rechts für das Handelsregister A und B geführt, die jeweils alle Formen umfasst. Eine weitere Untergliederung nach einzelnen ausländischen Rechtsformen ist allerdings nicht vorgesehen.

---

33) Vgl. Kleine Anfrage der Fraktion der FDP „Auswirkungen und Probleme der Private Limited Companies in Deutschland", mit Antwort der Bundesregierung: BT-Drucks. 16/283 vom 16. 12. 2005.

34) *Wachter*, GmbHR 2005, 717, 719; anders *Niemeier*, ZIP 2006, 2237, 2245, wonach auch in Frankreich und Spanien die Zahl der Ltds. angestiegen sei.

35) Kleine Anfrage der Fraktion der FDP „Auswirkungen und Probleme der Private Limited Companies in Deutschland", BT-Drs. 16/283 vom 16. 12. 2005, dort zu Frage 2, S. 2. *Westhoff*, Die Verbreitung der Limited in Deutschland, GmbHR 2006, 525, kommt mit Schätzungen anhand von Angaben zu den registered offices hochgerechnet auf ca. 30 000 Limiteds bis Ende 2005. Er verweist auf ca. 2 500 Insolvenzanträge von Limiteds mit dt. Verwaltungssitz seit Ende 2002; Die Hans-Böckler-Stiftung kommt in einer Untersuchung nach Auswertung der Daten von Creditreform auf ca. 3 000 bis 4 000 Limiteds Anfang 2006 – auch unter Verweis auf *Kornblum*, Bundesweite Rechtstatsachen zum Unternehmens- und Gesellschaftsrecht, GmbHR 2006, 28, 39.

36) *Westhoff*, Die Verbreitung der englischen Limited mit Verwaltungssitz in Deutschland, GmbHR 2007, 475; weitere Berechnung bei *Eidenmüller*, Wettbewerb der Rechtsformen, ZGR 2007, 168, 170 ff.

37) *Kornblum*, Bundesweite Rechtstatsachen zum Unternehmens- und Gesellschaftsrecht, Stand 1. 1. 2007, GmbHR 2008, 19, 25 – während die Zahl der GmbHs knapp unter 1 Mio. liegen bleibt.

38) *Niemeier*, ZIP 2006, 2237.

39) *Westhoff*, Die Verbreitung der englischen Limited mit Verwaltungssitz in Deutschland, GmbHR 2007, 475, 480.

40) *Müller, K.J.*, Die englische Limited in Deutschland – für welche Unternehmen ist sie tatsächlich geeignet?, BB 2006, 837.

41) Daten aus *Niemeier*, Demnächst – langsam – bergab? (Manuskript).

42) Zu den umstrittenen Pflichten und Haftungsrisiken der Geschäftsführer einer insolventen Limited sowie den Urteilen deutscher Gerichte zu diesem Problemkreis vgl. *Buchmann*, Die Insolvenz der englischen Limited in Deutschland, Diss. Trier 2006, S. 118 ff, 143 ff.

Nach Mitteilung des zentralen elektronischen Handelsregisters in Thüringen können im jeweiligen Berichtszeitraum der Anfangsbestand, die Zahl der Eintragungen, die Zahl der Löschungen und der Endbestand ausgewiesen werden. Die Geschäftsübersichten der Amtsgerichte sollten hinsichtlich der Eintragungen im Handelsregister A und B zum 1. Januar 2008 im Abschnitt I. E lfd. Nr. 6 und 8. um jeweils eine Position „Rechtsform ausländischen Rechts" zu erweitern. Zuordnungsschwierigkeiten der Limited dürften damit entfallen. Das Problem der statistischen Erfassung der Limiteds sollte sich dann jedenfalls für die tatsächlich registrierten Zweigniederlassungen von Limiteds entspannen.

1.3.4 Die Limited und ihre vermeintlichen Vorzüge

Die Limited, so wird von ihren Befürwortern gesagt,[43] sei schneller und billiger,[44] insbesondere weil sie ohne nennenswertes Mindestkapital gegründet werden könne. Es ist natürlich absurd zu sagen, die Gründung einer Limited sei „billiger", weil sie kaum Haftkapital erfordert. Betriebsmittel sind keine Gründungskosten – aber die Diskussion ist ohnehin von vielen Missverständnissen geprägt. Umfragen in der Unternehmenspraxis belegen den gefühlten Nachteil der GmbH wegen des Mindestkapitals.[45] Auch wenn viel geschäftliches Aufbauschen, absichtsvolle Fehlinformation und irreführende Werbung im Spiel sein mögen, so bleibt ein „gefühlter" Wettbewerbsnachteil der alten deutschen GmbH.[46] Dabei ist davon auszugehen, dass die Britische Limited nicht grundsätzlich einen wesentlich schlechteren Gläubigerschutz bietet.[47] Es ist keineswegs so, dass die Briten einem Manchester-Liberalismus nachhängen, der die Gläubiger komplett recht- und schutzlos stellt. Es gibt zahlreiche Instrumente oder Mechanismen, mit denen im Ergebnis dasselbe erreicht werden soll wie mit unserem Recht. Der einzige wirkliche Vorteil des Deutschen Unternehmers, der eine Limited wählt, um damit in Deutschland zu operieren, ist das Vollzugsdefizit, ist die Unsicherheit und Unkenntnis in Deutschland über das ausländische Recht, das relative Desinteresse der an sich sehr scharfen staatlichen Aufsicht in England, den ausländischen schwarzen Schafen nachzulaufen und die damit verbundenen Chancen, einer effektiven Rechtsverfolgung und den strengen englischen Publizitätspflichten[48] zu entschlüpfen. Unabhängig von der konkreten Zahl: Bedeutete der der Hype um die Limited, dass gerade die deutsche GmbH besonders schlecht und veraltet war? Die Gründe schienen vielschichtig, zum Teil war die Nachfrage auch angebotsinduziert.[49] Zum Teil war unsere gute alte GmbH mangels Wettbewerb tatsächlich lange stehen geblieben und bedurfte der Überholung.

---

43) *Knöfel*, Gefahren beim Einsatz von Ltd.-Gründungsagenturen: Auftrags- und Beratungsumfang contra Qualifikation? BB 2006, 1233.

44) Ausführlich zu diesen beiden Wettbewerbsfaktoren: *Niemeier*, ZIP 2006, 2237, 2246.

45) *Bayer/Hoffmann*, Die Wahrnehmung der limited als Rechtsformalternative zur GmbH, GmbHR 2007, 414.

46) GmbH gibt es ca. 950 000, In den Niederlanden gibt es ca. 500 000 B.V., in Frankreich ca. 700 000 S.A.R.L., in Italien ca. 900 000 s.r.l, in Spanien ebenfalls ca. 900 000 S.L. und in GB ca. 2 100 000 Ltd's. s. *Wachter* Wettbewerb des GmbH-Rechts in Europa – Vergleich der Rechtslage in ausgewählten Ländern, GmbHR 2005, 717, 721.

47) Z. B. *Müller/Weiß*, Die „private limited company" aus Gläubigersicht, AnwBl 2007, 247.

48) *Westhoff*, GmbHR 2007, 475, 480.

49) *Müller/Müller*, Ausländische Gesellschaftsformen – eine wirkliche Alternative für deutsche GmbH-Unternehmer? GmbHR 2006, 640, 641.

1.3.5 Was war zu tun?[50]

- Man mochte zunächst an eine Abwehrgesetzgebung gegen Auslandsgesellschaften denken. Nach der Inspire Art-Entscheidung konnten wir aber auch in Deutschland realistisch unsere Reaktionsmöglichkeiten einschätzen – und die Antwort lautete: Auf gesellschaftsrechtlichem Gebiet sind das sehr wenige![51]
- Man konnte auch daran denken, die Möglichkeiten der Zweigniederlassungs-Richtlinie voll auszuschöpfen, soweit noch nicht geschehen und diskriminierungsfrei von den Auslandsgesellschaften zu verlangen, was man auch von der GmbH verlangt. Im Registerrecht hat der EuGH immerhin erkannt, dass es kein Verstoß gegen die Niederlassungsfreiheit ist, wenn für die Eintragung der Zweigniederlassung einer Limited ein Kostenvorschuss verlangt wird.[52] Diesen Weg geht das MoMiG tatsächlich, es versucht, diskriminierungsfrei, eine weitgehende Gleichbehandlung von GmbH und Auslandsgesellschaft sicherzustellen.
- Weitere Reaktionsmöglichkeiten lagen eher auf dem Gebiet nicht-gesellschaftsrechtlicher Institute[53] (Insolvenzrecht, umstritten bei der Existenzvernichtungshaftung,[54] Strafrecht, allgemeines Bürgerliches Recht etc.). Im Gesellschaftsrecht selbst ist wenig möglich.

1.3.6 Wir stellen uns dem Wettbewerb

Die Diskussion um mögliche Reaktionen zeigte bald: Wir halten an unserer GmbH fest.[55] Da eine Abwehrgesetzgebung kaum möglich ist, musste das heißen: Wir stellen uns dem Wettbewerb. Auch die deutsche GmbH musste schneller und billiger werden. Sie musste modernisiert und auf heutigen Stand gebracht werden. Die Reform wollte das Gesetz aus dem Museum holen.[56] Die raschere Gründung sollte durch mehrere Maßnahmen, vor allem aber durch die Umstellung auf elektronische Handelsregister vorangetrieben werden. Das Gesetz über elektronische Handels- und Genossenschaftsregister sowie das Unternehmensregister (EHUG) ist zum 1. Januar 2007 in Kraft getreten[57] und hat bereits erhebliche Erleichterungen gebracht. EHUG und MoMiG müssen als eine rechtspolitische Einheit gesehen werden. Und am Ende des langen Gesetzgebungsverfahrens darf die Prognose er-

---

50) Strategieüberlegungen: *Seibert*, European Business Organization Law Review (EBOR), 8/2007, S. 83; ablehnend ebenfalls u. a. *Hirte/Bücker (Hrsg.)*, Grenzüberschreitende Gesellschaften, 2005, § 1, Rz. 90 und passim.

51) Mit Ausnahme deliktisch/strafrechtlicher Haftung der Gesellschafter, Haftung nach § 826 BGB und Durchgriffshaftung – s. *Ulmer*, Schutzinstrumente gegen die Gefahren aus der geschäftstätigkeit inländischer Zweigniederlassungen von Kapitalgesellschaften mit Auslandssitz, JZ 1999, 662 ff. und *Wilhelm*, Umgehungsverbote im Recht der Kapitalaufbringung, ZHR 167 (2003), 520, 540 f.

52) EuGH, Urt. v. 1. 6. 2006 – Rs. C-453/, ZIP 2006, 1293 – „innoventif".

53) *Weller*, „Inspire Art": Weitgehende Freiheiten beim Einsatz ausländischer Briefkastengesellschaften, DStR 2003, 1800, 1803 ff. und *Ulmer*, JZ 1999, 662 ff.

54) Dazu *Altmeppen*, in: FS Röhricht (2005), Existenzvernichtungshaftung und Scheinauslandsgesellschaften, S. 3, 18 f.

55) Ebenso Juristentagsvotum 2006: 169:6:1 – Die Schaffung neuer Rechtsformen wird nicht empfohlen!

56) *Thiessen*, Johann Buddenbrock und die Reform des GmbH-Rechts (Teil I), DStR 2007, 202.

57) Regierungsentwurf in BT-Drucks. 16/960 vom 15. 3. 2006; *Noack (Hrsg.)*, Das neue Gesetz über elektronische Handels- und Unternehmensregister – EHUG, 2007; *Seibert/Decker*, Das Gesetz über elektronische Handelsregister und Genossenschaftsregister sowie das Unternehmensregister (EHUG) – der „Big Bang" im Recht der Unternehmenspublizität, DB 2006, 2446.

laubt sein: Das ist gelungen, die GmbH dürfte jedenfalls in Deutschland wieder attraktiver sein, als die Limited.[58]

1.4 Das Gesetzgebungsverfahren des MoMiG

Der Referentenentwurf eines MoMiG wurde am 29. Mai 2006 den Ressorts mit kurzer Frist zur regierungsinternen Abstimmung zugeleitet. Sodann ist er am 7. Juni 2006 mit einer langen Stellungnahmefrist bis Mitte September 2006 den beteiligten Kreisen vorgestellt worden. Erwartungsgemäß war das Aufkommen an Stellungnahmen sehr erheblich, die letzte Stellungnahme ging im Februar 2007 ein (Handelsrechtsausschuss des DAV). Aufgrund der sehnlichst erwarteten Erleichterungen für die mittelständische Wirtschaft war das Echo ganz überwiegend sehr positiv. Allerdings kamen auch täglich neue gutgemeinte Vorschläge, was man bei der Gelegenheit noch alles mitreformieren solle. Die Überarbeitung des Entwurfs bis zur Kabinettreife hat Zeit in Anspruch genommen. Alternative Regelungsmodelle,[59] wie Unternehmensgründergesellschaft (UGG),[60] die FlexCap,[61] die GmbH-light (Basisgesellschaft)[62], der Einzelkaufmann mbH,[63] der *Vossius*-Entwurf,[64] die KmbH (*Drygala*)[65] oder einer Personengesellschaft mit beschränkter Haftung (PGmbH) sind parallel erörtert worden.

Auch die Diskussion des 66. Deutschen Juristentages vom 18. bis 22. September 2006 in Stuttgart (Wirtschaftsrechtliche Abteilung: Reform des gesellschaftsrechtlichen Gläubigerschutzes) hat im Regierungsentwurf[66] Berücksichtigung und Niederschlag gefunden, so dass eine Verabschiedung durch das Bundeskabinett erst Ende April 2007 erreicht werden konnte[67]. Wie bereits bei Versendung des Entwurfs angekündigt, sind im Regierungsentwurf (in diesem Bande abgedruckt, S. 97 ff., 113 ff.) einige Regelungskomplexe nachgetragen worden (so z. B. Deregulierung der Sacheinlagevorschriften, verdeckte Sacheinlage, Einführung der Differenzhaftung mit Beweislast des Inferenten[68] etc., ferner ist die Verlagerung der Insolvenzantragspflichten ins Insolvenzrecht vollzogen worden).

Am 6. Juli 2007 hat der Bundesrat im Ersten Durchgang seine Stellungnahme beschlossen (siehe S. 113 ff.). Der Bundesrat hat erfreulicherweise den Entwurf nur in einem politisch

---

58) Ebenso *Wachter*, Gründung einer GmbH nach MoMiG, GmbHR 2008, 5, 16.
59) *K. Schmidt*, Brüderchen und Schwesterchen für die GmbH? – Eine Kritik der Vorschläge zur Vermehrung der Rechtsformen, DB 2006, 1096; *Seibert*, GmbH-Reform und alternative Konzepte, GmbHR 13/2006 S. R241.
60) *Schall/Westhoff*, Warum Deutschland eine neue Kapitalgesellschaftsform braucht, GmbHR 2004, R381; *Schall*, Die Neuwahlen zum Deutschen Bundestag liegen hinter uns – kommt jetzt die „UGG"? GmbHR 2005, R 357.
61) *Schall/Westhoff*, GmbHR 2004, R381.
62) Ein Vorschlag des Landes NRW.
63) Ein Vorschlag Bayerns, Stand 30. 1. 2006, dazu ausf. *K. Schmidt*, GmbHR 2006, 1096.
64) *Vossius/Wachter*, BB 2005, 2539.
65) *Drygala*, Für eine alternative Rechtsform neben einer reformierten GmbH, Leipziger Entwurf einer Kommanditgesellschaft mit beschränkter Haftung (KmbH), ZIP 2006, 1797.
66) Entwurf ebenfalls abgedruckt in ZIP, Beilage zu Heft 23/2007.
67) BT-Drucks. 16/1640 (Regierungsentwurf mit Stellungnahme Bundesrat und Gegenäußerung der Bundesregierung darauf) und BR-Drucks. 354/07 vom 25. 5. 2007, Entwurf ebenfalls abgedruckt in ZIP, Beilage zu Heft 23/2007.
68) Zur Beweislast des Gesellschafters für die Erfüllung der Einlagenverpflichtung: OLG Brandenburg, Urt. v. 5. 4. 2006 – 4 U 156/05, DB 2006, 996 = ZIP 2006, 1343.

wichtigen Punkt (Mustersatzung) angegriffen, in allen übrigen und vor allem den rechtlich bedeutsamen Fragen aber mitgetragen und überwiegend nur technische Verbesserungsvorschläge und Prüfungsbitten gemacht. Am 24. Juli 2007 ist die Gegenäußerung der Bundesregierung zur Stellungnahme des Bundesrates vom Bundeskabinett beschlossen worden. Damit konnte der Entwurf rasch dem Bundestag zugeleitet werden. Die erste Lesung im Deutschen Bundestag fand nach der Sommerpause am 20. September 2007 statt. Am 24. Oktober hat der Rechtsausschuss des Deutschen Bundestages sich zum ersten Mal mit dem Entwurf befasst und eine Anhörung für den 23. Januar 2008 beschlossen. Die recht lange Beratungsdauer im Deutschen Bundestag lag eigentlich nicht daran, dass der Entwurf sehr umstritten gewesen wäre, sondern eher an der starken Beanspruchung der Abgeordneten durch andere wichtige Vorhaben.[69] Am 18. Juni 2008 fand die abschließende Beratung im Rechtsausschuss des Deutschen Bundestages statt und am 26. Juni war die 2. und 3. Lesung im deutschen Bundestag mit einer dem Anlass angemessenen großen Debatte (90 Minuten) und ausgezeichneten Reden (siehe dazu die in den Materialien abgedruckten Reden von Ministerin *Zypries* und MdB *Dr. Gehb*, S. 364 ff.). Der Entwurf hat sich vom Regierungsentwurf zur endgültigen Fassung in einigen wichtigen Punkten geändert (Mindeststammkapital der normalen GmbH, verdeckte Sacheinlage, Hin- und Herzahlung, Nutzungsüberlassung, Insolvenzstatus) – in noch mehr Punkten blieb er unverändert.[70]

Der zweite Durchgang beim Bundesrat[71] konnte erst am 19. September stattfinden und verlief erwartungsgemäß problemlos ("Grüne Liste" – ohne Aussprache).

Aufgrund des schwer vorhersehbaren Verlaufs des Gesetzgebungsverfahrens war im Entwurf der Zeitpunkt des In-Kraft-Tretens allgemein gehalten: Der Erste des auf die Verkündung folgenden Monats. Das Gesetz ist am 23. Oktober 2008 vom Bundespräsidenten ausgefertigt und am 28. Oktober 2008 im BGBl. I, 2026 verkündet worden, es ist folglich am 1. November 2008 in Kraft getreten.

1.5 GmbH-Reform – Ausgangsüberlegungen[72]

Vorbedingung für den Entwurf war: Eine weitere Komplizierung der GmbH konnten wir uns angesichts der Konkurrenz durch die britische Limited nicht leisten. Damit hätten wir uns auch ganz gegen den europäischen Trend gestellt, der auf Erleichterungen im Bereich der mittelständischen Kapitalgesellschaft zielte.[73] Es konnte also nur um Deregulierungen und bei der Missbrauchsbekämpfung nur um Änderungen gehen, die das normale Leben der GmbH nicht behindern. „Reform", sagte Papst Benedikt XVI., „besteht in der Entfernung des Überflüssigen. " – das wollten wir auch für diese weltliche Reform beherzigen. Ebenso sollte ein neuerlicher Reformanlauf nicht das Schicksal der GmbH-Reform der

---

69) *Seibert*, Reform in Deutschland: Der Regierungsentwurf eines MoMiG – aktueller Stand des Gesetzgebungsverfahrens, in: GmbH-Reform, Bachner (Hrsg.) Wien 2008, S. 43 ff.

70) *Seibert/Decker*, Die GmbH-Reform kommt! Zur Verabschiedung des Gesetzes zur Modernisierung des GmbH-Rechts und zur Bekämpfung von Missbräuchen (MoMiG) im Deutschen Bundestag, ZIP 2008, 1208; *Wedemann*, Das neue GmbH-Recht, WM 2008, 1381 (Frau *Dr. Wedemann* hatte im BMJ an dem Entwurf mitgearbeitet); *Oppenhoff*, Die GmbH-Reform durch das MoMiG – ein Überblick, BB 2008, 1630; *Fliegner*, Das MoMiG – vom Regierungsentwurf zum Bundestagsbeschluss, DB 2008, 1668.

71) BR-Drucks. 615/08 v. 29 8. 2008 und BR-Drucks. 615/08 (beschluss) v. 19. 9. 2008.

72) *Seibert*, in: GmbH-Reform, *Bachner* (Hrsg.) Wien 2008, S. 43 ff; *Seibert*, GmbHR 13/2006, R241.

73) *Lembeck*, UK Company Law Reform – ein Überblick, NZG 2003, 956 (auch zur Reform der private company); *Becker*, Verabschiedung des Gesetzes über die französische Blitz-S.A.R.L, GmbHR 2003, 1120; *Vietz*, Die neue „Blitz-GmbH" in Spanien, GmbHR 2003, 26 und *dies.*, Verabschiedung des Gesetzes über die neue Blitz-GmbH in Spanien, GmbHR 2003, 523.

80er Jahre erleiden, die einen umfassenden Regulierungsansatz hatte und im Gesetzgebungsverfahren – zu Recht – erheblich zusammengestrichen worden ist.

Das MoMiG kann man in mehrere Blöcke einteilen:

- Die das Kapital betreffenden Änderungen
- Die allgemeinen Deregulierungen
- Die Missbrauchsbekämpfung.

Diesem Konzept folgend werden die Änderungen und die ihnen zugrunde liegenden Überlegungen hier dargestellt.

Zugleich musste auch über eine Reaktion auf die Inspire Art-Rechtsprechung nachgedacht werden,[74] über die Vereinfachung der Kapitalaufbringung und Erhaltung und die vom Aktionsplan der EU angestoßenen möglichen künftigen Entwicklungen des Europäischen Gesellschaftsrechts.[75]

Diesem Entwurf liegen u. a. die Erkenntnisse aus der oben erwähnten Umfrage des BMJ zugrunde. Hilfreich war auch ein Dossier von *BDI/Hengeler*, „Die GmbH im Wettbewerb der Rechtsformen – Modernisierungsbedarf im Recht der GmbH" vom Februar 2006, das den Entwurf inhaltlich zwar kaum noch beeinflussen konnte, das aber zeigte, dass die bestehenden Regelungspläne des BMJ mit den Vorstellungen der Wirtschaft weitgehend übereinstimmten. Im schwierigen Bereich der Novellierung des Eigenkapitalersatzrechts haben natürlich die Thesen von *Huber/Habersack*[76] neben den Vorarbeiten vieler anderer[77] besonders geholfen.

2. Das Kapital der GmbH

2.1 Das Mindestkapital[78]

2.1.1 Absenkung oder Ein-Euro-GmbH

Zum Deregulierungsteil des MoMiG zählen gravierende Änderungen am Haftkapitalsystem. Das System selbst wird durch die Reform nicht in Frage gestellt. Die Absicht war, es

---

74) Z. B. im Wege einer Ausschöpfung der Möglichkeiten der Zweigniederlassungsrichtlinie – 11. gesellschaftsrechtliche Richtlinie.

75) Z. B. Gedanke der europäischen Harmonisierung des Wrongful-Trading-Gedankens, s. *Kallmeyer*, Vor- und Nachteile der englischen Limited im Vergleich zur GmbH & Co. KG, DB 2004, 636, insb. zum Vergleich deutsches System ggü. wrongful trading; *Hirsch/Britain*, Artfully inspired – Werden deutsche Gesellschaften englisch?, NZG 2003, 1100, insb. 1104; dass das für Deutschland wenig sinnvoll ist, zeigt nach gründlicher Analyse: *Habersack/Verse*, Wrongful Trading – Grundlage einer europäischen Insolvenzverschleppungshaftung? ZHR 168 (2004), 174.

76) *Huber/Habersack*, Zur Reform des Rechts der kapitalersetzenden Gesellschafterdarlehen, in: Das Kapital der Aktiengesellschaft in Europa, ZGR Sonderheft 17, 2006, S. 370 ff; *Huber/Habersack*, GmbH-Reform: Zwölf Thesen zu einer möglichen Reform des Rechts der kapitalersetzenden Gesellschafterdarlehen, BB 2006, 1 ff.

77) Wie z. B. *Grunewald/Noack*, GmbHR 2005, 189, 194; *Cahn*, Gesellschafterfremdfinanzierung und Eigenkapitalersatz, AG 2005, 217; *Altmeppen*, Änderungen der Kapitalersatz- und Insolvenzverschleppungshaftung aus „deutsch-europäischer" Sicht, NJW 2005, 1911.

78) Siehe *Schärtl*, Die Doppelfunktion des Stammkapitals im europäischen Wettbewerb, Diss. 2006, § 3, S. 25 ff: Aufgabe und Bedeutung des Mindestkapitals im deutschen GmbH-Recht – und 10 000 befürwortend, S. 188.

durch Zurückschneiden zu erhalten. Es musste sich anpassen, um nicht zu brechen. In der Literatur waren in letzter Zeit verstärkt Kritiker des Mindestkapitals hervorgetreten.[79] Diese haben vielfach die komplette Abschaffung des Mindestkapitals gefordert oder eine Abschaffung zumindest für unschädlich erachtet. Soweit geht das MoMiG nicht. Wie bereits mit dem MindestkapG[80] geplant, sollte mit dem RegE das Mindestkapital der GmbH moderat auf 10 000 € gesenkt werden.[81] Das war erkennbar ein politischer Kompromiss. Wegen der Halbeinzahlung hätte man bei Gründung einer GmbH dann nur noch 5 000 € aufbringen müssen, was vom BDI kritisiert wurde. Die ganze Frage entspannte sich durch die Einführung des neuen § 5a GmbH mit der UG (haftungsbeschränkt) deutlich: Man konnte in die Verhandlungen mit dem Rechtsausschuss mit großer Flexibilität hineingehen, da man das Mindestkapital der klassischen GmbH durchaus auch höher setzen oder – wie geschehen – beibehalten konnte.

2.1.2 Mindeststammkapital im Ländervergleich

Was den Wettbewerb der Rechtsformen in Europa betrifft, so lagen wir bisher hinter Österreich an der oberen Grenze der Mindestkapitalia. Mit 10 000 € wären wir auch im europäischen Vergleich jedenfalls nicht alleine gewesen.[82] So ist in **Italien** der Gesetzgeber zuletzt bei 10 000 € geblieben.[83]

Allerdings ist seit einiger Zeit ein internationaler Trend zur Absenkung des Mindestkapitals festzustellen.

In den USA kann man die Entwicklung mit dem Model Business Corporation Act von 1979 festmachen, aus dem das gesetzliche Kapital entfernt wurde – seit 1983 Revised Model Business Corporation Act (RMBCA). Weder der RMBCA noch die Gesellschaftsrechtsordnungen von Delaware und New York oder Kalifornien kennen ein Mindestkapital. Der RMBCA hat das gesetzliche Kapital und damit auch den Aktiennennwert ganz abgeschafft. In Delaware und New York gibt es Aktiennennwerte noch, aber sie können unbeschränkt klein sein, ferner können auch nennwertlose Aktien ausgegeben und das gesetzliche Kapital abbedungen werden. Das gesetzliche Kapital ist in den **USA** entweder

---

79) Unter anderem: *Grunewald/Noack*, GmbHR 2005, 189; *Escher-Weingart*, Reform durch Deregulierung im Kapitalgesellschaftsrecht, Tübingen 2000, S. 235, 239; ähnlich *Bezzenberger*, Das Kapital der Aktiengesellschaft, 2005, S. 30; *G. Roth*, Gläubigerschutz bei der GmbH: Was ist unverzichtbar? in: FS Doralt (2004), S. 479 ff; *Barta*, Das Kapitalsystem von GmbH und AG – Inhalt und Zweck der Regelungen über Stamm- und Grundkapital – Zugleich Anmerkungen zum Referentenentwurf eines „Gesetzes zur Neuregelung des Mindestkapitals der GmbH (MindestkapG)", GmbHR 2005, 657, 662; *Zöllner* nennt sie „neurasthenische Neuerer in der Professorenschaft" in: Konkurrenz für inländische Kapitalgesellschaften durch ausländische Rechtsträger, insbesondere durch die englische Limited Company, GmbHR 2006, 1, 11; *Gehb/Drange/Heckelmann*, NZG 2006, 88; *Hirte*, Kapitalgesellschaftsrecht, 3. Aufl. 2001, Rz. 607 ff; *Fleischer* in: Michalski, GmbHG, 2002, Syst. Darst. 6 Rz. 87 ff; *Hopt*, Gesellschaftsrecht im Wandel, in: FS Wiedemann, S. 1013, 1018; *Böckmann*, Gläubigerschutz bei GmbH und close corporation, Diss. 2005, S. 50 ff; *Thiessen*, Insolvenzeröffnungskapital statt Mindestkapital – ein Vorschlag zur GmbH-Reform, ZIP 2006, 1892 u.v.a.m.

80) Fraktionsentwurf: BT-Drucks. 15/5673 vom 14. 6. 2005; Regierungsentwurf: BR-Drucks. 619/05 vom 12. 8. 2005.

81) Gerade noch ausreichend: *Vetter, J.*, Verhandlungen des 66. DJT, Band II/1, P83.

82) Bisher befinden wir uns nach Österreich an zweithöchster Stelle: Übersicht bei *Wachter*, GmbHR 2005, 717, 724.

83) *Bader*, Die neue società a responsabilità limitata in Italien, GmbHR 2005, 1474, 1475.

abgeschafft oder bedeutungslos geworden.[84] **Frankreich** hat das Haftkapitalsystem zwar beibehalten, das Mindestkapital der SARL mit Gesetz vom 1. August 2003 aber ganz aufgegeben.[85] Die Höhe des Kapitals wird in der Satzung freigestellt. Das bisherige Mindeststammkapital von 7 500 € wurde abgeschafft. Der kleinste Anteil beträgt ein Cent. Die Gesetzesbegründung lautet: „Es ist keine Logik darin zu sehen, dass das Gesetz willkürlich festlegt, wie hoch das Kapital sein muss, um wirtschaftlich tätig zu werden. Es muss jedem Unternehmer selbst überlassen sein, es im Hinblick auf seine geschäftlichen Planungen festzulegen."[86] Die durchschnittliche Höhe des Stammkapitals beträgt seither 3 000 € und wird anschließend sukzessive erhöht. Nur über 0,35 % der so gegründeten Gesellschaften wurde (bis 2006) ein Insolvenzverfahren eröffnet.[87]

Spanien hat das Mindeststammkapital jüngst stark abgesenkt.

In **Japan** wurde es durch Absenkung von 3 000 auf 1 Yen praktisch abgeschafft.[88] Genau genommen wurde die japanische (am deutschen Recht orientierte) GmbH („yugen kaisha") ganz abgeschafft, anstelle der GmbH wurde eine an der amerikanischen Limited Liability Company orientierte neue Gesellschaftsform „godo kaisha" – ohne Mindeststammkapital – eingeführt. Auch bei der japanischen Aktiengesellschaft wurde offenbar das Mindestgrundkapital auf ein Yen herabgesetzt.[89] Ausschüttungen sind jedoch nicht erlaubt, wenn das Nettovermögen 3 Mio. Yen (= ca. 18 000 €) unterschreitet. Hier kann man Parallelen zur Thesaurierungspflicht der Unternehmergesellschaft (haftungsbeschränkt) erkennen. **China** hat mit Wirkung zum 1. Januar 2006 sein Recht der Gesellschaft mit beschränkter Haftung reformiert.[90] China hält an einem Haftkapitalsystem – einschließlich Kapitalaufbringung und -erhaltung fest, hat aber das Mindeststammkapital von 100 000 – bis 500 000 Yuan bisher auf nunmehr nur noch 3 000 Yuan (ca. 3 000 €) abgesenkt.

Der am 26. September 2007 vorgestellte Bericht „doing business 2008" von Weltbank und International Finance Corporation hebt besonders lobend hervor, dass **Ägypten** das Mindestkapital für seine Gesellschaft mit beschränkter Haftung von 50 000 EGY-Pfund auf 1 000 EGY-Pfund abgesenkt habe. Die **Niederlande** haben ein Reformprojekt, dass die Abschaffung des Mindestkapitals vorsieht,[91] und **Portugal** erwägt das ebenfalls.[92] Die **Schweiz** hat sich 2007 ein reformiertes GmbHG gegeben. Ursprünglich war dort eine Heraufsetzung des Mindeststammkapitals auf 40 000 CHF geplant gewesen, um den Inflationsverlust auszugleichen. Man ist im Gesetzgebungsverfahren im Interesse von Kleinun-

---

84) *Engert*, Kapitalgesellschaften ohne gesetzliches Kapital: Lehren aus dem US-amerikanischen Recht, in: Das Kapital der Aktiengesellschaft in Europa, ZGR Sonderheft 17, 2006 (*Lutter*, Hrsg.), S. 743, 755.
85) Loi pour l'Initiative Economique, Loi No. 2003-721 vom 1. 8. 2003 ; *Le Cannu*, Revue des Sociétés 2003, 409 ff; *Schön*, Die Zukunft der Kapitalaufbringung, Der Konzern 2004, 162, 165; *Meyer/Ludwig*, Französische GmbH-Reform 2003/2004: Hintergründe und Ein-Euro-GmbH, GmbHR 2005, 346.
86) Zit. bei *Urbain-Parleani*, Das Kapital der Aktiengesellschaft in Frankreich, in: Das Kapital der Aktiengesellschaft in Europa, 2006 (*Lutter*, Hrsg.), S. 577, 580.
87) *Urbain-Parleani*, in: Das Kapital der Aktiengesellschaft in Europa, 2006 (*Lutter*, Hrsg.), S. 577, 580.
88) Capitalism with Japanese Characteristics, The Economist 2005, October 8th, S. 8.
89) Siehe *Kübler*, Gesellschaftsrecht – Das Land des Lächelns zeigt die Zähne, ZHR 170 (2006), 213, 215.
90) *Münzel*, Das revidierte Gesellschaftsgesetz der VR China: Eine Übersicht über die wichtigeren Änderungen, ZChinR 2006, 287 (mit einer Übersetzung des Gesetzestexts).
91) *De Kluiver*, Towards a Simpler and More Flexible Law of Private Companies – A New Approach and the Dutch Experience, ECFR 2006, 45, 54; *de Kluiver/Rammeloo*, Capital and Capital Protection in The Netherlands: A Doctrine in Flux, in: Das Kapital der Aktiengesellschaft in Europa, 2006 (*Lutter*, Hrsg.), S. 655, 662.
92) Stand Mai 2006.

ternehmen mit geringem Kapitalbedarf aber davon abgekommen. Es ist deshalb bei 20 000 CHF geblieben, was etwa 12 000 € entspricht.[93]

2.1.3 Seriositätsschwelle

Die Diskussion um eine Absenkung des Mindestkapitals hat zu einer gründlichen Besinnung auf die Zwecke dieses Instituts geführt. Eine wesentliche Funktion des Mindeststammkapitals ist seine Eigenschaft als Seriositätsschwelle.[94] Das bedeutet, dass nicht jeder eine GmbH soll gründen können, sondern dass eine gewisse finanzielle Hürde als *Beleg der Ernsthaftigkeit* und als eigenes „commitment" verlangt wird. Eine GmbH ist aufgrund ihrer Haftungsbeschränkung für den Rechtsverkehr kein ungefährliches Vehikel. Ein verbleibendes Mindestkapital mag verhindern, dass allzu krass unterkapitalisierte Gründungen nicht lebensfähig sind und nur die Gläubiger der ersten Stunde schädigen. Es gab auch Befürchtungen in der Wirtschaft, dass durch eine Zurücknahme des gesetzlich-formalisierten Gläubigerschutzes und einen Abbau der Seriositätsschwelle die Rechtsprechung animiert würde, lückenfüllend etwa durch eine Unterkapitalisierungshaftung einzugreifen.[95] Aber bereits die amtliche Begründung des RefE wollte zum Ausdruck bringen, dass das keineswegs gewünscht ist, indem sie erklärte, dass einer Unterkapitalisierungshaftung nicht „das Wort geredet werde". Diese Die Formulierung ist vielfach als zu schwach kritisiert worden.[96] Die Begründung des RegE formuliert die Absage an den Haftungsdurchgriff daher ganz unmissverständlich. Der BGH hat – hierzu passend – mit der Gamma-Entscheidung die Existenzvernichtungshaftung wegen materieller Unterkapitalisierung abgelehnt.[97] Zwingend ist der Zusammenhang zwischen fehlendem Mindeststammkapital und materieller Unterkapitalisierungshaftung ohnehin nicht; auch die Britische Limited kennt einen solchen nicht.

2.1.4 Haftungsfonds und Ausschüttungssperre

Das Haftkapital der GmbH ist keineswegs ein Haftungsfonds, wie es einer verbreiteten Fehlvorstellung entspricht.[98] Völlig klar sollte jedem sein, dass das Stammkapital dann, wenn es von den Gläubigern einmal wirklich gebraucht wird, nicht mehr da ist. In der Insolvenz ist es weg. Wenn man das akzeptiert, relativiert das die Funktion des Mindestkapitals als Gläubigerschutzinstrument deutlich. Das Stammkapital dient auch nicht vorrangig dem Individualgläubigerschutz,[99] sondern soll allenfalls institutionell eine generelle Gläubigerschutzwirkung entfalten. Es ist mit den Worten von *Schön*[100] ohnehin das schwächste Glied in der Normenkette des kapitalorientierten Gläubigerschutzes. Für den Gläubigerschutz bedeutsam ist aber immer noch die Funktion des Haftkapitals als Ausschüttungs-

---

93) *Drenckhan*, Die Schweizer GmbH-Reform 2007, GmbHR 2006, 1190, 1192.
94) *Karsten*, Deregulierung der GmbH-Gründung, GmbHR 2006, 57, 60: vertretbarer Kompromiss;
95) Kritisch auch *Raiser*, Durchgriffshaftung nach der Reform des GmbH-Rechts, in: FS Priester (2007), S. 619 ff; ferner *Priester*, DB 2005, 1315, 1319, der meint, die Rechtsprechung werde mit einer Unterkapitalisierungshaftung antworten; ähnlich *Rubner*, Abschied von der Existenzvernichtungshaftung, DStR 2005, 1694, 1701; gegen ein Unterkapitalisierungshaftung *Vetter, J.*, Grundlinien der GmbH-Gesellschafterhaftung, ZGR 6/2005, 788, 817.
96) Z. B. *Eidenmüller*, ZGR 2007, 168, 187.
97) BGH, Urt. v. 28. 4. 2008 – II ZR 264/06 mit Anm. *Bruns*, EWIR § 13 GmbHG 1/08, 16/08, 493
98) Völlige Abschaffung des Mindestkapitals fordern daher *Triebel/Otte*, ZIP 2006, 311, 312.
99) *Vossius*, Entwicklung und Zukunft des Kapitalschutzrechts, NotBZ 2006, 373, 380.
100) Die Zukunft der Kapitalaufbringung, Der Konzern 2004, 162, 165.

sperre. Die Gesellschafter dürfen durch Entnahmen das gezeichnete Kapital nicht anrühren (§ 30 GmbHG). Insofern bleibt auch das Mindestkapital bedeutsam. Für die Funktion als Ausschüttungssperre spielt es aber praktisch keine sehr große Rolle, ob das Mindestkapital bei 1 €, 10 000 € oder 25 000 € liegt[101] – Hauptsache, es gibt überhaupt eine Schwelle, die jedenfalls auch Ausschüttungen, die tief ins Minus führen würden, beschränkt. Haas hat allerdings kürzlich nachgewiesen, dass das Mindeststammkapital als Mindestausschüttungssperre und Insolvenzprophylaxe wegen seiner höhenmäßigen Erosion weitgehend obsolet sei und dass seine Funktion vom insolvenzrechtlichen Anfechtungsrecht genauso gut erledigt werde.[102] *Vossius* weist daraufhin, dass die Erosion des Mindestkapitals durch Inflation, in der Zeit von 1913 bis 1923, die GmbH überhaupt erst für die breiten Massen geöffnet habe und der Gesetzgeber dies Rad dann nicht mehr zurückdrehen konnte.[103] *Thiessen*[104] folgert daher, dass Zahlungen auf das Stammkapital in der gegenwärtigen gesetzlichen Mindesthöhe der lebenden Gesellschaft nicht viel helfen, weshalb diese Zahlungen entweder zu erhöhen „oder aber der sterbenden Gesellschaft zuzuweisen" seien. Er fordert daher die Abschaffung des Mindeststammkapitals und die gesetzliche Vorschusspflicht der Gesellschafter von mindestens 10 000 € für die Insolvenzkosten. *Drygala* weist konsequent daraufhin, dass es verwundere, wenn aus der geringen Höhe des Stammkapitals abgeleitet werde, man müsse die Vorschriften über das Kapital besonders streng auslegen und anwenden.[105] Hier werden gewissermaßen Spatzen mit Kanonen verteidigt. *Spindler* meint deshalb, es müsste „das nötige Kapital an die von der Gesellschaft verursachten Risiken stetig angepasst werden"[106] und *Schärtl*[107] schlägt vor, die Absenkung des Mindeststammkapitals mit einer Kapitalaufholung mit einem bestimmten Prozentsatz des jährlichen Gewinns (z. B. 15–30 %), durch ein „akkumulierendes Stammkapitalkonzept (ASK)" zu kombinieren (was immerhin bei der UG (haftungsbeschränkt) in Umrissen Verwirklichung fand). *Goette*[108] hingegen meint, dass wenn man sich für das deutsche Modell entscheide, es sinnvoller sei, das Stammkapital zu erhöhen. Während *Karsten Schmidt* erwidert, die Erhöhung sei verderblich, die Abschaffung demgegenüber ein geringes „Bauernopfer".

2.1.5 Solvenztest als Alternative[109]

Als Alternative zum geltenden Gläubigerschutz durch bilanzielle Kapitalerhaltung (bilanzielle Ausschüttungssperre) wird zunehmend der Solvenztest (solvency test) diskutiert. Er

---

101) Ähnlich *Bezzenberger, T.*, Das Kapital der Aktiengesellschaft, S. 30: „Das Gesetz könnte daher auf einen festen Mindestkapitalbetrag des Grundkapitals ebenso gut verzichten"; *Roth/Altmeppen*, GmbHG, 5. Aufl., Einleitung Rz. 25: „...ließe eine Preisgabe des gesetzlichen Mindestkapitals oder seine Herabsetzung auf 10 000 € ... keinen wirklichen Verlust an Rechtsschutz befürchten."
102) *Haas*, Kapitalerhaltung, Insolvenzanfechtung, Schadensersatz und Existenzvernichtung – wann wächst zusammen, was zusammengehört? ZIP 2006, 1373, 1382 und passim.
103) *Vossius*, NotBZ 2006, 373, 376.
104) *Thiessen*, ZIP 2006, 1892.
105) *Drygala*, Stammkapital heute – Zum veränderten Verständnis vom System des festen Kapitals und seinen Konsequenzen, ZGR 2006, 587, 592.
106) *Spindler*, Der Gläubigerschutz zwischen Gesellschafts- und Insolvenzrecht, NJW 2006, 839, 842.
107) *Schärtl*, GmbHR 2007, 344 und seine Dissertation: Die Doppelfunktion des Stammkapitals im europäischen Wettbewerb, 2006.
108) Financial Times Deutschland vom 20. 9. 2006.
109) *Pellens/Jödicke/Richard*, Solvenztest als Alternative zur bilanziellen Kapitalerhaltung? DB 2006, 1393.

war auch Gegenstand der Erörterungen auf dem 66. Deutschen Juristentag.[110] Der Solvenztest basiert auf einer zukunftsbezogenen Cashflow-Betrachtung und soll als situative Ausschüttungssperre im Gegensatz zur bilanziellen Sperre der Kapitalerhaltung verhindern, dass die Gesellschaft an die Gesellschafter ausschüttet, obwohl sie insolvent ist oder die Ausschüttung ihre Unternehmensfortführung gefährden würde. Das Vordringen der IFRS scheint das bisherige System des Haftkapitals zunehmend unter Druck zu setzen.[111]

Beispiele **für Solvenztestformulierungen:**

Model Business Corporation Act – equity insolvency test:

„*No distribution may be made if, after giving it effect,*

the corporation would not be able to pay its debts as they become due in the usual course of business."

Alternative, die neuseeländische Regelung:[112]

„*Sec. 4 New Zealand Companies Act 1993:*

(1) For the purposes of this Act, a company satisfies the solvency test if

(a) *The company is able to pay it's debts as they become due in the normal course of business; and*

(b) *The value of the company's assets is greater than the value of it's liabilities, including contingent liabilities.*"

Dieser Test besteht aus einem cash flow solvency test und einem balance sheet solvency test (Überschuldung). Die certification in relation to solvency test – also die Solvenzbescheinigung scheint von den directors sehr formelhaft unter bloßer Wiedergabe des Gesetzeswortlauts formuliert zu werden.

Recht ausführliche Regelungen scheint die kalifornische Gesetzgebung zu enthalten.[113]

Der so genannte Rickford-Bericht enthält einen „two-part solvency test":

Die Gesellschaft muss nach Ansicht der Geschäftsführung erstens unmittelbar nach der Ausschüttung in der Lage sein, ihre Schulden zu tilgen, und zweitens wirtschaftlich fähig sein, ihre im folgenden Jahr fällig werdenden Verbindlichkeiten zahlen zu können.

Bei jeder Ausschüttung soll die Geschäftsführung eine Solvenzbescheinigung (solvency certificate) abgeben und diese offen legen. Die Bescheinigung selbst wird nicht überprüft, die Nichtausstellung aber sanktioniert. Die Geschäftsleitung haftet, in groben Fällen auch strafrechtlich, die Gesellschafter müssen Ausgeschüttetes zurückzahlen. Wenn das Stammkapital angegriffen wird, ist eine besondere Begründung nötig.

---

110) Positiv: *Haas*, Die Reform des gesellschaftsrechtlichen Gläubigerschutzes, NJW 2006, Beilage Heft 22, S. 21; *ders.*, Mindestkapital und Gläubigerschutz in der GmbH, DStR 2006, 993, 1000; ihm zustimmend *Hirte*, Reform des gesellschaftsrechtlichen Gläubigerschutzes, Verhandlungen des 66. DJT, Band II/1, P13.

111) *Fuchs/Stibi*, Reform des Gläubigerschutzes durch Kapitalerhaltung? Problembereiche eines Systemwandels der Ausschüttungsbemessen, BB 2007, 93.

112) Ausführlich *Weiss*, Erfahrungen mit dem „solvency test" in Neuseeland? Der Konzern 2007, 109; *Jungmann*, Solvenztest – versus Kapitalschutzregeln, ZGR 2006, 638, 650.

113) *Pellens/Brandt/Richard*, Kapitalschutz in Kalifornien – Vorbild für die europäische Gesellschaftsrechtsreform? DB 2006, 2021.

2.1.6 Bewertungen in Deutschland

Haas hält, die vielfach geäußerte Angst, der Solvenztest (als alternative Ausschüttungssperre) sei nicht hinreichend objektivierbar, für übertrieben.[114] *Eidenmüller*[115] schlägt schon eine konkrete Formulierung vor:

§ 63 GmbHG

> „Auszahlungen an die Gesellschafter dürfen nur erfolgen, wenn die Gesellschaft innerhalb der nächsten drei Jahre[116] dadurch nicht zahlungsunfähig oder überschuldet zu werden droht."

Die Drei-Jahres-Frist dürfte der Praxis allerdings deutlich zu lange sein. Außerdem ist die Formulierung hart und objektiv gefasst, stellt auf eine objektiv gegebene Bedrohung ab und nicht auf eine subjektive Prognose. *Veil* (in dem Band „Das Kapital der Aktiengesellschaft in Europa")[117] hält die bilanzielle Ausschüttungssperre (balance sheet test) für unverzichtbar und will allenfalls ergänzend einen Solvenztest zulassen.[118] Er weist daraufhin, dass die notwendige sachverständige Prüfung der Solvenzerklärung bürokratische Kosten verursache. Sie müsse zudem haftungsrechtlich flankiert werden. Der Deutsche Juristentag 2006 hat die Einführung des Solvenztests als alternative Ausschüttungssperre sehr deutlich abgelehnt (160:7:7). Die erheblichen Unsicherheiten, die dem Solvenztest aufgrund seiner starken Prognoseelemente immanent sind, werden vielfach gescheut gegenüber den klaren und sehr einfach nachprüfbaren, wenn auch im Ausgangspunkt vielleicht ökonomisch weniger überzeugenden Regeln des bilanziellen Solvenztests.[119] Für das MoMiG lautet das rechtspolitische Resümée aus alldem: Das Konzept der situativen Ausschüttungssperre schien jedenfalls in Deutschland im Jahre 2008 noch nicht ausreichend diskutiert und ausgereift, um die bilanzielle Ausschüttungssperre zu ersetzen.[120]

2.2 Die haftungsbeschränkte Unternehmergesellschaft[121]

2.2.1 Rechtspolitische Entstehung

Kurz vor der Beratung im Kabinett kam aufgrund eines politischen Kompromisses mit dem Koalitionspartner CDU/CSU ein neuer § 5a in den Entwurf, der sich zwar nahtlos einfügt,

---

114) *Haas*, NJW 2006, Beilage Heft 22, S. 21; *ders.*, DStR 2006, 993, 1000.
115) *Eidenmüller*, ZGR 2007, 168, 191.
116) Für drei Jahre auch: *Hirte*, Verhandlungen des 66. DJT, Band II/1, P25.
117) *Veil*, Kapitalerhaltung, Das System der Kapitalrichtlinie versus situative Ausschüttungssperren, Das Kapital der Aktiengesellschaft ZGR-Sonderheft 17/2006, S. 91 f.
118) Ebenso für eine Kombination *Spindler*, Der Gläubigerschutz zwischen Gesellschafts- und Insolvenzrecht, NJW 2006, 839, 844.
119) Für viele *Arnold*, Zur ökonomischen Theorie des Solvenztests, Der Konzern 2007, 118, 125.
120) So auch *Vetter, J.*, Verhandlungen des 66. DJT, Band II/1, P96.
121) *Seibert*, Der Regierungsentwurf des MoMiG und die haftungsbeschränkte Unternehmergesellschaft, GmbHR 2007, 673; *Kleindiek*, Die Unternehmergesellschaft (haftungsbeschränkt) des MoMiG – Fortschritt oder Wagnis?, BB 27/2007, Die Erste Seite; *J. Wilhelm*, „Unternehmergesellschaft (haftungsbeschränkt)" Der neue § 5a GmbHG im RegE zum MoMiG, DB 2007, 1510; *Freitag/Riemenschneider*, Die Unternehmergesellschaft – „GmbH light" als Konkurrenz für die Limited?, ZIP 2007, 1485 (enthält freilich viele Missverständnisse u. a. die UG haftungsbeschränkt bedürfe der Umwandlung nach UmwG in die GmbH); *Veil*, Die Unternehmergesellschaft nach dem MoMiG, GmbHR 2007, 1080; sehr kritisch *Niemeier*, Die „Mini-GmbH" trotz Marktwende bei der Limited?, ZIP 2007, 1794; *Leyendecker*, Rechtsökonomische Überlegungen zur Einführung der Unternehmergesellschaft (haftungsbeschränkt), GmbHR 2008, 302; *Wachter*, Die neue Unternehmergesellschaft (haftungsbeschränkt), GmbHR 2008, 25.

nur einen minimalen Regelungsaufwand erfordert und vor allem keine neue Rechtsform bedeutet, aber dennoch eine kleine Sensation[122] enthält. Damit erhält Deutschland nach all der kontroversen Diskussion doch eine GmbH ohne Mindeststammkapital ohne dass die klassische GmbH in ihrem Ansehen Schaden nimmt! Diese GmbH ohne vorgeschriebenes Mindeststammkapital ist auch als Antwort auf Europa zwingend: Die Kommission hat im Mai 2008 das Konzept einer Europäischen Privatgesellschaft vorgestellt – und zwar ohne ein festes Mindestkapital![123]

Für sich alleine und umso mehr in Kombination mit der Gründung unter Verwendung des Musterprotokolls handelt es sich bei der UG (haftungsbeschränkt) um eine „attraktives legislatorisches Angebot".[124]

2.2.2 Das Regelungskonzept

Das Konzept sieht folgendermaßen aus: Die GmbH kann auch ohne Einhaltung des Mindeststammkapitals nach § 5 Abs. 1 werden. Sie kann also theoretisch mit 1 € Startkapital ins Werk gesetzt werden; freilich nur theoretisch, denn dann liefe bereits ab Eintragung die Insolvenzantragspflicht, und das allemal, wenn man der Gesellschaft auch noch Gründungskosten auflüde.[125] Gleichzeitig wird sie verpflichtet, mit einem Teil ihres Gewinns ein Stammkapital von 25 000 € anzusparen.

2.2.3 Die Bezeichnung „UG (haftungsbeschränkt)"

Diese GmbH ohne Mindestkapital muss aber den Rechtsformzusatz „Unternehmergesellschaft (haftungsbeschränkt)" oder „UG (haftungsbeschränkt)" führen. In § 5a Abs. 1 GmbHG wird in der Endfassung von „Bezeichnung" gesprochen, um nicht den Eindruck zu erwecken, es handele sich um eine eigenständige Rechtsform. Das „haftungsbeschränkt" darf nicht abgekürzt werden. Der Rechtsformzusatz hat Warnfunktion gegenüber dem Publikum.[126] Dass er nicht besonders schön ist, ist oft gesagt worden.[127] Das ist rechtlich nicht entscheidend, für die Akzeptanz der Formvariante aber möglicherweise schon. Man wird die Gesellschaft umgangssprachlich aber vermutlich einfach UG oder Unternehmergesellschaft nennen – und dann geht es schon flüssiger über die Lippen. Der Bundesrat hat im ersten Durchgang vorgeschlagen, „GmbH (ohne Mindeststammkapital)" zu sagen, in der Sache sicherlich ein sehr korrekter Vorschlag,[128] der allerdings das Rechtsbegriffsmarketing zu sehr vernachlässigt. *Bachmann* hat scherzhaft folgenden Vorschlag zur Bezeichnung der UG gemacht: „GmbH mit niedrigem Stammkapital – GmbH Minsk", „GmbH ohne Mindeststammkapital – GmbH Omsk". Der Handelsrechtsausschuss des DAV hat gar „Untergeschoss" oder „Untersuchungsgefängnis" assoziiert und daher

---

122) *Noack*, Der Regierungsentwurf des MoMiG – Die Reform des GmbH-Rechts geht in die Endrunde, DB 2007, 1395, 1396.
123) *Hommelhoff/Teichmann*, Auf dem Weg zur Europäischen Privatgesellschaft (SPE), DStR 2008, 925, 931 – gehen noch von 10 000 aus. Es zeigt sich hier möglicherweise ein race to the bottom.
124) *Joost*, Unternehmergesellschaft, Unterbilanz und Verlustanzeige, ZIP 2007, 2242.
125) *Drygala* geht der theoretischen Möglichkeit einer Ein-Euro-Gründung tatsächlich nach: „Heute gegründet und morgen überschuldet?" in: Zweifelsfragen im Regierungsentwurf zum MoMiG, NZG 2007, 561.
126) Eine „nicht disponible Maßnahme des Gläubigerschutzes" siehe *Altmeppen*, Geschäftsleiterhaftung für Weglassen des Rechtsformzusatzes, ZIP 2007, 889, 891 und *ders.*, MünchKomm-*Altmeppen*, AktG, Bd. 9/2, 2. Aufl. 2006, 3. Kapitel, Rz. 78.
127) Unter anderem auch *Wilhelm, J.*, DB 2007, 1510, 1512 „Aussichtslosigkeit der zutreffenden Bezeichnung"
128) Auch wenn der Handelsrechtsausschuss des DAV darauf hinweist, dass das Mindestkapital 1 € beträgt.

„Gründer-GmbH" vorgeschlagen,[129] das klingt nicht schlecht, aber nach meinem Eindruck zu positiv.

2.2.4 Kapitalaufholung

Diese Gesellschaft unterliegt der Kapitalaufholung, das heißt, sie muss von ihren Gewinnen jedes Jahr 25 % in eine gesetzliche Rücklage einstellen, und zwar unbefristet. Der Aufbau der Rücklage läuft also weiter, selbst, wenn ein Vielfaches des gesetzlichen Mindeststammkapitals angehäuft sein sollte. Die Rücklage darf ausschließlich zur Kapitalerhöhung aus Gesellschaftsmitteln verwendet werden – und – so die Änderung im Gesetzgebungsverfahren auf Anregung des DAV – zum Ausgleich eines Jahresfehlbetrags oder eines Verlustvortrags (§ 5a Abs. 3 Satz 2 Nr. 2 und 3 GmbHG-E)[130]. Weitere freiwillige Rücklagen sind durch die Vorschrift natürlich nicht ausgeschlossen. Die UG ist grundsätzlich als Komplementärin einer UG (haftungsbeschränkt) & Co. KG einsetzbar – dies wohl auch dann, wenn bei einer solchen Komplementärin mit Gewinnen, die in die Rücklage eingestellt werden könnten, nicht zu rechnen ist.[131] Erhöht die Gesellschaft ihr Stammkapital auf das normale Mindestkapital (25 000 €), so entfällt die Pflicht zur Bildung der gesetzlichen Rücklage für die Zukunft. Die Firma UG (haftungsbeschränkt) darf sie dann aber weiterführen, denn eine dem Rechtsverkehr abträgliche Täuschung liegt darin nicht. Die UG kann dann aber auch in eine normale GmbH umfirmieren (eine Umwandlung[132] ist das nicht!).

2.2.5 Hälftiger Verlust des Stammkapitals

Dass beim hälftigen Verlust des Stammkapitals die Gesellschafterversammlung nicht einzuberufen ist, liegt in der Konsequenz der sehr niedrigen möglichen Stammkapitalia. § 84 GmbHG gilt dann nicht: § 84 normiert nicht selbst eine Mitteilungspflicht, sondern setzt eine solche voraus, die in der Einberufungspflicht nach § 49 Abs. 3 GmbHG als minus liegt, und stellt die Pflichtverletzung unter Strafe.

Im Übrigen wird auf die sehr aufschlussreiche amtliche Begründung zum Regierungsentwurf verwiesen (siehe S. 97 ff.).

2.2.6 Was ist, wenn der Rechtsformzusatz nicht verwendet wird? – Was ist, wenn eine UG sich fälschlich GmbH nennt?

Für den Fall, dass eine ordnungsgemäß gegründete UG den aus ihrer Sicht vielleicht unschönen Rechtsformzusatz weglässt und ohne jeden Rechtsformzusatz auftritt, greifen die allgemeinen Regeln wie bei einer GmbH, die dasselbe tut. Die UG muss sich unter Umständen als offene Handelsgesellschaft oder Außengesellschaft bürgerlichen Rechts behandeln lassen und verliert so ihr Haftungsprivileg.

---

129) Handelsrechtsausschuss des DAV, Stellungnahme zum RegE NZG 2007, 735, 737.
130) Dazu *Schärtl*, Gesetzliche Rücklage und Unternehmergesellschaft (haftungsbeschränkt) GmbHR 6/2008, R81.
131) *Wachter*, Die GmbH & Co. KG nach MoMiG, GmbHR 2008, 87, 88; Problematisiert von dem Experten RA *Wanner-Laufer* in der Anhörung vom 23. 1. 2008.
132) Fragen der Umwandlung von und in die UG behandelt *Tettinger*, UG (umwandlungsbeschränkt)?, Der Konzern 2008, 75 ff.

Anders ist der Fall, wenn sich eine UG (haftungsbeschränkt) als GmbH geriert. Hier wird wiederum gegen § 35a GmbHG verstoßen. Die Gesellschaft täuscht den Rechtsverkehr jedoch nicht über die Haftungsbeschränkung als solche, sondern darüber, zu einem gewissen Zeitpunkt einmal über ein Kapital von 25 000 € verfügt zu haben. Es ist davon auszugehen, dass im Insolvenzfall die Gesellschafter aus Rechtsscheinhaftung gesamtschuldnerisch zur Aufbringung der Differenz in die Masse verpflichtet sind – im Extremfall beinahe für 25 000 €.

Das Registergericht kann nach § 79 Abs. 1 GmbHG außerdem zur Durchsetzung der Pflichten aus den §§ 5a Abs. 1, 4, 35a GmbHG ein Zwangsgeld festsetzen.

Ferner ist im Falle der falschen oder ungenügenden Angabe des Rechtsformzusatzes eine Abmahnung nach §§ 5 Abs. 2 Nr. 3, 12 Abs. 1 UWG möglich, denkbar ist auch Schadensersatz nach § 9 UWG. Das sollte ausreichen.

2.3 Die normale GmbH: Es bleibt bei 25 000 € Mindestkapital!

Es handelte sich bei den im RegE vorgeschlagenen 10 000 € (wie auch bei 25 000 €) um eine rein gegriffene Größe.[133)] Nur ganz ausnahmsweise und völlig zufällig wäre dies der angemessene Betrag für die Gründungsfinanzierung. Die Spanne der unternehmerischen Betätigung ist zu breit, jeder Betrag erscheint willkürlich. Hinzu kommt die Zeitachse. So kommt es, dass der Bundestagsabgeordnete *Dehm* (Die Linke) in die Debatte einwirft „möglicherweise muss das Stammkapital sukzessive dem Umsatz angepasst werden".[134)] Die amtliche Begründung des RegE weist zurecht darauf hin, dass man sich mit 10 000 € gewissermaßen der unteren Grenze des mutmaßlich benötigten Startkapitals nähert, verweist aber zugleich darauf, dass heute die Neugründungen ganz überwiegend im Dienstleistungssektor liegen und dort typischerweise mit geringerem Startkapital begonnen werden kann als im produzierenden Gewerbe. Zutreffend führt die amtliche Begründung aus: „Unternehmen mit höherem Kapitalbedarf sind freilich auch in Zukunft gut beraten, schon bei Gründung ein höheres Kapital zu zeichnen. Für viele Unternehmen waren auch bisher 25 000 € von Anfang an zu niedrig."

Da die UG (haftungsbeschränkt) das nötige Ventil für die kleinen Existenzgründer liefert, hat der Rechtsausschuss sich am Ende entschlossen, es für die normale GmbH bei 25 000 € zu belassen. Damit wird – wie der Bericht des RA deutlich ausführt – den Sorgen des Mittelstandes Rechnung getragen, die etablierte GmbH könne einen Reputationsverlust erleiden durch die Absenkung des Mindeststammkapitals.

Bisher sollen ca. 89 % der Neugründungen das bisherige Mindeststammkapital gewählt haben, es wäre keine zu begrüßende Erscheinung, wenn dieselbe Prozentzahl sich der UG (haftungsbeschränkt) bedienen und bei sehr niedrigen Stammkapitalziffern einpendeln würde – ganz unwahrscheinlich ist das aber leider nicht.

---

133) Absenkung hilft aber schadet auch nicht viel, *Thiessen*, DStR 2007, 202, 204.

134) 22. Sitzung des Dt. Bundestages am 9. 3. 2006 – Plenarprotokoll 1702, 1705 RSp.

2.4 Die Kapitalaufbringung[135]

2.4.1 Überprüfung der Kapitalaufbringung

Im unmittelbaren Zusammenhang mit der Bestimmung des Mindeststammkapitals stehen die Regelungen der Kapitalaufbringung. Welchen Sinn macht es, mit geballter juristischer Wucht die Aufbringung eines mit 25 000 € schon niedrigen, und bei der UG (haftungsbeschränkt) ganz beliebigen Mindeststammkapitals durchzusetzen? Werden mit Kanonen Spatzen verteidigt? Rechtfertigt das Ergebnis die ökonomischen Kosten dieses Systems? Verschiedentlich ist vorgeschlagen worden, die Einlagenprüfung aufzugeben und auf eine Insolvenzhaftung umzustellen, was je nach Fallgestaltung auf eine Differenzhaftung hinausliefe. Es wäre also ein der Hafteinlage der Kommanditisten vergleichbares System einzuführen,[136] bei dem die Kontrolle der Kapitalaufbringung erst in der Insolvenz erfolgt („Stirb gleich, zahle später" hat jemand dies scherzhaft unter Bezug auf *Woody Allen* genannt – was gut zum Ausdruck bringt, dass damit das Insolvenzrisiko des Gesellschafters auf die Gesellschaft und ihre Gläubiger verlagert würde)[137]. Dies wäre ein kompletter Systemwechsel gewesen,[138] der nicht durchsetzbar schien. Allerdings hat *Jochen Vetter* dieses Reformkonzept beim 66. DJT mit sehr guten Argumenten vorgestellt.[139] Der Deutsche Juristentag hat dies dennoch einhellig abgelehnt (9:166:6), was ein deutliches Stimmungsbild der Gefühlslage in den juristischen Kreisen in den Jahren 2007/2008 erkennen ließ. Auch ein Vorschlag, die Einlagenleistung müsse binnen zwei bis fünf Jahren erbracht werden, wurde abgelehnt (29:145:11). Und ebenso wurde es abgelehnt, die Unterscheidung zwischen Sacheinlage und Bareinlage aufzugeben (26:143:13). Es wurde allerdings vom DJT befürwortet, bei einer verdeckten Sacheinlage die Differenzhaftung als mildere Sanktion einzuführen (135:29:10).[140] Wegen der Vorgaben der zweiten gesellschaftsrechtlichen Richtlinie hätten sich GmbH und AktG zudem völlig voneinander entfernt,[141] während es doch eigentlich unser Bemühen ist und sein sollte, die beiden historisch gewachsenen Rechtsformen wo möglich stärker anzugleichen. Erschwerend kommt hinzu, dass eine solche nur nachgelagerte Prüfung auch international in anderen Haftkapitalsystemen nicht verbreitet ist.

Das MoMiG war natürlich zum Kompromiss verpflichtet,[142] denn es musste in einem sehr intensiven politischen Diskurs Akzeptanz bei allen wichtigen Mitspielern finden (Länder, Wirtschaftsverbände, Bundestagsfraktionen, Wissenschaft und Medien). Man konnte sich daher letztlich nicht dazu entschließen, den radikalen Pfadwechsel zu vollziehen, der wahrscheinlich im Gesetzgebungsverfahren gescheitert wäre. Im Rahmen der Einführung blo-

---

135) Vorschläge u. a. bei *Mülbert*, Neuordnung des Kapitalrechts? WM 2006, 1977, 1984 f; *Priester*, Die GmbH-Reform in der Diskussion 2006, VGR-Sondertagung, S. 5, 17; zum RegE *Veil*, Die Reform des Rechts der Kapitalaufbringung durch den RegE MoMiG, ZIP 2007, 1241 ff.
136) So auch *Bayer*, Moderner Kapitalschutz, ZGR 2007, 220, 234.
137) *Habersack*, Das MoMiG ante portas – Nachlese zum 66. DJT, ZHR 170 (2006) 607, 608.
138) *Eidenmüller*, ZGR 2007, 168, 189 ff.
139) *J. Vetter*, Verhandlungen des 66. DJT, Band II/1, P89.
140) ZGR 2007, 242 – Bericht über die Diskussion.
141) Dies räumt auch ein: *J. Vetter*, Verhandlungen des 66. DJT, Band II/1, P89.
142) *Bayer*, ZGR 2007, 220, 232: „typisches Kompromissgesetz"

ßer Differenzhaftung bei der verdeckten Sacheinlage mit Beweislastumkehr ist dieses Konzept der KG-Haftung aber im Ergebnis teilweise verwirklicht.[143]

2.4.2 Die Leistung zur freien Verfügung der Geschäftsführer und die Prüfung der Aufbringung der Bareinlage[144]

An dieser Formulierung ist festgehalten worden, obwohl zeitweise erwogen worden war, schlicht auf die Erfüllung nach § 362 BGB abzustellen, wo ja eigentlich alles Erforderliche zur Tilgung einer Schuld geregelt und gesagt ist.

Die Begründung des Referentenentwurfs hatte bereits zur Bargründung ausgeführt, dass die bloße Versicherung des Geschäftsführers ausreiche, ein Einzahlungsbeleg in der Regel nicht zu fordern sei. Das war nichts Neues, sondern schon damals geltende Rechtslage.[145] Das schien aber durchaus in der Praxis anders zu sein,[146] was zu erheblichen Verzögerungen führt: Der normale Zahlungsvorgang geschieht heute durch Banküberweisung, die zu gründende GmbH hat noch kein Bankkonto und es ist nicht so einfach, für eine nicht existierende GmbH ein Bankkonto zu eröffnen. Der Regierungsentwurf macht deshalb und weil die Befürchtung bestand, die Registergerichte würden auf einen bloßen Hinweis in der amtlichen Begründung ihre Praxis nicht umstellen, klar, dass das Gericht (nur) bei schwerwiegenden Zweifeln an der Richtigkeit der Versicherung weitere Belege fordern kann (§ 8 Abs. 2 Satz 2 neu GmbHG). Ein Kontoauszug ist dabei keineswegs die einzig denkbare Nachweisform, denn die Überweisung ist nicht die einzig möglich Erfüllungsform. Es ist Sache der Beteiligten, die Leistung zu erbringen, sei es in bar, sei es durch Überweisung auf ein Konto der Vor-GmbH, sei es durch LZB-gesicherten Scheck, sei es durch Einzahlung auf ein Treuhandkonto[147] des Geschäftsführers zugunsten der zukünftigen Gesellschaft, sei es durch Einzahlung auf ein Anderkonto[148] oder durch Einzahlung auf ein Privatkonto des Geschäftsführers, das freilich nicht debitorisch sein sollte. Das hat im Normalfall das Gericht nicht zu interessieren. Immerhin ist die Versicherung strafbewehrt.

Zur Hin- und Herzahlung (die dogmatisch zur „endgültigen freien Verfügung" gehört) siehe unten S. 26 f. Zur Aufbringungsprüfung bei der Sacheinlage siehe unten S. 25.

2.4.3 Die verdeckte Sacheinlage

Wenn ein Gesellschafter bei der Gründung oder im Rahmen einer Kapitalerhöhung sich zu einer Bareinlage verpflichtet und formal auch eine Bareinlage erbringt, er diese jedoch in einem engen sachlichen und zeitlichen Zusammenhang durch ein zweites Rechtsgeschäft

---

143) *J. Vetter*, Verhandlungen des 66. DJT, Band II/1, P91 f.

144) Ausführlich *Heidinger*, Die Versicherung der Geschäftsführer über die Stammeinlagenleistung, DNotI (Hrsg.), Zehn Jahre Deutsches Notarinstitut, 2003, 235.

145) *Bormann/Apfelbaum*, Handelsregister und GmbH-Gründungen in Deutschland als „best practice", ZIP 2007, 946, 951.

146) *Ehlke*, Voreinzahlung von Stammkapital – Geht noch was? ZIP 2007, 749, 750 weist daraufhin, dass infolge der Voreinzahlungsrechtsprechung des BGH (Urt. v. 26. .6. 2006 – II ZR 43/05, ZIP 2006, 2214) im Grunde routinemäßig Einzahlungsbelege verlangt werden müssten. Mit der Regelung zur verdeckten Sacheinlage ist aber auch der Voreinzahlung die Schärfe genommen.

147) *Schimanski/Bunte/Lwowski*, Bankrechtshandbuch (2001), Bd. I, § 37.

148) *Schimanski/Bunte/Lwowski*, Bankrechtshandbuch (2001), Bd. I, § 38.

zurückerhält, liegt nach ständiger Rechtsprechung[149] regelmäßig ein verbotenes (und nicht zur Tilgung der Einlageschuld führendes) Hin- und Herzahlen oder eine verdeckte Sacheinlage vor. Die verdeckte Sacheinlage, die sich bisher nicht im GmbHG geregelt fand, sondern eine Entwicklung der Rechtsprechung war, wird nun ausdrücklich in § 19 Abs. 4 definiert, um sie zugleich im zweiten Teil des Satzes ihres Schreckens zu berauben.

Die Formulierungen „bei wirtschaftlicher Betrachtungsweise" und „im Zusammenhang mit der Übernahme der Geldeinlage getroffenen Abrede" sind freilich so offen, dass sie die bisher von der Rechtsprechung adressierten Fallgruppen erfassen und Weiterentwicklungen nicht behindern werden. So hatte der BGH erst kürzlich Gelegenheit, sich im Detail zur Abrede und zum Rückfluss der Einlage präzisierend zu äußern.[150] Die Definition des MoMiG steht auch mit diesen Äußerungen des BGH im Einklang.[151]

2.4.4 Die Differenzhaftung

Viele waren sich einig, dass die Lehre von der verdeckten Sacheinlage eine Übersanktion auslöst.[152] Deshalb hatte das Bundesministerium der Justiz mit Versendung des Referentenentwurfs, der dazu noch keine Regelung enthielt, ausdrücklich dazu aufgefordert, auch zu diesem Thema Vorschläge zu unterbreiten. Die Stellungnahmen deuteten stark auf eine bloße Differenzhaftung hin. So war es auch von der Literatur entwickelt worden.[153] *Einsele*[154] schlug vor, die Lehre der verdeckten Sacheinlage ganz aufzugeben. Es solle nur eine Beweislastregel gegen den Inferenten angeordnet werden, dass das Kapital wertmäßig aufgebracht sei. Wer das nicht nachweisen kann, haftet auf die Differenz. Auch *Karsten*[155] und *Brandner*[156] plädieren für eine Differenzhaftung. Dabei soll das Institut der verdeckten Sacheinlage aber beibehalten werden. In Anknüpfung an *Karsten* und *Brandner* hat *Heidenhain*[157] überzeugend empfohlen, der verdeckten Sacheinlage ausdrücklich die Erfüllungswirkung zu geben, soweit die Sacheinlage wertmäßig den Betrag der Bareinlage erreicht. Die strafrechtliche Sanktion des § 82 Abs. 1 Nr. 1 GmbHG könne auf die vorsätzliche Vornahme einer verdeckten Sacheinlage erstreckt werden. Der Inferent müsse auf die Differenz, möglicherweise auf zusätzlichen Schaden haften. In dieselbe Richtung (im Ergebnis) gehen der Handelsrechtsausschuss des DAV[158] und *Krieger*[159], ergänzt um eine Heilungsvorschrift. Auch *Grunewald* kommt – offenbar schon auf der Grundlage des gel-

---

149) OLG Hamm, Urt. v. 31. 10. 2006 – 27 U 81/06, DB 2007, 793 – zur umstr. Frage, ob das auch bei „Rückzahlung" der Komplementär-GmbH an die KG so zu sehen sei.
150) BGH, Urt. v. 12. 2. 2007 – II ZR 272/05, DStR 2007, 541.
151) Kritisch zur Definition *Gesell*, Verdeckte Sacheinlage & Co. Im Lichte des MoMiG, BB 2007, 2241, 2245, da nicht die Bareinlage die verdeckte Sacheinlage sei, sondern der eingebrachte Leistungsgegenstand.
152) Zuletzt *K. Schmidt*, Reform der Kapitalsicherung und Haftung in der Krise nach dem MoMiG, GmbHR 2007, 1072, 1073.
153) Besonders *Heidenhain*, Katastrophale Rechtsfolgen verdeckter Sacheinlagen, GmbHR 2006, 455, 457 f; *Grunewald*, Cash-Pooling und Sacheinlagen: Was bringt das MoMiG, was könnte es bringen?, WM 2006, 2333, 2335 f; *Martin Winter*, Die Rechtsfolgen der „verdeckten" Sacheinlage – Versuch einer Neubestimmung in: FS Priester (2007), S. 867, 876 ff.
154) NJW 1996, 2681, 2689.
155) *Karsten*, GmbHR 2006, 56, 61.
156) *Brandner*, in: FS Boujong (1996), S. 37, 45.
157) *Heidenhain*, GmbHR 2006, 455, 457 f.
158) WiB 1996, 707, 710.
159) *Krieger*, ZGR 1996, 674, 691.

tenden Rechts – zu einer bloßen Differenzhaftung.[160] Und selbst der DJT 2005 hat sehr deutlich dafür votiert, bei einer verdeckten Sacheinlage die Differenzhaftung als mildere Sanktion einzuführen (135:29:10).

Anders hingegen *Bayer*: „Die geltenden Sachgründungsvorschriften stünden dem Modell einer Differenzhaftung im Falle der verdeckten Sacheinlage zwingend entgegen; es wäre reine Willkür, wollte sich der Gesetzgeber hierüber hinwegsetzen."[161] Das Meinungsspektrum war wie üblich groß.[162] Der Aufschrei gegen eine Aufweichung der harten Sanktion hängt natürlich davon ab, mit welcher unnachgiebigen Strenge man die Einhaltung der Normen erzwingen will. *Veil* sagt sogar, der MoMiG-RegE „pulverisiere" die Unterscheidung letztlich.[163]

Der RegE (siehe S. 97 ff., 113 ff.) folgte der Erfüllungslösung und sah die Unterscheidung zwischen Bar- und Sacheinlage offenbar als noch begründet, wenn auch nicht als alles entscheidend wichtig an. Der RegE wollte sie nicht abschaffen, aber eine gewisses Vollzugsdefizit als tolerierbar hinnehmen (so genannte Italienische Lösung). Der RegE sah das Wertungsgefälle zwischen dem Rechthandelnden und dem Unrechthandelnden in der Beweislastumkehr. Das ist sicherlich nicht ohne Bedeutung. Es ist nicht leicht, nach Jahren die Werthaltigkeit einer verdeckt eingebrachten Sacheinlage nachzuweisen, wenn es in der Insolvenz zum Streit kommt.[164] Eine „Flucht in die verdeckte Sacheinlage" wurde nicht erwartet.[165]

2.4.5 Strafbarkeit der falschen Versicherung bei der verdeckten Sacheinlage?

Eine Strafbarkeit wegen fehlerhafter Versicherung nach § 8 Abs. 2 GmbHG nach § 82 GmbHG ist im RegE nicht vorgesehen worden und die Lage war unklar. *Heidenhain*[166] hatte für eine ausdrückliche Strafbarkeit bei zivilrechtlicher Wirksamkeit plädiert. Von *Jochen Vetter* stammt der Satz, eine strafrechtliche Regelung wäre ein „Bauernopfer für das juristische Establishment". Wenn man davon ausgeht, dass die „Leistung zur endgültigen freien Verfügung", die der Geschäftsführer bei Anmeldung versichern muss, ein besonderer Teil der Erfüllungsvoraussetzungen bei der Einlagenleistung ist und durch das MoMiG eben diese Erfüllungswirkung durch Gesetz angeordnet ist, dann erklärt der Geschäftsführer nichts Falsches. Er lügt nicht, wird durch das Gesetz auch nicht in die missliche Lage gebracht, lügen zu müssen und kann auch nicht strafbar sein.

Dennoch ging der RegE davon aus, dass mit Einführung der Differenzhaftung die formale Unterscheidung von Bareinlage und Sacheinlage nicht obsolet werde. Es gebe noch ausreichend andere Sanktionsmechanismen, ein ausreichendes Sanktionsgefälle, allen voran § 9a Abs. 2 GmbHG, sodann die Insolvenzanfechtung, der existenzvernichtende Eingriff, das neue Zahlungsverbot nach § 64 GmbHG etc. Die Strafbarkeit der fehlerhaften Versicherung hätte auch sogleich den § 134 BGB auf den Plan gebracht und damit wieder zur Nich-

---

160) *Grunewald*, Rechtsfolgen verdeckter Sacheinlagen, in: FS Rowedder (1994), S. 111, 118.
161) *Bayer*, ZGR 2007, 220, 234.
162) *Ulmer* sieht Probleme mit dem Erfüllungsrecht des BGB, Der „Federstrich des Gesetzgebers" und die Anforderung der Rechtsdogmatik, ZIP 2008, 45, 52.
163) *Veil*, ZIP 2007, 1241, 1243.
164) *Veil*, ZIP 2007, 1241, 1243.
165) Differenzierte Abwägung bei *Kallmeyer*, Kapitalaufbringung und Kapitalerhaltung nach dem MoMiG, DB 2007, 2755, 2757.
166) *Heidenhain*, GmbHR 2006, 455, 458.

tigkeit der Einlagenerfüllung führen können. Gerade das will die Neuregelung aber vermeiden.

2.4.6 Das Gesetz: Anrechnungslösung

Dennoch ist der Entwurf in die Kritik geraten. Es ist natürlich richtig: Wenn es keine ernsthafte Sanktion gibt, werden die Menschen den für sie einfachsten und schnellsten Weg gehen, alles andere anzunehmen wäre weltfremd.[167] Es wurde vorgebracht, der Gesetzgeber falle nach der bisherigen übertriebenen Sanktion der verdeckten Sacheinlage mit der Neuregelung nun „ins andere Extrem".[168] Eine „Lizenz zum Lügen" dürfe der Gesetzgeber dem Geschäftsführer nicht ausstellen. Wenn der Gesetzgeber eine Ordnungsnorm aufstelle, müsse er auch dafür sorgen, dass sie eingehalten werde (so genannte Preußische Lösung). Eine lex imperfecta wurde als anstößig empfunden. Diese Kritik kam u. a. auch in der Anhörung vom 23. Januar 2008 durch den Rechtsausschuss des Deutschen Bundestages und ist nicht ohne Eindruck geblieben.

Der Bundestag hat sich für die vom Handelsrechtsausschuss des DAV entwickelte so genannte Anrechnungslösung entschieden. Danach wird ipso iure der Wert der verdeckten Sacheinlage auf die Geldeinlagepflicht des Gesellschafters angerechnet (vgl. § 19 Abs. 4 GmbHG). Auch hier findet sich wieder der im MoMiG durchgängig vorgesehene Ansatz der bilanziellen Betrachtungsweise: Der Sachwert und die unter Umständen verbleibende Geldeinlagepflicht ergeben zusammen den Wert der geschuldeten Einlage. Wie im Regierungsentwurf vorgesehen, trifft die Beweislast für die Werthaltigkeit der verdeckt eingebrachten Sacheinlage den Gesellschafter. Als weitergehende Sanktionierung sieht das MoMiG zudem nunmehr vor, dass die Anrechnung in jedem Fall erst eine juristische Sekunde nach der Eintragung der Gesellschaft in das Handelsregister von Gesetzes wegen und folglich ohne Willenserklärung der Beteiligten erfolgt. Der Geschäftsführer darf damit auch in dem Fall, dass der Sachwert bereits vor der Anmeldung eingebracht wurde, nicht nach § 8 Abs. 2 GmbHG versichern, dass die Einlagepflicht des betreffenden Gesellschafters ordnungsgemäß – nämlich über die Wertanrechnung – erfüllt worden sei. Gibt er dennoch vorsätzlich eine entsprechende Versicherung ab, so erfüllt er den Straftatbestand des § 82 GmbHG. Die vorsätzlich begangene verdeckte Sacheinlage wird also durch die Neuregelung nicht erlaubt. Die Anrechnung erfolgt aber dennoch, denn sie folgt aus einer voraussetzungslosen gesetzlichen Anordnung.

2.4.7 Gerichtliche Überprüfung der Sacheinlage

Die Nachprüfung durch das Gericht ist dennoch auch bei der Sacheinlage heruntergefahren und an das Aktiengesetz angeglichen worden. Deshalb lässt § 9c Abs. 1 Satz 2 GmbHG die Zurückweisung der Eintragung bei der Sacheinlage jetzt nur noch zu, wenn diese „nicht unwesentlich überbewertet" ist. Das bedeutet gerade nicht, dass das Gericht in jedem Einzelfall eine ausforschende Ermittlung anstellen muss oder soll, ob denn eine wesentliche Überwertung vorliegt. Es soll nur in Fällen, in denen sich eine solche aufdrängt, Fragen stellen.

---

167) *Wirsch*, Die Legalisierung verdeckter Sacheinlagen. Ende der präventiven Wertkontrolle? GmbHR 2007, 736, 739 „Verlust der generalpräventiven Wirkung".
168) *Priester*, Kapitalaufbringung nach Gutdünken?, ZIP 2008, 55.

2.4.8 Die Heilung einer verdeckten Sacheinlage[169]

Für die GmbH erlaubt der BGH eine Umwandlung der ursprünglich festgesetzten Bareinlage in eine Sacheinlage durch satzungsändernden Beschluss der Gesellschafterversammlung, welche eine Heilung ex nunc bewirkt. Bei der AG ist dies sehr umstritten (§ 27 Abs. 4 AktG!). Die Verrechnung des Kondiktionsanspruchs mit dem weiter bestehenden Einlageanspruch erscheint sehr unsicher.[170] Das MoMiG sieht keine Regelungen zur Heilung vor.[171] Da es sehr oft vorgekommen ist und besonders beklagt wird, dass die verdeckte Sacheinlage den Beteiligten unbewußt war und erst in der Insolvenz aufgedeckt wurde, zu einem Zeitpunkt also, zu dem eine Heilung nicht mehr in Betracht kam[172] (Schönwetterlösung),[173] hat das Gesetz sich diesem Fall der unerkannten verdeckten Sacheinlage zuvörderst zugewendet. Durch das MoMiG sollen jedoch Heilungsmöglichkeiten, die die Rechtsprechung entwickelt hat und möglicherweise weiter entwickeln wird, nicht abgeschnitten werden.

2.4.9 Die so genannte Hin- und Herzahlung

Das MoMiG nahm in den Regierungsentwurf ausdrücklich eine Regelung der Hin- und Herzahlungen auf. In § 8 Abs. 2 Satz 2 war vorgesehen:

„Die vor Einlage getroffene Vereinbarung einer Leistung an den Gesellschafter, die wirtschaftlich einer Einlagenrückgewähr entspricht und die nicht bereits als verdeckte Sacheinlage nach § 19 Abs. 4 zu beurteilen ist, steht der Erfüllung der Einlagenschuld nicht entgegen, wenn sie durch einen vollwertigen Gegenleistungs- oder Rückgewähranspruch gedeckt ist."

Die Fälle der Hin- und Herzahlung[174] sollten also entweder schon über die bereits behandelte Differenzhaftungsregelung zur verdeckten Sacheinlage erfasst sein und als wirksame Tilgungsleistungen anerkannt – oder aber nach § 8 Abs. 2 bei Voll- und Gleichwertigkeit des Gegenleistungsanspruchs als wirksam beurteilt werden. Eine Lücke blieb danach nicht mehr. Freilich war die Regelung etwas kompliziert.[175] Das ist teilweise kritisiert worden, unter anderem auch, dass die Regelungen der verdeckten Sacheinlage und der Hin- und Herzahlung so weit auseinander liegend verortet waren, obwohl es doch wirtschaftlich betrachtet um sehr ähnliche Vorgänge gehe,[176] und dass die Regelung bei der registerrechtlichen Prüfung in § 8 Abs. 2 Satz 2 GmbHG ein Fremdkörper sei.[177]

---

169) *Krolop/Pleister*, Die entdeckte verdeckte Sacheinlage – Rücktritt vom „Versuch" ohne Beteiligung der Hauptversammlung? Die AG 2006, 650.

170) *Krolop/Pleister*, Die AG 2006, 650, 655.

171) Es folgt auch nicht dem Vorschlag von *Bröcker*, Nachgründung, Sachgründung und Kapitalschutz, Köln 2006, insb. S. 252 ff, der am Heilungsverbot des § 27 Abs. 4 AktG festhalten, aber einen sog. Einlagenverwendungsvertrag ausdrücklich zulassen möchte (Gesetzesvorschlag siehe dort); auch dem Vorschlag von *Lenz*, Die Heilung verdeckter Sacheinlagen bei Kapitalgesellschaften, Köln 1996, der eine Kapitalherabsetzung in Verbindung mit einer gleichzeitigen Kapitalerhöhung entwickelte, vermochte man nicht zu folgen; für eine Heilungslösung offenbar – bei unangemessener Schärfe des Ausdrucks – auch *Ulmer*, ZIP 2008, 45, 53.

172) *Heidenhain*, GmbHR 2006, 455, 457; *Happ*, Diskussionsbeitrag, ZGR 2007, 247.

173) *K. Schmidt*, GmbHR 2007, 1072, 1073.

174) Ähnlich auch das „Zahlungskarussell" siehe OLG Oldenburg, Urt. v. 26. 7. 2007 – 1 U 8/07, DB 2007, 2195.

175) Handelsrechtsausschuss des DAV, Stellungnahme zum RegE, NZG 2007, 735, 738.

176) Siehe u. a. *Gesell*, BB 2007, 2241, 2246.

177) *Bormann/Ulrichs*, Der Entwurf des MoMiG zur Regelung des Hin- und Herzahlens, GmbHR 2008, 119, 120.

Im Gesetzgebungsverfahren ist daher die Regelung in den § 19 Abs. 5 GmbH verschoben und am Ende noch inhaltlich verändert worden. Sie wurde damit übersichtlicher und eingängiger und nimmt den Maßstab und Grundgedanken des geänderten § 30 wieder auf. Es kommt stets auf die Voll- und Gleichwertigkeit an, es wird die *Rückkehr zum bilanziellen Denken* angeordnet. Das ist der rote Faden, der sich durch den Entwurf zieht. Dieser Zusammenhang zwischen Hin- und Herzahlung ist, wie *Veil* ausführt, „konsequent und wertungsstimmig".[178]

Ein Unterschied bestand allerdings zur Regelung der verdeckten Sacheinlage: bei der Hin- und Herzahlung heißt es „wenn", hier gibt es also ein **Alles-oder-Nichts**[179] und eben keine Differenzhaftung. Das ist vom Bundesrat kritisiert worden, von der Bundesregierung in der Gegenäußerung aber überzeugend widerlegt worden: Wenn der Inferent nicht in der Lage ist, die Darlehensrückzahlung zu leisten, wird er wohl auch nicht in der Lage sein, die Differenz zu zahlen.[180] Überdies gilt die BGH-Rechtsprechung zu der erfüllenden Wirkung späterer Rückzahlungen des Gesellschafters auf die vermeintliche Darlehensschuld auch nach der Neuregelung fort. Das kann streng genommen nur für die Fälle gelten, in denen der Rückzahlungsanspruch nicht vollwertig ist, die Neuregelung also nicht gilt.[181]

2.4.10 Die endgültige Fassung der Hin- und Herzahlung in § 19 Abs. 5 GmbHG

Nach der Anhörung im Rechtsausschuss waren Bedenken gekommen, ob die vorgesehene Regelung nicht vielleicht zu weit gehe, nicht eine Einladung an Geschäftsführer zum Lügen vor dem Registergericht darstelle. Die Regelung wurde daher umformuliert. Anders als bei der verdeckten Sacheinlage wird hier kein Anrechnungs- sondern ein Erfüllungskonzept verfolgt. Dieser Unterschied ist nicht schön. Zugleich wurde die Regelung aber engherziger. Der Geschäftsführer darf nicht lügen, er muss die beabsichtigte Hin- und Herzahlung sogar offenlegen – wobei Verletzung der Offenlegungspflicht die Erfüllungswirkung jedoch nicht hindert. Dies wird dadurch bewerkstelligt, dass die Erfüllungswirkung erst mit Eintragung im Handelsregister eintritt, im Zeitpunkt der Versicherung gegenüber dem Handelsregister also eine Erfüllung und ordentliche Aufbringung nicht wahrheitsgemäß behauptet werden kann. Siehe dazu die weiteren Ausführungen im Bericht des Rechtsausschusses (siehe S. 104 ff.).

2.4.11 Genehmigtes Kapital bei der GmbH (§ 55a GmbHG)

Der Bundesrat hat in seiner Stellungnahme zum MoMiG eine Neuregelung zum genehmigten Kapital im GmbHG angeregt. Sehr bedeutsam ist der Punkt nicht. Die Bundesregierung ist dem gefolgt und hat eine entsprechende Formulierung in die Beratungen eingebracht. Es ergibt sich daraus ein Mehr an Flexibilität. Schon bei Gründung der GmbH kann ein genehmigtes Kapital geschaffen werden, spätere notariell zu beurkundende Satzungsänderungen erübrigen sich dadurch. Einen § 179 Abs. 1 Satz 2 AktG gibt es im GmbHG zwar nicht, eine ausdrückliche Regelung erscheint mangels Satzungsstrenge (§ 23 Abs. 5 AktG) aber auch nicht erforderlich. Natürlich liegt für den Minderheitsgesellschafter auch ein Risiko darin; die Geschäftsführer können aus heiterem Himmel eine Kapitalerhöhung

---

178) *Veil*, ZIP 2007, 1241, 1247.
179) *Herrler*, Kapitalaufbringung nach dem MoMiG, BB 2008, 2352.
180) Zustimmend *Gesell*, BB 2007, 2241, 2247.
181) *Veil*, ZIP 2007, 1241, 1247.

durchführen, die den Minderheitsgesellschafter in Schwierigkeiten bringen kann. Eine Höchstgrenze (die Hälfte des Stammkapitals) ist deshalb auch hier vorgesehen. Auch ein genehmigtes Kapital gegen Sacheinlage ist möglich (§ 55a Abs. 3 GmbHG).

2.5 Kapitalerhaltung und die Rückkehr zum bilanziellen Denken – Kredite an Gesellschafter

2.5.1 Die BGH-Rechtsprechung

2.5.1.1 Die Novemberentscheidung

Neben dem Kapitalersatz ist die Kapitalerhaltung bei Darlehen an Gesellschafter ein weiterer zentraler Punkt der Reform der Kapitalerhaltung. Ausgangspunkt war eine ganz spezielle Problemlage der Wirtschaft. Der BGH hatte am 24. November 2003 entschieden, dass das Darlehen der GmbH an ihre Gesellschafter auch dann gegen § 30 GmbHG verstoßen könne, wenn der Rückzahlungsanspruch gegen den Gesellschafter im Zeitpunkt der Ausreichung des Darlehens vollwertig gewesen sei.[182] Das OLG München ist dem speziell für das Cash Pooling gefolgt.[183]

2.5.1.2 Rechtsfolge des Verstoßes gegen § 30 Abs. 1 GmbHG

Die Rechtsfolge dieser Rechtsprechung ist Haftung wegen Verstoß gegen §§ 30, 31 GmbHG: Der Gesellschafter haftet auf Rückzahlung (was ihm jedenfalls dann ziemlich gleichgültig sein kann, wenn er ohnehin insolvent ist) und es haften die Geschäftsführer der Darlehen gewährenden Gesellschaft bei Verschulden (und denen ist das gar nicht gleichgültig). Ferner können sich für die Beteiligten strafrechtliche Risiken ergeben.[184]

2.5.1.3 Der Fall der Novemberentscheidung

Der Fall, den der BGH zu entscheiden hatte, war ein klarer und massiver Ausplünderungsfall,[185] die Darlehensgewährung fand im Stadium der Unterbilanz statt.[186] Bei diesem Sachverhalt war das Urteil nur zu verstehen. *Bayer*[187] weist insgesamt daraufhin, dass der BGH für seine Rechtsprechung in Schutz zu nehmen sei, sie beruhe auf konsequenter Anwendung des Gesetzes, es sei vielmehr die gesetzliche Konzeption, die zu hinterfragen sei. Gleichwohl bereitete das Urteil der Praxis Schwierigkeiten. Besonders markant traten diese beim cash pooling zu Tage, auf welches das Urteil – bei aller Meinungsverschiedenheit im Detail – anzuwenden ist.[188] Ministerin *Zypries* hat zu Recht erklärt, dass das Cash Pooling „ökonomisch sinnvoll" sei.[189] Es werden nämlich Zinsdifferenzen im Konzern gehalten, die

---

182) BGH, Urt. v. 24. 11. 2003 – II ZR 171/01, BGHZ 157, 72 = ZIP 2004, 263 = BB 2004, 293.
183) Urt. v. 24. 11. 2005 – 23 U 3480/05 – n.rkr., ZIP 2006, 25.
184) *Hentzen*, Konzerninnenfinanzierung nach BGHZ 157, 71, ZGR 2005, 480, 493.
185) Klassischer Mißbrauchsfall so u. a. *Hentzen*, ZGR 2005, 480.
186) *Vetter*, ZGR 2005, 788, 821.
187) *Bayer*, ZGR 2007, 221, 229.
188) OLG München, Urt. v. 24. 11. 2005 – 23 U 3480/05 – n.rkr., BB 2006, 286 mit Anm. *Habersack/Schürnbrand*, BB 2006, 288.
189) Handelsblatt vom 7. 11. 2005, S. 6.

ansonsten an Kreditinstitute flössen. Diese können sich bei großen Unternehmen auf hohe zweistellige Millionenbeträge pro Jahr addieren.

Sorgen bestanden auch wegen der Weiterungen der Entscheidung auf alle Fälle[190] der upstream loans und upstream securities.[191] Dabei geht es stets um die Frage, ob durch eine Zahlung das gebundene Vermögen angegriffen wird. Das mit Sicherheit festzustellen, bräuchte man allerdings beim Cash Pooling eine tägliche Stichtagsbilanz – eine Bilanz im Kopf.[192]

2.5.1.4 Leistung aus freien Rücklagen oder im Stadium der Unterbilanz

Unstreitig ist, dass eine Leistung an den Gesellschafter – also nicht nur die aufgrund einer Cash Pool-Vereinbarung – kein Kapitalerhaltungs-Problem ist, wenn sie aus „freiem" Vermögen ausgereicht wird.[193] Unklar war jedoch, ob nur Leistungen gegen § 30 Abs. 1 GmbHG verstoßen und vom BGH gemeint waren, die bei bereits bestehender Unterbilanz bewirkt werden, oder auch Leistungen, die eine Unterbilanz erst herbeiführen.[194] Bei Leistungen im Synallagma konnte sich das – vor dem Novemberurteil – logischerweise ergeben, wenn die Gegenleistung nicht vollwertig ist (§ 253 HGB) und in Höhe des Differenzbetrages das Stammkapital angegriffen wird.[195]

Die Rechtsprechung ging nun aber offenbar noch weiter und brachte den Anspruch auf die Gegenleistung oder Rückzahlung zunächst rechnerisch überhaupt nicht in Ansatz und kam dadurch rasch zur Bejahung eines Eingriffs in das gebundene Vermögen, wenn isoliert betrachtet eine Unterbilanz erzeugt wurde. Kein Aktivtausch, „Befreiung vom bilanziellen Denken",[196] so führt auch das OLG München[197] aus: „Dies folgt aus der Rechtsprechung des Bundesgerichtshofs, wonach die Kreditvergabe aus gebundenem Vermögen an Gesellschafter einer GmbH auch bei Vollwertigkeit des Rückzahlungsanspruches einen Verstoß gegen das Kapitalerhaltungsgebot darstellt." Um in diesen Fällen überhaupt zu einem Angriff des gebundenen Vermögens zu kommen, muss man den Anspruch auf die Gegenleistung also zunächst geistig ausblenden.[198] Abgesehen von solch künstlich anmutenden Konstruktionen geht es im Kern immer darum, dass der Schutzzweck des § 30 Abs. 1 GmbHG

---

190) Das Urteil wird auf diese Fälle übertragen von OLG München, Urt. v. 24. 11. 2005 – 23 U 3480/05 – n.rkr., DB 2005, 2811; BGH, Urt. v. 18. 6. 2007 – II ZR 86/06, DStR 2007, 1847 zu einem Fall der Anwendung des § 30 GmbHG auf upstream securities.

191) Speziell dazu: *Dampf*, Die Gewährung von Upstream-Sicherheiten im Konzern, Der Konzern 2007, 157; *Wessels*, Cash Pooling und Upstream-Sicherheiten – Gestaltungspraxis im Lichte aktueller BGH-Rechtsprechung und anstehender GmbH-Novelle, ZIP 2006, 1701 zitiert: „Cash Pool – Baden verboten!"

192) Ähnlich *Mülbert*, Neuordnung des Kapitalrechts? WM 2006, 1977, 1983.

193) *Schön*, Vermögensbindung und Kapitalschutz in der AG – Versuch einer Differenzierung, in: FS Röhricht (2005), S. 559, 567.

194) Zum Streitstand *Vetter*, ZGR 2005, 788, 821.

195) *Habersack/Schürnbrand*, BB 2006, 288, 289, Anmerkung zu OLG München, BB 2006, 286.

196) *Stimpel*, in: FS 100 Jahre GmbH (1992), S. 335, 340 ff. und dem nachdrücklich zustimmend *Bayer/Lieder*, Der Entwurf des „MoMiG" und die Auswirkungen auf das Cash-Pooling – Zur Rechtslage de lege lata und Überlegungen de lege ferenda, GmbHR 2006, 1121: danach ist „im Verhältnis des Gesellschafters zur GmbH für einen bilanziellen Ansatz generell kein Raum." S. 1123.

197) Urt. v. 24. 11. 2005 – 23 U 3480/05 – n.rkr., ZIP 2006, 25, 26; kritische Würdigung durch *Pentz*, Einzelfragen zu Cash Management und Kapitalerhaltung, ZIP 2006, 781; Dieses Urteil ist wie man hört in der Revision verglichen worden, so dass der BGH keine Gelegenheit zur Klarstellung seiner November-Rspr. hatte.

198) Dieses aufgrund der etwas missverständlichen Formulierung im November-Urteil

tangiert sein soll, „wenn die Gesellschaft Liquidität gegen eine nur schuldrechtliche Position tauscht."[199] Grundgedanke dabei ist, dass mit der Darlehenshingabe eine Risikoverschiebung zu Lasten der Gläubiger der Tochter und zugunsten der Gläubiger der Mutter stattfindet,[200] weil reales Gesellschaftsvermögen (Vermögensgegenstände, Liquidität) gegen eine bloße Forderung getauscht wird. Der BGH avancierte also von der realen Kapitalaufbringung zur „realen Kapitalerhaltung".[201] Dann sollen Warnlampen angehen und höhere Sicherheitsvorkehrungen eingreifen. Man traut den Bilanzen offenbar nicht recht nach dem Motto „earnings are opinion, cash is a fact". Man sehnt sich nach haptischen Werten. Das mag man als Substanz der ganzen Sache nehmen und ernst nehmen. Die Aufgabe des bloßen Vermögensschutzes, die Verdinglichung des Schutzes des § 30 und Verengung auf „real vorhandene" Vermögenspositionen und die Abkehr von der betriebswirtschaftlichen Realität der Bilanzierung von Schulden und Forderungen, von Soll und Haben, bereitet aber erhebliche Schwierigkeiten.[202] Es handelt sich am Ende weniger um reale als um „realitätsferne Kapitalerhaltung".

2.5.2 MoMiG: Das Interesse der Gesellschaft und Kreditcharakter

In einem obiter dictum hat der BGH[203] Ausnahmemöglichkeiten – außerhalb des Vertragskonzerns – angedeutet, wenn die Darlehensgewährung

- im Interesse der Gesellschaft lag,
- einem Drittvergleich standhält,
- und bei Anlegung strengster Maßstäbe die Kreditwürdigkeit des Gesellschafters außer Zweifel steht oder Sicherheit besteht.

Die kumulative Erfüllung dieser Bedingungen, insbesondere der dritten, scheint erhebliche Probleme zu bereiten,[204] denn wann steht die Kreditwürdigkeit „außer Zweifel"? Es gibt schließlich nicht nur Unternehmen mit Investment-Grade Rating[205].

2.5.3 Der RefE des MoMiG: „im Interesse der Gesellschaft"[206]

Der Referentenentwurf des MoMiG hatte diese Überlegungen aufgegriffen und die Voraussetzungen bewusst gelockert,[207] indem er alle das Stammkapital angreifenden Leistun-

---

199) *Habersack/Schürnbrand*, BB 2006, 288, Anmerkung zu OLG München, BB 2006, 286; *Hentzen*, ZGR 2005, 480, 486.
200) So schon *Schön*, ZHR 159 (1995), 351 ff m. w. N.
201) *Altmeppen*, Die Grenzen der Zulässigkeit des Cash Pooling, ZIP 2007, 1025, 1026.
202) Berechtigte Kritik auch bei *Wilhelm*, Cash-Pooling, Garantiekapital der GmbH und die GmbH-Reform, DB 2006, 2729, 2730; bemerkenswert *K. Schmidt*, der die Rückkehr zum bilanziellen Denken begrüßt, in: GmbHR 2007, 1072, 1073, 1075, wo er darauf hinweist, dass es im Jahre 1892 noch keine Betriebswirtschaftslehre im heutigen Sinne gab und der historische Gesetzgeber sich den Vorgang noch nicht bilanziell vorgestellt hat.
203) Urt. v. 24. 11. 2003 – II ZR 171/01, ZIP 2004, 263, BB 2004, 293.
204) *Hentzen*, ZGR 2005, 480, 524.
205) *Hentzen*, ZGR 2005, 480, 524.
206) Insgesamt positiv zu dem MoMiG-Vorschlag *Schäfer*, Probleme des Cash-Poolings bei der Kapitalaufbringung und -erhaltung – Welche Lösung bringt das MoMiG? BB-Special 7/2006, GmbH-Reform, S. 5.; negativ insbesondere zu den Begriffen „Vorleistungen" und „Gesellschaftsinteresse": *Bayer/Lieder*, GmbHR 2006, 1121; kritisch *Saenger*, Gegenwart und Zukunft des Cash Pooling, FS H.P. Westermann, 2008, S. 1381, 1394.
207) „bewusst großzügig" *Römermann*, GmbHR 2006, 673, 697.

gen mit Kreditcharakter an Gesellschafter vom Verbot des § 30 GmbHG (und § 57 AktG)[208] ausnahm, sofern sie „im Interesse der Gesellschaft" liegen. Leistungen an verbundene Unternehmen (Schwestergesellschaften) sollten den Leistungen an Gesellschafter gleichstehen.[209]

Statt von „Leistungen" ganz allgemein sprach der RefE von „Vorleistungen", womit er Kreditleistungen jeder Art meinte, also Darlehensgewährungen, aber auch Vorleistungen im Rahmen synallagmatischer Verträge, deren Gegenleistung zeitlich hinausgeschoben ist.[210] In den Stellungnahmen dazu ist bemängelt worden, dass dieses Konzept des Entwurfs die Rspr. des BGH mit seiner nicht-bilanziellen Betrachtung aufgreife und damit sogar noch verfestige.[211] Daran ist sicher richtig, dass der Entwurf als Reaktion auf die Rspr. erfolgt ist, die von den Festellungen der BGH-Rspr. ausgehend versuchte, einen weicheren Weg zu finden.

Der RefE war so gedacht, dass innerhalb der **Prüfung des Gesellschaftsinteresses** nicht kumulativ, sondern in freier Abwägung – unter anderem die Kriterien Drittvergleich, Kündbarkeit, Informationsfluss, Solvenz des Schuldners, bzw. Sicherheiten berücksichtigt werden können. Kredit ist sehr viel weiter als Darlehen. **Kreditcharakter der Leistung** bedeutet: Es wird reales Vermögen gegen eine Forderung getauscht. Das kann der Fall sein, wenn die Gesellschaft ein Darlehen an den Gesellschafter ausreicht, es kann aber ebenso der Fall sein, wenn sie im Rahmen eines Austauschvertrages in Vorleistung geht und die Gegenleistung stundet.

2.5.4 Alternative Lösungsvorschläge

Dass das MoMiG sich des Cash-Poolings annimmt, ist in den Stellungnahmen ganz überwiegend begrüßt worden, auch der DJT 2006 hat dies getan (Stimmen: 95:32:27). Die gewählte Formulierung „im Interesse der Gesellschaft" wurde teilweise befürwortet, von den meisten Stellungnahmen aber kritisiert.

Es ist bei der GmbH auch bisher streitig, ob es ein von den Gesellschaftern losgelöstes, insbesondere ein gegen die Interessen eines Alleingesellschafters gerichtetes Gesellschaftsinteresse überhaupt geben kann.

Als Alternative ist unter anderem an eine Ausschüttungssperre gemessen an der „Sorgfalt eines ordentlichen Kaufmanns" gedacht worden.

---

208) § 57 AktG spielt wegen der Spezialnorm des § 311 AktG und der dort vorgesehen Nachteilsausgleichspflicht allerdings in den hier interessierenden Fallkonstellationen eine erheblich geringere Rolle – vgl. etwa *Grothaus/Halberkamp*, Probleme des Cash-Poolings nach der neuen Rechtsprechung des BGH zur Stammkapitalrückgewähr, GmbHR 2005, 1317, 1318; *Hüffer*, AktG 6. Aufl., § 311 Rz. 49.
209) Zuletzt OLG München, Urt. v. 24. 11. 2005 – ZIP 2006, 25, 26.
210) *Wulfetange*, Die Reform des GmbH-Rechts: Schneller und einfacher gründen, wettbewerbsfähiger in Europa werden! BB-Spezial GmbH-Reform 2006/17, S. 19, 23 spricht sich dafür aus, generell „Leistungen" zu erfassen.
211) So auch *Haas/Oechsler*, Missbrauch, Cash Pool und gutgläubiger Erwerb nach dem MoMiG, NZG 2006, 806, 809; *Vetter, J.*, Verhandlungen des 66. DJT, Band II/1, P114.

§ 30 Abs. 1 GmbHG-Vorschlag:

"Das zur Erhaltung des Stammkapitals erforderliche Vermögen der Gesellschaft darf an die Gesellschafter nicht ausgezahlt werden. Als Auszahlung ist nicht anzusehen, die Leistung aufgrund eines Vertrages, soweit dies der Sorgfalt eines ordentlichen Kaufmanns entspricht."[212]

Pentz schlug vor, das „Interesse der Gesellschaft" durch „betriebliche Veranlassung" zu tauschen, um es abzugrenzen von der Zahlung auf Veranlassung des Gesellschafters. Der Unterschied zum Gesellschaftsinteresse dürfte nicht sehr groß sein. Ganz ähnlich *Wilhelm*[213], der anstelle des Interesses der Gesellschaft darauf abstellen wollte, ob die Darlehensgewährung an den Gesellschafter „causa societatis" erfolgt ist (unter anderem Gedanke des § 43a GmbHG mit seinem Verbot der Darlehensgewährung an Manager).

Von der deutschen Wirtschaft wurde zu Anfang eine Bezugnahme auf einen Drittvergleich favorisiert. Dieser scheint jedoch zu kurz zu greifen, weil er einen umfassenden Konditionenvergleich erfordern würde: Hätte ein Dritter, etwa ein Kreditinstitut dem Gesellschafter in seiner gegenwärtigen Situation einen Kredit zu gleichen Bedingungen (Höhe, Laufzeit, Zinsen, Sicherheiten etc.) gegeben? Oder müsste man darauf abstellen, ob die GmbH als ordentlicher Kaufmann einem Dritten einen Kredit zu diesen Konditionen gegeben hätte? Es ist dazu unter anderem auf dem DJT herausgearbeitet worden, dass eine Cash-Pool-Vereinbarung in der Praxis häufig einem Drittvergleich nicht standhalte. Damit würde eine solche Formulierung ihr eigentliches Ziel verfehlen.

2.5.5 Teilrückkehr zur bilanziellen Betrachtungsweise

Von einigen ist eine „Teil"-Rückkehr zum bilanziellen Denken befürwortet worden und so wollte wohl auch der II. Zivilsenat seine Novemberentscheidung im Nachhinein verstanden wissen. Man solle so klarstellen, dass bei Zahlungen, die geleistet werden, während noch keine Unterbilanz bestand, immer der Aktivtausch gelte. Nur dann, wenn eine Zahlung erfolge, während bereits eine Unterbilanz bestehe, dann sei alles verboten, dann gelte ein gegenständlicher Schutz des Stammkapitals, dann dürfe der Anspruch auf Gegenleistung bzw. die Rückzahlungsforderung nicht in Ansatz gebracht werdand. Ob dies bei der AG funktionieren kann, ist angesichts ihres umfassenden Vermögensschutzes sehr fraglich und vielleicht nicht ausreichend bedacht. *Drygala* nannte diesen Ansatz: „Tempo 30 im Wohngebiet".

Haas/Oechsler differenzieren hier noch weiter. Sie bleiben bei der Interessenformulierung, gehen aber gleichzeitig zur bilanziellen Betrachtung zurück. Der Maßstab des Gesellschaftsinteresses würde dann bei Zahlungen während bestehender Unterbilanz gelten.

"Erforderlich ist das Vermögen, soweit es im Rahmen einer bilanziellen Betrachtung die bestehenden Verbindlichkeiten nicht deckt. Ist auf diese Weise eine Unterdeckung eingetreten, darf die Substanz des verbleibenden Vermögens nur noch angetastet werden, wenn dies im besonderen Interesse der Gesellschaft liegt."[214]

---

212) Ebenso neues EPG-Statut von *Teichmann* – dort Art. 19 Rückgewähr von Einlagen.
213) *Wilhelm*, DB 2006, 2729 ff.
214) *Haas/Oechsler*, NZG 2006, 806, 809.

2.5.6 Das Gesetz – volle Rückkehr zum bilanziellen Denken

Der Regierungsentwurf hat sich für die extremste Variante, die ausnahmslose Rückkehr zur bilanziellen Betrachtung, zum Aktivtausch entschieden[215]. Das ist ein Leitmotiv des Entwurfs (so auch bei der Hin- und Herzahlung und beim Zahlungsverbot des § 64). „Man wird schon in wenigen Jahren kaum mehr verstehen, warum dies eine Zeit lang anders gesehen wurde" prophezeit *Noack*[216]. Bis zum Novemberurteil des BGH war der uneingeschränkte Aktivtausch die wohl h. M. [217] Das MoMiG kehrt also in den Oktober 2003 zurück.

Erwogen wurde folgende – möglicherweise zu knappe – Formulierung:

„Das zur Erhaltung des Stammkapitals erforderliche Vermögen der Gesellschaft darf an die Gesellschafter nicht ausgezahlt werden. Als Auszahlung gilt nicht der Aktivtausch."

Das hätte die bilanzielle Betrachtung ohne Einschränkung auch auf die Bewertung des geschützten Vermögen erstreckt, was die ehrlichste Lösung gewesen wäre.

Grunewald schlug ebenfalls eine ganz radikale Rückkehr zum bilanziellen Denken vor mit der folgenden Formulierung:

§ 30 Abs. 1 Satz 2 GmbHG-Vorschlag:

„Zur Feststellung, ob das zur Erhaltung des Stammkapitals erforderliche Vermögen angegriffen wird, gelten im Regelfall die allgemeinen Bilanzierungsgrundsätze."[218]

Hier ist die Formulierung „in der Regel" aber eher gefährlich, als nützlich. Sie kann Einfalltor für Ausnahmen dienen, die zu Regel werden und zur wiederholten Abkehr vom bilanziellen Denken führen.

Als Alternative Formulierung ist erwogen worden, den bilanziellen Ansatz auf die Ebene des Satzes 1 zu heben:

§ 30 Abs. 1 Satz 1 GmbHG-Vorschlag:

***„Der Wert** des zur Erhaltung des Stammkapitals erforderlichen Vermögens der Gesellschaft darf durch Auszahlungen an die Gesellschafter nicht gemindert werden."*

Bei dieser Regelung würde nicht nur die bilanzielle Betrachtung hinsichtlich des Gegenanspruchs wieder eingeführt, sondern sie würde sehr viel weiter auf alles bezogen, also auch die Auszahlung selbst, auch die an den Gesellschafter verkaufte Kaufsache selbst wäre z. B. rein bilanziell zu bewerten. Das wurde wiederum von manchen als unerträglich angesehen, wenn die GmbH in der Unterbilanz eine bilanziell abgeschriebene Sache zum Bilanzwert an den Gesellschafter verkauft und er damit aus Gründen der Kapitalerhaltung nicht gehindert wäre, die stillen Reserven abzuziehen. Dem müsste man freilich entgegnen: Dieser Fall würde durch so viele andere Reaktionsmöglichkeiten aufgegriffen, dass man nicht unbedingt den § 30, 31 benötigt.

---

215) *Flesner*, Die GmbH-Reform (MoMiG) aus der Sicht der Akquisitions- und Restrukturierungspraxis, NZG 2006, 641, 645; sehr deutlich dafür *Grunewald*, WM 2006, 2333; positiv ebenfalls kritisch *Saenger*, in: FS H.P. Westermann, (2008), 1381, 1397.
216) *Noack*, DB 2007, 1395, 1397.
217) *Vetter, J.*, Verhandlungen des 66. Deutschen Juristentages, Band II/1, P114; *ders.*, ZGR 2005, 788, 821.
218) WM 2006, 2333, 2336.

Der Handelsrechtsausschuss des DAV hat in seiner Stellungnahme[219] vom 20. Februar 2007[220] folgende Formulierung vorgeschlagen:

§ 30 Abs. 1 GmbHG-Vorschlag:

„Das zur Erhaltung des Stammkapitals erforderliche Vermögen der Gesellschaft darf an die Gesellschafter nicht ausgezahlt werden. Eine Auszahlung nach Satz 1 liegt nicht vor, wenn der Leistung der Gesellschaft eine gleichwertige Leistung oder ein gleichwertiger Anspruch gegenübersteht."[221]

Das kommt der endgültigen Fassung des RegE schon sehr nahe – und macht völlig zu recht auch deutlich: Es kommt nicht alleine darauf an, dass die Gegenforderung vollwertig ist. Dann könnte nämlich theoretisch ein Gegenstand, der das Stammkapital der Gesellschaft darstellt und der in der Bilanz mit 25 000 € steht, für 1 € an den Gesellschafter verkauft werden. Ist der gestundete Anspruch auf Zahlung des 1 € „vollwertig", so wäre dann – sehr theoretisch – kein Verstoß gegen das Kapitalerhaltungsgebot gegeben. Ein Verstoß gegen die Kapitalerhaltung kann hier wie auch bei der verdeckten Gewinnausschüttung[222] aber auch bei bilanziell neutralen Geschäften vorliegen. Es sind also Verkehrswerte, nicht AfA-Werte zu vergleichen.

Deshalb sagt der DAV-Vorschlag „gleichwertig". Das ist tatsächlich ein zutreffender Gedanke, aber der Begriff ist gegenüber der bilanziellen Nomenklatur neu und man müsste in ihn die bilanzielle Vollwertigkeit erst wieder etwas konstruiert hineinlesen.

Der Regierungsentwurf hat sich deshalb für eine Formulierung entschieden, die das Merkmal der Gleichwertigkeit nach Verkehrswerten im „Deckungsgebot"[223] unterbringt und die Rückkehr zum Aktivtausch in dem Wort „vollwertig". Die Neuregelung (ebenso § 8 GmbHG bei der Kapitalaufbringung) enthält also ein **Deckungs- und ein Vollwertigkeitsgebot**. Damit wird das „bilanzielle Denken" – das ist zuzugeben – in diesem Punkte doch eingeschränkt. Ein Drittvergleich ist nicht zusätzlich erforderlich.[224]

2.5.7 Upstream-Sicherheiten

Die Regelung gilt ausdrücklich für upstream-loans, entsprechend aber auch für upstream-securities[225]. Nach bisher h. M. konnten dingliche Sicherheiten der Gesellschaft zugunsten eines Gesellschafters als Auszahlung angesehen werden.[226] Diese Auszahlung ist zulässig, wenn ein Rückgewähranspruch gegen den Gesellschafter vollwertig ist. Problematisch ist, ob unter der bilanziellen Betrachtungsweise des MoMiG erst auf den Zeitpunkt der Ver-

---

219) Abgedruckt in NZG 2007, 211.
220) Sie kam leider so spät, dass sie kaum noch verwertet werden konnte.
221) NZG 2007, 211, 217.
222) Zutreffend *Fleischer*, Zweifelsfragen der verdeckten Gewinnausschüttung, WM 2007, 909, 914.
223) Dazu ausf. *Winter*, Upstream-Finanzierungen nach dem MoMiG-Entwurf, DStR 2007, 1484, 1486; *Kallmeyer*, DB 2007, 2755, 2757; RegE-Formulierung begrüßt vom DAV Handelsrechtsausschuss, Stellungnahme zum RegE NG 2007, 735, 740.
224) *Winter*, DStR 2007, 1484, 1487.
225) Speziell dazu: *Dampf*, Der Konzern 2007, 157; ebenso *Winter*, DStR 2007, 1484, 1488; *Tillmann*, Upstream-Sicherheiten der GmbH im Lichte der Kapitalerhaltung – Ausblick auf das MoMiG, NZG 2008, 401 ff.
226) Vgl. *Rahmann*, Besicherung von Gesellschafterverbindlichkeiten durch das Vermögen der GmbH, in: FS Lüer, S. 277, 289.

wertung als „Auszahlung" abzustellen ist.[227] Schuldrechtliche Sicherheiten der GmbH zugunsten des Gesellschafters werden nicht als Auszahlungen angesehen.[228]

2.5.8 „Bestehen" eines Beherrschungs- oder Gewinnabführungsvertrags

Was die Unternehmensverträge betrifft, so sind auf Vorschlag des DAV im Gesetzgebungsverfahren die Wörter Leistungen, die „zwischen" den Vertragsteilen eines Beherrschungs- oder Gewinnabführungsvertrages ersetzt worden durch Leistungen, die „bei Bestehen" eines solchen Vertrages vorgenommen werden. Diese Änderung wurde auch in § 291 Abs. 3 AktG nachvollzogen. Sinn der Änderung ist die Einbeziehung Dritter (insbesondere im Konzern).

Um einen möglichen Widerspruch zwischen dem neuen § 57 Abs. 1 AktG und der Financial-Assistance-Regelung des § 71 a AktG eindeutig auszuschließen, wurde auch in § 71a AktG die Ausnahme „bei Bestehen eines Beherrschungs- oder Gewinnabführungsvertrags (§ 291 AktG)" aufgenommen. Das ist zu Zeiten der Heuschreckendebatte, die zu einer grundsätzlich kritischen Bewertung der Financial Assistance als Instrument der Private-Equity-Branche geführt hat, erstaunlich.

Endgültige Formulierung

Auf der Grundlage dieser Überlegungen wurde § 30 im RegE wie folgt umformuliert:

§ 30 Abs. 1 GmbHG (und ähnlich § 57 Abs. 1 AktG)

„Das zur Erhaltung des Stammkapitals erforderliche Vermögen der Gesellschaft darf an die Gesellschafter nicht ausgezahlt werden. Satz 1 gilt nicht bei Leistungen, die bei Bestehen eines Beherrschungs- oder Gewinnabführungsvertrags (§ 291 AktG) erfolgen oder durch einen vollwertigen Gegenleistungs- oder Rückzahlungsanspruch gegen den Gesellschafter gedeckt sind.[229] Satz 1 findet zudem keine Anwendung auf die Rückgewähr eines Gesellschafterdarlehens und Leistungen auf Forderungen aus Rechtshandlungen, die einem Gesellschafterdarlehen wirtschaftlich entsprechen."

2.5.9 Wird die Kapitalerhaltung damit zu sehr aufgeweicht?

Entsteht durch die Gesetzesfassung eine schmerzliche Lücke für den Gläubigerschutz? Das ist zweifelhaft. Der stark relativierte Gehalt der Kapitalerhaltung ist bereits oben erläutert worden. Haas hat kürzlich nachgewiesen, dass das Mindeststammkapital als Mindestausschüttungssperre und Insolvenzprophylaxe wegen seiner höhenmäßigen Erosion (durch Inflation) weitgehend obsolet sei und dass seine Funktion vom insolvenzrechtlichen Anfechtungsrecht genauso gut erledigt werde.[230]

---

227) So möchte es gerne *Tillmann*, NZG 2008, 401, 404 sehen; mit Blick darauf, dass die amtliche Begründung aber ausdrücklich darstellt, dass die Änderung des § 30 die Aquisitionsfinanzierung durch Private Equity nicht ungebührlich erleichtert, ist das aber noch zu diskutieren.
228) *Rahmann*, in: FS Lüer, S. 277, 289.
229) So auch *Schäfer*, DStR 2006, 2085, 2089.
230) *Haas*, ZIP 2006, 1373, 1382 und passim.

2.5.10 Kapitalerhaltung und Private Equity?

Wie in der Koalitionsvereinbarung vorgesehen befand sich parallel zur GmbH-Reform ein anfangs als „Private-Equity-Gesetz" bezeichnetes Projekt in der Planung, das nicht nur der Förderung von Venture Capital, sondern wohl auch der Bekämpfung von „Heuschrecken" dienen sollte. Um dem Irrtum vorzubeugen, die Erleichterungen bei der Kapitalerhaltung im MoMiG stünden in einem unbeabsichtigten diametralen Widerspruch zu diesem sensiblen politischen Anliegen, ist mit dem Bundesfinanzministerium abgestimmt folgende bedeutungsvolle Passage in die amtliche Begründung des RegE aufgenommen worden, die klar macht, dass das Vollwertigkeitsgebot gerade bei mittellosen Erwerbsgesellschaften der Private-Equity-Branche sehr ernst zu nehmen ist (siehe ausführlich Begründung S. 99, 149, 171 f.).

Die Vorschrift will es den Gesellschaften erleichtern, mit ihren Gesellschaftern – vor allem auch im Konzern – alltägliche und wirtschaftlich sinnvolle Leistungsbeziehungen zu unterhalten und abzuwickeln. Diese muss das Gesetz reibungslos ermöglichen. Daher kehrt der Entwurf zur bilanziellen Betrachtungsweise zurück, die bis zum November 2003 problemlos anerkannt war. Keineswegs soll diese klärende Regelung das Ausplündern von Gesellschaften ermöglichen oder erleichtern. Dies wird durch die ausdrückliche Einführung des Vollwertigkeits- und des Deckungsgebots gewährleistet. Die Vollwertigkeit der Rückzahlungsforderung ist eine nicht geringe Schutzschwelle. Ist der Gesellschafter z. B. eine mit geringen Mitteln ausgestattete Erwerbsgesellschaft oder ist die Durchsetzbarkeit der Forderung aus anderen Gründen absehbar in Frage gestellt, dürfte die Vollwertigkeit regelmäßig zu verneinen sein. Das Deckungsgebot bedeutet, dass bei einem Austauschvertrag der Zahlungsanspruch gegen den Gesellschafter nicht nur vollwertig sein muss, sondern auch wertmäßig nach Marktwerten und nicht nach Abschreibungswerten den geleisteten Gegenstand decken muss. Die Gläubigerschutzvorschrift des § 30 ist im Übrigen vor dem Hintergrund anderer Schutzinstrumente im Gesellschaftsrecht zu sehen, dem Deliktsrecht, den Rechtsprechungsregeln über den existenzvernichtenden Eingriff, der Geschäftsführerhaftung nach § 43 und der Insolvenzanfechtung. Sie ist auch vor dem Hintergrund des neuen § 64 Satz 3 zu sehen, der ausdrücklich und zielgenau Ausplünderungen durch Gesellschafter im Vorfeld der Insolvenz adressiert.

2.5.11 Widerspruch zu § 43a GmbHG

Was ist mit dem (scheinbaren) Widerspruch zu § 43a GmbHG? Schon bisher war es nicht zwingend, aus § 43a für § 30 ein nicht-bilanzielles Bewerten zu folgern. Umgekehrt ist es richtig: § 43a regelt die unwiderlegliche Vermutung der Nichtwerthaltigkeit nur deshalb, weil im Allgemeinen der Aktivtausch gilt.[231] Eindeutig ist die Sache aber nicht; man kann auch die Auffassung vertreten, dass der Aktivtausch künftig auch auf § 43a GmbHG zu übertragen ist, eine Gewährung aus dem zur Erhaltung des Stammkapital benötigten Vermögens also nur vorliegt, wenn der Rückerstattungsanspruch nicht vollwertig ist.

---

231) Zutreffend *Böcker*, §§ 30,31 GmbHG im Wandel, ZGR 2006, 213, 217; kritisch aber *Karsten Schmidt*, GmbHR 2007, 1072, 1073, 1076.

2.5.12 Kapitalaufbringung und Cash Pool[232]

Die zur Kapitalerhaltung ergangene Rechtsprechung ist übertragbar auf die Kapitalaufbringung (Gründung, Kapitalerhöhung). Auch hier gelten die allgemeinen Regeln, ein **Sonderrecht für den Cash Pool** gibt es nach den Ausführungen des BGH nicht[233]. Sucht man eine Regelung für den Cash-Pool im Rahmen der Kapitalaufbringung, so kann es hier – wie in § 30 – nur eine generelle Lösung geben.

Man musste zur Rechtslage vor dem MoMiG wohl zu dem Ergebnis kommen, dass die Erbringung einer Bareinlage (im Rahmen der Gründung oder einer Kapitalerhöhung) an eine GmbH grundsätzlich keine wirksame Einlageleistung darstellte, wenn die auf die Einlageverpflichtung geleisteten Mittel vereinbarungsgemäß im Rahmen eines physischen Cash-Pool-Systems an den Gesellschafter oder ein ihm verbundenes Unternehmen zurückflossen.[234] Es handelt sich um eine Hin- und Herzahlung,[235] der die Erfüllungswirkung abgesprochen wurde. Das hat der BGH zuletzt in seiner Entscheidung vom 26. März 2007 nochmals unterstrichen.[236] Ganz trennscharf ist die Abgrenzung nicht, denn nach manchen Aussagen handelt es sich bei der Hin- und Herzahlung möglicherweise auch oder zugleich[237] um eine verdeckte Sacheinlage.[238] Der BGH[239] hat versucht zu helfen, indem er darauf verwies, man könne auf ein anderes, nicht in den cash-pool einbezogenes Konto einzahlen. Das sind Vorstellungen, die sich ebenfalls nicht an einem bilanziellen, sondern einem gegenständlichen Denken orientieren.

Der Referentenentwurf des MoMiG sah für diesen Fall keine gesonderte Regelung vor und beschränkte sich auf die „mutige" Aussage,[240] dass die Einschränkung zu §§ 30 GmbHG, 57 AktG auf die Kapitalaufbringung ausstrahle.[241] Auch hier sollte also die sofortige Rückzahlung der Einlage an den Gesellschafter (z. B. im Rahmen eines cash pool) die Wirksamkeit der Einlageleistung nicht hindern, wenn die Rückzahlung oder das Rückzahlungsversprechen „im Interesse der Gesellschaft" lag.[242] In Wahrheit hatte aber bis zum RefE die Zeit gefehlt, auch diese Frage sauber zu regeln.

---

232) *Lamb/Schluck-Amend*, Kapitalaufbringung im Rahmen des Cash Pooling, DB 2006, 879; *Vetter/Schwandtner*, Kapitalerhöhung im Cash Pool, Der Konzern 2006, 407; *Priester*, Kapitalaufbringung beim Cash Pool – Kurswechsel durch das MoMiG?, ZIP 2006, 1557.

233) BGH, Urt. v. 16. 1. 2006 – II ZR 76/04, ZIP 2006, 665 = Die AG 2006, 333; *Gehrlein*, Kein Sonderrecht für Cash-Pool-Zahlungssysteme bei Begleichung der GmbH-Stammeinlage, NZG 2006, 789.

234) *Sieger/Wirtz*, Cash Pool: Fehlgeschlagene Kapitalmaßnahmen und Heilung im Recht der GmbH, ZIP 2005, 2277.

235) Zum ähnlichen „Her- und Hinzahlen", die kapitalaufbringungsrechtlich der Hin- und Herzahlung gleichstehe: BGH, Urt. v. 12. 6. 2006 – II ZR 334/04, DB 2006, 1889 = DStR 2006, 1709: Darlehen der GmbH an Gesellschafter zur Finanzierung der Einlagezahlung – keine wirksame Erbringung der Stammeinlage – aber die Rückzahlung des (nichtigen) Darlehens erfüllt die offene Einlageschuld!!

236) II ZR 307/05, DStR 2007, 773.

237) Einleuchtend: *Vetter/Schwandtner*, Der Konzern 2006, 407, 409 f. – für gleichzeitige Anwendung *Bayer/Lieder*, GmbHR 2006, 1121, 1125.

238) So *Gehrlein*, NZG 2006, 789.

239) II ZR 307/05, DStR 2007, 773.

240) Kritisch *Bayer*, ZGR 2007, 220, 233 „schleierhaft".

241) Die hält auch für möglich: *Schäfer*, BB-Spezial 7/2006, GmbH-Reform, S. 5, 9.

242) Gegen solche einfache Analogie *Priester*, ZIP 2006, 1557, 1559.

Es ist in den Stellungnahmen vielfach kritisiert worden, dass das der RefE eine ausdrückliche Regelung vermissen ließ. So formuliert *Mülbert*[243] einen Änderungsvorschlag auf der Basis des RefE:

> *„Der Geschäftsführer hat die endgültige freie Verfügung über die geschuldete Bareinlage erlangt, wenn deren Rückgewähr an den Einleger oder eine nahe stehende Person im **Gesellschaftsinteresse** liegt."*

Diese Formulierung wäre übernommen worden, wenn es bei der Interessen-Eingrenzung in § 30 geblieben wäre. Da der RegE dort jedoch auf die Vollwertigkeit des Gegenanspruchs abstellt, ist es konsequent, diesen Gedanken auch auf die Kapitalaufbringung zu übertragen.

Das MoMiG sah im RegE in § 8 Abs. 2 Satz 2 folglich ebenfalls eine Rückkehr zur bilanziellen Betrachtungsweise vor, die zuletzt im § 19 Abs. 5 GmbH gelandet ist (siehe Ausführungen zu: Verdeckte Sacheinlage/Hin- und Herzahlung unter S. 26)

Dies gilt auch für die Fälle des „**Stehenlassens**" von Darlehen[244].

Die Formulierung deckt natürlich auch die Fälle ab, in denen die Rspr. eine Abrede nur vermutet[245]. Diese Formulierung in § 8 Abs. 2 Satz 2 GmbHG-E ist in der Sache überwiegend begrüßt, in der Formulierung aber als unnötig kompliziert kritisiert worden[246]. Dem Rechtsausschuss wurde deshalb eine schlichtere Formulierung in § 19 vorgeschlagen.

2.5.13 Die Regelung der Hin- und Herzahlung im Gesetz

Getreu dem Gedanken der bilanziellen Betrachtungsweise hatte der Regierungsentwurf eine Lösung des Problems über eine Neuregelung in § 8 Abs. 2 GmbHG vorgeschlagen, nach der ein „Hin- und Herzahlen" der ordnungsgemäßen Einlageleistung nicht entgegenstehen sollte, wenn die Auszahlung an den Gesellschafter durch einen vollwertigen Rückzahlungs- oder Gegenleistungsanspruch gedeckt ist. Die Regelung wurde in der vom Bundestag nunmehr beschlossenen Gesetzesfassung zunächst sinnvollerweise in einen neuen § 19 Abs. 5 GmbHG verschoben, um die thematische Nähe zur verdeckten Sacheinlage besser zu verdeutlichen. Zudem wurde die Regelung zur Sicherstellung der Kapitalaufbringung so verschärft, dass der Rückgewähranspruch gegen den Gesellschafter auch jederzeit fällig sein muss oder durch die Gesellschaft fällig gestellt werden kann. Auf diese Weise fallen Darlehensforderungen, die z. B. erst nach fünf Jahren fällig werden und bei denen die Prognose der „Vollwertigkeit" daher ex ante nur schwierig zu treffen ist, aus dem Anwendungsbereich der Vorschrift heraus. Einleuchtend. Zudem ist das „Hin- und Herzahlen" künftig in der Anmeldung offenzulegen, damit der Registerrichter tatsächlich prüfen kann, ob die Voraussetzungen des § 19 Abs. 5 GmbHG auch erfüllt werden. Die unterlassene Offenlegung hindert aber, so die ausdrückliche und mit Bedacht gewählte Formulierung, die Erfüllungswirkung nicht. Anders als bei der verdeckten Sacheinlage mit seiner Anrechnungswir-

---

243) *Mülbert*, WM 2006, 1977, 1984.
244) *Grothaus/Halberkamp*, GmbHR 2005, 1317, 1320; *Wessels,* Aufsteigende Finanzierungshilfen in GmbH und AG, ZIP 2004, 793, 795.
245) *Kallmeyer*, DB 2007, 2755, 2756.
246) *Drygala*, ZIP 2007, 561, 563, möchte die ganze Unterscheidung zwischen verdeckter Sacheinlage und Hin- und Herzahlung aufgeben; dann müsste diese Darlehensrückzahlungsforderung gegen den Gesellschafter sacheinlagefähig – und folglich auch der verdeckten Sacheinlage zugänglich sein; ähnlich *Bormann*, Die Kapitalaufbringung nach dem RegE des MoMiG, DStR 2007, 897, 903; ähnlich Handelsrechtsausschuss des DAV.

kung bedient sich die Regelung zur Hin- und Herzahlung des Mechanismus der Erfüllungswirkung. Das ist nicht wirklich schön.

2.6 Kapitalerhaltung – Darlehen des Gesellschafters (Eigenkapitalersatz)[247]

2.6.1 Legal capital has no future?

Mülbert sagt, es handele sich bei den Eingriffen des MoMiG in das Regime des Haftkapitals weniger um eine Reform, als um einen Systemwechsel.[248] Das geltende Haftkapital gerät im weltweiten Wettbewerb der Rechtsordnungen unter Rechtfertigungsdruck: Sind die ökonomischen Kosten dieses Systems gerechtfertigt?[249] Hat das Haftkapitalsystem noch eine Zukunft? John Armour, *lecturer* an der University of Cambridge, schreibt:

„...*legal capital has no future as a body of mandatory rules of European private company law. Legal capital rules are a form of primitive regulatory technology which, as a matter of theory, is likely to generate more costs than benefits.*"[250]

Trotz solch schroffer Aussagen, die kontinuierlich von Albion herüberschallen,[251] ist die Grundfrage schwer eindeutig zu beantworten.

Vielleicht braucht man nicht „alles oder nichts" zu entscheiden, sondern kann unser Haftkapitalsystem beibehalten und es zugleich verbessern. Besonders das Recht der eigenkapitalersetzenden Gesellschafterdarlehen ist abschreckend kompliziert, teuer und damit zur Belastung für das ganze System geworden. Es hat zu viele Jahresringe angelegt. Das geltende Recht leidet unter einem hochkomplexen[252] Nebeneinander der gesetzlichen „Novellenregeln" in §§ 32 a, b GmbHG, 39 Abs. 1 Nr. 5, 135 InsO und der auf einer analogen Anwendung der §§ 30, 31 GmbHG basierenden „Rechtsprechungsregelung" (Aufstand der Makulatur gegen das Gesetz). Das Ergebnis ist unübersichtlich und redundant – die tragenden dogmatischen Gründe sind verschwommen,[253] es handelt sich international um

---

247) Aus der letzten Zeit nur *Huber/Habersack*, BB 2006, 1 ff.; *Grunewald/Noack*, GmbHR 2005, 189, 194; *Cahn*, Gesellschafterfremdfinanzierung und Eigenkapitalersatz, AG 2005, 217; *Altmeppen*, Änderungen der Kapitalersatz- und Insolvenzverschleppungshaftung aus „deutsch-europäischer" Sicht, NJW 2005, 1911 (Anfechtungsfrist 2 Jahre); *Escher-Weingart*, Reform durch Deregulierung im Kapitalgesellschaftsrecht, „Kapitalerhaltung: auf ex post umstellen" S. 242; *K. Schmidt*, Eigenkapitalersatz, oder: Gesetzesrecht versus Rechtsprechungsrecht? ZIP 2006, 1925.

248) *Mülbert*, WM 2006, 1977, 1978.

249) *Roth*, Qualität und Preis am Markt für Gesellschaftsformen, ZGR 2005, 348; siehe auch den Konferenz-Band: *Schön/Eidenmüller* (Hrsg.), Efficient Creditor Protection, in: European Company Law, wo diese Fragen ausführlich erörtert werden – European Business Organization Review (EBOR) Vol. 7, 2006/1; zweifelnd: *Engert*, Die Wirksamkeit des Gläubigerschutzes durch Nennkapital – Überprüfung anhand von Daten der Creditreform Rating AG und weiteren Rechtstatsachen, GmbHR 2007, 337; ebenf. zweifelnd am deutschen System: *Eidenmüller*, ZGR 2007, 168, 183.

250) *Schön/Eidenmüller* (Hrsg.), Legal Capital: An Outdated Concept?, in: Efficient Creditor Protection in European Company Law – European Business Organization Review (EBOR) Vol. 7, 2006/1, S. 5 ff.

251) So schon *Seibert*, Verhandlungen des 16. Deutschen Juristentages 2006, Band II/2 Diskussion, P 156.

252) Komplexitätsreduktion s. auch *Mülbert*, WM 2006, 1977, 1978.

253) *Cahn*, AG 2005, 217, 222.

einen Sonderweg[254] und das Ergebnis überfordert den durchschnittlichen GmbH-Gesellschafter und Geschäftsführer völlig.[255] Dies alles ist überflüssig, denn die geltende doppelgleisige Regelung überschattet das ganze Leben der GmbH, während es rechtspolitisch völlig ausreicht, allein am Ende, bei der Insolvenz anzusetzen.[256] Die Novellenregeln sind daher wesentlich vereinfacht und komplett in das Insolvenzrecht überführt worden; die Rechtsprechungsregeln sind ganz abgeschafft worden[257].

2.6.2 Rangrücktritt und Insolvenzanfechtung[258]

Die Reform ist in diesem Punkt sehr gründlich wissenschaftlich vorbereitet worden, vor allem von *Huber/Habersack*.[259] Kern der Neuregelung ist der Rangrücktritt von Rückzahlungsansprüchen aus Gesellschafterdarlehen in der Insolvenz (§ 39 Abs. 1 Nr. 5 InsO).[260] Diese Lösung simplifiziert stark. Kapitalersetzende Gesellschafterdarlehen gibt es nicht mehr.[261] Die Begriffe kapitalersetzend[262] und Krise sind gestrichen. Der RefE hierzu ist in den Stellungnahmen ganz überwältigend begrüßt worden, auch der DJT 2006 hat dies bestätigt (141:3:5)! Dass das GmbH-Recht damit auf den Entwicklungsstand von 1938 zurückkehre,[263] ist eine inhaltsleere Insinuation. Trotz der großen Zustimmung zum RefE ist der Regierungsentwurf noch klarer formuliert und technisch weiter verbessert worden.[264]

Die Konsequenz ist: Es bedarf keiner „Finanzierungsentscheidung in der Krise" mehr. Der Entwurf wischt die „jahrzehntelang diskutierte Finanzierungs-(folgen)verantwortung als tragenden Grund für die Nachrangigkeit ... vom Tisch ..., die bloße Nähe zwischen Gesellschafter und Gesellschaft" reicht dem Entwurf aus, konstatiert *K. Schmidt*[265] und fügt kritisch hinzu, „nur weil sie so einfach feststellbar ist".

---

254) Zur jüngsten Rechtsentwicklung in Italien: *Bader*, GmbHR 2005, 1474, 1475 – mit einem dem hier vorgeschlagenen sehr ähnlichen Konzept für Gesellschafterdarlehen; zur GmbH-Reform in der Schweiz, wo ursprünglich Regeln über den Eigenkapitalersatz eingeführt werden sollten, was man dann aber fallen gelassen hat: *Drenckhan*, GmbHR 2006, 1190, 1194.

255) So auch *Hirte*, „nur noch für Experten zu durchschauen" in: Die Neuregelung des Rechts der (früher: kapitalersetzenden) Gesellschafterdarlehen, WM 2008, 1429, 1435.

256) *Cahn*, AG 2005, 217, 224.

257) So dezidiert *Huber/Habersack*, BB 2006, 1 ff.

258) *Schiffer*, Alea jacta est? Praxisanmerkungen zur vorgesehenen Deregulierung des Eigenkapitalersatzrechts, BB Spezial 7/2006 GmbH-Reform, S. 14; *Bayer/Graff*, Das neue Eigenkapitalersatzrecht nach MoMiG, DStR 2006, 1654; *Flitsch*, Der Eigenkapitalersatz vor dem Aus? Die geplanten Änderungen durch das Gesetz zur Modernisierung des GmbH-Rechts und zur Bekämpfung von Missbräuchen (MoMiG), DZWIR 2006, 397: Federstrich läßt ganze Bibliotheken zu Makulatur werden.

259) *Huber/Habersack*, ZGR Sonderheft 17, 2006, 370.ff.;

260) *Haas*, Gutachten 66. DJT (2006), S. E59, weist daraufhin, dass die dem Eigenkapitalersatz vergleichbaren ausländischen Rechte ebenfalls mit Rangrücktritt arbeiten.

261) *Noack*, DB 2007, 1395, 1397.

262) Sehr froh darüber *Claussen*, Gedanken und Erinnerungen an das Kapitalersatzrecht, in: FS H.P. Westermann (2008), S. 861, 868.

263) *Vossius*, NotBZ 2006, 373, 379.

264) Zustimmend *Noack*, DB 2007, 1395, 1397.

265) *K. Schmidt*, ZIP 2006, 1925, 1932 – er lobt den Entwurf, hält diesen Grund als Legitimation für die harten Sanktionen aber für nicht ausreichend.

2.6.3 Die Legitimation der Neukonzeption

Karsten Schmidt stellt damit die Frage nach der Legitimation des Rangrücktritts, die in der Folge lebhaft diskutiert wurde.[266] Dem wird man entgegenhalten können, dass es auch Meinungen gibt, die das Eigenkapitalersatzrecht mit demselben Argument in Frage stellen.[267] Dass es das Eigenkapitalersatzrecht schon lange gibt und schon viel Papier dazu beschrieben wurde, verleiht ihm noch keine überzeugende Rechtfertigung. Die Begründung der insolvenzrechtlichen Anfechtung einer Rückzahlung im Jahr vor der Insolvenzantragstellung ist unter Gerechtigkeitsaspekten unproblematisch.[268] Sie ist gerechtfertigt durch die mögliche Ausnutzung des Informationsvorsprungs des Gesellschafters, durch den Insidervorteil.[269] Problematisieren kann man höchstens den Rangrücktritt.[270] Die Frage der Legitimation der insolvenzrechtlichen Subordination sollte von der Wissenschaft aufgearbeitet werden,[271] der Gesetzgeber braucht hier nicht als Kommentator zu agieren: Legem enim brevem esse oportet . . . iubeat, non disputet.[272] *Haas* und *Oechsler* z. B. erklären,[273] der Nachrang sei Konsequenz der durch die Darlehensgewährung seitens des Gesellschafters verursachten Insolvenzverschleppung. *Haas* und ihm folgend *Hirte* verweisen ferner auf den rechtsvergleichenden Konsens zur Subordination.[274] *Huber* begründet sie mit dem Privileg der allseitigen Haftungsbeschränkung.[275] *Mülbert* fügt an, die Risikozuweisung an den Gesellschafter könne man damit erklären, dass der er aufgrund seiner früheren Finanzierungsleistung eben auch eher in der Lage sei, von exogenen Ereignissen zu profitieren, die in diesem Jahreszeitraum den Wert seiner Beteiligung erhöhen.[276] Ein guter Gedanke! Man sollte nicht vergessen: Der Gesellschafter leveraged mit dem Fremdkapital seinen Eigenkapitaleinsatz und erhöht damit – falls es gut geht – seine Renditechance auf das eingesetzte Kapital; falls es schlecht geht, hat er ein erhöhtes Ausfallrisiko.

2.6.4 Begriff des Kredits

§ 39 Abs. 1 Nr. 5 InsO spricht von Darlehen und wirtschaftlich einem Darlehen entsprechenden Handlungen. Man hätte noch weiter auf alle Gesellschafterforderungen abstellen können.[277] Da aber auch jede gestundete Forderung gleich aus welchem Rechtsgrund unter den Rangrücktritt fällt, greift die vorgesehene Regelung ausreichend weit.

---

266) *K. Schmidt*, in: *Scholz*, GmbHG (10. Aufl.), §§ 32a, 32b, Rz. 239; ihm folgend *Thiessen*, DStR 2007, 202, 206: „Vereinfachung ohne Begründung?"
267) Neue Dissertation von *Beck*, Kritik des Eigenkapitalersatzrechts, (2006), S. 389 und passim; *Rudolph*, Zur ökonomischen Analyse von Gesellschafterdarlehen, ZBB 2008, 82, der Eigenkapitalersatzrecht und Subordination gleichermaßen für ökonomisch kontraproduktiv erachtet.
268) Ebenso *Eidenmüller*, Gesellschafterdarlehen in der Insolvenz, in: FS Canaris (2007), S. 49, 61.
269) *Beck*, S. 394 und passim.
270) *Eidenmüller*, in: FS Canaris (2007), S. 60.
271) Ausführlicher Beitrag z. B. von *Huber*, in: FS Priester (2007), 259 ff.
272) Knapp soll ein Gesetz sein, es befehle und disputiere nicht – *Posidonius* (bei Seneca Epist. 94, 38) – ebenso *Noack*: „lex moneat, non doceat", DB 2007, 1395.
273) *Haas/Oechsler*, Missbrauch, Cash Pool und gutgläubiger Erwerb nach dem MoMiG, NZG 2006, 806, 808; und *Haas*, Gutachten 66. DJT, S. E51 ff.
274) *Haas*, Gutachten 66. DJT, E60) und *Hirte*, Verhandlungen des 66. DJT, Band II/1, P31.
275) *Huber*, in: FS Priester (2007), S. 259, 283; ebenso *Habersack*, ZIP 2007, 2145, 2147.
276) *Mülbert*, WM 2006, 1977, 1978.
277) dafür *Huber/Habersack*, BB 2006, 1, 2 dagegen *Bayer/Graff*, DStR 2006, 1654, 1657.

MoMiG

Es geht in der Neuregelung nicht nur um das klassische Darlehen, sondern um Kredite im weitesten Sinne. Es muss künftig nicht mehr danach gefragt werden, ob ein Kredit kapitalersetzend war oder nicht. Dieser und vor allem auch der unscharfe Begriff der „Krise"[278] werden aufgegeben. Gesellschafterdarlehen während des Lebens der gesunden GmbH werden behandelt und rückgezahlt wie alle anderen Darlehen auch. Nur am Ende, in der Insolvenz, greift das neue Recht. Mit Blick auf die sich abzeichnende Reform des Eigenkapitalersatzrechts und unter ausdrücklicher Bezugnahme auf diese Diskussion hat der Bundesgerichtshof diesen Weg schon vorgezeichnet,[279] so dass eine Verschlechterung der Situation des Darlehen gewährenden Gesellschafters sich durch das MoMiG in der Praxis kaum ergibt. Es ist mehr Theorie, dass innerhalb der Jahresfrist nachweisbar ein Darlehen zu Zeiten gewährt und zurückgezahlt wurde, als von Krise keine Spur war und die Insolvenz durch einen exogenen Schock danach ganz plötzlich auftrat.[280] In den meisten Fällen würde man schon vor dem MoMiG über die Figur des Stehenlassens des Kredits zur Anwendung der Eigenkapitalersatzgrundsätze und damit zum Rangrücktritt oder zur Rückzahlbarkeit kommen.[281]

Bei Austauschverträgen wird zu differenzieren sein: Bei Zug-um-Zug-Leistung kann der Anspruch des Gesellschafters nicht subordiniert (und damit die Zahlung anfechtbar) sein. Bei Zahlung im Rahmen normaler Zahlungsziele (max. drei Wochen) wohl auch nicht. Kreditiert der Gesellschafter aber den Anspruch aus dem Austauschvertrag über eine längere Zeit, so schlägt die Forderung in ein „Darlehen" i. S. d. Vorschrift um. Das mag von der Rechtsprechung weiter auszisehen werden.

2.6.5 Subordination und Abtretung

Mülbert[282] weist auf Folgefragen hin, die zu klaren bleiben, z. B. wie der Fall zu behandeln ist, dass der subordinierte Gläubiger seinen Anspruch vor Stellung des Insolvenzantrags an einen Dritten abtritt (im Ergebnis kann dieser Fall natürlich nicht zur Besserstellung des Zedenten führen), und was zu geschehen hat, wenn der der Gesellschaftsanteil kurz vor Stellung des Insolvenzantrags abgetreten wird (auch hierdurch, eine typische Bestattungskonstellation, kann der Gesellschafter/Gläubiger sich nicht von der Subordination seiner Forderung befreien). Dies wird man aber wohl kaum alles im Gesetz regeln können, sondern der Rechtsprechung überlassen müssen.

2.6.6 Folgewirkungen auf die steuerliche Behandlung nachträglicher Anschaffungskosten

Hölzle[283] und *Waclawik*[284] haben dargelegt, dass die Aufhebung des Eigenkapitalersatzrechts mit Blick auf die steuerliche Figur der Anschaffungskosten bei Anteilsveräußerung

---

278) Siehe BGH, Urt. v. 3. 4. 2006 – I ZR 332/05, DStR 2006, 1144: Kriterien für die Krisenbestimmung.
279) BGH Urt. v. 30. 1. 2006 – II ZR 357/03, ZIP 2006, 466 = NZG 2006, 263: Keine Berufung des Gesellschafters auf Wegfall der Durchsetzungssperre bei Leistung der Gesellschaft auf ein Gesellschafterdarlehen, das zuvor einmal kapitalersetzend gewesen war, im letzten Jahr vor Insolvenzantrag, mit zust. Anmerkung von *Noack*, EWiR § 135 InsO, 1/2006, 247 f.
280) *Mülbert*, WM 2006, 1977, 1978; kritisch wegen der unflexiblen Rangrücktrittslösung aber *Spindler*, NJW 2006, 839, 845.
281) *Mülbert*, WM 2006, 1977, 1978; *Noack*, DB 2006, 1475, 1480.
282) *Mülbert*, WM 2006, 1977, 1981.
283) *Hölzle*, Nachträgliche Anschaffungskosten auf Kapitalbeteiligungen in der Fassung des RegE-MoMiG, DStR 2007, 1185.

keine Probleme bereitet: Jedes Gesellschafterdarlehen, mit dem der Gesellschafter in der Insolvenz der Gesellschaft ausfällt, sei künftig mit dem Nennwert bei den nachträglichen Anschaffungskosten steuerlich zu berücksichtigen.

2.6.7 Zinsen, Mieten, Nutzungsüberlassung

Nach der Formulierung des MoMiG sind Ansprüche auf Zinsen aus Gesellschafterdarlehen nicht von der Subordinierung erfasst, und auch nicht Mietzinsen bei Nutzungsüberlassungen.[285] Anders ist der Fall natürlich zu sehen, wenn Darlehenszinsen oder Mietzinsen ihrerseits wieder stehengelassen und damit kreditiert wurden.[286] Es sprach einiges dafür, dass mit der Aufgabe des Eigenkapitalersatzrechts auch die – ohnehin dünne – dogmatische Grundlage für die Einbeziehung der Nutzungsüberlassung, die früher unentgeltlich wurde, entfallen wäre.[287] Bislang konnte der Insolvenzverwalter in der Krise gezahlte Mietzinsen anfechten und die weitere unentgeltliche Überlassung der Sache verlangen – bis zum Ende der Vertragslaufzeit.

Das kann man befürworten oder kritisieren. Der 66. DJT hat sich mit großer Mehrheit gegen die Erstreckung des sachlichen Anwendungsbereichs auf die Nutzungsüberlassung ausgesprochen. Die Betriebsaufspaltung wird durch die Neuregelung allerdings gestärkt. In der Regel wird der Insolvenzverwalter ein Wahlrecht haben, ob er kündigen oder fortsetzen möchte.[288] Der Insolvenzverwalter kann aber nur zwischen entgeltlicher Weiternutzung oder Aufgabe des Nutzungsrechts wählen (§ 103 InsO). Wählt er Nichterfüllung oder ist das Mietverhältnis abgelaufen, hat der Eigentümer ein Aussonderungsrecht.

Das verkürzt die Sanierungschancen und kann sogar zur Masseunzulänglichkeit führen.[289] Andererseits ist es nach Gerechtigkeitsgesichtspunkten jedenfalls nicht eindeutig begründbar, weshalb dem Gesellschafter ein so weitgehender Sanierungs-Beitrag abgefordert werden darf. Die Nutzungsüberlassung ist im Grunde eine Nachschusspflicht.[290]

---

284) *Waclawik*, Fernwirkungen des MoMiG auf den Umfang nachträglicher Anschaffungskosten, ZIP 2007, 1838.

285) *Haas*, Die Reform des Kapitalersatzrechts, DB Beilage, Status:Recht, Heft 7–8/2007, S. 241; diese Folge befürwortend *Mülbert*, WM 2006, 1977, 1979; *Habersack*, ZHR 170 (2006), 607, 613.

286) Richtig *Habersack*, Gesellschafterdarlehen nach dem MoMiG – Anwendungsbereich, Tatbestand und Rechtsfolgen der Neuregelung, ZIP 2007, 2145, 2150; anders *Hölzle*, Gesellschafterfremdfinanzierung und Kapitalerhaltung im Regierungsentwurf des MoMiG, GmbHR 2007, 729, 735, der meint Mietzinsansprüche seien in der Folge der Verstrickung des Gesellschafters in die Finanzierungsfolgenverantwortung kreditiert, sie entsprächen damit „wirtschaftlich" wenn auch nicht rechtsdogmatisch einer Darlehensgewährung. Das ist fraglich, denn eine Finanzierungsfolgenverantwortung gibt es nicht mehr.

287) Zustimmend *Kallmeyer*, DB 2007, 2755, 2758; *Habersack*, ZIP 2007, 2145, 2151; *K. Schmidt*, ZIP 2006, 1925, 1928, 1933 meint, da es jetzt gar keine Regelung mehr dazu gebe, könne man abwarten, ob die Rspr. dieses Vakuum füllt; *ders.*, GmbHR 2007, 1072, 1076; *Wälzholz*, Die insolvenzrechtliche Behandlung haftungsbeschränkter Gesellschaften nach der Reform durch das MoMiG, DStR 2007, 1914, 1920: „die gesamte Lagergrundstücksrechtsprechung des BGH ist ...nicht mehr gedeckt"; auch *Noack*, DB 2006, 1475, 1481; *Schröder/Grau*, Plädoyer für die Krise – ein Beitrag zur geplanten Reform des Eigenkapitalersatzrechts durch das MoMiG, ZInsO 2007, 353, 354; *Gehrlein*, Die Behandlung von Gesellschafterdarlehen durch das MoMiG, BB 2007, 846, 851.

288) Ausf. *Bayer/Graff*, DStR 2006, 1654, 1659.

289) *Heinze*, Die (Eigenkapital ersetzende) Nutzungsüberlassung in der GmbH-Insolvenz nach dem MoMiG, ZIP 2008, 110, 112.

290) *Habersack*, ZIP 2007, 2145, 2151.

2.6.8 Die endgültige Regelung zur Nutzungsüberlassung (§ 135 InsO)[291]

Österreich hat mit seinem EKEG (Eigenkapitalersatz-Gesetz)[292] eine insgesamt sehr viel restriktivere Regelung des Eigenkapitalersatzes getroffen, als das deutsche Recht sie kannte. Was die Gebrauchsüberlassung betrifft, ist durch das EKEG in die österr. Konkursordnung ein § 26a eingefügt worden, der folgenden Inhalt hat:

> *„Wurde dem Schuldner von einem nach EKEG erfassten Gesellschafter eine Sache zum Gebrauch überlassen, so kann die Sache vor Ablauf von einem Jahr ab der Konkurseröffnung nicht zurückgefordert werden, wenn dadurch die Fortführung des Unternehmens gefährdet wäre . . ."*

Diese Problemlösung wurde dem Rechtsausschuss des Deutschen Bundestages als Kompromiss unterbreitet und wurde in angepasster Form übernommen: In § 135 Abs. 3 InsO findet sich nunmehr eine auf ein Jahr beschränkte entgeltliche Weiternutzungsberechtigung, selbst wenn die der Nutzungsüberlassung zugrundeliegende schuldrechtliche causa beendet ist. Ein zu zahlendes Entgelt ist Masseverbindlichkeit. Häufig wird man aber feststellen: Für den Gegenstand wurde kein Entgelt bezahlt, es war vielleicht vereinbart, wurde aber nicht wirklich ausbezahlt – von Anfang an oder zumindest in den Monaten der kommenden Krise. In diesen Fällen kann das Entgelt auch für die Nutzungsüberlassung reduziert sein oder ganz entfallen. Die Regelung stellt nicht auf die Papierform, sondern auf das tatsächlich Gezahlte ab.

Damit ist der gesamte sehr unscharfe Bereich der Nutzungsüberlassung klar und relativ restriktiv geregelt. Siehe im Übrigen die ausführliche Begründung im Bericht des Rechtsausschusses, S. 102, 106, 255.

2.6.9 Die Insolvenzanfechtung – einjährige Anfechtungsfrist

Ist das Darlehen im Jahr vor Stellung des Insolvenzantrags zurückgezahlt worden, ist konsequenterweise die Insolvenzanfechtung eröffnet. Teilweise wird eine Verlängerung der Frist auf zwei Jahre gefordert,[293] dies hat auch der DJT 2006 mit knapper Mehrheit gefordert (64:48:22), teilweise wird sogar einer dreijährigen Frist das Wort geredet.[294] Das ließe Härten für die Gesellschafter, die in der groben Vereinfachung der Regelung liegen, aber schärfer hervortreten. Denn die unterschiedslose Subordination kann natürlich auch Fälle betreffen, in denen eine Darlehensrückzahlung erfolgte, als von einer Krise keine Rede war – bei einer Einjahresfrist dürfte es sich dabei allerdings um ganz seltene krasse Ausnahmefälle handeln. Bei einer zweijährigen Frist wäre das schon anders. Man müsste dann konsequenterweise dem Gesellschafter einen Gegenbeweis zubilligen, dass eine Krise nicht vorgelegen habe. Dies würde aber den Krisenbegriff, den ganzen Ballast des Eigenkapitalersatzrechts, den wir zur Tür hinausgeworfen haben, zum Fenster wieder hereinlassen.[295] Auch der DJT hat sich – knapp – gegen diese Aufweichung ausgesprochen (59:63:15). Es wäre auch falsch, die Einjahresfrist nicht ab Antragstellung, sondern ab Insolvenzreife zu

---

291) *K. Schmidt*, Nutzungsüberlassung nach der GmbH-Reform, Rätsel oder des Rätsels Lösung? DB 2008, 1727 ff.
292) Gesetz v. 28. 10. 2003.
293) *Bayer/Graff*, DStR 2006, 1657; *Altmeppen*, NJW 2005, 1911, 1914.
294) *Thiessen*, Eigenkapitalersatz ohne Analogieverbot – eine Alternativlösung zum MoMiG-Entwurf, ZIP 2007, 253, 259.
295) *Seibert*, Verhandlungen des 66. DJT, Bd. II/2 Diskussion, P266.

berechnen.²⁹⁶⁾ Allerdings wird teilweise auf die Möglichkeit der Vorsatzanfechtung nach § 133 InsO hingewiesen (zweijährige Frist).²⁹⁷⁾

Es ist vorhersehbar, aber nicht von vorneherein zu beanstanden, dass Gesellschafter durch zusätzliche Kredite (wohldosierte Liquiditätszufuhr) die Gesellschaft über die Jahresfrist retten, damit größere Rückzahlungen unanfechtbar werden. *Ekkenga* sieht darin allerdings einen gewissen Anreiz zur Insolvenzverschleppung.²⁹⁸⁾

2.6.10 Nutzungsüberlassung und Anfechtung

Verschiedentlich ist gefragt worden, ob die Rückgabe eines Vermögensgegenstandes vor Insolvenzeröffnung der Anfechtung unterliegen könne.²⁹⁹⁾ Was die Nutzungsüberlassung in der Insolvenz betrifft, so sagt § 135 Abs. 3 InsO kein Wort zu einer Anfechtung für den Fall, dass ein überlassener Vermögensgegenstand im Jahr vor der Insolvenz zurückgewährt worden ist. Im Gesetzgebungsverfahren war eine solche auch keineswegs beabsichtigt. Die Rechtsprechung könnte also allenfalls im Wege der Analogie ein Anfechtungsrecht entwickeln. Das ist natürlich weder vorzusehen noch auszuschließen, auch wenn die Gesetzgebungshistorie dem widerspricht. Die Rechtsprechung müsste sich freilich mit dem gewichtigen Problem auseinandersetzen, dass die ratio des Absatzes 3 ist, dass dem Unternehmen in der Insolvenz nicht Gegenstände entzogen werden, die dringend für seine Fortführung benötigt werden. Wenn ein solcher Gegenstand aber längere Zeit, sagen wir sechs, acht oder zehn Monate vor dem Insolvenzantrag der Gesellschaft entzogen worden ist, so wird dieser Zusammenhang immer fraglicher und das Unternehmen, das in die Insolvenz ging, war bereits ein anderes.

Man wird sich ferner damit auseinandersetzen müssen, dass die Schutzrichtung nicht völlig parallel verläuft. Die Anfechtung eines rückgewährten Gesellschafterdarlehens findet ihre rechtspolitische Rechtfertigung darin, dass der Gesellschafter unter Nutzung eines typischerweise vorhandenen Insidervorteils Gelder abgezogen hat, auf die er andernfalls nur noch die Quote bekommen hätte. Bei der Nutzungsüberlassungsregelung nach Absatz 3 droht dem Gesellschafter aber gar nicht die Quote, er bekommt seine Sache in jedem Fall zurück; zwar nicht sofort – aber dafür erhält er ja auch das vereinbarte Entgelt.

2.6.11 Zuständigkeitskonzentration

Um dem Insolvenzverwalter die Rechtsverfolgung zu erleichtern, ist im Gesetzgebungsverfahren vorgesehen worden, dass der Gerichtsstand der Mitgliedschaft (§ 22 ZPO) auch für insolvenzrechtliche Klagen des Insolvenzverwalters gegen Gesellschafter eröffnet ist, insbesondere also für Anfechtungsklagen. Er braucht Klagen nicht am Wohnsitz des Gesellschafters anhängig zu machen, sondern kann sie am Gesellschaftssitz erheben. Entstanden war der Gedanke wegen der Abschaffung des Eigenkapitalersatzrechts und Einführung der Anfechtungsklage nach § 135 InsO wegen Rückzahlungen auf Gesellschafterdarlehen. Die Vorschrift ist aber weit gefasst und gilt ganz allgemein.

---

296) *Bitter*, These 1, Vortrag v. 23. 3. 2007 am 4. Insolvenzrechtstag; dagegen: *Gehrlein*, BB 2008, 846, 852.
297) *Gehrlein*, BB 2008, 846, 852.
298) *Ekkenga*, Eigenkapitalersatz und Risikofinanzierung nach künftigem GmbH-Recht, WM 2006, 1986.
299) Problematisiert von *K. Schmidt*, DB 2008, 1727, 1734.

2.6.12 Sicherheiten und Zehnjahresfrist

Von einigen Kritikern ist geltend gemacht worden, die vorgesehene Fassung von § 135 Abs. 1 Nr. 1 InsO führe hinsichtlich der Anfechtbarkeit von Sicherungen, die die Gesellschaft im Zeitraum von zehn Jahren vor Insolvenz für ein Gesellschafterdarlehen gewährt hat, zu einer Verschärfung gegenüber der geltenden Rechtslage. Bisher seien lediglich Sicherungen anfechtbar, die zum Zeitpunkt der Krise gewährt wurden, künftig hingegen jede Sicherheit im Zeitraum von zehn Jahren vor der Insolvenz.

§ 135 Nr. 1 InsO lautet in der bisher geltenden Fassung wie folgt:

„Anfechtbar ist eine Rechtshandlung, die für die Forderung eines Gesellschafters auf Rückgewähr eines kapitalersetzenden Darlehens oder für eine gleichgestellte Forderung (...) Sicherung gewährt hat, wenn die Handlung in den letzten zehn Jahren vor dem Antrag auf Eröffnung des Insolvenzverfahrens oder nach diesem Antrag vorgenommen worden ist".

Der MoMiG-E sah demgegenüber folgende Fassung vor:

„Anfechtbar ist eine Rechtshandlung, die für die Forderung eines Gesellschafters auf Rückgewähr eines Darlehens im Sinne des § 39 Abs. 1 Nr. 5 oder für eine gleichgestellte Forderung (...) Sicherung gewährt hat, wenn die Handlung in den letzten zehn Jahren vor dem Antrag auf Eröffnung des Insolvenzverfahrens oder nach diesem Antrag vorgenommen worden ist".

Im Unterschied zur früheren Rechtslage verzichtet das Gesetz in § 135 Nr. 1 InsO auf die Einschränkung „kapitalersetzend", im Übrigen bleibt der Wortlaut der Regelung unverändert. Daraus folgt, dass es für die Anfechtbarkeit einer Sicherheitsbestellung für ein Gesellschafterdarlehen im Zehnjahreszeitraum vor der Insolvenz künftig tatsächlich (wie auch bei den sonstigen Regelungen zu Gesellschafterdarlehen) nicht mehr darauf ankommt, ob das Darlehen zu irgendeinem Zeitpunkt „Eigenkapitalersatzfunktion" hatte.

Die Konsequenzen hieraus sind aber keineswegs gravierend. Es ist ja nicht so, dass nach bisheriger Rechtslage auf Grundlage von § 135 Nr. 1 InsO lediglich Sicherheiten anfechtbar waren, die zum Zeitpunkt einer bestehenden Krise gegeben worden waren. Nach der herrschenden Meinung ist es vielmehr unerheblich gewesen, ob das besicherte Gesellschafterdarlehen im Zeitpunkt der Bestellung der Sicherheit bereits kapitalersetzend war; es soll vielmehr ausreichend gewesen sein, dass es bis zur Eröffnung des Insolvenzverfahrens kapitalersetzend geworden ist.[300] Es ist also keineswegs so, dass sich ein Gesellschafter, dem eine Sicherheit für sein Darlehen zu einem Zeitpunkt bestellt worden ist, zu dem dieses keine Eigenkapitalersatzfunktion hatte, auf Grundlage des bisherigen Rechts sicher sein konnte, im Fall einer nachfolgenden Insolvenz hinsichtlich der Sicherheitsbestellung keiner Anfechtung nach § 135 Nr. 1 InsO ausgesetzt zu sein. Es reichte vielmehr bereits aus, dass innerhalb der nachfolgenden zehn Jahre das Insolvenzverfahren eröffnet wurde und das Darlehen zwischenzeitlich durch „Stehenlassen" Eigenkapitalersatzfunktion erlangt hatte. Eine Schlechterstellung ist also durch das neue Recht nicht anzuerkennen.

Selbst wenn man die 10-Jahres-Frist aber verkürzt und damit einzelne Fälle von der Anfechtbarkeit ausgeschlossen hätte, wäre zu bedenken gewesen, dass dem Gesellschafter

---

300) *K. Schmidt*, in: *Scholz*, GmbHG (10. Aufl.), §§ 32a, 32b Rz. 73; *Stodolkowitz*, in: MünchKomm-InsO, § 135 Rz. 75; *Paulus*, in: *Kübler/Prütting*, InsO, § 135 Rz. 28.

damit nicht vollständig geholfen worden wäre. Zwar müsste die Sicherung dann nicht aufgehoben werden, es bliebe aber dabei, dass nach verbreiteter Auffassung zumindest eine abgesonderte Befriedigung aus der Sicherung wegen der Nachrangigkeit der gesicherten Forderung (hier: Gesellschafterdarlehen, § 39 Abs. 1 Nr. 5 InsO) nicht zulässig wäre.[301]

2.6.13 Passivierungspflicht im Insolvenzstatus (§ 19 Abs. 2 InsO)

Der RegE ging von folgender Überlegung aus: Da die Rückerstattungsansprüche aus Gesellschafterdarlehen und vergleichbaren Handlungen ohnehin generell in der Insolvenz nachrangig sind, bestehe konsequenterweise kein Bedürfnis dafür, diese Forderungen in der Überschuldungsbilanz als Passiva anzusetzen.[302] Eine solche Gesellschafterforderung brauche nicht die Insolvenzantragspflicht auszulösen. Damit sollte für die Praxis vieles vereinfacht[303] und sollten viele Streitfragen um die korrekte und den Anforderungen der Rspr. genügende Formulierung eines Rangrücktritts oder „qualifizierten Rangrücktritts" entschärft werden.[304] Die Neuregelung des RegE war einfach und der Rangrücktritt der Gesellschafterfremdfinanzierung hätte im Regelfall keine Fragen aufgeworfen. Deshalb und auch zur unmissverständlichen Klarstellung des eigentlich Selbstverständlichen, war in § 19 Abs. 2 InsO vorgesehen, dass solche Forderungen „nicht bei den Verbindlichkeiten nach Satz 1 zu berücksichtigen" seien.

2.6.14 Ausnahmen; wirtschaftlich vergleichbare Forderungen

Man muss aber einräumen, dass der RegE nicht ganz so einfach wie eigentlich erwünscht war. Zunächst sah er die automatische Herausnahme aus der Überschuldungsbilanz nicht bei Forderungen von Kleingesellschaftern oder Sanierungskrediten vor, da diese dem Rangrücktritt nicht unterliegen. Der Regierungsentwurf erstreckte (anders als noch der RefE) die Freistellung von der Aufnahme in die Überschuldungsbilanz aber auch nicht auf „wirtschaftlich vergleichbare Forderungen", bei denen nicht eindeutig genug feststellbar ist, welche Forderungen das sind. Es schien in diesen Fällen sinnvoll, dass die Beteiligten sich unmissverständlich festlegen: Wollen sie diese Forderungen nicht in den Status aufnehmen, so müssen sie einen eindeutigen Rangrücktritt vereinbaren. Dieser Zwang zur Entscheidung klärt die Rechtslage und hilft späteren Streit vermeiden, ob die betreffende Forderung tatsächlich vergleichbar und also subordiniert war oder nicht. Dieser Entscheidungsdruck scheint in der Praxis hilfreich zu sein.

Dieses gespaltene Regelungskonzept war, wie *K. Schmidt* formuliert, *„rechtspolitisch nicht unvertretbar. Aber (so fragte er) kann es überzeugen?"*[305] Er meint, dass die Unsicherheit letztlich zu Lasten der für die Auszahlungen haftenden Geschäftsführer gehe. Im Gesetzgebungsverfahren war die Regelung umstritten (Anhörung . . .), weil sie zu einer zeitlichen

---

301) Vgl. *K. Schmidt*, in: *Scholz*, GmbHG (10. Aufl.), §§ 32a, 32b Rz. 61.
302) *Habersack*, Editorial, in: ZHR 170 (2006) 607, 612.
303) *Flitsch*, DZWIR 2006, 397, 398; *Gehrlein*, BB 2008, 846, 847.
304) S. zuletzt *K. Schmidt*, Rangrücktritt bei Gesellschafterdarlehen: Problem gebannt?, DB 2006, 2503; *Groh*, Der qualifizierte Rangrücktritt in der Überschuldungs- und Steuerbilanz der Kapitalgesellschaft, DB 2006, 1286; ausf. *Böcker*, Die Überschuldung im Recht der Gesellschaft mit beschränkter Haftung (2001), S. 215 ff.
305) *K. Schmidt*, Entbehrlicher Rangrücktritt im Recht der Gesellschafterdarlehen? Kritik an § 19 Abs. 2 E-InsO im MoMiG-Entwurf, BB 2008, 461.

Verzögerung von Insolvenzanträgen und mehr masselosen Insolvenzen führen könne.[306] Auch der 66. DJT sprach sich mit seinem Votum (109:15:11) gegen die Entwurfsregelung aus.[307]

Im Laufe des Gesetzgebungsverfahrens ist deshalb vorgesehen worden, dass trotz Subordination ein Gesellschafterdarlehen oder eine vergleichbare Forderung nur bei eindeutiger Rangrücktrittserklärung nicht in die Überschuldungsbilanz aufgenommen zu werden braucht. Dem § 19 Abs. 2 InsO ist angefügt worden: „... für die ... zwischen Gläubiger und Schuldner der Nachrang ... hinter ... § 39 Abs. 1 Nr. 1 bis 5 ... vereinbart worden ist." Das wird mehr Klarheit für alle bringen – siehe dazu ausführlich den Bericht des Rechtsauschusses, S. 104 ff., 250. Diese Änderung fügt sich problemlos dem durch das Finanzmarktstabilisierungsgesetz (FMStG) geänderten Absatz 2 des § 19 InsO an.

2.6.15 Die Abschaffung der Rechtsprechungsregeln[308]

Die so genannte Rechtsprechungsregeln sind ausdrücklich abgeschafft worden.[309] Es handelt sich um eine gesetzlich verordnete Rechtsrückbildung[310] („Nichtanwendungserlass",[311] „Retourkutsche"[312]). Dies sagte der RefE in § 30 Abs. 1 GmbHG deutlich,[313] wie manche meinten überdeutlich:[314]

> „Satz 1 ist zudem auf die Rückgewähr eines Gesellschafterdarlehens auch dann nicht anzuwenden, wenn das Darlehen der Gesellschaft in einem Zeitpunkt gewährt worden ist, in dem Gesellschafter der Gesellschaft als ordentliche Kaufleute Eigenkapital zugeführt hätten; gleiches gilt für Leistungen auf Forderungen aus Rechtshandlungen, die einer solchen Darlehensgewährung wirtschaftlich entsprechen."

Es ist eingewandt worden, dass diese Formulierung für den heutigen Leser, der die Rechtsprechungsregeln noch einigermaßen kennt, verständlich sei, für einen künftigen Leser aber dunkel und seltsam wirken müsse. *K. Schmidt* schlug als kürzere Formulierung vor: „Satz 1 ist nicht anzuwenden auf Rechtshandlungen i. S. v. § 135 Abs. 2 InsO, §§ 6, 6a AnfG."[315] Bayern und andere schlugen vor: „Auf Gesellschafterdarlehen ist Satz 1 nicht anzuwenden".

---

306) *Poertzgen*, Die künftige Insolvenzverschleppungshaftung nach dem MoMiG, GmbHR 2007, 1258, 1263; *Haas* ZInsO 2007, 617, 627.
307) *Habersack*, Editorial, in: ZHR 170 (2006) 607, 612 – a.A. aber *K Schmidt*, ZIP 2006, 1925, 1928, 1931.
308) Zu diesen zuletzt: *Wenzel*, Die Fortgeltung der Rechtsprechungsregeln zu den eigenkapitalersetzenden Gesellschafterdarlehen (2005), der Autor hält die Fortgeltung für eine Rechtsfortbildung contra legem, S. 100.
309) Auch *Fastrich*, in: FS *Zöllner* (1998), S. 143, 151.
310) *K. Schmidt*, ZIP 2006, 1925, 1930.
311) *Hölzle*, GmbHR 2007, 729, 732.
312) *Bork*, ZGR 2007, 250, 264.
313) *K. Schmidt*, ZIP 2006, 1925, 1930: „Die Regelung ist so konsequent wie weittragend."
314) Mit der Formulierung: „Satz 1 ist zudem auf die Rückgewähr eines Gesellschafterdarlehens auch dann nicht anzuwenden, wenn das Darlehen der Gesellschaft in einem Zeitpunkt gewährt worden ist, in dem Gesellschafter der Gesellschaftgesellschaft als ordentliche Kaufleute Eigenkapital zugeführt hätten ..." zum Verständnis dieser Verneinung von etwas, was gar nicht im Gesetz geregelt ist *Römermann*, GmbHR 2006, 673, 677.
315) *K. Schmidt*, ZIP 2006, 1925, 1931.

Das Gesetz sagt nun in § 30 kurz:

> „Satz 1 ist zudem nicht anzuwenden auf die Rückgewähr eines Gesellschafterdarlehens und Leistungen auf Forderungen, die einem Gesellschafterdarlehen wirtschaftlich entsprechen."

Damit ist klar: Rückzahlungen auf Gesellschafterdarlehen werden generell nicht mehr nach Kapitalerhaltungsgesichtspunkten betrachtet, sondern nach anfechtungsrechtlichen Regeln.

Ekkenga vertritt die Auffassung, dass ein Gesellschafterdarlehen z. B. dann nicht unter diese Negativklausel fallen dürfe, wenn es mit einem qualifizierten Rangrücktritt im Sinne der BGH-Rechtsprechung ausgestattet ist. Entsprechendes müsse auch immer dann gelten, wenn der Gesellschafter sich der Möglichkeit begeben habe, das Darlehen einseitig zurückzufordern.[316]

2.6.16 Schutzlücken?

Es ist einzuräumen und beruht auf bewusster Entscheidung: Mit der Abschaffung der Rechtsprechungsregeln sind einige Regelungen, die bisher dem Gläubigerschutz zugeordnet wurden, weggefallen.[317]

1. Der Geschäftsführer wird die Rückzahlung eines nach geltendem Recht kapitalersetzenden Darlehens gegenüber dem Gesellschafter künftig nicht mehr generell verweigern oder die Rückerstattung zurückgezahlter Darlehen verlangen können – man sollte sich aber darüber im Klaren sein: Die Erwartung eines „den Rücken gerade machen" gegenüber der Konzernmutter oder dem beherrschenden Gesellschafter geht oft an der Lebenswirklichkeit vorbei. Der Verlust an Gläubigerschutz wird freilich kompensiert.[318] Liegt ein Ausplünderungsfall gem. § 64 Satz 3 GmbHG-neu vor, darf und muss der Geschäftsführer die Mitwirkung verweigern.

2. Nach den Rechtsprechungs-Regeln machte sich der Geschäftsführer, der ein kapitalersetzendes Darlehen zurückzahlt, grundsätzlich schadensersatzpflichtig (§ 43 Abs. 3 GmbHG), was nun entfallen ist. Allerdings: Zahlungen und folglich auch Rückzahlungen entgegen dem Zahlungsverbot des § 64 Abs. 2 GmbHG führen ebenfalls zur Schadensersatzpflicht. § 64 Abs. 2 GmbHG (Absatz 1 wird zugleich in die InsO verlagert) wurde durch das MoMiG mit einem neuen Satz 3 noch geringfügig ausgedehnt - gerade auf den hier interessierenden Fall: Dass nämlich durch eine Zahlung an den Gesellschafter die Zahlungsunfähigkeit (unmittelbar kausal) herbeigeführt wird. Damit ist die Lücke geschlossen.[319] Die bisher geltende Regelung hat die Haftung der Geschäftsführer eher überzogen.

3. Nach den Rechtsprechungs-Regeln haften die Mitgesellschafter für vor Insolvenz zurückgezahlte kapitalersetzende Darlehen hilfsweise mit (§ 31 Abs. 3 GmbHG). Dass diese Ausfallhaftung nicht für die kleinbeteiligten Gesellschafter galt, hat der BGH vor kurzem klargestellt.[320] Die Ausfallhaftung war aber insgesamt keine unter Ge-

---

316) *Ekkenga*, WM 2006, 1986, 1995.
317) *Wenzel*, Fortgeltung der Rechtsprechungsregeln, S. 199 und passim, legt dar, dass die entstehenden Schutzlücken kleiner, als oft behauptet sind; ebenso überzeugend *Huber/Habersack*, BB 2006, 1, 3.
318) *Gehrlein*, BB 2007, 846, 849.
319) Zutreffend auch *Bayer/Graff*, DStR 2006, 1654, 1656.
320) BGH, Urt. v. 11. 7. 2005 – II ZR 285/03, DB 2005, 2071.

rechtigkeitsgesichtspunkten zwingende Regelung und eher eine zufällige Folge der Rechtsprechungs-Regeln.[321]

4. Nach diesen Regeln konnte der Insolvenzverwalter die Rückerstattung zurückgezahlter kapitalsetzender Darlehen auch dann verlangen, wenn die Rückzahlung länger als ein Jahr vor Stellung des Insolvenzantrags erfolgt war. Das ist zwar zur Masseanreicherung erfreulich, aber eine zehn Jahre zurückreichende Rückerstattungsfrist war im Verhältnis zu der einjährigen Anfechtungsfrist in anderen Fällen schwer zu rechtfertigen.

2.6.17 Sanierungsprivileg und Kleinbeteiligungsklausel

2.6.17.1 Beibehaltung

Diese beiden Einschränkungen, die erst in den 1990er Jahren in das GmbHG eingefügt worden waren und ein Zeichen des Unbehagens der Rechtspolitik an den komplizierten Eigenkapitalersatzregelungen bedeuteten, sind in die Neuregelung übernommen worden (jetzt § 39 Abs. 4 und 5 InsO). Beide Themen sind ausdiskutiert und die Regelungsziele haben – bei vereinzelter Kritik – Zustimmung erfahren und verdient. Das „Zwergbeteiligungsprivileg" (auch Witwen- und Waisen-Privileg) soll einheitlich für GmbH und AG bei 10 % liegen.[322] *Haas*[323] schlug keine starren Grenzen, sondern eine Beibehaltung der rechtsformspezifischen Differenzierung und eine weiche Grenze nach Vorbild der Rechtsprechung zur AG vor: 25 % – wenn jemand darunter liege, müsse der Insolvenzverwalter anhand konkreter Umstände des Einzelfalls darlegen und beweisen, dass der Gesellschafter über gesellschaftsrechtliche Einflussmöglichkeiten verfügte. Das macht die Dinge freilich komplizierter, was gerade vermieden werden soll.

Zum Sanierungszweck hat der BGH[324] 2005 ausführlich Stellung genommen. All das kann weiter gelten. Liegt ein Anteilserwerb in einer Phase der Sanierungsbedürftigkeit und -fähigkeit vor, so wird der Sanierungszweck des Erwerbs vermutet.

Haas plädierte im Juristentagsgutachten allerdings für eine erhebliche Ausweitung: Auch Sanierungskredite[325] ohne Zusammenhang mit einem Beteiligungserwerb sollten privilegiert sein. Dann könnte also jemand, der bereits Gesellschafter ist, zu Sanierungszwecken ein Darlehen ohne Subordinationsrisiko gewähren. Das würde sich freilich von dem bisherigen Gedanken entfernen, dass ein ordentlicher Kaufmann in dieser Situation Eigenkapital gegeben hätte. Eine bestehende Überschuldung ließe sich durch ein solches, dann nicht subor-

---

321) Zustimmend zum Wegfall ebenfalls *Bayer/Graff*, DStR 2006, 1654, 1657.

322) *Huber/Habersack*, BB 2006, 1, 4; anders noch bisher: *Tillmann*, Organstellung und Gesellschaftsstruktur im Eigenkapitalersatzrecht der AG, Anm. zu BGH v. 5. 5. 2005, DStR 2005, 2128; *Flesner*, NZG 2006, 641, 647 hält diese Beschränkung auf 10 % bei der AG für hinnehmbar; sie wird ausdrücklich begrüßt von *Bayer/Graff*, DStR 2006, 1654, 1659.

323) *Haas*, Gutachten 66. DJT (2006), E67.

324) BGH, Urt. v. 21. 11. 2005 – II ZR 277/03, ZIP 2006, 279 = BB 2006, 570: Das Sanierungsprivileg des § 32a GmbHG befreit von der Anwendung des gesamten Kapitalersatzrechts (also auch von den Rechtsprechungsregeln). Es erfordert dass – neben dem im Regelfall als selbstverständlich zu vermutenden Sanierungswillen – nach der pflichtgemäßen Einschätzung eines objektiven Dritten im Augenblick des Anteilserwerbs die Gesellschaft objektiv sanierungsfähig ist und die für ihre Sanierung konkret in Angriff genommenen Maßnahmen zusammen objektiv geeignet sind, die Gesellschaft in überschaubarer Zeit durchgreifend zu sanieren.

325) *Haas*, Gutachten 66. DJT (2006), E58; beipflichtend *Gehrlein*, BB 2007, 846, 851.

diniertes Gesellschafterdarlehen zudem nicht aufheben, denn dieser Rückerstattungsanspruch wäre in der Überschuldungsbilanz zu passivieren. Es wird allerdings spitzfindig behauptet, dass es die bestehende und künftige Regelung ermögliche, dass der Gesellschafter, der gefahrlos ein Sanierungsdarlehen geben wolle, nur bei der Gelegenheit zusätzlich noch eine kleine Beteiligung hinzu erwerben müsse und damit das Sanierungsprivileg gelte. Dass das reine Rabulistik wäre und klar nicht vom Gesetzeszweck erfasst, ist aber offensichtlich.

2.6.17.2 Bis zur nachhaltigen Sanierung

Da der Krisenbegriff im Eigenkapitalersatzrecht allgemein über Bord geworfen wurde, sollte er auch hier nicht mehr auftauchen, weshalb der RefE von „drohender Zahlungsunfähigkeit" sprach. *K. Schmidt* meint, das sei ein näher, zu nah an der Insolvenz liegender Zeitpunkt.[326)] Andere meinten, dass auch nach eingetretener Zahlungsunfähigkeit noch Sanierungsbemühungen privilegiert sein sollten, weshalb nicht auf „drohende" abgestellt werden dürfe.[327)]

Die Formulierung des Referentenentwurfs ist auch deshalb kritisiert worden, weil die Privilegierungsdauer kürzer geraten sei als die der bisherigen Regelung. Für den RegE wurde daher überlegt, die Dauer des Privilegs anders zu formulieren, statt „bis zur Beseitigung der drohenden Zahlungsunfähigkeit" wurde „bis zur durchgreifenden Sanierung"[328)] oder ein fester Zeitrahmen (drei Jahre) erwogen – dadurch würde die Annahme vermieden, mit der Geldeinlage sei die Zahlungsunfähigkeit beseitigt und damit also das Sanierungsprivileg zeitlich auf ein nullum geschrumpft.

Der RegE stellte in § 39 Abs. 4 Satz 2 der InsO daher auf die nachhaltige Sanierung ab, und fasste § 39 Abs. 4 Satz 2 der InsO wie folgt:

> „Erwirbt ein Gläubiger bei drohender oder eingetretener Zahlungsunfähigkeit der Gesellschaft oder bei Überschuldung Anteile zum Zweck ihrer Sanierung, führt dies **bis zur nachhaltigen Sanierung** nicht zur Anwendung von Absatz 1 Nr. 5 auf seine Forderungen aus bestehenden oder neu gewährten Darlehen oder auf Forderungen aus Rechtshandlungen, die einem solchen Darlehen wirtschaftlich entsprechen."

2.6.18 Anwendungsbereich – Auslandsgesellschaften

Die insolvenzrechtliche Regelung gilt nicht rechtsformspezifisch für die GmbH, sondern für alle Gesellschaften ohne persönlich haftenden Gesellschafter und damit natürlich auch für die Aktiengesellschaft, die Genossenschaft usw. Sie gilt damit aber auch für die Insolvenz einer britischen Private Limited Company (Limited) mit Verwaltungssitz in Deutschland. Die Anwendung der bisherigen §§ 32a, 32b GmbHG auf Auslandsgesellschaften war hingegen nur schwer begründbar.[329)] Mit der MoMiG-Regelung „erweist sich das Insolvenzrecht wegen seiner territorialen Anknüpfung erneut als resistent gegen eine Minderung des Gläubigerschutzes im Wettbewerb des Gesellschaftsrechtssysteme".[330)] Folgefra-

---

326) *K. Schmidt*, ZIP 2006, 1925, 1928.
327) *Bayer/Graff*, DStR 2006, 1654, 1658.
328) *Noack*, DB 2006, 1475, 1481; *Flesner*, NZG 2006, 641, 647 meint, man solle diese Fälle von jeder zeitlichen Beschränkung freistellen.
329) U.a. *Sandrock*, Niederlassungsfreiheit und Internationales Gesellschaftsrecht, EWS 2005, 529, 534.
330) *Schön*, Der Konzern 2004, 162, 168; zweifelnd *Krolop*: „Regelung, die als trojanisches Pferd zur Einschleusung von Gläubigerschutzvorstellungen des deutschen Gesellschaftsrechts dient", in: Vom Eigenkapitalersatz zu einem insolvenzrechtlichen Haftkapitalerhaltungsrecht? ZIP 2007, 1738, 1745.

gen, wo etwaige Anfechtungsklagen gegen ausländische und im Ausland ansässige Gesellschafter zu erheben sind,[331] bleiben in Einzelfall zu prüfen.

2.6.19 Die Anfechtung außerhalb der Insolvenz

Die einjährige Anfechtungsfrist des § 6 Nr. 2 AnfG ist der Anfechtungsfrist des § 135 Nr. 2 InsO nachgebildet. Das führt für unseren Fall zu einem Dilemma des Gläubigers. Er benötigt unter Umständen sehr viel Zeit, bis er einen Vollstreckungstitel über seine Forderung hat. Er wird dann vergeblich die Vollstreckung versuchen, erst danach den Insolvenzantrag stellen und eine Anfechtung anstreben. Dann ist es aber sehr wahrscheinlich, dass der anfechtbare Rückzahlungsvorgang schon aus dem Ein-Jahres-Zeitraum vor Stellung des Insolvenzantrags herausgerutscht ist. Dieses Dilemma besteht verstärkt, wenn die Eröffnung des Insolvenzverfahrens mangels Masse abgelehnt wird – was ja in der Mehrheit der hier relevanten Fälle so ist.

Der Insolvenzverwalter hat nach § 135 Nr. 2 und 146 InsO die Möglichkeit, noch nach längerer Zeit Vorgänge im Vorfeld der Insolvenz durch Anfechtung aufzugreifen. Der Gläubiger außerhalb der Insolvenz steht sehr viel schlechter da. Er muss nach geltendem Recht innerhalb eines Jahres nach der Rückzahlung durch die Gesellschaft die Anfechtungsklage erhoben oder zumindest die Anfechtung schriftlich mitgeteilt haben (§ 7 AnfG). Obwohl die Informationslage des einzelnen Gläubigers außerhalb der Insolvenz regelmäßig schlecht ist, hat er nur wenig Zeit für seine Rechtsverfolgung. Diese Schlechterstellung des Gläubigers außerhalb des Insolvenzverfahrens hatte die GmbH-Novelle 1980 außer Acht gelassen.[332]

Deshalb schlug der RegE vor, dass die Anfechtung möglich sein solle bei allen Zahlungen der Gesellschaft auf Gesellschafterdarlehen, die binnen eines Jahres **vor Erlangung des vollstreckbaren Titels**, auf den die Anfechtung gestützt wird, erfolgt sind. Zugleich werden durch die Zustellungserleichterungen im MoMiG die Möglichkeiten der Gesellschaft, die Titelerlangung zu erschweren und hinauszuzögern, deutlich verringert. Ab dem Zeitpunkt der Erlangung des Titels soll dann entsprechend § 146 InsO eine zweijährige Verjährungsfrist beginnen.

Ist ein Antrag auf Eröffnung des Insolvenzverfahrens über das Vermögen der Gesellschaft mangels Masse abgewiesen worden bevor der Gläubiger den vollstreckbaren Titel gegen die Gesellschaft erlangt hat, so ist – entsprechend § 135 Nr. 2 InsO – die Einjahresfrist auf den Zeitpunkt zurückzurechnen, zu dem der Insolvenzantrag gestellt worden ist. Es ist einleuchtend, dass die Anfechtbarkeit einer Rückzahlung nicht ausgerechnet dann erschwert sein darf, wenn für die Durchführung eines Insolvenzverfahrens anschließend nicht mehr genug Masse vorhanden ist.

In den Fällen der Rückzahlung gesellschafterbesicherter Drittdarlehen durch die GmbH unternimmt der Entwurf eine Angleichung der Rechtsbehelfe und Rechtsfolgen im Insolvenzverfahren und im Anfechtungsverfahren: In jedem Fall ist die Rückzahlung an den Dritten anfechtbar. Im Fall der Insolvenzeröffnung hat der Gesellschafter in der Höhe sei-

---

331) *Flitsch*, DZWIR 2006, 397, 400.
332) *Thiessen*, ZIP 2007, 253, 259 weist zu Recht darauf hin, dass es gerade diese Schutzlücke war, die den BGH zur Fortgeltung seiner Rechtsprechungsregeln neben den Novellenregeln veranlasst hat. Darauf reagiert nun das MoMiG.

ner Sicherheitsleistung an die Gesellschaft zu erstatten, im Falle der Abweisung Mangels Masse hat er an den Anfechtungsgläubiger zu erstatten.[333]

3. Weitere Deregulierungen

3.1 Stammeinlage – Geschäftsanteil

In den Stellungnahmen ist unter anderem von *Hasselmann*[334] und *Noack* kritisiert worden, dass die Begriffswahl des GmbHG altertümlich und vor allem der Begriff „Stammeinlage" durch „Geschäftsanteil" zu ersetzen sei. Dies war bereits anlässlich der GmbH-Reform 1980 bemängelt worden.[335] In der Tat ist der Begriff Stammeinlage verwirrend. Er kann nach bisheriger Verwendung mehreres bezeichnen, zum einen die „Einlageverpflichtung" des Gründers bei Errichtung der Gesellschaft, bzw. des Gesellschafters bei Kapitalerhöhung oder die tatsächliche Beteiligung, also den Geschäftsanteil.

Das heutige Denken und der allgemeine Sprachgebrauch gehen stets von einem Gesellschaftsanteil (bei der AG von der Aktie oder einer Beteiligung) aus. Wer sich an einer Gesellschaft beteiligt, erwirbt nach seinem Verständnis keine „Stammeinlage", sondern einen Geschäftsanteil. Auch bei unbefangener Betrachtung ist eine „Einlage" eine Handlung oder ein in ein Behältnis eingebrachter Gegenstand oder Vermögenswert (z. B. Bankeinlage, Schuheinlage, Suppeneinlage), und nicht die Beschreibung einer Beteiligung oder gar einer Verpflichtung zur Einlegung von Gegenständen.

Es war bei Gelegenheit der GmbH-Reform daher die Mühe wert, auch solche sprachlichen Dinge anzugehen.

Danach ist es nun so, dass die GmbH ein in Geschäftsanteile zerlegtes Stammkapital hat. Den Begriff Stammkapital im Gegensatz zum Grundkapital bei der AG mag man noch beibehalten (Sinn macht das eigentlich auch nicht). Die Gesellschafter übernehmen folglich bei Gründung der Gesellschaft *Geschäftsanteile gegen Einlage* auf das Stammkapital, sie gehen damit eine Einlageverpflichtung ein. Die Einlageverpflichtung folgt also aus der Übernahme eines Geschäftsanteils (§ 14 Satz 2) – und nicht umgekehrt. Die Höhe der Einlageverpflichtung eines jeden Gesellschafters richtet sich nach den bei Errichtung der Gesellschaft im Gesellschaftsvertrag festgesetzten Nennbeträgen der von ihnen übernommenen Geschäftsanteile. Für die Leistungen auf die Einlageverpflichtung gilt grundsätzlich Erfüllungsrecht des BGB. Die Geschäftsanteile lauten auf einen Nennbetrag grundsätzlich in Euro. Die Summe der Nennbeträge der einzelnen Geschäftsanteile muss mit dem Betrag des Stammkapitals übereinstimmen (§ 5 Abs. 3 Satz 2), das gilt bei Gründung und allen späteren Kapitalmaßnahmen. Bei einer Kapitalerhöhung ist auf den in der Übernahmeerklärung bzw. im Erhöhungsbeschluss festgelegten Nennbetrag des jeweiligen Geschäftsanteils abzustellen.

Änderungen erfolgten an zahlreichen Stellen, so vor allem in §§ 3 Abs. 1 Nr. 4, 5, 7, 8, 9, 9a, 14, 15, 16, 19, 22, 26, 40, 46, 47, 55, 56, 57, 57l, 58, 58a, 58f, 82.

---

[333] Interessant, dass der BGH in seinem Urteil v. 22. 12. 2005 – IX ZR 190/02, ZIP 2006, 243 (Gläubigeranfechtung bei Rückzahlung eines gesellschafterbesicherten Drittdarlehens durch GmbH) zu einem ähnlichen Ergebnis nach geltendem Recht kommt.

[334] Hengeler Müller, Berlin.

[335] Entwurf eines Gesetzes über Gesellschaften mit beschränkter Haftung v. 26. 2. 1973 – BT-Drucks. 7/253, S. 84.

§ 3 Abs. 1 Nr. 4 formuliert aber noch vorsichtig:

> „4. die Zahl und die Nennbeträge der Geschäftsanteile, die jeder Gesellschafter gegen Einlage auf das Stammkapital (Stammeinlage) übernimmt."

Der Begriff „Stammeinlage" wird hier also als *Erinnerungsposten* beibehalten, da es außerhalb des GmbH-Rechts noch einige Stellen gibt, wo er verwendet wird, und man diese Stellen nicht alle auf einmal ändern kann noch ihnen die Grundlage entziehen möchte.

3.2 Anteilsstückelung – § 5 GmbHG[336]

Bisher musste ein GmbH-Anteil durch 50 teilbar sein, mindestens aber 100 € betragen. Das Gesetz räumt damit auf. Der Nennbetrag des Geschäftsanteils (früher: der Stammeinlage) jedes Gesellschafters braucht nur noch auf volle Euro zu lauten (§ 5 Abs. 2 GmbHG-E) und gleicht sich damit dem AktG an. Es ist also eine Beteiligung über 1 €, 51 € oder 216.823 € usw. möglich. Das Leben wird dadurch einfacher.[337] Andere befürchten, es werde komplizierter, weil künftig schon bei Gründung nur noch 1 €-Stückelungen ausgegeben würden.[338] Diese Befürchtung dürfte übertrieben sein, denn sie setzt auf systematisch unvernünftiges Verhalten der Beteiligten. In vielleicht vergleichbarer Weise wurde vor der Einführung der 5 DM-Aktie befürchtet und damals von Kritikern vorgetragen, dass Anleger sich dann lauter einzelne 5 DM-Aktien von verschiedenen Gesellschaften ins Depot legen würden. Nichts davon ist eingetreten (vielleicht mit Ausnahme einiger „räuberischer Aktionäre"), denn die Menschen handeln generell wirtschaftlich vernünftig und nicht gegen ihre Interessen. Nicht jede theoretisch mögliche unvernünftige Handlung bedarf daher eines Verbots.

Auch von der notariellen Praxis ist der Vorschlag der Herabsetzung des Mindestnennwerts und der Mindeststückelung begrüßt worden. Es bereite der Praxis nach geltendem Recht oft Schwierigkeiten, das von den Gesellschaftern gewünschte Beteiligungsverhältnis abzubilden. Dies Problem stelle sich auch, wenn unrunde Beteiligungsverhältnisse durch externe Faktoren vorgegeben seien, etwa durch die Erbquote im Falle der Auseinandersetzung eines Nachlasses, zu dem ein Geschäftsanteil gehört. Nicht selten, so wurde vorgetragen, erfolgten in solchen Fällen Kapitalerhöhungen einzig zu dem Zweck, die gewünschte Quote darstellen zu können.

Gründer können nun die Größe der von ihnen zu übernehmenden Geschäftsanteile besser als früher nach ihren Bedürfnissen bestimmen. Der Praxis bringt das erhebliche Erleichterungen, vermeidet unnötige Kapitalerhöhungen zur Anteilsaufrundung und schließt Fehlerquellen.

> **Beispiel:** wenn sich bei mehreren Gesellschaftern einer GmbH & Co. KG die Anteile an der Komplementär-GmbH und der KG exakt gleichmäßig entwickeln sollen, ist

---

336) Eine frühere Untersuchung des BMJ dazu: *Schürmann*, Zur Stückelung von GmbH-Geschäftsanteilen. Ergebnis einer Befragung der interessierten Kreise durch das Bundesministerium der Justiz, GmbHR 1998, 1014.

337) Befürwortend: u. a. *Happ*, Deregulierung der GmbH im Wettbewerb der Rechtsformen, ZHR 169 (2005), 6 ff.; *Rau*, Der Erwerb einer GmbH nach Inkrafttreten des MoMiG, Höhere Transparenz des Gesellschafterkreises, gutgläubiger Erwerb und vereinfachte Stückelung, DStR 2006, 1892, 1899; Kritisch: *Ulmer*, Freigabe der Stückelung von Stammeinlagen/Geschäftsanteilen im Zeitpunkt der GmbH-Gründung – ein empfehlenswertes Reformanliegen? in: FS Happ (2006), S. 325 ff.: „Strukturprinzip der GmbH" wird aufgegeben; befürwortend: *Happ*, ZHR 169 (2005), 6 ff.

338) *Bormann*, Der Entwurf des „MoMiG" und die Auswirkungen auf die Kapitalaufbringung, GmbHR 2006, 1021, 1023.

das mit den bisherigen Regeln mitunter kompliziert darzustellen. Der Verzicht auf die Mindeststückelung in 50 €-Schritten erleichtert die Teilung zum Zwecke der Veräußerung, aber auch die Teilung im Erbfall.

3.3 Übernahme mehrerer Anteile, Teilbarkeit der Anteile, Zusammenlegung (§§ 17, 46 GmbHG)

Das Verbot, bei Errichtung der GmbH mehrere Geschäftsanteile zu übernehmen (bisher § 5 Abs. 2 GmbHG), ist ebenfalls gefallen. Dies fand schon zum RefE Zustimmung. Freilich wird die Wahrung des Bestimmtheitsgrundsatzes schwieriger, wenn es mehrere Anteile mit gleichem Nennbetrag in einer Hand gibt.[339] Die eindeutige Identifizierung des abgetretenen Anteils ist Sache des Notars bei der Beurkundung der Abtretung. Es wurde in den Stellungnahmen gefordert, eine Nummerierung der Anteile und die Aufnahme der Nummern in die Gesellschafterliste vorzusehen (§ 8 Abs. 1 Nr. 3 und § 40 Abs. 1 GmbHG – ähnlich auch hier die Namensaktien). Dem ist der Regierungsentwurf gefolgt.

Als Pendant zur Freigabe der Übernahme mehrerer Anteile sah der Referentenentwurf bereits vor, dass das Verbot, mehrere Teile von Geschäftsanteilen gleichzeitig an einen Erwerber zu übertragen[340] (bisher § 17 Abs. 5 GmbHG), gestrichen werden sollte. Das fand breite Zustimmung.

Kritisiert wurde (u. a. von Bayern), dass das Verbot der **Vorratsteilung** stehen geblieben ist (§ 17 Abs. 6 GmbHG: „Außer für den Fall der Veräußerung und Vererbung findet eine Teilung von Geschäftsanteilen nicht statt"). Die Kritik hat überzeugt, der Absatz 6 war ebenfalls verzichtbar. Es ist bereits Ausfluss der Satzungsfreiheit, dass die Satzung die Vorratsteilung auch danach unterbinden könnte, wenn dafür von den Gesellschaftern ein Bedürfnis gesehen wird. Die Stellungnahmen legten aber noch weitergehend nahe, den § 17 insgesamt zu streichen und eine einheitliche Regelung von Teilung und Zusammenlegung vorzusehen. Der Regierungsentwurf hat dies aufgegriffen und umgesetzt: Die Regelung ist sehr schlank und einfach in den § 46 GmbH aufgenommen, nämlich bei der Bestimmung der Zuständigkeiten der Gesellschafterversammlung. Dort waren schon bisher unter Nummer 4 die Teilung sowie die Einziehung von Geschäftsanteile in die Zuständigkeit der Gesellschafter gelegt, es kommt jetzt noch die Zusammenlegung hinzu. Damit ist klar: Die Teilung und Zusammenlegung von Geschäftsanteilen ist – bis zur Grenze der Mindeststückelung von 1 € pro Anteil – unbeschränkt möglich und unterliegt nur einem Beschluss der Gesellschafterversammlung. Da § 46 GmbHG dispositiv ist, kann die Satzung vorsehen, dass z. B. die Zusammenlegung auch ohne GV-Beschluss möglich ist. Sie kann die Teilung aber auch weitgehend unterbinden. Die erforderliche Rechtssicherheit wird nicht durch eine gesetzliche Formvorschrift für den Beschluss der Gesellschafterversammlung erzeugt, sondern durch § 16: Die Gesellschafterliste muss Veränderungen im Umfang der Beteiligungen nachvollziehen, die Anteile sind dort zu nummerieren. Die Geschäftsführer agieren auf Antrag und Nachweis, dieser Nachweis allerdings wird in der Regel eine schriftliche Dokumentation des Beschlusses erfordern – oder persönlich Anwesenheit des Geschäftsführers bei der Beschlussfassung.

Die bisher strikteren Regeln zur Teilung sollten mittelbar die Anzahl der Gesellschafter begrenzen und die Veräußerlichkeit der Anteile erschweren. Da allerdings das Erfordernis

---

339) So z. B. Leuering, NZG 2007, 178.
340) Dazu vor kurzem noch OLG Frankfurt, Beschl. v. 6. 7. 2006 – 20 W 10/06, DB 2006, 1944 = NZG 2006, 829.

der notariellen Beurkundung der Abtretung von GmbH-Anteilen im MoMiG nicht gestrichen wurde (§ 15 GmbHG), hat die kleinere Stückelung keinen Einfluss auf die Fungibilisierungsdebatte.[341] GmbH-Anteil und Aktie sind hinsichtlich der Anteilsübertragung weiterhin nicht vergleichbar.

3.4 Stimmrecht – § 47 GmbHG

Aus der kleineren Anteilsstückelung folgt eine weitere Vereinfachung. In § 47 Abs. 2 GmbHG soll es heißen: „Jeder Euro eines Geschäftsanteils gewährt eine Stimme." Damit wird das Berechnen der Stimmanteile der einzelnen Gesellschafter ganz einfach und läuft völlig parallel zur Anteilsstückelung – pro Euro Geschäftsanteil eine Stimme.

3.5 Aufgabe der Sitztheorie[342] – Übernahme der Gründungstheorie in Deutschland (§ 4a GmbHG)

3.5.1 Eine unblutige Revolution

Sehr innovativ ist die Neuregelung, dass die GmbH den Satzungssitz frei wählen kann, unabhängig vom Verwaltungssitz oder einem sonstigen räumlichen Bezug. Bisher enthielt unser Sitzbegriff eine Verquickung von rechtlichen und tatsächlichen Merkmalen. Dieser Zusammenhang wird aufgegeben. Anstelle des räumlichen Bezugs tritt die inländische registrierte Geschäftsanschrift.

Das bedeutet: Aufgabe der Sitztheorie; die bisherige etwas undeutliche Verquickung von tatsächlichem Firmensitz und rechtlichem Satzungs- und Registersitz, von Rechtlichem und Faktischem, wird aufgehoben. Das ist eine kleine Revolution, „die aber offenbar unblutig verläuft".[343] Dies geschah dadurch, dass § 4a GmbHG (und ebenso das AktG) geändert wurde. In Absatz 1 wurde klargestellt, dass der Satzungssitz in Deutschland liegen muss. Weitere Anforderungen an den Sitz wurden nicht formuliert, der Absatz 2 wurde gestrichen.

Es ist freilich kritisiert worden, dass es sich um isolierte, einseitige Regelungen in Spezialgesetzen handelt, die nicht flankiert sind durch eine allgemeine Regelung im EGBGB. Es wurde sogar von einigen bezweifelt, ob die bloße Streichung des Absatzes 2 im GmbHG (und ähnlich im AktG) zur Einführung der Gründungstheorie ausreiche. Man wird sagen können: Wenn bisher das einzige Hindernis für die Verlagerung des Verwaltungssitzes der GmbH ins Ausland der § 4a Abs. 2 GmbHG war, muss dessen Streichung doch ausreichen. Zutreffend wird darauf hingewiesen, dass schon das bisherige Recht keinen Zwang vorsah, den Verwaltungssitz am Satzungssitz zu haben, es musste (sollte) aber ein tatsächlicher räumlicher Bezug zum Satzungssitz bestehen:

„... in der Regel den Ort, an dem die Gesellschaft einen Betrieb hat, oder den Ort, ... an dem sich die Geschäftsleitung befindet oder die Verwaltung geführt wird",

heißt es in § 4a GmbHG. Es konnte also durchaus schon heute der Verwaltungssitz im Ausland (in einem Land mit Gründungstheorie) genommen werden, solange nur ein Be-

---

341) Ebenso: *Flesner*, NZG 2006, 641, 642.
342) *Hoffmann*, Die stille Bestattung der Sitztheorie durch den Gesetzgeber, ZIP 2007, 1581; *Kindler*, GmbH-Reform und internationales Gesellschaftsrecht, Die AG 2007, 721 f.
343) *Seibert*, GmbH-Reform (MoMiG): Der Regierungsentwurf, Betriebs-Berater 23/2007, 1

trieb am Satzungssitz war.[344] Befand sich aber nicht einmal ein Betrieb am Satzungssitz, dann jedenfalls war § 4a GmbHG bisher der einzige Grund im deutschen Recht, weshalb nicht auch der Verwaltungssitz ins Ausland verlegt werden konnte.

Es wurde von Kritikern darauf verwiesen, dass § 4a Abs. 2 erst 1999 im Rahmen der Handelsrechtsreform in das GmbHG aufgenommen worden ist, es aber schon zuvor h. M. war, dass die Verlegung ins Ausland zur Auflösung und Liquidation führte.[345] Man wird die Streichung und ihre Begründung aber als eindeutige Entscheidung des Gesetzgebers sehen müssen, mit der so genannten Sitztheorie aufzuräumen.[346] Das bedeutet, dass die in Deutschland inkorporierte GmbH ihren Betrieb und Verwaltungssitz in allen Ländern der EU und in allen Ländern nehmen kann, die der Gründungstheorie folgen. Bei Ländern mit Sitztheorie außerhalb der EU wird das nicht gehen.[347]

3.5.2 Flankierung durch eine Regelung zum Internationalen Gesellschaftsrecht

Überlegungen zu einer flankierenden IPR-Regelung beruhen auf Vorschlägen des deutschen Rates für Internationales Privatrecht vom Februar 2006. Sie sind von deutscher Seite mit Nachdruck bei der EU-Kommission vorgebracht worden. Die 14. Richtlinie zur grenzüberschreitenden Sitzverlegung hat Kommissar *McCreevy* allerdings in einer Rede vor dem Rechtsausschuss des EP am 3. Oktober 2007 praktisch begraben. Eine europäische Regelung zum IPR scheint auch auf wenig Gegenliebe zu stoßen. Deshalb hat das Bundesministerium der Justiz am 7. Januar 2008 einen eigenen Entwurf einer Regelung zum Internationalen Gesellschaftsrecht vorgestellt (Ergänzung des EGBGB)[348]. Darin liegt ein einseitiges Vorgehen; allerdings stößt der Entwurf auf Kritik der Gewerkschaften[349]. Zum Zeitpunkt der Veröffentlichung dieses Bandes war das Schicksal dieses Entwurfs noch nicht eindeutig vorherzusagen, eine Verabschiedung in der 16. Wahlperiode aber in jedem Fall kaum mehr möglich.

3.5.3 Forum-Shopping und weitere Konsequenzen

Die Neuregelung zur Gründungstheorie hat gravierende Auswirkungen: Erstens kann eine GmbH in Deutschland ihren Satzungssitz und damit auch das zuständige Registergericht frei wählen. Das kann zu einem Wettbewerb unter den Registergerichten führen (Forum-Shopping).[350] Wählt eine Gesellschaft den Sitz in Berlin, siedelt Betrieb und Verwaltung

---

344) Zutreffend *Preuß*, Die Wahl des Satzungssitzes im geltenden Gesellschaftsrecht und nach dem MoMiG-Entwurf, GmbHR 2007, 57, 58, 60.
345) Das kritisiert zu Recht *Flesner*, NZG 2006, 641, 642.
346) Im Ergebnis ebenso *Hoffmann*, Die stille Bestattung der Sitztheorie durch den Gesetzgeber, ZIP 2007, 1581, 1589.
347) Zutreffend *Kindler*, Der Wegzug von Gesellschaften in Europa, Der Konzern 2007, 811, 816; *Peters*, Verlegung des tatsächlichen Verwaltungssitzes der GmbH ins Ausland, GmbHR 2008, 245, 250; ferner *Franz/Laeger*, Die Mobilität deutscher Kapitalgesellschaften nach Umsetzung des MoMiG, BB 2008, 678 – Beispiel: Türkei S. 684.
348) Kritisch allerdings *Roth*, Die deutsche Initiative zur Kodifizierung der Gründungstheorie, in: FS H.P. Westermann (2008), S. 1345 ff.
349) S. u. a. *Seyboth*, Die Mitbestimmung im Lichte der beabsichtigten Neuregelung des Internationalen Gesellschaftsrechts, AuR 2008, 132.
350) *Preuß*, GmbHR 2007, 57, 63.

MoMiG

aber in Grevenbroich an, so ist die Hauptniederlassung handelsrechtlich in Berlin, in Grevenbroich wäre zusätzlich eine Zweigniederlassung einzutragen[351].

Das ist aber stimmig im System. Steuerlich (Gewerbe-, Körperschaftssteuer) und insolvenzrechtlich sind keine Auswirkungen zu erkennen. Es wird angeknüpft an den tatsächlichen Betrieb. Zweitens kann die deutsche GmbH genauso wie auch umgekehrt die Britische Limited und andere Gesellschaften aus EU-Mitgliedstaaten, die der Gründungstheorie folgen, ihren tatsächlichen Verwaltungssitz im Ausland wählen. Das ermöglicht es deutschen Konzernen, ihre Auslandstöchter alle in der Rechtsform der GmbH zu führen. Dies wird z. B. vom BDI lebhaft begrüßt. Diese Neuregelung steht damit freilich in einem Konkurrenz- oder Überschneidungsverhältnis zur angedachten Europäischen Privatgesellschaft (EPG), für die ebenfalls als Hauptargument angeführt wird,[352] dass deutsche Konzerne ihre Töchter in möglichst einer Rechtsform führen möchten.

Die Einführung der Gründungstheorie hat zudem den Vorteil, dass Unternehmer in der deutschen Rechtsform gehalten würden und nicht ganz den deutschen Rechtskreis verlassen. Dies sollte man deutlich als Gewinn der Regelung herausstellen.

3.5.4 Weitere Folgerungen: UmwG und Gerichtsstand nach ZPO, Vollstreckung

Für das Umwandlungsgesetz folgt nichts aus der Änderung. Die Sitzregelung in § 1 UmwG wurde schon immer so verstanden, dass dort vom statutarischen Sitz die Rede sei – durch die Neuregelung in § 4a GmbHG und § 5 AktG wird dies nur unterstrichen.

Die Gerichtstandsregelung in § 17 Abs. 1 ZPO muss ebenfalls nicht angepasst werden; auch diese Vorschrift nimmt zunächst den Satzungssitz als Gerichtsstand und nur für den Fall, dass eine solcher unwirksam oder nicht vorhanden wäre, folgt die gerichtliche Zuständigkeit aus dem Verwaltungssitz der Partei. Der Verwaltungssitz kommt damit nicht alternativ, sondern hilfsweise zum Tragen. Dies spricht aber natürlich dafür, in der Praxis den Satzungssitz und den Verwaltungssitz ohne einen guten Grund auseinander fallen zu lassen, denn sonst muss die Gesellschaft u. U. Prozesse über Distanz führen. Wenn ein satzungsmäßiger Sitz (z. B. Berlin) mehrere Amtsgerichtsbezirke umfasst und nicht klar ist, welcher zuständig ist, kann es zu Verweisungen an den Verwaltungssitz kommen.

Befinden sich Betrieb und Verwaltungssitz im Ausland, so ist das steuerlich kein Problem, da es auf die Betriebsstätte ankommt. Zustellungen an die GmbH sind durch das MoMiG in Deutschland unter deutlich vereinfachten Voraussetzungen möglich (eingetragene Geschäftsanschrift in Deutschland, erleichterte öffentliche Zustellung), so dass auch hier keine Bedenken bestehen sollten. Freilich können die Vermögensgegenstände und damit das Vollstreckungssubstrat im Ausland liegen, in welchem Fall aus einem deutschen Titel im Ausland zu vollstrecken wäre. Das ist nach den EU-Vollstreckungsübereinkommen nicht so einfach wie eine Vollstreckung in Deutschland, aber doch immerhin gut möglich. Schwieriger wird die Vollstreckung aus öffentlichrechtlichen Verwaltungsakten (z. B. Rückforderung von staatlichen Zuwendungen). Aus Bescheiden kann im Ausland nicht vollstreckt werden. Hier ändert das MoMiG aber nicht die bestehende Situation, denn schon bisher war die Verlagerung des gesamten Betriebsvermögens ins Ausland möglich, es verschärft die Lage allerdings.

---

351) So auch *Preuß*, Freie Wahl des Satzungssitzes, DB Beilage, Status:Recht, Heft 7–8/2007, 242.

352) *Teichmann*, Reform des Gläubigerschutzes im Kapitalgesellschaftsrecht, NJW 2006, 2444, 2449; *Hommelhoff/Teichmann*,DStR 2008, 925 ff.

3.5.5 GmbH & Co. KG

Für die GmbH & Co. KG ist die Folge noch nicht ausdiskutiert. Man geht bisher davon aus, dass der Sitz der KG der Sitz der Geschäftsleitung sei. Insofern ändert sich auch künftig nichts, es sei denn, die Geschäftsleitung der GmbH verlagert ihren Sitz ins Ausland. Das ist nach Auffassung einiger für die KG möglicherweise immer noch ein Liquidationsgrund und bedarf noch der Klärung.

3.5.6 Positive Stellungnahmen und Kritik (Mitbestimmung)

Der Entwurf wurde in den Stellungnahmen ganz überwiegend sehr positiv aufgenommen, dies sogar von den Bundesländern, bei denen man Bedenken hätte erwarten können wegen der Möglichkeit, Registereintragung und Verwaltungssitz innerhalb Deutschlands auseinander fallen zu lassen (siehe oben: Forum-Shopping). Einige Stimmen sind der Auffassung, dass die §§ 4a Abs. 2 GmbHG und 5 Abs. 2 AktG schon jetzt europarechtswidrig seien und eine Verwaltungssitzverlegung innerhalb Europas schon heute zulässig sei[353]; in diesem Falle würde die Neuregelung nur einem EuGH-Urteil zuvorkommen und wäre nur klarstellend.

Kritik kam aber vom DGB, was Auswirkungen der Gründungstheorie auf die Mitbestimmung betrifft.

Gründungstheorie und die Mitbestimmung

Die Gewerkschaftskritik machte sich an der Mitbestimmung fest. Es treten sicherlich Verlustängste auf und Befürchtungen, man werde es deutschen Gesellschaften damit erleichtern, sich faktisch ins Ausland abzusetzen. Der Bericht des Rechtsausschusses hat sich dieser Frage daher ausdrücklich gewidmet.

Die freie Wahl des Verwaltungssitzes im Ausland nach dem Entwurf bedeutet praktisch:

1. Es wird eine GmbH in Deutschland neu gegründet – es wird im Inland aber kein Betrieb unterhalten, die Gesellschaft beschäftigt ausschließlich Arbeitnehmer im Ausland.
2. Eine bereits existierende GmbH kann eine Zweigniederlassung im Ausland gründen und nach und nach den ganzen Betrieb ins Ausland verlagern.

Wird die deutsche Mitbestimmung dadurch beeinträchtigt, insbesondere: würde eine „Flucht aus der dt. Mitbestimmung" ermöglicht?

Es ist klar: Eine Britische Limited ist mitbestimmungsfrei. Eine Anwendung der Mitbestimmung auf inländische Zweigniederlassungen ausländischer Gesellschaften ist bisher sehr umstritten und europarechtlich zweifelhaft.

Die deutsche GmbH unterliegt immer den deutschen Mitbestimmungsgesetzen. Allerdings müssen zur Anwendung der Mitbestimmung bestimmte Schwellenwerte bei der Belegschaft erreicht werden. Das heißt: Drittelmitbestimmung ab 500 Arbeitnehmer, paritätische Mitbestimmung ab 2 000 Mitarbeiter. Das sollte zur Versachlichung beitragen, denn die ganze Diskussion ist wohl eher akademisch und ohne ernsthafte mengenmäßige Auswirkungen: Von insgesamt ca. 1 Mio. GmbHs per 1. Januar 2005 waren ganze 7.000 mitbe-

---

353) *Schmidtbleicher*, Verwaltungssitzverlegung deutscher Kapitalgesellschaften in Europa: „Sevic" als Leitlinie für „Cartesio"? BB 2007, 613.

stimmt nach dem Drittelbeteiligungsgesetz und nur 400 nach dem Mitbestimmungsgesetz[354]. Neugründungen nach dem § 4a werden aber immer klein sein und unter der 500-Arbeitnehmer-Schwelle liegen. Dass eine vorhandene der Mitbestimmung unterfallende Gesellschaft ihre Betriebe ins Ausland verlagert, ist nach der Neuregelung möglich, war aber auch nach geltendem Recht schon möglich!!

Mitzählen der Arbeitnehmer im Ausland?

Dennoch: Welche Arbeitnehmer zählen zur Erreichung der Schwellen mit? Es ist nach h. M. davon auszugehen, dass die Mitarbeiter in der ausländischen Zweigniederlassung zur Erreichung der Schwellenwerte nicht mitzählen – auch wenn dies nicht völlig unbestritten ist.

Diese Einschränkung ergibt sich zum einen aus dem Wortlaut der mitbestimmungsrechtlichen Gesetze selbst, da das Mitbestimmungsgesetz und das Drittelbeteiligungsgesetz (über Verweisungen) nur Arbeitnehmer einbeziht, die der (deutschen) Rentenversicherung unterliegen. Die Nichtanwendung ergibt sich aber auch aus den Gesetzgebungsmaterialien zum Mitbestimmungsgesetz. In dem schriftlichen Bericht des Bundestagsausschusses (BT-Drucks. 7/4845, S. 4) heißt es dazu:

„Im Ausschuss bestand Einmütigkeit darüber, dass sich ... der Geltungsbereich des Entwurfs auf Unternehmen und Konzernobergesellschaften beschränkt, die ihren Sitz im Geltungsbereich des Grundgesetzes haben ... und dass die im Gesetzentwurf festgelegten Beteiligungsrechte nur den Arbeitnehmern der in der Bundesrepublik belegenen Betriebe dieser Unternehmen zustehen. Im Ausland gelegene Tochtergesellschaften und deren Betriebe im Inland von unter das Gesetz fallenden Unternehmen zählen bei der Errechnung der maßgeblichen Arbeitnehmerzahl nicht mit."

Diese Erwägungen gelten nach h. M. auch für ausländische Zweigniederlassungen deutscher Gesellschaften, da diese Niederlassungen keine *„im Inland belegenen Betriebe"* sind und da es unter Mitbestimmungsgesichtspunkten keinen Unterschied in der Interessenlage zwischen ausländischer Tochtergesellschaft und der Zweigniederlassung im Ausland gebe. Eine Einbeziehung der Arbeitnehmer einer ausländischen Zweigniederlassung würde nach h. A. auch kaum lösbare rechtliche Probleme aufwerfen. So seien etwa die (deutschen) Arbeitsgerichte nicht in der Lage, die Ordnungsmäßigkeit der im Ausland durchgeführten Wahlen zum Aufsichtsrat der Gesellschaft zu kontrollieren.

Keine Flucht aus der Mitbestimmung[355]

Auch wenn man also davon ausgeht, dass die Auslandsmitarbeiter nicht mitzählen, ist dennoch nicht zu befürchten, dass die Verlagerung des Verwaltungssitzes ins Ausland gemäß MoMiG zur Flucht aus der Mitbestimmung dienen wird. Die Verlegung des Verwaltungssitzes bedeutet nämlich nur die Verlagerung der Geschäftsführung, und die ist mitbestimmungsrechtlich irrelevant. Mitbestimmungsrechtlich relevant sind nur die Arbeitnehmer. Die sind von einer Verlegung des Verwaltungssitzes aber nicht betroffen. Es kann also nach MoMiG sein, dass eine deutsche GmbH ihre Geschäftsführung ins Ausland verlegt, im Inland aber noch ihre Betriebsstätte unterhält und folglich der Mitbestimmung unterliegt.

---

354) *Müller, K.J.*, BB 2006, 837.
355) Das meint aber *Rieble*, Schutz vor paritätischer Unternehmensmitbestimmung, BB 2006, 2018, 2019.

Wollte man durch Verlagerung der Arbeitnehmer ins Ausland der Mitbestimmung ausweichen, dann ginge das im Übrigen schon heute. Bereits heute bestehen ausreichend alternative rechtliche Mechanismen, um das gleiche Ziel zu erreichen.

Am Ende setzte sich aber die Auffassung durch: Die Neuregelung ist mitbestimmungsrechtlich neutral. Man sollte nicht verwechseln: Verlegung des Verwaltungssitzes ist etwas ganz anderes als die Verlagerung des Satzungssitzes. Die Verlegung des Verwaltungssitzes (Geschäftsführung) hat keine mitbestimmungsrechtlichen Auswirkungen, das hätte nur die Verlagerung der Arbeitsplätze. Das geht aber schon bisher.

3.6 Gesellschafterliste und gutgläubiger Erwerb von GmbH-Anteilen (§ 16 Abs. 1, 3, § 40 GmbHG)[356]

3.6.1 Eintragung in die Gesellschafterliste und relative Gesellschafterstellung[357]

3.6.1.1 GmbHG wie Aktienregister

Nach § 16 Abs. 1 GmbHG gilt jetzt im Verhältnis zur GmbH nur derjenige als Gesellschafter, der in der beim Handelsregister eingereichten Gesellschafterliste als Gesellschafter aufgeführt ist[358]. Die bisherige Fassung des § 16 Abs. 1 GmbHG stellte auf die Anmeldung bei der Gesellschaft ab, die Gesellschafterliste konnte falsch bleiben. Die Neuregelung entspricht dem bewährten Regelungsmodell des § 67 Abs. 2 AktG zur relativen Berechtigung des im Aktienregister eingetragenen Namensaktionärs und gleicht Aktiengesetz und GmbHG weiter an.

Der Druck auf Vollständigkeit und Korrektheit der Gesellschafterliste wird erheblich erhöht. Indem die relativen Rechtswirkungen des Erwerbs an die Gesellschafterliste angeknüpft werden, besteht für Veräußerer und Erwerber ein Anreiz, dafür zu sorgen, dass die aktualisierte Liste eingereicht wird. Der Gesellschafterbestand wird dadurch aktuell, lückenlos und unproblematisch nachvollziehbar, was durch das künftige elektronische Handelsregister verstärkt wird. Geschäftspartner der GmbH können sich zeitnah informieren, wer hinter der Gesellschaft steht. Die privaten Wohnanschriften brauchen in der Liste nicht genannt zu werden.[359] Nach früherem Recht konnten die neuen Gesellschafter länger anonym bleiben; zwar hatte der Notar die von ihm beurkundeten Erwerbsvorgänge dem

---

356) *Grunewald*, Der gutgläubige Erwerb von GmbH-Anteilen: Eine neue Option, Der Konzern 2007, 13; *Rau*, DStR 2006, 1892; *Schockenhoff/Höder*, Gutgläubiger Erwerb von GmbH-Anteilen nach dem MoMiG: Nachbesserungsbedarf aus Sicht der M&A-Praxis, ZIP 2006, 1841; ein ähnliches Konzept wie hier: *Grunewald/Gehling/Rodewig*, Gutgläubiger Erwerb von GmbH-Anteilen, ZIP 2006, 685; sehr kritisch hingegen *Ziemons*, Mehr Transaktionssicherheit durch das MoMiG? BB-Spezial 7/2006, GmbH-Reform, S. 9; *Hamann*, GmbH-Anteilserwerb vom Nichtberechtigten, Die Mischung verschiedener Gutglaubenstatbestände im MoMiG-Regierungsentwurf, NZG 2007, 492; *Bohrer*, Fehlerquellen und gutgläubiger Erwerb im Geschäftsanteilsverkehr – Das Vertrauensschutzkonzept des RegE des MoMiG, DStR 2007, 995; *Götze/Bressler*, Praxisfragen der Gesellschafterliste und des gutgläubigen Erwerbs von Geschäftsanteilen nach dem MoMiG, NZG 2007, 894: „Alles in allem dürfte sich mit dem MoMiG in der M&A-Praxis gut leben lassen" (S. 899).

357) zum Ganzen s. *Marx*, Die Publizität des GmbH-Gesellschafters, Diss. (Berlin 2001), S. 13 ff. positiv auch *Grunewald/Gehling/Rodewig*, ZIP 2006, 685, 687.

358) Ähnlicher Vorschlag schon bei *Marx*, Die Publizität des GmbH-Gesellschafters, S. 176.

359) *Seibert/Wedemann*, Der Schutz der Privatanschrift im elektronischen Handels- und Unternehmensregister, GmbHR 2007, 17.

Handelsregister anzuzeigen, welches dann die Geschäftsführer zur Einreichung einer aktualisierten Liste anhalten konnte; jedoch ergaben sich hierdurch Verzögerungen bei der Aktualisierung der Gesellschafterliste und zusätzlicher Aufwand für das Register. Das Registergericht scheute den Nachfrageaufwand, zumal es ja nicht sicher sein konnte, dass die beurkundete Veräußerung auch tatsächlich vollzogen worden war. Folglich blieben die Gesellschafterlisten oft unrichtig und die Benachrichtigungspflicht durch den Notar lief leer.

3.6.1.2 Beschlüsse unmittelbar nach Abtretung

Erfahrungsgemäß wollen Erwerber unmittelbar nach Abtretung erste Beschlüsse fassen. Ihnen hilft § 16 Abs. 1 Satz 2: Erst Beschließen und dann Einreichen genügt. Das kann auch helfen, wenn die GmbH keinen Geschäftsführer mehr hat.[360]

3.6.1.3 Reaktion bei Nicht-Einreichung

Wird die Aufnahme eines Erwerbers in die Gesellschafterliste vom Geschäftsführer nach § 40 Abs. 1 Satz 1 GmbHG nicht ordnungsgemäß veranlasst, so kann der Neugesellschafter die Gesellschaft verklagen. Selbstverständlich hat der Erwerber – aber auch ggfs. der Veräußerer – einen Anspruch auf Berichtigung und einen Schadensersatzanspruch, falls die unterlassene Änderung zu Schäden führt. Um dies den Geschäftsführern ganz deutlich vor Augen zu halten, wird es in § 40 Abs. 2 GmbHG noch ausdrücklich formuliert. Die ausdrückliche Schadensersatzhaftung des Geschäftsführers führt dazu, dass auch der Notar, der die Einreichung der Liste unterlässt, die Amtshaftung riskiert.[361] Die Probleme einer fehlerhaften Eintragung, etwa wenn der Erwerb des Anteils durch Anfechtung rückwirkend entfallen ist, aber die Haftung des eingetragenen neuen Gesellschafters auf rückständige Einlagen im Streit steht, bleiben bestehen wie bisher.[362]

Im Übrigen kann auf die Erfahrungen mit dem Aktienregister bei Namensaktien zurückgegriffen werden. Probleme sind hier nicht bekannt geworden – auch nicht im Bereich der geschlossenen „kleinen Aktiengesellschaft", die der GmbH hinsichtlich des Gesellschafterkreises vergleichbar ist.

3.6.2 Der gutgläubige Erwerb von Geschäftsanteilen

Im neuen § 16 Abs. 3 GmbHG werden ganz neue Wege beschritten,[363] die der Praxis das Leben erleichtern sollen: Es wird der gutgläubige Erwerb von Geschäftsanteilen ermöglicht. Bisher war der Nachweis der Anteilseignerschaft nur über eine ununterbrochene Kette von Abtretungsurkunden seit Gründung zu führen – und selbst das bot keine absolute Sicherheit. Die Zulassung des gutgläubigen Erwerbs bringt daher spürbare Erleichterung für den Erwerb aber auch für den Einsatz von GmbH-Anteilen als Kreditsicherheit.[364]

---

360) Offenbar a.M. *Mülbert*, Gesetzesreform ermöglicht Firmenkauf vom Nichtberechtigten, FAZ 30. 10. 2007.
361) *Rau*, DStR 2006, 1892, 1896.
362) *Weiler*, Haftung für rückständige Einlagen bei angefochtenem GmbH-Anteilserwerb, ZIP 2006, 1754.
363) Wirkliche Neuerung: *Grunewald*, Der Konzern 2007, 13.
364) *Vossius/Wachter*, BB 2005, 2539.

3.6.3 Alternativen

Eine ganze Palette von denkbaren Regelungsmodellen stand zur Auswahl: Erörtert wurde ein wertpapierrechtliches Modell,[365] das aber die Verbriefung der GmbH-Anteile bedingt und Fälschungsrisiken erzeugt hätte. Erfahrungsgemäß gehen solche Verbriefungen in den nicht immer geordneten Verhältnissen der kleinen GmbH – wie Grundschuldbriefe – häufig verloren und helfen nicht, wenn man sie braucht. Ferner wäre natürlich die Eintragung der GmbH-Gesellschafter in das Register mit der Wirkung des Gutglaubenserwerbs über § 15 HGB denkbar gewesen.[366] Der Systemeingriff wäre größer gewesen. Dies hätte eine Prüfung der Richtigkeit der Gesellschafterstellung und damit von den Ländern unerwünschte Mehrbelastung der Registergerichte bedingt.[367] Man sollte diesen Gedanken aber nicht ad acta legen. Das Langfristziel muss die Registrierung der GmbH-Gesellschafter bleiben. Im elektronischen Handelsregister Verschmelzen für den Nutzer die Eintragungen und die eingereichten Urkunden, die Unterscheidung erscheint künstlich. Ferner kann der Gedanke auch im Zusammenhang mit einer evtl. Abschaffung der Beurkundungspflicht der Anteilsabtretung nach § 15 GmbHG wieder ins Spiel kommen.[368] Hier kann man mit Spannung auf die europäische Privatgesellschaft blicken, von der weiterer Reformdruck auf die GmbH ausgehen könnte. In die Diskussion eingebracht wurde auch ein neues Gesellschafterregister bei einem Gesellschaftsnotar.[369]

3.6.4 Gutgläubiger Erwerb auf der Grundlage der Gesellschafterliste

Das MoMiG hat sich – pragmatisch – für die Eintragung in die Gesellschafterliste als Anknüpfungspunkt für den gutgläubigen Erwerb entschieden.[370] Die Gesellschafterliste nimmt nicht am öffentlichen Glauben des Handelsregisters nach § 15 HGB teil, weil sie nicht eintragungsfähig ist. § 16 Abs. 3 GmbHG ordnet daher den Gutglaubensschutz mit spezieller Regelung an. Es kann vorkommen, dass diese Regelung im Einzelfall konstitutive Wirkung hat, ein Erwerber also wirksam von einem unerkannt unberechtigten Veräußerer erwirbt. In aller Regel wird die Bestimmung aber nur beweiserleichternd wirken: Der Erwerber kauft vom Berechtigten. Dass der Veräußerer Berechtigter war, braucht er zu seiner Absicherung aber nicht umständlich zu prüfen, denn sollte jener es wider Erwarten nicht gewesen, hätte er jedenfalls gutgläubig vom Nicht-Berechtigten erworben. Das kann und wird ihm im Ergebnis gleichgültig sein.

3.6.5 Nichtexistente Anteile, Belastungen

Es ist in den Stellungnahmen zum RefE kritisiert worden[371], dass die Vorschrift nicht erkennen lasse, ob auch nichtexistente Anteile auf diese Weise gutgläubig erworben werden könnten. *Haas/Oechsler* schlugen deshalb vor einschränkend zu sagen:

---

365) Dazu *Gehling* in *Grunewald/Gehling/Rodewig*, ZIP 2006, 685 ff.; *Ziemons*, BB-Spezial 7/2006, GmbH-Reform, S. 9, 12.
366) *Flesner*, NZG 2006, 641, 643.
367) Relativiert bei *Eidenmüller*, ZGR 2007, 168, 204.
368) *Eidenmüller*, ZGR 2007, 168, 202; *Eidenmüller*, in: FS Heldrich (2005), S. 581, 594 f.
369) *Vossius/Wachter*, bb 2005, 2539 mit Verweis auf den Gesetzentwurf im Internet unter www.gmbhr.de.
370) Kritisch *Bednarz*, Die Gesellschafterliste als Rechtsscheinträger für einen gutgläubigen Erwerb von GmbH-Geschäftsanteilen, BB 2008, 1854 ff.
371) Anders aber *Grunewald*, Der Konzern 2007, 13, 14, die auch den gutgläubigern Erwerb nichtexistenter Anteile eröffnet sehen möchte; ebenso *Hamann*, NZG 2007, 492, 494.

"gilt der Inhalt der Gesellschafterliste in Ansehung der Verfügungsbefugnis des Inhabers insoweit als richtig ...".[372]

Das ist in der Tat bedenkenswert. Es war nicht beabsichtigt, nichtexistente Anteile durch gutgläubigen Erwerb – zum Nachteil aller anderen Gesellschafter durch die Verwässerung ihrer Beteiligungsquote ohne entsprechende Einlage – entstehen zu lassen. Zudem würde damit einer sehr unorthodoxen Methode der Kapitalerhöhung ohne Kapitalaufbringung und ohne satzungsändernden Beschluss das Tor geöffnet: Man reicht einfach eine Gesellschafterliste mit einem neuen Geschäftsanteil beim Handelsregister ein und verkauft den Anteil eine Stunde später an einen gutgläubigen Erwerber: Schon ist das Kapital erhöht.

Im Regierungsentwurf ist dies aufgegriffen worden. Dies kommt mit der Formulierung

"Der Erwerber kann einen Geschäftsanteil ... durch Rechtsgeschäft wirksam vom Nichtberechtigten erwerben ...",

hoffentlich ausreichend deutlich zum Ausdruck. Es handelt sich also um den Fall eines Erwerbs vom Nichtberechtigten. Der gutgläubige Erwerb überwindet nicht die mangelnde Existenz des Anteils, sondern nur den Mangel der Berechtigung des Veräußerers. Ist ein einheitlicher Anteil als gestückelt eingetragen, spricht hingegen alles dafür, dass der gutgläubige Erwerb eines Stücks möglich ist.[373]

Es ist vielfach gefordert worden, dass ein gutgläubiger Erwerb von Belastungen etc. geregelt werden müsse. Dazu gilt: Nach dem Wortlaut der Vorschrift kann ein Recht (z. B. Pfandrecht) an einem lastenfreien Geschäftsanteil gutgläubig erworben werden.[374] Es kann aber nicht ein belasteter Geschäftsanteil gutgläubig lastenfrei erworben werden, denn dann müsste man Belastungen im Register oder in der Gesellschafterliste eintragungsfähig machen, was derzeit zu sehr nach neuer Bürokratie aussieht.

3.6.6 Zurechenbar falsche Liste: sofortiger gutgläubiger Erwerb

Nach der Neuregelung bleibt dem Verkäufer der umständliche Nachweis erspart, dass er Berechtigter ist; er kann auf seine Eintragung in der Gesellschafterliste verweisen. Dabei stellt das Gesetz grundsätzlich auf den Listenbestand im Moment des Erwerbs ab.[375] Anders als noch im RefE kann der Erwerber also gutgläubig vom Nichtberechtigten erwerben, wenn dieser selbst erst kurz vorher als Inhaber des fraglichen Anteils in der Liste eingetragen wurde.

3.6.7 Ausnahmen

Das gilt allerdings in drei ausdrücklich aufgeführten Fällen nicht:

a) Der gutgläubige Erwerb ist nicht möglich, wenn der Erwerber hinsichtlich der Berechtigung des Veräußerers nicht gutgläubig ist – das ist genauso geregelt in § 932

---

372) *Haas/Oechsler*, NZG 2006, 806, 812; den gutgläubigen Erwerb nichtexistierender Anteile befürwortend hingegen: *Grunewald*, Der Konzern 2007, 13, 14.
373) *Böttcher/Blasche*, Gutgläubiger Erwerb von Geschäftsanteilen entsprechend der in der Gesellschafterliste eingetragenen Stückelung nach dem MoMiG, NZG 2007, 565, 569 unter Verweis auf § 892 BGB.
374) *Grunewald*, Der Konzern 2007, 13, 15.
375) So auch, also ohne „Ersitzungsfrist" der Vorschlag von *Grunewald/Gehling/Rodewig*, ZIP 2006, 685, 687.

BGB. Die Nichtdurchführung einer Due Diligence führt – abgesehen von konkreten Verdachtsmomenten – nicht zur Bösgläubigkeit.[376]

b) Der gutgläubige Erwerb ist nicht möglich, wenn der Liste ein Widerspruch zugeordnet ist. Dieser zerstört den guten Glauben in die Berechtigung des Veräußerers, solange er angebracht ist.

c) Gutgläubiger Erwerb ist ebenfalls grundsätzlich nicht möglich, wenn die Unrichtigkeit der Liste dem Veräußerer nicht zuzurechnen ist.[377] Dies entspricht in etwa dem Abhandenkommen nach § 935 BGB. Ebenso wie in diesem Fall der vertrauensbegründende Besitz des Veräußerers dem Eigentümer nicht zugerechnet werden kann und der gutgläubige Erwerb dadurch ausgeschlossen ist, ist bei § 16 Abs. 3 GmbHG der gutgläubige Erwerb ausgeschlossen, wenn dem wahren Inhaber die vertrauensbegründende Eintragung in der Liste nicht zugerechnet werden kann (Veranlassungsprinzip). Anders als beim Abhandenkommen (das nur Ersitzung kennt) wird die Schutzwirkung hier aber zeitlich eng begrenzt: Wenn der wahre Inhaber es drei Jahre lang unbeanstandet zulässt, dass die Liste falsch ist, dann ist ihm der dadurch entstehende Vertrauenstatbestand zuzurechnen. Der Geschäftsanteil kann gutgläubig erworben werden. Durch die Drei-Jahresfrist wird eine „abgemilderte Form des Veranlassungsprinzips"[378] eingeführt: Es obliegt dem GmbH-Gesellschafter, sich darum zu kümmern, ob seine Gesellschafterliste korrekt ist. Wenn er das nicht tut, so hat er zum Rechtsschein durch Unterlassen beigetragen.

Ist dem wahren Inhaber die Unrichtigkeit nicht zuzurechnen, so ist ein gutgläubiger Erwerb möglich, basierend auf dem im Moment des Erwerbs seit drei Jahren unwidersprochen gebliebenen Listenstand.[379]

Der Erwerber kann also – wie beim Erwerb einer beweglichen Sache vom Besitzer – normalerweise darauf vertrauen, dass er vom Listeninhaber wirksam erwerben kann. Will er sich auch für den Fall absichern, dass die Unrichtigkeit der Liste dem wahren Inhaber nicht zurechenbar ist, so sollte er zusätzlich schauen, ob der Veräußerer schon seit drei Jahren in der Liste steht. Ist dieser noch keine drei Jahre in der Liste aufgenommen, so wird er eine Garantie abgeben müssen, dass er seinerseits wirksam erworben hat. Das ist nichts Neues. Der Erwerber kann sich natürlich auch vergewissern, ob dem früheren Eigentümer die Änderung der Liste zuzurechnen ist.[380] Das kann sich bei Gesellschafter-Geschäftsführern schon aus dem elektronischen Handelsregister ergeben.

Sollte der Veräußerer länger als drei Jahre in der Liste stehen, ist der Erwerber auf der ganz sicheren Seite. Sollte der Veräußerer in diesen letzten drei Jahren an einen Dritten weiterveräußert haben, ohne dass der Dritte in die Liste aufgenommen wurde, so kann das dem Erwerber gleichgültig sein, denn entweder hatte der Dritte nicht wirksam erwerben können (Veräußerer ist nichtberechtigt und drei Jahre waren nicht vergangen), oder aber er hatte

---

376) *Götze/Bressler*, NZG 2007, 894, 899.
377) Beispiele dazu *Götze/Bressler*, NZG 2007, 894, 898.
378) *Schockenhoff/Höder*, ZIP 2006, 1841, 1845.
379) Ähnlich auch *Gehb/Drange/Heckelmann*, NZG 2006, 88, 93; *Rau*, DStR 2006, 1892, 1897 hält diese Dreijahresfrist nur für eine Übergangszeit für sinnvoll; kritisch: *Hamann*, NZG 2007, 492, 493.
380) Verschiedentlich werden hier „große Unsicherheiten" gesehen, ob die Unrichtigkeit dem Berechtigten auch zuzurechnen sei: *Böttcher/Blasche*, NZG 2007, 565; diese Sorgen dürften in der Praxis aber eine weit geringere Rolle spielen.

wirksam erworben, muss sich die Unrichtigkeit der Liste aber zurechnen lassen und verliert sein Recht wieder.

3.6.8 Die „Unrichtigkeit" der Liste

Nach der Formulierung des RefE hatte das Tatbestandsmerkmal „unrichtig" Verwirrung ausgelöst und es war teilweise das Missverständnis aufgekommen, der Erwerber könne nur im Glauben an die Unrichtigkeit der Liste gutgläubig erwerben, weshalb er die Unrichtigkeit der Liste erforschen müsse. Ein skurriler Gedanke. Der Glaube an die Unrichtigkeit konnte und sollte natürlich keine Voraussetzung für den gutgläubigen Erwerb sein,[381] das wäre ja ein Widerspruch in sich. Den Anregungen in den Stellungnahmen ist im Regierungsentwurf gefolgt worden, indem auf den Begriff „unrichtig"[382] im Gutglaubenstatbestand verzichtet wurde. Es ist nun so, dass man von dem gutgläubig erwerben kann, der in der Liste steht. War er immer zu Recht eingetragen, gibt es ohnehin kein Problem, war er zu Unrecht eingetragen, dann gibt es auch kein Problem, wenn dem wahren Berechtigten die Unrichtigkeit zurechenbar ist – gutgläubigen Erwerb gibt es sofort. War ihm die Unrichtigkeit nicht zuzurechnen, hat er aber drei Jahre am Stück geschlafen und nichts unternommen, obwohl er etwas hätte tun können (z. B. Einblick in das Register mit der Liste, Anfügung eines Widerspruchs), so kann ein Dritter trotzdem gutgläubig erwerben.

3.6.9 Drei-Jahres-Frist

Es gab freilich einige Stimmen, die die drei Jahre im Referentenentwurf für zu lange hielten und gar keine „Ersitzungsfrist"[383] oder eine Abkürzung auf ein Jahr forderten.[384] Diese Kritik wurde auch gegenüber dem RegE weiter erhoben – jedoch zu Unrecht, da nach der Neuregelung im Normalfall sofort gutgläubig erworben werden kann. Die Dreijahresfrist gilt nur noch in extremen aber notwendigen Ausnahmefällen. Es sind ferner und in umgekehrte Richtung Bedenken geäußert worden, ob die Obliegenheit des Gesellschafters, sich binnen drei Jahren durch Registereinsicht zu kümmern, ausreichen könne, um auf die Verletzung dieser Obliegenheit einen Rechtsverlust zu stützen. Man sollte aber daran denken, dass es sich hier um Kapitalbeteiligungen handelt, bei denen eine gewisse Aufmerksamkeit verlangt werden darf. Auch die Institute des handelsrechtlichen Vertrauensschutzes basieren auf der normativen Anforderung, im kaufmännischen Sonderverkehr erhöhte Sorgfalt zu beobachten.[385] So kann es z. B. zum Vertragsschluss bei Schweigen kommen.

Es gibt ferner Stimmen, die die Anwendbarkeit der Gutglaubensvorschrift auch im Falle des Erwerbs im Wege der Gesamtrechtsnachfolge und im Wege der Zwangsvollstreckung fordern.

Kritisiert wurde ferner, dass die Gesellschafterliste formlos eingereicht werden könne (so § 12 HGB in der Fassung des EHUG) und folglich keine Gewähr für die Richtigkeit be-

---

381) Zutreffend: *Schockenhoff/Höder*, ZIP 2006, 1841, 1842; Keinesfalls muss der Erwerber, um in den Genuß des Gutglaubenserwerbs zu kommen, im Rahmen der Due Diligence aufklären, dass der Veräußerer „unrichtig" eingetragen ist, denn wenn der Erwerber das weiß, dann ist er ja bösgläubig, diesen Zirkelschluss sieht aber *Müller, K.J.*, Der Entwurf des „MoMiG" und die Auswirkungen auf den Unternehmens- und Beteiligungskauf, GmbHR 2006, 953, 956:

382) A.A. *Grunewald*, Der Konzern 2007, 13, 14, die meint, man könne das „unrichtig" nicht streichen.

383) *Vossius*, DB 2007, 2299, 2301, bezeichnet die Dreijahresfrist vereinfachend als Ersitzungsfrist.

384) *Wulfetange*, BB-Spezial GmbH-Reform 2006/17, S. 19, 22; *Haas/Oechsler*, NZG 2006, 806, 812.

385) *Bohrer*, DStR 2007, 995, 999.

stehe. Allerdings war die bisherige Anmeldung des Gesellschafterwechsels gegenüber der Gesellschaft auch nicht formbedürftig, obwohl auch hier erhebliche Konsequenzen verbunden waren; ferner werden Defizite der Prüfung der neuen Liste durch die dreijährige Wartephase bis zum Einsetzen des Gutglaubensschutzes aufgefangen, wenn die Unrichtigkeit nicht zurechenbar ist.

3.6.10 Mitwirkung[386)] des Notars[387)]

Die Gesellschafterliste wird vom Registergericht nicht inhaltlich geprüft. Die Tauglichkeit der Liste als Grundlage für den Gutglaubenserwerb wurde daher kritisiert.[388)] Um die Richtigkeitsgewähr der Liste zu erhöhen, wird das Verfahren nach § 40 GmbHG nutzbar gemacht: Soweit ein Notar an der Anteilsänderung beteiligt ist, hat dieser die neue Liste an Stelle der Geschäftsführer gleich nach Vollzug einzureichen.[389)] Das vereinfacht das Verfahren erheblich. Der Notar ist meist ohnehin eingeschaltet, er hat die Unterlagen. Er musste schon bisher einen Hinweis an das Register schicken und schickt künftig eben eine neue Liste. Er ist schon bisher häufig von den Beteiligten einer Anteilsabtretung damit betraut worden, die Anmeldung nach § 16 GmbHG gegenüber der Gesellschaft zu vollziehen.[390)] Auch an diese Anmeldung knüpften sich erhebliche Rechtsfolgen. Es ist also nichts völlig Neues, wenn der Notar nunmehr die aktualisierte Liste einreichen soll. Alle Beteiligten haben ein Interesse daran, dass das rasch und Zug-um-Zug nach Kaufpreiszahlung erledigt wird.

Das wird auch dann gelten, wenn ein ausländischer Notar die Beurkundung vorgenommen hat und die Einreichung der Liste aber auch die Ausstellung der Bescheinigung nicht übernimmt.

3.6.11 Verfahren bei Widerspruch

Der gutgläubige Erwerb kann durch Widerspruch, der zum Handelsregister einzureichen ist, verhindert werden. Dieser Widerspruch muss auch online zur Verfügung stehen, was in der Handelsregisterverordnung geregelt ist. Eine Regelung, wer den Widerspruch einreichen kann (anders § 899 BGB) war im RefE nicht vorgesehen. Der RegE enthält nun einige simple Regeln. Viele denkbare Detailfragen eines missbräuchlichen Widerspruchs, Herausklagen dieses Widerspruchs, Schadensersatz, falls dadurch ein Geschäft vereitelt wurde etc. sind nicht geregelt. Man sollte die Dinge nicht zu kompliziert machen.[391)]

---

386) Zum Verständnis des Begriffs: *Rau*, DStR 2006, 1892, 1895.
387) *Vossius*, DB 2007, 2299, 2301, mit praktischen Beispielen und einem Muster für eine Bescheinigung nach § 40 Abs. 2 Satz 2 GmbHG.
388) U.a. *Flesner*, NZG 2006, 641, 643.
389) So Vorschlag Notar *D. Mayer* bei *Grunewald/Gehling/Rodewig* ZIP 2006, 685, 686 Fn. 7 und *Wicke*, Die Bedeutung der öffentlichen Beurkundung im GmbH-Recht, ZIP 2006, 977, 982.
390) *Kallmeyer*, in: GmbH-Hdb. I, Rz. 1017.
391) *Noack*, DB 2006, 1475, 1478.

3.7 Mustersatzung, Beurkundungsprotokoll, Musterprotokoll[392]

3.7.1 Vorlauf zur Mustersatzung

Immer wieder ist vorgeschlagen worden, die Beteiligung des Notars bei Gründung oder Abtretung ganz abzuschaffen.[393] Ein vermittelnder Vorschlag, der verschiedentlich gemacht worden ist,[394] zielte auf die vereinfachte GmbH-Gründung bei Verwendung eines Muster-Gesellschaftsvertrages (Vertragsmuster, Mustersatzung). Die besondere Attraktion der vereinfachten Gründung mit Mustersatzung wurde natürlich in dem Verzicht auf die notarielle Beurkundung gesehen. Das klang zunächst sicherlich gut, wenn auch nicht in den Ohren des notariellen Berufsstandes.[395] Vorbild für diesen Vorschlag war unter anderem eine spanische Reformmaßnahme, die eine solche Blitzgründung eingeführt hatte. Allerdings ist diese Gründungsform in Spanien nicht gut angenommen worden. Das lag aber offenbar an einer zu starren Vorgabe zur Firmenbildung, die zu unschönen und nicht markttauglichen Seriennummer-Firmen geführt hat. Außerdem dürfte durch das Zusammenwirken von MoMiG und EHUG die Gründung einer normalen GmbH ohnehin in einem bis max. 2–3 Tagen möglich sein. Dann benötigt man aber nicht unbedingt eine zusätzliche Blitz-GmbH. Der Vorschlag war nicht in den RefE übernommen worden.

Die Stellungnahmen zum RefE haben dennoch ergeben, dass eine Mustersatzung als Signal verstanden wird: „Es geht bei uns so einfach wie bei der Limited!" Insbesondere CDU/CSU (über das Bundesministerium für Wirtschaft) drängten vor dem Kabinett auf eine solche Regelung.[396] Der Regierungsentwurf enthielt daher ein Vertragsmuster und ein komplettes Gründungs-Set. Dieses sollte als Anhang zum GmbHG erlassen werden – also mit Gesetzesqualität. Man könnte sich dann die Formulare im Internet downloaden und bräuchte nur noch eine notarielle Beglaubigung der Unterschriften. Die notarielle Beurkundung sollte entfallen. Damit entfiele aber auch die notarielle Beratung. Es musste sich daher um ganz einfache Fälle handeln, eine Bargründung mit maximal drei Gesellschaftern. Dies sahen die Muster so vor. Sie sahen ferner eine Beschränkung auf einen Geschäftsführer vor. Das ist kritisiert worden, denn gerade bei der Existenzgründung wird in der Regel jeder Gesellschafter auch aktiv mitarbeiten wollen.

3.7.2 Die Firmenbildung und der Unternehmensgegenstand

Freiheit bestand noch bei der Firmenbildung – das bedeutet zugleich auch ein Risiko, dass etwas schief geht und es zu Zwischenverfügungen kommt. Ein weiterer Problembereich wäre die Formulierung des Unternehmensgegenstandes gewesen. Dies wurde im Entwurf dadurch gelöst, dass drei Unternehmensgegenstände zur Auswahl gestellt werden. Die extreme Simplifizierung der als multiple choice ausgestalteten Unternehmensgegenstände ist für das deutsche Rechtsverständnis sehr neu. Damit wären die bisher überwiegend aufgestellten strengen Anforderungen an den Unternehmensgegenstand (allgemeine Praxis der

---

392) *Römermann*, Die vereinfachte Gründung mittels Musterprotokoll, GmbHR 2008, 16 ff.; *Seibert*, GmbHR 2007, 673, 674.
393) Z. B. *Triebel/Otte*, ZIP 2006, 1321, 1325; *Niemeier*, ZIP 2006, 2237, 2250.
394) U.a. *Karsten*, GmbHR 2006, 57, 61; *Gehb/Drange/Heckelmann*, NZG 2006, 88, 91; *Römermann*, GmbHR 2006, 673, 674.
395) So die apologetische Schrift von *Wicke*, ZIP 2007, 977, zur Mustersatzung S. 978; ferner *Heidinger*, Fluch und Segen der privatschriftlichen Mustersatzung, DB Beilage, Status:Recht Heft 7–8/2007, S. 243.
396) Grußwort Ministerin *Zypries*, 27. Deutscher Notartag (2007), Sonderheft DNotZ 2007, 20.

Individualisierung des Unternehmensgegenstandes[397]) insgesamt in Frage gestellt worden. *Heckschen* hat aber bereits darauf hingewiesen: Wenn man in § 8 GmbHG die Gründung von der Vorlage der Genehmigung entkoppelt, dann könnte man auf die Aufnahme des Unternehmensgegenstandes im Gesellschaftsvertrag eigentlich verzichten oder sie fakultativ ausgestalten![398] Das Registergericht benötigt den Gegenstand nicht zur Prüfung der Genehmigungspflichtigkeit. Da wir in Deutschland keine Ultra-vires-Lehre haben, ist der Unternehmensgegenstand auch für den Rechtsverkehr ohne besondere Relevanz. Er mag für die Gesellschafter untereinander und die Innenbeschränkung der Geschäftsführung bedeutsam sein. Das erfordert aber keine zwingende Regelung im Gesetz. Freilich ist trotz alledem kritisiert worden, dass das Muster eine Beschränkung auf einen von drei genannten Gegenständen vorsieht – und nicht z. B. Produktion und Handel kombiniere.[399] Die Zulassung eines abstrakten Unternehmensgegenstandes hätte Austrahlungswirkung auf die Kapitalgesellschaft ganz allgemein gehabt.[400] Bedauerlicherweise ist dieser Punkt durch die Einführung eines Musterprotokolls entfallen.

Notarielle Beglaubigung

Zur Identifikation der Beteiligten war nur die Unterschriftsbeglaubigung vorgesehen (Gründer, einreichender Geschäftsführer). Die Identifikation wurde u. a. wegen Terrorismus- und Geldwäschebekämpfung für unerlässlich angesehen. Es muss klar sein, wer hinter der Rechtsform steht. Wegen des Beglaubigungserfordernisses müssen die Beteiligten also trotzdem zum Notar. Bei Gesellschafter/Geschäftsführer-Identität wäre das nicht weiter schlimm gewesen, Beurkundungskosten sollten jedenfalls entfallen. Da es der öffentlichen Beglaubigung bedurfte, konnte diese nur durch einen Notar vorgenommen werden. Das hätte keineswegs immer so bleiben müssen. Zudem könnten in Zukunft auch andere Identifikationsverfahren (digitale Signatur) an die Stelle der öffentlichen Beglaubigung treten.[401]

Spätere Änderungen der Satzung

Gemäß dem Entwurf § 53 Abs. 2 Satz 1 GmbHG sollte auch die spätere Änderung der Satzung in den entsprechenden Punkten vom Beurkundungserfordernis ausgenommen werden.[402]

3.7.3 Widerstand der Notare

Diese Regelung ist von den Notaren mit vielen Argumenten bekämpft worden.[403] Man hat ihnen entgegengehalten: Wer die notarielle Beurkundung im Kern bewahren möchte, sollte auf sie da verzichten, wo sie nicht mit wirklich guten Gründen zu rechtfertigen ist. Und, wie Hirte zutreffend anmerkt: Wer auf diese Weise in der GmbH bleibt, wird bei späteren

---

397) *Ulmer* sieht die durch das MoMiG gefährdet, Der „Federstrich des Gesetzgebers" und die Anforderung der Rechtsdogmatik, ZIP 2008, 45, 49; ausf. s. *Schröder/Cannivé*, Der Unternehmensgegenstand der GmbH vor und nach dem MoMiG, NZG 2008, 1.
398) *Heckschen*, Aktuelle Beratungshinweise zur GmbH-Satzung – Unternehmensgegenstand, Bekanntmachung, Anteilserwerb, GmbHR 2007, 198.
399) DAV-Handelsrechtsausschuss, Stellungnahme zum RegE, NG 2007, 735, 736.
400) *Schröder/Cannivé*, NZG 2007, 1, 5.
401) *Noack*, DB 2007, 1395, kritisiert daher die Beschränkung auf die notarielle Beglaubigung.
402) Problematisiert von *Ulmer*, ZIP 2008, 45.
403) So u. a. von *Wicke*, ZIP 2007, 977, zur Mustersatzung S. 978.

Satzungsänderungen zum Notar zurückkommen, wer die Limited wählt, ist für die Notare ganz verloren.[404]

3.7.4 Bundesrat: Beurkundungsprotokoll

Von den Notaren und ihm folgend vom Bundesrat ist anstelle der Mustersatzung eine Beurkundungsprotokoll in einfachen Fällen vorgeschlagen worden, welches am Grundsatz der Beurkundung festhalten würde, aber kostengünstiger wäre, als die normal Beurkundung. Es ist auch vorgetragen worden, dass dieses Protokoll jedenfalls bei niedrigen Stammkapitalia billiger wäre als die Mustersatzung.[405] Es sah kein Vertragsmuster als Anhang zum Gesetz vor.

3.7.5 Rechtsausschuss: Musterprotokoll

Diese Variante wurde im Rechtsausschuss des Deutschen Bundestages vom Abgeordneten *Benneter* (SPD) als Kompromisslösung eingespielt. Die Regelung findet sich im Kern in § 2 Abs. 1 GmbHG. Wieder wird darauf abgestellt, dass die Gesellschaft maximal drei Gesellschafter und einen Geschäftsführer hat. Dann kann ein als Anhang des Gesetzes erlassenes Muster einer Notarurkunde verwendet werden. Eine Beratung findet ganz normal statt. Der Charme der Regelung liegt in der standardisierten Gründung, die zur Beschleunigung beitragen und Zwischenverfügungen der Gerichte verringern dürfte, vor allem aber bei den Notargebühren: sie richten sich nach dem Stammkapital und gehen bei der UG (haftungsbeschränkt) erheblich nach unten. Hier gibt es keinen Gebührenmindestsatz (vgl. § 41d der Kostenordnung-neu). Bei der klassischen GmbH lohnt sich das Ganze nicht, wenn sie bei 25 000 € Mindestkapital bleibt. Die Anlage zum GmbHG enthält ein Muster für eine Einpersonengesellschaft und einer Gesellschaft mit zwei oder drei Gesellschaftern (Anlage 1 zu Art. 1 Nr. 50).

3.7.6 Die notarielle Beurkundung der Abtretung der Geschäftsanteile

Die notarielle Beurkundung als gesetzliche Form der Abtretung der Geschäftsanteile (§ 15 GmbHG) bleibt nach dem MoMiG erhalten. Auch dieser Punkt ist und bleibt sehr umstritten.[406] Im Konzept zur Europäischen Privatgesellschaft ist keine Form vorgesehen, was der EPG einen erheblichen Wettbewerbsvorteil gegenüber der reformierten GmbH geben würde und gewiss noch Widerstände der Notare auslösen wird. Die Befürworter der Limited sehen in der Formlosigkeit einen der entscheidenden Vorteile der Limited. Die Schweiz hat die Pflicht zur Beurkundung gerade abgeschafft.[407]

Dies könnte nach Befürchtungen mancher sogar die ungewollte Rückwirkung haben, dass ein deutsches Gericht irgendwann die Gleichwertigkeit der schweizerischen Notare (Zürich-Altstadt, Basel-Altstadt) nicht mehr anerkennt.

---

404) FAZ v. 6. 6. 2007., S. 23: Die Wiedergeburt der GmbH.
405) *Heckschen*, Die GmbH-Reform – Wege und Irrwege, DStR 2007, 1442 legt zur Mustersatzung dar, dass eine GmbH-Gründung mit Stammkapital 10 000 Euro nicht billiger käme, denn es fallen neben den Beglaubigungsgebühren zahlreiche kleinere Gebühren an: Beglaubigung der Registeranmeldung, Einscannen, einreichen usw.
406) Für Abschaffung (für viele) *Eidenmüller*, ZGR 2007, 168, 202.
407) *Schlößer*, Die Auswirkung der Schweizer GmbH-Reform 2007 auf die Übertragung von Geschäftsanteilen einer deutschen GmbH in der Schweiz, GmbHR 2007, 301.

I. Einführung

Von Notarseite wurde auch auf die Meldepflichten nach § 54 EStDV hingewiesen,[408] wonach der Notar bei Abtretungen eine Mitteilung an das Finanzamt machen muss. Bei der Abtretung von Aktien in unbegrenzter Höhe wird seltsamerweise nichts gemeldet. Diese Meldepflicht leuchtet nach Eröffnung des Onlinezugangs zu all diesen Daten im elektronischen Handelsregister nicht mehr ganz so ein. Dennoch hat der RegE es bei der geltenden Rechtslage belassen.

In Gesprächen mit der Bundesnotarkammer ist identifiziert worden, dass es besonders drängende Problembereiche gibt, nämlich insbesondere das sinnlose, ritualisierte und für alle Beteiligten abstoßende stundenlange Verlesen von Anlagen, Listen, Inventaren, Verträgen. Es ist deshalb jedenfalls geplant, bei nächster Gelegenheit in einem Gesetz zur Erleichterung beurkundungsrechtlicher Vorschriften Regelungen über die eingeschränkte Verlesungspflicht bei in Schriftform vorliegenden Rechtsgeschäften (z. B. § 13b BeurkG) und über die eingeschränkte Verlesungspflicht bei Bilanzen, Inventaren, sonstigen Bestandsverzeichnissen und Erklärungen (hier nur Klarstellungen und Erweiterungen des § 14 BeurkG) in Angriff zu nehmen. Diese Änderungen kündigt die amtliche Begründung ausdrücklich an (siehe S. 98) und die Einlösung dieser Ankündigung sollte eingefordert werden.

„In vielen Stellungnahmen ist die Beurkundungspflicht bei der Abtretung von Geschäftsanteilen, vor allem aber auch der Vollständigkeitsgrundsatz bei der Beurkundung kritisiert worden. Letzterer führt in manchen Fällen zum stundenlangen Verlesen von Unterlagen, das von den Beteiligten als leere Förmelei empfunden wird, zumal wenn es sich um Unterlagen handelt, die von den Vertragsparteien ohnehin nicht oder nicht mehr geändert werden können (bestehende Mietverträge mit anderen Parteien, Inventarlisten etc.). Es ist aber im laufenden Gesetzesvorhaben davon Abstand genommen worden, das Beurkundungsgesetz zu ändern. Die gebotenen Änderungen sollen aber in nächster Zeit in einem ohnehin geplanten Gesetz zur Erleichterung von beurkundungsrechtlichen Vorschriften untergebracht werden."

Der Plan wird weiterverfolgt. Es dürfte jedoch in der 16. Wahlperiode kaum noch etwas aus dem Vorhaben werden.

3.8 Verzicht auf Genehmigung als Gründungsvoraussetzung
3.8.1 Der RefE

Es ist schon im Rahmen der Vorbereitung der Handelsrechtsreform 1998 erörtert worden, ob man auf die Vorlage einer erforderlichen Genehmigung nach § 8 Abs. 1 Nr. 6 GmbHG als Eintragungsvoraussetzung verzichten solle.[409] Man ist damals davor zurückgeschreckt, weil die Bundesländer Schwierigkeiten befürchteten, eine erst einmal eingetragene GmbH anschließend wieder aus dem Register zu entfernen, wenn die Genehmigung später versagt wird. Damit blieb es dabei, dass gerade die Betriebsgenehmigungen oft zu erheblichen Verzögerungen bei der GmbH-Gründung führten[410] und dass es im Übrigen intellektuell un-

---

408) *Wicke*, ZIP 2007, 977, zur Mustersatzung, S. 978, 982.
409) *Gustavus*, GmbHR 1993, 259, 262 f; ebenso später: *Priester*, DB 2005, 1315, 1319.; *Triebel/Otte*, ZIP 2006, 311.
410) S.a. Antrag der FDP-Fraktion „GmbH-Gründungen beschleunigen und entbürokratisieren" dessen einziges Ziel die Streichung des § 8 Abs. 1 Nr. 6 GmbHG ist, BT-Drucks. 16/671 v. 15. 2. 2006); sehr kritisch zum alten Recht zuletzt: *Melchior*, Frühjahrsputz bei der GmbH, Zur Ankündigung grundlegender Reformen des GmbH-Gesetzes, GmbHR 10/2005, R 165.

befriedigend war, Genehmigungen für Rechtssubjekte zu beantragen, die es noch nicht gibt. Der RefE sah in § 8 eine vermittelnde Lösung vor: Anstelle des Nachweises der Genehmigung (einschließlich der Eintragung in die Handwerksrolle)[411] sollten die Gründer versichern, dass die Genehmigung beantragt ist. Würde die Genehmigung nicht binnen drei Monaten[412] (oder im Ausnahmefall einer vom Gericht bestimmten anderen Frist) nachgeliefert, sollte die eingetragene GmbH zwangsgelöscht werden, Rechtsbehelfe dagegen sollten sehr stark eingeschränkt sein.

3.8.2 Komplette Abkoppelung

Es mehrten sich daraufhin die Stimmen, die eine komplette Abkopplung der Genehmigung von der Eintragung forderten.[413] Dafür spricht vieles, denn es ist zuzugeben, dass die Zwangslöschung nach Fristablauf ein sehr unspezifisches Instrument ist. Es ist ferner sehr problematisch, eine so schwerwiegende Entscheidung von Umständen abhängig zu machen, auf die die Gründungsgesellschafter nur sehr begrenzten Einfluss haben – nämlich ob die Erlaubnisbehörde rasch oder weniger schnell entscheidet. Ferner hätte auch nach der Regelung des RefE vom Handelsregister die Vorlage einer behördlichen Negativbescheinigung verlangt werden können und vielleicht sogar müssen, dass eine Genehmigungspflicht nicht vorliege. Auch das hätte zu Verzögerungen und Bürokratie geführt.[414] All dies sprach für eine komplette Abkoppelung. Das Land Bayern wies in seiner Stellungnahme darauf hin, dass in einem der Hauptfälle der Vorlagepflicht, nämlich bei der Ausübung eines Handwerks, bis zur BGH-Entscheidung im Jahre 1988 nicht von einer Vorlagepflicht ausgegangen worden sei, ohne dass dies zu größeren Unzuträglichkeiten geführt habe. Und hinzu kommt: Bereits jetzt kann eine Gesellschaft eine genehmigungspflichtige Tätigkeit ohne Vorlage einer Genehmigung ausüben, wenn sie dies nicht in Firma und Unternehmensgegenstand aufnimmt.

3.8.3 Auslandsgesellschaften

Wachter bemerkt, dass dieselbe Erleichterung nicht auch für die Eintragung von Zweigniederlassungen von Auslandsgesellschaften gilt (die maßgebliche Regelung des § 13e Abs. 2 Satz 2 HGB wird nicht geändert), hält dies aber grundsätzlich für zulässig, da ja nicht die Gründung der Gesellschaft selbst von dieser Voraussetzung abhänge. Er meint aber, dass das Vorlageerfordernis einer staatlichen Genehmigung ausländischen Rechts der abschließenden Zweigniederlassungs-RL, in der es nicht vorgesehen sei, widerspreche und deshalb nicht anzuwenden sei.[415] Es geht aber nicht um ausländische Genehmigungen nach ausländischem Recht. Diese sollen nach den jeweiligen rechtlichen Vorgaben bei der Hauptniederlassung vorgelegt werden oder nicht. Man wird aber doch zumindest die nichtdiskrimi-

---

411) Zur Gleichsetzung der Eintragung in die Handwerksrolle mit einer staatlichen Genehmigung zuletzt: OLG Frankfurt, Beschl. v. 8. 6. 2005 – 20 W 81/04, DB 2005, 2569.
412) Kritisch *Triebel/Otte*, ZIP 2006, 1321, 1322 – man sollte die Genehmigung ganz abkoppeln – m. w. N.
413) *Heckschen*, GmbHR 2007, 198, 199; ders., NotBZ 2006, 381; *Breitenstein/Meyding*, GmbH-Reform: Die "neue" GmbH als wettbewerbsfähige Alternative oder nur als "GmbH light"?, BB 2006, 1457, 1458; *Wachter*, GmbHR 2006, 793, 795; ders., in: Die GmbH-Reform in der Diskussion (2006), S. 75; *Wulfetange*, BB-Spezial GmbH-Reform 2006/17, S. 19, 20; *Triebel/Otte*, ZIP 2006, 1321, 1322 und viele Stellungnahmen zum Entwurf; *Eidenmüller*, ZGR 2007, 168, 198.
414) *Wachter*, GmbHR 2006, 793, 795.
415) *Wachter*, GmbHR 2006, 793, 796.

nierende Vorlage einer Genehmigung nach deutschem Recht verlangen können, denn eine Zweigniederlassung bedarf ja u. U. inländischer Genehmigungen.

3.8.4 Gründung der Einpersonen-GmbH

In § 7 Abs. 2 Satz 3 GmbHG waren bisher verschärfte Regeln der Kapitalaufbringung bei der Einpersonen-Gründung vorgesehen: Volleinzahlung oder Stellung einer Sicherheit für den nichteingezahlten Teil der Einlage (früher: Stammeinlage). Die Regelung hat schon bisher Fragen aufgeworfen. Der Gedanke ist offenbar, dass zwei Gründer zuverlässiger für die ausstehenden Einlagen haften als einer – eine archaisch anmutende Zählung nach Köpfen. Die Vorschrift ist auch nicht durch die so genannte Einpersonen-GmbH-Richtlinie vom 21. Dezember 1989 vorgegeben[416]. Auch nach Angaben des *BDI/Hengeler*-Papiers[417] hat sich die Vorschrift in der Praxis nicht bewährt. Der bürokratische Aufwand lässt sich bei einem abgesenkten Mindestkapital der UG (haftungsbeschränkt) noch weniger rechtfertigen als bisher. Sie soll gestrichen werden (Folgeänderungen: § 8 Abs. 2 Satz 2 und § 19 Abs. 4 GmbHG, 56, 56a, 57 Abs. 2, § 144b FGG und § 17 Rechtspflegergesetz).

Ebenso war die entsprechende Einpersonen-Gründungsregelung in § 36 Abs. 2 Satz 2 AktG aufzuheben (was im RefE noch nicht geschehen war).

4. Missbrauchsbekämpfung

4.1 Anregung der Länder und das Gesetzgebungsverfahren

Ausgangspunkt war der Vorstoß der Länder wegen Missständen in der Krise und Insolvenz[418] der GmbH. Eine Umfrage des Bundesministeriums der Justiz hat gezeigt, dass sich hier eine regelrechte Dienstleistungsbranche entwickelt hat, die die geräuschlose Beseitigung der in Schwierigkeiten geratenen GmbH zum Nachsehen der Gläubiger besorgt, so genannte „organisierte Bestattung" oder „Sterbehauskonstruktionen"[419]. Ich habe den rechtstatsächlichen Befund ausführlich in der Festschrift für *Röhricht*[420] beschrieben, weshalb dies hier nicht wiederholt werden soll.

Der gesamte Themenkomplex ist im Gesetzgebungsverfahren kaum oder gar nicht thematisiert worden – er war auch in den Stellungnahmen wenig umstritten und ist wenig diskutiert worden.

Im Folgenden soll ein kurzer Einblick in die Ergebnisse dieser Umfrage des BMJ zu den tatsächlichen Problemen und Verhältnissen in diesem Bereich gegeben werden. Ausführlich sind die Ergebnisse niedergelegt in der Festschrift für *Röhricht*.

---

416) 89/667/EWG.
417) Die GmbH im Wettbewerb der Rechtsformen, v. Februar 2006.
418) *Meyer, J.*, Die Insolvenzanfälligkeit der GmbH als rechtspolitisches Problem, GmbHR 2004, 1417.
419) Stellungnahme von *Hirte,* Die organisierte „Bestattung" von Kapitalgesellschaften: Gesetzgeberischer Handlungsbedarf im Gesellschafts- und Insolvenzrecht, ZinsO 2003, 833 ff.
420) *Seibert,* Die rechtsmißbräuchliche Verwendung der GmbH in der Krise – Stellungnahme zu einer Umfrage des Bundesministeriums der Justiz, in: Crezelius/Hirte/Vieweg (Hrsg.), FS Röhricht (2005), S. 585; sehr ausführlich auch: *Kleindiek*, ZGR 2007, 276.

4.2 Die Bestattungsbranche

Es scheint sich eine ganze Dienstleistungsbranche mit dieser „Service-Leistung" zu befassen.[421] Für die Leistungen diese Branche wird ungeniert geworben, was man unschwer den Kleinanzeigen in fast jeder Tageszeitung, aber auch dem Internet entnehmen kann. Die Serviceleistungen sehen nach den Stellungnahmen wie folgt aus: Die Geschäftsanteile der in Probleme geratenen GmbH werden zusammen mit dem Geschäftsführeramt meist für einen nur symbolischen Preis von z. B. 1 € auf – regelmäßig vermögenslose – Personen übertragen.[422] Für die Dienstleistung wird im Gegenzug vom Veräußerer der GmbH ein Geldbetrag aus dem Privatvermögen an den „Bestattungsunternehmer" gezahlt – die Beträge schwanken zwischen 5 000 und 15 000 €. Es ist hingegen nicht ungefährlich, den Bestatterlohn aus der Firmenkasse zu nehmen, denn dies kann zur Anfechtung führen.[423] Der Vorgang der Anteilsübertragung kann sich mehrere Male wiederholen (Kettenfälle). Beim Notar wird zumeist nur die reine Abtretung der Gesellschaftsanteile, nicht aber der Kaufvertrag mit dem verdächtigen Kaufpreis und weiteren Abreden beurkundet. Dennoch muss man wohl davon ausgehen, dass die betrauten Notare bescheid wissen, zumal wenn gerichtsbekannte Firmenbestatter mitwirken und nach eindeutigen Mustern verfahren wird. Gleichzeitig mit der Abtretung der Geschäftsanteile werden regelmäßig die Änderung von Firma/Gegenstand und/oder Sitz der Gesellschaft beurkundet.

Anschließend wird die Gesellschaft dadurch dem Zugriff der Gläubiger entzogen, dass die Geschäftsführer weder über ein Geschäftslokal (am alten oder neuen Ort) noch privat postalisch erreichbar sind. Die „neuen" Geschäftsführer, die gegen ein geringes Entgelt (mitunter nur ein Handgeld von 75 € pro Fall) in die formale Stellung eines Geschäftsführers und gegebenenfalls auch Gesellschafters eintreten, werden von dem „Bestattungsunternehmer" vermittelt. Teilweise sollen diese Personen eine Vielzahl von GmbHs und Geschäftsführerstellungen innehaben. Sie haben oft jeden Überblick darüber verloren. Es soll sich zum Teil um Angehörige sozialer Randgruppen, die nichts mehr zu verlieren haben, um Arbeitslose, arbeitslose Ausländer, Sozialhilfeempfänger,[424] Drogenabhängige handeln. Es scheint aber auch Fälle zu geben, in denen sich deutsche Aussteiger mit diesem Service ein Zubrot für den Aufenthalt auf den Balearen verdienen.

Sehr oft haben die neuen Geschäftsführer und Gesellschafter ihren Wohnsitz im Ausland[425] und zwar bevorzugt in Spanien[426], dort insbesondere Mallorca oder Marbella. In Spanien soll die Auslandszustellung besonders langwierig sein. Zugleich wird das deutsche Geschäftslokal geschlossen. Ist aber das Geschäftslokal geschlossen, so sind Zustellungen unter der Geschäftsanschrift nicht mehr möglich. Es bleibt nur die Auslandszustellung.

---

421) Das Thema kommt in Mode. Strafrechtliche Aspekte beleuchten: *Pananis/Börner*, Strafbarkeit des Vermittlers der ordentlichen Abwicklung einer GmbH wegen Teilnahme an einer Insolvenzverschleppung? GmbHR 2006, 513.

422) LG Berlin, Urt. v. 8. 3. 2006 – 86 O 33/05 – n.rkr., ZIP 2006, 862, ein Herr S. in Griechenland.

423) LG Berlin, Urt. v. 8. 3. 2006 – 86 O 33/05 – n.rkr., ZIP 2006, 862: InsO §§ 129, 133, 143 – Anfechtung von Zahlungen des Geschäftsführers der Insolvenzschuldnerin an einen Firmenbestatter und LG Berlin, Urt. v. 6. 3. 2006 – 14 O 448/05, DB 2006, 1313.

424) Siehe auch *Stölzel*, Firmenbestatter treiben Unternehmer in die Illegalität, Handelsblatt 18. 7. 2005, S. 13.

425) *Erdmann*, Ausländische Staatsangehörige in Geschäftsführungen und Vorständen deutscher GmbHs und AGs, NZG 2002, 503.

426) s. auch BGH, Urt. v. 22. 12. 2005 – IX ZR 190/02, BB 2006, 401.

Die zivilprozessuale Auslandszustellung (§ 183 ZPO) erweist sich nach den Stellungnahmen aber als kostspieliger, dornenreicher und oft mehrere Jahre dauernder Weg.[427] Der Zustellungs- und Ermittlungsaufwand steigt in diesen Fällen wegen der notwendigen Einschaltung ausländischer Behörden oder Gerichte bzw. der notwendigen Übersetzung erheblich an. Dieses Problem werde noch durch Rücküberszetzungen gesteigert, wenn also die Dokumente erst ins z. B. Spanische übersetzt werden, für den dort wohnhaften deutschen Geschäftsführer dann aber wieder aus dem Spanischen ins Deutsche. Die „Bestattungsindustrie" mache sich diese Schwierigkeiten bewusst uns systematisch zunutze, indem sie versuchen, die Gläubiger ins Leere laufen zu lassen und zu entmutigen.

Es kommt vor, dass der neue Geschäftsführer ohne Kenntnis der Geschäftsvorfälle den Insolvenzantrag stellt. Es kann aber auch sein, dass die Stellung des Insolvenzantrags verzögert werden soll. Dies kann etwa dadurch erreicht werden, dass alle drei Wochen (Antragsfrist nach § 64 GmbHG!) der Geschäftsführer ausgewechselt wird. Der neue Geschäftsführer braucht dann zunächst etwas Zeit, um sich zu informieren, um dann aber rechtzeitig das Mandat weiter zu geben. Der letzte in der Kette stellt dann den Insolvenzantrag. Was an Unterlagen der GmbH vor Ort dann noch übrig ist, sind Kassenbücher, ungeordnete Lieferscheine, alte Rechnungen, mit denen man nichts anfangen könne (Waschkorblagen).

Häufig soll es auch vorkommen, dass der Geschäftsführer sein Amt niederlegt. Wenn er das erfolgreich getan hat und kein neuer Geschäftsführer bestellt ist, dann schwirrt die GmbH führungs- und vertreterlos durch den Rechtsverkehr, wie ein PKW ohne Fahrer.[428] Die Einsetzung von Notgeschäftsführern funktioniert in der Praxis nur ungenügend.[429]

4.3 Der Sinn der Bestattungspraxis

Der Vorteil der stillen Bestattung der GmbH liegt auf der Hand: Der ursprüngliche Inhaber wird die GmbH ohne Insolvenz rechtzeitig los, er hat keinen Fleck auf der weißen Weste und verliert seine Fähigkeit zur Bekleidung des Geschäftsführeramtes nicht. Anschließend kann er mit einer neuen GmbH (oder gar einer Limited) gegebenenfalls mit identischem Geschäftsgegenstand, Kundenstamm, Aufträgen und Betriebsmitteln und mit derselben oder leicht veränderter Firma weitermachen.[430] Dazu wird kurz vor der Insolvenz die Firma der alten Gesellschaft (leicht) geändert und ihr Sitz an einen entlegenen Ort verlegt,[431] so dass die Gesellschaft „unter fremden Namen an einem fremden Ort" stirbt.[432] „Lieber in Würde bestattet, als amtlich verscharrt" lautet ein euphemistischer Werbespruch eines Bestattungs-Anbieters.[433]

---

427) Nach *Schack*, Internationales Zivilverfahrensrecht (3. Aufl. 2002), Rz. 600) dauert eine Auslandszustellung selbst innerhalb der EU noch vier bis sechs Monate, nach Spanien gar bis zu zwei Jahre.

428) Ausf. die Düsseldorfer Dissertation von *J. Link*, Die Amtsniederlegung durch Gesellschaftsorgane, (Köln 2003).

429) *Helmschrott*, Der Notgeschäftsführer – eine notleidende Regelung, ZIP 2001, 636.

430) Vgl. den Fall BGH, Urt. v. 20. 9. 2004 – II ZR 302/02; ZIP 2004, 2138, der Vermögensverlagerung auf eine Schwestergesellschaft zum Zwecke des Weiterbetriebs des Unternehmens ohne Schulden.

431) *Pape*, Gesetzwidrigkeit der Verweisung des Insolvenzverfahrens bei gewerbsmäßiger Firmenbestattung, ZIP 2006, 877.

432) *Hirte*, ZInsO 2003, 833, 834.

433) Juricon GmbH Treuhand Consulting; die SZ berichtet am 31. 8. 2007 von bundesweiten Durchsuchungen bei Juricon wegen Firmenbestattung (Verdacht auf Untreue, Insolvenzverschleppung etc.)

Was daran würdig sein soll, wenn Geschäftsführer sich aus dem Staube machen, der Sitz verlegt wird, Unterlagen verschwinden und Gläubiger ins Leere greifen, ist unerfindlich.

Die Geschäftspartner der alten und neuen GmbH bemerken den Wechsel der juristischen Person auf der anderen Seite u. U. überhaupt nicht. Vielen Geschäftspartnern ist das auch gleichgültig, sofern sie nicht Gläubiger sind und auf ihr Geld warten. Hauptsache der Fensterputzer kommt, welche Gebäudereinigungs-GmbH dahinter steht, ist unwichtig.

4.4 Zustellungserleichterungen

4.4.1 Eintragung der inländischen Geschäftsanschrift

Kern des Missbrauchsbekämpfungsteils des Entwurfs sind Änderungen und Erleichterungen im Bereich der Zustellung von Willenserklärungen, zivilprozessualen Erklärungen und Zustellungen nach dem Verwaltungszustellungsgesetz (§ 10 Abs. 1 Satz 1 Nr. 2)[434]. Diese Vorschläge sind ganz durchweg auf sehr positive Resonanz gestoßen.[435] Auch der Deutsche Juristentag 2006 hat mit 171:0:4 diese Vorschläge des MoMiG einhellig begrüßt.

Es soll der GmbH damit erschwert werden, durch Schließen des Geschäftslokals, durch Untertauchen oder Amtsniederlegung der Geschäftsführer, Wohnsitzverlegung ins Ausland etc. Zustellungen jeder Art zu verhindern und die Gläubiger bei der Verfolgung ihrer Ansprüche zu frustrieren.

Wie bei natürlichen Personen, die stets einen über das Einwohnermeldeamt feststellbaren zustellungsfähigen Wohnsitz besitzen, muss nun auch für juristische Personen, Personenhandelsgesellschaften und Kaufleute eine im Handelsregister einsehbare Zustellungsadresse eingetragen werden (§ 8 Abs. 4 GmbHG, § 37 Abs. 3 AktG). Bei der GmbH & Co. KG müssen sowohl GmbH als auch KG eine solche Anschrift eintragen, für Zustellungen kommt es grundsätzlich auf die geschäftsführende GmbH an. Diese wäre aber auch unter der Anschrift der KG zu erreichen. Natürlich reicht es auch wie bisher aus, Willenserklärungen gegenüber der Komplementär-GmbH mit Wirkung für die KG abzugeben. Diese Regelung korelliert zusätzlich mit dem neuen § 4a GmbH: Wenn der Verwaltungssitzung der Gesellschaft frei gewählt und auch im Ausland festgelegt werden kann, dann muss sich in Deutschland eine Zustellungsmöglichkeit befinden, so wie es konsequenterweise und ähnlich auch die Briten mit dem registered office[436] gelöst haben.[437]

Die Eintragungspflicht gilt auch für die **inländischen Zweigniederlassungen ausländischer Hauptniederlassungen** (§ 13d Abs. 2 HGB) und im Besonderen ausländischer Kapitalgesellschaften (§ 13e Abs. 2 Satz 3 HGB)[438].

---

434) Erst im Gesetzgebungsverfahren eingefügt.

435) Unter anderem *Kleindiek*, Ordnungswidrige Liquidation durch organisierte „Firmenbestattung", ZGR 2007, 276, 289: „sachgerecht und ausgewogen konstruiert"; *Kindler*, GmbH-Reform und internationales Gesellschaftsrecht, Die AG 2007, 721, 723.

436) Das ist die zustellungsfähige Anschrift der Gesellschaft für förmliche Kommunikation; das r.o. muss nicht identisch sein mit dem Ort des Betriebs, manche Unternehmen bezeichnen daher die Anschrift ihres Steuerberaters oder Abschlussprüfers als ihr r.o., das ist möglich, ein Postfach (P.O. Box) ist nicht zulässig. Wird offizielle Post nicht beantwortet, kann das zum Insolvenzantrag führen. Das r.o. muss den Firmennamen außen angeschlagen haben (Namensschild auf Briefkasten wird wohl ausreichen?).

437) Zutreffend *Gesmann-Nuissl*, WM 2006, 1756, 1764.

438) Hier war schon bisher die „Anschrift" anzugeben, das wird jetzt aber vereinheitlicht auf „inländische Geschäftsanschrift".

Um die leidigen Probleme mit den Auslandszustellungen zu vermeiden, muss die einzutragende Anschrift immer eine „inländische", also eine Adresse in Deutschland sein. In der Regel wird die eingetragene Geschäftsanschrift identisch sein mit dem Sitz der Hauptverwaltung oder des maßgeblichen Betriebs. Notfalls kann auch die Wohnanschrift eines Geschäftsführers oder maßgeblichen Gesellschafters eingetragen werden, wenn z. B. das Geschäftslokal geschlossen ist oder es häufig wechselt. Ist die GmbH nur in Deutschland registriert, befindet sich die Hauptverwaltung und ihre gesamte Geschäftstätigkeit aber im Ausland (neuer § 4a GmbHG), so kann auch eine Rechtsanwaltskanzlei, ein Steuerberaterbüro etc. als zuverlässige Zustellanschrift eingetragen werden. Anschrift i. S. d. Norm bedeutet: Angabe von Postleitzahl, Ort, Straße, Hausnummer – die Angabe eines Postfachs reicht nicht.

Das klingt zunächst nach mehr Bürokratie, ist aber nicht so schlimm, denn schon bisher war die Mitteilung einer Geschäftsanschrift Pflicht (§ 24 Handelsregisterverordnung – HRV). Die mitgeteilte Anschrift wurde aber bisher nicht in das Handelsregister eingetragen, sondern nur zu den Akten genommen, und war damit auch nicht ohne weiteres online einsehbar. Sie wurde zudem selten bei späteren Änderungen der Anschrift gepflegt.

Freilich können auch solche Anschriften trotz ihrer Eintragung im Handelsregister tatsächlich nicht mehr existieren. Dann scheitert die Zustellung, die ein faktischer Vorgang ist. Eine auf den guten Glauben des Handelsregisters (§ 15 HGB) gestützte Zustellungsfiktion unter einer erkennbar nicht mehr existierenden Anschrift hätte eine sehr weitgehende Änderung unseres Zustellungssystems bedeutet. Das MoMiG musste aber auch für diese Fälle eine praktikable Lösung bieten.

Bisher hatten in den typischen „Missbrauchs- und Bestattungsfällen" insbesondere Gesellschaftsgläubiger Schwierigkeiten, der Gesellschaft Schriftstücke (etwa Mahnungen, Kündigungen, Klageschriften) zuzustellen, wenn diese ihren inländischen Geschäftssitz aufgegeben hatten, um den Gläubigern die Rechtsverfolgung zu erschweren.

Nach dem MoMiG wird also, wenn unter der eingetragenen Geschäftsanschrift eine Zustellung faktisch nicht möglich ist, bei den Kapitalgesellschaften (also nicht beim Einzelkaufmann und den Personenhandelsgesellschaften!) eine rasche und unkomplizierte öffentliche Zustellung möglich sein (§ 15a HGB)[439].

4.4.2 A Second Chance – der zusätzliche Empfangsberechtigte

Wegen der Risiken, die eine öffentliche Zustellung für die betroffenen Gesellschaften birgt, gibt der Entwurf diesen noch eine „Zweite Chance". Der Gesellschaft wird die Möglichkeit eingeräumt, einen ausdrücklich für Zustellungen vorgesehen Empfangsvertreter unter einer inländischen Anschrift im Handelsregister eintragen zu lassen. Diese Regelung belastet die Unternehmen nicht mit zusätzlicher Bürokratie. Es handelt sich um eine reine Handlungsoption. Die meisten Gesellschaften werden und brauchen das nicht zu tun. Es kann sich aber empfehlen, wenn man absieht, dass es mit dem Geschäftslokal vielleicht Probleme geben könnte. Als Empfangsvertreter kann durchaus auch ein Gesellschafter oder Geschäftsführer mit seiner inländischen Wohnanschrift benannt werden, ebenso auch der Steuerberater, der Hausanwalt oder spezielle Dienstleister etc.[440]

---

439) Zustimmend *Haas*, Der Entwurf des „MoMiG" und Vorschläge zur Bekämpfung des Missbrauchs, GmbHR 2006, 729, 736.
440) Auch *Steffek*, Zustellungen und Zugang von Willenserklärungen nach dem RegE zum MoMiG, BB 2007, 2077, 2081.

4.4.3 Guter Glaube an den Empfangsberechtigten

Zum Schutz Dritter ordnet der Entwurf an, dass der Empfangsvertreter solange als berechtigt gilt, bis er ausgetragen ist. Ein interner Entzug der Empfangsvollmacht ist Dritten gegenüber wirkungslos, solange er ihnen nicht positiv bekannt ist. Die Regelung ist dem § 15 HGB nachempfunden (§ 13e Abs. 2 Satz 4 HGB, § 39 Abs. 1 Satz 2 AktG, § 10 Abs. 1 Satz 2 GmbHG), der unmittelbar nicht anwendbar ist.

4.4.4 Öffentliche Zustellung

Wenn eine Zustellung unter der eingetragenen Geschäftsanschrift nicht möglich ist und von der Möglichkeit eines weiteren Empfangsvertreters kein Gebrauch gemacht wurde, kann unmittelbar die öffentliche Zustellung in Deutschland beantragt werden. Dies gilt über § 15a HGB für Willenserklärungen (Mahnungen, Fristsetzungen, Rücktritt, Kündigung und ähnliche Gestaltungserklärungen) und über die Änderung des § 185 Nr. 3 ZPO auch bei der zivilprozessualen Zustellung von Schriftstücken. Ein gefährliches Instrument. Die rechtspolitische Begründung dafür ist: Der Schuldner hat gegen seine **Obliegenheit** verstoßen, für eine inländische Zustellungsmöglichkeit zu sorgen und deshalb ist ihm dieser Rechtsnachteil auch ohne weiteres zumutbar.

Auch Einzelkaufleute und Personenhandelsgesellschaften werden der Einheitlichkeit wegen zur Eintragung einer aktuellen Geschäftsanschrift verpflichtet (§ 29 HGB, § 106 Abs. 2 Nr. 2 HGB) – bei ihnen allerdings ohne die Konsequenz der erleichterten öffentlichen Zustellung. Grund dafür ist, dass mit der erleichterten öffentlichen Zustellung Gefahren für den Adressaten verbunden sind, die dann gerechtfertigt sind, wenn er sich selbst eines für den Rechtsverkehr potenziell „gefährlichen" Vehikels, nämlich der Kapitalgesellschaft, bedient. Ferner ist ein Unterschied zu sehen zwischen den aus der erleichterten öffentlichen Zustellung resultierenden Risiken für eine juristische und eine natürliche Person.

4.4.5 Ohne Ermittlungen bekannte andere Anschrift

Das Kriterium der „ohne Ermittlungen" bekannten anderweitigen Anschrift ist ein Gebot der Fairness. Wenn dem Absender eine neue Anschrift positiv bekannt ist, dann wäre es missbräuchlich, dennoch in die öffentliche Zustellung zu gehen. Allerdings gilt dies nur für positiv bekannte, präsente anderweitige Anschriften. Der Absender braucht also keinerlei Ermittlungen anzustellen, keine Einwohnermeldeanfrage zu machen, er braucht nicht einmal ins Telefonbuch/Branchenbuch oder Internet zu schauen, ob sich dort vielleicht eine neue Anschrift der Gesellschaft oder des Geschäftsführers findet. Und ganz wichtig: Nur inländische Anschriften gelten; wenn dem Absender – etwa aus Korrespondenz mir dem Schuldner – eine ausländische Anschrift bekannt ist, braucht er hier keine weitere Zustellung zu versuchen. Eine inländische neue Anschrift des Schuldners, die auf der Geschäftskorrespondenz stand, reicht für positive Kenntnis alleine nicht aus. Es wird sich aber ein starkes Indiz für positive Kenntnis ergeben, wenn dem Gläubiger kurz vor dem Antrag auf öffentliche Zustellung ein ausdrückliches Anschreiben mit der Annonce der Anschriftenänderung zugegangen war.

4.4.6 Die Voraussetzungen der öffentlichen Zustellung im Einzelnen
Die erleichterte öffentliche Zustellung setzt also voraus:
1. Die Zustellung ist unter der im Handelsregister eingetragenen Anschrift der GmbH oder AG oder Limited Zweigniederlassung nicht möglich (faktische Unmöglichkeit, Geschäftslokal geschlossen, kein Namensschild mehr);
2. im Handelsregister ist auch keine andere empfangsberechtigte Person eingetragen,
3. oder, falls eine solche Person eingetragen sein sollte, ist auch dort eine Zustellung faktisch nicht möglich;
4. eine andere inländische Anschrift des Adressaten ist dem Absender ohne weitere Ermittlungen nicht bekannt
5. oder, falls ihm eine solche Anschrift bekannt sein sollte, ist auch dort eine Zustellung nicht möglich.

Im Regelfall sind die Voraussetzungen also sehr einfach, denn oft wird eine weitere empfangsberechtigte Person nicht eingetragen sein (es entfallen dann Punkte 2 und 3) und eine weitere inländische Anschrift nicht positiv bekannt sein (es entfallen dann Punkte 4 und 5), so dass nach faktisch unmöglicher Zustellung unter der eingetragenen Geschäftsanschrift unmittelbar in die öffentliche Zustellung gegangen werden kann (es gilt dann nur Punkt 1).

4.4.7 Zweigniederlassung einer ausländischen Kapitalgesellschaft
Konsequenterweise gilt die erleichterte öffentliche Zustellung auch im Falle der inländischen Zweigniederlassung einer Auslandsgesellschaft. Auch diese ist zur Eintragung einer inländischen Geschäftsanschrift verpflichtet. Ist das Geschäftslokal geschlossen, besteht die Möglichkeit der öffentlichen Zustellung in Deutschland. Dieses Risiko ist freilich leicht abwendbar. Besteht keine für eine Zweigniederlassung ausreichende organisatorische Struktur mehr vor Ort, so kann die Auslandsgesellschaft dadurch die Gefahr der öffentlichen Zustellung beenden, dass sie die inländische Zweigniederlassung ganz aus dem Register löschen lässt.

Dann gibt es keine „eintragungspflichtige inländische Geschäftsanschrift" mehr und damit auch keinen Anknüpfungspunkt für eine erleichterte öffentliche Zustellung.

Umgekehrt vertritt *Wachter*[441] die Ansicht, dass gegen eine Auslandsgesellschaft, die in Deutschland eine Zweigniederlassung unterhält, diese aber rechtswidrig nicht hat eintragen lassen, unmittelbar die öffentliche Zustellung erfolgen könne.

4.4.8 Zuständigkeit
Zuständig für die öffentliche Zustellung ist das Amtsgericht, in dessen Bezirk sich die im Handelsregister eingetragene Geschäftsanschrift befindet. Das gilt also auch dann, wenn dieses Geschäftslokal tatsächlich geschlossen ist und Zustellungen dort nicht mehr möglich sind. Nicht erheblich ist der Ort der Anschrift eines gegebenenfalls eingetragenen, aber ebenfalls nicht erreichbaren, weiteren Empfangsbevollmächtigten.

---

441) *Wachter*, GmbHR 2006, 793, 800,

4.4.9 Übergangsvorschrift zur Eintragung der Geschäftsanschrift

Die Anmeldung der Geschäftsanschrift hat bis 31. Oktober 2009 zu erfolgen. Freilich ist die Geschäftsanschrift bereits heute nach der Handelsregisterverordnung dem Register zu melden, so dass der Aufwand gering sein dürfte. § 3 des neuen EGGmbHG, § 18 des EGAktG und Artikel 64 EGHGB sehen dazu vor, dass in einer Übergangszeit die Anschrift anzumelden ist, wenn sich gegenüber der bisher nach der HRV mitgeteilten Anschrift eine Änderung ergeben hat. Solange allerdings keine Anschrift zur Eintragung angemeldet ist, kann auch die erleichterte öffentliche Zustellung nicht greifen. Ab dem 31. Oktober 2009[442] soll dann aber das Registergericht von Amts wegen die ihm gemäß § 24 Abs. 2 HRV vorliegende Anschrift als Geschäftsanschrift kostenfrei in das Register eintragen. Das kann auch der Urkundsbeamte erledigen (§ 29 HRV). Macht das Gericht das erst später, so gilt die mitgeteilte Anschrift als eingetragen. Das belastet also die Gesellschaften nicht mit bürokratischem Aufwand. Allerdings sollten sie sich vergewissern, dass keine völlig veraltete Anschrift eingetragen wird, denn sonst droht die öffentliche Zustellung. Im Gesetzgebungsverfahren wurde noch der Sonderfall geregelt, dass das Handelsregister auf sonstige Weise eine Geschäftsanschrift erhalten hat. Auch diese darf sie automatisch umtragen, wenn diese Anschrift schon vorher im Internet einzusehen gewesen war. Der Sinn ist klar: Die GmbH-Geschäftsführer sollen sich unbürokratisch informieren können, ob die richtige Anschrift beim Handelsregister liegt oder ob sie zur Vermeidung gefährlicher öffentlicher Zustellungen eine Richtigstellung der eingetragenen Geschäftsanschrift betreiben.

4.4.10 Zustellung an Vertreter der GmbH

Nach § 35 Abs. 1 GmbHG und § 78 AktG sind künftig die Vertreter der Gesellschaft für die Abgabe von Willenserklärungen und für Zustellungen immer unter der im Handelsregister eingetragenen Anschrift zu erreichen. Es handelt sich um eine unwiderlegliche Vermutung.[443] Auf eine tatsächliche Kenntnisnahmemöglichkeit kommt es nicht an. Weiß der Absender, dass der oder die Geschäftsführer sich ins Ausland abgesetzt haben oder untergetaucht sind, weiß der Absender, dass der einzige Geschäftsführer sich auf eine Reise zum Mars befindet, eine Kenntnisnahme also definitiv nicht mehr möglich ist, so hindert das die Abgabe und damit – genauso wie in § 1629 Abs. 1 BGB – natürlich auch den Zugang[444] wegen der gesetzlichen Vermutung der Kenntnisnahme nicht.[445] Eine Zustellung unter der Privatanschrift der Geschäftsführer ist nicht nötig. Zustellungsversuche unter der Privatanschrift eines Gesellschaftsorgans sind nicht mehr nötig. Deshalb braucht die Privatanschrift auch im Handelsregister nicht zu erscheinen.

Hat die Gesellschaft keine Geschäftsführer mehr, haben also alle Geschäftsführer ihr Amt niedergelegt, so gilt jeder Gesellschafter als empfangberechtigt (§ 35 Abs. 2 GmbHG). Wie bei den Geschäftsführern besteht die gesetzliche Vermutung, dass diese Gesellschafter stets unter der Geschäftsanschrift erreichbar sind; das hat der RegE gegenüber dem RefE deutlich herausgearbeitet. Zustellungen an die GmbH können also unter der eingetragenen

---

442) Alle Termine sind vorläufig und hängen von der Dauer des weiteren Gesetzgebungsverfahrens ab.
443) Zutreffend auch *Steffek*, BB 2007, 2077, 2079.
444) Die von *Steffek*, BB 2007, 2077, 2079, getroffene Unterscheidung zwischen Abgabe und Zugang, ist unnötig kompliziert, der Entwurfstext spricht von Abgabe und meint damit Zugang gleich mit, eine Formulierung, die Abgabe und Zugang gesondert erwähnt hätte, wäre übertrieben sophistisch und ungewöhnlich.
445) Zutreffend *Steffek*, BB 2007, 2077, 2079.

Geschäftsanschrift auch über diese Ersatzvertreter bewirkt werden. Im RegE war vorgesehen, dass für den Fall, dass ein Aufsichtsrat bestellt war, dieser empfangsberechtigt sein sollte (ebenso die Entwurfsregelung für die Aktiengesellschaft § 78 Abs. 1 AktG). Für die GmbH wurde von dieser Regelung, die Auslegungsprobleme erzeugte, abgesehen. Zustellungsbevollmächtigt sind generell die Gesellschafter. Die vom Entwurf als „führungslos" definierten Gesellschaften können in Zukunft immer und ohne Probleme erreicht werden! Den Gläubiger braucht es nicht zu interessieren, ob ein Geschäftsführer die Gesellschaft vertritt oder ein Ersatzvertreter.[446] Es ist nicht erforderlich, in der an die Gesellschaft gerichteten Erklärung den oder die Vertreter konkret oder gar namentlich zu benennen. Ist das Geschäftslokal aber geschlossen und ist auch kein anderweitiger Empfangsvertreter im Handelsregister eingetragen, so kann unter den oben genannten Voraussetzungen unmittelbar öffentlich zugestellt werden.

4.5 Führungslosigkeit der Gesellschaft und Insolvenzantragspflicht

4.5.1 Verlagerung der Insolvenzantragspflicht gem. § 64 GmbHG ins Insolvenzrecht (§ 15a InsO)

Diese Verlagerung ins Insolvenzrecht wurde leicht überwiegend in den Stellungnahmen gefordert. Röhricht hat die Nähe der Antragspflicht zum Insolvenzrecht ausführlich begründet.[447] Die Regelung ist erst im RegE erfolgt.

Gründe sind: Die bisherige disparate Regelung ist nicht Ausdruck einer bewussten auf rechtssystematischen Erwägungen beruhenden Zuordnung durch den Gesetzgeber, sondern beruht auf historischen Zufälligkeiten. Materiell geht es darum, den Rechtsverkehr vor der Schädigung durch mittellose Gesellschaften zu schützen, was ein typisches Anliegen des Insolvenzrechts ist. Die insolvenzrechtliche Einordnung wird bestätigt durch den Blick auf benachbarte Rechtsordnungen[448] (England, Frankreich).

§ 64 Abs. 1 GmbHG und vergleichbare verstreute Regelungen werden daher gestrichen. Die Insolvenzantragspflicht wird rechtsformneutral geregelt. Es wird daher nur noch auf eine juristische Person abgestellt und (so § 15a Abs. 2 InsO) auf vergleichbare Personengesellschaften ohne natürliche Person als persönlich Haftende. Die rechtsformneutrale Ausgestaltung führt allerdings auch zur Einbeziehung von Auslandsgesellschaften, die deutschem Insolvenzrecht unterliegen![449] Damit keine willkürlichen Anträge von Gesellschaf-

---

446) Siehe ausdrücklich Begründung ReGE zu § 35 GmbHG und *Steffek*, BB 2007, 2077, 2082.

447) *Röhricht*, Insolvenzrechtliche Aspekte im Gesellschaftsrecht, ZIP 2005, 505, 507; ebenso: *Buchmann*, Die Insolvenz der englischen Limited in Deutschland, S. 149 ff.; *Eidenmüller*, Haftung der EU-Auslandsgesellschaft, NJW 2005, 1618, 1620 f. und Gesellschaftsstatut und Insolvenzstatut, RabelsZ 2006, 474, 494 ff.; *Müller*, NZG 2003, 414, 416; *Zimmer*, Nach Inspire Art: Grenzenlose Gestaltungsfreiheit für deutsche Unternehmen? NJW 2003, 3585, 3589; *Borges* Gläubigerschutz bei ausländischen Gesellschaften mit inländischem Sitz, ZIP 2004, 733, 739; *Wachter*, Auswirkungen des EuGH-Urteils in Sachen Inspire Art Ltd., GmbHR 2004, 88, 101; *Mock/Schildt*, Insolvenz ausländischer Kapitalgesellschaften mit Sitz in Deutschland, ZInsO 2003, 396, 400; *Altmeppen*, NJW 2004, 97, 100; *Roth*, NZG 2003, 1081, 1085; *K. Schmidt*, Editorial, in: ZGR 168 (2004), 493, 499 (Verlagerung mag sich empfehlen).

448) Auch für insolvenzrechtliche Einordnung *Bachner*, Die Limited in der Insolvenz, S. 60 (über den Grundsatz der stärksten Beziehung); zur österreichischen wie auch französischen Rechtslage vgl. auch *Buchmann*, Die Insolvenz der englischen Limited in Deutschland, S. 174 f. bzw. 181 ff.

449) Zustimmend *Wälzholz*, DStR 2007, 1914, 1916, der allerdings auch die Partikularinsolvenzverfahren problematisiert; dazu äußert sich das Gesetz nicht.

tern im Streit gestellt werden, ist die Führungslosigkeit zusätzlich glaubhaft zu machen (§ 15 Abs. 2 Satz 2 InsO)[450].

4.5.2 Flucht in das britische Insolvenzrecht – Insolvenztourismus

Die Neuregelung führt – im Zusammenspiel mit § 4a GmbHG – ferner dazu, dass für eine deutsche GmbH, deren Mittelpunkt des hauptsächlichen Interesses (COMI) im Ausland liegt und die also ausländischem Insolvenzrecht unterliegt, die deutsche Insolvenzantragspflicht nicht gilt.[451] Das ist – trotz der Bedenken des Bundesrates – konsequent.[452]

Ob das zu einem „Insolvenztourismus" ins Ausland führt,[453] könnte auch davon abhängen, wie nachsichtig oder nachlässig die Gerichte bei der Prüfung des COMI sind. Die Flucht ins ausländische Insolvenzstatut ist jedenfalls sehr riskant und teuer.[454] Ein Ausweichen krisengeschüttelter deutscher Gesellschaften in die britische Limited wegen der angeblich weniger scharfen insolvenzrechtlichen Bestimmungen des britischen Rechts wurde in der Vergangenheit teilweise von Beratern propagiert und in Einzelfällen durchgeführt (Schefenacker). Der High Court of Justice in London hat dieser Flucht für den Fall klare Grenzen gesetzt, dass zwar die Rechtsform gewechselt wird, aber der Mittelpunkt der Gesellschaft weiterhin Deutschland bleibt.[455] Es gilt dann weiterhin deutsches Insolvenzrecht – und nach MoMiG auch die Insolvenzantragspflicht nach deutschem Recht.

4.5.3 Insolvenzantragspflicht bei Führungslosigkeit

Bereits im Referentenentwurf war in § 64 Abs. 1 Satz 3 GmbHG-E eine Insolvenzantragspflicht von Gesellschaftern bei Führungslosigkeit der Gesellschaft vorgesehen worden. Mit der Übertragung der Insolvenzantragspflicht in die Insolvenzordnung musste nun auch diese Regelung dorthin übertragen und rechtsformneutral ausgestaltet werden. Wegen der unterschiedlichen Leitungsstrukturen für GmbH und Aktiengesellschaft mussten aber dennoch unterschiedliche Regelungen vorgesehen werden (§ 15a InsO).

Sinn der Regelung ist es, ein Ausweichverhalten von Gesellschaften in der Krise zu erschweren. Bisher kann die Insolvenzantragspflicht durch ein „Abtauchen" der Geschäftsführer unterlaufen werden. Dem Problem der Niederlegung des Geschäftsführeramtes in der Krise kann man nur schwer dadurch begegnen, dass das Registergericht die Austragung des Geschäftsführers wegen Rechtsmissbrauchs oder wegen Niederlegung zur Unzeit verweigert.[456] Diese Begriffe sind sehr unbestimmt[457] und dürften die Registergerichte in Sach-

---

450) Die Bestimmung wurde aufgrund der Stellungnahme des Bundesrates aufgenommen.
451) Vgl. auch *Knof/Mock*, Das MoMiG und die Auslandsinsolvenz haftungsbeschränkter Gesellschaften, GmbHR 2007, 852.
452) Zustimmend *Wälzholz*, DStR 2007, 1914, 1917.
453) *Eidenmüller*, Gesellschafterdarlehen in der Insolvenz, in: FS Canaris (2007), S. 49, 69.
454) *Paulus*, Die ausländische Sanierung über einen Debt-Equity-Swap als Angriff auf das deutsche Insolvenzrecht, DZWiR 2008, 6, 12; umgekehrter Fall einer Verlagerung des COMI von Luxemburg nach Deutschland s. AG Köln, Beschl. v. 19. 2. 2008 – 73 IE 108 – PIN Group AG SA, ZIP 2008, 423.
455) Londoner Gericht stoppt erstmals Flucht vor dem deutschen Insolvenzrecht, DB Beilage, Status:Recht 2/2007, S. 46; vgl. auch AG Nürnberg, Beschl. v. 1. 10. 2006 – 8034 IN 1326/06, EWiR 6/2007 Art. 3 EuInsVO mit Anm. *Kodek*, zu dem interessanten Fall des Anlagenbauers Brochier GmbH & Co. KG, der sich in der Krise in eine Limited umgewandelt hatte, damit aber keinen Erfolg gehabt hat.
456) Zum Beispiel OLG Zweibrücken, Beschl. v. 15. 2. 2006 – 3 W 209/05, BB 2006, 1179: Keine Eintragung der Abberufung des alleinigen Gesellschafter-Geschäftsführers einer Ein-Mann-GmbH.
457) *Schuhmann*, Amtsniederlegung des GmbH-Geschäftsführers, GmbHR 2007, 305, 306.

verhaltsaufklärung und -feststellung überfordern. Zudem ist die Austragung des Geschäftsführers nur deklaratorisch, weil die Rechtsstellung des Geschäftsführers bereits beendet ist, wenn seine Amtsniederlegung wirksam geworden ist. Man kann dem Problem auch nicht durch die Bestellung von Notgeschäftsführern beikommen[458] und auch die Rechtsfigur des faktischen Geschäftsführers hilft nur unvollkommen.[459] Hat die Gesellschaft mit beschränkter Haftung keine Geschäftsführer (so genannte Führungslosigkeit), so muss nach § 15a Abs. 3 InsO nun jeder Gesellschafter an ihrer Stelle den Insolvenzantrag stellen (Ersatzzuständigkeit), es sei denn, er hat vom Insolvenzgrund oder von der Führungslosigkeit keine Kenntnis (Beweislastumkehr). Bei der AG ist mit Blick auf die Publikumsgesellschaft der Aufsichtsrat zur Antragstellung verpflichtet (ebenfalls § 15a Abs. 3 InsO).

4.5.4 Unkenntnis der Gesellschafter

In den Stellungnahmen wurde dies durchweg begrüßt. Kritisiert wurde, dass im Referentenentwurf die Unkenntnis von Führungslosigkeit und Insolvenzgrund kumulativ nachgewiesen werden musste. Der Regierungsentwurf stellt klar, dass der Gesellschafter aus der Pflicht herausgenommen ist, wenn er von einem der beiden Kriterien nichts wusste. Freilich wird ihm der Nachweis schwerer fallen, dass er von den Schwierigkeiten der GmbH nichts gewusst hat, wenn er wusste, dass der Geschäftsführer sein Amt niedergelegt hat und die GmbH führungslos durch den Rechtsverkehr irrt. Für ihre eigene Unkenntnis von Insolvenzgrund oder Führungslosigkeit trifft die Gesellschafter die volle Beweislast.

Ob man für Kleingesellschafter (Beteiligung unter 10 %) eine gesonderte Ausnahme schaffen muss, kann man diskutieren. Freilich werden gerade diese Gesellschafter in der Regel leicht nachweisen können, dass sie vom einen oder anderen nichts gewusst haben. Der Bundesrat hat gefordert, grob fahrlässige Unkenntnis ausreichen zu lassen.[460]

Die Vorschrift liefert zugleich einen wirkungsvollen Anreiz für die Gesellschafter, wieder ein handlungsfähiges Vertretungsorgan zu bestellen, da sie ansonsten wie Geschäftsführer wegen Insolvenzverschleppung zivil- und strafrechtlich belangt werden können. Die Regelung passt zu der BGH-Rspr. zur Verantwortung des Gesellschafters als faktischer Geschäftsführer, den ebenfalls eine Insolvenzantragspflicht treffen kann.[461] Sie ersetzt diese Rspr. nicht, regelt aber einen klar umrissenen Sonderfall einer vergleichbaren Gesellschafterverantwortung.

4.5.5 Unbekannter Aufenthalt

Die im Referentenentwurf noch vorgesehene Insolvenzantragspflicht bei unbekanntem Aufenthalt der Geschäftsführer ist fallen gelassen worden. Sie mag eine gewisse Berechtigung gehabt haben, schien aber den Transfer in die InsO weiter zu komplizieren. Andererseits ist das Merkmal „unbekannter Aufenthalt" wenig präzise. Daran die Insolvenzantragspflicht zu knüpfen, erschien auch wegen der damit verbundenen Sanktionen problematisch (so z. B. die Stellungnahme des Landes Sachsen-Anhalt). Ferner war in den Stellungnahmen gefragt worden, wann denn der Aufenthalt unbekannt sei, ob dies schon bei kurzfristiger Abwesenheit gelte, und wem denn der Aufenthalt unbekannt sein müsse. Was

---

458) Sehr anschaulich *Gustavus*, Probleme mit der GmbH ohne Geschäftsführer, GmbHR 1992, 15.
459) *Haas*, GmbHR 2006, 729, 732.
460) Zustimmend *Wälzholz*, DStR 2007, 1914, 1197.
461) *Nauschütz*, Haftung des faktischen GmbH-Geschäftsführers wegen unzulässiger Zahlungen aus der Masse, NZG 2005, 921.

sollte gelten, wenn einem Gesellschafter der Aufenthalt unbekannt sei, die anderen ihn aber kännten? Außerdem trifft der unbekannte Aufenthalt nicht alle Fälle. Es geht doch eigentlich darum, dass die Gesellschafter wissen, dass der Geschäftsführer seinen Pflichten dauerhaft und hartnäckig nicht nachkommt. Das mag so sein, wenn und weil er untergetaucht ist, das mag aber auch so sein, wenn er noch körperlich anwesend ist, aber definitiv und ostentativ nichts mehr tut. Das Tatbestandsmerkmal ist nach alledem fallengelassen worden. Vielleicht kann sich die Rspr. dieser Fälle annehmen.

4.5.6 Weitere Inpflichtnahme der Gesellschafter?

Vereinzelt wurde in den Stellungnahmen gefordert, auch die weiteren nicht dispositiven Geschäftsführerpflichten auf die Gesellschafter zu verlagern (Pflicht zu Rechnungslegung, das Auszahlungsverbot nach § 64 GmbHG, die Beachtung der Kapitalerhaltungsgrundsätze).[462] Auch ein aktives Vertretungsrecht der Gesellschafter wurde vorgeschlagen. Dem ist das Gesetz jedoch nicht gefolgt.

4.5.7 Recht zur Antragstellung

Entsprechend der Pflicht ist auch das Recht der Ersatzpersonen bei Führungslosigkeit zur Insolvenzantragstellung vorgesehen.[463] Dieses findet sich in § 15 Abs. 1 Satz 2 InsO, dort freilich für alle Juristischen Personen, also auch die Aktiengesellschaft. Diese Regelung gilt auch für die Auslandsgesellschaft mit Verwaltungssitz in Deutschland.[464]

Ferner wird durch Änderung des § 10 InsO angeordnet, dass im Fall der Führungslosigkeit der Gesellschaft das Gericht im Insolvenzverfahren auch die Gesellschafter anhören kann, wenn ihm das sinnvoll erscheint.[465] Kommen die Gesellschafter ihren neuen Mitwirkungspflichten nicht nach, so können ihnen auch Verfahrenskosten auferlegt werden (§ 101 InsO)!

4.6 Zahlungsverbot – § 64 Satz 3 GmbHG[466]

4.6.1 Erweiterung auf Ausplünderungsfälle – Insolvenzverursachungshaftung[467]

Das Zahlungsverbot des § 64 Absatz 2, wegen Verlagerung des Absatzes 1 in die InsO jetzt aber: Satz 3 GmbHG ist nicht ins Insolvenzrecht verlagert worden. Dazu war das Meinungsbild in den Stellungnahmen zu uneinheitlich.[468] *Karsten Schmidt* kritisiert das mit den

---

462) *Haas/Oechsler*, NZG 2006, 806, 807.
463) zustimmend *Haas*, GmbHR 2006, 729, 734.
464) Siehe z. B. LG Kiel, Urt. v. 20. 4. 2006 – 10 S 44/05, ZIP 2006, 1248 = EWiR Art 43 EG 3/06 mit Anm. *Schilling* Haftung des directors einer englischen Ltd. wegen Verletzung der Insolvenzantragspflicht; entspricht wohl der h. M. a.A,. zuletzt *Zerres*, Deutsche Insolvenzantragspflicht für die englische Limited mit Inlandssitz, DZWiR 2006, 356; *Müller K.J.*, BB 2006, 837, 838 m. v. N. für die h. M.
465) Zustimmend *Haas*, GmbHR 2006, 729, 735.
466) *Greulich/Bunemann*, Geschäftsführerhaftung für zur Zahlungsunfähigkeit führende Zahlungen an die Gesellschafter nach § 64 Abs. 2 Satz 3 GmbHG-RefE – Solvenztest im deutschen Recht?, NZG 2006, 681.
467) *Knof*, Die neue Insolvenzverursachungshaftung nach § 64 Satz 3 RegE-GmbHG (Teil I), DStR 2007, 1536.
468) Verlagerung angemahnt von *Kindler*, Die AG 2007, 721, 728; vgl. auch insolvenzrechtliche Qualifikation des § 64 II GmbHG bei *Buchmann*, Die Insolvenz der englischen Limited in Deutschland, S. 237 ff.

Worten: „So wird Zusammengehöriges zerrissen: zuerst in der Rechtsprechung und künftig auch im Gesetz!"[469] Nach bisherigem Recht sind Geschäftsführer einer GmbH der Gesellschaft gegenüber zum Ersatz von Zahlungen verpflichtet, die nach Eintritt der Zahlungsunfähigkeit oder nach Feststellung der Überschuldung geleistet werden. Die Vorschrift betrifft Zahlungen an jedermann, sie ist gefährlich und im Tatbestand und ihren Rechtsfolgen nicht unumstritten.[470] Was die Sanktion angeht, so ist die Rückzahlung vielfach kritisiert worden. *K. Schmidt*[471] plädiert für eine Umstellung der Regelung auf Schadensersatz. Das stößt allerdings auf praktische Bedenken, da die (Quoten-)Schadensberechnung und -feststellung schwer fallen, die Identifizierung verbotener Auszahlungen aber einigermaßen einfach ist. So ist die Schadensberechnung im Rahmen des § 823 Abs. 2 BGB i. V. m. § 64 Abs. 1 GmbHG (Schutzgesetz) sehr kompliziert (Quotenschaden für Altgläubiger, negatives Interesse für Neugläubiger, Abgrenzung zwischen Alt- und Neugläubiger). Das hat dazu geführt, dass die Insolvenzverwalter wegen der praktisch kaum leistbaren Schadensberechnung ohne eine realistische Chance auf Ersatz ihres Schadens bleiben[472]. Es gibt Stimmen, die sagen, dass der Weg über § 823 BGB, § 64 Abs. 1 GmbHG deshalb auch kaum noch gegangen werde und man es über den einfacheren und noch offen stehenden Weg des § 64 Abs. 2 GmbHG (alte Fassung)[473] versuche. Der BGH hat daher auch zuletzt an der simplen und scharfen Regelung der Ersatzpflicht ohne Beschränkung auf den Quotenschaden festgehalten.[474]

4.6.2 Die Schutzlücke[475]

Die bisherige Regelung enthält jedoch eine Lücke: Was ist mit Zahlungen an die Gesellschafter, die eine Zahlungsunfähigkeit überhaupt erst herbeiführen? Gemeint sind also klare Ausplünderungsfälle. Es geht um den Abzug von Vermögenswerten, die die Gesellschaft zum Überleben benötigt. Beispiel: Die Zahlung führt – unmittelbar – zur Zahlungsunfähigkeit – nach Eintritt der Zahlungsunfähigkeit wird nichts mehr ausgezahlt (und wäre auch nichts mehr da, um ausgezahlt zu werden). Vor Stellung des Insolvenzantrags legt der Geschäftsführer sein Amt nieder und taucht ab. § 64 Abs. 2 in der bisherigen Fassung läuft dann leer. Die vorgeschlagene Vorschrift des § 64 Satz 3 GmbHG (ähnliche Regelungen in § 93 Abs. 3 AktG, § 130a HGB) kann auch als Antwort auf Missbräuche bei Unternehmenskäufen durch Investoren verstanden werden, die die Gesellschaft durch Ausplünderung im Wege von Sonderausschüttungen, verdeckten Gewinnausschüttungen und nicht durch Gegenleistungen gedeckte Vertragsleistungen in die Insolvenz treiben. Es handelt sich also keineswegs, wie manche meinen, um eine generelle Insolvenzverursachungshaftung, sondern um eine Ausplünderungshaftung. Da es sich einzig um Zahlungen an Gesellschafter handelt, kann auch nicht ernsthaft eingewandt werden, dass dadurch eine Behinde-

---

469) *K. Schmidt*, Debitorisches Bankkonto und Insolvenzverschleppungshaftung, ZIP 2008, 1401, 1403.
470) Kritisch etwa *K. Schmidt,* Übermäßige Geschäftsführerrisiken aus § 64 Abs. 2 GmbHG, § 130a Abs. 3 HGB?, ZIP 2006, 2177.
471) z. B. *K. Schmidt*, Verantwortlichkeit der Geschäftsführer in: Die GmbH-Reform in der Diskussion (2006), S. 143, 160.
472) *Beck*, Kritik des Eigenkapitalersatzrechts (2006), S. 393, 307 und passim.
473) *Poertzgen*, GmbHR 2007, 1258, 1262 m. w. N.
474) BGH, Hinweisbeschluss v. 5. 2. 2007 – II ZR 51/06, WM 2007, 1465 (in einem Fall allerdings zu § 130a Abs. 2 HGB, wo von Schadensersatz die Rede ist).
475) Befürwortend: *Streit/Bürk*, Keine Entwarnung bei der Geschäftsführerhaftung im Insolvenzfall, DB 2008, 742, 750.

rung von Sanierungen eintrete, denn dass Zahlungen an den Gesellschafter, die die Zahlungsunfähigkeit herbeiführen, ein sinnvoller Beitrag zur Sanierung sein können, ist schwer einzusehen.

4.6.3 Zahlungsverbot des § 64 Satz 3 GmbHG und der Solvency Test/ Solvenztest

Während man im Haftungskonzept des § 64 Abs. 2 Satz 1 GmbHG (bisherige Fassung) Ähnlichkeiten zum wrongful trading erblicken kann,[476] nimmt die mit der Regelung zu § 64 Satz 3 verbundene Prognose über die Zahlungsfähigkeit der Gesellschaft Gedanken des Solvency Tests auf[477] – *Karsten Schmidt* formuliert sogar:

„*Unverkennbar kokettiert hier der Gesetzgeber mit dem Gedanken des Solvency Test*".[478]

Die im RefE formulierte „Herbeiführung der Zahlungsunfähigkeit" meinte allerdings einen unmittelbaren Zusammenhang, die **„Weichenstellung ins Aus".**[479] Nach Auszahlung ist oder wird die Gesellschaft zwangsläufig zahlungsunfähig. Es geht also nicht um die zeitlich über ein bis drei Jahre hinausgeschobene Liquiditätsprognose, wie sie beim Solvenztest diskutiert wird.[480] Nicht gemeint ist jeder kausale Zusammenhang, der nach Eintritt weiterer Umstände in ferner Zukunft zur Zahlungsunfähigkeit führt. Dies schien manchen nach dem Wortlaut des Referentenentwurfs noch nicht klar genug. Es ist deshalb gefordert worden, das noch deutlicher herauszustellen – z. B. indem man nur Zahlungen im Zeitraum drohender Zahlungsunfähigkeit erfasst oder den Kausalzusammenhang durch den Einschub „unmittelbar" verkürzt.

Das dem Regierungsentwurf folgende Gesetz hat schließlich eine sehr enge Formulierung gewählt. Danach sind nur Zahlungen verboten, die zur Zahlungsunfähigkeit führen *mussten*, bei denen im Moment der Zahlung die Zahlungsunfähigkeit zwar nicht unmittelbar eingetreten ist, aber klar war, dass sie ohne Hinzutreten weiterer kausaler Elemente mit Sicherheit eintreten würde;[481] der Handelsrechtsausschuss des DAV spricht von „monokausaler" Verursachung der Zahlungsunfähigkeit, die – darauf weist er zu Recht hin – selbstverständlich auch eingetreten sein muss.

Der Geschäftsführer kann sich von der Haftung entlasten, wenn ihm die (zwangsläufige) Herbeiführung der Zahlungsunfähigkeit nicht erkennbar war – allerdings trägt er dazu die

---

476) *K. Schmidt*, in: Die GmbH-Reform in der Diskussion, S. 143, 152.

477) *Röhricht*, Das neue Konzept des Bundesgerichtshofs zur Gesellschafterhaftung bei der GmbH, RWS-Forum Gesellschaftsrecht 2003, 1 ff., Zusammenhang Existenzvernichtungshaftung zum solvency test S. 22; *Pellens/Jödicke/Richard*, DB 2005, 1393; *Marx, P.*, Der Solvenztest zur Regulierung von Ausschüttungen im amerikanischen Recht, DZWIR 2006, 401, 406: § 64 Abs. 2 Satz 2 GmbHG-MoMiG bringt gesetzliche Verankerung des Verbots der Existenzvernichtung, die sich am Solvenztest orientiert.

478) *K. Schmidt*, ZIP 2006, 1925, 1928, 1933.

479) *Greulich/Bunemann*, NZG 2006, 681, 687.

480) Das sehen anders *Greulich/Bunemann*, NZG 2006, 681, 685.

481) Befürwortend *Kleindiek*, Erweiterte Geschäftsleiterhaftung in unmittelbarer Insolvenznähe, DB Beilage, Status:Recht, Heft 7–8 2007, 241 f.; auch *Hölzle*, GmbHR 2007, 729, 731; *Knof*, DStR 2007, 1536, 1539 (verweist auf Adäquanzlehre, nach seiner Ansicht reicht überwiegende Wahrscheinlichkeit des Insolvenzeintritts aus); kritisch *Böcker/Poetzgen*, Kausalität und Verschulden beim künftigen § 64 Satz 3 GmbHG, WM 2007, 1203, die einerseits die Formulierung des Satz 3 als zu weit kritisieren, andererseits eine Rückkehr zur Formulierung des RefE befürworten.

Darlegungs- und Beweislast.[482] Er hat eine Fortbestehensprognose/Zahlungsfähigkeitsprognose anzustellen,[483] die kein Wirtschaftsprüferattest erfordert.

Es wurde in den Stellungnahmen zum Teil eine Einschränkung für Kleingesellschafter gefordert (10 %). Da das Zahlungsverbot sich aber nicht gegen den begünstigten Gesellschafter richtet, sondern gegen den Geschäftsführer, erscheint eine Sonderregelung nicht erforderlich.

Für den (faktischen?) Geschäftsführer hat der BGH eine gleichartige Lösung bereits entwickelt. Dieser haftet gegenüber der Gesellschaft nach § 823 Abs. 2 BGB i. V. m. § 266 StGB, wenn er – unabhängig von einer Beeinträchtigung des § 30 GmbHG – insolvenzverursachende Entnahmen tätigt.[484]

4.6.4 Verhältnis des § 64 Satz 3 zu anderen Rechtsfiguren

Die Neuregelung deckt und ergänzt sich in Teilmengen mit den Regelungen[485] der § 30 Abs. 1 GmbHG[486] und dem Anfechtungsrecht nach §§ 129 ff. InsO[487] und dem Deliktsrecht. Die Ausplünderungsregelung des § 64 Satz 3 GmbHG verweist auch auf die dem Solvenztest gleichermaßen zugrunde liegenden Gedanken einer (die Kapitalerhaltung ergänzenden) Ausschüttungssperre.

Ferner besteht eine deutliche Nähe zur Rechtsfigur des existenzvernichtenden Eingriffs;[488] *Hirte* spricht daher von einer Kodifikation geltenden Rechts.[489] Das ist von den Tatbestandsvoraussetzungen her sicher richtig, allerdings trifft die Sanktion des § 64 den Geschäftsführer, die Existenzvernichtungshaftung greift auf den Gesellschafter zu. Konsequenterweise plädiert *Vetter*[490] dafür, mit diesem neuen Zahlungsverbot Geschäftsführer *und* Gesellschafter zu binden! Dies könnte im Rahmen der „Private-Equity-Debatte" weiter diskutiert werden, wegen der sehr zahlreichen anderen Haftungsinstrumente scheint eine umfassende gesetzliche Regelung momentan aber nicht zwingend.

4.6.5 Die Existenzvernichtungshaftung

Mit der Figur des existenzvernichtenden Eingriffs soll zum Ausdruck kommen, dass es im GmbH-Recht nicht nur den Grundsatz der Kapitalerhaltung gibt, sondern auch der der Gewährleistung des Bestandsschutzes der Gesellschaft hinzukommt. Der Inhalt des Bestandsschutzes wird mit der „angemessenen Rücksichtnahme auf die Eigenbelange der Ge-

---

482) Kritik von *Gloger*, Haftungsbeschränkung versus Gläubigerschutz in der GmbH (2006), S. 355: Die haftungsrelevanten Fälle sollten eher durch den Nachweis einer subjektiven Schädigungsabsicht identifiziert werden.

483) *Knof*, DStR 2007, 1536, 1542.

484) *Haas*, Gutachten 66. DJT (2006), E132 m. w. N. auf BGH, ZIP 2001, 1874, 1876 f. – Bremer Vulkan.

485) Und den geltenden §§ 32a, 32b GmbHG, deren Aufhebung aber vorgeschlagen wird.

486) Weshalb auch nur auf Leistungen abgestellt wird, die die Zahlungsunfähigkeit herbeiführen. Zahlungen, die ins Stammkapital eingreifen sind bereits durch § 30 GmbHG abgedeckt.

487) Zusammenhang der einzelnen Anfechtungsrechte zur Ausschüttungssperre dargestellt bei *Haas*, ZIP 2006, 1373, 1375 ff.

488) *Schön*, Zur „Existenzvernichtungshaftung" der juristischen Person, ZHR 168 (2004), 268 und 285 ff. zur Abgrenzung zu §§ 30,31 GmbHG.

489) *Hirte*, Verhandlungen des 66. DJT, Band II/1, P22.

490) *Vetter, J.*, Verhandlungen des 66. DJT, Band II/1, P107.

sellschaft" umschrieben. *„An dieser angemessenen Rücksichtnahme fehlt es, wenn die Gesellschaft infolge Eingriffs ihres Alleingesellschafters ihren Verbindlichkeiten nicht mehr nachkommen kann."*[491] Die dogmatische Verortung des Rechtsinstituts bereitete lange Schwierigkeiten[492]. *Haas* hatte eine insolvenzrechtliche Einordnung vorgeschlagen[493]. Der BGH hat nunmehr eine deliktsrechtliche Einordnung (Trihotel)[494] seiner eigenen Rechtsschöpfung und eine Beschränkung auf eine reine Innenhaftung[495] verlautbart[496]. An der Ratio der Existenzvernichtungshaftung hat sich dadurch nichts geändert[497]. Auch deshalb war es vernünftig, eine generelle gesetzliche Regelung dieses Haftungsinstituts im MoMiG nicht zu versuchen[498]. Das supplementäre Verhältnis zur Ausplünderungshaftung nach § 64 Satz 3 GmbHG beleuchtet die Formulierung des BGH im „Gamma-Urteil":

„Die Existenzvernichtungshaftung soll wie eine das gesetzliche Kapitalerhaltungssystem ergänzende, aber deutlich darüberhinausgehende Entnahmesperre wirken, indem sie die sittenwidrige, weil insolvenzverursachende oder -vertiefende ‚Selbstbedienung' des Gesellschafters vor den Gläubigern der Gesellschaft durch die repressive Anordnung der Schadensersatzpflicht in Bezug auf das beeinträchtigte Gesellschaftsvermögen ausgleichen soll."[499]

Nichts anderes beabsichtigt die Ausplünderungshaftung des § 64 Satz 3 GmbHG in der Person des Geschäftsführers!

4.6.6 Anwendungsbereich der Ausplünderungsregelung

Das erweiterte Zahlungsverbot in Satz 3 stellt nicht auf den Gesellschafter, sondern auf den handelnden Geschäftsführer ab, der bei Ausplünderungen mit dem Gesellschafter zusammenwirkt. Es geht auch nur um Zahlungen **zu Gunsten der Gesellschafter**. Die neue Vorschrift behindert die Handlungsfähigkeit der in Schwierigkeiten befindlichen Gesellschaft nicht, denn Leistungen an Dritte sind nicht betroffen (Zahlungen an Dritte, Lieferanten, Kunden, Gläubiger etc.). Die Schädigung der Gläubiger durch Verschleuderung des Gesellschaftsvermögens an Dritte wird durch die allgemeine Geschäftsführerhaftung und § 826 BGB aufgefangen.

Gesellschafterweisungen entbinden den Geschäftsführer, der gegen das Zahlungsverbot verstößt, nicht von der Haftung. Die Regelung stellt auf Zahlungen ab, die zwangsläufig zur Zahlungsunfähigkeit führen. Es wird nicht auf Zahlungen in der „Krise" abgestellt. Der Begriff der „Krise" wird komplett aufgegeben.

---

491) Siehe ausf. *Henze*, Aspekte des Insolvenzrechts an der Schnittstelle zum Gesellschaftsrecht, WM 2006, 1653, 1658; BGH, Urt. v. 29.3.1993 – II ZR 265/91 – TBB, BGHZ 122, 123.

492) *Vossius*, NotBZ 2006, 373, 380: Gesamtanalogie zu den §§ 823 ff, 138, 242 BGB; *Haas*, Verhandlungen des 66. DJT (2006), E83-E86 verweist auf §§ 66 ff. GmbHG und § 73 Abs. 1 GmbHG.

493) Zusammenhang der einzelnen Anfechtungsrechte zur Ausschüttungssperre dargestellt bei *Haas*, ZIP 2006, 1373, 1375 ff.

494) *Weller*, Die Neuausrichtung der Existenzvernichtungshaftung durch den BGH, ZIP 2007, 1681: vier Voraussetzungen: 1. Ein Gesellschafterverhalten in der Form des existenzvernichtenden Eingriffs, 2. die Sittenwidrigkeit des Handelns, 3. mindestens Eventualvorsatz, 4. durch den Eingriff kausal verursachter Schaden der Gesellschaft; *J. Vetter*, Die neue dogmatische Grundlage des BGH zur Existenzvernichtungshaftung, BB 2007, 1965.

495) Ausf. bei *Paefgen*, Existenzvernichtungshaftung nach Gesellschaftsdeliktsrecht, DB 2007, 1907, 1908.

496) BGH, Urt. v. 16. 7. 2007 – II ZR 3/04, ZIP 2007, 1552.

497) *Paefgen*, DB 2007, 1907, 1912.

498) Ebenso *Kleindiek*, ZGR 2007, 276, 307.

499) BGH, Urt. v. 28. 4. 2008 – II ZR 264/06, ZIP 2008, 1232, 1234.

Die §§ 92, 93 AktG und § 130a HGB (für die OHG ohne natürliche Person als persönlich haftenden Gesellschafter) waren als Folgeänderungen mit anzupassen.

4.6.7 Der Begriff „Zahlung"

Der Begriff Zahlung wirkt eng, er wird aber schon bisher in § 64 Abs. 2 Satz 1 GmbHG weit verstanden im Sinne von „Leistungen". Dies führt zu der Frage der Leistungen im Rahmen gegenseitiger Verträge.[500] Der BGH hat dazu entschieden, dass es darauf ankomme, dass die Masse verkürzt worden ist. Genau gesehen kommt es also auch hier auf eine **bilanzielle Betrachtung** an. Das steht im Einklang mit den Regelungen der Kapitalerhaltung und zur Hin-und-Her-Zahlung und zur Betonung der bilanziellen Betrachtungsweise dort. Erhält die Gesellschaft eine werthaltige Gegenleistung, liegt keine Zahlung i. S. d. Vorschrift vor. Erhält sie aus einem Austauschgeschäft einen vollwertigen und gleichwertigen Gegenleistungsanspruch, dann ist das ebenfalls kaum zweifelhaft. Hat sie die Gegenleistung bereits erhalten und verbraucht, und zahlt sie nun ihrerseits kurz vor der Insolvenzreife die Gegenleistung, den Kaufpreis etc. an den Gesellschafter aus, so wird die Auszahlung grundsätzlich verboten sein[501] (Ausnahme z. B.: Eigentumsvorbehalt, wenn die Gesellschaft den gelieferten Kaufgegenstand noch hat und benötigt), denn es wird eine volle Leistung auf einen nicht mehr werthaltigen Anspruch des Gesellschafters oder Dritten geleistet. Die Gesellschaft ist in diesem Zeitpunkt entweder zahlungsunfähig oder steht kurz davor und die Forderung des Gesellschafters müsste eigentlich ganz oder teilweise abgeschrieben werden. Die bloße Eingehung einer neuen Verbindlichkeit stellt keine Zahlung dar.[502]

4.6.8 Zahlungsverbot bei Zweigniederlassungen von Auslandsgesellschaften

Ausweislich der amtlichen Begründung des MoMiG handelt es sich bei § 64 Satz 2 und 3 GmbHG auch in der erweiterten Fassung um insolvenzrechtliche Normen[503] die gemäß Art. 3 Abs. 1, 4 Abs. 1 und 2 Satz 1 EuInsVO auch in Insolvenzverfahren über das Vermögen ausländischer vergleichbarer Gesellschaften anzuwenden sind, deren Tätigkeitsmittelpunkt in Deutschland liegt (COMI). Das Zahlungsverbot wäre also auch auf eine Limited mit Verwaltungssitz in Deutschland anzuwenden, wie es auch das LG Kiel neuerdings ausdrücklich für den bisherigen § 64 Abs. 1 (Insolvenzantragspflicht) vertritt[504]. Dies ist überwiegend in den Stellungnahmen bestätigt worden[505].

---

500) Vgl. etwa *Roth/Altmeppen*, GmbHG (5. Aufl.), § 64, Rz. 80, 95.

501) Kritisch zu diesem Fall bei der Verschleppungshaftung auch *Röhricht*, ZIP 2005, 505, 510 – bilanzneutral wird ein solche Vorgang dann aber gerade nicht sein.

502) *Knof*, DStR 2007, 1536, 1538.

503) *K. Schmidt* führt aus: „Insolvenzantragspflicht und Zahlungsverbot ... sind Bestandteile eines mit der materiellen Insolvenz einer Gesellschaft einhergehenden Pflichtenprogramms: der insolvenzrechtlichen Organpflichten", in: Verbotene Zahlungen in der Krise der Handelsgesellschaften, ZHR 168 (2004), 637, 655; vgl. auch ausführliche Darstellung bei *Buchmann*, Die Insolvenz der englischen Limited in Deutschland, S. 237 ff.

504) Urteil v. 20. 4. 2006 – 10 S 44/05, DB 2006, 1314.

505) Vgl. umfassend *Buchmann*, Die Insolvenz der englischen Limited in Deutschland, S. 143 ff. (Insolvenzantragspflicht), S. 221 ff. (Haftung gemäß § 823 Abs. 2 BGB i. V. m. § 64 Abs. 1 GmbHG), S. 237 ff. (Zahlungsverbot und Erstattungsanspruch gemäß § 64 Abs. 2 GmbHG).

Die unserem heutigen Eigenkapitalersatzrecht in Zielsetzung oder Funktion vergleichbaren ausländischen Rechtsinstitute *comblement du passiv* im französischen Recht und das *wrongful trading* im englischen Recht werden ebenfalls als insolvenzrechtliche Regelungen verstanden.[506]

4.7 Inhabilität, Bestellungsverbote für Geschäftsführer[507]
4.7.1 Ausgangspunkt: Das Forderungssicherungsgesetz

Die bisherigen Ausschlusstatbestände in GmbHG und AktG werden erweitert. Die Vorschläge gehen zurück auf den Bundesratsentwurf eines Gesetzes zur Sicherung von Werkunternehmeransprüchen und zur verbesserten Durchsetzung von Forderungen (Forderungssicherungsgesetz – FoSiG)[508] und modifizieren diese leicht. In der 16. Wahlperiode ist das FoSiG erneut eingebracht worden (BR-Drucks. 878/05)[509]. In der Gegenäußerung auf den Bundesratsentwurf hat die Bundesregierung deutlich gemacht, dass die die Inhabilität betreffenden Regelungen im MoMiG abgehandelt werden sollen. Auf die Stellungnahme des Bundesrates hin hat der Entwurf im Gesetzgebungsverfahren noch mehr vom FoSiG übernommen.

4.7.2 Erweiterung der Ausschlussgründe

Die Ausschlussgründe werden nunmehr deutlich erweitert und ausgedehnt auf die aktienrechtlichen Straftatbestände der falschen Angaben gem. § 399 AktG, der unrichtigen Darstellung gemäß § 400 AktG (was nach den Unternehmensskandalen der Jahre 2001–2002 um Bilanzfälschungen besonders wichtig ist) und der vorsätzlichen Pflichtverletzung bei Verlust, Überschuldung oder Zahlungsunfähigkeit gem. § 401 Abs. 1 AktG. Ebenso werden die Paralleltatbestände des GmbHG einbezogen (§§ 82[510] und 84 Abs. 1 GmbHG). Allerdings gilt – auch aus Gründen der Verhältnismäßigkeit – der Ausschluss nur noch einheitlich bei vorsätzlicher Begehung. Die Einbeziehung von Untreue und Betrug wurde dem Bundesrat – entsprechend dem FoSiG – zugesagt. Der Katalog wurde im Gesetzgebungsverfahren nochmals ganz erheblich erweitert um die Tatbestände der §§ 263 bis 264a,[511] §§ 265b bis 266a[512] StGB – freilich stets nur bei Verurteilung zu einer Freiheitsstrafe von einem Jahr.[513] Dasselbe wurde bei der Aktiengesellschaft in § 76 Abs. 3 AktG vorgesehen.

---

506) *Buchmann*, Die Insolvenz der englischen Limited in Deutschland, S. 60 f. (England), S. 181 ff. (Frankreich).

507) *Bittmann*, Reform der GmbH und Strafrecht, wistra 2007, 321, 323; *Haas*, Die Disziplinierung des GmbH-Geschäftsführers im Interesse der Gesellschaftsgläubiger, Teil I, WM 2006, 1369; zur Perspektive eines richtlinienbasierten europaweiten Berufsverbotes vgl. *Buchmann*, Die Insolvenz der englischen Limited in Deutschland, S. 255, 258, 287 ff.

508) Gesetz v. 23. 10. 2008 BGBl I, 2008, 2022 (naturgemäß ohne diese ins MoMiG verlagerten Bestimmungen) – siehe auch BT-Drs. 15/3594; kritisch: *Drygala*, Zur Neuregelung der Tätigkeitsverbote für Geschäftsleiter von Kapitalgesellschaften, ZIP 2005, 423.

509) Am 29. 6. 2005 hatte der Rechtsausschuss eine Sachverständigen-Anhörung zum FoSiG beschlossen – und damit war der Entwurf in der 15. Wahlperiode zunächst gescheitert.

510) Interessant dazu *Bittmann*, wistra 2007, 321, 323: da die verdeckte Sacheinlage jetzt aus dem § 82 GmbHG herausgenommen wird, behandelt die Norm nur noch Fälle von ausreichend schwerem Gewicht, die eine Inhabilität rechtfertigen.

511) Also: Betrug, Computerbetrug, Subventionsbetrug, Kapitalanlagebetrug.

512) Kreditbetrug, Untreue, Vorenthalten und Veruntreuen von Arbeitsentgelt.

513) Auf Probleme bei Gesamtstrafenbildung weist hin *Bittmann*, wistra 2007, 321, 323.

I. Einführung

Auf die Stellungnahme des Bundesrates hin hat die Bundesregierung in ihrer Gegenäußerung bei der GmbH auch eine Schadensersatzpflicht der Gesellschafter bei Verstößen gegen das Bestellungsverbot positiv bewertet und in das Gesetzgebungsverfahren eingeführt (§ 6 Abs. 5 GmbHG – nicht jedoch bei der AG!). Man kann hier eine Parallele sehen zum Eintreten der Gesellschafter in die Insolvenzantragspflicht, wenn sie die Gesellschaft ohne Geschäftsführer lassen. Die Gesellschafter haben die Möglichkeit, sich auf die reine Kapitalgeberposition zurückzuziehen und genießen dann weitgehende Haftungsfreiheit und haben ein Recht auf Untätigkeit. Dies setzt aber voraus, dass sie die Gesellschaft mit einer Geschäftsführung ausstatten und dass diese den gesetzlichen Voraussetzungen entspricht.

4.7.3 Forderungen nach weiterer Ausdehnung

Gefordert wurde vom Bundesrat eine Erstreckung der Bestellungshindernisse auch auf den Fall der Untersagung der Geschäftsführertätigkeit durch ausländische Entscheidungen. Dies könnte der Fall sein, wenn z. B. ein englisches Gericht auf Grundlage des Company Directors Disqualification Act einer Person generell die Tätigkeit als Director verbietet, weil sie etwa wegen einer unternehmensbezogenen Straftat verurteilt worden ist. Dies wurde von der Bundesregierung abgelehnt, da es zu undifferenziert wäre (siehe Gegenäußerung zu Nummer 8, S. 140 f.). Die Forderung des Bundesrats, eine Verurteilung nach dem Gesetz über die Sicherung der Bauforderungen einzubeziehen, wurde ebenfalls abgelehnt (siehe Gegenäußerung zu Nummer 9, S. 142 f.) wegen zu geringen Zusammenhangs zur Geschäftsführertätigkeit. Der Vorschlag, alle Steuerstraftaten nach den *§§ 369 ff. der Abgabenordnung in Verbindung mit den Einzelsteuergesetzen* aufzunehmen, wurde von der Bundesregierung ebenfalls nicht befürwortet mit der Begründung, dies gehe deutlich zu weit und würde die Regelung für die Praxis unüberschaubar machen.

In Stellungnahmen wurde die Einbeziehung der Straftaten nach dem HGB (§§ 331 ff. HGB), dem Umwandlungsgesetz (§ 313 bis 315 UmwG) oder dem Publizitätsgesetz erfasst sind (§§ 17 ff. PublG)[514] gefordert – dem wurde im Gesetzgebungsverfahren gefolgt. Des Weiteren wurde der Forderung nachgegeben, auch allgemeine Vermögensdelikte in den Katalog des § 6 Abs. 2 GmbHG aufzunehmen, insb. also den § 266 StGB (Untreue), mit dessen Hilfe z. B. Verstöße von Geschäftsführern gegen das Kapitalerhaltungsgebot und wegen existenzvernichtender Eingriffs erfasst werden.[515] Ferner sollte nach *Wachter* nicht nur die im Inland begangene Straftat erfasst sein, sondern auch die von einem deutschen Gericht abgeurteilte im Ausland begangene Straftat,[516] sofern das möglich ist.

Eine Lücke fand sicher ferner bei der Verurteilung wegen einer vergleichbaren Straftat durch ein ausländisches Strafgericht.[517] Darauf hat das Gesetz dem Regierungsentwurf folgend reagiert[518] und in § 6 Abs. 2 Satz 3 GmbHG (ebenso im AktG) formuliert:

> „Satz 2 Nr. 3 gilt entsprechend bei einer Verurteilung im Ausland wegen einer Tat, die mit den in Satz 2 Nr. 3 genannten Taten vergleichbar ist."

---

514) *Wachter*, Der Entwurf des „MoMiG" und die Auswirkungen auf inländische Zweigniederlassungen von Auslandsgesellschaften, GmbHR 2006, 793, 797.
515) *Haas*, WM 2006, 1369, 1371.
516) *Wachter*, GmbHR 2006, 793, 797: wer wegen einer Straftat nach ... im Inland oder durch ein Gericht in Deutschland verurteilt worden ist.
517) *Haas*, WM 2006, 1369, 1371.
518) Zustimmend *Müller-Guggenberger*, Glanz und Elend des GmbH-Strafrechts, in: FS Klaus Tiedemann (2008), S. 1003, 1016.

4.7.4 Zweigniederlassungen von Auslandsgesellschaften

Die neuen Vorschriften zur Inhabilität (§ 76 AktG und § 6 GmbHG) gelten über § 13 g Abs. 3 Satz 2 HGB auch für die gesetzlichen Vertreter im Falle der Zweigniederlassung einer Kapitalgesellschaft mit Sitz im Ausland. Dies ist eine wichtige Klärung der Rechtslage. Sie verhindert, dass jemand, der in Deutschland als Geschäftsführer oder Vorstand einem gesetzlichen Bestellungsverbot unterliegt, dieses Verbot über eine Auslandsgesellschaft mit Zweigniederlassung im Inland unterlaufen kann. Denselben Weg schlugen zuletzt schon das Thüringer OLG[519] und das OLG Dresden[520] ein. Der Bundesgerichtshof[521] ist dem zuletzt gefolgt, hat damit dem MoMiG den Weg geebnet und auch ausführlich die europarechtliche Zulässigkeit begründet. Diese Personen können – sofern das ausländische Recht das zulässt[522] – selbstverständlich gesetzliche Vertreter der ausländischen Gesellschaft sein, sie können aber nicht eine Zweigniederlassung im deutschen Inland eintragen lassen[523] und als ständige Vertreter dieser Zweigniederlassung fungieren. Diese Regelung ist nicht diskriminierend und europarechtlich neutral. Die amtliche Begründung widmet sich dieser Frage ausführlich. Konsequenterweise wird die Versicherung, dass ein Bestellungshindernis (nach deutschem Recht)[524] nicht vorliege, auch auf die Organe erstreckt, die die Eintragung einer Zweigniederlassung einer Auslandsgesellschaft beantragen. Bei falscher Versicherung machen sich diese Personen strafbar. Eine wichtige Strafbarkeitslücke wird geschlossen.[525] § 82 Abs. 1 Nr. 5 GmbHG gilt auch für diese Regelung.[526] Die Formulierung der Nummer ist im Gesetzgebungsverfahren noch präziser gefasst worden.

5. Übergangsregelungen[527]

Übergangsbestimmungen finden sich in einem neuen EGGmbHG, dort in § 3, ferner in Art. 64 des EGHGB. Zur Übergangsvorschrift zur Eintragung der Geschäftsanschrift siehe ausf. oben unter IV. Mißbrauchsbekämpfung. Im EGHGB ist aufgrund eines redaktionellen Versehens der Siebenundzwanzigste Abschnitt, Art. 64 EGHGB, nun vorübergehend doppelt besetzt aufgrund einer Regelung mit gleicher Nummer, die durch das Risiko-

---

519) Thüringer OLG, Beschl. v. 9. 3. 2006 – 6 W 693/05 – n.rkr., DB 2006, 720: deutsches Gewerbeverbot gegen Geschäftsführer (director) einer Limited – Keine Eintragung der Zweigniederlassung ins Handelsregister (Vorlage an BGH).

520) OLG Dresden, Beschl. v. 7. 2. 2006 – Ss (OWi) 955/02, ZIP 2006, 1097: Umgehung der Gewerbeordnung bei Tätigkeit als Geschäftsführer der inländischen Zweigniederlassung einer englischen Ltd.

521) BGH, Beschl. v. 7. 5. 2007 – II ZB 7/06 = BB 2007, 1640 mit Anm. *Dierksmeier* in BB 2007, 1861.

522) Zur Disqualification of directors siehe: *Davies*, Legal Capital in Private Companies in Great Britain, Die AG 1998, 350, 351; *Bachner*, Die Limited in der Insolvenz (Wien 2007), S. 89.

523) *Kindler*, Die AG 2007, 721, 729 kritisiert, dass im RegE von „Anmeldung" und nicht von „Eintragung" die Rede ist, so als sei dem Inhabilen nur die Anmeldung verwehrt.

524) Diese Verweisung war bisher unterblieben, weil man davon ausging, dass man darauf vertrauen sollte, dass das ausländische Register Bestellungshindernisse nach seinem Recht selber prüft – s. *Seibert*, Neuordnung des Rechts der Zweigniederlassung im HGB, DB 1993, 1705, 1706 – hinsichtlich der deutschen Bestellungshindernisse blieb aber eine Lücke.

525) Zustimmend *Müller-Guggenberger*, in: FS Klaus Tiedemann (2008), S. 1003, 1016.

526) *Wachter*, GmbHR 2006, 793, 798 meint, das müsse man deutlicher machen, da § 82 GmbHG nur vom „Geschäftsführer" also einen typisch dt. Organ spricht. Er meint aber, dieses Versicherungserfordernis sei nicht von der Zweigniederlassungs-RL gedeckt – ausdrücklich anders die amtl. Begründung des MoMiG-E.

527) Ausführlich: *Wedemann*, Die Übergangsbestimmungen des MoMiG – was müssen bestehende GmbHs beachten? GmbHR 2008, 1131.

begrenzungsgesetz hinzugefügt wurde. Beide Bestimmungen bestehen nebeneinander und sind wirksam. Bei nächster Gelegenheit wird die Übergangsvorschrift zum MoMiG zu einem Abschnitt 28, Artikel 65 umbenannt werden. Im EGAktG finden sich Übergangsbestimmungen in §§ 18 und 19 und im Einführungsgesetz zur Insolvenzordnung ist ein neuer Art. 103a eingefügt worden.

II. Materialien zum MoMiG

1. Allgemeiner Teil

1.1 Vorblatt zum Entwurf der Bundesregierung
(BT-Drucks. 16/6140 vom 25. 7. 2007 S. 1 f.)

Gesetzentwurf
der Bundesregierung

Entwurf eines Gesetzes zur Modernisierung des GmbH-Rechts
und zur Bekämpfung von Missbräuchen (MoMiG)

A. Problem und Ziel
Das Gesetz betreffend die Gesellschaften mit beschränkter Haftung (GmbHG) soll grundlegend modernisiert und zugleich dereguliert werden. Existenzgründungen sollen erleichtert und die Registereintragung von GmbHs beschleunigt werden. Die GmbH soll international wettbewerbsfähig sein. Missbrauchsfälle am Ende des Lebens der GmbH sollen bekämpft werden.

B. Lösung
Zahlreiche Deregulierungen erleichtern, beschleunigen und verbilligen die Gründung der GmbH, so die Abkopplung der Registereintragung von der Vorlage eventueller Genehmigungen, die Schaffung einer beurkundungsfreien Mustersatzung und die Zulassung einer haftungsbeschränkten Unternehmergesellschaft ohne Mindeststammkapital. Das Haftkapitalsystem der GmbH bleibt erhalten, wird aber bei Kapitalaufbringung und Kapitalerhaltung in vielen Punkten vereinfacht. Der gutgläubige Erwerb von GmbH-Anteilen erleichtert den Erwerb von Anteilen. Die besonderen Vorkehrungen bei geschäftsführerlosen GmbHs, das Zahlungsverbot bei Ausplünderungen und die Zustellungserleichterungen erschweren Missbräuche in sog. Bestattungsfällen.

C. Alternativen
Keine. Anstelle einer diskutierten neuen, eigenen Rechtsform sieht der Entwurf eine Variante der GmbH vor (haftungsbeschränkte Unternehmergesellschaft) und erreicht damit dasselbe Ziel mit sehr viel weniger Regelungsaufwand.

D. Finanzielle Auswirkungen auf die öffentlichen Haushalte

1. Haushaltsausgaben ohne Vollzugsaufwand
Keine.

2. Vollzugsaufwand
Bund und Gemeinden werden nicht mit Kosten belastet. Die Länder werden mit den Kosten für eine Umprogrammierung der elektronischen Handelsregister in Folge der künftigen Eintragung einer inländischen Geschäftsanschrift belastet. Zudem entstehen Kosten für den Fall, dass ein bereits eingetragenes Unternehmen bis zum Ablauf der vorgesehenen Übergangsfrist keine inländische Geschäftsanschrift zur Eintragung in das Handelsregister anmeldet und daher die dem Registergericht nach bisherigem Recht mitgeteilte Geschäftsanschrift auf dem Registerblatt eintragen werden soll, da das Unternehmen in diesem Fall

nicht mit Kosten belastet werden soll. Die Zustellungserleichterungen dürften zur Verringerung von Verwaltungsaufwand führen.

E. Sonstige Kosten

Für die Wirtschaft werden bei GmbH-Gründungen, die die Aufbringung von 25 000 Euro als Stammkapital nicht erfordern, Kostenersparnisse eintreten. Entsprechendes gilt bei Verwendung des Mustergesellschaftsvertrages hinsichtlich der entfallenden Beurkundungskosten. Bereits im Handelsregister eingetragene Unternehmen werden mit den Kosten für die neu vorgesehene Anmeldung einer inländischen Geschäftsanschrift belastet; dies jedoch nur dann, wenn sie nicht ihre bereits nach geltendem Recht mitgeteilte Geschäftsanschrift kostenfrei als inländische Geschäftsanschrift eintragen lassen wollen.

Auswirkungen auf Einzelpreise, das allgemeine Preisniveau, insbesondere auf das Verbraucherpreisniveau, sind nicht zu erwarten.

F. Bürokratiekosten

Ressortabstimmung vor dem 1. Dezember 2006 eingeleitet.

1.2 Allgemeiner Teil der Begründung zum Entwurf der Bundesregierung
(BT-Drucks. 16/6140 vom 25. 7. 2007 S. 25 ff.)

A. Allgemeiner Teil

Das GmbH-Recht ist seit der Novelle von 1980 nahezu unverändert geblieben. Die vorliegende Reform verfolgt nicht ein punktuelles Ziel, sondern unternimmt eine Novellierung des GmbH-Gesetzes in zahlreichen von Praxis und Wissenschaft als problematisch empfundenen Teilen. Die Reform reicht von der Gründung bis zur Insolvenz, sie wendet sich der Gründungserleichterung und -beschleunigung, der Kapitalaufbringung und -erhaltung, dem Eigenkapitalersatz, dem gutgläubigen Erwerb von Anteilen, der Vereinfachung und Deregulierung des Gesetzes in vielen Einzelpunkten, der sprachlichen Modernisierung, aber auch der Geschäftsführerhaftung, der Insolvenzantragspflicht und -anfechtung und den Missbrauchsfällen am Ende des Lebens der Gesellschaft, den sog. Bestattungsfällen zu.

Erster Anstoß war eine Bitte der Justizministerinnen und -minister der Länder vom 14. November 2002 gerichtet an das Bundesministerium der Justiz, die Reformbedürftigkeit der Gesellschaft mit beschränkter Haftung zu prüfen. Das Bundesministerium der Justiz hat aus diesem Anlass Reformvorschläge von Experten aus Justiz, Wissenschaft und Praxis eingeholt, die sich im Wesentlichen mit der missbräuchlichen Verwendung von GmbHs in Unternehmenskrisen befassten.

Weiterer Prüfungsbedarf ergab sich aus der Rechtsprechung des Europäischen Gerichtshofs. Insbesondere seit dessen Urteil in der Rechtssache Inspire Art vom 30. September 2003 (Rs. C-167/01) steht die Rechtsform der deutschen GmbH in Konkurrenz zu GmbH-verwandten Gesellschaften aus den Mitgliedstaaten der Europäischen Union, die aufgrund der EU-weiten Niederlassungsfreiheit auch in Deutschland tätig werden dürfen. Im Vergleich zum deutschen Recht werden in vielen Mitgliedstaaten der Europäischen Union geringere Anforderungen an die Gründungsformalien und die Aufbringung eines gezeichneten Kapitals (Mindeststammkapital) bei Gründung einer GmbH gestellt.

Die Reform des GmbH-Rechts verfolgt vor diesem Hintergrund zwei Richtungen: Zum einen soll die Rechtsform der GmbH besser gegen Missbräuche geschützt werden. Zum anderen soll die GmbH dereguliert und modernisiert und dadurch ihre Attraktivität gegenüber konkurrierenden ausländischen Rechtsformen gesteigert werden. Beides trägt dem Umstand Rechnung, dass die GmbH als Betätigungsform für mittelständische Unternehmer von besonderer Bedeutung ist.

In einem ersten Schritt hatte die Bundesregierung im Juni 2005 einen Gesetzentwurf zur Neuregelung des Mindestkapitals der GmbH (MindestkapG) beschlossen (BR-Drucks. 619/05). Die hierin vorgesehene Absenkung des Mindeststammkapitals auf 10 000 Euro sollte bereits zum 1. Januar 2006 in Kraft treten. Der Entwurf des MindestkapG ist in der 15. Wahlperiode nicht mehr Gesetz geworden und sein Inhalt daher in den vorliegenden Entwurf integriert worden.

Es wird erneut vorgeschlagen, die Vorschriften über die Aufbringung des Mindeststammkapitals die tatsächlichen Anforderungen der Praxis anzupassen. Dies geschieht auch mit Blick auf die EuGH-Rechtsprechung und den zunehmenden Wettbewerb der Gesellschaftsrechtsformen in Europa. Die Wettbewerbsfähigkeit der deutschen Gesellschaft mit beschränkter Haftung soll im europäischen Vergleich erhalten und gestärkt werden. Gleichzeitig sollen jedoch die bestehenden Vorteile des deutschen GmbH-Rechts nicht aufgegeben werden. Der Entwurf sieht daher vor, das Mindeststammkapital von bisher 25 000 Euro auf 10 000 Euro zu senken. Das bewährte Haftkapitalsystem der GmbH wird durch eine Anpassung des Mindestkapitals nicht in Frage gestellt. Dieses System kann somit auch im Rahmen der anstehenden Erörterung des Haftkapitalsystems auf europäischer Ebene überzeugend vertreten werden.

Der Druck auf Absenkung oder gänzlichen Verzicht auf ein Mindeststammkapital der Gesellschaft mit beschränkter Haftung wird zudem durch den neuen § 5a mit der dort vorgesehenen GmbH-Variante, der haftungsbeschränkten Unternehmergesellschaft aufgefangen.

Wichtiger als die Frage der Höhe des Mindeststammkapitals ist indes, dass der Entwurf eine weitgehende Modernisierung des Haftkapitalsystems insgesamt in Angriff nimmt; dazu gehört die Kapitalaufbringung einschließlich der Sacheinlage und der verdeckten Sacheinlage, es gehören dazu die Kapitalerhaltung, einschließlich des cash-poolings, und das Eigenkapitalersatzrecht. Damit nimmt der Entwurf zu den in den letzten Jahren in der Praxis, Rechtsprechung und Wissenschaft am meisten umstrittenen Themen des GmbH-Rechts Stellung. Zudem werden die Kapitalaufbringung und die Übertragung von Geschäftsanteilen durch eine individuellere Bestimmbarkeit der Nennbeträge der Geschäftsanteile erleichtert. Hierdurch können die Beteiligungsverhältnisse bei der Gründung, bei der Anteilsübertragung und im Erbfall besser an die Bedürfnisse der Gesellschafter bzw. an die jeweiligen Erbteile angepasst werden. Dies kommt insbesondere mittelständischen und familiär geführten Unternehmen zugute.

Zur Verringerung des Aufwands bei der Gründung einer GmbH wird ein Mustergesellschaftsvertrag für unkomplizierte Standardfälle als Anlage zum GmbHG zur Verfügung gestellt, bei dessen Verwendung das Beurkundungserfordernis entfällt. Zusammen mit den ebenfalls aufgenommenen Mustern für die Handelsregisteranmeldung (sog. Gründungs-Set) kann die Eintragung der Gesellschaft in das Handelsregister in diesen Fällen ohne rechtliche Beratung bewältigt werden. Damit wird ein rechtspolitisches Signal gesetzt, dass die Gründung einer GmbH sehr kostengünstig, unbürokratisch und schnell erfolgen kann.

In vielen Stellungnahmen ist die Beurkundungspflicht bei der Abtretung von Geschäftsanteilen, vor allem aber auch der Vollständigkeitsgrundsatz bei der Beurkundung kritisiert worden. Letzterer führt in manchen Fällen zum stundenlangen Verlesen von Unterlagen, das von den Beteiligten als leere Förmelei empfunden wird, zumal wenn es sich um Unterlagen handelt, die von den Vertragsparteien ohnehin nicht oder nicht mehr geändert werden können (bestehende Mietverträge mit anderen Parteien, Inventarlisten etc.). Es ist aber im laufenden Gesetzesvorhaben davon Abstand genommen worden, das Beurkundungsgesetz zu ändern. Die gebotenen Änderungen sollen aber in nächster Zeit in einem ohnehin geplanten Gesetz zur Erleichterung von beurkundungsrechtlichen Vorschriften untergebracht werden.

Weiter erleichtert der Entwurf die Gründung von Gesellschaften, die ein genehmigungspflichtiges Unternehmen betreiben wollen, dadurch, dass die erforderliche Genehmigung keine Voraussetzung mehr für die Eintragung in das Handelsregister ist. Auf diese Weise kann die ordnungsgemäß gegründete GmbH die zur Geschäftsaufnahme nötigen Investitionen selbst vornehmen, ohne nach Erteilung der Genehmigung den Unternehmensgegenstand zeit- und kostenintensiv ändern zu müssen.

In einem weiteren Schwerpunkt wird das Recht der Sacheinlage bei der GmbH dereguliert. Dabei werden insbesondere die Rechtsfolgen für die Fallgruppe der sog. „verdeckten Sacheinlage" durch die Aufnahme einer Differenzhaftung deutlich entschärft.

Durch die Aufwertung der zum Handelsregister einzureichenden Gesellschafterliste wird der Gesellschafterbestand für Außenstehende zukünftig transparenter sein. Hiervon profitieren potentielle Geschäftspartner einer GmbH, die sich leichter informieren können, wer hinter der Gesellschaft steht. Das hierdurch geschaffene Vertrauen wirkt sich positiv auf die Geschäftsaussichten der Gesellschaft aus. Die Gesellschafterliste dient zudem als Anknüpfungspunkt für einen gutgläubigen Erwerb von Geschäftsanteilen. Der mit großem Aufwand verbundene lückenlose Nachweis aller in der Vergangenheit erfolgten Anteilsabtretungen bis zurück zur Gründungsurkunde wird hierdurch entbehrlich, so dass mehr Rechtssicherheit erreicht und Transaktionskosten gesenkt werden.

Missbräuche durch so genannte „Firmenbestatter", die angeschlagene GmbHs durch Abberufung von Geschäftsführern und durch Aufgabe des Geschäftslokals einer ordnungs-

II. Materialien zum MoMiG

gemäßen Insolvenz und Liquidation zu entziehen suchen, werden vor allem auf zwei Wegen bekämpft: Erstens wird die Zustellung an die GmbH in solchen Fällen erleichtert. Zweitens werden bei Führungslosigkeit und Insolvenzreife der Gesellschaft auch die Gesellschafter verpflichtet, den Insolvenzantrag zu stellen. Zudem werden die Geschäftsführer zur Erstattung verpflichtet, wenn Zahlungen an Gesellschafter die Zahlungsunfähigkeit der Gesellschaft herbeiführen mussten. Durch das Zusammenspiel der Maßnahmen sollen redliche Unternehmer und ihre Geschäftspartner geschützt werden.

Weiter wird das Recht der Gesellschafterdarlehen neu geregelt. Eine (insolvenzrechtlich platzierte) Sonderregelung für Gesellschafterdarlehen wird beibehalten, da die Alternativen wie etwa eine Durchgriffshaftung nicht überzeugender sind. Der insolvenzrechtliche Anwendungsbereich der Regeln über Gesellschafterdarlehen wird dabei im Grundansatz rechtsformneutral festgelegt und damit auch auf entsprechende Auslandsgesellschaften erstreckt. Dabei werden Gesellschafterdarlehen im Insolvenzfall stets mit Nachrang versehen; im Fall der Rückzahlung durch die Gesellschaft im Jahr vor der Insolvenz kann der Betrag durch Insolvenzanfechtung wieder zur Masse gezogen werden. Es gibt also künftig keine Unterscheidung zwischen „kapitalersetzenden" und „normalen" Gesellschafterdarlehen. In der Insolvenz ist das Darlehen sowieso nachrangig gestellt, und im Jahr vor der Insolvenz soll aus Gründen der Vereinfachung auf eine besondere Qualifizierung verzichtet werden. Im Grunde geht es hier um fragwürdige Auszahlungen an Gesellschafter in einer typischerweise kritischen Zeitspanne, die einem konsequenten Anfechtungsregime zu unterwerfen sind.

Zugleich wird die parallele Anwendung des Rechts der Kapitalerhaltung auf Gesellschafterdarlehen verhindert. Als Fremdkapital gegebene Beträge sind nicht dem Eigenkapital zuzurechnen. Auf diese Weise wird die verwirrende Doppelspurigkeit der sog. Rechtsprechungsregelungen und der Novellen-Regelungen über die eigenkapitalersetzenden Gesellschafterdarlehen beseitigt. Das Recht der Gesellschaft mit beschränkter Haftung wird dadurch wesentlich einfacher und für die mittelständische Zielgruppe verständlicher.

Hauptproblem der Verlagerung des Schutzes vor Auszahlungen in die Insolvenzanfechtung sind allerdings die Fälle der Masselosigkeit. Wo es keine Eröffnung gibt, gibt es auch keine Insolvenzanfechtung. In diesen Fällen muss die Anfechtung also dem einzelnen Gläubiger zustehen.

Die Gesetzgebungskompetenz des Bundes folgt aus Artikel 74 Abs. 1 Nr. 1 GG („das bürgerliche Recht", „das gerichtliche Verfahren") und Artikel 74 Abs. 1 Nr. 11 GG („das Recht der Wirtschaft"). Die Notwendigkeit einer bundesgesetzlichen Regelung nach Artikel 72 Abs. 2 GG ergibt sich hinsichtlich der auf Artikel 74 Abs. 1 Nr. 11 GG gestützten Änderungen daraus, dass die Änderungen insbesondere das Gesetz betreffend die Gesellschaften mit beschränkter Haftung, das Handelsgesetzbuch, das Einführungsgesetz zum Handelsgesetzbuch, das Aktiengesetz, das Einführungsgesetz zum Aktiengesetz, die Insolvenzordnung, das Anfechtungsgesetz, das Umwandlungsgesetz und die Kostenordnung betreffen. Diese Bereiche sind bereits bundesrechtlich geregelt und das Erfordernis einer bundeseinheitlichen Regelung für die Rechtsform der GmbH ist angesichts der herausragenden Bedeutung dieser Gesellschaftsform für die deutsche Wirtschaft nach wie vor gegeben. Der allgemeine und der internationale Rechtsverkehr erwarten die GmbH als standardisierte und gleichmäßig ausgestaltete Gesellschaftsform für den Mittelstand. Es handelt sich mit ca. 900 000 Gesellschaften um die gängigste Rechtsform in Deutschland. Unterschiedliche Regelungen je nach Bundesland des Registersitzes würden die Wirtschaftseinheit Deutschlands und damit die Funktionsfähigkeit und das Ansehen des deutschen Wirtschaftsstandortes schwer beeinträchtigen. Da das Wirtschaften heute nicht mehr überwiegend regional, sondern bundesweit und international stattfindet, würden unterschiedliche Regelungen zur Verwirrung des Rechtsverkehrs führen und die gesamtwirtschaftlichen Transaktionskosten erhöhen. Sie würden zudem zu Wettbewerbsverzerrungen zwischen Unternehmen in unterschiedlichen Bundesländern und damit zu erheblichen Nachteilen für die Gesamtwirtschaft führen. Insofern sind bundesweit einheitliche Regelungen für die Gesellschaftsform der GmbH weiterhin zwingend geboten.

Das neu zu schaffende Einführungsgesetz zum Gesetz betreffend die Gesellschaften mit beschränkter Haftung betrifft Übergangsvorschriften zum bundesgesetzlich geregelten Gesetz betreffend die Gesellschaften mit beschränkter Haftung und ist deshalb notwendigerweise ebenfalls durch Bundesgesetz zu regeln.

Der Gesetzentwurf hat keine messbaren finanziellen Auswirkungen auf die öffentlichen Haushalte von Bund und Kommunen. Die Länder werden mit den Kosten für eine Umprogrammierung der elektronischen Handelsregister in Folge der künftigen Eintragung einer inländischen Geschäftsanschrift belastet. Zudem entstehen Kosten für den Fall, dass ein bereits eingetragenes Unternehmen bis zum Ablauf der Übergangsfrist keine inländische Geschäftsanschrift zur Eintragung in das Handelsregister anmeldet, da das Registergericht dann die ihm nach bisherigem Recht mitgeteilte Geschäftsanschrift auf dem Registerblatt eintragen soll, ohne das betreffende Unternehmen mit entsprechenden Kosten zu belasten.

Für die Wirtschaft werden bei GmbH-Neugründungen, die die Aufbringung von 25 000 Euro als Stammkapital nicht erfordern, Kostenersparnisse eintreten. Entsprechendes gilt bei Verwendung des Mustergesellschaftsvertrages hinsichtlich der entfallenden Beurkundungskosten. Bereits im Handelsregister eingetragene Unternehmen werden mit den Kosten für die neu vorgesehene Anmeldung einer inländischen Geschäftsanschrift belastet; dies jedoch nur dann, wenn sie nicht ihrer bereits nach geltendem Recht bestehenden Pflicht zur Mitteilung der aktuellen Geschäftsanschrift an das Registergericht nachgekommen und die mitgeteilte Anschrift – für sie kostenfrei – nach Ablauf der Übergangsfrist als inländische Geschäftsanschrift eintragen lassen wollen.

Auswirkungen auf das allgemeine Preisniveau, insbesondere das Verbraucherpreisniveau, sind nicht zu erwarten.

1.3 Antrag der FDP-Fraktion

(BT-Drucks. 16/9737 vom 24. 6. 2008, S. 84 ff.)

[Anm. des Verlags: Der Antrag ist als Bestandteil des Berichts des Rechtsauschusses abgedruckt. Siehe Punkt 1.5, S. 104 ff., 106 ff.]

1.4 Beschlussempfehlung des Rechtsausschusses zum Entwurf der Bundesregierung

(BT-Drucks. 16/9737 vom 24. 6. 2008, S. 1 ff.)

Beschlussempfehlung und Bericht
des Rechtsausschusses (6. Ausschuss)

a) zu dem Gesetzentwurf der Bundesregierung

– Drucksache 16/6140 –

Entwurf eines Gesetzes zur Modernisierung des GmbH-Rechts und zur Bekämpfung von Missbräuchen (MoMiG)

b) zu dem Antrag der Abgeordneten Mechthild Dyckmans, Birgit Homburger, Hartfrid Wolff (Rems-Muss), weiterer Abgeordneter und der Fraktion der FDP

– Drucksache 16/671 –

GmbH-Gründungen beschleunigen und entbürokratisieren

A. Problem

Zu a)

Das Gesetz betreffend die Gesellschaften mit beschränkter Haftung (GmbHG) soll grundlegend modernisiert und zugleich dereguliert werden. Existenzgründungen sollen erleichtert und die Registereintragung von GmbHs beschleunigt werden. Die GmbH soll international wettbewerbsfähig bleiben.

Zu b)

Aus Sicht der Antragsteller begründet das Erfordernis der Vorlage staatlicher Genehmigungen nach § 8 Abs. 1 Nr. 6 GmbHG ein bürokratisches Hemmnis bei der Gründung von GmbHs. Sie fordern daher die Abschaffung dieser Norm.

B. Lösung

Zu a)

Annahme des Gesetzentwurfs mit den vom Ausschuss vorgeschlagenen Änderungen. Diese sehen ein beurkundungspflichtiges Musterprotokoll anstelle eines beurkundungsfreien Mustergesellschaftervertrages vor. Das Erfordernis eines Mindeststammkapitals einer GmbH in Höhe von 25.000 Euro wird beibehalten; die neu geschaffene „Unternehmergesellschaft" kann mit einem geringeren Stammkapital gegründet werden. Die verdeckte Sacheinlage wird durch die Entscheidung für die Anrechnungs- anstelle der Erfüllungslösung stärker sanktioniert. Gesellschaftern ist es für die Dauer des Insolvenzverfahrens, höchstens aber für ein Jahr verwehrt, ihr Aussonderungsrecht an der Gesellschaft zur Nutzung überlassenen Gegenständen geltend zu machen, wenn der Gegenstand für die Fortführung des Unternehmens von erheblicher Bedeutung ist.

Annahme des Gesetzentwurfs auf Drucksache 16/6140 in geänderter Fassung mit den Stimmen der Fraktionen CDU/CSU, SPD und BÜNDNIS 90/DIE GRÜNEN gegen die Stimmen der Fraktionen FDP und DIE LINKE.

Zu b)

Ablehnung des Antrags auf Qrucksache16/671 mit den Stimmen der Fraktionen CDU/CSU, SPD und DIE LINKE. gegen die Stimmen der Fraktionen FDP und BÜNDNIS 90/DIE GRÜNEN.

C. Alternativen

Ablehnung des Gesetzentwurfs und Beibehaltung der gegenwärtigen Rechtslage.

D. Kosten

Wurden im Ausschuss nicht erörtert.

Beschlussempfehlung

Der Bundestag wolle beschließen,

a) den Gesetzentwurf auf Drucksache 16/6140 in der aus der nachstehenden Zusammenstellung ersichtlichen Fassung anzunehmen;

b) den Antrag auf Drucksache 16/671 abzulehnen.

Berlin, den 18. Juni 2008

Der Rechtsausschuss

Andreas Schmidt **Dr. Jürgen Gehb** **Klaus Uwe Benneter**
(Mülheim) Berichterstatter Berichterstatter
Vorsitzender

Mechthild Dyckmans **Ulrich Maurer** **Jerzy Montag**
Berichterstatterin Berichterstatter Berichterstatter

1.5 Bericht des Rechtsausschusses zum Entwurf der Bundesregierung
(BT-Drucks. 16/9737 vom 24. 6. 2008, S. 81 ff.)

Bericht der Abgeordneten Dr. Jürgen Gehb, Klaus Uwe Benneter, Mechthild Dyckmans, Ulrich Maurer und Jerzy Montag

I. Überweisung

Der Deutsche Bundestag hat den Gesetzentwurf auf Drucksache 16/6140 in seiner 115. Sitzung am 20. September 2007 in erster Lesung beraten und zur federführenden Beratung dem Rechtsausschuss sowie zur Mitberatung dem Ausschuss für Wirtschaft und Technologie überwiesen. Den Antrag auf Drucksache 16/671 hat der Deutsche Bundestag in seiner 22. Sitzung am 9. März 2006 ebenfalls dem Rechtsausschuss zur federführenden und dem Ausschuss für Wirtschaft und Technologie zur mitberatenden Behandlung überwiesen.

II. Stellungnahme des mitberatenden Ausschusses

Der Ausschuss für Wirtschaft und Technologie hat beide Vorlagen in seiner 67. Sitzung am 18. Juni 2008 beraten und mit den Stimmen der Fraktionen CDU/CSU, SPD und BÜNDNIS 90/DIE GRÜNEN gegen die Stimmen der Fraktion DIE LINKE. bei Stimmenthaltung der Fraktion der FDP beschlossen zu empfehlen, den Gesetzentwurf auf Drucksache 16/6140 in geänderter Fassung anzunehmen. Mit den Stimmen der Fraktionen CDU/CSU, SPD und DIE LINKE. gegen die Stimmen der Fraktionen FDF und BÜNDNIS 90/DIE GRÜNEN hat er ferner beschlossen, die Ablehnung des Antrags auf Drucksache 16/671 zu empfehlen.

III. Beratung im Rechtsausschuss

Der Rechtsausschuss hat den Gesetzentwurf auf Drucksache 16/6140 in seiner 77. Sitzung am 24. Oktober 2007 beraten und beschlossen, eine öffentliche Anhörung hierzu durchzuführen, die am 23. Januar 2008 (85. Sitzung) stattfand. Am 16. Januar 2008 hat der Rechtsausschuss in seiner 83. Sitzung beschlossen, den Antrag auf Drucksache 16/671 in die öffentliche Anhörung einzubeziehen. An der Anhörung haben folgende Sachverständige teilgenommen:

Dr. Tilmann Götte

Präsident der Bundesnotarkammer, Berlin

Prof. Dr. Wulf Goette

Vorsitzender Richter am Bundesgerichtshof, Karlsruhe

Prof. Dr. Barbara Grunewald

Universität zu Köln, Lehrstuhl für Bürgerliches Recht und Wirtschaftsrecht

Prof. Dr. Ulrich Haas

Universität Mainz, Lehrstuhl für Bürgerliches Recht und Zivilprozessrecht

Prof. Dr. Michael Hoffmann-Becking

Deutscher Anwaltverein e. V., Berlin

Prof. Dr. Heribert Hirte, LL.M.
Universität Hamburg, Fakultät für Rechtswissenschaft

Prof. Dr. Peter Jung
Universität Basel, Jurististische Fakultät

Prof. Dr. Dres. h. c. Marcus Lutter
Zentrum für Europäisches Wirtschaftsrecht der Universität Bonn (ZEW)

Dr. Jürgen Möllering
Rechtsanwalt, Deutscher Industrie- und Handelskammertag, Berlin

Prof. Dr. Peter Ries
Richter am Amtsgericht Charlottenburg, Professor an der Fachhochschule für Verwaltung und Rechtspflege, Berlin

Dr. Eckart Sünner
Bundesverband der Deutschen Industrie e.V., Berlin, Vorsitzender des BDI-Rechtsausschusses

Dr. Ulrich Wanner-Laufer
Rechtsanwalt, Frankfurt am Main

Hinsichtlich des Ergebnisses der Anhörung wird auf das Protokoll der 85. Sitzung vom 23. Januar 2008 mit den anliegenden Stellungnahmen der Sachverständigen verwiesen.

Zu dem Gesetzentwurf lag dem Rechtsausschuss eine Petition vor.

Der Rechtsausschuss hat den Gesetzentwurf auf Drucksache 16/6140 in seiner 105. Sitzung am 18. Juni 2008 abschließend beraten und mit den Stimmen der Fraktionen CDU/CSU, SPD und BÜNDNIS 90/DIE GRÜNEN gegen die Stimmen der Fraktionen FDP und DIE LINKE. beschlossen, die Annahme in geänderter Fassung zu empfehlen.

Er hat in dieser Sitzung ferner den Antrag auf Drucksache 16/671 abschließend beraten und mit den Stimmen der Fraktionen CDU/CSU, SPD und DIE LINKE gegen die Stimmen der Fraktionen FDP und BÜNDNIS 90/DIE GRÜNEN beschlossen, die Ablehnung des Antrags zu empfehlen.

Die **Fraktion der SPD** führte aus, nach langer Diskussion, die sich auch mit der Verhinderung von Missbrauch, z. B. durch die Sicherstellung von Zustellungen befasst habe, liege nun ein guter Gesetzentwurf vor.

Der Gesetzentwurf solle eine Unternehmergesellschaft (UG) in das GmbH-Recht einführen, die als Unterform der GmbH ein Stammkapital von einem Euro bis 25 000 Euro aufweisen dürfe. Die Gesellschaft müsse als haftungsbeschränkt firmieren und 25 % ihres Gewinns als Rücklage einsetzen. Die Gesellschaftsgründung im Dienstleistungsbereich solle auf diese Weise erleichtert werden.

Für die GmbH verbleibe es – anders als im Regieruogsentwurf – bei einem Mindeststammkapital von 25 000 Euro. Wegen der Einführung der Unternehmergesellschaft bestehe kein Bedürfnis nach Herabsetzung des Stammkapitals. Die Seriosität der 900 000 bestehenden GmbHs werde gestärkt, wenn ein einheitlicher Betrag für das Mindeststammkapital vorgeschrieben sei und nicht von Fall zu Fall beurteilt werden müsse, ob es sich um eine alte oder eine neue GmbH handele.

MoMiG

Der Entwurf werde einfachere und schnellere GmbH-Gründungen ermöglichen. Genehmigungen müssten nicht mehr vorgelegt werden, so dass sich auch der darauf abzielende Antrag der FDP auf Drucksache 16/671 erledigt habe. Die Gründung werde in Standardfällen – maximal drei Gesellschafter und ein Geschäftsführer – durch ein notariell zu beurkundendes Musterprotokoll erleichtert. Dies sei ein sinnvoller Kompromiss zwischen der von der Bundesregierung vorgeschlagenen Mustersatzung und dem vom Bundesrat favorisierten Gründungsprotokoll. Die vorgeschlagene Lösung sei auch preisgünstiger als die ursprünglich geplante Mustersatzungsgründung und habe zudem den Vorteil, dass der Notar die Gründer über Rechte und Pflichten zu beraten habe. Der Gesetzentwurf ermögliche eine elektronische Übermittlung der Daten an das Registergericht, was die korrekte Firmierung der Gesellschaft und die Information der Finanzbehörden gewährleiste.

Künftig werde ein gutgläubiger Erwerb von Gesellschaftsanteilen möglich sein. Die mindestens drei Jahre im Handelsregister veröffentlichte Gesellschafterliste werde den guten Glauben für sich in Anspruch nehmen können.

Als Ergebnis der Anhörung sei für den Fall der Insolvenz die Nutzungsüberlassung von Gegenständen, die die Gesellschaft von den Gesellschaftern erhalten habe und die für die Betriebsfortführung von erheblicher Bedeutung seien, klarer geregelt worden. Könnten die Gesellschafter diese Gegenstände sofort aussondern, sei die Betriebsfortführung zum Zwecke der Sanierung nicht möglich. Nun sei geregelt, dass die Gesellschafter diese Gegenstände ein Jahr lang nicht herausfordern könnten.

Die **Fraktion der FDP** erklärte, auch die monatelangen Beratungen hätten den Gesetzentwurf nicht verbessert. Es bleibe zwar bei dem von ihr geforderten Mindestkapital von 25 000 Euro. Die Einführung der Unternehmer:gesellschaft als Mini-GmbH beschädige jedoch die Reputation und Seriosität der GmbH. Für die Mini-GmbH als Kapitalgesellschaft ohne Kapital bestehe auch kein tatsächlicher Bedarf. Sie stelle einen Fremdkörper im GmbH-Recht dar und lasse den notwendigen Gläubigerschutz vermissen. Existenzgründungen würden auch nicht erleichtert, denn Banken würden ohne persönliche Sicherheitsleistung der Gesellschafter kein Kapital zur Verfügung stellen.

Der ursprüngliche Gesetzentwurf sei davon ausgegangen, dass der Existenzgründer eines kleinen Unternehmens keine Beratung benötige, sondern mit einer Mustersatzung und Musteranmeldung selbständig eine Mini-GmbH gründen könne. Diese Intention sei ins Gegenteil verkehrt worden, denn nunmehr brauche offenbar der Notar eine gesetzliche Beratung, wie sich aus der gesetzlichen Vorgabe eines beurkundungspflichtigen Musterprotokolls ergebe, das der Notar für Standardgründungen nutzen solle.

Die Anliegen der Deregulierung und der Bekämpfung von Missbräuchen seien nicht hinreichend verwirklicht. Zum Zwecke des Gläubigerschutzes wäre es zudem ein Leichtes gewesen, zahlungsunfähigen Personen die Tätigkeit als Geschäftsführer zu verbieten.

Die Fraktion stellte daher folgende Änderungsanträge:

Der Bundestag wolle beschließen:

1. Artikel 1 (Änderung des Gesetzes betreffend die Gesellschaften mit beschränkter Haftung) wird wie folgt geändert:

a) Nr. 2 wird gestrichen.

b) Nr. 50 wird gestrichen.

c) Nr. 50, Anlage 1 wird gestrichen.

2. Artikel 15 (Änderung der Kostenordnung) wird wie folgt geändert:

Nr. 2a wird gestrichen.

Begründung

Zu Nr. 1a:

Durch die Einführung eines beurkundungspflichtigen Musterprotokolls soll die Gründung einer GmbH nach dem Gesetzentwurf in unkomplizierten Standardfällen erleichtert und kostengünstiger werden. Die Wettbewerbsfähigkeit der GmbH soll so gestärkt werden. Ein Musterprotokoll für Notare ist hierfür ein untaugliches Mittel.

Wichtig ist für viele Gründer einer GmbH zunächst eine einfache und schnelle Gründung ihrer Gesellschaft. Ziel des Gesetzgebers sollte daher die Eintragung von neu gegründeten Unternehmen in wenigen Werktagen sein. Ein erster wichtiger Schritt zur Beschleunigung der Eintragung von Unternehmen in das Handelsregister wurde bereits mit den im Gesetz über elektronische Handelsregister und Genossenschaftsregister sowie das Unternehmensregister (EHUG) enthaltenen Änderungen gemacht. Nach den Erfahrungen in der Praxis wird durch die bisherige notarielle Beurkundung kein besonders hoher Zeit- und Kostenaufwand ausgelöst. Das Institut für Mittelstandsforschung hat ermittelt, dass die administrativen Verfahren für eine Unternehmensgründung in Deutschland im Durchschnitt 6,3 Tage dauern, wo hingegen der Durchschnitt im EU-Vergleich bei 12 Tagen liege. Auch der oftmals erhobene Einwand der übermäßigen Kostenbelastung durch die notarielle Beurkundung ist nicht gerechtfertigt.

Es ist grundsätzlich nicht Aufgabe des Gesetzgebers, Musterverträge, Mustersatzungen oder Musterprotokolle zu erstellen. Es handelt sich vielmehr um privatrechtliche Rechtsgeschäfte. Diese Rechtsgeschäfte sind letztendlich so vielgestaltig, dass sie sich einer Lösung mittels eines gesetzlichen Musters entziehen. Es ist originäre Aufgabe der rechtsberatenden Berufe, im Einzelfall maßgeschneiderte Lösungen anzubieten. Die Festschreibung von Verträgen, Satzungen oder Gründungsprotokollen in einem gesetzlichen Muster, das sich heute vielleicht an aktueller Rechtswirklichkeit und Rechtsprechung orientieren mag, wird der weiteren Rechtsentwicklung immer „hinterherlaufen". Das dem Gesetzentwurf vorgesehene Musterprotokoll wird letztendlich nur den Notaren als Mustervorlage für einen Gesellschaftsvertrag dienen. Es ist nicht ersichtlich, warum der Gesetzgeber einem juristisch sehr gut ausgebildeten Berufsstand ein solches Muster vorgeben sollte. Sobald die Notare von diesem Muster abweichen, wird auch die in diesem Zusammenhang vorgesehene kostenrechtliche Privilegierung verloren gehen. Will man eine Reduzierung der Kosten erreichen, kann schlicht und einfach auch die Kostenordnung angepasst werden. Eine Erleichterung oder Vereinfachung für den Gründer einer Gesellschaft ergibt sich durch das Musterprotokoll nicht.

Zu Nr. 1b, Nr. 1c und Nr. 2'

Es handelt sich um Folgeänderungen zu Nr. 1a.

Der Bundestag wolle beschließen:

Artikel 1 (Änderung des Gesetzes betreffend die Gesellschaften mit beschränkter Haftung) wird wie folgt geändert:

Nr. 6 wird gestrichen.

Begründung

Ein Bedarf für eine deutsche Limited (Ltd.) in Form der Unternehmergesellschaft (UG) besteht nicht. Belastbare Untersuchungen für die Notwendigkeit einer deutschen Ltd. gibt es nicht. Vielmehr ist die Zahl der Limited-Gründungen rückläufig. Deutlich wird dieser Trend durch den Rückgang des absoluten Zuwachses der Ltds. in 2006, dem stagnierenden Trend der monatlichen Anmeldungen in 2006 und dem in 2007 deutlich negativem Wachstum gegenüber dem Vorjahresmonat. Die Einführung der UG ist somit überflüssig.

Die UG führte außerdem zu einer Haftungsbeschränkung, ohne den „Eintrittspreis" in Form des Stammkapitals bezahlen zu müssen. Eine seriöse Unternehmensgründung bedarf jedoch einer seriösen Gesellschaftsform. Dies setzt bei den Gründern auch ein Vertrauen in die Rentabilität ihres Projekts und die Bereitschaft eines eigenen Risikobeitrages voraus. Dies ist durch die UG nicht gewährleistet. Die Unternehmensform der UG weckt hingegen nur Hoffnungen von Gründern, die nicht erfüllt werden. Insbesondere die Kreditvergabe an eine UG wird sich als sehr problematisch herausstellen. Banken werden ohne eine persönliche Sicherheitsleistung der Gesellschafter der UG keinen Kreditrahmen einräumen. Der völlige Verzicht auf ein

MoMiG

Stammkapital im Rahmen der UG stellt insoweit einen Fremdkörper im deutschen GmbH-Recht dar und wirkt dem Gesetzeszweck der Bekämpfung von Missbräuchen entgegen. Gläubigerschutz und Seriosität der Gesellschaft werden im GmbH-Recht auch über das Mindestkapital erreicht. Das Mindestkapitalerfordernis trägt dafür Sorge, dass die Gründung unsolider, weil unrentabler Unternehmen erschwert wird.

Insbesondere der Gläubigerschutz ist, anders als bei der Ltd., unzureichend ausgestaltet. Das bestehende Gläubigerschutzsystem wird ausgehebelt. Bevor eine Thesaurierung der Gewinne jemals zu einem Substanzaufbau und damit Gläubigerschutz führen könnte, ist die Gesellschaft, die quasi ohne Mindestkapital gegründet wurde, bereits gescheitert. Die Konstruktion bei der UG lädt außerdem geradezu zum Missbrauch ein. Die neuen Gläubigerschutzvorschriften greifen nicht. Die Bezeichnung „Unternehmergesellschaft (haftungsbeschränkt)" stellt z. B. keinen Schutz für Gläubiger gesetzlicher Ansprüche dar. Die vorgeschriebene gesetzliche Rücklage lässt sich durch einfache rechtliche Konstruktionen umgehen, die den Gewinn reduzieren.

Der Rechtsausschuss hat die Änderungsanträge mit den Stimmen der Fraktionen CDU/CSU, SPD und BÜNDNIS 90/DIE GRÜNEN gegen die Stimmen der Fraktionen FDP und die DIE LINKE. abgelehnt.

Die Fraktion der FDP stellte ferner folgenden Entschließungsantrag:

Der Bundestag wolle beschließen:

I. Der Deutsche Bundestag stellt fest:

1. Deutschland braucht eine Gründungskultur. Der Schritt in die Selbständigkeit und damit verbundene neue Ideen und Innovationen müssen gefördert werden. Darüber hinaus gewinnt die Globalisierung der Wirtschaft immer mehr an Bedeutung. Die wirtschaftliche Betätigung von Unternehmen muss im internationalen Wettbewerb erleichtert und gefördert werden. Rückgrat und Jobmotor der deutschen Wirtschaft ist dabei vor allem der Mittelstand. Die Gesellschaft mit beschränkter Haftung (GmbH) ist dabei eine der wichtigsten Rechtsformen in Deutschland, auf die Unternehmensgründer zurückgreifen. In der Rechtsform der GmbH werden wesentliche Teile des Umsatzes der deutschen Volkswirtschaft generiert, ein großer Teil der Arbeitnehmer in Deutschland ist bei einem Unternehmen in der Rechtsform der GmbH angestellt. Die deutsche GmbH ist ein Erfolgsmodell.

Die letzte große Novelle des GmbH-Rechts geht auf das Jahr 1980 zurück. Sowohl Praxis als auch Rechtswissenschaft haben jedoch an verschiedenen Stellen gesetzgeberischen Verbesserungsbedarf aufgezeigt. Deregulierung, Vereinfachung von Gründungen, Bekämpfung von Missbräuchen und Stärkung des Gläubigerschutzes müssen bei einer Reform des GmbH-Rechts im Mittelpunkt der Überlegungen stehen. Besonderer Handlungsbedarf ergibt sich insbesondere aus der Rechtsprechung des Europäischen Gerichtshofs. In dessen Urteil in der Rechtssache „Inspire Art" wurde festgestellt, dass auf Grund der Niederlassungsfreiheit auch Gesellschaftsformen aus den Mitgliedstaaten der Europäischen Union in Deutschland tätig werden dürfen. Dies betrifft insbesondere die britische Gesellschaftsform der „Limited" (Ltd.). Die Ltd. tritt dabei in direkte Konkurrenz zur GmbH in Deutschland.

Die Notwendigkeit einer Reform des GmbH-Rechts ist somit grundsätzlich anzuerkennen. Dabei darf jedoch nicht aus den Augen gelassen werden, dass sich das deutsche GmbH-Recht bisher bewährt hat und vor allem im Bereich des Mittelstandes die GmbH eine überaus erfolgreiche Gesellschaftsform ist.

2. Durch die Einführung eines beurkundungspflichtigen Musterprotokolls soll die Gründung einer GmbH nach dem Gesetzentwurf in unkomplizierten Standardfällen erleichtert und kostengünstiger werden. Die Wettbewerbsfähigkeit der GmbH soll so gestärkt werden. Ein Musterprotokoll für Notare ist hierfür ein untaugliches Mittel.

Wichtig ist für viele Gründer einer GmbH zunächst eine einfache und schnelle Gründung ihrer Gesellschaft. Ziel des Gesetzgebers sollte daher die Eintragung von neu gegründeten Unternehmen in wenigen Werktagen sein. Ein erster wichtiger Schritt zur Beschleunigung der Eintragung von Unternehmen in das Handelsregister wurde bereits mit den im Gesetz über

II. Materialien zum MoMiG

elektronische Handelsregister und Genossenschaftsregister sowie das Unternehmensregister (EHUG) enthaltenen Änderungen gemacht. Nach den Erfahrungen in der Praxis wird durch die bisherige notarielle Beurkundung kein besonders hoher Zeit- und Kostenaufwand ausgelöst. Das Institut für Mittelstandsforschung hat ermittelt, dass die administrativen Verfahren für eine Unternehmensgründung in Deutschland im Durchschnitt 6,3 Tage dauern, wo hingegen der Durchschnitt im EU-Vergleich bei 12 Tagen liege. Auch der oftmals erhobene Einwand der übermäßigen Kostenbelastung durch die notarielle Beurkundung ist nicht gerechtfertigt.

Es ist grundsätzlich nicht Aufgabe des Gesetzgebers, Musterverträge, Mustersatzungen oder Musterprotokolle zu erstellen. Es handelt sich vielmehr um privatrechtliche Rechtsgeschäfte. Diese Rechtsgeschäfte sind letztendlich so vielgestaltig, dass sie sich einer Lösung mittels eines gesetzlichen Musters entziehen Es ist originäre Aufgabe der rechtsberatenden Berufe, im Einzelfall maßgeschneiderte Lösungen anzubieten. Die Festschreibung von Verträgen, Satzungen oder Gründungsprotokollen in einem gesetzlichen Muster, das sich heute vielleicht an aktueller Rechtswirklichkeit und Rechtsprechung orientieren mag, wird der weiteren Rechtsentwicklung immer „hinterherlaufen". Das in dem Gesetzentwurf vorgesehene Musterprotokoll wird letztendlich nur den Notaren als Mustervorlage für einen Gesellschaftsvertrag dienen. Es ist nicht ersichtlich, warum der Gesetzgeber einem juristisch sehr gut ausgebildeten Berufsstand ein solches Muster vorgeben sollte. Sobald die Notare von diesem Muster abweichen, wird auch die in diesem Zusammenhang vorgesehene kostenrechtliche Privilegierung verloren gehen. Will man eine Reduzierung der Kosten erreichen, kann schlicht und einfach auch die Kostenordnung angepasst werden. Eine Erleichterung oder Vereinfachung für den Gründer einer Gesellschaft ergibt sich durch das Musterprotokoll nicht.

3. Ein Bedaerf für eine deutsche Limited (Ltd.) in Form der Unternehmergesellschaft (UG) besteht nicht. Belastbare Untersuchungen für die Notwendigkeit einer deutschen Ltd. gibt es nicht. Vielmehr ist die Zahl der Limited-Gründungen rückläufig. Deutlich wird dieser Trend durch den Rückgang des absoluten Zuwachses der Ltds. in 2006, dem stagnierenden Trend der monatlichen Anmeldungen in 2006 und dem in 2007 deutlich negativem Wachstum gegenüber dem Vorjahresmonat. Die Einführung der UG ist somit überflüssig.

Die UG führte außerdem zu einer Haftungsbeschränkung, ohne den „Eintrittspreis" in Form des Stammkapitals bezahlen zu müssen. Eine seriöse Unternehmensgründung bedarf jedoch einer seriösen Gesellschaftsform. Dies setzt bei den Gründern auch seriösen Gesellschaftsform. Dies setzt bei den Gründern auch ein Vertrauen in die Rentabilität ihres Projekts und die Bereitschaft eines eigenen Risikobeitrages voraus. Dies ist durch die UG nicht gewährleistet. Die Unternehmensform der UG weckt hingegen nur Hoffnungen von Gründern, die nicht erfüllt werden. Insbesondere die Kreditvergabe an eine UG wird sich als sehr problematisch herausstellen. Banken werden ohne eine persönliche Sicherheitsleistung der Gesellschafter der UG keinen Kreditrahmen einräumen. Der völlige Verzicht auf ein Stammkapital im Rahmen der UG stellt insoweit einen Fremdkörper im deutschen GmbH-Recht dar und wirkt dem Gesetzeszweck der Bekämpfung von Missbräuchen entgegen. Gläubigerschutz und Seriosität der Gesellschaft werden im GmbH-Recht auch über das Mindestkapital erreicht. Das Mindestkapitalerfordernis trägt dafür Sorge, dass die Gründung unsolider, weil unrentabler Unternehmen erschwert wird.

Insbesondere der Gläubigerschutz ist, anders als bei der Ltd., unzureichend ausgestaltet. Das bestehende Gläubigerschutzsystem wird ausgehebelt. Bevor eine Thesaurierung der Gewinne jemals zu einem Substanzaufbau und damit Gläubigerschutz führen könnte, ist die Gesellschaft, die quasi ohne Mindestkapital gegründet wurde, bereits gescheitert. Die Konstruktion bei der UG lädt außerdem geradezu zum Missbrauch ein. Die neuen Gläubigerschutzvorschriften greifen nicht. Die Bezeichnung „Unternehmergesellschaft (haftungsbeschränkt)" stellt z. B. keinen Schutz für Gläubiger gesetzlicher Ansprüche dar. Die vorgeschriebene gesetzliche Rücklage lässt sich durch einfache rechtliche Konstruktionen umgehen, die den Gewinn reduzieren.

4. Eine Verbesserung des Gläubigerschutzes wird durch die im Gesetzentwurf vorgesehenen Regelungen nicht ausreichend erreicht. Dies gilt insbesondere für die Bereiche der Gesellschafterdarlehen, des Hin- und Herzahlens, des Cash-Pools und der Tätigkeitsverbote als Geschäftsführer.

Vor allem im Bereich der Gesellschafterdarlehen geht der Gesetzentwurf gänzlich neue Wege. Nach gegenwärtigem Recht sind Forderungen auf Rückgewähr von Gesellschafterdarlehen, so genannte Eigenkapital ersetzende Darlehen, zu passivieren, also im Überschuldungsstatus auszuweisen. Künftig soll die Passivierungspflicht entfallen. Daraus ergibt sich jedoch, dass der Zeitpunkt der Insolvenzantragstellung deutlich nach hinten verschoben werden wird, da durch den Wegfall der Passivierungspflicht der Eröffnungsgrund der Überschuldung in vielen Fällen nicht gegeben sein wird. Eine spätere Antragstellung wiederum hätte mehr masselose Verfahren zur Folge; denn je später im Rahmen einer wirtschaftlichen Abwärtsentwicklung das Insolvenzverfahren eröffnet wird, desto geringer wird in aller Regel auch das zur Befriedigung der Gläubiger zur Verfügung stehende Gesellschaftsvermögen sein.

Im Bereich der Verbote für eine Geschäftsführertätigkeit – die ebenfalls dem Gläubigerschutz dienen – fehlt nach wie vor ein Tätigkeitsverbot für zahlungsunfähige Personen.

II. Der Deutsche Bundestag fordert die Bundesregierung auf, im Rahmen der Reform des GmbH-Rechts

1. auf die Einführung eines Musterprotokolls zu verzichten,

2. auf die Einführung der Unternehmergesellschaft (haftungsbeschränkt) zu verzichten, und

3. den Gläubigerschutz besser auszubauen, insbesondere in den Bereichen der Gesellschafterdarlehen, des Hin- und Herzahlens und des Cash-Pools, sowie ein Tätigkeitsverbot für zahlungsunfähige Personen als Geschäftsführer vorzusehen.

Der Rechtsausschuss hat den Entschließungsantrag mit den Stimmen der Fraktionen CDU/CSU, SPD und BÜNDNIS 90/DIE GRÜNEN gegen die Stimmen der Fraktion der FDP bei Stimmenthaltung der Fraktion DIE LINKE. abgelehnt.

Die **Fraktion der CDU/CSU** bedauerte die ablehnende Haltung der Fraktion der FDP und hob hervor, dass der Gesetzentwurf, der durch die Ausschussberatungen unter Beteiligung externen Sachverstands wesentliche Verbesserungen erfahren habe, stelle eine kleine Revolution des GmbH-Rechts dar. Nach Abschluss der Beratungen liege nun eine wirklich runderneuerte und attraktive GmbH nebst Unternehmergesellschaft vor, die sich erfolgreich dem europäischen Wettbewerb der Rechtsordnung werde stellen können.

Die bewährte und über 100 Jahre alte Rechtsform der Gesellschaft mit beschränkter Haftung (GmbH) werde durch das MoMiG modernisiert, gegen Missbrauch gesichert und so für den Mittelstand wieder attraktiv gemacht; nicht zuletzt angesichts der Konkurrenz ausländischer Rechtsformen (z. B. der englischen „Limited"). Dies werde insbesondere durch die Erleichterung und Beschleunigung von Unternehmensgründungen geschehen.

Die Beratungen haben auch ergeben, dass eine tatsächliche Konkurrenz zur Limited nicht durch eine stark abgespeckte und so letzlich auch verwässerte „GmbH-light" mit z. B. 10 000 Euro Mindeststammeinlage zu erreichen sei, sondern es vielmehr eine tatsächlich mindestkapitalfreie Alternative in der Form der „Unternehmergesellschaft" geben müsse.

Die UG sei aber nur ein kleiner Teil des vorliegenden Gesetzentwurfes. So werde das Eigenkapitalersatz-Recht an Haupt und Gliedern reformiert. Bisher im GmbHG geregelte Sachverhalte seien zudem in die Insolvenzordnung verlagert worden, um dem Sachzusammenhang besser gerecht zu werden. Mit der Verbesserung des Gläubigerschutzes könne nun auch dem Missbrauch in den so genannten „Firmenbestattungen" entgegengetreten werden.

Der Gläubigerschutz sei nicht von der Einbringung des Stammkapitals abhängig. Vorrangig sei vielmehr die Frage, wie man das eingebrachte Stammkapital erhalten könne. Bei durchschnittlichen Insolvenzsummen von 800 000 Euro sei ein Stammkapital von 25 000 Euro aber ohnehin eine quantité négligeable.

Das MoMiG sei eines der bedeutendsten rechtspolitischen Gesetze dieser Wahlperiode, die durch eine optimale Kooperation der Berichterstatter und durch die Hilfe der Mitarbeiter des Bundesministeriums der Justiz zustande gekommen sei.

Die **Fraktion BÜNDNIS 90/DIE GRÜNEN** führte aus, durch die Ausschussberatungen sei ein guter Gesetzentwurf zustande gekommen, dem sie zustimmen werde. Probleme des GmbH-Rechts, die sich über die Jahrzehnte aufgehäuft hätten, seien gelöst worden. Zu nennen seien das Cash Pooling, die Möglichkeit des Betrugs mit GmbHs und anderes mehr.

Ein Teil der Debatte sei durch die Rechtsprechung des Europäischen Gerichtshofs ausgelöst worden, wonach Gesellschaftsformen in einem Mitgliedstaat auch in den anderen Mitgliedstaaten anerkannt werden müssten. Der Markt sei zum Nachteil vieler seiner Teilnehmer schneller als der Gesetzgeber gewesen. Die Ltd. sei von schlauen Marktteilnehmern in Deutschland propagiert worden. Tausende von meist jüngeren Existenzgründern mit geringem Kapital seien mit falschen Versprechungen in diese Gesellschaftsform gelockt worden. Nach einem Jahr schlage – wie auch zu erwarten gewesen sei – das englische Gesellschaftsrecht zu und die Gesellschafter merken, dass eine schnelle und kostengünstige Gründung doch nicht so leicht möglich sei.

Es frage sich, ob die im Gesetzentwurf vorgeschlagene UG die richtige und vollständige Antwort auf die genannten Fragen sei. Zum überflüssigen Musterprotokoll habe die Fraktion der FDP das Notwendige ausgeführt. Das steuerrechtliche Problem der UG-Gründer sei nicht gelöst, weil diese auf die Schiene des für das Gesellschaftsrecht konzipierten Steuerrechts gesetzt würden. Es bedürfe daher neben der Wahlmöglichkeit zwischen GmbH und UG auch der Einführung einer Personengesellschaft mit beschränkter Haftung. Die Fraktion werde daher im Plenum einen entsprechenden Entschließungsantrag stellen.

2. Besonderer Teil – Gegenüberstellungen des Gesetzestextes und der Entwurfsfassungen

(BGBl. 2008 I, Nr. 48, vom 28. 10. 2008, S. 2026 ff.; BT-Drucks. 16/9737 vom 24. 6. 2008 S. 7 ff. und 16/6140 vom 25. 7. 2007, S. 5 ff.)

Gesetz zur Modernisierung des GmbH-Rechts und zur Bekämpfung von Missbräuchen (MoMiG)

Der Bundestag hat das folgende Gesetz beschlossen:

2.1 Änderungen des Gesetzes betreffend die Gesellschaften mit beschränkter Haftung

Artikel 1 — *Gesetzestext*

Änderung des Gesetzes betreffend die Gesellschaften mit beschränkter Haftung

Das Gesetz betreffend die Gesellschaften mit beschränkter Haftung in der im Bundesgesetzblatt Teil III, Gliederungsnummer 4123-1, veröffentlichten bereinigten Fassung, zuletzt geändert durch Artikel 4 des Gesetzes vom 19. April 2007 (BGBl. I S. 542) wird wie folgt geändert:

Nr. 1 — *Gesetzestext*

Der Überschrift des Gesetzes wird die Abkürzung „(GmbHG)" angefügt.

[unverändert als Gesetzestext übernommen] — Text RegE

Zu Nummer 1 (Ergänzung der Überschrift durch eine Kurzbezeichnung) — Begründung RegE
Dem Gesetz betreffend die Gesellschaften mit beschränkter Haftung wird in der Überschrift die bereits geläufige Abkürzung „GmbHG" hinzugefügt.

Nr. 2 — *Gesetzestext*

Nach § 2 Abs. 1 wird folgender Absatz 1a eingefügt:

„(1a) Die Gesellschaft kann in einem vereinfachten Verfahren gegründet werden, wenn sie höchstens drei Gesellschafter und einen Geschäftsführer hat. Für die Gründung im vereinfachten Verfahren ist das in der Anlage bestimmte Musterprotokoll zu verwenden.

MoMiG

> Darüber hinaus dürfen keine vom Gesetz abweichenden Bestimmungen getroffen werden. Das Musterprotokoll gilt zugleich als Gesellschafterliste. Im Übrigen finden auf das Musterprotokoll die Vorschriften dieses Gesetzes über den Gesellschaftsvertrag entsprechende Anwendung."

Text RegE

Nach § 2 Abs. 1 wird folgender Absatz 1a eingefügt:

„(1a) Wird das in der Anlage 1 bestimmte Muster verwendet, so genügt es, wenn der Gesellschaftsvertrag schriftlich abgefasst und die Unterschriften der Gesellschafter öffentlich beglaubigt werden."

Begründung RegE

Zu Nummer 2 (Änderung von § 2)

Durch die Änderung von § 2 soll die Gründung einer GmbH in unkomplizierten Standardfällen erleichtert und dadurch die Wettbewerbsfähigkeit der GmbH gestärkt werden. Bislang bedarf der Gesellschaftsvertrag einer GmbH ausnahmslos der Beurkundung. Zukünftig genügt die schriftliche Abfassung verbunden mit einer öffentlichen Beglaubigung der Unterschriften der Gesellschafter, wenn der dem Gesetz als Anlage beigefügte Mustervertrag (oft auch „Mustersatzung" genannt) verwendet wird. Forderungen aus der Wirtschaft folgend wird hiermit die Möglichkeit eröffnet, eine GmbH ohne den mit einer Beurkundung verbundenen Aufwand zu gründen.

Auf das Beurkundungserfordernis kann bei Verwendung des Musters verzichtet werden, da es in diesen Fällen aufgrund der Einfachheit der in ihm enthaltenen Regelungen der notariellen Beratung und Belehrung in der Regel nicht bedarf. Den Gründern bleibt es jedoch unbenommen, auch bei Verwendung des Vertragsmusters die notarielle Beurkundung und die damit verbundene Beratung zu wählen. Die Bereitstellung des Musters schränkt folglich die Handlungsmöglichkeiten nicht ein. Eine mit der Beurkundung verbundene inhaltliche notarielle Beratung kann sich in vielen Fällen als sinnvoll erweisen, insbesondere wenn die Firma der Gesellschaft nicht völlig unproblematisch ist oder nicht nur durch eine Person gegründet wird.

Die öffentliche Beglaubigung der Unterschriften der Gesellschafter ist notwendig, um rechtssichere Identifizierung der Gesellschafter sicherzustellen. So kann Transparenz über die Anteilseignerstrukturen der GmbH geschaffen und Geldwäsche verhindert werden (zu diesem Ziel der Reform vgl. die Ausführungen zu Nummer 15). Außerdem ist die rechtssichere Identifizierung der Gesellschafter Voraussetzung für die Geltendmachung von eventuellen Haftungs- oder sonstigen Zahlungsansprüchen gegen Gesellschafter wie auch für den Rückgriff auf die Gesellschafter im Fall von Missbräuchen durch Firmenbestattungen (vgl. insbesondere Nummer 23 und Artikel 9 Nr. 3).

Verwendung des Musters bedeutet, dass außer den Einfügungen in den vorgegebenen Feldern keine weiteren Ergänzungen und Änderungen vorgenommen werden. Jede weitere Änderung der Mustersatzung oder jeder weitere Zusatz löst die Beurkundungspflicht aus. Dies gilt insbesondere auch dann, wenn die Gesellschaft durch mehr als drei Personen gegründet wird oder wenn ein Gesellschafter mehr als einen Geschäftsanteil übernehmen soll. In diesem Fall kann auf die Beurkundung nicht verzichtet werden, weil der Beratungsbedarf jedenfalls typischerweise zu groß wird. Zu späteren Änderungen des Mustergesellschaftsvertrages hinsichtlich der Einfügungen in die vorgegebenen Felder s. § 53.

Der Regelungsinhalt des Vertragsmusters ist auf den gemäß § 3 notwendigen Mindestinhalt ergänzt durch Regelungen zur Vertretung und zum Gründungsaufwand beschränkt. Im Übrigen gelten die gesetzlichen Bestimmungen und damit Regelungen, die der Gesetzgeber als für die Gesellschafter im Regelfall angemessen erachtet und die daher nicht zwingend einer Erörterung durch den Notar bedürfen. Sollten Gründer eine vertragliche Bestimmung wünschen, die von dem Regelfall abweicht, ist die Beratung und Belehrung durch den Notar unverzichtbar. Insoweit wird daher das Beurkundungserfordernis beibehalten.

Die Festlegung der Firma, des Stammkapitals und der Nennbeträge der Geschäftsanteile sowie die Auswahl aus den von dem Muster vorgeschlagenen Unternehmensgegenständen sind ohne notarielle Unterstützung möglich. Eine Mehrbelastung der Registergerichte ist bei ganz unproblematischen Fällen nicht zu erwarten. Die Hinweise zu den Mustern dienen der Vermeidung von Zwischenverfügungen.

Die Festlegung der Firma ist im Hinblick auf die schwierigen Zulässigkeitsfragen zwar oftmals problematisch. Die Gründer können sich zur Klärung dieser Fragen jedoch an die zuständige Industrie- und Handelskammer wenden. Die Unterscheidbarkeit von Firmen am Ort können die Gründer mittels des elektronischen Unternehmensregisters selbst online prüfen. Von einschränkenden Vorgaben hinsichtlich der Firmenbildung wurde abgesehen. In Spanien werden derartige Vorgaben bei der Verwendung eines Mustervertrages gemacht. Dies ist ein Grund dafür, dass die Akzeptanz der Mustersatzung in Spanien sehr gering ist.

Bei der Formulierung des Unternehmensgegenstandes können keine Schwierigkeiten auftreten, da der Unternehmensgegenstand aus den drei in dem Vertragsmuster vorgeschlagenen Varianten auszuwählen ist. Möchten die Gründer eine der vorgeschlagenen Varianten ändern oder ergänzen oder einen anderen Unternehmensgegenstand wählen, können sie von der Möglichkeit des § 2 Abs. 1a keinen Gebrauch machen.

Bei der Formulierung der drei zur Auswahl stehenden Varianten wird von der in Rechtsprechung und Literatur bisher herrschenden Meinung abgewichen, wonach derartige Bezeichnungen des Gegenstandes mangels erforderlicher Individualisierung nicht ausreichend seien und einer weiteren Konkretisierung bedürften. Die Forderung nach einer konkreteren Festsetzung des Unternehmensgegenstandes wird zum einen damit begründet, dass dem Registergericht die Prüfung ermöglicht werden solle, ob die Gesellschaft eine genehmigungspflichtige Tätigkeit ausübt. Diese Erwägung verliert mit Streichung des § 8 Abs. 1 Nr. 6 (vgl. Nummer 9 Buchstabe a Doppelbuchstabe cc) ihre Grundlage. Zum anderen solle die Öffentlichkeit über die Tätigkeit der Gesellschaft unterrichtet werden. Dieser Zweck wird durch die Formulierung der drei Varianten, die durch die Beschränkung auf Handel, Produktion oder Dienstleistungen eine Begrenzung erfahren, hinreichend erfüllt. Außerdem wird angeführt, dass eine konkretere Festlegung dem Schutz der Gesellschafter diene, da der Gegenstand den Umfang der Geschäftsführungsbefugnis begrenzt. Bei Verwendung des Vertragsmusters wird diese Grenze zwar recht weit gezogen. Jedoch besteht die Möglichkeit, die Geschäftsführungsbefugnis gemäß § 37 Abs. 1 durch Gesellschafterbeschluss intern zu beschränken. Schließlich bleibt es Gründern, die eine konkretere Formulierung wünschen, unbenommen, von dem standardisierten Vertragsmuster keinen Gebrauch zu machen.

Die Gründer können nur eine Variante auswählen, d. h. sie können die Varianten nicht kumulieren. Denn die Kumulation würde zu einer zu weitgehenden Unbestimmtheit des Gegenstandes führen.

Da die Gründung der GmbH künftig vollständig von der Vorlage einer Genehmigung entkoppelt ist, ist auch die Verwendung der Mustersatzung unabhängig von einer Genehmigungspflicht.

Die Vertretungsregelung ist einfach zu handhaben und entspricht den Regelungswünschen, die Gründer einfach konzipierter Gesellschaftsverträge typischerweise haben. Von einer ausdifferenzierteren Regelung, wie sie in der Praxis bislang üblich ist, wurde im Hinblick auf die bei einer Standardisierung notwendige Vereinfachung und den mit einer Ausdifferenzierung verbundenen Beratungsbedarf abgesehen.

Werden vor Eintragung einer nach § 2 Abs. 1a gegründeten GmbH ins Handelsregister die individuell festzulegenden Bestandteile der Satzung schriftlich geändert und die Unterschriften der Gesellschafter öffentlich beglaubigt, so bedarf es keiner Notarbescheinigung nach bzw. entsprechend § 54 Abs. 1 Satz 2. Die Mitteilungspflicht des Notars nach § 54 EStDV wurde bisher an der Beurkundung des Gesellschaftsvertrages geknüpft und sollte künftig an die Anmeldung einer Neugründung zum Handelsregister ansetzen. Erst mit Beglaubigung der Unterschriften entsteht die Vor-GmbH.

Stellungnahme BRat

Nummer 1

Zu Artikel 1 Nr. 2 (§ 2 Abs. 1a GmbHG), Nr. 8 Buchstabe c (§ 7 Abs. 2 Satz 3 GmbHG), Nr. 31 (§ 53 Abs. 2 Satz 1a GmbHG), Nr. 50 (Anlage 1 zu § 2 GmbHG)

Artikel 1 Nr. 2, 8 Buchstabe c, Nr. 31 und 50 ist zu streichen.

Begründung

Die Verwendung von Mustersatzungen wird die GmbH-Gründung nicht merkbar beschleunigen, die damit einhergehende Verringerung der Gründungsberatung und die fehlende Flexibilität der Mustersatzung im jeweiligen Einzelfall führen jedoch zu erheblichen Nachteilen.

Die Prüfung der Satzung in den mittlerweile zumeist ohnehin zügig durchgeführten Registerverfahren verursacht regelmäßig keine besonderen Verzögerungen. Deshalb stellen Mustersatzungen regelmäßig keine Vereinfachung dar. Auch hier müssen die Gründer bzw. der Gründungsberater die Mustersatzung auf Übereinstimmung mit dem konkreten Gründungssachverhalt hin prüfen. Die zusätzlich erforderlichen Vereinbarungen der Gründungsgesellschafter wären entweder in Gesellschaftervereinbarungen zu übernehmen, die nur einen schuldrechtlichen Gehalt aufweisen, oder durch nachfolgende Satzungsänderungen umzusetzen. Eine Beschleunigung wäre damit nicht mehr verbunden, die Rechtsberatungskosten würden steigen.

Schließlich ist zu bedenken, dass die individuelle Ausarbeitung des Gesellschaftsvertrags der Berücksichtigung der Interessen aller Beteiligten dient und späteren Streitigkeiten über Inhalt, Wirksamkeit und Auslegung vorbeugt. Anlässlich der Beurkundung können auch weitere wichtige Fragen im Umfeld der Gründung, wie z. B. die Vererblichkeit der Anteile oder die jeweilige güterrechtliche Situation der Beteiligten erörtert und gegebenenfalls notwendige Regelungen getroffen werden.

Damit erhalten insbesondere Kleinunternehmer und Mittelstand anlässlich der Beurkundung eine häufig notwendige, vergleichsweise kostengünstige und kompetente Beratung. Die Notargebühren für die Beurkundung der Gründung einer Ein-Personen-GmbH mit einem Stammkapital von 25 000 Euro betragen 84 Euro, bei einer Mehr-Personen-GmbH 168 Euro. Der oftmals erhobene Einwand der übermäßigen Kostenbelastung durch die notarielle Beurkundung trifft demnach für den weit überwiegenden Teil der kleinen und mittelständischen Gesellschaften mit beschränkter Haftung nicht zu.

Letztlich verleitet eine Mustersatzung im Gegensatz zur individuellen Gestaltung des Gesellschaftsvertrags, bei der jede Bestimmung erörtert wird, dazu, nur unreflektiert den jeweiligen Wortlaut zu übernehmen. Die rechtliche Prüfung, ob die

II. Materialien zum MoMiG

Mustersatzung tatsächlich für die jeweiligen Verhältnisse tauglich ist, sollen nach dem Entwurf die Gesellschafter vornehmen, weil mit dem Gründungsset die Eintragung „ohne rechtliche Beratung bewältigt" werden kann.

Für eine Mehrpersonengesellschaft ist die Mustersatzung auf Grund der unzureichenden Regelung des Verhältnisses der Gesellschafter zueinander völlig unzureichend.

Darüber hinaus sind die Essentialia einer Unternehmensgründung, nämlich die gewünschte Firma, Höhe und Verteilung der Stammeinlagen etc., auch bei der Gründung einer Gesellschaft mit Mustersatzung klärungsbedürftig und häufig auch beratungsintensiv. Wird dieser Bereich der Alleinverantwortung der Gründer überlassen, besteht das Risiko, dass unzulässige oder bereits vor Ort vorhandene Firmierungen gewählt werden. Die Mustersatzung führt somit zu einer Mehrbelastung der Gerichte und einer Verzögerung für die Gründer im Eintragungsverfahren.

Die formularmäßige Angabe des Unternehmensgegenstandes „Handel mit Waren", „Produktion von Waren" oder „Dienstleistungen" bietet nahezu keinen Aufschluss über die tatsächliche Betätigung der Gesellschaft. Sie schadet dem Wirtschaftsverkehr. In der Praxis droht den Gründern bei Verwendung eines formularmäßigen Unternehmensgegenstandes das Risiko, wegen Verletzung der nach außen nicht mehr ersichtlichen und im Registerverfahren nicht mehr geprüften öffentlich-rechtlichen Genehmigungspflichten sanktioniert zu werden.

Bei bloßer Unterschriftsbeglaubigung ist der Notar zudem nicht mehr zum Vollzug der Anmeldung verpflichtet und wird diese in vielen Fällen den Beteiligten selbst überlassen. Die mit der Einführung des elektronischen Registerverkehrs zum 1. Januar 2007 erreichten Vorteile würden dadurch wieder aufgegeben. Gleichzeitig entfällt ohne Vollzugsauftrag für den Notar auch die Anzeigepflicht gegenüber den Finanzbehörden nach § 54 EStDV, sodass hier Steuerausfälle in erheblichem Umfang drohen.

Weiterhin werden mit der Einführung von Mustersatzungen neuartige Missbrauchsgestaltungen denkbar. Eine bestehende Gesellschaft kann von der regulären Satzung zunächst auf die Mustersatzung wechseln, nach § 53 Abs. 2 GmbHG-E ohne notarielle Mitwirkung eine Kapitalmaßnahme durchführen und anschließend wieder zur beurkundeten Satzung zurückkehren, etwa um hierdurch die Anzeigepflicht des Notars an das Finanzamt nach § 54 EStDV zu umgehen. Bei einer Kombination mit entsprechenden aufschiebenden Bedingungen wäre dieser Umweg ohne besondere Risiken für die Gesellschafter möglich.

Die mit der Verwendung von Mustersatzungen einhergehende Abkehr vom Prinzip der Satzungsautonomie stellt im Ergebnis einen maßgeblichen Systembruch im Recht der GmbH dar. Durch die notarielle Beratung und Vorprüfung werden die Registergerichte bei der bestehenden Rechtslage maßgeblich entlastet. Eine Verlagerung von Aufgaben auf die öffentliche Hand widerspricht allen hier bekannten Politikzielen.

Als Folge der Streichungen müsste die Anlage 1 zu Artikel 1 Nr. 50 (Anlage zu § 2 GmbHG) ebenfalls gestrichen und die Inhaltsübersicht (Anlage 2 zu Artikel 1 Nr. 51) entsprechend angepasst werden.

Zu Nummer 1 *[der Stellungnahme des Bundesrates]* **Gegenäuße-**
Zu Artikel 1 Nr. 2 (§ 2 Abs. 1a GmbHG), Nr. 8 Buchstabe c (§ 7 Abs. 2 Satz 3 **rung BReg**
GmbHG), Nr. 31 (§ 53 Abs. 2 Satz 1a GmbHG), Nr. 50 (Anlage 1 zu § 2 GmbHG)

Die Bundesregierung lehnt den Vorschlag des Bundesrates ab.

Die Einführung des Mustergesellschaftsvertrags entspricht den Forderungen der Wirtschaft. Die Argumente, die der Bundesrat hiergegen vorbringt, wurden bereits bei der Erarbeitung des Gesetzentwurfs erwogen. Die Bundesregierung hält sie jedoch nicht für überzeugend. Die Frage wird aber im weiteren Gesetzgebungsverfahren sicherlich noch weiter erörtert werden.

Es ist zutreffend, dass der Verzicht auf das Beurkundungserfordernis zu einer Verringerung der Gründungsberatung führt. Wird eine GmbH unter Verwendung des Mustergesellschaftsvertrags gegründet, besteht jedoch kein höherer Beratungsbedarf als bei der Gründung einer Personenhandelsgesellschaft, bei der bereits nach geltendem Recht keine Beurkundung erforderlich ist. Dieser Vergleich zeigt, dass bei der Gründung einer GmbH mittels Mustergesellschaftsvertrag die notarielle Gründungsberatung entbehrlich ist. Hinzu kommt, dass auch das englische Recht für die Gründung einer Private Company Limited by Shares (Limited) kein Beurkundungserfordernis vorsieht. Die Ermöglichung der Gründung einer GmbH ohne notarielle Beurkundung hätte eine starke Signalwirkung, dass die GmbH sich ebenso einfach und unbürokratisch gründen lässt wie die Limited oder andere vergleichbare Auslandsgesellschaften.

Die Behauptung, dass die Anzeigepflicht gegenüber den Finanzbehörden nach § 54 EStDV entfiele, ist nicht zutreffend, da nach dem ausdrücklichen Wortlaut des § 54 EStDV auch eine Beglaubigung die Anzeigepflicht auslöst.

Stellungnahme BRat

Nummer 2
Zu Artikel 1 Nr. 2 (§ 2 Abs. 1a GmbHG)

Der Bundesrat bittet, im weiteren Verlauf des Gesetzgebungsverfahrens den erforderlichen effizienten und zeitnahen Vollzug einer GmbH-Gründung bei Benutzung der Mustersatzung bzw. des gesamten Gründungspakets sicherzustellen, soweit nicht im weiteren Verfahren an die Stelle der Mustersatzung und des Gründungspakets ein notariell beurkundetes Gründungsprotokoll tritt oder auf die Einführung der Mustersatzung grundsätzlich verzichtet wird.

Begründung

Das mit dem Gesetzentwurf der Bundesregierung zur Verfügung gestellte Gründungspaket kann in seiner gegenwärtigen Ausgestaltung zu einer verzögerten Handelsregistereintragung führen. Bedürfen noch die Unterschriften der Gesellschafter in der Mustersatzung und des Geschäftsführers in der Anmeldung der Beglaubigung durch einen Notar, könnten sich Notare unter Berufung auf ein Nebengeschäft einem Vollzug der Urkunden durch Anmeldung beim Handelsregister entziehen wollen. Die Gründer könnten sich mit dem Gründungspaket auch nicht mit Erfolg an das Registergericht wenden, denn gemäß § 12 Abs. 1 Satz 1 HGB sind Eintragungsanträge in elektronischer Form einzureichen. An Fassung und Inhalt des § 12 HGB in der Fassung vom 1. Januar 2007 sollte indes nicht gerüttelt werden. Eine neuerliche Änderung nach so kurzer Zeit würde die Akzeptanz derjenigen, die mit dem Gesetz regelmäßig umgehen, gefährden. Zudem haben die Länder erhebliche finanzielle Mittel für die Umstellung auf das elektronische Handelsregister aufgebracht; es muss vermieden werden, dass es ihnen – über die derzeit noch gegebenen Übergangsprobleme hinaus – dauerhaft obliegt, aus eingereichten Papierurkunden Dokumente zu erstellen, die einer elektronischen Verarbeitung zugänglich sind.

Daher ist sicherzustellen, dass mit der Beglaubigung der Unterschriften im Gründungspaket für die Notare eine Vollzugspflicht einhergeht, den Eintragungsantrag zum Handelsregister in der Form des § 12 Abs. 1 Satz 1 HGB zu bewirken, wenn ihnen die entsprechenden Aufträge erteilt werden.

Zu Nummer 2 *[der Stellungnahme des Bundesrates]*
Zu Artikel 1 Nr. 2 (§ 2 Abs. 1a GmbHG)
Die Bundesregierung sieht keinen Bedarf für entsprechende Sicherungsmaßnahmen. Die Befürchtung des Bundesrates, die Notare könnten sich im Falle einer Verwendung der nicht beurkundungspflichtigen Mustersatzung der Anmeldung der GmbH unter Berufung auf ein Nebengeschäft „entziehen wollen", wird nicht geteilt. Auch eine Vielzahl sonstiger Regelungen enthält Anmeldungspflichten, die nicht mit der gleichzeitigen Einreichung notariell beurkundeter Dokumente verknüpft sind (z. B. die Anmeldung einer OHG oder einer Zweigniederlassung). Es ist nicht bekannt, dass die Notare als Organe der Rechtspflege in diesen Fällen, von besonderen Ausnahmefällen abgesehen, einen Vollzug ablehnen würden, und es ist nicht ersichtlich, weshalb sie dies bei der Anmeldung einer GmbH mit Mustersatzung tun sollten.

Gegenäußerung BReg

[unverändert als Gesetzestext übernommen]

Fassung Rechtsausschuss

Zu Nummer 2 (§ 2 Abs. 1a)
Der im Regierungsentwurf vorgesehene beurkundungsfreie Mustergesellschaftsvertrag wird durch ein beurkundungspflichtiges „Musterprotokoll" ersetzt. Auf diese Weise wird den Bedenken gegen einen Verzicht auf das Beurkundungserfordernis Rechnung getragen. Gleichzeitig wird das angestrebte Ziel erreicht, in Standardfällen die Möglichkeit einer einfacheren GmbH-Gründung zu eröffnen. Die Vereinfachung wird durch die Bereitstellung von Mustern, die Zusammenfassung von drei Dokumenten (Gesellschaftsvertrag, Geschäftsführerbestellung und Gesellschafterliste) in einem Dokument und die unter Artikel 15 Nr. 2a des Entwurfs vorgesehene kostenrechtliche Privilegierung bewirkt. Die Bestimmung ist allgemein formuliert, wird aber insbesondere bei der UG (haftungsbeschränkt) zu einer echten Kosteneinsparung führen können.

Begründung Rechtsausschuss

Nr. 3

§ 3 Abs. 1 Nr. 4 wird wie folgt gefasst:

„4. die Zahl und die Nennbeträge der Geschäftsanteile, die jeder Gesellschafter gegen Einlage auf das Stammkapital (Stammeinlage) übernimmt."

Gesetzestext

[unverändert als Gesetzestext übernommen]

Text RegE

Zu Nummer 3 (Änderung von § 3 Abs. 1)
Die Aufnahme der Zahl der von jedem Gesellschafter übernommenen Geschäftsanteile in den Gesellschaftsvertrag wird notwendig, da ein Gesellschafter nach § 5 Abs. 2 künftig auch bei der Gründung mehrere Geschäftsanteile übernehmen kann. Darüber hinaus ist eine inhaltliche Änderung mit der hier vorgeschlagenen Regelung nicht verbunden. Durch die vorgeschlagene Neufassung werden aber die von den Gesellschaftern zu übernehmenden Geschäftsanteile und somit ihre Betei-

Begründung RegE

ligung bzw. ihre Mitgliedschaft gegenüber ihrer Einlageverpflichtung in den Vordergrund gerückt. Die Erklärung des Gesellschafters, sich an der Gesellschaft beteiligen zu wollen, war schon bisher notwendiger Inhalt des Gesellschaftsvertrags. Die Neufassung der Vorschrift bringt die Notwendigkeit einer solchen Beitrittserklärung durch das Erfordernis der Angabe der Nennbeträge der übernommenen Geschäftsanteile besser zum Ausdruck. Zudem stimmt dies mit der Vorstellung des Gesellschafters überein, dass er einen Geschäftsanteil an der Gesellschaft übernimmt und anschließend hält. Demgegenüber wird das geltende Recht, nach dem die Gesellschafter eine Stammeinlage zu übernehmen haben, nach der sich der Geschäftsanteil bestimmt (§ 14), dieser allgemeinen Vorstellung nicht gerecht.

Der Begriff „Nennbetrag des Geschäftsanteils" entspricht der aktienrechtlichen Ausdrucksweise (vgl. § 23 Abs. 3 Nr. 4 AktG) sowie dem allgemeinen Sprachgebrauch in der Praxis. In § 57h hat er bereits Eingang in das GmbHG gefunden. Die Aufnahme der Nennbeträge der Geschäftsanteile in den Gesellschaftsvertrag ist auch deshalb sinnvoll, weil der Nennbetrag des Geschäftsanteils schon bisher als Identitätsbezeichnung dient.

Darüber hinaus wird geregelt, dass die Gesellschafter die Geschäftsanteile jeweils gegen eine Einlage auf das Stammkapital zu übernehmen haben. Die Einlageverpflichtung entsteht nunmehr nicht mehr mit der Aufnahme der Stammeinlage, sondern mit der Aufnahme des Nennbetrags des jeweiligen Geschäftsanteils in den Gesellschaftsvertrag. Die Regelung ist an § 2 AktG angelehnt. Es soll deutlich werden, dass die Gründer sämtliche Geschäftsanteile sofort übernehmen müssen, was dem Prinzip der Einheitsgründung entspricht. Gleichzeitig kommt die logische Unterscheidung zwischen der Beteiligung des Gesellschafters bzw. seiner Mitgliedschaft und seiner Einlageverpflichtung bei Gründung der Gesellschaft zum Ausdruck. Der Begriff „Stammeinlage" hat diese Differenzierung verwischt. Die Höhe der Einlageverpflichtung bzw. das Verhältnis von Nennbetrag des Geschäftsanteils und Stammeinlage ergibt sich aus der unter Nummer 14 vorgeschlagenen Fassung des § 14.

Der Begriff „Stammeinlage" wird für eine Übergangsphase beibehalten. Eine Stammeinlage ist wie bisher die von jedem Gesellschafter auf das Stammkapital zu leistende Einlage. Durch die Beibehaltung dieses Begriffs kann teilweise auf redaktionelle Änderungen – insbesondere außerhalb des GmbHG – zunächst verzichtet werden. Es empfiehlt sich, künftig generell auf den einfacheren Ausdruck „Einlage" und gegebenenfalls Einlageverpflichtung umzustellen, da der Begriff der Stammeinlage veraltet ist und dem allgemeinen Sprachgebrauch nicht mehr entspricht.

Die vorgeschlagene Fassung von § 3 Abs. 1 Nr. 4 führt zu folgender Änderung: Der nach dem geltenden Recht im Gesellschaftsvertrag anzugebende Betrag der Stammeinlage bleibt im Verlauf der Gesellschaft stets gleich. Im Rahmen einer Kapitalerhöhung übernimmt der Gesellschafter nach geltendem Recht eine neue Stammeinlage und damit einen neuen Geschäftsteil. Die Höhe der Einlageverpflichtung ist daher stets aus dem Gründungsvertrag und der Übernahmeerklärung im Rahmen der Kapitalerhöhung ersichtlich. Der Nennbetrag des Geschäftsanteils kann sich hingegen verändern. So kann er sich durch eine nominelle Aufstockung im Zuge der Einziehung des Geschäftsanteils eines anderen Gesellschafters gemäß § 34 oder im Zuge einer Kapitalerhöhung aus Gesellschaftsmitteln gemäß den §§ 57c ff. erhöhen. In diesen Fällen wird durch die Erhöhung jedoch keine neue Einlageverpflichtung des Gesellschafters begründet. Die Einlageverpflichtung des Gesellschafters entspricht in ihrer Höhe daher nicht immer dem Nennbetrag des Geschäftsanteils. Die Höhe der Einlageverpflichtung des Gesellschafters kann allerdings eindeutig dadurch festgestellt werden, dass man auf den bei Errichtung der Gesellschaft im Gesellschaftsvertrag bzw. auf den bei der Kapitalerhöhung in der Übernahmeerklärung festgesetzten Nennbetrag des Geschäftsanteils abstellt. Hier übernimmt der Gesellschafter in beiden Fällen Geschäftsanteile gegen Einlage, so dass eine Einlageverpflichtung in Höhe des Nennbetrags des Geschäftsanteils besteht. Vgl. auch den vorgeschlagenen § 14 und die Begründung hierzu (Nummer 14).

Nr. 3a

Gesetzestext

[nicht in das Gesetz aufgenommen]

[nicht enthalten]

Text RegE

Nummer 3
Zu Artikel 1 Nr. 3a – neu – (§ 4 GmbHG)

Stellungnahme BRat

Der Bundesrat bittet, im weiteren Verlauf des Gesetzgebungsverfahrens zu prüfen, ob der Rechtsformzusatz „gemeinnützige Gesellschaft mit beschränkter Haftung" oder die Abkürzung „gGmbH" in § 4 GmbHG aufgenommen werden kann.

Begründung

Das Oberlandesgericht München stellte mit Beschluss vom 31. Dezember 2006 (31 Wx 84/06, NJW 2007, 1601) fest, dass die Abkürzung „gGmbH" keine zulässige Angabe der Gesellschaftsform darstelle und daher nicht im Handelsregister eingetragen werden könne. Bei der Abkürzung – und auch der ausgeschriebenen Form – handelt es sich aber um eine langjährig und allgemein bekannte, akzeptierte sowie häufig verwendete Angabe, die lediglich auf einen bestimmten Gesellschaftszweck hinweist und die Gesellschafts- und Haftungsverhältnisse der Gesellschaft unberührt lässt. Um aus Gründen der Publizität jedweden Zweifeln vorzubeugen, gleichzeitig aber auch tradierten Angaben eine gesetzliche Basis zu geben, bietet sich die „Legalisierung" der gGmbH an.

Hierbei geht es nicht um die Einführung einer neuen Rechtsform, sondern lediglich um die Möglichkeit der rechtmäßigen Verwendung des Firmenzusatzes.

Zu Nummer 3 *[der Stellungnahme des Bundesrates]*
Zu Artikel 1 Nr. 3a – neu – (§ 4 GmbHG)

Gegenäußerung BReg

Die Bundesregierung lehnt den Vorschlag des Bundesrates ab. Der Zusatz „gemeinnützige" ist als Bestandteil der Firma zulässig, eine gesetzliche Klarstellung nicht nötig.

Die Abkürzung „gGmbH" sollte auch künftig nicht zugelassen werden. Ein solcher Zusatz soll lediglich den Gesellschaftszweck (gemeinnützig) indizieren. Er birgt aber die Gefahr, dass die Gesellschaft fälschlich als Sonderform der GmbH angesehen wird und Unklarheiten darüber entstehen, ob und in welchem Umfang sie den für die GmbH geltenden Regelungen unterliegt. Der Zusatz „g" darf daher nicht als Teil des Rechtsformzusatzes erscheinen.

Nr. 4

Gesetzestext

§ 4a wird wie folgt geändert:

a) Absatz 1 wird wie folgt geändert:

aa) Die Absatzbezeichnung „(1)" wird gestrichen.

bb) Nach dem Wort „Ort" werden die Wörter „im Inland" eingefügt.

b) Absatz 2 wird aufgehoben.

Text RegE

[unverändert als Gesetzestext übernommen]

Begründung RegE

Zu Nummer 4 (Änderung von § 4a)

Durch die Streichung des § 4a Abs. 2 und der älteren Parallelnorm des § 5 Abs. 2 AktG (s. Artikel 5 Nr. 1) soll es deutschen Gesellschaften ermöglicht werden, einen Verwaltungssitz zu wählen, der nicht notwendig mit dem Satzungssitz übereinstimmt. Damit soll der Spielraum deutscher Gesellschaften erhöht werden, ihre Geschäftstätigkeit auch ausschließlich im Rahmen einer (Zweig-) Niederlassung, die alle Geschäftsaktivitäten erfasst, außerhalb des deutschen Hoheitsgebiets zu entfalten.

EU-Auslandsgesellschaften, deren Gründungsstaat eine derartige Verlagerung des Verwaltungssitzes erlaubt, ist es auf Grund der EuGH-Rechtsprechung nach den Urteilen Überseering vom 5. November 2002 (Rs. C-208/00) und Inspire Art vom 30. September 2003 (Rs. C-167/01) bereits heute rechtlich gestattet, ihren effektiven Verwaltungssitz in einem anderen Staat – also auch in Deutschland – zu wählen. Diese Auslandsgesellschaften sind in Deutschland als solche anzuerkennen. Umgekehrt steht diese Möglichkeit deutschen Gesellschaften schon aufgrund der Regelung in § 4a Abs. 2 bzw. in § 5 Abs. 2 AktG nicht zur Verfügung. Es ist für ein ausländisches Unternehmen nicht möglich, sich bei der Gründung eines Unternehmens für die Rechtsform der deutschen Aktiengesellschaft bzw. der GmbH zu entscheiden, wenn die Geschäftstätigkeit ganz oder überwiegend aus dem Ausland geführt werden soll. Es ist einer deutschen Konzernmutter nicht möglich, ihre ausländischen Tochtergesellschaften mit der Rechtsform der GmbH zu gründen. Unabhängig von der Frage, ob die neuere EuGH-Rechtsprechung zur Niederlassungsfreiheit gemäß Artikel 43 und 48 EG allein die Freiheit des Zuzuges von Gesellschaften in einen Mitgliedstaat verlangt hat oder damit konsequenterweise auch der Wegzug von Gesellschaften ermöglicht werden muss, sind Gesellschaften, die nach deutschem Recht gegründet worden sind, in ihrer Mobilität unterlegen.

In Zukunft soll für die deutsche Rechtsform der Aktiengesellschaft und der GmbH durch die Möglichkeit, sich mit der Hauptverwaltung an einem Ort unabhängig von dem in der Satzung oder im Gesellschaftsvertrag gewählten Sitz niederzulassen, ein level playing field, also gleiche Ausgangsbedingungen gegenüber vergleichbaren Auslandsgesellschaften geschaffen werden. Freilich bleibt es nach dem Entwurf dabei, dass die Gesellschaften eine Geschäftsanschrift im Inland im Register eintragen und aufrechterhalten müssen. Die Neuregelungen zur Zustellung in Deutschland erhalten durch die Mobilitätserleichterungen zusätzliches Gewicht.

Zu Nummer 4 (§ 4a)

Begründung Rechtsausschuss

Die aus dem Regierungsentwurf unverändert übernommene Änderung des § 4a soll es deutschen Gesellschaften ermöglichen, ihren Verwaltungssitz im Ausland zu wählen. Die Regelung dient der Steigerung der Attraktivität der GmbH gegenüber vergleichbaren ausländischen Rechtsformen wie etwa der britischen Limited, bei denen die Wahl eines ausländischen Verwaltungssitzes bereits jetzt möglich ist.

Der Rechtsausschuss hat ausführlich die Frage der möglichen Auswirkungen dieser Regelung auf die deutsche Mitbestimmung erörtert. Er konnte sich im Ergebnis davon überzeugen, dass die Ermöglichung einer Verlagerung des Verwaltungssitzes ins Ausland nicht zu einer „Flucht aus der Mitbestimmung" dienen kann. Die Anwendung der Unternehmensmitbestimmung hängt von zwei Parametern ab: Sitz der Gesellschaft in Deutschland (also deutsche Rechtsform) und Anzahl der Arbeitnehmer in Deutschland (mindestens 500). Der erste Punkt wird durch die Regelung in § 4a sogar verbessert: Die betreffenden Unternehmen sind trotz des Verwaltungssitzes im Ausland deutsche GmbHs (oder – mit Blick auf die parallele Änderung des § 5 AktG unter Artikel 5 Nr. 1 – Aktiengesellschaften und nicht ausländische Limiteds oder andere Kapitalgesellschaften. Sie werden damit in der deutschen Rechtsform gehalten und verlassen nicht den deutschen Rechtskreis. Im zweiten Punkt ist die Regelung neutral: Es geht um den Verwaltungssitz, also die Geschäftsführung. Diese ist aber für die Mitbestimmung irrelevant. Für die Mitbestimmung kommt es auf die Arbeitnehmer in Deutschland an, die von einer bloßen Verlegung der Geschäftsführung nicht betroffen sind. Die Arbeitnehmer konnten schon nach bisherigem Recht ins Ausland verlagert werden oder können genauso gut nach neuem Recht im Falle einer Verlagerung der Geschäftsführung im Inland bleiben. Die Neuregelung ist daher mitbestimmungsrechtlich neutral.

Nr. 5

Gesetzestext

§ 5 wird wie folgt geändert:

a) In Absatz 1 werden die Wörter „die Stammeinlage jedes Gesellschafters muss mindestens hundert Euro" gestrichen.

Text RegE

§ 5 wird wie folgt geändert:

a) In Absatz 1 werden die Wörter „fünfundzwanzigtausend Euro, die Stammeinlage jedes Gesellschafters muß mindestens hundert Euro" durch die Angabe „10 000 Euro" ersetzt.

Zu Nummer 5 (Änderung von § 5)

Begründung RegE

Durch die Änderung des § 5 sollen die Kapitalaufbringung bei der Gründung und die Übertragung der Geschäftsanteile erleichtert werden. Ferner wird dem Umstand Rechnung getragen, dass nach dem neu gefassten § 3 Abs. 1 Nr. 4 nicht mehr die Angabe des Betrags der Stammeinlage, sondern die Angabe der Nennbeträge der Geschäftsanteile notwendiger Inhalt des Gesellschaftsvertrags ist. Eine sachliche Änderung ist mit dem Bezug auf die Nennbeträge der Geschäftsanteile nicht verbunden, da im geltenden Recht die Nennbeträge von Stammeinlage und Geschäftsanteil bei Errichtung der Gesellschaft wegen § 14 in der Regel übereinstimmen.

Zu dem oben genannten Zweck wird zum einen in § 5 Abs. 1 die Höhe des Mindeststammkapitals der Gesellschaft von bisher 25 000 Euro auf 10 000 Euro abgesenkt. Rechnung getragen wird damit einer zunehmenden Kritik von Praxis und Wissenschaft an Höhe und Sinnhaftigkeit des bisherigen Mindeststammkapitals. Einerseits wird durch die Beibehaltung eines nennenswerten Mindeststammkapitals berücksichtigt, dass diesem die Funktion einer Seriositätsschwelle beigemessen wird. Andererseits wird mit der Absenkung gerade Kleinunternehmen und Existenzgründern ermöglicht, bei geringem Kapitalbedarf leichter eine Gesellschaft zu gründen als bisher. Dabei ist der Wandel des Wirtschaftslebens seit der Schaffung des GmbH-Gesetzes in Rechnung zu stellen: Heute sind die Mehrzahl der Neugründungen nicht mehr Produktionsunternehmen, sondern Unternehmen aus dem Dienstleistungssektor (über 85 %). Dienstleistungsbetriebe können aber unter Umständen mit relativ geringem Startkapital gegründet werden. Für manche dieser Gesellschaften war das bisherige Mindeststammkapital überhöht.

Der Entwurf befindet sich mit 10 000 Euro auch im europäischen Vergleich in angemessenem Rahmen.

Unternehmen mit höherem Kapitalbedarf sind freilich auch in Zukunft gut beraten, schon bei Gründung ein höheres Kapital zu zeichnen. Für viele solche Unternehmen waren auch in der Vergangenheit 25 000 Euro von Anfang an zu niedrig. So wird beispielsweise eine mit Eigenkapital besser ausgestattete GmbH wesentlich einfacher einen Bankkredit ohne zusätzliche persönliche Sicherheiten erhalten. Dies kann der Praxis überlassen werden. Für das System des MoMiG ist jedenfalls das gezeichnete Stammkapital die Grenze, eine Unterkapitalisierungshaftung ist bewusst nicht vorgesehen.

Weiter sollen die Gesellschafter die Höhe der Nennbeträge der von ihnen zu übernehmenden Geschäftsanteile individueller als bisher bestimmen können. Als einzige Begrenzung ist vorgesehen, dass der Nennbetrag jedes Geschäftsanteils auf volle Euro (mindestens also einen Euro) lauten muss. Bislang muss der Geschäftsanteil jedes Gesellschafters mindestens 100 Euro betragen (§ 5 Abs 1). Hierauf soll künftig verzichtet werden. Zum Schutz der Gesellschaftsgläubiger trägt ein solcher Mindestnennbetrag nichts bei. Die Kapitalerhaltung nach den §§ 30 Abs. 1, § 31 Abs. 1 orientiert sich an dem zur Erhaltung des Stammkapitals als Ganzem erforderlichen Vermögen. Demgegenüber ist die Höhe des Nennbetrags der jeweiligen Geschäftsanteils nur für die Ausfallhaftung der Mitgesellschafter gemäß den §§ 24, 31 Abs. 3 von Belang. Auch hier dient sie nur dazu, die von den Mitgesellschaftern zu erstattenden Beträge nach dem Verhältnis ihrer Geschäftsanteile zu berechnen. An dieser Funktion als Rechengröße ändert sich auch dann nichts, wenn die Höhe der Nennbeträge der Geschäftsanteile individuell bestimmt werden kann. Dem Schutz der Gesellschaftsgläubiger dient als Ausschüttungssperre weiterhin das gezeichnete Kapital.

Fassung Rechtsausschuss

[unverändert als Gesetzestext übernommen]

Begründung Rechtsausschuss

Zu Nummer 5 (§ 5 Abs. 1)

Die im Regierungsentwurf vorgesehene Absenkung des Mindeststammkapitals der „klassischen" GmbH von 25 000 Euro auf 10 000 Euro wird nicht weiter verfolgt. Die Absenkung sollte es Unternehmen mit geringem Kapitalbedarf erleichtern, eine GmbH zu gründen, und zudem die Wettbewerbsfähigkeit der GmbH gegenüber vergleichbaren ausländischen Rechtsformen steigern. Wie bereits in der Begründung zum Regierungsentwurf ausgeführt, wird dieser Druck künftig aber bereits über die Unternehmensgesellschaft (haftungsbeschränkt) aufgefangen, die ohne ein bestimmtes Mindeststammkapital gegründet werden kann. Kleinunternehmern und Existenzgründern, deren Unternehmen nur ein geringes Startkapital benötigen, wird damit bereits insofern eine äußerst flexible Variante der GmbH angeboten, die auch dem Wettbewerb mit entsprechenden ausländischen Rechtsformen standhalten kann. Vor diesem Hintergrund hat die Absenkung des Mindeststammkapitals bei der „klassischen" GmbH ihre Bedeutung verloren. Sie sollte daher unterbleiben, auch um das Ansehen der bereits gegründeten GmbHs nicht zu unterlaufen. Damit wird auch einer Sorge des deutschen Mittelstandes entsprochen, der einerseits Verständnis für das Bedürfnis nach einer Kapitalgesellschaft mit sehr geringen Kapitalanforderungen geäußert hatte, zugleich aber besorgt war, die in über hundert Jahren erworbene Reputation der normalen GmbH als verlässliche Rechtsform des etablierten Mittelstandes könne durch die Absenkung des Mindeststammkapitals mit seiner Funktion der Seriositätsschwelle Schaden nehmen. Die jetzt gefundene Lösung der Kombination einer klassischen GmbH mit den gewohnten Kapitalanforderungen und einer GmbH-Variante mit geringeren Anforderungen entspricht daher den berechtigten Interessen aller.

b) **Die Absätze 2 und 3 werden wie folgt gefasst:**

Gesetzestext

„(2) Der Nennbetrag jedes Geschäftsanteils muss auf volle Euro lauten. Ein Gesellschafter kann bei Errichtung der Gesellschaft mehrere Geschäftsanteile übernehmen.

(3) Die Höhe der Nennbeträge der einzelnen Geschäftsanteile kann verschieden bestimmt werden. Die Summe der Nennbeträge aller Geschäftsanteile muss mit dem Stammkapital übereinstimmen."

c) **In Absatz 4 Satz 1 werden die Wörter „Betrag der Stammeinlage, auf die" durch die Wörter „Nennbetrag des Geschäftsanteils, auf den" ersetzt.**

[unverändert als Gesetzestext übernommen]

Text RegE

Nach dem neu gefassten § 5 Abs. 2 braucht der Nennbetrag jedes Geschäftsanteils nur noch auf volle Euro zu lauten. Hierbei handelt es sich in erster Linie um eine Folgeänderung zur Neuregelung des § 5 Abs. 1. Zudem wird eine Liberalisierung der Teilbarkeitsregel für Geschäftsanteile gegenüber den bisherigen Vorgaben in § 5 Abs. 3 Satz 2 verfolgt.

Begründung RegE

Das Verbot der Übernahme mehrerer Stammeinlagen bei Errichtung der Gesellschaft nach § 5 Abs. 2 wird aufgehoben. Ein Gesellschafter kann künftig auch mehrere Geschäftsanteile übernehmen. Als Zweck des Verbots wurde bislang angeführt, dass für die Gründung die Einheit der Stammeinlage und des Geschäftsanteils sichergestellt sowie darüber hinaus die Personalisierung der Beteiligung an der Gesellschaft gestärkt und eine geringere Fungibilität erreicht werden sollte.

In der Literatur werden die Argumente zur Rechtfertigung der Vorschrift jedoch schon seit langem mit überzeugenden Gründen angezweifelt. Zunächst muss bereits überdacht werden, ob im Recht der GmbH überhaupt noch ein schutzwürdiges Regelungsinteresse daran besteht, die Fungibilität der Geschäftsanteile so gering wie möglich zu halten. Diese Grundsatzdiskussion kann hier allerdings dahinstehen, da durch die Aufhebung des bisherigen § 5 Abs. 2 für die Geschäftsanteile der GmbH nicht annähernd eine zur Aktiengesellschaft vergleichbare Handelbarkeit entsteht. Das größte Hemmnis für eine freie Übertragbarkeit der Geschäftsanteile bei der GmbH stellt nach wie vor das Erfordernis der notariellen Beurkundung nach § 15 Abs. 3 dar. Die Entstehung eines Handels mit Geschäftsanteilen von GmbHs wie bei Aktien kann daher ausgeschlossen werden. Das Verbot der Übernahme mehrerer Stammeinlagen hat in diesem Zusammenhang nur – wenn überhaupt – eine äußerst untergeordnete Bedeutung und ist daher entbehrlich. Durch die Stärkung der Gesellschafterliste und die Schaffung der Möglichkeit eines gutgläubigen Erwerbs von Geschäftsanteilen wird zudem einer Unübersichtlichkeit der Beteiligungsverhältnisse wirksam begegnet.

Auch vermag das Argument, dass für die Gründung die Einheit der Stammeinlage und des Geschäftsanteils sichergestellt werden müsse, nicht zu überzeugen. Denn bereits unmittelbar nach der Eintragung der Gesellschaft in das Handelsregister ist nach § 15 Abs. 2 der Erwerb weiterer Geschäftsanteile unter Erhaltung ihrer Selbständigkeit zulässig. Daneben kann aber auch der einheitliche Anteil geteilt werden, was durch den vorliegenden Entwurf weiter erleichtert werden soll (vgl. die Begründung zu Nummer 16). Folglich sollte dies auch schon in der Gründungsphase möglich sein. Das Verbot der Übernahme mehrerer Stammeinlagen bei Errichtung der Gesellschaft kann auch nicht mit einer Stärkung der personellen Beteiligung an der Gesellschaft begründet werden, wenn bereits kurze Zeit nach der Gründung ein Erwerb weiterer Geschäftsanteile bzw. eine Aufteilung von Anteilen zulässig ist. Die bisherige Regelung des § 5 Abs. 2 kann deshalb „umgekehrt" werden.

Der neu gefasste § 5 Abs. 3 Satz 1 soll darüber hinaus klarstellen, dass die Nennbeträge der einzelnen Geschäftsanteile und nicht nur die Nennbeträge der Geschäftsanteile jedes Gesellschafters verschieden bestimmt werden können. Ein Gesellschafter kann daher auch mehrere Geschäftsanteile mit verschiedenen Nennbeträgen übernehmen.

Daneben muss die Teilbarkeitsregelung in § 5 Abs. 3 Satz 2 an den neu gefassten § 5 Abs. 1 angepasst werden. Die Vorschrift ist daher aufzuheben und in § 5 Abs. 2 neu zu fassen. Die Gestaltung der Beträge von Stammeinlagen einer GmbH und – davon abhängig – der Geschäftsanteile (§ 14) wird im geltenden Recht durch die gesetzliche Vorgabe in § 5 Abs. 3 Satz 2 erheblich eingegrenzt. Durch die Bestimmung, dass der Betrag der Stammeinlage in Euro grundsätzlich durch fünfzig teilbar sein muss, wird in manchen Fällen eine exakte Aufteilung eines Anteils in einem gewünschten Verhältnis verhindert. Bereits seit langem wird deshalb diskutiert, § 5 Abs. 3 Satz 2 gänzlich aufzuheben. Das Bundesministerium der Justiz hat diese Frage bereits im Jahr 1997 im Zuge der bevorstehenden Euro-Umstellung den interessierten Kreisen vorgelegt. Die eingegangenen Stellungnahmen fielen unterschiedlich aus, das Meinungsbild war sehr gespalten. Zuspruch für die Aufhebung der Vorschrift kam vor allem aus den Reihen der Wirtschafts- und Beraterverbände, wohingegen die Landesjustizverwaltungen sich damals überwiegend für eine Beibehaltung der Teilbarkeitsregelung aussprachen.

Gerade die Wirtschaftsverbände fordern bereits seit geraumer Zeit eine völlige Aufhebung der Teilbarkeitsregel in § 5 Abs. 3 Satz 2, die häufig als eine unnötige Belastung der betrieblichen Praxis empfunden wird. Dies gilt insbesondere für kleine Familienbetriebe, die oftmals aus Anlass von Erbauseinandersetzungen oder Vorgängen der vorweggenommenen Erbfolge zu Kapitalerhöhungen gezwungen sind, damit die Geschäftsanteile durch fünfzig teilbar bleiben.

Zwar wurde bislang gegen eine Aufhebung des § 5 Abs. 3 Satz 2 vor allem die Befürchtung vorgebracht, dass darunter die Übersichtlichkeit der Beteiligungsverhältnisse leiden würde. Im Blick der Kritiker stehen die Fälle, in denen eine rechnerisch exakte Teilung eines Geschäftsanteils Beträge mit zahlreichen Nachkommastellen erzeugen würde, z. B. bei einer Aufteilung eines Anteils mit einem Nennbetrag von 10 000 Euro auf drei Gesellschafter. Aufgrund der Neufassung des § 5 Abs. 2 ist jedoch sichergestellt, dass der Nennbetrag jedes Geschäftsanteils künftig auf volle Euro lauten muss. Verhindert wird demzufolge, dass bei Teilungen Beträge mit unübersichtlichen Nachkommastellen sowie dadurch bedingte Rundungsprobleme entstehen.

Mit dieser gesetzlichen Änderung ist im Übrigen in keiner Weise die Einrichtung oder Förderung eines Kapitalmarktsegments zum Börsenhandel von GmbH-Anteilen geplant, was in der Vergangenheit häufig als Kritik gegen die Aufhebung des § 5 Abs. 3 Satz 2 vorgebracht wurde.

Der neu gefasste § 5 Abs. 3 Satz 2 trägt dem Verständnis Rechnung, dass das Stammkapital in Geschäftsanteile zerlegt ist. Es wird klargestellt, dass das Stammkapital immer gleich bleibt und sich nicht aus der Summe der Nennbeträge ergibt. Vielmehr muss die Summe der Nennbeträge der Geschäftsanteile mit dem Stammkapital übereinstimmen. Dies bezieht sich nicht nur auf das Gründungsstadium, sondern auch auf den weiteren Verlauf der Gesellschaft. Bei der Einziehung des Geschäftsanteils eines anderen Gesellschafters gemäß § 34 bleibt daher das Stammkapital gleich, obwohl sich die Summe der Nennbeträge der Geschäftsanteile aufgrund der Einziehung des einen Geschäftsanteils verringert. Ein solches Auseinanderfallen der Summe der Nennbeträge der Geschäftsanteile und des Nennbetrags des Stammkapitals ist künftig im Gegensatz zum geltenden Recht unzulässig. Die Zulässigkeit einer Abweichung der Summe der Nennbeträge der Geschäftsanteile vom Nennbetrag des Stammkapitals im geltenden Recht ist im Schrifttum zu Recht kritisiert worden. Um eine solche, nach dem neu gefassten § 5 Abs. 3 Satz 2 unzulässige Abweichung zu vermeiden, bleibt den Gesellschaftern die Möglichkeit, die Einziehung mit einer Kapitalherabsetzung zu verbinden, die Summe der Nennbeträge der Geschäftsanteile durch eine nominelle Aufstockung an das Stammkapital anzupassen oder einen neuen Geschäftsanteil zu bilden.

Im Fall der Kapitalerhöhung aus Gesellschaftsmitteln kommt es hingegen nicht zu einer unzulässigen Abweichung des Nennbetrags des Stammkapitals von der Summe der Nennbeträge der Geschäftsanteile. In § 57h Abs. 1 S. 1 ist geregelt, dass eine Kapitalerhöhung durch Bildung neuer Geschäftsanteile oder durch Erhöhung des Nennbetrags der Geschäftsanteile ausgeführt werden kann.

Auch infolge einer Kapitalherabsetzung nach § 58 fallen der Betrag des Stammkapitals und die Summe der Nennbeträge der Geschäftsanteile nicht auseinander, da nach ganz herrschender Meinung in allen Fällen der Kapitalherabsetzung die Nennbeträge der Geschäftsanteile dem herabgesetzten Kapital angeglichen werden.

Im Fall der Unwirksamkeit einer Beteiligungserklärung und für die Folgen der Einziehung können die zum geltenden Recht bestehenden Lösungsansätze in das neue Recht übertragen werden.

Auch die Änderung in Absatz 4 bringt zum Ausdruck, dass der Gesellschafter einen Geschäftsanteil gegen Einlage übernimmt und somit der Geschäftsanteil Bezugspunkt für die zu erbringende Sacheinlage sein soll.

MoMiG

Gesetzestext

Nr. 6

Nach § 5 wird folgender § 5a eingefügt:

„§ 5a

Unternehmergesellschaft

(1) Eine Gesellschaft, die mit einem Stammkapital gegründet wird, das den Betrag des Mindeststammkapitals nach § 5 Abs. 1 unterschreitet, muss in der Firma abweichend von § 4 die Bezeichnung „Unternehmergesellschaft (haftungsbeschränkt)" oder „UG (haftungsbeschränkt)" führen.

Text RegE

„§ 5a

Unternehmergesellschaft

(1) Eine Gesellschaft, die mit einem Stammkapital gegründet wird, das den Betrag des Mindeststammkapitals nach § 5 Abs. 1 unterschreitet, muss in der Firma abweichend von § 4 den Rechtsformzusatz „Unternehmergesellschaft (haftungsbeschränkt)" oder „UG (haftungsbeschränkt)" führen.

Begründung RegE

Zu Nummer 6 (Einfügung eines § 5a)

Die GmbH in der Variante der haftungsbeschränkten Unternehmergesellschaft wird es jungen Existenzgründern sehr einfach machen, ihre unternehmerischen Ziele in Angriff zu nehmen. In Kombination mit der Vereinfachung der Gründung unter Verwendung der Mustersatzung ist damit ein der GmbH bisher unbekanntes Maß an Flexibilität, Schnelligkeit, Einfachheit und Kostengünstigkeit erreicht.

Der Entwurf des MoMiG zielt nicht auf eine generelle Aufgabe des Mindeststammkapitals der GmbH. Dies wäre theoretisch möglich, weil das Mindeststammkapital kein zwingender Bestandteil des Haftkapitalsystems der GmbH ist. Der Gedanke einer völligen Aufgabe fand aber in der Diskussion keine ungeteilte Zustimmung. Der Grund dafür ist, dass mit der Seriositätsschwelle, die in einem angemessenen Mindeststammkapitalbetrag liegt, auch eine gewisse Seriosität auf die Rechtsform der GmbH insgesamt ausstrahlt. Trotz der durch diesen Entwurf bekämpften Missbrauchs- und Bestattungsfälle und trotz der hohen Zahl von Insolvenzen hat sich die Gesellschaft mit beschränkter Haftung in Deutschland seit ihrem Bestehen einen festen Platz als verlässliche und ernstzunehmende Rechtsform des deutschen Mittelstandes und der deutschen Konzerntöchter erworben.

Von Seiten der Wirtschaft wurde teilweise befürchtet, dass mit einer vollständigen Aufgabe des Mindeststammkapitals dieses Prestige der GmbH gerade auch für den größeren Mittelstand beschädigt werden könnte. Deshalb erschien es als konsequenter Weg, nicht für die angestammte Gesellschaft mit beschränkter Haftung, aber für eine Rechtsformvariante „Unternehmergesellschaft (haftungsbeschränkt)" auf das Mindeststammkapital zu verzichten. Überlegungen in diese Richtung waren bei der Vorbereitung des Gesetzgebungsverfahrens auch von dem Abgeordneten Gehb, MdB, angestellt worden. Der Entwurf entscheidet sich nicht dafür, eine eigene Rechtsform unterhalb oder neben der GmbH für Unternehmensgründer zu schaffen. Das ist nicht erforderlich, um das angestrebte Ziel zu erreichen, und würde einen unverhältnismäßigen Aufwand an Regulierung erfordern. Vielmehr schlägt der Entwurf vor, innerhalb der Gesellschaft mit beschränkter Haftung einige Erleichterungen vorzusehen, die durch eine deutlich andere Firmierung flankiert sind. Diese Variante der Gesellschaft mit beschränkter Haftung fügt sich in das GmbHG nahtlos ein; alle Vorschriften dieses Gesetzes und des gesamten deutschen Rechts, die die GmbH betreffen, gelten ohne weiteres auch für diese Gesellschaft mit Ausnahme der ausdrücklichen Sonderregelungen des § 5a.

Zu Absatz 1
Die Gesellschaft mit beschränkter Haftung, die ohne Einhaltung des Mindeststammkapitals des § 5 Abs. 1 gegründet wird, muss demgemäß in ihrer Firma einen anderen Rechtsformzusatz als die normale Gesellschaft mit beschränkter Haftung wählen und zwar „Unternehmergesellschaft (haftungsbeschränkt)" oder die Abkürzung „UG (haftungsbeschränkt)". Diese beiden Rechtsformzusatzvarianten sind zwingend, eine Abkürzung des Zusatzes „(haftungsbeschränkt)" ist nicht zulässig. Das Publikum darf nicht darüber getäuscht werden, dass es sich hierbei um eine Gesellschaft handelt, die möglicherweise mit sehr geringem Gründungskapital ausgestattet ist. Ob dies mit der gefundenen Bezeichnung optimal zum Ausdruck gebracht ist, wird im weiteren Verfahren mit den beteiligten Kreisen zu erörtern sein.

[unverändert als Gesetzestext übernommen]   Fassung Rechtsausschuss

Zu Nummer 6 (§ 5a)   Begründung
Zu Absatz 1   Rechtsausschuss
Es handelt sich um eine redaktionelle Korrektur auf Anregung aus der Praxis. Da die Unternehmergesellschaft (haftungsbeschränkt) keine eigene Rechtsform darstellt, sondern eine Unterform der GmbH ist, sollte - um Missverständnisse zu vermeiden, nicht von „Rechtsformzusatz", sondern von "Bezeichnung" gesprochen werden.

(2) Abweichend von § 7 Abs. 2 darf die Anmeldung erst erfolgen, wenn das Stammkapital in voller Höhe eingezahlt ist. Sacheinlagen sind ausgeschlossen.   Gesetzestext

[unverändert als Gesetzestext übernommen]   Text RegE

Zu Absatz 2   Begründung RegE
Anders als bei der GmbH im Allgemeinen darf die Anmeldung erst erfolgen, wenn das Stammkapital in voller Höhe eingezahlt ist. Da das Stammkapital von den Gründern frei gewählt und bestimmt werden kann, ist die Halbeinzahlung nicht erforderlich. Da jede GmbH nach der Gründung gewisse Barmittel für die Anfangszeit benötigt, können diese von den Gründern als Mindeststammkapital gewählt werden, müssen dann aber auch in bar einbezahlt werden. Sacheinlagen sind nicht erforderlich und deshalb nicht zulässig.

(3) In der Bilanz des nach den §§ 242, 264 des Handelsgesetzbuchs aufzustellenden Jahresabschlusses ist eine gesetzliche Rücklage zu bilden, in die ein Viertel des um einen Verlustvortrag aus dem Vor-   Gesetzestext jahr geminderten Jahresüberschusses einzustellen ist. Die Rücklage darf nur verwandt werden

1. für Zwecke des § 57c;

2. zum Ausgleich eines Jahresfehlbetrags, soweit er nicht durch einen Gewinnvortrag aus dem Vorjahr gedeckt ist;

3. zum Ausgleich eines Verlustvortrags aus dem Vorjahr, soweit er nicht durch einen Jahresüberschuss gedeckt ist.

Text RegE

(3) In der Bilanz des nach den §§ 242, 264 des Handelsgesetzbuchs aufzustellenden Jahresabschlusses ist eine gesetzliche Rücklage zu bilden, in die ein Viertel des um einen Verlustvortrag aus dem Vorjahr geminderten Jahresüberschusses einzustellen ist. Die Rücklage darf nur für Zwecke des § 57c verwandt werden.

Begründung RegE

Zu Absatz 3

Die Gesellschaft für Unternehmensgründer hat in ihrer Bilanz eine gesetzliche Rücklage zu bilden, in die jeweils ein Viertel des Jahresüberschusses einzustellen ist. Dadurch soll gesichert werden, dass diese Form der GmbH, die möglicherweise mit einem sehr geringen Stammkapital gegründet worden ist, durch Thesaurierung innerhalb einiger Jahre eine höhere Eigenkapitalausstattung erreicht. Da in den Fällen der Unternehmergesellschaft (haftungsbeschränkt) sehr häufig eine Identität zwischen Gesellschafter und Geschäftsführer vorliegen wird, ist ohnehin davon auszugehen, dass der Geschäftsführer seinen notwendigen Lebensunterhalt über sein Geschäftsführergehalt bestreiten kann. Es ist deshalb vertretbar, die zusätzliche Gewinnausschüttung zu beschränken. Ein Verstoß gegen § 5a Abs. 3 GmbHG-E zieht die Nichtigkeit der Feststellung des Jahresabschlusses (nach § 256 AktG analog) nach sich – die wiederum die Nichtigkeit des Gewinnverwendungsbeschlusses zur Folge hat (§ 253 AktG analog). Aus der Nichtigkeit des Feststellungs- und des Gewinnverwendungsbeschlusses resultieren bürgerlich-rechtliche Rückzahlungsansprüche gegen die Gesellschafter. Ferner macht der Geschäftsführer sich haftbar (§ 43) – gegebenenfalls kann man auch ausdrücklich auf die Kapitalerhaltung nach §§ 30, 31 verweisen.

Fassung Rechtsausschuss

[unverändert als Gesetzestext übernommen]

Begründung Rechtsausschuss

Zu Absatz 3

Die bei der Unternehmergesellschaft zu bildende Rücklage soll nicht nur zum Zwecke von Kapitalerhöhungen, sondern gemäß einer Empfehlung aus der Praxis auch zur Verlustdeckung genutzt werden dürfen.

Gesetzestext

(4) Abweichend von § 49 Abs. 3 muss die Versammlung der Gesellschafter bei drohender Zahlungsunfähigkeit unverzüglich einberufen werden.

Text RegE

[unverändert als Gesetzestext übernommen]

Zu Absatz 4

Die Einberufung der Gesellschafterversammlung kann sich nicht wie sonst an den Verlust der Hälfte des Stammkapitals knüpfen.

Begründung RegE

(5) Erhöht die Gesellschaft ihr Stammkapital so, dass es den Betrag des Mindeststammkapitals nach § 5 Abs. 1 erreicht oder übersteigt, finden die Absätze 1 bis 4 keine Anwendung mehr; die Firma nach Absatz 1 darf beibehalten werden."

Gesetzestext

[unverändert als Gesetzestext übernommen]

Text RegE

Zu Absatz 5

Der Entwurf des § 5a enthält keine zeitliche Begrenzung der Kapitalaufholung. Solange die Gesellschaft kein eingetragenes Stammkapital in Höhe des Mindeststammkapitals nach § 5 Abs. 1 hat, gilt die Pflicht zur Bildung der gesetzlichen Rücklage nach Absatz 3. Hat die Gesellschaft allerdings genügend Eigenmittel, um eine Kapitalerhöhung aus Gesellschaftsmitteln durchzuführen und führt sie diese durch, oder wird eine Kapitalerhöhung durch Einlage der Gesellschafter durchgeführt und wird dadurch im Ergebnis das Mindeststammkapitalerfordernis des § 5 Abs. 1 erfüllt, so entfällt die Anwendbarkeit der Absätze 1 bis 4. Die Gesellschaft kann sich sodann umfirmieren nach § 4, sie muss es aber nicht. Da es sich auch bei der Gesellschaft nach § 5a um eine GmbH handelt, bedarf es einer Umwandlung nicht. Die nach Absatz 3 gebildete Rücklage kann dann, soweit sie nicht für die Erhöhung des Stammkapitals verwendet wurde, aufgelöst werden.

Begründung RegE

Nummer 4
Zu Artikel 1 Nr. 6 (§ 5a Abs. 1 GmbHG)

Der Bundesrat bittet, im weiteren Verlauf des Gesetzgebungsverfahrens zu prüfen, ob statt des in § 5a Abs. 1 GmbHG-E aufgeführten Rechtsformzusatzes „Unternehmergesellschaft (haftungsbeschränkt)" oder der Abkürzung „UG (haftungsbeschränkt)" besser der Rechtsformzusatz „Gesellschaft mit beschränkter Haftung (ohne Mindeststammkapital)" oder die Abkürzung „GmbH (o. M.)" gewählt werden könnte.

Stellungnahme BRat

Begründung

Der Gesetzentwurf stellt zu Recht darauf ab, dass das Publikum nicht darüber hinweggetäuscht werden darf, dass es sich bei einer Gesellschaft im Sinne von § 5a GmbHG-E um eine solche handeln kann, die möglicherweise mit sehr geringem Gründungskapital ausgestattet ist. Der Rechtsformzusatz muss das zum Ausdruck bringen, sich aber auch und gerade daran orientieren, dass es sich bei der Gesellschaft im Sinne von § 5a GmbHG-E nicht um eine neue Rechtsform, sondern um eine GmbH handelt, die ohne bestimmtes Mindeststammkapital gegründet worden ist. Sie steht nicht neben oder unter der GmbH, sondern bildet ein Durchgangsstadium hin zur „Voll-GmbH". Vor diesem Hintergrund sollte gerade in diesem Interimsstadium auch ein Rechtsformzusatz gewählt werden, der zielführenden Charakter hat und die neue Gesellschaftsform nicht von Anfang an in Misskredit bringt. Es erscheint daher folgerichtig, das Publikum umfassend, aber auch nur darüber zu informieren, woran es der gegenwärtigen Gesellschaft noch mangelt, nämlich am vollen Stammkapital im Sinne von § 5 Abs. 1 GmbHG-E.

Der Rechtsformzusatz „Gesellschaft mit beschränkter Haftung (ohne Mindeststammkapital)" oder die Abkürzung „GmbH (o. M.)" genügt Publizitätsanforderungen ebenso, wie dies bei dem eine Liquidationsfirma kennzeichnenden Zusatz im Sinne von § 68 Abs. 2 GmbHG der Fall ist (GmbH i. L.).

Gegenäußerung BReg

Zu Nummer 4 *[der Stellungnahme des Bundesrates]*

Zu Artikel 1 Nr. 6 (§ 5a Abs. 1 GmbHG)

Die Bundesregierung lehnt eine entsprechende Änderung ab.

Die spezielle Firmierung „Unternehmergesellschaft (haftungsbeschränkt)" stellt sicher, dass die Geschäftspartner erkennen können, mit welcher Art von Gesellschaft sie zu tun haben, und sich entsprechend darauf einstellen können. Dies ist ein unverzichtbarer Bestandteil des Gläubigerschutzes (vgl. auch Nummer 7). Der vom Bundesrat zur Prüfung vorgeschlagene Rechtsformzusatz wird diesem Ziel weniger gerecht. Der Zusatz „Unternehmergesellschaft (haftungsbeschränkt)" oder „UG (haftungsbeschränkt)" führt dem Rechtsverkehr wesentlich deutlicher vor Augen, dass es sich um eine Gesellschaft mit Besonderheiten handelt. Dabei ist auch wichtig, dass eine Abkürzung des Zusatzes „(haftungsbeschränkt)" nicht vorgesehen ist. Diese wäre erst möglich, wenn sich diese GmbH-Variante so stark und so lange verbreitet hätte, dass man davon ausgehen könnte, dass die Rechtsanwender genau wissen, was sich hinter einer Abkürzung verbirgt.

Entgegen der Auffassung des Bundesrates wird die Gesellschaft hierdurch nicht in Misskredit gebracht, sondern vielmehr der Rechtsverkehr über die Sachlage in angemessener Weise informiert.

Stellungnahme BRat

Nummer 5

Zu Artikel 1 Nr. 6 (§ 5a Abs. 1a – neu – GmbHG)

In Artikel 1 Nr. 6 § 5a ist nach Absatz 1 folgender Ab- satz 1a einzufügen:

„(1a) Die Gesellschaft kann in einem vereinfachten Verfahren gegründet werden, wenn sie höchstens drei Gesellschafter und einen Geschäftsführer hat. In diesem Fall genügt ein Gründungsprotokoll, das die in § 3 Abs. 1 und § 8 Abs. 1 Nr. 3 genannten Angaben und die Bestimmung des Geschäftsführers enthält. Darüber hinaus dürfen keine vom Gesetz abweichenden Bestimmungen getroffen werden. Der Geschäftsführer ist von den Beschränkungen des § 181 des Bürgerlichen Gesetzbuchs befreit. Das Gründungsprotokoll gilt zugleich als Gesellschafterliste. Die Gesellschaft trägt die mit der Gründung verbundenen Kosten bis zu einem Gesamtbetrag von 300 Euro, höchstens jedoch bis zum Betrag ihres Stammkapitals. Darüber hinausgehende Kosten tragen die Gesellschafter im Verhältnis der Nennbeträge ihrer Geschäftsanteile. Für die Gründung der Gesellschaft und, sofern die Voraussetzungen des Satzes 3 fortbestehen, für Änderungen des Gründungsprotokolls gelten § 39 Abs. 4, § 41a Abs. 1 Nr. 1 Halbsatz 2, Abs. 4 Nr. 1 Halbsatz 2 der Kostenordnung nicht. Im Übrigen finden auf das Gründungsprotokoll die Vorschriften dieses Gesetzes über den Gesellschaftsvertrag entsprechende Anwendung."

Begründung

Die Notarkammer Sachsen hat den Vorschlag unterbreitet, bei der Gründung einer Unternehmergesellschaft (haftungsbeschränkt) an Stelle einer Mustersatzung ein vereinfachtes Gründungsverfahren einzuführen. Anstatt in eine Mustersatzung eingetragen zu werden, sollen die individuell festzulegenden Satzungsbestandteile (Firma, Sitz, Höhe und Aufteilung des Stammkapitals sowie auch der Unternehmensgegenstand) in ein zu beurkundendes Gründungsprotokoll aufgenommen werden. Dieses Gründungsprotokoll soll zusätzlich nur noch die Personalien der Gründer und die Hinweise des Notars zur Aufbringung bzw. Erhaltung des Stammkapitals enthalten, gleichzeitig wird auch die Bestellung des Geschäftsführers in das Gründungsprotokoll integriert, ohne dass hierzu ein gesonderter Beschluss gefasst werden muss. Die übrigen bisher in der Mustersatzung getroffenen Regelungen werden unmittelbar in das Gesetz verlagert. Anders als bei der Unterschriftsbeglaubigung unter der Mustersatzung oder unter der Musteranmeldung ist die Auswahl einer zulässigen Firma durch die notarielle Beratung gewährleistet. Hiermit wird registergerichtlichen Zwischenverfügungen vorgebeugt, die mit Zeitverlusten für die Unternehmensgründer und Mehrbelastungen für die Justiz notwendig verbunden wären. Außerdem bleibt der Notar vollumfänglich zum Vollzug der Gründung verpflichtet (§ 53 BeurkG), der angesichts des elektronischen Handelsregisterverkehrs durch elektronischen Datenaustausch schnell gewährleistet werden kann. Das vereinfachte Gründungsverfahren hat gegenüber einer Mustersatzung auch den Vorteil, dass nicht auf einen individuell festgelegten, klar abgegrenzten Unternehmensgegenstand verzichtet wird, wodurch keine Verletzungen öffentlich-rechtlicher Genehmigungspflichten drohen. Daneben entfällt bei einer Beurkundung nicht die notarielle Aufklärung des Gründers über seine umfangreichen Pflichten insbesondere bei Kapitalaufbringung und -erhaltung. Schließlich löst die Beurkundung – anders als die reine Unterschriftsbeglaubigung – Ermittlungs-, Dokumentations- und Meldepflichten nach dem Geldwäschegesetz aus.

Die Aufnahme des Gründungsprotokolls erfordert regelmäßig keinen größeren Zeitaufwand für die Beteiligten als die Unterschriftsbeglaubigung. Um Unternehmensgründer und Kleinunternehmer bei der Gründung und bei Satzungsänderungen kostenmäßig zu entlasten, werden diese Vorgänge bei der UG (haftungsbeschränkt) im vereinfachten Gründungsverfahren von den nach dem MoMiG geplanten (§ 39 Abs. 4, § 41a Abs. 1 Nr. 1 KostO-E) oder bereits bestehenden (§ 41a Abs. 4 Nr. 1, § 41c Abs. 1 KostO) erhöhten Mindestwerten ausgenommen. Lediglich dann, wenn die Gesellschaft durch über den Inhalt des Gründungsprotokolls hinausgehende Satzungsänderungen den Anwendungsbereich des vereinfachten Verfahrens verlässt, soll die Ausnahme von den erhöhten Mindestwerten entfallen. Das beurkundete Gründungsprotokoll ist damit insbesondere bei Gesellschaften mit niedrigem Stammkapital günstiger als die Unterschriftsbeglaubigung unter der Mustersatzung bzw. Musteranmeldung, weil der Vollzug hier nicht gesondert berechnet wird (vgl. § 147 Abs. 2 KostO). So kostet die Gesellschaftsgründung mit beurkundetem Gründungsprotokoll bei einer Einpersonengesellschaft bei 1 Euro Stammkapital 40 Euro weniger (20 statt 60 Euro) und bei 10 000 Euro Stammkapital nur 3 Euro mehr (81 statt 78 Euro) als mit Beglaubigung.

Zu Nummer 5 *[der Stellungnahme des Bundesrates]*
Zu Artikel 1 Nr. 6 (§ 5a Abs. 1a – neu – GmbHG)

Die Bundesregierung stimmt dem Vorschlag nicht zu. Er würde diejenigen, die eine GmbH mit einem (extrem) niedrigen Stammkapital gründen, besserstellen als diejenigen, die eine GmbH mit einem höheren Stammkapital gründen. Eine derartige Privilegierung ist nicht wünschenswert, da kein Anreiz geschaffen werden sollte, GmbHs mit einem geringen Stammkapital zu gründen.

Darüber hinaus ist die Begrenzung der vorgeschlagenen Vereinfachung auf die Unternehmergesellschaft und der damit verbundene Ausschluss der Privilegierung für die „normale" GmbH nicht überzeugend.

Zuletzt dürfte sich auch die Signalwirkung, die sich weite Kreise der Wirtschaft von einer beurkundungsfreien GmbH-Gründung versprechen, bei einer Beurkundung in vereinfachter Form nicht in gleichem Maße einstellen.

Gegenäußerung BReg

Stellungnahme BRat

Nummer 6

Zu Artikel 1 Nr. 6 (§ 5a Abs. 4 GmbHG)

Der Bundesrat bittet, im weiteren Verlauf des Gesetzgebungsverfahrens zu prüfen, ob in § 5a Abs. 4 GmbHG-E die Wörter „Abweichend von" durch die Wörter „Ergänzend zu" ersetzt und nach dem Wort „Gesellschafter" das Wort „auch" eingefügt werden sollten.

Begründung

In seiner gegenwärtigen Formulierung könnte § 5a Abs. 4 GmbHG-E durch die Formulierung mit „Abweichend" dahin verstanden werden, dass es bei einer Unternehmergesellschaft der Einberufung einer Gesellschafterversammlung im Falle des Aufzehrens der Hälfte eines etwa vorgesehenen und eingezahlten Stammkapitals nicht mehr bedarf. Eine solche Unterscheidung dürfte nicht beabsichtigt sein. Dies erscheint bei einer GmbH etwa mit einem Stammkapital von 10 000 Euro und einer Unternehmergesellschaft mit einem Stammkapital von 9 000 Euro auch nicht nachvollziehbar.

Es soll daher klargestellt werden, dass bei der Unternehmergesellschaft ein Einberufungsgrund zu den ansonsten gesetzlich vorgesehenen hinzukommt.

Gegenäußerung BReg

Zu Nummer 6 *[der Stellungnahme des Bundesrates]*

Zu Artikel 1 Nr. 6 (§ 5a Abs. 4 GmbHG)

Die Bundesregierung lehnt eine Änderung ab. Sie führt zur nochmaligen Klarstellung des Gewollten wie folgt aus: Die Formulierung „Abweichend von" wurde bewusst gewählt, da bei der Unternehmergesellschaft (haftungsbeschränkt) angesichts des Verzichts auf ein Mindeststammkapital eine Anknüpfung der gesetzlichen Einberufungspflicht an den Verlust der Hälfte des Stammkapitals nicht sinnvoll wäre. Daher soll hier anders als bei der „normalen" GmbH die drohende Zahlungsunfähigkeit als Anknüpfungspunkt dienen. Die Formulierung „Ergänzend zu" würde demgegenüber im Vergleich zur „normalen" GmbH zu einer Kumulierung von Einberufungspflichten (drohende Zahlungsunfähigkeit und hälftiger Verlust der Stammkapitals) führen und damit die Geschäftsführer der insbesondere für Existenzgründer und kleine Unternehmen gedachten Unternehmergesellschaft mit der Beachtung doppelter Kriterien belasten. Dies wäre nicht zu rechtfertigen.

Stellungnahme BRat

Nummer 7

Zu Artikel 1 Nr. 6 (§ 5a GmbHG)

Der Bundesrat bittet, im weiteren Verlauf des Gesetzgebungsverfahrens zu prüfen, ob die Regelungen zur Unternehmergesellschaft (haftungsbeschränkt) durch weitere gläubigerschützende Maßnahmen zu ergänzen sind.

Begründung

Die Einführung der Unternehmergesellschaft unter völligem Verzicht auf ein Stammkapital ohne besondere Gläubigerschutzvorschriften stellt einen Fremdkörper im deutschen GmbH-Recht dar und konterkariert den Gesetzeszweck der Bekämpfung von Missbräuchen.

Mit jeder Form der Haftungsbeschränkung werden unternehmerische Risiken auf die Gesellschaft verlagert. Zum Ausgleich hierfür gibt es im Wesentlichen zwei unterschiedliche Ansätze: Die Beteiligung des Unternehmers am Risiko durch die Vorgabe eines Mindestkapitals oder die Schaffung strenger Vorgaben hinsichtlich

Publizität und unternehmerischer Verantwortlichkeit, wie dies z. B. bei der britischen Limited der Fall ist.

Beide Ansätze haben verschiedene Vor- und Nachteile. Bei der Unternehmergesellschaft (haftungsbeschränkt) kommt jedoch keiner dieser Ansätze zum Tragen. Hier wird das Kapitalaufbringungserfordernis aufgegeben, ohne an anderer Stelle einen Ausgleich hierfür zu schaffen. Leider steht zu erwarten, dass diese unausgewogene Risikoverteilung nicht nur Gründer, sondern auch andere, weniger seriöse Kreise für diese Rechtsform gewinnen wird.

Die einzige gläubigerschützende Vorgabe, ein Viertel des Jahresgewinns in eine gesetzliche Rückstellung aufzunehmen, ist in diesem Zusammenhang nur dann hilfreich, wenn – insbesondere nach Abzug des Geschäftsführergehalts – überhaupt nennenswerte Gewinne realisiert werden. Gleichzeitig stellt sich generell die Frage, ob diese konkrete Maßnahme in der Anfangsphase eines Unternehmens nicht sogar kontraproduktiv ist.

Im Ergebnis sollte daher der Verzicht auf ein Mindestkapital durch andere gesellschafts- und insolvenzrechtliche Maßnahmen kompensiert werden, wie z. B. eine Verschärfung der gesellschaftsrechtlichen und deliktischen (Durchgriffs-)Haftung von Geschäftsführern und Gesellschaftern. Daneben kämen hierfür höhere Anforderungen an die unternehmerische Transparenz, etwa in Form der Pflicht zur Offenlegung gewisser Financial Covenants (z. B. Verschuldungsgrad, Liquidität), oder die Einführung einer Haftung von Gesellschaftern, die die Gesellschaft nur mit unzureichenden Mitteln ausstatten, wegen materieller Unterkapitalisierung in Betracht.

Zu Nummer 7 *[der Stellungnahme des Bundesrates]*

Zu Artikel 1 Nr. 6 (§ 5a GmbHG)

Gegenäußerung BReg

Die Bundesregierung hält eine Änderung nicht für erforderlich, da die gläubigerschützenden Maßnahmen ausreichend sind. Zum einen finden alle Gläubigerschutzinstrumente, die für die GmbH allgemein gelten, ohne weiteres auch auf die Unternehmergesellschaft (haftungsbeschränkt) Anwendung. Zum anderen stellt die spezielle Firmierung „Unternehmergesellschaft (haftungsbeschränkt)" sicher, dass die Geschäftspartner erkennen können, mit welcher Art von Gesellschaft sie es zu tun haben, und sich entsprechend darauf einstellen können (vgl. Ausführungen zu Nummer 4). Im Übrigen ist mit der Pflicht zur Bildung einer gesetzlichen Kapitalrücklage schon ein zusätzlicher gläubigerschützender Faktor vorgesehen.

Nr. 7

Gesetzestext

§ 6 wird wie folgt geändert:

a) Absatz 2 Satz 2 bis 4 wird durch folgende Sätze ersetzt:

„Geschäftsführer kann nicht sein, wer

1. als Betreuter bei der Besorgung seiner Vermögensangelegenheiten ganz oder teilweise einem Einwilligungsvorbehalt (§ 1903 des Bürgerlichen Gesetzbuchs) unterliegt,

2. aufgrund eines gerichtlichen Urteils oder einer vollziehbaren Entscheidung einer Verwaltungsbehörde einen Beruf,

einen Berufszweig, ein Gewerbe oder einen Gewerbezweig nicht ausüben darf, sofern der Unternehmensgegenstand ganz oder teilweise mit dem Gegenstand des Verbots übereinstimmt,

3. wegen einer oder mehrerer vorsätzlich begangener Straftaten

   a) des Unterlassens der Stellung des Antrags auf Eröffnung des Insolvenzverfahrens (Insolvenzverschleppung),

   b) nach den §§ 283 bis 283d des Strafgesetzbuchs (Insolvenzstraftaten),

   c) der falschen Angaben nach § 82 dieses Gesetzes oder § 399 des Aktiengesetzes,

   d) der unrichtigen Darstellung nach § 400 des Aktiengesetzes, § 331 des Handelsgesetzbuchs, § 313 des Umwandlungsgesetzes oder § 17 des Publizitätsgesetzes oder

   e) nach den §§ 263 bis 264a oder den §§ 265b bis 266a des Strafgesetzbuches zu einer Freiheitsstrafe von mindestens einem Jahr

verurteilt worden ist; dieser Ausschluss gilt für die Dauer von fünf Jahren seit der Rechtskraft des Urteils, wobei die Zeit nicht eingerechnet wird, in welcher der Täter auf behördliche Anordnung in einer Anstalt verwahrt worden ist.

Satz 2 Nr. 3 gilt entsprechend bei einer Verurteilung im Ausland wegen einer Tat, die mit den in Satz 2 Nr. 3 genannten Taten vergleichbar ist."

Text RegE

§ 6 Abs. 2 Satz 2 bis 4 wird durch folgende Sätze ersetzt:

[Absatz 2 Satz 2 Nr. 1, Nr. 2 und Nr. 3 Buchstabe a) bis d) unverändert als Gesetzestext übernommen]

„e) nach den §§ 265b, 266 oder § 266a des Strafgesetzbuchs zu einer Freiheitsstrafe von mindestens einem Jahr

verurteilt worden ist; dieser Ausschluss gilt für die Dauer von fünf Jahren seit der Rechtskraft des Urteils, wobei die Zeit nicht eingerechnet wird, in welcher der Täter auf behördliche Anordnung in einer Anstalt verwahrt worden ist.

II. Materialien zum MoMiG

Satz 2 Nr. 3 gilt entsprechend bei einer Verurteilung im Ausland wegen einer Tat, die mit den in Satz 2 Nr. 3 genannten Taten vergleichbar ist."

Zu Nummer 7 (Änderung von § 6 Abs. 2)

Um die Übersichtlichkeit des § 6 Abs. 2 zu erhöhen, werden die bisherigen Sätze 2 bis 4 in dem neu gefassten Satz 2 zusammengeführt. Bei der Aufzählung der zur Inhabilität führenden Fälle in den Nummern 1 und 2 handelt es sich um eine lediglich formale Änderung.

In Nummer 3 werden die bisherigen Ausschlusstatbestände des § 6 Abs. 2 Satz 3 erweitert. Die Regelung greift die Vorschläge des Bundesratsentwurfs eines Gesetzes zur Sicherung von Werkunternehmeransprüchen und zur verbesserten Durchsetzung von Forderungen (Forderungssicherungsgesetz – FoSiG, BT-Drucks. 16/511) in modifizierter Form auf. Die Erweiterung erstreckt sich auf zentrale Bestimmungen des Wirtschaftsstrafrechts.

Zu den Ausschlussgründen gehört zukünftig neben den bereits bisher genannten Straftaten nach den §§ 283 bis 283d StGB eine strafrechtliche Verurteilung wegen Insolvenzverschleppung. Erfasst werden damit Verurteilungen auf Grundlage des neuen § 15a Abs. 4 InsO-E (Artikel 9 Nr. 3) ebenso wie Verurteilungen nach den derzeit geltenden inhaltsgleichen Straftatbeständen in § 84 Abs. 1 Nr. 2 GmbHG, § 401 Abs. 1 Nr. 2 AktG oder § 130b HGB, ggf. i. V. m. § 177a HGB (zur allgemeinen Übergangsregelung vgl. § 3 Abs. 2 EGGmbHG-E). Auch wer als Gesellschafter oder Geschäftsführer im Zusammenhang mit der Gründung einer Gesellschaft, der Erhöhung oder Herabsetzung des Stammkapitals oder in öffentlichen Mitteilungen vorsätzlich falsche Angaben macht (§ 82), ist für eine Geschäftsführertätigkeit nicht geeignet. Entsprechendes gilt für eine Verurteilung nach dem aktienrechtlichen Paralleltatbestand des § 399 AktG. In die Ausschlussgründe einbezogen wird außerdem eine Verurteilung wegen unrichtiger Darstellung nach § 400 AktG, § 331 HGB, § 313 UmwG oder § 17 PublG.

Darüber hinaus führt zukünftig eine Verurteilung zu einer Freiheitsstrafe von mindestens einem Jahr wegen einer oder mehrerer vorsätzlich begangener Straftaten nach § 265b (Kreditbetrug), § 266 (Untreue) oder § 266a StGB (Vorenthalten und Veruntreuen von Arbeitsentgelt) zur Annahme der generellen Ungeeignetheit als Geschäftsführer. Der Entwurf greift insoweit Forderungen nach der Aufnahme allgemeiner Vermögensdelikte des Strafgesetzbuchs auf. Für die Aufnahme dieser Straftatbestände unter der Einschränkung einer Verurteilung zu einer Freiheitsstrafe von mindestens einem Jahr sprechen gewichtige Gründe. So wird der Tatbestand des § 266a StGB von einem Geschäftsführer, der verspätet die Insolvenz der GmbH anmeldet, regelmäßig verwirklicht und spielt in der Praxis aufgrund der einfachen Nachweisbarkeit durch die Aufstellungen der Krankenkassen, welche Beiträge nicht oder nicht rechtzeitig abgeführt wurden, eine wichtige Rolle. Die Aufnahme von Verurteilungen nach § 266 StGB wegen Untreue ist schon deshalb erforderlich, weil nach der Rechtsprechung des Bundesgerichtshofs typische Bankrottstraftaten eines Geschäftsführers dem § 266 StGB unterfallen, wenn dieser in eigenem Interesse gehandelt hat. Darüber hinaus kann generell davon ausgegangen werden, dass eine Person, die wegen Missbrauchs ihrer Befugnis, über fremdes Vermögen zu verfügen, oder wegen Verletzung der ihr obliegenden Vermögensbetreuungspflicht zu einer Freiheitsstrafe von mindestens einem Jahr verurteilt wurde, auch ungeeignet ist, das Amt eines Geschäftsführers zu bekleiden, welches grundsätzlich mit solchen Befugnissen und Pflichten einhergeht. Schließlich weist auch § 265b StGB einen konkreten unternehmerischen Bezug auf, indem er grundsätzlich an einen Betrieb oder ein Unternehmen anknüpft. Durch die Tathandlungen des Vorlegens unrichtiger oder unvollständiger Unterlagen oder der Abgabe unrichtiger oder unvollständiger schriftlicher Angaben rückt die Vorschrift zudem

Begründung RegE

in die Nähe der in § 6 Abs. 2 Satz 2 neu aufgenommenen Verurteilung wegen unrichtiger Darstellung.

Es wird darauf verzichtet, das Bestellungsverbot darüber hinausgehend an weitere Verurteilungen wegen Bestimmungen des allgemeinen Strafrechts zu knüpfen. So wird insbesondere davon abgesehen, die Strafvorschriften der §§ 263, 263a, 264, 264a StGB als Ausschlusstatbestände aufzunehmen. Verurteilungen nach diesen Vorschriften stehen nicht regelmäßig im Zusammenhang mit der Tätigkeit eines Geschäftsführers oder einer sonstigen wirtschaftlichen Tätigkeit. Der Anwendungsbereich ist vielmehr so vielgestaltig, dass nicht zwingend auf eine fehlende Eignung als Geschäftsführer geschlossen werden kann. Aus diesem Grund muss eine Aufnahme wegen des starken Eingriffs in die durch Artikel 12 GG gewährte Berufsfreiheit unterbleiben. Insbesondere werden auch durch den Verzicht auf § 263 StGB ungerechte Ergebnisse wegen der teilweise schwierigen Abgrenzung zwischen Betrug und Diebstahl vermieden, die dazu führen könnten, dass in einem Fall ein Bestellungshindernis aufgrund Verurteilung wegen Betrugs anzunehmen wäre, während in einem ganz ähnlich gelagertem Fall die Verurteilung wegen Diebstahls der Bestellung zum Geschäftsführer nicht entgegenstünde.

Die Erweiterung der Ausschlusstatbestände wird gegenüber dem Vorschlag des Bundesrats dadurch abgemildert, dass allgemein nur vorsätzlich begangene Straftaten zur Amtsunfähigkeit führen sollen. Nicht erfasst werden also fahrlässige Insolvenzstraftaten (§ 283 Abs. 4 und 5, § 283b Abs. 2 StGB, § 15a Abs. 5 InsO-E). Diese Beschränkung soll Zweifeln an der Verhältnismäßigkeit der bisherigen Vorschrift begegnen. Demgegenüber stärkt die Einbeziehung insbesondere der Strafbarkeit wegen vorsätzlicher Insolvenzverschleppung den Gleichbehandlungsgrundsatz.

Der neu gefasste Satz 3 erstreckt das Bestellungshindernis nach Satz 2 Nr. 3 nunmehr ausdrücklich auf Fälle der Verurteilung wegen vergleichbarer ausländischer Straftaten, um auch in diesen Fällen einen einheitlichen Schutzstandard vor ungeeigneten Personen als Geschäftsführer zu gewährleisten.

Der Entwurf des FoSiG sieht darüber hinaus zugunsten der Gesellschaft eine Schadensersatzhaftung derjenigen Gesellschafter vor, die eine nach § 6 Abs. 2 amtsunfähige Person die Geschäfte führen lassen. Von der Übernahme einer entsprechenden Regelung wurde jedoch Abstand genommen, weil eine solche Binnenhaftung weder effektiv noch mit der Gesetzessystematik vereinbar wäre. Eine Haftung für geschäftliche Fehlentscheidungen des faktischen Geschäftsführers würde dem Grundsatz des GmbH-Rechts widersprechen, dass der Alleingesellschafter oder die einverständlich handelnden Gesellschafter für einen Schaden nicht verantwortlich sind, den sie selbst oder die mit ihrem Einverständnis handelnden Geschäftsführer ihrer eigenen Gesellschaft zufügen. Ausnahmen hiervon bestehen im Wesentlichen nur in Bezug auf die zwingenden Kapitalerhaltungsregeln. Ergänzend greift die zivilrechtliche Verantwortlichkeit der Gesellschafter nach § 826 BGB oder bei existenzvernichtendem Eingriff ein. Die vom Bundesrat vorgeschlagene weitergehende Haftung zielt insbesondere darauf ab, Umgehungen des § 6 Abs. 2 zu vermeiden (vgl. BT-Drucks. 16/511, S. 25 f.). Das Gewährenlassen einer amtsunfähigen Person in der Geschäftsführung ist allerdings nicht der einzige Weg, die Bestellungsverbote zu missachten. Vielmehr haben Gesellschafter, die wegen einschlägiger Verurteilungen selbst nicht Geschäftsführer sein können, aufgrund der gesetzlichen Ausgestaltung der Geschäftsführerstellung die Möglichkeit, eine unbescholtene Person als Geschäftsführer einzusetzen und durch Weisungen zu steuern. Hierdurch können amtsunfähige Personen mittelbar die Geschäftspolitik einer GmbH maßgeblich beeinflussen. Gerade derartige ‚Strohmannkonstruktionen' lassen sich jedoch mit einer Gesellschafterhaftung, die an der faktischen Geschäftsführung durch amtsunfähige Personen ansetzt, nicht verhindern.

Anders stellt sich die Haftungssituation bei Aktiengesellschaften dar. Die Bestellung des Vorstandes gemäß § 84 Abs. 1 AktG gehört zu den wichtigsten Pflichten des Aufsichtsrats. Verletzen die Aufsichtsratsmitglieder bei der Bestellung oder durch Gewährenlassen einer amtsunfähigen Person ihre Pflichten, haften sie der Gesellschaft auf Schadensersatz. Entsprechendes gilt gemäß § 52 Abs. 1 für GmbHs, die über einen Aufsichtsrat verfügen, soweit der Gesellschaftsvertrag nichts anderes vorsieht. Die Verantwortlichkeit des Kontrollorgans und ihre je nach Rechtsform zwingende oder fakultative Ausgestaltung entsprechen dem nach dem gesetzlichen Leitbild abgestuften Verhältnis von Aktiengesellschaft und GmbH. Dieses Verhältnis, das durch eine unterschiedliche Satzungsstrenge und Kontrolldichte beider Rechtsformen gekennzeichnet ist, soll nicht durch eine Haftung der GmbH-Gesellschafter verschoben werden.

Nummer 9
Zu Artikel 1 Nr. 7 (§ 6 Abs. 2 Satz 2 Nr. 3 Buchstabe e, Abs. 5 – neu – GmbHG)

Stellungnahme BRat

Artikel 1 Nr. 7 § 6 ist wie folgt zu ändern:

a) Absatz 2 Satz 2 Nr. 3 Buchstabe e ist wie folgt zu fassen:

„e) nach den §§ 263 bis 264a oder §§ 265b bis 266a des Strafgesetzbuchs oder nach § 5 des Gesetzes über die Sicherung der Bauforderungen zu einer Freiheitsstrafe von mindestens einem Jahr".

[Zur Begründung siehe unten die Stellungnahme des Bundesrates zu Absatz 5 - neu]

Nummer 10
Zu Artikel 1 Nr. 7 (§ 6 Abs. 2 Satz 2 Nr. 3 Buchstabe e GmbHG)

In Artikel 1 Nr. 7 § 6 Abs. 2 Satz 2 Nr. 3 Buchstabe e sind nach dem Wort „Strafgesetzbuches" die Wörter „oder wegen einer Steuerstraftat im Sinne der §§ 369 ff. der Abgabenordnung in Verbindung mit den Einzelsteuergesetzen" einzufügen.

Begründung

GmbH-Geschäftsführer darf nicht sein, wer bestimmte Straftaten begangen hat oder begeht. Bei der Auswahl der Strafrechtsnormen, die Eingang in den Entwurf fanden (Kreditbetrug, Untreue etc.) wird regelmäßig darauf abgestellt, ob die Straftat – auch wenn sie nicht in einem bereits bestehenden Geschäftsführerverhältnis begangen wurde – in einem Zusammenhang mit der typischen Tätigkeit eines Geschäftsführers steht. Dabei wurden jedoch Steuerstraftaten im Sinne von § 369 AO nicht berücksichtigt.

Ein GmbH-Geschäftsführer hat unter anderem auch die steuerlichen Pflichten der Gesellschaft zu erfüllen. Begeht er eine Steuerstraftat, so ist unstreitig an seiner Zuverlässigkeit zu zweifeln. Der Gesetzentwurf sollte deshalb dahingehend ergänzt werden, dass eine Verurteilung zu einer Freiheitsstrafe von mindestens einem Jahr wegen einer Steuerstraftat im Sinne von § 369 AO ebenfalls zur Inhabilität führt.

Zu Nummer 10 *[der Stellungnahme des Bundesrates]*
Zu Artikel 1 Nr. 7 (§ 6 Abs. 2 Satz 2 Nr. 3 Buchstabe e GmbHG)

Gegenäußerung BReg

Die Bundesregierung lehnt den Vorschlag des Bundesrates ab. Das Bestellungsverbot kann nur auf solche Straftaten bezogen werden, bei denen auch ein tatsächlicher Zusammenhang zu der Ungeeignetheit der Person besteht, Geschäftsführer einer GmbH zu sein. Der Vorschlag, alle Steuerstraftaten nach den „§ 369 ff. der Abgabenordnung in Verbindung mit den Einzelsteuergesetzen" aufzunehmen, geht vor diesem Hintergrund deutlich zu weit und würde die Regelung für die Praxis unüberschaubar machen. Es kann aber im weiteren Gesetzgebungsverfahren geprüft werden, ob sich eine zwingend mit der Geschäftsführertätigkeit zusammenhängende und klar konturierte Steuerstrafvorschrift findet, die eine solche Grundrechtsbeschränkung als erforderlich und angemessen erscheinen lässt.

Stellungnahme BRat

Nummer 8

Zu Artikel 1 Nr. 7 (§ 6 Abs. 2 Satz 2 bis 4 GmbHG)

Der Bundesrat bittet, im weiteren Verlauf des Gesetzgebungsverfahrens zu prüfen, ob die Ausschlussgründe auch auf den Fall erstreckt werden sollten, dass einer Person die Ausübung der Geschäftsführertätigkeit als solche untersagt wurde, und ob die Anerkennung ausländischer Entscheidungen auf § 6 Abs. 2 Satz 2 Nr. 2 GmbHG-E erstreckt werden sollte.

Begründung

§ 6 Abs. 2 Satz 2 Nr. 2 GmbHG-E bezieht sich nur auf den Fall, dass einer Person ein bestimmter Beruf oder ein Gewerbe untersagt wurde. Damit ist die Geschäftsführertätigkeit als solche nicht erfasst, da sie keinen Beruf darstellt. Eine solche Untersagung der Geschäftsführertätigkeit ist beispielsweise möglich nach dem Company Directors Disqualification Act englischen Rechts. Danach kann insbesondere derjenige von der Geschäftsführung ausgeschlossen werden, der bereits Direktor oder faktischer Geschäftsführer einer insolventen Gesellschaft war und sich dabei als ungeeignet zur Geschäftsleitung erwiesen hat. Die Ungeeignetheit wird einerseits durch Unredlichkeit beispielsweise gegenüber Gläubigern definiert, andererseits durch Leichtsinn und fachliche Inkompetenz. Weitere Ausschlussgründe sind die Verurteilung wegen einer schweren Straftat im Zusammenhang mit der Gründung oder Führung einer Gesellschaft sowie die kontinuierliche Verletzung von Mitteilungspflichten gegenüber dem Companies House (vgl. Römermann, NJW 2006, 2065).

Diese Fälle sind vergleichbar mit dem in § 6 Abs. 2 Satz 2 Nr. 2 GmbHG-E geregelten Fall einer Gewerbeuntersagung wegen Unzuverlässigkeit. Sie sollten daher in die Aufzählung der Inhabilitätsgründe aufgenommen werden; zugleich sollten auch hier entsprechende ausländische Entscheidungen – jedenfalls anderer EU-Mitgliedstaaten – anerkannt werden.

Gegenäußerung BReg

Zu Nummer 8 *[der Stellungnahme des Bundesrates]*

Zu Artikel 1 Nr. 7 (§ 6 Abs. 2 Satz 2 bis 4 GmbHG)

Die Bundesregierung lehnt eine Erstreckung der Bestellungshindernisse auf den Fall der Untersagung der Geschäftsführertätigkeit als solcher ab. Die Prüfbitte zielt darauf ab, künftig auch ausländische Entscheidungen in die Bestellungshindernisse einzubeziehen, durch die z. B. ein englisches Gericht auf Grundlage des Company Directors Disqualification Act einer Person generell die Tätigkeit als Director verbietet, weil sie etwa wegen einer unternehmensbezogenen Straftat verurteilt worden ist.

Eine solche Erweiterung wäre zu weitgehend. Denn im Ergebnis würde sie auf nichts anderes hinauslaufen, als dass sämtliche Entscheidungen auf Grundlage ausländischer Rechtsordnungen, durch die einer Person eine Geschäftsführertätigkeit untersagt werden kann, in § 6 Abs. 2 GmbHG inkorporiert würden, ohne dass zuvor geprüft würde, ob die zugrundeliegenden Bestellungshindernisse den im deutschen Recht vorgesehenen auch inhaltlich und wertungsmäßig entsprechen. Eine solche Prüfung wird demgegenüber durch die im Regierungsentwurf vorgesehene Lösung gewährleistet, die in § 6 Abs. 2 Satz 3 GmbHG-E eine Erstreckung der Bestellungshindernisse wegen unternehmensbezogener Straftaten auf „vergleichbare" Verurteilungen im Ausland vorsieht. Es erscheint genauer und zur Einschränkung der Berufsfreiheit angemessener, auf die zugrundeliegende Straftat und nicht auf die Rechtsfolge (Verbot der Geschäftsführertätigkeit) abzustellen. Beruhte die ausländische „Untersagung der Geschäftsführertätigkeit" also auf einer solchen Straftat, so wird das gewünschte Ergebnis durch die im Regierungsentwurf vorgesehene Lösung zielgenauer erreicht. Auf diese Weise werden zudem die maßgeblichen Schutzlücken bereits geschlossen.

[unverändert als Gesetzestext übernommen] **Fassung Rechtsausschuss**

Zu Nummer 7 (§ 6) **Begründung**
Zu Buchstabe a (Absatz 2) **Rechtsausschuss**
Die Bestellungshindernisse für Geschäftsführer werden entsprechend der Gegenäußerung der Bundesregierung zu Nummer 9 Buchstabe a der Stellungnahme des Bundesrates erweitert. Dabei werden der Grundtatbestand des Betrugs sowie dessen bislang noch nicht erfasste Sondertatbestände aufgenommen.

b) Folgender Absatz 5 wird angefügt: **Gesetzestext**

„(5) Gesellschafter, die vorsätzlich oder grob fahrlässig einer Person, die nicht Geschäftsführer sein kann, die Führung der Geschäfte überlassen, haften der Gesellschaft solidarisch für den Schaden, der dadurch entsteht, dass diese Person die ihr gegenüber der Gesellschaft bestehenden Obliegenheiten verletzt."

[nicht enthalten] **Text RegE**

Nummer 9 **Stellungnahme BRat**
Zu Artikel 1 Nr. 7 (§ 6 Abs. 2 Satz 2 Nr. 3 Buchstabe e, Abs. 5 – neu – GmbHG)

b) Folgender Absatz 5 ist anzufügen:

„(5) Gesellschafter, die vorsätzlich oder grob fahrlässig eine Person, die nicht Geschäftsführer sein kann, zum Geschäftsführer bestellen oder nicht abberufen oder ihr tatsächlich die Führung der Geschäfte überlassen, haften der Gesellschaft solidarisch für den Schaden, der dadurch entsteht, dass diese Person die ihr gegenüber der Gesellschaft bestehenden Obliegenheiten verletzt."

Begründung
Die im Gesetzentwurf der Bundesregierung enthaltene Regelung orientiert sich an den Vorschlägen des Gesetzentwurfs des Bundesrates zum Gesetz zur Siche-

MoMiG

rung von Werkunternehmeransprüchen und zur verbesserten Durchsetzung von Forderungen (Forderungssicherungsgesetz, Bundesratsdrucksache 878/05 (Beschluss)), was grundsätzlich zu begrüßen ist, in der vorliegenden Form aber zu kurz greift.

Zum einen erscheint die Aufnahme der Straftatbestände der §§ 263, 263a, 264, 264a StGB als Ausschlusstatbestände angezeigt, weil derjenige, der deswegen zu einer Freiheitsstrafe von mindestens einem Jahr verurteilt worden ist, deutlich zum Ausdruck gebracht hat, dass er eine zweifelhafte Einstellung zu fremden Vermögensmassen hat. Da eine GmbH/UG (haftungsbeschränkt) über eine eigene – vom Geschäftsführer zu schützende – Vermögensmasse verfügt, kommt es nicht darauf an, ob eine Verurteilung nach diesen Vorschriften im Zusammenhang mit der Tätigkeit eines Geschäftsführers oder einer sonstigen wirtschaftlichen Tätigkeit steht oder nicht. Personen, die wegen Vermögensdelikten zu hohen Strafen verurteilt worden sind, sind per se nicht geeignet, den Aufgabenbereich eines Geschäftsführers auszuüben. Bei derartigen Verurteilungen besteht regelmäßig keine Vertrauensbasis für eine ordnungsgemäße und entsprechend den Regeln des Wirtschaftslebens ausgerichtete Geschäftsführung. In dieser Strafrechtskategorie spielt auch die eher im Bagatellbereich anzusiedelnde Abgrenzungsproblematik von Betrug und Diebstahl keine Rolle mehr.

Im Übrigen ist vorgesehen, die Straftatbestände der §§ 263 und 264 StGB auch in ein künftiges Gesetz zur Einrichtung eines Registers über unzuverlässige Unternehmen aufzunehmen, dem eine vergleichbare Interessenlage zu Grunde liegt.

Die Aufnahme der Strafvorschrift wegen Zuwiderhandlung gegen die Baugeldverwendungspflicht aus dem Gesetz über die Sicherung der Bauforderungen in diesen Katalog ist angemessen, da das Interesse der Baugeldgläubiger an der zweckentsprechenden Verwendung von Baugeld ebenso gewichtig ist.

Um zu verhindern, dass die Regelungen über den Ausschluss von der Funktion des Geschäftsführers einer GmbH durch die Einschaltung eines Strohmannes umgangen werden, wird – dem Ansatz im Forderungssicherungsgesetz entsprechend – ein neuer Absatz 5 angefügt, der einen Schadenersatzanspruch der Gesellschaft gegen die Gesellschafter normiert. Die gesamthänderische Haftung ist der Geschäftsführerhaftung in § 43 Abs. 2 GmbHG dergestalt nachempfunden, dass die Gesellschafter haften, wenn sie vorsätzlich oder grob fahrlässig eine Person, die für eine Geschäftsführerstellung nach Absatz 2 erforderlichen Zuverlässigkeitskriterien nicht erfüllt, zum Geschäftsführer bestellen, nicht abberufen oder ihr faktisch die Führung der Geschäfte überlassen und diese Person die ihr nach § 43 Abs. 1 GmbHG obliegenden Sorgfaltspflichten verletzt.

Hierbei handelt es sich nicht um eine Haftung für „geschäftliche Fehlentscheidungen" des Geschäftsführers, sondern um eine die Kapitalerhaltungsinteressen stärkende Haftung der Gesellschafter gegenüber der Gesellschaft für eigenes Auswahl- bzw. Handlungs- und Unterlassensverschulden im Rahmen der Geschäftsführerbestellung. Sie dient allein dem Anliegen, Verstöße gegen § 6 Abs. 2 GmbHG-E zu sanktionieren.

Gegenäußerung BReg

Zu Nummer 9 *[der Stellungnahme des Bundesrates]*

Zu Artikel 1 Nr. 7 (§ 6 Abs. 2 Satz 2 Nr. 3 Buchstabe e, Abs. 5 – neu – GmbHG)

Zu Buchstabe a

Dem Vorschlag wird zugestimmt, soweit weitere Vorschriften des Strafgesetzbuches in den Katalog des § 6 Abs. 2 GmbHG aufgenommen werden sollen.

Soweit eine Verurteilung nach dem Gesetz über die Sicherung der Bauforderungen einbezogen werden soll, wird der Antrag abgelehnt. Dieses Gesetz hat einen zu geringen Zusammenhang zur Geschäftsführertätigkeit im Allgemeinen und begründet nicht ausreichend die generelle Unfähigkeit einer Person, Geschäftsführer zu sein. Die Einbeziehung wäre daher unverhältnismäßig.

Zu Buchstabe b
Dem Vorschlag wird zugestimmt.

[unverändert als Gesetzestext übernommen]

Fassung Rechtsausschuss

Zu Buchstabe b (Absatz 5)
Die Anfügung des Absatzes 5 geht zurück auf eine Anregung des Bundesrates (Nummer 9 Buchstabe b). Inhaltlich wird auf diese Weise eine Schadensersatzpflicht für Gesellschafter begründet, wenn sie vorsätzlich oder grob fahrlässig einer Person, die nicht Geschäftsführer sein kann, die Führung der Geschäfte überlassen. Entgegen dem Vorschlag des Bundesrats wird dabei die Formulierung „bestellen oder nicht abberufen" nicht verwendet, da hierdurch der Eindruck erweckt werden könnte, dass eine unter Verstoß gegen § 6 Abs. 2 vorgenommene Bestellung rechtswirksam und damit eine Abberufung notwendig wäre. Tatsächlich ist eine solche Bestellung jedoch nichtig, und auch der nachträgliche Eintritt eines Bestellungshindernisses führt nach ganz herrschender Meinung ipso iure zum sofortigen Amtsverlust.

Begründung Rechtsausschuss

Nr. 8

Gesetzestext

§ 7 Abs. 2 wird wie folgt geändert:

a) In Satz 1 werden die Wörter „jede Stammeinlage" durch die Wörter „jeden Geschäftsanteil" ersetzt und nach dem Wort „Viertel" die Wörter „des Nennbetrags" eingefügt.

b) In Satz 2 werden die Wörter „Gesamtbetrags der Stammeinlagen" durch die Wörter „Gesamtnennbetrags der Geschäftsanteile" ersetzt.

[unverändert als Gesetzestext übernommen]

Text RegE

Zu Nummer 8 (Änderung von § 7 Abs. 2)
Zu den Buchstaben a und b (Änderung der Sätze 1 und 2)

Künftig soll der Geschäftsanteil gegenüber der Stammeinlage im Vordergrund stehen und mit einem Nennbetrag bezeichnet sein. Da die Nennbeträge der Geschäftsanteile nach dem hier vorgeschlagenen § 3 Abs. 1 Nr. 4 notwendiger Inhalt des Gesellschaftsvertrags sind, soll hinsichtlich der Mindesteinzahlung auf diese abgestellt werden. In Satz 2 kommt wiederum zum Ausdruck, dass der Geschäftsanteil der Bezugspunkt für die zu erbringende Sacheinlage ist.

Begründung RegE

Stellungnahme BRat	**Nummer 12** **Zu Artikel 1 Nr. 8 (§ 7 Abs. 2 GmbHG)** Der Bundesrat bittet, sofern nicht die Regelung zur Reduzierung des Stammkapitals ohnehin im weiteren Verlauf des Gesetzgebungsverfahrens entfällt, zu prüfen, ob in § 7 Abs. 2 GmbHG-E eine Pflicht zur Bareinzahlung der Hälfte des Mindeststammkapitals aufgenommen werden kann. Begründung Im Bereich der Hälfte des durch § 5 Abs. 1 GmbHG-E reduzierten Mindeststammkapitals (vgl. § 7 Abs. 2 Satz 2 GmbGH-E) sollte in Anlehnung an § 5a Abs. 2 Satz 2 GmbHG-E vollständig auf die Möglichkeit von Sachgründungen verzichtet werden. Der mit der Bewertung von Sacheinlagen verbundene Aufwand erscheint bei einem Mindeststammkapital von 10 000 Euro in Ansehung des § 7 Abs. 2 Satz 2 GmbH-E unverhältnismäßig. Für die Hälfte des Mindeststammkapitals eine Pflicht zur Bareinzahlung vorzusehen, würde zu einer erheblichen Vereinfachung und Straffung des Gründungsvorgangs führen.
Gegenäußerung BReg	**Zu Nummer 12** *[der Stellungnahme des Bundesrates]* **Zu Artikel 1 Nr. 8 (§ 7 Abs. 2 GmbHG)** Die Bundesregierung wird den Vorschlag im weiteren Verlauf des Gesetzgebungsverfahrens prüfen. Bleibt es bei einer substantiellen Absenkung des Mindeststammkapitals, ist eine Pflicht zur Bareinzahlung der Hälfte des Mindeststammkapitals überlegenswert.
Gesetzestext	c) **Satz 3 wird aufgehoben.**
Text RegE	c) Satz 3 wird wie folgt gefasst: „Für die Anmeldung können im Fall des § 2 Abs. 1a die Muster der Anlage 2 verwendet werden."
Begründung RegE	**Zu Buchstabe c (Neufassung von Satz 3)** Die besonderen Sicherungen bei Gründung einer Einpersonengesellschaft sind nach Auskunft der Praxis verzichtbar und bedeuten lediglich eine unnötige Komplizierung der GmbH-Gründung. Diese Regelungen gehen über das von der Einpersonen-GmbH-Richtlinie (89/667/EWG) vom 21. Dezember 1989 Geforderte hinaus und sollen gestrichen werden. Dies führt zu weiteren Deregulierungen durch Streichung der bisher in § 8 Abs. 2 Satz 2 und § 19 Abs. 4 enthaltenen Regelungen (vgl. die Nummern 9 und 17). Mit der vorgeschlagenen Neufassung von Satz 3 werden Muster für die Handelsregisteranmeldung einer gemäß § 2 Abs. 1a gegründeten GmbH und für die der Anmeldung beizufügenden Unterlagen (sog. Gründungs-Set) bereitgestellt. Dadurch wird die Möglichkeit eröffnet, sämtliche Schritte, die bis zur Eintragung der Gesellschaft in das Handelsregister erforderlich sind, ohne die Inanspruchnahme rechtlicher Beratung zu bewältigen.

Nummer 11 *[siehe auch Stellungnahme zu Art. 1 Nr. 2]*

Zu Artikel 1 Nr. 8 Buchstabe c (§ 7 Abs. 2 Satz 4 – neu – GmbHG), Nr. 9 Buchstabe b Doppelbuchstabe aa1 – neu – (§ 8 Abs. 2 Satz 2 GmbHG), Doppelbuchstabe bb (§ 8 Abs. 2 Satz 3 – neu –, 4 – neu – GmbHG), Nr. 17 Buchstabe b (§ 19 Abs. 5 GmbHG)

Stellungnahme BRat

Artikel 1 ist wie folgt zu ändern:

a) Nummer 8 Buchstabe c ist wie folgt zu fassen:

,c) Folgender Satz wird angefügt:

„<… wie Gesetzentwurf>" '

b) Nummer 9 Buchstabe b ist wie folgt zu ändern:

aa) Nach Doppelbuchstabe aa ist folgender Doppelbuchstabe aa1 einzufügen:

,aa1) In Satz 2 werden die Wörter „auch zu versichern" durch die Wörter „der Anmeldung auch ein Nachweis darüber beizufügen" ersetzt.'

bb) Doppelbuchstabe bb ist wie folgt zu fassen:

,bb) Folgende Sätze werden angefügt:

„<… wie Gesetzentwurf>" '

c) Nummer 17 Buchstabe b ist wie folgt zu fassen:

,b) Absatz 5 wird wie folgt gefasst:

„(5) <… wie Gesetzentwurf>" '

Begründung

Zu den Buchstaben a und b Doppelbuchstabe bb, Buchstabe c

Die im Gesetzentwurf vorgesehene Streichung des Vollaufbringungsgrundsatzes bei der so genannten Ein-Personen-GmbH ist erst recht, aber nicht nur im Kontext der zugleich vorgesehenen Zurückführung des Mindeststammkapitals abzulehnen. Da das Gesellschaftsrecht bei der Ein-Personen-GmbH nicht der Förderung des – volkswirtschaftlich wünschenswerten – wirtschaftlichen Zusammenwirkens mehrerer dient, sondern allein dem Haftungsbegrenzungsinteresse eines (weiterhin) alleine wirtschaftenden Unternehmers, ist dem Gläubigerschutz in diesen Fällen besondere Beachtung geschuldet. Die zur Streichung vorgesehenen Bestimmungen des geltenden Rechts dienen dem effektiven Gläubigerschutz und erschöpfen sich nicht in weithin nutzloser, den Unternehmensgründer lediglich belastender Bürokratie, auf die verzichtet werden kann. Zudem erschiene es inkonsequent, einerseits ein bestimmtes Mindeststammkapital zu fordern, es damit aber andererseits nicht so recht ernst zu meinen und folglich im Falle der problematischen Ein-Personen-GmbH nicht hinreichend sicherzustellen, dass das Stammkapital aufgebracht wird. Dass eine gewisse Umgehungsmöglichkeit der derzeit geltenden Vorschriften insofern besteht, als ein zweiter Gesellschafter mit einer minimalen Einlage hinzugezogen werden kann, spräche allenfalls dafür, diese Möglichkeit durch geeignete gesetzgeberische Maßnahmen zu verhindern, nicht aber die Umgehung dadurch gleichsam zu legalisieren, dass die umgangenen Vorschriften abgeschafft werden. Im Übrigen dürfte nicht jedem Unternehmer, der im Wege der Gründung einer Ein-Personen-GmbH seine Haftung reduzieren will, ein (Schein-)Mitgesellschafter ohne Weiteres zur Verfügung stehen, so dass die bestehenden Vorschriften nicht gänzlich ohne praktische Wirkung sind.

Als redaktionelle Folgeänderung ist Artikel 1 Nr. 17 Buchstabe c und d zu streichen.

MoMiG

Zu Buchstabe b Doppelbuchstabe aa

Bei Anmeldung der GmbH zum Handelsregister sollte künftig nicht mehr die bloße Versicherung des Gesellschafters, die Sicherheit bestellt zu haben, ausreichen (so derzeit aber § 8 Abs. 2 Satz 2 GmbHG), sondern ein entsprechender Nachweis erforderlich sein. Auch dies würde dem Schutz der Gläubiger dienen, deren Interessen im Falle der Nichteinzahlung einer Geldeinlage gesteigert gefährdet sind. Andererseits dürfte die Beibringung einer Bestätigung den Gesellschafter nicht nennenswert belasten, da er wegen der Sicherheitenbestellung ohnehin im Kontakt mit dem Sicherungsgeber steht.

Gegenäußerung BReg

Zu Nummer 11 *[siehe auch Gegenäußerung zu Art. 1 Nr. 2]*
Zu Artikel 1 Nr. 8, 9 und 17 (§ 7 Abs. 2, § 8 Abs. 2, § 19 Abs. 5 GmbHG)

Der Vorschlag wird abgelehnt. Eine Bewertung, nach der eine Ein-Personen-GmbH per se volkswirtschaftlich weniger wünschenswert sein soll als eine Mehr-Personen-GmbH, ist aus Sicht der Bundesregierung nicht gerechtfertigt, da auch bei einem Alleinunternehmer ein legitimes Bedürfnis nach einer Haftungsbeschränkung bestehen kann. Generell sollte die Rechtslage zwischen Ein- und Mehrpersonengesellschaften daher nur durch solche Differenzierungen verkompliziert werden, die durch die sog. Einpersonenrichtlinie der EU (89/667/EWG) vorgeschrieben oder darüber hinaus tatsächlich unverzichtbar sind. Wie bereits in der Begründung zum Regierungsentwurf ausgeführt, sind die geltenden Sicherungspflichten für die Kapitalaufbringung bei der Gründung der Ein-Personen-GmbH aber nach Auskunft der Praxis entbehrlich. Sie sind daher auch unter dem Gesichtspunkt der Entbürokratisierung keineswegs zu verschärfen, sondern zu streichen.

Fassung Rechtsausschuss

[unverändert als Gesetzestext übernommen]

Begründung Rechtsausschuss

Zu Nummer 8 (§ 7 Abs. 2)

Es handelt sich um eine Folgeänderung zu der unter Nummer 2 vorgesehenen Ersetzung des Mustergesellschaftsvertrags durch das Musterprotokoll.

Gesetzestext

Nr. 9

§ 8 wird wie folgt geändert:

a) Absatz 1 wird wie folgt geändert:

aa) In Nummer 3 werden die Wörter „der Betrag der von einem jeden derselben übernommenen Stammeinlage ersichtlich ist" durch die Wörter „die Nennbeträge und die laufenden Nummern der von einem jeden derselben übernommenen Geschäftsanteile ersichtlich sind" ersetzt.

bb) In Nummer 5 werden die Wörter „Betrag der dafür übernommenen Stammeinlage erreicht," durch die Wörter „Nennbetrag der dafür übernommenen Geschäftsanteile erreicht." ersetzt.

cc) Nummer 6 wird aufgehoben.

b) Absatz 2 wird wie folgt geändert:

aa) In Satz 1 wird das Wort „Stammeinlagen" durch das Wort „Geschäftsanteile" ersetzt.

[unverändert als Gesetzestext übernommen] Text RegE

Zu Nummer 9 (Änderung von § 8) Begründung
Zu Buchstabe a (Änderung von Absatz 1) RegE
Zu den Doppelbuchstaben aa und bb

In der Gesellschafterliste sind künftig die Geschäftsanteile durchgehend zu nummerieren. Die Nummerierung vereinfacht die eindeutige Bezeichnung eines Geschäftsanteils und führt damit zu einer erheblichen praktischen Erleichterung insbesondere im Rahmen von Anteilsübertragungen. Die Nummerierung erhält zusätzliche Bedeutung durch die Freigabe der Teilung von Geschäftsanteilen.

Da die Geschäftsanteile jeweils mit einem Nennwert bezeichnet werden sollen, der auch als Identitätsbezeichnung dient, sollten zudem die Nennbeträge der von jedem der Gesellschafter übernommenen Geschäftsanteile aus der mit der Anmeldung eingereichten Liste hervorgehen.

In Absatz 1 Nr. 5 kommt zudem erneut zum Ausdruck, dass der Geschäftsanteil den Bezugspunkt für die zu erbringende Sacheinlage darstellt.

Zu Doppelbuchstabe cc

Mit der Aufhebung von Absatz 1 Nr. 6 soll die Handelsregistereintragung von Gesellschaften erleichtert und beschleunigt werden, deren Unternehmensgegenstand genehmigungspflichtig ist. Bislang kann die Gesellschaft nur dann eingetragen werden, wenn bereits bei der Anmeldung zur Eintragung die staatliche Genehmigungsurkunde vorliegt. Zukünftig wird auf dieses Erfordernis verzichtet.

Die bisherige Rechtslage erschwert die Unternehmensgründung erheblich. Da die Genehmigung in vielen Fällen nur der Gesellschaft als juristischer Person erteilt werden kann, diese aber mangels Eintragung als solche nicht existiert (§ 11 Abs. 1), müssen im Vorgriff auf die endgültige Genehmigung Vorbescheide erteilt werden. Solange die Gesellschaft wegen fehlender Genehmigung noch nicht eingetragen ist, können mit der Gründung verbundene Rechtsgeschäfte wie etwa die Anmietung von Geschäftsräumen oder die Einstellung von Personal nur durch die Vor-GmbH getätigt werden. Hierdurch sind die Einlageleistungen häufig jedoch schon vor der Eintragung angegriffen, was eine Unterbilanzhaftung der Gesellschafter auslösen kann. Um dies zu vermeiden, behilft sich die Praxis, soweit sie nicht einen genehmigungsfreien neutral gefassten Unternehmensgegenstand angibt, mit der Gründung einer GmbH, deren Geschäftsgegenstand zunächst enger gehalten (etwa: Errichtung eines Gaststättengebäudes) und nach der Erteilung der Genehmigung erweitert wird (im Beispiel: Betrieb einer Gaststätte). Die hierzu erforderliche Satzungsänderung verursacht zusätzliche Kosten und bürokratischen Zeitaufwand, da eine Gesellschafterversammlung einberufen werden muss, deren Beschluss der notariellen Beurkundung bedarf (§ 53 Abs. 2). Zudem muss die Änderung sodann im Register vollzogen werden. Darüber hinaus besteht nicht selten eine Unklarheit, ob der Unternehmensgegenstand tatsächlich einer staatlichen Genehmigung bedarf. Auch hier kommt es zu Verzögerungen im Eintragungsverfahren, wenn das Registergericht beispielsweise einen Negativbescheid anfordert. Die erfolgte Umstellung auf das elektronische Handelsregister kann nur die Eintragung als solche beschleunigen; sie vermag jedoch an den beschriebenen Hemmnissen nichts zu ändern.

Für einen Verzicht auf die Pflicht zur Einreichung der Genehmigungsurkunde spricht auch der Aspekt der Gleichbehandlung mit Einzelkaufleuten und Personengesellschaften (vgl. § 7 HGB).

Zu Buchstabe b (Änderung von Absatz 2)
Zu Doppelbuchstabe aa

Die Änderung in Satz 1 trägt dem Umstand Rechnung, dass die Einlagen auf den Geschäftsanteil zu bewirken sind.

Gesetzestext

bb) Satz 2 wird wie folgt gefasst:

„**Das Gericht kann bei erheblichen Zweifeln an der Richtigkeit der Versicherung Nachweise (unter anderem Einzahlungsbelege) verlangen.**"

Text RegE

bb) Satz 2 wird durch folgende Sätze ersetzt:

„Die vor Einlage getroffene Vereinbarung einer Leistung an den Gesellschafter, die wirtschaftlich einer Einlagenrückgewähr entspricht und die nicht bereits als verdeckte Sacheinlage nach § 19 Abs. 4 zu beurteilen ist, steht der Erfüllung der Einlagenschuld nicht entgegen, wenn sie durch einen vollwertigen Gegenleistungs- oder Rückgewähranspruch gedeckt ist. Das Gericht kann bei erheblichen Zweifeln an der Richtigkeit der Versicherung Nachweise (unter anderem Einzahlungsbelege) verlangen."

Begründung RegE

Zu Doppelbuchstabe bb

Zu Satz 2 -neu-

Die Streichung des bisherigen Satzes 2 ist Folgeänderung zur Aufhebung der bisher in § 7 Abs. 2 Satz 3 enthaltenen Regelung.

Der neugefasste § 8 Abs. 2 Satz 2 regelt die von der Rechtsprechung entwickelte Fallgruppe des sog „Hin- und Herzahlens", bei der die Einlageleistung aufgrund einer vorherigen Absprache wieder an den Gesellschafter zurückfließen soll. Ausdrücklich ausgeklammert werden dabei Fallgestaltungen, die zwar auch als Einlagenrückgewähr gewertet werden könnten, zugleich aber die Kriterien einer verdeckten Sacheinlage erfüllen, da für sie in § 19 Abs. 4 künftig eine Sonderregelung getroffen wird. § 8 Abs. 2 Satz 2 in der vorgesehenen Neufassung erlangt damit z. B. in den Fällen Bedeutung, in denen die Gesellschaft dem Gesellschafter aufgrund einer Absprache eine Geldeinlage im Wege eines Neudarlehens direkt wieder auszahlen soll. Diese Fallkonstellation kann insbesondere auch bei der Kapitalaufbringung im Cash-Pool auftreten, wenn die Einlage in Folge der Einzahlung auf das in den Cash-Pool einbezogene Konto im Ergebnis wieder an den Inferenten zurückfließt und dies nicht im Sinne einer verdeckten Sacheinlage zu einer Tilgung bereits bestehender Darlehensverbindlichkeiten der Gesellschaft gegenüber dem Inferenten führt.

Die Rechtsprechung nimmt in entsprechenden Fallgestaltungen einen Verstoß gegen die Kapitalaufbringungsvorschriften an, da es infolge des vereinbarten Mittelrückflusses an den Gesellschafter insbesondere an der erforderlichen Leistung zur endgültigen freien Verfügung der Geschäftsführer fehle. Im Fall der Rückgewähr der Einlage als Darlehen wird dabei eine „Heilung" im Sinne einer nachträglichen Erfüllung der Einlageschuld angenommen, wenn der Gesellschafter das Darlehen wieder an die Gesellschaft zurückzahlt. Da dies in der Praxis zu Rechtsunsicherheiten und Einschränkungen in der wirtschaftlichen Betätigung der Gesellschaft führt, sollen die für den Bereich der Kapitalerhaltung (§ 30) in Bezug auf Rechtsgeschäfte der Gesellschaft mit den Gesellschaftern vorgesehenen Erleichterungen ausdrücklich auch auf den Bereich der Kapitalaufbringung übertragen werden. Die bisherige Heilungsrechtsprechung bleibt davon unberührt: Ist es also zu einer Darlehensgewährung gekommen, die nicht den Voraussetzungen des § 8 Abs. 2 Satz 2 entsprach, so kann dann, wenn das Darlehen gleichwohl zurückgezahlt wird, Erfüllung der Einlagenschuld auch künftig angenommen werden.

Die vorgeschlagene Neuregelung führt ebenso wie im Bereich der Kapitalerhaltung eine bilanzielle Betrachtungsweise ein. Der Gedanke der bilanziellen Betrachtungsweise zieht sich damit als roter Faden durch die Neuregelungen zum Haftkapitalsystem. Danach führt eine Verwendungsabrede, die wirtschaftlich als eine Rückgewähr der Einlage an den Gesellschafter zu werten ist, nicht zu einem Verstoß gegen die Voraussetzungen einer ordnungsgemäßen Einlagenbewirkung, sofern die Leistung durch einen vollwertigen Rückzahlungs- oder Gegenleistungsanspruch gegen den Gesellschafter gedeckt ist. Sind die Voraussetzungen des § 8 Abs. 2 Satz 2 erfüllt, kann eine ordnungsgemäße Kapitalaufbringung selbstverständlich auch nicht mehr unter Berufung auf § 19 Abs. 2 Satz 1 abgelehnt werden.

Zwar könnte man gegen die Neuregelung einwenden, dass auf diese Weise der im Rahmen der Kapitalaufbringung vorgesehene tatsächliche Mittelzufluss im Ergebnis infolge der vereinbarten Einlagenrückgewähr durch eine „schwächere" schuldrechtliche Forderung ersetzt wird. Andererseits wird das „Hin- und Herzahlen" auch künftig nur dann zugelassen, wenn der Rückzahlungs- bzw. Gegenleistungsanspruch gleich- und vollwertig ist. Im Ergebnis wird damit ein angemessener Ausgleich zwischen Gesellschafts- und Gläubigerinteressen erreicht. Zudem ist kein Grund ersichtlich, im Bereich der Kapitalaufbringung und der Kapitalerhaltung unterschiedliche Maßstäbe anzulegen. Im Übrigen wird auf die Begründung zu Nummer 20 verwiesen.

Zu Satz 3 -neu-

Der neue Satz 3 stellt klar, dass die Versicherung nach Satz 1 ausreicht und weitere Nachweise (Einzahlungsbelege etc.) grundsätzlich nicht erforderlich sind. Da die Versicherung des Geschäftsführers strafbewehrt ist, sollte diese deutliche Sanktion für den Regelfall ausreichend sein. Im Übrigen wäre es auch eine nicht zutreffende Verkürzung, wenn das Gericht regelmäßig einen Einzahlungsbeleg über die Einzahlung auf ein Konto der (künftigen) GmbH als Nachweis verlangen würde. Die Leistung der Einlagen kann nämlich auf verschiedene Weise geschehen, es kommt eine Barzahlung in Betracht, eine Einzahlung auf ein Anderkonto des Notars, ein LZB-garantierter Scheck, die Einzahlung auf ein Treuhandkonto des Geschäftsführers zugunsten der künftigen GmbH oder die Einzahlung auf ein kreditorisches Privatkonto des Geschäftsführers. Die Einzahlung auf ein Konto der zu gründenden GmbH ist regelmäßig schwierig, weil diese vor der Eintragung noch nicht existiert. Die Praxis behilft sich damit, dass nach der Beurkundung, aber vor Eintragung ein Konto der Vor-GmbH eröffnet wird. Das ist weiterhin ein denkbarer Weg, angesichts der dadurch eintretenden erheblichen Verzögerung der Gründung aber nur einer von mehreren.

MoMiG

Stellungnahme BRat

Nummer 13 *[siehe auch Stellungnahme zu Art. 1 Nr. 8]*
Zu Artikel 1 Nr. 9 Buchstabe b Doppelbuchstabe bb (§ 8 Abs. 2 Satz 2 GmbHG)

In Artikel 1 Nr. 9 Buchstabe b Doppelbuchstabe bb § 8 Abs. 2 Satz 2 ist das Wort „wenn" durch das Wort „soweit" zu ersetzen.

Begründung

§ 8 Abs. 2 Satz 2 GmbHG-E sieht vor, dass ein „Hin- und Herzahlen" der Erfüllung der Einlageschuld nicht entgegensteht, wenn ein vollwertiger Gegenanspruch besteht. Es ist unklar, ob dies so zu verstehen ist, dass ohne einen vollwertigen Anspruch die Einlageschuld insgesamt als nicht erfüllt anzusehen ist. Das Vorliegen eines vollwertigen Gegenanspruchs würde dann im Sinne eines Alles-oder-Nichts-Prinzips über die Frage der Erfüllung der gesamten Einlageschuld entscheiden.

Durch den Gebrauch des Wortes „soweit" könnte dagegen klarer zum Ausdruck gebracht werden, dass die Einlageschuld jedenfalls in Höhe des tatsächlichen Wertes des Gegenanspruchs als erfüllt anzusehen und nur hinsichtlich des ungedeckten Restbetrages eine Nachzahlung erforderlich ist.

Eine solche differenzierte Betrachtung erscheint zur Vermeidung neuer Unsicherheiten erforderlich. Denn durch die gleichzeitig erfolgende Änderung in § 19 Abs. 4 GmbHG-E wird die Haftung bei verdeckter Sacheinlage auf eine Differenzhaftung beschränkt; hier hat der Gesellschafter nur den Unterschiedsbetrag zwischen dem Wert der Sache und dem Betrag des dafür übernommenen Geschäftsanteils nachzuschießen.

Da wegen der bisher einheitlichen Rechtsfolge eine Unterscheidung nicht notwendig war, besteht keine klare Grenzziehung zwischen der verdeckten Sacheinlage einerseits und dem „Hin- und Herzahlen" andererseits (vgl. nur OLG Köln, Urteil vom 2. Februar 1999 – 22 U 116/98, ZIP 1999, 400). Sollte nun eine unterschiedliche Rechtsfolge angeordnet werden, wird dies zu Abgrenzungsproblemen zwischen beiden Fallgruppen und damit zu Unsicherheiten bei der Rechtsanwendung und zu Umgehungsversuchen führen. Unterschiedliche Rechtsfolgen für diese nah beieinander liegenden Strategien zur Umgehung der Verpflichtung zur Barkapitalaufbringung wären auch nicht sachlich gerechtfertigt.

Daher sollte der Interpretation im Sinne einer bloßen Differenzhaftung der Vorzug gegeben und dies auch durch eine entsprechende Formulierung klargestellt werden.

Gegenäußerung BReg

Zu Nummer 13 *[siehe auch Gegenäußerung zu Art. 1 Nr. 8]*
Zu Artikel 1 Nr. 9 Buchstabe b Doppelbuchstabe bb (§ 8 Abs. 2 Satz 2 GmbHG)

Der Vorschlag wird abgelehnt. Die von § 8 Abs. 2 Satz 2 GmbHG-E erfasste Fallgruppe des „Hin- und Herzahlens" betrifft typischerweise Konstellationen, in denen eine Einlagenleistung in geringem zeitlichem Abstand aufgrund einer Darlehensabrede wieder an den Gesellschafter zurückfließt. Anders als bei einer verdeckten Sacheinlage erreicht die Gesellschaft also weder ein tatsächlicher Mittelzuwachs noch wird eine Altforderung des Gesellschafters gegen die Gesellschaft getilgt, sondern es soll die Einlagenleistung durch eine neu begründete schuldrechtliche Forderung ersetzt werden.

Unter dem Gesichtspunkt der Kapitalaufbringung ist eine schuldrechtliche Neuforderung in jedem Fall ein „Minus" gegenüber der (wenn auch verdeckten) Einbringung einer Sacheinlage. Daher ist es gerechtfertigt, die beiden Fälle unterschiedlich zu behandeln und den Fall des „Hin- und Herzahlens" keiner bloßen Differenzhaftung zu unterwerfen, sondern eine streng bilanzielle Betrachtungsweise anzulegen: Eine Erfüllung der Einlagenschuld kann (abgesehen von der hier nicht näher auszuführenden Möglichkeit einer Heilung) nur dann angenommen werden, wenn die Einlagenrückgewähr durch einen sowohl voll- als auch gleichwertigen Gegenleistungs- oder Rückgewähranspruch gegen den Gesellschafter gedeckt ist und damit ein reiner Aktivtausch vorliegt. Entsprechendes sieht § 30 Abs. 1 Satz 2 GmbHG-E auch für den Parallelfall der wertungsmäßig gleich zu behandelnden Kapitalerhaltung vor.

Nur so erhält die Regelung auch die beabsichtigte Wirkung: Ist der Rückzahlungsanspruch wegen mangelnder Solvenz des Gesellschafters nicht vollwertig, so macht es rechtspolitisch wenig Sinn, trotzdem eine teilweise Erfüllung anzunehmen und allein hinsichtlich der Differenz den ursprünglichen Einlagenanspruch aufrechtzuerhalten, den der Gesellschafter wegen fehlender Solvenz auch nicht wird erfüllen können. In diesen Fällen sollte vielmehr das „Herzahlen" von vornherein vollständig unterbleiben und die Gesellschaft die ihr ursprünglich zugeführte Leistung behalten. Bei der verdeckten Sacheinlage ist die Rechtslage hingegen anders: Allein die Tatsache, dass die Sacheinlage den Wert der geschuldeten Einlagenleistung unterschreitet, bedeutet nicht, dass der Gesellschafter auch den Anspruch auf die Differenz nicht erfüllen kann. Angesichts der gebotenen typisierenden Betrachtungsweise ist es daher gerechtfertigt, in § 8 Abs. 2 Satz 2 GmbHG-E eine „Alles-oder-nichts"-Lösung vorzusehen. Es ist zudem darauf hinzuweisen, dass für die Fälle, in denen der Rückzahlungsanspruch nicht die Voraussetzungen des § 8 Abs. 2 Satz 2 GmbHG-E erfüllt, die bisherige Rechtsprechung zu später geleisteten Zahlungen und zu deren erfüllender Wirkung hinsichtlich der Bareinlageverpflichtung auch nach der Neuregelung fortbestehen kann.

[unverändert als Gesetzestext übernommen]   **Fassung Rechtsausschuss**

Zu Nummer 9 (§ 8 Ab. 2)   **Begründung Rechtsausschuss**

Die bisher für § 8 Abs. 2 Satz 2 vorgesehene Regelung der Fallgruppe des sog. „Hin-und Herzahlens", bei der eine Einlage wieder an den Gesellschafter zurückfließt, wird aus systematischen Gründen in § 19 Abs. 5 verschoben (vgl. im Einzelnen die Begründung zu Nummer 17 Buchstabe c).

c) Absatz 3 wird wie folgt geändert: Gesetzestext

    aa) In Satz 1 werden die Wörter „§ 6 Abs. 2 Satz 3 und 4" durch die Wörter „§ 6 Abs. 2 Satz 2 Nr. 2 und 3 sowie Satz 3" ersetzt.

    bb) Satz 2 wird wie folgt gefasst:

       „Die Belehrung nach § 53 Abs. 2 des Bundeszentralregistergesetzes kann schriftlich vorgenommen werden; sie kann auch durch einen Notar oder einen im Ausland bestellten Notar, durch einen Vertreter eines vergleichbaren rechtsberatenden Berufs oder einen Konsularbeamten erfolgen."

d) Absatz 4 wird wie folgt gefasst:

„(4) In der Anmeldung sind ferner anzugeben

1. eine inländische Geschäftsanschrift,

2. Art und Umfang der Vertretungsbefugnis der Geschäftsführer."

Text RegE *[unverändert als Gesetzestext übernommen]*

Begründung RegE

Zu Buchstabe c (Änderung von Absatz 3)

Zu Doppelbuchstabe aa

Bei der Änderung handelt es sich um eine Folgeänderung zu Nummer 7.

Zu Doppelbuchstabe bb

Auf Grundlage der geltenden Fassung des § 8 Abs. 3 Satz 2 ist es in der Praxis zu Unsicherheiten insbesondere im Zusammenhang mit der Belehrung von Geschäftsführern gekommen, die sich im Ausland aufhalten. Durch die Neuregelung soll ausdrücklich klargestellt werden, dass die Belehrung über die unbeschränkte Auskunftspflicht schriftlich erfolgen und zudem auch durch einen ausländischen Notar oder einen deutschen Konsularbeamten vorgenommen werden kann. Diese Auslegung entspricht bereits heute der herrschenden Meinung. Es wäre u. a. angesichts des begrenzten Schwierigkeitsgehalts der Belehrung nach § 53 Abs. 2 BZRG unverhältnismäßig, den Geschäftsführer allein hierfür zur Einreise nach Deutschland zu zwingen oder eine schriftliche Belehrung des Geschäftsführers im Ausland durch einen deutschen Notar zu verlangen. Die Klarstellung ist insbesondere auch angesichts der vorgeschlagenen Änderung des § 4a (vgl. Nummer 4) geboten, nach der die Geschäftstätigkeit der GmbH ganz oder überwiegend aus dem Ausland geführt werden kann. Diese Änderung wird zu einem Anstieg der Fälle führen, in denen der zu belehrende Geschäftsführer im Ausland weilt, so dass eine klare Regelung erforderlich ist.

Darüber hinaus soll die Belehrung auch durch Vertreter eines „vergleichbaren rechtsberatenden Berufs", also insbesondere durch Rechtsanwälte, vorgenommen werden können.

Zu Buchstabe d (Änderung von Absatz 4)

In der Anmeldung ist künftig neben der Angabe von Art und Umfang der Vertretungsbefugnis der Geschäftsführer – insofern ist mit der Formulierung keine inhaltliche Änderung verbunden – stets eine inländische Geschäftsanschrift anzugeben.

Der bisherige Rechtszustand war unbefriedigend und hat zu Zustellungsproblemen zu Lasten der Gläubiger der GmbH geführt. Die verpflichtende Angabe der Geschäftsanschrift wurde bereits im Zuge der Handelsrechtsreform diskutiert. Zwar sind die Gesellschaften schon heute zur Mitteilung ihrer Geschäftsanschrift und diesbezüglicher Änderungen verpflichtet und ist es schon heute möglich, die säumigen Gesellschaften unter Androhung von Zwangsgeld zur Mitteilung anzuhalten (vgl. § 125 Abs. 3 Satz 2 FGG i. V. m. § 14 HGB, § 24 HRV). Praktische Bedeutung hat diese Möglichkeit bisher allerdings nicht, da die Registergerichte nur tätig werden, wenn sich Anhaltspunkte für eine Pflichtverletzung der Unternehmen hinsichtlich der Mitteilung der Anschrift und ihrer Änderung ergeben.

Die Richtigkeit der Anschriften und der Anschriftenänderungen ist nicht ausreichend sichergestellt. Sie werden bisher zudem nicht Registerinhalt.

Da natürliche Personen einen über das Einwohnermeldeamt feststellbaren zustellungsfähigen Wohnsitz besitzen, soll nun auch für juristische Personen eine in einem öffentlichen Register einsehbare Anschrift fixiert werden. Angelehnt ist die Regelung an § 3 Nr. 4 des österreichischen Firmenbuchgesetzes (FBG).

In der Regel wird die angegebene Geschäftsanschrift mit der Anschrift des Geschäftslokals, dem Sitz der Hauptverwaltung oder des maßgeblichen Betriebes übereinstimmen. Besitzt die Gesellschaft solche Einrichtungen nicht oder nicht mehr, wird eine andere Anschrift als „Geschäftsanschrift" angegeben werden müssen. Dies gilt zum Beispiel dann, wenn die Gesellschaft ihren Verwaltungssitz über eine Zweigniederlassung im Ausland hat. In Betracht kommt in solchen Fällen die (inländische) Wohnanschrift eines Geschäftsführers, eines oder des alleinigen Gesellschafters, sofern er sich dazu bereit erklärt, oder die inländische Anschrift eines als Zustellungsbevollmächtigten eingesetzten Vertreters (z. B. Steuerberater, Rechtsberater). Der Gesellschaft ist freigestellt, den Ort der inländischen Anschrift zu wählen, sie hat aber die gesetzliche Pflicht, eine solche Anschrift zur Eintragung anzumelden.

Unter dieser Anschrift, die für Dritte im Handelsregister jederzeit – auch online – einsehbar ist, kann an den oder die Vertreter der Gesellschaft wirksam zugestellt werden (vgl. ausführlich die Begründung zu Nummer 23).

Die Pflicht, auch Änderungen der inländischen Geschäftsanschrift anzumelden, ergibt sich künftig aus § 31 HGB (vgl. Artikel 3 Nr. 8). Die betroffenen Gesellschaften haben zudem auch ein eigenes Interesse daran, ständig für die Richtigkeit des Registers zu sorgen. Denn an die Verletzung der Aktualisierungspflicht ist die erleichterte öffentliche Zustellung nach diesem Entwurf geknüpft. Der Hintergrund ist auch hier, dass es der Gesellschaft nicht ermöglicht werden darf, beispielsweise durch Unterlassen von Änderungsmitteilungen bei Verlegung der Geschäftsräume, durch Schließung des Geschäftslokals, durch Umzug des Geschäftsführers ins Ausland, durch Zulassen der Führungslosigkeit oder ähnlichem sich den Gläubigern zu entziehen.

Nr. 10 Gesetzestext

§ 9 wird wie folgt geändert:

a) Absatz 1 wird wie folgt geändert:

 aa) Die Wörter „Betrag der dafür übernommenen Stammeinlage" werden durch die Wörter „Nennbetrag des dafür übernommenen Geschäftsanteils" ersetzt.

 bb) Folgender Satz wird angefügt:

 „Sonstige Ansprüche bleiben unberührt."

b) In Absatz 2 werden vor dem Wort „verjährt" die Wörter „nach Absatz 1 Satz 1" eingefügt.

Text RegE	*[unverändert als Gesetzestext übernommen]*
Begründung RegE	Zu Nummer 10 (Änderung von § 9)

Da sich nach der vorgeschlagenen Fassung des § 14 die Höhe der Einlageverpflichtung nach dem bei der Errichtung der Gesellschaft im Gesellschaftsvertrag festgesetzten Nennbetrag des jeweiligen Geschäftsanteils richtet, ist der Nennbetrag des jeweiligen Geschäftsanteils Bezugsgröße dafür, ob der Gesellschafter durch die Erbringung der Sacheinlage seine Einlageverpflichtung erfüllt. Dies wird in Absatz 1 Satz 1 sprachlich nachvollzogen.

Die Ergänzung durch einen neuen Satz 2 stellt in diesem Zusammenhang klar, dass die Differenzhaftung nach § 9 Abs. 1 andere denkbare Ansprüche aus anderen Rechtsgründen, also insbesondere Ansprüche auf ein durch den Wert der Sacheinlage nicht vollständig gedecktes Agio, nicht ausschließt. Entsprechendes gilt über den künftig in § 19 Abs. 4 Satz 1 vorgesehenen Verweis auf § 9 zugleich auch im Fall einer verdeckten Sacheinlage. |

Gesetzestext — Nr. 11

In § 9a Abs. 4 Satz 1 wird das Wort „Stammeinlagen" durch das Wort „Geschäftsanteile" ersetzt.

Text RegE	*[unverändert als Gesetzestext übernommen]*
Begründung RegE	Zu Nummer 11 (Änderung von § 9a Abs. 4)

Durch die Änderung wird dem Umstand Rechnung getragen, dass der Gesellschafter bei Errichtung der Gesellschaft keine „Stammeinlage", sondern einen „Geschäftsanteil" übernimmt. |

Gesetzestext — Nr. 12

In § 9c Abs. 1 Satz 2 werden vor dem Wort „überbewertet" die Wörter „nicht unwesentlich" eingefügt.

Text RegE	*[unverändert als Gesetzestext übernommen]*
Begründung RegE	Zu Nummer 12 (Änderung von § 9c Abs. 1)

Die Werthaltigkeitskontrolle des Registergerichts bei Sacheinlagen wird künftig in Anlehnung an die Rechtslage bei der Aktiengesellschaft (§ 38 Abs. 2 Satz 2 AktG) auf die Frage beschränkt, ob eine „nicht unwesentliche" Überbewertung vorliegt. Damit wird ein inhaltlich nicht begründbarer Widerspruch zwischen AktG und GmbHG beseitigt.

Bislang prüft das Registergericht die Bewertung der Sacheinlagen jedenfalls in der Theorie umfassend und lehnt bei jeder auch nur geringfügigen Überbewertung die Eintragung ab. Hierdurch können lange Eintragungszeiten auftreten. In der Praxis sind jedoch bereits heute die Gerichte kaum in der Lage, mehr als eine Plausibilitätsprüfung vorzunehmen. Es bestehen aber unterschiedliche Handhabungen und infolgedessen Rechtsunsicherheiten. Mitunter wird auch bei nur befürchteten |

Überbewertungen eine weitere, externe Prüfung veranlasst. Um eine Überbewertung auszuschließen, wird dabei ggf. zusätzlich zu den mit der Anmeldung eingereichten Unterlagen ein Sachverständigengutachten eingeholt, das weitere Kosten und Zeitverzögerungen verursacht. Die Prüfung durch das Registergericht kann dennoch in der Regel nur kursorisch erfolgen, denn etwa im Fall der Unternehmensbewertung stehen für eine wirkliche Prüfung die zeitlichen Kapazitäten nicht zur Verfügung. Es ist deshalb auch auf Grundlage der bisherigen Fassung des § 9c Abs. 1 Satz 2 nicht gewährleistet, dass der Wert der betreffenden Vermögensgegenstände beim Registergericht tatsächlich genau ermittelt wird. Die Verzögerung der Eintragung der Gesellschaft steht daher in keinem Verhältnis zu dem Nutzen der Prüfung.

Künftig sind nur für den Fall, dass sich auf Grundlage der mit der Anmeldung eingereichten Unterlagen begründete Zweifel ergeben, die auf eine wesentliche Überbewertung der Sacheinlage hindeuten, weitere Unterlagen anzufordern. Bestehen keine Anhaltspunkte dafür, so ist keine Ausforschungsermittlung einzuleiten, ob denn eine wesentliche Überbewertung vorliege. Dies wird die Eintragungszeiten beim Handelsregister deutlich verkürzen und damit die Gründung der GmbH beschleunigen. Die Pflicht zur Einreichung von Sachgründungsbericht und Unterlagen sowie die strafrechtliche Bewehrung falscher Angaben reichen aus, um ein vernünftiges Verhältnis zwischen Richtigkeitsgewähr und Aufwand zu erzielen. Die Vorschrift steht damit auch im Einklang zur Prüfung des Gerichts bei Bareinlagen.

Nr. 13

Gesetzestext

§ 10 wird wie folgt geändert:

a) In Absatz 1 Satz 1 werden nach den Wörtern „Sitz der Gesellschaft," die Wörter „eine inländische Geschäftsanschrift," eingefügt.

[unverändert als Gesetzestext übernommen]

Text RegE

Zu Nummer 13 (Änderung von § 10)
Zu Buchstabe a (Änderung von Absatz 1)
Es handelt sich um eine Folgeänderung zu Nummer 9 Buchstabe d. Die bei der Anmeldung anzugebende inländische Geschäftsanschrift ist in das Handelsregister einzutragen.

Begründung RegE

b) Dem Absatz 2 wird folgender Satz angefügt:

Gesetzestext

„Wenn eine Person, die für Willenserklärungen und Zustellungen an die Gesellschaft empfangsberechtigt ist, mit einer inländischen Anschrift zur Eintragung in das Handelsregister angemeldet wird, sind auch diese Angaben einzutragen; Dritten gegenüber gilt die Empfangsberechtigung als fortbestehend, bis sie im Handelsregister gelöscht und die Lö-

MoMiG

schung bekannt gemacht worden ist, es sei denn, dass die fehlende Empfangsberechtigung dem Dritten bekannt war."

Text RegE

b) Dem Absatz 2 wird folgender Satz angefügt:

„Wenn eine Person, die für Zustellungen an die Gesellschaft empfangsberechtigt ist, mit einer inländischen Anschrift zur Eintragung in das Handelsregister angemeldet wird, sind auch diese Angaben einzutragen; Dritten gegenüber gilt die Empfangsberechtigung als fortbestehend, bis sie im Handelsregister gelöscht und die Löschung bekannt gemacht worden ist, es sei denn, dass die fehlende Empfangsberechtigung dem Dritten bekannt war."

Begründung RegE

Zu Buchstabe b (Änderung von Absatz 2)

Zusätzlich zu der zwingenden Eintragung einer inländischen Geschäftsanschrift wird es den Gesellschaften in Zukunft gestattet sein, eine Person ins Register eintragen zu lassen, die den Gläubigern als zusätzlicher Zustellungsempfänger neben den Vertretern der Gesellschaft dient (vgl. Begründung zu Nummer 23 Buchstabe a und Artikel 8).

Ob es sich bei dieser weiteren Empfangsperson um einen Gesellschafter oder eine sonstige rechtsgeschäftlich empfangsberechtigte Person wie beispielsweise einen Steuerberater oder Notar handelt, bleibt den Gesellschaften überlassen. Diese Regelung ist ausdrücklich nur als Option ausgestaltet. Es handelt sich dabei nicht um eine gesetzliche Pflicht. Zusätzlicher Aufwand und bürokratische Auflagen für die mittelständische Wirtschaft sollen gerade vermieden werden. Die normale GmbH und damit die ganz überwiegende Zahl der Gesellschaften werden keinen Grund haben, diesen Weg einzuschlagen und werden ihn folglich auch nicht gehen. Von der zusätzlichen Option werden vernünftigerweise nur solche Gesellschaften Gebrauch machen, die Bedenken haben, ob die eingetragene Geschäftsanschrift tatsächlich ununterbrochen für Zustellungen geeignet sein wird und sich dadurch Risiken aus öffentlichen Zustellungen ergeben könnten.

Die Anmeldung steht also im Ermessen der Gesellschaften. Es liegt lediglich eine eintragungsfähige Tatsache vor, keine eintragungspflichtige. Daher kommt § 15 HGB nicht unmittelbar zur Anwendung. Um Unklarheiten zu vermeiden, die bei Anordnung einer entsprechenden Anwendung des § 15 HGB hätten auftreten können, bedurfte es der Klarstellung in Halbsatz 2. Wird von der Möglichkeit der Eintragung dieser weiteren Empfangsperson Gebrauch gemacht, so erstreckt sich auch die Registerpublizität auf die eingetragenen Tatsachen. Hierdurch werden die Gesellschaften dazu angehalten, die Angaben zur Person stets aktuell zu halten, da ansonsten eine Zustellung an eine nicht mehr empfangsberechtigte Person droht, die dem Dritten gegenüber aufgrund des neuen Halbsatzes 2 noch als empfangszuständig gilt. Die Ausdehnung der Registerpublizität nach dem Vorbild des § 15 HGB hilft dem Gläubiger allerdings nur in den Fällen, in denen die rechtsgeschäftliche Vollmacht lediglich im Innenverhältnis beendet wurde. Scheitert hingegen ein Zustellversuch an die eingetragene Person unter der eingetragenen Anschrift aus tatsächlichen Gründen, weil die Anschrift nämlich nicht mehr existiert, so hilft die Fiktion der fortbestehenden Empfangsberechtigung hier nicht weiter. Dem Gläubiger ist aber nun die Möglichkeit der Zustellung nach § 185 Nr. 2 ZPO-E eröffnet (vgl. die Begründung zu Artikel 8).

[unverändert als Gesetzestext übernommen]	**Fassung Rechtsausschuss**
Zu Nummer 13 (§ 10 Abs. 2) Gesellschaften können künftig die Anschrift einer für sie „empfangsberechtigten Person" in das Handelsregister eintragen lassen. Nach entsprechendem Hinweis aus der Wissenschaft soll klargestellt werden, dass sich die Empfangsberechtigung dieser Personen nicht nur auf Zustellungen beschränken, sondern auch auf den Empfang von Willenserklärungen erstrecken soll.	**Begründung Rechtsausschuss**

Nr. 14

§ 14 wird wie folgt gefasst:

„§ 14

Einlagepflicht

Auf jeden Geschäftsanteil ist eine Einlage zu leisten. Die Höhe der zu leistenden Einlage richtet sich nach dem bei der Errichtung der Gesellschaft im Gesellschaftsvertrag festgesetzten Nennbetrag des Geschäftsanteils. Im Fall der Kapitalerhöhung bestimmt sich die Höhe der zu leistenden Einlage nach dem in der Übernahmeerklärung festgesetzten Nennbetrag des Geschäftsanteils."

Gesetzestext

[unverändert als Gesetzestext übernommen]

Text RegE

Zu Nummer 14 (Neufassung des § 14)

Satz 1 dient lediglich der Klarstellung. Bereits in dem vorgeschlagenen § 3 Abs. 1 Nr. 4 kommt zum Ausdruck, dass der Gesellschafter für die Übernahme eines Geschäftsanteils eine Einlage zu übernehmen hat.

In den Sätzen 2 und 3 wird das Verhältnis zwischen dem bezeichneten Nennbetrag des Geschäftsanteils und der Stammeinlage festgelegt. Die Begriffe „Nennbetrag des Geschäftsanteils" und „Stammeinlage" wurden schon bisher in der Praxis häufig als Synonyme verwendet. § 14 soll deutlich machen, dass sich die Nennbeträge der Geschäftsanteile und die Nennbeträge der Stammeinlagen grundsätzlich entsprechen. Die Einlageverpflichtung entsteht in der Höhe, in welcher der Nennbetrag des jeweiligen Geschäftsanteils festgesetzt wird. In der hier vorgeschlagenen Regelung wird bewusst auf den bei der Errichtung der Gesellschaft im Gesellschaftsvertrag bzw. bei der Kapitalerhöhung in der Übernahmeerklärung festgesetzten Nennbetrag des jeweiligen Geschäftsanteils abgestellt. Dadurch wird klargestellt, dass z. B. die Erhöhung des Nennbetrags der Geschäftsanteile nach § 57h Abs. 1 im Rahmen einer Kapitalerhöhung aus Gesellschaftsmitteln oder die Erhöhung des Nennbetrags der Geschäftsanteile im Zuge einer Einziehung gemäß § 34 keine Erhöhung der Einlageverpflichtung zur Folge hat.

Begründung RegE

MoMiG

Gesetzestext

Nr. 15

§ 16 wird wie folgt gefasst:

„§ 16

Rechtsstellung bei Wechsel der Gesellschafter oder Veränderung des Umfangs ihrer Beteiligung; Erwerb vom Nichtberechtigten

(1) Im Verhältnis zur Gesellschaft gilt im Fall einer Veränderung in den Personen der Gesellschafter oder des Umfangs ihrer Beteiligung als Inhaber eines Geschäftsanteils nur, wer als solcher in der im Handelsregister aufgenommenen Gesellschafterliste (§ 40) eingetragen ist. Eine vom Erwerber in Bezug auf das Gesellschaftsverhältnis vorgenommene Rechtshandlung gilt als von Anfang an wirksam, wenn die Liste unverzüglich nach Vornahme der Rechtshandlung in das Handelsregister aufgenommen wird.

(2) Für Einlageverpflichtungen, die in dem Zeitpunkt rückständig sind, ab dem der Erwerber gemäß Absatz 1 Satz 1 im Verhältnis zur Gesellschaft als Inhaber des Geschäftsanteils gilt, haftet der Erwerber neben dem Veräußerer.

(3) Der Erwerber kann einen Geschäftsanteil oder ein Recht daran durch Rechtsgeschäft wirksam vom Nichtberechtigten erwerben, wenn der Veräußerer als Inhaber des Geschäftsanteils in der im Handelsregister aufgenommenen Gesellschafterliste eingetragen ist. Dies gilt nicht, wenn die Liste zum Zeitpunkt des Erwerbs hinsichtlich des Geschäftsanteils weniger als drei Jahre unrichtig und die Unrichtigkeit dem Berechtigten nicht zuzurechnen ist. Ein gutgläubiger Erwerb ist ferner nicht möglich, wenn dem Erwerber die mangelnde Berechtigung bekannt oder infolge grober Fahrlässigkeit unbekannt ist oder der Liste ein Widerspruch zugeordnet ist. Die Zuordnung eines Widerspruchs erfolgt aufgrund einer einstweiligen Verfügung oder aufgrund einer Bewilligung desjenigen, gegen dessen Berechtigung sich der Widerspruch richtet. Eine Gefährdung des Rechts des Widersprechenden muss nicht glaubhaft gemacht werden."

Text RegE *[unverändert als Gesetzestext übernommen]*

Begründung RegE

Zu Nummer 15 (Neufassung von § 16)

Zu Absatz 1

Die vorgeschlagene Änderung entspricht neben dem konkreten Ziel der Missbrauchsbekämpfung auch dem allgemeinen Anliegen, Transparenz über die Anteilseignerstrukturen der GmbH zu schaffen und Geldwäsche zu verhindern. Diese

Transparenzforderungen entsprechen den Empfehlungen der Financial Action Task Force On Money Laundering (FATF), die durch die Richtlinie 2005/60/EG vom 26. Oktober 2005 zur Verhinderung der Nutzung des Finanzsystems zum Zwecke der Geldwäsche und der Terrorismusfinanzierung in der Europäischen Union umgesetzt worden sind (Artikel 7, 8, 13 Abs. 6). Die Bestimmungen zur Gesellschafterliste sind bereits durch das Handelsrechtsreformgesetz vom 22. Juni 1998 (BGBl. I S. 1474 ff.) nachgebessert und verschärft worden. Es bestehen jedoch weiterhin Lücken, z. B. bei der Auslandsbeurkundung, die nunmehr geschlossen werden.

Die Änderung des § 16 lehnt sich an das Regelungsmuster des § 67 Abs. 2 AktG an. Danach gilt künftig im Verhältnis zur GmbH nur der in der im Handelsregister aufgenommenen Gesellschafterliste Eingetragene als Gesellschafter. Eine Gesellschafterliste ist im Handelsregister aufgenommen, wenn sie in den für das entsprechende Registerblatt bestimmten Registerordner (§ 9 Abs. 1 HRV) bzw. den sog. Sonderband der Papierregister (§ 8 Abs. 2 HRV in der bis zum Inkrafttreten des Gesetzes über elektronische Handelsregister und Genossenschaftsregister (EHUG) vom 10. November 2006 (BGBl. I S. 2553) am 1. Januar 2007 geltenden Fassung) aufgenommen ist. Das Abstellen auf diesen Zeitpunkt dient der durch die Neufassung angestrebten Transparenz der Anteilsverhältnisse, da die Liste ab der Aufnahme im Handelsregister eingesehen werden kann.

Die zeitnahe Information der Geschäftsführer über die Veränderung ist auch in den Fällen gewährleistet, in denen gemäß § 40 Abs. 2 Satz 1 der Notar zur Erstellung und Einreichung der Liste verpflichtet ist, da der Notar zusammen mit der Einreichung der Liste zum Handelsregister eine einfache Abschrift der Liste an die Gesellschaft zu übermitteln hat. Es obliegt aufgrund der allgemeinen Sorgfaltspflicht den Geschäftsführern, bei entdeckten Fehlern der Liste für eine Berichtigung gegenüber dem Handelsregister zu sorgen.

Die Vorschrift bedeutet nicht, dass die Eintragung und die Aufnahme der Liste in das Handelsregister für den Erwerb des Geschäftsanteils Wirksamkeitsvoraussetzung wären. Die Wirksamkeit der Übertragung ist – abgesehen vom neu zu regelnden Fall des gutgläubigen Erwerbs – auch weiterhin unabhängig von der Eintragung in die Gesellschafterliste. Ohne die Eintragung und die Aufnahme der Liste in das Handelsregister bleibt dem Neugesellschafter allerdings die Ausübung seiner Mitgliedschaftsrechte verwehrt, da ihm gegenüber der Gesellschaft erst mit Aufnahme der entsprechend geänderten Gesellschafterliste in das Handelsregister die Gesellschafterstellung zukommt. Die Gesellschafterliste wird dogmatisch an das Aktienregister bei der Namensaktie angenähert, bei dem sich Probleme aus der relativen Rechtsstellung nicht ergeben haben.

Die Sonderregelung in § 16 Abs. 1 Satz 2 trägt dem Bedürfnis der Praxis Rechnung, dem Erwerber die Möglichkeit zu eröffnen, bereits vor Aufnahme der Liste in das Handelsregister unmittelbar nach Wirksamwerden des Erwerbs Rechtshandlungen in Bezug auf das Gesellschaftsverhältnis vorzunehmen, also beispielsweise an einem satzungsändernden Gesellschafterbeschluss oder einer Bestellung neuer Geschäftsführer mitzuwirken. Nach § 16 Abs. 1 Satz 2 sind derartige Rechtshandlungen zunächst schwebend unwirksam. Sie werden wirksam, wenn die Liste unverzüglich nach Vornahme der Rechtshandlung in das Handelsregister aufgenommen wird. Erfolgt die Aufnahme nicht unverzüglich, so sind die Rechtshandlungen endgültig unwirksam. Unmittelbar nach Wirksamwerden einer Anteilsabtretung kann die neue Gesellschafterliste elektronisch dem Handelsregister übermittelt werden. Die Aufnahme in den Registerordner erfolgt dann regelmäßig ebenfalls binnen sehr kurzer Zeit.

Dem eintretenden Gesellschafter steht ein Rechtsanspruch auf Einreichung der Gesellschafterliste zum Handelsregister zu. Eine entsprechende einklagbare Verpflichtung der Gesellschaft gegenüber dem Neugesellschafter ist bei § 67 Abs. 2

AktG ohne ausdrückliche gesetzliche Regelung anerkannt. Gleiches gilt aufgrund der Parallelität der Vorschriften künftig auch für die GmbH. Insbesondere finden auch für den Anspruch auf Einreichung der Gesellschafterliste die Regeln des einstweiligen Rechtsschutzes Anwendung. In der Praxis wird es auf diese Rechtsfragen aber nur sehr selten ankommen. In der Zukunft wird nämlich im Normalfall der rechtsgeschäftlichen Anteilsabtretung die Einreichung der geänderten Gesellschafterliste im Zusammenhang mit der Beurkundung vom Notar veranlasst werden (§ 40 Abs. 2 Satz 1).

Abgesehen davon gilt aber, dass mit dem Anteilserwerb ein gesetzliches Schuldverhältnis zwischen dem jeweiligen Gesellschafter und der Gesellschaft entsteht, aufgrund dessen dem ausscheidenden wie dem eintretenden Gesellschafter ein Anspruch auf unverzügliche Aktualisierung der Gesellschafterliste zusteht. Bereits nach allgemeinem bürgerlichen Leistungsstörungsrecht folgt aus der Verletzung dieser Pflicht ein Schadensersatzanspruch. Um etwaige Zweifel zu vermeiden, soll dieser Schadensersatzanspruch des Alt- und des Neugesellschafters in § 40 Abs. 3 ausdrücklich fixiert werden (vgl. Nummer 27).

Durch die Neuregelung wird der Gesellschafterbestand stets aktuell, lückenlos und unproblematisch nachvollziehbar sein, denn es entspricht nunmehr einem Eigeninteresse des Erwerbers, für die Eintragung in die Gesellschafterliste durch den Geschäftsführer Sorge zu tragen. Aber auch der Veräußerer kann ein Interesse daran haben, sein Ausscheiden wirksam werden zu lassen. Seit der durch die geänderte 1. Gesellschaftsrechtliche Richtlinie (2003/58/EG) veranlassten vollständigen Einführung elektronischer Handelsregister in Deutschland ist eine Online-Abfrage bzw. eine jederzeitige Einsichtnahme auch hinsichtlich der Gesellschafterliste möglich.

Die Vorschrift gilt nicht nur bei rechtsgeschäftlicher Übertragung durch Abtretung, sondern bei allen Formen des Anteilsübergangs, insbesondere bei der Gesamtrechtsnachfolge. Die Verkehrsfähigkeit von GmbH-Anteilen wird hierdurch nicht eingeschränkt, da die Eintragung in die Gesellschafterliste sehr zeitnah erfolgen kann, wozu auch die elektronische Einreichung zum Handelsregister beiträgt.

Zu Absatz 2

Im neu gefassten § 16 Abs. 2 wird die bisherige Regelung in § 16 Abs. 3 aufgegriffen. Zeitlicher Anknüpfungspunkt ist hierfür – Absatz 1 folgend – nicht mehr die Anmeldung des Erwerbs bei der Gesellschaft, sondern der Zeitpunkt der Aufnahme der aktualisierten Gesellschafterliste im Handelsregister. Für die bisherige Regelung in § 16 Abs. 2 besteht kein gesondertes Regelungsbedürfnis, da sich die dort geregelten Rechtsfolgen bisher schon aus § 16 Abs. 1 ableiten ließen.

Zu Absatz 3

Mit dem neuen § 16 Abs. 3 wird der gutgläubige Erwerb von Geschäftsanteilen ermöglicht. Bislang geht der Erwerber eines Geschäftsanteils das Risiko ein, dass der Anteil einem anderen als dem Veräußerer zusteht. In der Praxis hat der Erwerber zwei Möglichkeiten, dieses Risiko zu minimieren. Verlangt der Erwerber vom Veräußerer eine möglichst lückenlose Vorlage aller relevanten Abtretungsurkunden bis zurück zur Gründungsurkunde, so ist dies für den Veräußerer – wenn überhaupt – häufig nur mit hohem Aufwand möglich. Selbst dann ist nicht sicher, dass die beurkundeten Abtretungen auch materiell wirksam sind. Der Erwerber verlangt daher vom Veräußerer eine Garantie, dass der Geschäftsanteil dem Veräußerer zusteht. Auch wenn der Erwerber den Veräußerer aus dieser Rechtsmängelhaftung in Anspruch nimmt, kann aber der Veräußerer dem Erwerber gegen den Willen des wahren Berechtigten den Anteil nicht verschaffen. Hat der Erwerber das von der Gesellschaft betriebene Unternehmen bereits nach seinen Vorstellungen umgestaltet, bevor der Dritte sein Recht geltend macht, ist die Rückabwicklung des Anteilskaufvertrags oft mit großen Schwierigkeiten verbunden. Insgesamt ist dies ein schwerfälliges System mit unnötig hohen Transaktionskosten und Rechtsunsicherheiten.

Der Entwurf begegnet diesen Schwierigkeiten dadurch, dass mit der Aufnahme der Gesellschafterliste im Handelsregister nicht nur der in der Liste eingetragene Gesellschafter gegenüber der Gesellschaft legitimiert ist, sondern auch gegenüber Dritten Vertrauensschutz entsteht. Die Vorschrift lehnt sich teilweise an § 892 BGB an. Wer einen Geschäftsanteil oder etwa ein Pfandrecht daran erwirbt, soll darauf vertrauen dürfen, dass die in der Gesellschafterliste verzeichnete Person auch wirklich Gesellschafter ist. Das Handelsregister trägt zur Sicherheit des Rechtsverkehrs bei, da nach jeder Veränderung in den Beteiligungsverhältnissen eine aktuelle Gesellschafterliste zum Handelsregister eingereicht werden muss und dann – online – allgemein zugänglich ist. Seit der Einführung des elektronischen Handelsregisters können die Gesellschafterlisten auch in ihrer historischen Entwicklung eingesehen werden, so dass Veränderungen transparent sind.

Da die Gesellschafterliste privat geführt wird und das Handelsregister nicht prüfende, sondern nur verwahrende und die allgemeine Kenntnisnahme ermöglichende Stelle ist, ist ein vollständiger Gleichlauf zum guten Glauben an den Inhalt des Grundbuchs wegen des Fehlens einer strengen, objektiven und vorgelagerten Richtigkeitsprüfung der Liste jedoch nicht möglich. Er ist zur Erreichung des gesetzgeberischen Ziels aber auch nicht nötig. Den an der Abtretung beteiligten Personen sollen die Mühen, Kosten und Unsicherheiten der mitunter sehr langen Abtretungskette seit Gründung der Gesellschaft erspart werden. Es geht vor allem um Rechtssicherheit über längere Zeiträume.

Die Neuregelung sieht den Grundsatz vor, dass der gute Glaube an die Verfügungsberechtigung auf der Basis der Eintragung in der im Handelsregister aufgenommenen Liste geschützt ist. Von diesem Grundsatz macht der Entwurf aber eine Ausnahme für den Fall, dass die Unrichtigkeit dem wahren Rechtsinhaber nicht zuzurechnen ist und die im Handelsregister aufgenommene Liste hinsichtlich des Geschäftsanteils weniger als drei Jahre unrichtig ist.

Dem wahren Rechtsinhaber, der sich nach Erwerb seines Geschäftsanteils nicht darum gekümmert hat, dass die Gesellschafterliste geändert wird und seine Rechtsstellung richtig wiedergibt, ist die Unrichtigkeit der Liste ohne Wartefrist zuzurechnen. Eine zurechenbare Unrichtigkeit liegt beispielsweise vor, wenn zunächst der Scheinerbe des früheren Gesellschafters in der Gesellschafterliste eingetragen wird und der wahre Erbe es unterlässt, die Geschäftsführer zur Einreichung einer korrigierten Liste zu veranlassen.

Anders liegt der Fall, wenn einem Gesellschafter die Unrichtigkeit in keiner Weise zuzurechnen ist. Dies ist beispielsweise gegeben, wenn der Geschäftsführer ohne Wissen des Gesellschafters eine falsche Liste einreicht, in der seine Rechtsstellung nicht mehr vollständig aufgeführt ist. In diesen Fällen kann ein gutgläubiger Erwerb durch einen Dritten erst eintreten, wenn die im Handelsregister aufgenommene Gesellschafterliste hinsichtlich des Geschäftsanteils drei Jahre lang unrichtig ist. Entscheidend ist, dass der- oder diejenigen, die im Laufe der vorangegangenen drei Jahre als Inhaber in der Gesellschafterliste eingetragen waren, durchgehend nicht die wahren Berechtigten waren. Unerheblich ist, ob mehrere Listen eingereicht wurden, die den Geschäftsanteil verschiedenen Personen zuweisen. Sämtliche im Handelsregister aufgenommenen Gesellschafterlisten werden insoweit als eine fortgeschriebene Liste behandelt. Die Dreijahresfrist beginnt mit Aufnahme der Liste in das Handelsregister, die erstmalig einen Nichtberechtigten als Inhaber des Geschäftsanteils ausweist. Wird anschließend eine bezüglich dieses Geschäftsanteils richtige Liste eingereicht, so beginnt hinsichtlich dieses Geschäftsanteils die Dreijahresfrist erneut, wenn eine neue unrichtige Liste in das Handelsregister aufgenommen wird.

Geschützt wird nur der gute Glaube an die Verfügungsbefugnis. Nichtexistente Geschäftsanteile können demnach nicht gutgläubig erworben werden.

Die vorgesehene Regelung berücksichtigt die schutzwürdigen Interessen des wahren Berechtigten. Sofern ihm die Unrichtigkeit der Liste nicht zuzurechnen ist, hat er nach Eintritt der Unrichtigkeit drei Jahre Zeit, die Zuordnung eines Widerspruchs zur Gesellschafterliste zu veranlassen oder auf Korrektur der Liste hinzuwirken und auf diese Weise einen gutgläubigen Erwerb des ihm zustehenden Anteils auszuschließen. Da die Gesellschafterliste online einsehbar ist, ist es dem Berechtigten auch ohne nennenswerten Aufwand möglich, die Liste zu prüfen.

Auch der Widerspruch ist über das elektronische Handelsregister für Jedermann online einsehbar. Ein solcher Widerspruch zerstört die Gutglaubenswirkung des Absatzes 3, allerdings nicht die relative Gesellschafterstellung nach Absatz 1. Der Widerspruch beseitigt auch nicht die Möglichkeit des tatsächlich Berechtigten, seinen Anteil wirksam zu veräußern. Besteht Uneinigkeit zwischen mehreren Prätendenten, so ist diese zwischen den Beteiligten zivilrechtlich zu klären. Gleichfalls ist in einem zivilrechtlichen Verfahren die Verpflichtung des Geschäftsführers zur Korrektur der Liste oder die Rücknahme eines Widerspruchs einzuklagen.

Zur Verhinderung von Missbräuchen setzt die Zuordnung eines Widerspruchs in Anlehnung an § 899 Abs. 2 BGB voraus, dass entweder derjenige zustimmt, gegen dessen Inhaberschaft sich der Widerspruch richtet, oder eine entsprechende einstweilige Verfügung vorliegt, die nur erlassen wird, wenn der Anspruch auf Einreichung einer korrigierten Liste glaubhaft gemacht ist.

Da die Führung der Liste den Geschäftsführern obliegt, ergeben sich durch die Regelung des § 16 Abs. 3 für die Registergerichte keine zusätzlichen Belastungen. Dem Geschäftsführer kann allerdings nicht diejenige Prüfung aufgebürdet werden, die nach bisherigem Recht schon den Erwerber vor erhebliche Schwierigkeiten stellt. Für die Schadensersatzpflicht nach dem geltenden § 40 Abs. 2 (künftig: Abs. 3) ist anerkannt, dass der Geschäftsführer schuldhaft gehandelt haben muss. Den Geschäftsführer wird also, wenn er über einen Gesellschafterwechsel informiert wird, aber von dessen materieller Unwirksamkeit nichts erfährt, regelmäßig kein Verschulden treffen. Auch der Geschäftsführer kann sich ohne weitere Anhaltspunkte darauf verlassen, dass der in der Gesellschafterliste eingetragene Gesellschafter zum Verkauf der Anteile legitimiert war. Er nimmt die Änderung der Gesellschafterliste auf „Nachweis" vor. Dies bedeutet, dass der Erwerber ihm z. B. den Erwerb im Wege der Gesamtrechtsnachfolge durch Erbschein nachweist. Eine Haftung kommt daher vor allem in Fällen in Betracht, in denen der Geschäftsführer zu Lasten des wahren Berechtigten mit dem Veräußerer und/oder dem Erwerber kollusiv zusammenwirkt.

Stellungnahme BRat

Nummer 14

Zu Artikel 1 Nr. 15 (§ 16 Abs. 3 GmbHG)

Der Bundesrat bittet, im weiteren Verlauf des Gesetzgebungsverfahrens die Vorschriften zum gutgläubigen Erwerb eines Geschäftsanteils mit dem Ziel zu überarbeiten, den Verlust der Rechtsposition in allen Fällen an einen hinreichenden Rechtsscheins- und Vertrauenstatbestand anzuknüpfen.

Begründung

Der gutgläubige Erwerb eines Geschäftsanteils soll an den Inhalt der Gesellschafterliste anknüpfen. Eine solche wird bisher nach der Beurkundung der Übertragung eines Geschäftsanteils und der entsprechenden Überprüfung vom Notar in elektronischer Form an das Register weitergereicht. Die Beurkundung und Überprüfung durch den Notar stellt eine notwendige, aber auch hinreichende Anknüpfungstatsache dar.

Außerhalb der Abtretung von Geschäftsanteilen, also etwa im Erbfall oder bei der Einziehung, ist derzeit nicht einmal eine notarielle Beglaubigung notwendig. Vielmehr kann jedermann ohne Überprüfung seiner Identität die Gesellschafterliste mit beliebigem Inhalt beim Registergericht einreichen. Eine derartige Regelung kann keine Grundlage für den möglichen Verlust erheblicher Vermögenswerte sein. Auch der reine Zeitablauf – der Gesetzentwurf sieht einen dreijährigen offenen Zeitraum vor, innerhalb dessen ein gutgläubiger Erwerb grundsätzlich nicht möglich ist – stellt keine angemessene Anknüpfungstatsache dar.

Vielmehr muss auch hier ein Tatbestand geschaffen werden, der es rechtfertigt, erhebliche Rechtsverluste zu Lasten des Berechtigten hinzunehmen.

Deshalb müssen bei der Regelung des gutgläubigen Erwerbs ein Missbrauch weithin ausgeschlossen und eine Überprüfung aller Veränderungen im Gesellschafterbestand über die Abtretungsfälle hinaus sichergestellt werden.

Zu Nummer 14 *[der Stellungnahme des Bundesrates]* — Gegenäußerung BReg
Zu Artikel 1 Nr. 15 (§ 16 Abs. 3 GmbHG)

Die Bundesregierung hält eine Überarbeitung nicht für erforderlich, da der gutgläubige Erwerb nach der vorgeschlagenen Fassung des § 16 Abs. 3 GmbHG an einen hinreichenden Rechtsscheins- und Vertrauenstatbestand anknüpft. Insbesondere erhält der wahre Rechtsinhaber, dem die Unrichtigkeit in der Gesellschafterliste nicht zuzurechnen ist, drei Jahre Zeit, eine Korrektur der für ihn online jederzeit einsehbaren Liste zu veranlassen. Es wird auf die ausführliche Begründung zum Regierungsentwurf sowie die Ausführungen zu Nummer 17 verwiesen.

Im Übrigen sei darauf hingewiesen, dass es keine „Regelung" gibt, die eine Einreichung der Gesellschafterliste durch „jedermann" und „mit beliebigem Inhalt" zulässt – nach § 40 Abs. 1 GmbHG haben die „Geschäftsführer" eine von ihnen unterschriebene Liste einzureichen.

Nr. 16 — Gesetzestext

§ 17 wird aufgehoben.

[unverändert als Gesetzestext übernommen] — Text RegE

Zu Nummer 16 (Aufhebung des § 17) — Begründung RegE

Die Vorschrift kann aufgehoben werden, da im Rahmen der Mindeststückelung nach § 5 Abs. 2 die Teilung und Zusammenlegung wesentlich erleichtert und zusammenfassend in § 46 geregelt werden. Die Aufhebung des § 17 bedeutet zugleich die Aufhebung des Verbots, mehrere Teile von Geschäftsanteilen gleichzeitig an denselben Erwerber zu übertragen. Auf die Begründung zur Änderung des § 46 (Nummer 29) wird Bezug genommen.

MoMiG

Gesetzestext

Nr. 17

§ 19 wird wie folgt geändert:

a) In Absatz 1 wird das Wort „Stammeinlagen" durch das Wort „Geschäftsanteile" ersetzt.

b) In Absatz 2 Satz 2 werden die Wörter „nicht zulässig" durch die Wörter „nur zulässig mit einer Forderung aus der Überlassung von Vermögensgegenständen, deren Anrechnung auf die Einlageverpflichtung nach § 5 Abs. 4 Satz 1 vereinbart worden ist" ersetzt.

c) Die Absätze 4 und 5 werden wie folgt gefasst:

„(4) Ist eine Geldeinlage eines Gesellschafters bei wirtschaftlicher Betrachtung und aufgrund einer im Zusammenhang mit der Übernahme der Geldeinlage getroffenen Abrede vollständig oder teilweise als Sacheinlage zu bewerten (verdeckte Sacheinlage), so befreit dies den Gesellschafter nicht von seiner Einlageverpflichtung. Jedoch sind die Verträge über die Sacheinlage und die Rechtshandlungen zu ihrer Ausführung nicht unwirksam. Auf die fortbestehende Geldeinlagepflicht des Gesellschafters wird der Wert des Vermögensgegenstandes im Zeitpunkt der Anmeldung der Gesellschaft zur Eintragung in das Handelsregister oder im Zeitpunkt seiner Überlassung an die Gesellschaft, falls diese später erfolgt, angerechnet. Die Anrechnung erfolgt nicht vor Eintragung der Gesellschaft in das Handelsregister. Die Beweislast für die Werthaltigkeit des Vermögensgegenstandes trägt der Gesellschafter.

(5) Ist vor der Einlage eine Leistung an den Gesellschafter vereinbart worden, die wirtschaftlich einer Rückzahlung der Einlage entspricht und die nicht als verdeckte Sacheinlage im Sinne von Absatz 4 zu beurteilen ist, so befreit dies den Gesellschafter von seiner Einlageverpflichtung nur dann, wenn die Leistung durch einen vollwertigen Rückgewähranspruch gedeckt ist, der jederzeit fällig ist oder durch fristlose Kündigung durch die Gesellschaft fällig werden kann. Eine solche Leistung oder die Vereinbarung einer solchen Leistung ist in der Anmeldung nach § 8 anzugeben."

§ 19 wird wie folgt geändert: **Text RegE**

a) In Absatz 2 Satz 2 werden die Wörter „nicht zulässig" durch die Wörter „nur zulässig mit einer Forderung aus der Überlassung von Vermögensgegenständen, deren Anrechnung auf die Einlageverpflichtung nach § 5 Abs. 4 Satz 1 vereinbart worden ist" ersetzt.

b) Absatz 4 wird wie folgt gefasst:

„(4) Ist eine Geldeinlage eines Gesellschafters bei wirtschaftlicher Betrachtung und aufgrund einer im Zusammenhang mit der Übernahme der Geldeinlage getroffenen Abrede vollständig oder teilweise als Sacheinlage zu bewerten (verdeckte Sacheinlage), so steht das der Erfüllung der Einlagenschuld nicht entgegen. § 9 gilt in diesem Fall entsprechend, wenn der Wert des Vermögensgegenstandes im Zeitpunkt der Anmeldung der Gesellschaft zur Eintragung in das Handelsregister oder im Zeitpunkt seiner Überlassung an die Gesellschaft, falls diese später erfolgt, nicht den entsprechenden Betrag der übernommenen Stammeinlage erreicht. Die Beweislast für die Werthaltigkeit des Vermögensgegenstandes trägt der Gesellschafter. Die Verjährung des Anspruchs der Gesellschaft beginnt nicht vor dem Zeitpunkt der Überlassung des Vermögensgegenstandes."

c) Absatz 5 wird aufgehoben.

d) Absatz 6 wird Absatz 5.

Zu Nummer 17 (Änderung von § 19) **Begründung RegE**

Zu Buchstabe a (Änderung von Absatz 2)

Die bislang in Absatz 5 enthaltene Ausnahme von dem grundsätzlichen Verbot der Aufrechnung durch den Gesellschafter gegen die Einlageforderung wird in Absatz 2 überführt. Erfasst wird wie bisher der Fall einer ordnungsgemäß vereinbarten und damit auch der Prüfung durch das Registergericht unterworfenen sog. Sachübernahme, bei der vereinbart wird, dass die Gesellschaft einen Vermögensgegenstand übernimmt und die Vergütung auf die Einlagepflicht des Gesellschafters angerechnet werden soll.

[unverändert als Gesetzestext übernommen] **Fassung Rechtsausschuss**

Zu Nummer 17 (§ 19) **Begründung Rechtsausschuss**

Zu Buchstabe a (Absatz 1)

Es handelt sich um eine redaktionelle Korrektur, durch die der im Regierungsentwurf vorgesehene Verzicht auf den Begriff „Stammeinlage" auch in § 19 Abs. 1 nachvollzogen wird.

Zu den Buchstaben b und c (Änderung der Absätze 4 und 5) **Begründung RegE**

Die bisher in Absatz 4 enthaltene Regelung ist als Folgeänderung zur Aufhebung der im geltenden § 7 Abs. 2 Satz 3 enthaltenen Regelung zu streichen.

Durch die vorgeschlagene Neufassung von Absatz 4 und die Aufhebung des Absatzes 5 werden die Rechtsfolgen sog. verdeckter Sacheinlagen auf eine Differenzhaftung des Gesellschafters beschränkt.

Die Rechtsprechung nimmt eine verdeckte Sacheinlage an, wenn zwar formell eine Bareinlage vereinbart und geleistet wird, die Gesellschaft bei wirtschaftlicher Betrachtung aber aufgrund einer im Zusammenhang mit der Übernahme der Einlage getroffenen Absprache einen Sachwert erhalten soll. Eine solche verdeckte Sacheinlage sei in entsprechender Anwendung des § 19 Abs. 5 wegen der damit verbundenen Umgehung der gesetzlichen Sacheinlagevorschriften verboten. Als Rechtsfolge der verdeckten Sacheinlage wird bislang die Unwirksamkeit sowohl des schuldrechtlichen Teils der verdeckten Sacheinlage als auch des dinglichen Erfüllungsgeschäfts analog § 27 Abs. 3 Satz 1 AktG angenommen. Die Bareinlagepflicht des Inferenten besteht fort, so dass dieser in der Insolvenz die übernommene Einlage im wirtschaftlichen Ergebnis oft zweimal erbringen muss. Sein Anspruch gegen die Gesellschaft auf Rückgewähr der Leistung erschöpft sich hingegen mitunter in einer wertlosen Insolvenzforderung. Die von der Rechtsprechung ermöglichte Heilung verdeckter Sacheinlagen durch Umwandlung der Bar- in eine Sacheinlage hat in der Praxis nur geringe Bedeutung, da verdeckte Sacheinlagen häufig erst in der Insolvenz entdeckt werden und eine Heilung in diesem Zeitpunkt nicht mehr möglich ist. Der Entwurf sieht daher davon ab, Heilungsmöglichkeiten ausdrücklich in das Gesetz aufzunehmen; sie werden durch den Entwurf aber keineswegs eingeschränkt oder gar abgeschafft.

Der Entwurf ändert die zivilrechtliche Reaktion auf die verdeckte Sacheinlage. Künftig sollen verdeckte Sacheinlagen in Anlehnung an die Rechtslage bei ordnungsgemäß vereinbarten und offengelegten Sacheinlagen einer Differenzhaftung unterstellt werden: Erreicht der Wert der verdeckten Sacheinlage zum Zeitpunkt der Anmeldung der Gesellschaft bzw. zum Zeitpunkt ihrer effektiven Überlassung an die Gesellschaft, wenn diese zeitlich später erfolgt, den Betrag der übernommenen Einlage, so ist die Einlagepflicht vollständig erfüllt; bei fehlender Vollwertigkeit liegt eine Teilerfüllung vor und die Differenz ist in bar zu erbringen.

Die Neuregelung trägt einer zunehmenden Kritik in Praxis und Wissenschaft an den derzeit geltenden drastischen Rechtsfolgen verdeckter Sacheinlagen Rechnung. Tatsächlich sind die Fallkonstellationen, in denen eine verdeckte Sacheinlage vorliegen kann, oft nicht eindeutig. Zudem sind auch an den gesellschaftsrechtlichen Kenntnisstand der Beteiligten im Bereich kleiner und mittelständischer Unternehmen keine überzogenen Erwartungen zu stellen. Die Betroffenen werden daher sehr häufig von der Aufdeckung unerkannter verdeckter Sacheinlagen überrascht und von ihren Folgen hart getroffen. Das ist nicht Sinn einer gesetzlichen Regelung. Durch die Neuregelung wird eine sachgerechte Rechtsfolge erzielt, denn es wird sichergestellt, dass der Gesellschafter die Einlage wertmäßig nur einmal leisten muss. Aufgrund der generellen Reduzierung der Rechtsfolgen verdeckter Sacheinlagen auf eine Differenzhaftung des Einlegers wird die Rechtslage erheblich vereinfacht, um das insbesondere an die mittelständische Wirtschaft gerichtete GmbH-Recht leicht handhabbar auszugestalten. Eine Ausnahme von der grundsätzlichen Erfüllungswirkung einer verdeckten Sacheinlage für den Fall der vorsätzlichen Umgehung der gesetzlichen Formvorschriften ist nicht vorgesehen. So werden Abgrenzungsschwierigkeiten vermieden und die Rechtssicherheit gesteigert; zudem ist zu beachten, dass auch im Rahmen der Kapitalaufbringung im ökonomisch sinnvollen Cash-Pool häufig verdeckte Sacheinlagen angenommen werden (zur Kapitalaufbringung im Cash-Pool vgl. auch die Begründung zu Nummer 9 Buchstabe b sowie für den Bereich der Kapitalerhaltung die Ausführungen zu Nummer 20).

Gläubigerschutzlücken entstehen dadurch nicht. Ist die verdeckte Sacheinlage vollwertig, so erscheint es nicht gerechtfertigt, als „Strafe" für die reine Nichteinhaltung der formalen Anforderungen an eine Sachgründung die Einlage nochmals vollständig zu verlangen.

Im Fall der fehlenden Vollwertigkeit ergibt der Wert des Vermögensgegenstandes zusammen mit der Differenzleistung des Gesellschafters den Betrag der übernommenen Einlageverpflichtung. Die Tatsache, dass anders als im direkten Anwendungsfall des § 9 Abs. 1 das Sachgründungsverfahren nicht eingehalten worden ist, bleibt dabei nicht völlig unberücksichtigt, sondern es bleibt in mehrfacher Hinsicht ein „Sanktionsgefälle" erhalten. So trägt nach § 19 Abs. 4 Satz 3 im Fall der verdeckten Sacheinlage der Einleger die Beweislast für die Vollwertigkeit seiner Leistung, da mangels ordnungsgemäßer Offenlegung der Sacheinlage Unklarheiten über die Werthaltigkeit zu seinen Lasten gehen müssen. Sofern ihm dieser – mit steigendem zeitlichen Abstand zu der Einbringung der Sacheinlage zunehmend schwierigere – Nachweis nicht oder nicht in voller Höhe gelingt, trifft ihn die Haftung auf die Differenz, deren Verjährungsbeginn zudem in dem Fall, dass der Vermögensgegenstand nach der Anmeldung effektiv eingebracht wird, auf diesen Zeitpunkt hinausgeschoben wird. Der Gesellschafter hat dadurch selbst ein Interesse an der ordnungsgemäßen Einbringung einer vollwertigen Sacheinlage, um nicht Jahre später in Beweisnöte für die Werthaltigkeit der Einlage zu geraten. Darüber hinaus kommt eine Haftung der Gesellschafter nach § 9a Abs. 2 bzw. der Geschäftsführer nach § 43 für einen Schaden in Betracht, der der Gesellschaft infolge der verdeckten Sacheinlage entstanden ist. Diese Sanktionen erscheinen ausreichend, um die Beteiligten davon abzuhalten, die Verpflichtung zur Offenlegung der Sacheinlage bewusst zu missachten. Auch das Strafrecht erscheint als Sanktion unangemessen, § 82 greift den Fall der Versicherung bei verdeckter Sacheinlage daher nicht auf.

Der Anreiz zur Umgehung der Sachgründungsvorschriften wird zudem durch die Vereinfachung der Prüfung des Registergerichts bei einer Sacheinlage und durch die Herabsetzung des Mindestkapitals ohnehin verringert.

Die abstrakte Umschreibung der Voraussetzungen für das Vorliegen einer verdeckten Sacheinlage in Absatz 4 Satz 1 setzt auf die in der Rechtsprechung übliche Definition auf, so dass insofern Kontinuität gewahrt bleibt. Die verdeckte Sacheinlage erfordert zwei Tatbestandmerkmale: die wirtschaftliche Entsprechung und die vorherige Abrede. Ist nur ein Tatbestandsmerkmal erfüllt, liegt eine verdeckte Sacheinlage nicht vor, die Bareinlage ist nicht zu beanstanden, der Vorgang ist dann möglicherweise nach § 30 zu beurteilen.

Entgegen teilweise geäußerten Forderungen verzichtet der Entwurf auf die Normierung einer festen Frist für den „zeitlichen Zusammenhang" zwischen der Übernahme der Geldeinlage und dem Verkehrsgeschäft, den die Rechtsprechung als Indiz für eine Abrede über den wirtschaftlichen Erfolg einer Sacheinlage wertet. Eine solche Frist wäre in jedem Fall leicht zu unterlaufen; zudem dürfte infolge der erheblichen Abmilderung der Rechtsfolgen verdeckter Sacheinlagen für den Gesellschafter zugleich das Bedürfnis nach einer entsprechenden Regelung sinken. Angesichts dessen würde eine solche ausdrückliche gesetzliche Fristenregelung eher eine zusätzliche Komplizierung des positiven Rechts anstelle einer Vereinfachung bringen. Die Rechtsprechung ist aber weiterhin frei, die Voraussetzungen der verdeckten Sacheinlage innerhalb der gegebenen Definition zu entwickeln und Beweisregeln mit Zeitfaktoren zu verbinden.

[zu Buchstabe b siehe Stellungnahme zu Art. 1 Nr. 8] **Stellungnahme BRat**

[zu Buchstabe b siehe Gegenäußerung zu Art. 1 Nr. 8] **Gegenäußerung BReg**

Fassung Rechtsausschuss	*[unverändert als Gesetzestext übernommen]*
Begründung Rechtsausschuss	**Zu Buchstabe c (Absätze 4 und 5)** **Zu Absatz 4** In Anlehnung an einen Vorschlag des Handelsrechtsausschusses des Deutschen Anwaltvereins wird für die verdeckte Sacheinlage statt der im Regierungsentwurf enthaltenen Erfüllungs- eine Anrechnungslösung vorgesehen. Danach soll künftig der Wert einer verdeckt eingebrachten Sacheinlage per Gesetz auf die Geldeinlagepflicht des Gesellschafters angerechnet werden. Die Anrechnung erfolgt automatisch, also ohne dass eine Willenserklärung einer Partei erforderlich wäre. Sie geschieht aber auch in dem Fall, in dem die Sacheinlage bereits vor Eintragung der Gesellschaft eingebracht worden ist, erst nach der Eintragung der Gesellschaft in das Handelsregister. Auf diese Weise ist klargestellt, dass einerseits der Geschäftsführer in der Anmeldung nach § 8 nicht versichern kann und darf, die Geldeinlage sei zumindest durch Anrechnung erloschen und damit erfüllt, und andererseits der Richter die Eintragung auch in dem Fall, dass der Wert der verdeckten Sacheinlage den Wert der geschuldeten Geldeinlage erreicht, die Eintragung nach § 9c ablehnen kann. Die verdeckte Sacheinlage wird damit gegenüber der Lösung im Regierungsentwurf stärker sanktioniert. **Zu Absatz 5** Die im Regierungsentwurf für § 8 Abs. 2 Satz 2 vorgesehene Regelung zur Fallgruppe des sog „Hin- und Herzahlens" wird in den § 19 Abs. 5 verschoben. Hierdurch wird die Sachnähe der Vorschrift zu der Regelung der Fälle der verdeckten Sacheinlage (Absatz 4) besser verdeutlicht. Künftig soll in den Fällen des Hin- und Herzahlens eine Erfüllungswirkung eintreten, wenn die Zahlung an den Gesellschafter durch einen vollwertigen Rückzahlungsanspruch gedeckt ist. Neu vorgesehen ist auf Anregung aus der Wissenschaft, dass der Rückzahlungsanspruch zur Sicherung der Kapitalaufbringung auch liquide in dem Sinne sein muss, dass er jederzeit fällig ist bzw. durch Kündigung seitens der Gesellschaft fällig gestellt werden kann. Denn beispielsweise bei einem erst nach längerer Zeit kündbaren Darlehen ist eine Prognose sehr unsicher, ob der Rückzahlungsanspruch tatsächlich vollwertig ist. Zudem ist das Hin- und Herzahlen in der Anmeldung der Gesellschaft offenzulegen, damit der Registerrichter prüfen kann, ob die Voraussetzungen einer Erfüllungswirkung trotzdem gegeben sind. Die nunmehr für Absatz 5 vorgesehene Regelung muss nicht zusätzlich durch eine ergänzende Regelung in § 8 flankiert werden. Wenn § 19 Abs. 5 unter den dort genannten Voraussetzungen eine Erfüllungswirkung anordnen, versteht es sich von selbst, dass diese nicht unter Berufung auf das Merkmal der „Leistung zur endgültigen freien Verfügung der Geschäftsführer" wieder in Frage gestellt werden kann.
Begründung RegE	**Zu Buchstabe d (Änderung von Absatz 6)** Es handelt sich um eine Folgeänderung zur Aufhebung des Absatzes 5.
Stellungnahme BRat	*[zu Buchstabe c und d siehe Stellungnahme zu Art. 1 Nr. 8]*
Gegenäußerung BReg	*[zu Buchstabe c und d siehe Gegenäußerung zu Art. 1 Nr. 8]*

II. Materialien zum MoMiG

Nr. 18	Gesetzestext

§ 22 wird wie folgt geändert:

a) Absatz 1 wird wie folgt gefasst:

„(1) Für eine von dem ausgeschlossenen Gesellschafter nicht erfüllte Einlageverpflichtung haftet der Gesellschaft auch der letzte und jeder frühere Rechtsvorgänger des Ausgeschlossenen, der im Verhältnis zu ihr als Inhaber des Geschäftsanteils gilt."

b) Absatz 3 wird wie folgt gefasst:

„(3) Die Haftung des Rechtsvorgängers ist auf die innerhalb der Frist von fünf Jahren auf die Einlageverpflichtung eingeforderten Leistungen beschränkt. Die Frist beginnt mit dem Tag, ab welchem der Rechtsnachfolger im Verhältnis zur Gesellschaft als Inhaber des Geschäftsanteils gilt."

[unverändert als Gesetzestext übernommen] — Text RegE

Zu Nummer 18 (Änderung von § 22) — Begründung RegE

Es handelt sich um eine Folgeänderung zu Nummer 15, verbunden mit einer sprachlichen Modernisierung.

Nr. 18a	Gesetzestext

[nicht in das Gesetz aufgenommen]

[nicht enthalten] — Text RegE

Nummer 15 — Stellungnahme BRat
Zu Artikel 1 Nr. 18a – neu – (§ 24 GmbHG), Nr. 21 (§ 31 Abs. 5 GmbHG)

Der Bundesrat bittet, im weiteren Verlauf des Gesetzgebungsverfahrens die Vorschriften über die Ausfallhaftung der Mitgesellschafter bei ausstehenden Einlagen und bei der Einlagenrückgewähr zu überarbeiten.

Begründung

Während § 24 GmbHG eine Ausfallhaftung der Gesellschafter für nach den §§ 21, 22 und 23 GmbHG nicht einbringliche Einlagebeträge begründet, richtet sich die Ausfallhaftung gemäß § 31 Abs. 3 GmbHG auf die Rückgewähr verbotener Leistungen (§ 31 Abs. 1 GmbHG). Hierbei handelt es sich jeweils um komplizierte Gebilde – mit zum Teil umständlichen Verfahren (vgl. etwa die der Haftung nach § 24 GmbHG vorgelagerte, meist nicht zielführende öffentliche Versteigerung von Geschäftsanteilen, § 23 GmbHG) –, die zudem rechtspolitisch umstritten, in der Literatur erheblicher Kritik ausgesetzt sind und den GmbH-Gesellschaftern ein finanzielles Risiko aufbürden, welches weder anfangs noch später durch den Betrag

MoMiG

ihrer Stammeinlagen oder ihres Geschäftsanteils begrenzt ist (vgl. dazu J. Meyer, Haftungsbeschränkung im Recht der Handelsgesellschaften, 2000, S. 529 ff., 542 ff.). Es bietet sich daher an, im Rahmen der GmbH-Reform auch diesen Bereich mit einzubinden.

Gegenäußerung BReg

Zu Nummer 15
Zu Artikel 1 Nr. 18a – neu –, 21 (§§ 24, 31 Abs. 3 GmbHG)

Die Bundesregierung wird im weiteren Verlauf des Gesetzgebungsverfahrens prüfen, ob und ggf. inwieweit eine Überarbeitung sinnvoll und erforderlich ist.

Gesetzestext

Nr. 19

In § 26 Abs. 1 werden die Wörter „den Betrag der Stammeinlagen" durch die Wörter „die Nennbeträge der Geschäftsanteile" ersetzt.

Text RegE

[unverändert als Gesetzestext übernommen]

Begründung RegE

Zu Nummer 19 (Änderung von § 26 Abs. 1)

Die Änderung folgt aus dem vorgeschlagenen § 3 Abs. 1 Nr. 4, nach dem die Angabe der Nennbeträge der Geschäftsanteile notwendiger Inhalt des Gesellschaftsvertrags ist.

Gesetzestext

Nr. 20

§ 30 Abs. 1 wird wie folgt gefasst:

„(1) Das zur Erhaltung des Stammkapitals erforderliche Vermögen der Gesellschaft darf an die Gesellschafter nicht ausgezahlt werden. Satz 1 gilt nicht bei Leistungen, die bei Bestehen eines Beherrschungs- oder Gewinnabführungsvertrags (§ 291 des Aktiengesetzes) erfolgen, oder durch einen vollwertigen Gegenleistungs- oder Rückgewähranspruch gegen den Gesellschafter gedeckt sind. Satz 1 ist zudem nicht anzuwenden auf die Rückgewähr eines Gesellschafterdarlehens und Leistungen auf Forderungen aus Rechtshandlungen, die einem Gesellschafterdarlehen wirtschaftlich entsprechen."

Text RegE

§ 30 Abs. 1 wird wie folgt gefasst:

„(1) Das zur Erhaltung des Stammkapitals erforderliche Vermögen der Gesellschaft darf an die Gesellschafter nicht ausgezahlt werden. Satz 1 gilt nicht bei Leistungen, die zwischen den Vertragsteilen eines Beherrschungs- oder Gewinnabführungsvertrags (§ 291 des Aktiengesetzes) erfolgen oder durch einen vollwertigen Gegenleistungs- oder Rückgewähranspruch gegen den Gesellschafter gedeckt sind. Satz 1 ist zudem nicht anzuwenden auf die Rückgewähr eines Gesellschafterdarlehens und Leistungen auf Forderungen aus Rechtshandlungen, die einem Gesellschafterdarlehen wirtschaftlich entsprechen."

Zu Nummer 20 (Neufassung von § 30 Abs. 1)

Zu Satz 2 -neu-

Begründung RegE

Die Ergänzung des § 30 Abs. 1 durch einen zweiten Satz (und parallel die Änderung des § 57 AktG) erfolgt vor dem Hintergrund der Unsicherheit über die Zulässigkeit von Darlehen und anderen Leistungen mit Kreditcharakter durch die GmbH an Gesellschafter („upstream-loans") im Allgemeinen und der in Konzernen sehr verbreiteten Praxis des sog. cash-pooling im Besonderen. Die Praxis des cash-pooling ist im Grundsatz ökonomisch sinnvoll und dient regelmäßig auch dem Interesse von Konzerntöchtern. Die Anwendung der Kapitalerhaltungsregeln auf das cash-pooling kann abhängig von ihrer Interpretation international tätige Konzerne vor erhebliche praktische Schwierigkeiten stellen. Dies wurde unter anderem in der Folge der neueren Rechtsprechung des Bundesgerichtshofs (II ZR 171/01 vom 24. November 2003) deutlich. Es entstand erhebliche Rechtsunsicherheit für die Praxis.

Der BGH hat in seinem Urteil vom 24. November 2003 ausgeführt, dass Kreditgewährungen an Gesellschafter, die nicht aus Rücklagen oder Gewinnvorträgen, sondern zulasten des gebundenen Vermögens der GmbH erfolgen, auch dann als verbotene Auszahlungen von Gesellschaftsvermögen zu bewerten sind, wenn der Rückzahlungsanspruch gegen den Gesellschafter im Einzelfall vollwertig sein sollte.

Der Entwurf greift die in der Diskussion aufgeworfenen Sorgen der Praxis auf. Eine besondere Unsicherheit war durch den Streit darüber entstanden, ob und wann bei einem Synallagma der Gegenanspruch und bei einer Auszahlung mit Kreditcharakter der Rückerstattungsanspruch gegen den Gesellschafter nicht in Ansatz gebracht werden darf. In allen Fällen nämlich, in denen die vertragliche Leistung an den Gesellschafter durch einen vollwertigen Gegenleistungs- oder Rückerstattungsanspruch gegen diesen gedeckt wird, kann es zur Annahme einer verbotenen Auszahlung nur kommen, wenn man den Anspruch auf Gegenleistung oder Rückerstattung geistig ausblendet, also Abschied nimmt von der bilanziellen Betrachtungsweise. Dies würde aber zugleich den Schutz des § 30 von einem Vermögensschutz zu einem gegenständlichen Schutz erweitern. In § 30 Abs. 1 Satz 1 heißt es jedoch, dass „das Vermögen" nicht ausgezahlt werden darf. Das ist auch in der Sache zutreffend. Das Stammkapital ist eine bilanzielle Ausschüttungssperre. Der Entwurf kehrt daher eindeutig zum bilanziellen Denken zurück. Für die Berechnung gelten die allgemeinen Bilanzierungsgrundsätze. Bei einer Leistung, die durch einen vollwertigen Gegenleistungs- oder Rückerstattungsanspruch gedeckt wird, wird danach ein Aktivtausch vorgenommen. Die Durchsetzbarkeit der Forderung ist Teil der Definition des Begriffs der Vollwertigkeit und bedarf daher keiner besonderen Erwähnung. Spätere nicht vorhersehbare negative Entwicklungen der Forderung gegen den Gesellschafter und bilanzielle Abwertungen führen nicht nachträglich zu einer verbotenen Auszahlung. Es kann dann aber ein Sorgfaltspflichtverstoß des Geschäftsführers gegeben sein, der diese Forderungen stehen ließ, obwohl er sie hätte einfordern können. Spätere Abwertungen können auch zur Verlustanzeigepflicht nach § 49 Abs. 3 führen.

Die Vorschrift will es den Gesellschaften erleichtern, mit ihren Gesellschaftern – vor allem auch im Konzern – alltägliche und wirtschaftlich sinnvolle Leistungsbeziehungen zu unterhalten und abzuwickeln. Diese muss das Gesetz reibungslos ermöglichen. Daher kehrt der Entwurf zur bilanziellen Betrachtungsweise zurück, die bis zum November 2003 problemlos anerkannt war. Keineswegs soll diese klärende Regelung das Ausplündern von Gesellschaften ermöglichen oder erleichtern. Dies wird durch die ausdrückliche Einführung des Vollwertigkeits- und des Deckungsgebots gewährleistet. Die Vollwertigkeit der Rückzahlungsforderung ist eine nicht geringe Schutzschwelle. Ist der Gesellschafter z. B. eine mit geringen Mitteln ausgestattete Erwerbsgesellschaft oder ist die Durchsetzbarkeit der Forderung aus anderen Gründen absehbar in Frage gestellt, dürfte die Vollwertigkeit regel-

MoMiG

mäßig zu verneinen sein. Das Deckungsgebot bedeutet, dass bei einem Austauschvertrag der Zahlungsanspruch gegen den Gesellschafter nicht nur vollwertig sein muss, sondern auch wertmäßig nach Marktwerten und nicht nach Abschreibungswerten den geleisteten Gegenstand decken muss. Die Gläubigerschutzvorschrift des § 30 ist im Übrigen vor dem Hintergrund anderer Schutzinstrumente im Gesellschaftsrecht zu sehen, dem Deliktsrecht, den Rechtsprechungsregeln über den existenzvernichtenden Eingriff, der Geschäftsführerhaftung nach § 43 und der Insolvenzanfechtung. Sie ist auch vor dem Hintergrund des neuen § 64 Abs. 2 zu sehen, der ausdrücklich und zielgenau Ausplünderungen durch Gesellschafter im Vorfeld der Insolvenz adressiert.

Für die Prüfung, ob eine Auszahlung nach Satz 1 vorliegt, dürfen Rückzahlungsansprüche, die sich aus einer Verletzung des Satzes 1 ergeben, natürlich nicht in Ansatz gebracht werden. Das bedarf deshalb keiner ausdrücklichen Erwähnung, da es keine sinnvolle Annahme ist, das Gesetz regele einen Zirkelschluss.

Fassung Rechtsausschuss

[unverändert als Gesetzestext übernommen]

Begründung Rechtsausschuss

Zu Nummer 20 (§ 30 Abs. 1)

Auf Anregung aus der Praxis wird die Ausnahme von dem Kapitalerhaltungsgebot des § 30 Abs. 1 Satz 1 (bzw. parallel die Regelung in § 57 Abs. 1 AktG, vgl. Artikel 5 Nr. 5) bei Bestehen eines Beherrschungs- oder Gewinnabführungsvertrags zwischen Gesellschafter und Gesellschaft nicht auf Leistungen „zwischen den Vertragsteilen" beschränkt. Oft geht es um Leistungen an Dritte auf Veranlassung des herrschenden Unternehmens, beispielsweise an andere Konzernunternehmen oder an Unternehmen, die mit dem herrschenden Unternehmen oder anderen Konzernunternehmen in Geschäftsverbindungen stehen Die neue Formulierung („bei Bestehen") stellt sicher, dass auch solche Leistungen vom Verbot der Einlagenrückgewähr freigestellt sind.

Begründung RegE

Zu Satz 3 -neu-

Durch die Anfügung eines neuen Satz 3 soll die Fortgeltung der sog. Rechtsprechungsregeln zu den eigenkapitalersetzenden Gesellschafterdarlehen aufgegeben werden, indem generell angeordnet wird, dass Gesellschafterdarlehen und gleichgestellte Leistungen nicht wie haftendes Eigenkapital zu behandeln sind. Die Rechtsfigur des eigenkapitalersetzenden Gesellschafterdarlehens wird damit aufgegeben. Tilgungsleistungen auf solche Forderungen können folglich keine nach Satz 1 verbotenen Auszahlungen des zur Erhaltung des Stammkapitals erforderlichen Vermögens sein.

Durch den Verzicht auf die Rechtsprechungsregelungen zu eigenkapitalersetzenden Gesellschafterdarlehen und den gleichzeitigen Ausbau der sog. Novellen-Regelungen (vgl. insbesondere Artikel 9 Nr. 5, 6, 8 und 9 sowie Artikel 11) wird die Rechtslage erheblich einfacher und übersichtlicher gestaltet. Wie der BGH, der damit den durch diesen Entwurf eingeschlagenen Weg bereits vorzeichnet, in seiner neuesten Rechtsprechung selbst ausführt, dient eine entsprechende Neugestaltung „größerer Rechtssicherheit und einfacherer Handhabbarkeit der Eigenkapitalgrundsätze" (Urteil vom 30. Januar 2006, II ZR 357/03).

Als Konsequenz der Aufgabe der Rechtsprechungsregeln kann künftig die Rückzahlung eines Gesellschafterdarlehens nicht mehr unter Berufung auf eine analoge Anwendung des § 30 verweigert werden. Ernst zu nehmende Schutzlücken entstehen dadurch nicht oder werden durch flankierende Regelungen im Anfechtungsrecht geschlossen. Die Rückzahlung des Gesellschafterkredits ist während des

II. Materialien zum MoMiG

normalen Lebens der Gesellschaft grundsätzlich unproblematisch und wird erst in der Insolvenz kritisch, so dass es wenig Bedarf für andere Instrumente gibt; zudem werden Zahlungen im Vorfeld der Insolvenz regelmäßig im Ein-Jahreszeitraum vor der Insolvenz stattfinden und damit von § 135 InsO erfasst. Des Weiteren ist zugunsten der Gläubiger für den Fall der Anfechtung außerhalb des Insolvenzverfahrens eine Korrektur der Anfechtungsfrist nach § 6 AnfG vorgesehen. Auch wird im Anfechtungsgesetz eine Schutzlücke geschlossen, die die durch das Fehlen einer dem geltenden § 32b entsprechenden Regelung bedingt war (vgl. Artikel 11 Nr. 1). Zuletzt ist auf die geplante Neuregelung in § 64 Satz 3 hinzuweisen, die schon die Zahlungsunfähigkeit herbeiführende Leistungen an Gesellschafter dem Zahlungsverbot unterwirft.

Nr. 21 — Gesetzestext

[Entfallen]

In § 31 Abs. 5 Satz 3 wird die Angabe „§ 19 Abs. 6 Satz 2" durch die Angabe „§ 19 Abs. 5 Satz 2" ersetzt. — Text RegE

Zu Nummer 21 (Änderung von § 31 Abs. 5) — Begründung RegE
Es handelt sich um eine Folgeänderung zu Nummer 17 Buchstabe d.

[siehe Stellungnahme zu Art. 1 Nr. 18a] — Stellungnahme BRat

[siehe Gegenäußerung zu Art. 1 Nr. 18a] — Gegenäußerung BReg

Zu Nummer 21 (§ 31 Abs. 5) — Begründung Rechtsausschuss
Redaktionelle Folgeänderung aufgrund der unter Nummer 17 vorgesehenen Verschiebung der Regelung zum Hin- und Herzahlen in § 19 Abs. 5 und dem damit einhergehenden Verbleib der Verjährungsregelung in § 19 Abs. 6.

Nr. 22 — Gesetzestext

Die §§ 32a und 32b werden aufgehoben.

[unverändert als Gesetzestext übernommen] — Text RegE

Zu Nummer 22 (Aufhebung der §§ 32a und 32b) — Begründung RegE
Die Regelungen zu den Gesellschafterdarlehen werden in das Insolvenzrecht verlagert, wo sie systematisch auch hingehören (vgl. insbesondere Artikel 9 Nr. 5, 6, 8 und 9). Zugleich werden damit Regelungs-Redundanzen zwischen GmbH-Recht und Insolvenzrecht abgebaut. Das Anliegen von § 32a Abs. 1 ist der Sache nach seit Inkrafttreten der InsO 1999 dort in § 39 geregelt. Auf die Qualifizierung „kapitalersetzend" wird künftig verzichtet. Das bedeutet eine erhebliche Vereinfachung des Rechts der GmbH, das sich an die mittelständische Wirtschaft richtet und folglich vor allem einfach und leicht handhabbar sein soll. Grundgedanke der Regelung ist, dass die Organe und Gesellschafter der gesunden GmbH einen einfa-

MoMiG

chen und klaren Rechtsrahmen vorfinden. Rückzahlungen auf Gesellschafterdarlehen werden überhaupt erst ein Jahr vor und in der Insolvenz der Gesellschaft kritisch.

Gesetzestext

Nr. 23

§ 35 wird wie folgt geändert:

a) Dem Absatz 1 wird folgender Satz angefügt:

„Hat eine Gesellschaft keinen Geschäftsführer (Führungslosigkeit), wird die Gesellschaft für den Fall, dass ihr gegenüber Willenserklärungen abgegeben oder Schriftstücke zugestellt werden, durch die Gesellschafter vertreten."

b) Absatz 2 wird wie folgt gefasst:

„(2) Sind mehrere Geschäftsführer bestellt, sind sie alle nur gemeinschaftlich zur Vertretung der Gesellschaft befugt, es sei denn, dass der Gesellschaftsvertrag etwas anderes bestimmt. Ist der Gesellschaft gegenüber eine Willenserklärung abzugeben, genügt die Abgabe gegenüber einem Vertreter der Gesellschaft nach Absatz 1. An die Vertreter der Gesellschaft nach Absatz 1 können unter der im Handelsregister eingetragenen Geschäftsanschrift Willenserklärungen abgegeben und Schriftstücke für die Gesellschaft zugestellt werden. Unabhängig hiervon können die Abgabe und die Zustellung auch unter der eingetragenen Anschrift der empfangsberechtigten Person nach § 10 Abs. 2 Satz 2 erfolgen."

Text RegE

§ 35 wird wie folgt geändert:

a) Dem Absatz 1 wird folgender Satz angefügt:

„Hat eine Gesellschaft keinen Geschäftsführer (Führungslosigkeit), wird die Gesellschaft für den Fall, dass ihr gegenüber Willenserklärungen abgegeben oder Schriftstücke zugestellt werden, durch die Mitglieder des Aufsichtsrats (§ 52) oder, wenn kein Aufsichtsrat bestellt ist, durch die Gesellschafter vertreten."

b) Absatz 2 wird wie folgt gefasst:

„(2) Sind mehrere Geschäftsführer bestellt, sind sie alle nur gemeinschaftlich zur Vertretung der Gesellschaft befugt, es sei denn, dass der Gesellschaftsvertrag etwas anderes bestimmt. Ist der Gesellschaft gegenüber eine Willenserklärung abzugeben, genügt die Abgabe gegenüber einem Vertreter der Gesellschaft nach Absatz 1. An die Vertreter der Gesellschaft nach Absatz 1 können unter der im Handelsregister eingetragenen Geschäftsanschrift Willenserklärungen abgegeben und Schriftstücke für die Gesellschaft zugestellt werden. Unabhängig hiervon kann die Zustellung auch unter der eingetragenen Anschrift der empfangsberechtigten Person nach § 10 Abs. 2 Satz 2 erfolgen."

Zu Nummer 23 (Änderung von § 35)
Zu Buchstabe a (Änderung von Absatz 1)

Mit der Ergänzung des § 35 Abs. 1 wird insbesondere dem Fall vorgebeugt, dass die Gesellschafter versuchen, durch eine Abberufung der Geschäftsführer Zustellungen und den Zugang von Erklärungen an die Gesellschaft zu vereiteln. Dieser Praxis wird nunmehr ein Riegel vorgeschoben, indem für den Fall der – vorliegend legal definierten – „Führungslosigkeit" der Gesellschaft jeder einzelne Gesellschafter ersatzweise zum Empfangsvertreter für die Gesellschaft wird. Sollte für die GmbH ein Aufsichtsrat im Sinne des § 52 bestellt sein, so vertreten die Mitglieder des Aufsichtsrats die Gesellschaft anstelle der Geschäftsführer entsprechend.

Verhindert wird hierdurch insbesondere, dass der Gesellschaft im Fall der Vertreterlosigkeit (Führungslosigkeit) nicht mehr zugestellt werden kann. § 170 Abs. 1 Satz 2 ZPO bestimmt, dass eine Zustellung an die Gesellschaft selbst als nicht prozessfähige Person unwirksam ist. Vielmehr muss an den gesetzlichen oder rechtsgeschäftlichen Vertreter zugestellt werden, vgl. § 170 Abs. 1 Satz 1, § 171 Satz 1 ZPO. Ist ein solcher jedoch nicht vorhanden, so scheitern die Gläubiger der Gesellschaft bei der Verfolgung ihrer Ansprüche regelmäßig schon daran, dass Zustellungen gegenüber der Gesellschaft nicht bewirkt werden können.

In diesen Fällen würde den Gläubigern auch die Vorschrift des § 185 Nr. 2 ZPO-E nicht weiterhelfen, da § 170 Abs. 1 Satz 2 ZPO einer öffentlichen Zustellung entgegensteht. Durch die inländische Geschäftsanschrift wird lediglich ein Ort, an dem Zustellungen möglich sind (vgl. Buchstabe b), in das Register aufgenommen. Hierdurch allein ist den Gläubigern jedoch nicht gedient, wenn die Gesellschaft führungslos ist, da in diesem Fall keine Person vorhanden ist, der mit Wirkung für die Gesellschaft wirksam zugestellt werden kann. Da von der Eintragung einer weiteren Empfangsperson auch abgesehen werden kann, bringt diese Möglichkeit allein noch keine Besserung der Situation.

Demgegenüber schafft die Änderung des § 35 Abs. 1 Abhilfe, indem bei Führungslosigkeit der Gesellschaft die Gesellschafter bzw. die Mitglieder des Aufsichtsrats zu Empfangsvertretern für die Gesellschaft bestimmt werden. Es kommt für die Wirkung der Norm nicht darauf an, ob die Gesellschafter von der Führungslosigkeit Kenntnis haben.

Begründung RegE

[unverändert als Gesetzestext übernommen]

Fassung Rechtsausschuss

Zu Nummer 23 (§ 35)
Zu Buchstabe a (Absatz 1)

Der Regierungsentwurf sieht vor, dass die GmbH im Fall der Führungslosigkeit durch die Mitglieder des Aufsichtsrats oder, wenn ein solcher nicht besteht, durch die Gesellschafter vertreten wird. Auf die Vertretung durch Mitglieder des Aufsichtsrats soll wegen der dabei bestehenden Schwierigkeiten, auf die aus der Praxis hingewiesen wurde, verzichtet werden; insofern erfolgt dann auch ein Gleichlauf zu der vorgesehenen Regelung zur Insolvenzantragspflicht (vgl. § 15a Abs. 3 InsO-E, Artikel 9 Nr. 3).

Begründung Rechtsausschuss

MoMiG

Begründung RegE

Zu Buchstabe b (Änderung von Absatz 2)

Durch die Neufassung des Satzes 1 wird § 35 Abs. 2 von überflüssigen Regelungen befreit und klarer formuliert.

Die Neufassung von Satz 2, der die bisherige Regelung in Satz 3 aufgreift, stellt eine Folgeänderung zu Buchstabe a dar.

Durch die Regelungen des neugefassten Satzes 3 sowie des neuen Satzes 4 wird das Verfahren des Zugangs von Willenserklärungen sowie für Zustellungen an die Vertreter der Gesellschaft deutlich vereinfacht. Alle Vertreter der Gesellschaft sind nun unter der eingetragenen Geschäftsanschrift zu erreichen. Unter dieser Geschäftsanschrift können Schriftstücke für die Gesellschaft ohne weiteres an sie zugestellt werden. Hierdurch findet eine Kanalisation auf diese Geschäftsanschrift statt, unter der, solange dort tatsächlich ein Geschäftslokal besteht oder der zurechenbare Rechtsschein eines Geschäftsraums gesetzt worden ist, wirksam Willenserklärungen zugehen und Zustellungen bewirkt werden können. Sollte hier eine Zustellung unmöglich sein, so droht den Gesellschaften künftig die Zustellung im Wege der öffentlichen Bekanntgabe nach § 185 Nr. 2 ZPO-E (vgl. die Ausführungen zu Artikel 8).

Die vorgesehene Regelung zum Zugang von Willenserklärungen (§ 35 Abs. 2 Satz 3, 1. Alt.) begründet eine unwiderlegliche Vermutung, dass unter der eingetragenen Adresse ein Vertreter der Gesellschaft erreicht werden kann. Irrelevant für den Zugang einer Willenserklärung ist also – wie auch sonst – die tatsächliche Kenntnisnahme; die Vermutung bezieht sich daher auf die Möglichkeit der Kenntnisnahme. Irrelevant ist folglich ebenfalls der dem Erklärenden bekannte Umstand, dass die Vertreter der Gesellschaft sich dauerhaft im Ausland aufhalten oder untergetaucht sind.

Für die Abgabe der Willenserklärung gegenüber der Gesellschaft unter der eingetragenen Geschäftsanschrift ist zudem ohne Bedeutung, ob der Vertreter der Gesellschaft zutreffend bezeichnet wird. Entscheidend ist allein, dass erkennbar zum Ausdruck kommt, dass die Willenserklärung gegenüber der Gesellschaft abgegeben wird. Es ist daher nicht erforderlich, dass der Erklärende weiß, dass ein Fall der Führungslosigkeit vorliegt.

Obwohl es den im Inland tätigen Gesellschaften obliegt, ihren Geschäftspartnern gegenüber erreichbar zu sein, und bei der Verletzung dieser Verpflichtung der sofortige Übergang zur öffentlichen Zustellung nicht unangemessen erscheint, wird den Gesellschaften die Möglichkeit eingeräumt, diese drastische Konsequenz abzuwenden. Künftig eröffnet § 10 Abs. 2 Satz 2 den Gesellschaften den Weg der Eintragung einer zusätzlichen Person nebst Anschrift in das Handelsregister (vgl. die Begründung zu Nummer 13). Dieser weiteren empfangsberechtigten Person kann jederzeit zugestellt werden, unabhängig davon, ob eine Zustellung an die Vertreter der Gesellschaft unter der Geschäftsanschrift möglich ist. Diese Variante bietet dem Gläubiger eine zusätzliche Möglichkeit der Zustellung an die Gesellschaft.

Für die Gesellschaft aber bedeutet die Eintragung einer weiteren Empfangsperson eine zweite Chance zur Kenntniserlangung von einem zuzustellenden Schriftstück, bevor der Gläubiger den Schritt der öffentlichen Bekanntgabe gehen kann (vgl. § 185 Nr. 2 ZPO-E). Doch bleibt es allein den Gesellschaften überlassen, sich gegen öffentliche Zustellungen in dieser Weise abzusichern. Die Kann-Vorschrift der Zustellungsmöglichkeit an die Empfangsperson eröffnet folglich eine zusätzliche Option, von der die durchschnittliche GmbH keinen Gebrauch machen wird. An diese Person kann nur zugestellt werden, wenn eine solche überhaupt in das Handelsregister eingetragen wurde. Verpflichtet zur Zustellung an die Person ist der Gläubiger nur nach Maßgabe von § 185 Nr. 2 ZPO-E, wenn die öffentliche Bekanntgabe beantragt werden soll.

II. Materialien zum MoMiG

Nummer 16

Zu Artikel 1 Nr. 23 Buchstabe b (§ 35 Abs. 2 GmbHG), Artikel 5 Nr. 7 Buchstabe b (§ 78 Abs. 2 AktG)

Stellungnahme BRat

Der Bundesrat bittet, im weiteren Verlauf des Gesetzgebungsverfahrens zu prüfen, ob die Berechtigung des Geschäftsführers zur Einzelvertretung sowie die Befreiung von § 181 BGB als gesetzliche Regelfälle in das Gesellschaftsrecht aufgenommen werden sollten.

Begründung

Derzeit ist die Geltung von § 181 BGB sowie die Gesamtvertretung durch alle Geschäftsführer bzw. Vorstände gemeinschaftlich die im Gesetz vorgesehene Regel. In der Praxis werden jedoch in der weit überwiegenden Zahl der Fälle die Geschäftsführer bzw. Vorstände von § 181 BGB befreit und ihnen die Befugnis zur Einzelvertretung eingeräumt. Beide Umstände müssen jeweils im Handelsregister eingetragen werden.

Eine Vereinfachung in einer Vielzahl von Fällen lässt sich dadurch erreichen, dass man die gesetzliche Regelung an die Praxis anpasst. Das Gesetz sollte hierfür von dem Regelfall ausgehen, dass ein Geschäftsführer bzw. Vorstand grundsätzlich zur Einzelvertretung berechtigt und von den Beschränkungen des § 181 BGB in beiden Richtungen befreit ist. Entsprechende Gesellschafterbeschlüsse über die Vertretung nach außen, Registeranmeldungen und die Eintragung im Handelsregister würden sich dadurch in den meisten Fällen erübrigen. Sofern ausnahmsweise das Prinzip der Gesamtvertretung durch mehrere Geschäftsführer bzw. Vorstände, die Geltung von § 181 BGB oder eine sonstige zulässige Gestaltung der Vertretungsmacht gewünscht ist, kann dies entsprechend geregelt und die jeweilige Beschränkung mit Wirkung nach außen im Handelsregister eingetragen werden.

Die vorgeschlagene Regelung hätte darüber hinaus den entscheidenden Vorteil, dass der handelnde Geschäftsführer bzw. Vorstand das, was in der Praxis der Regelfall ist, nicht mehr umständlich nachweisen müsste. Gleichzeitig bliebe die gebotene Flexibilität für abweichende Vereinbarungen erhalten. Die registergerichtliche Prüfung im Rahmen der Neugründung einer GmbH sowie bei Veränderungen in der Geschäftsführung könnte dadurch deutlich vereinfacht und das Registerverfahren somit gestrafft werden.

Für die bereits eingetragenen Gesellschaften könnte eine Übergangslösung dergestalt geschaffen werden, dass bei diesen vorbehaltlich einer anderweitigen Anmeldung die bisherige Vertretungsregelung und die Geltung von § 181 BGB im Handelsregister innerhalb einer gewissen Frist eingetragen werden.

Zu Nummer 16 *[der Stellungnahme des Bundesrates]*

Zu Artikel 1 Nr. 23 Buchstabe b (§ 35 Abs. 2 GmbHG), Artikel 5 Nr. 7 Buchstabe b (§ 78 Abs. 2 AktG)

Gegenäußerung BReg

Die Bundesregierung teilt die Auffassung des Bundesrates, dass die Rechtslage bezüglich der Berechtigung zur Einzelvertretung und der Befreiung des Geschäftsführers oder Vorstands von den Beschränkungen des § 181 BGB an die Praxis angepasst werden sollte. Sie wird hierzu im weiteren Gesetzgebungsverfahren konkrete Formulierungsvorschläge vorlegen.

MoMiG

Fassung Rechtsausschuss	*[unverändert als Gesetzestext übernommen]*
Begründung Rechtsausschuss	Zu Buchstabe b (Absatz 2) Vgl. die Ausführungen zu Nummer 13.
Gesetzestext	c) Absatz 3 wird aufgehoben. d) Absatz 4 wird Absatz 3.
Text RegE	*[unverändert als Gesetzestext übernommen]*
Begründung RegE	Zu den Buchstaben c und d (Aufhebung von Absatz 3) Auf die Zeichnungsregeln soll zum Zwecke der Deregulierung verzichtet werden. Klarheit und Sicherheit des Rechtsverkehrs, denen die Zeichnungsregeln dienen, werden durch die allgemeinen Vertretungsregeln der §§ 164 ff. BGB hinreichend gewährleistet. Denn aus diesen ergibt sich, dass die Gesellschaft nur dann wirksam vertreten wird, wenn die Willenserklärung erkennbar in ihrem Namen abgegeben wird.
Gesetzestext	**Nr. 24** In § 35a Abs. 4 Satz 1 werden nach den Wörtern „Absätze 1 bis 3" die Wörter „für die Angaben bezüglich der Haupt- und der Zweigniederlassung" eingefügt.
Text RegE	*[unverändert als Gesetzestext übernommen]*
Begründung RegE	Zu Nummer 24 (Änderung von § 35a Abs. 4) Durch die Änderung wird klargestellt, dass auch inländische Zweigniederlassungen ausländischer Gesellschaften künftig die Angaben nach § 35a Abs. 1 bis 3 auf ihren Geschäftsbriefen machen müssen, und zwar in Form einer doppelten Angabeverpflichtung. Diese bezieht sich sowohl auf die ausländische Haupt- als auch auf die inländische Zweigniederlassung. Damit soll der bisherige Meinungsstreit über das Bestehen einer doppelten Angabeverpflichtung zugunsten einer Stärkung der Transparenz und des Gläubigerschutzes entschieden werden. Die Neuregelung ist vereinbar mit der „Zweigniederlassungsrichtlinie" (89/666/EWG) und stellt eine europarechtskonforme Berücksichtigung der aktuellen EuGH-Rechtsprechung dar. Die Pflichtangaben der Gesellschaft auf den Geschäftsbriefen und Bestellscheinen ergeben sich aus dem ausländischen Recht bzw. auch aus der 1. Gesellschaftsrechtlichen Richtlinie (68/151/EWG, „Publizitätsrichtlinie"). Die Angaben haben in deutscher Sprache zu erfolgen. Deutsche Gesellschaften mit beschränkter Haftung und Auslandsgesellschaften werden damit in vollem Umfang gleichbehandelt.

Nr. 25 — Gesetzestext

§ 36 wird aufgehoben.

[unverändert als Gesetzestext übernommen] — Text RegE

Zu Nummer 25 (Aufhebung von § 36) — Begründung RegE
§ 36 stimmt inhaltlich mit § 164 Abs. 1 BGB überein und ist daher überflüssig.

Nr. 26 — Gesetzestext

In § 39 Abs. 3 Satz 1 werden die Wörter „§ 6 Abs. 2 Satz 3 und 4" durch die Wörter „§ 6 Abs. 2 Satz 2 Nr. 2 und 3 sowie Satz 3" ersetzt.

[unverändert als Gesetzestext übernommen] — Text RegE

Zu Nummer 26 (Änderung von § 39 Abs. 3) — Begründung RegE
Es handelt sich um eine Folgeänderung zu Nummer 7.

Nr. 27 — Gesetzestext

§ 40 wird wie folgt geändert:

a) Absatz 1 wird wie folgt gefasst:

„(1) Die Geschäftsführer haben unverzüglich nach Wirksamwerden jeder Veränderung in den Personen der Gesellschafter oder des Umfangs ihrer Beteiligung eine von ihnen unterschriebene Liste der Gesellschafter zum Handelsregister einzureichen, aus welcher Name, Vorname, Geburtsdatum und Wohnort der letzteren sowie die Nennbeträge und die laufenden Nummern der von einem jeden derselben übernommenen Geschäftsanteile zu entnehmen sind. Die Änderung der Liste durch die Geschäftsführer erfolgt auf Mitteilung und Nachweis."

b) Nach Absatz 1 wird folgender Absatz 2 eingefügt:

„(2) Hat ein Notar an Veränderungen nach Absatz 1 Satz 1 mitgewirkt, hat er unverzüglich nach deren Wirksamwerden ohne Rücksicht auf etwaige später eintretende Unwirksam-

MoMiG

keitsgründe die Liste anstelle der Geschäftsführer zu unterschreiben, zum Handelsregister einzureichen und eine Abschrift der geänderten Liste an die Gesellschaft zu übermitteln. Die Liste muss mit der Bescheinigung des Notars versehen sein, dass die geänderten Eintragungen den Veränderungen entsprechen, an denen er mitgewirkt hat, und die übrigen Eintragungen mit dem Inhalt der zuletzt im Handelsregister aufgenommenen Liste übereinstimmen."

c) Der bisherige Absatz 2 wird Absatz 3 und nach dem Wort „haften" werden die Wörter „denjenigen, deren Beteiligung sich geändert hat, und" eingefügt.

Text RegE *[unverändert als Gesetzestext übernommen]*

Begründung RegE

Zu Nummer 27 (Änderung von § 40)

Bei der Aufnahme des Erfordernisses, die Geschäftsanteile durchgehend zu nummerieren, handelt es sich um eine Folgeänderung zu Nummer 9 Buchstabe a Doppelbuchstabe aa.

Im Übrigen kann es bei der herkömmlichen Gesellschafterliste bleiben. Dies minimiert auch den Prüfungsaufwand bei den Registergerichten. Da aber an die Gesellschafterliste, die über mehrere Jahre unrichtig und zudem widerspruchslos geblieben ist, die Möglichkeit des gutgläubigen Erwerbs geknüpft ist, soll die Richtigkeitsgewähr der Liste erhöht werden.

Der Entwurf macht nicht den Vorschlag, die Gesellschafter der Eintragungspflicht in das Handelsregister zu unterwerfen. Unverändert bleibt die Pflicht der Geschäftsführer, die Liste neu zu formulieren und zu unterzeichnen. Gemäß Absatz 3 haften die Geschäftsführer bei schuldhaft falscher Ausfertigung der Liste denjenigen auf Schadensersatz, deren Beteiligung sich geändert hat – im Fall einer Anteilsübertragung also sowohl dem Erwerber als auch dem Veräußerer. Nach Absatz 1 Satz 2 erfolgt die Änderung der Liste – entsprechend der Regelung beim Aktienregister (§ 67 Abs. 3 AktG) – auf Mitteilung und Nachweis. Den Geschäftsführern obliegt daher eine Prüfpflicht. Dadurch sollte im Regelfall die gebotene Sorgfalt bei Abgabe der Liste gewährleistet sein. Das Registergericht nimmt die Listen lediglich entgegen und hat keine inhaltliche Prüfungspflicht.

Ein besonderes Eintragungsrecht gegenüber dem Registergericht benötigen die Gesellschafter hingegen nicht. Erlangt das Registergericht glaubhafte Kenntnis davon, dass die Geschäftsführer ihrer Verpflichtung zur Aktualisierung der Gesellschafterliste nicht nachkommen, kann es sie nach § 132 Abs. 1 FGG dazu anhalten, eine neue Liste einzureichen. Diese Kenntnis kann dem Registergericht auch dadurch vermittelt werden, dass der Veräußerer oder der Erwerber dem Registergericht die Abtretung mitteilt. Veräußerer und Erwerber sind demnach nicht schutzlos, wenn sie Zweifel daran haben, ob der Geschäftsführer eine neue Liste zum Register gereicht hat. Darüber hinaus ist nach der vorgesehenen Neufassung des § 40 Abs. 2 der Notar zur Einreichung einer aktualisierten Gesellschafterliste verpflichtet, sofern er an der Veränderung mitgewirkt hat. Ferner kann ein Dritter, der sich eines Anteils berühmt, die Zuordnung eines Widerspruchs herbeiführen.

Durch die vorgesehene Neufassung des § 40 Abs. 2 soll nun der Notar verstärkt in die Aktualisierung der Gesellschafterliste einbezogen werden. Nicht gemeint sind

Fälle, in denen ein Notar selbst Gesellschafter war oder wird, also Beteiligter ist. In den meisten Fällen der Veränderung der Personen oder der Beteiligungshöhe wirkt ein Notar in amtlicher Eigenschaft mit. Diese historische Ausgangslage wird vom vorliegenden Entwurf nicht geändert. Es bietet sich unter dieser Voraussetzung aber an, dass der z. B. an einer Abtretung eines Geschäftsanteils mitwirkende Notar zugleich dafür Sorge trägt, dass die Einreichung der neuen Liste vollzogen wird. Dadurch wird das Verfahren besonders einfach und unbürokratisch und die Änderung der Gesellschafterliste kann gelegentlich der Abtretungsbeurkundung gleich miterledigt werden. Schon bisher war der Notar zu einer Mitteilung an das Registergericht verpflichtet. Die bisherige Regelung in § 40 Abs. 1 Satz 2 war aber unbefriedigend, da die Mitteilung an das Gericht erstens redundant war und die eigentliche geänderte Liste nicht ersetzte, zweitens nach Meinung mancher nur einen bloßen Hinweis ohne Nennung der betroffenen Personen enthielt und drittens bereits vor Wirksamkeit einer Abtretung erfolgte, also möglicherweise ins Leere ging, wenn die Abtretung nachträglich am Nichteintritt einer Bedingung o. ä. noch scheiterte. Es ist daher sinnvoll und drängt sich zur Vereinfachung der Verfahrensabläufe im Interesse aller Beteiligten geradezu auf, mit der Abtretung zugleich auch die Folgeformalien mit zu erledigen. Ohne Eintragung in der Gesellschafterliste wird der neue Gesellschafter relativ zur Gesellschaft nicht berechtigt. Also muss die Berichtigung der Liste ohnehin in engem zeitlichen Zusammenhang mit dem Wirksamwerden der Abtretung erledigt werden.

Die Formulierung „anstelle" in § 40 Abs. 2 Satz 1 stellt klar, dass die Erstellung und die Einreichung der Liste allein im Verantwortungsbereich des Notars liegen. Hat ein Notar an einer Veränderung mitgewirkt, entfällt die Verpflichtung der Geschäftsführer zur Erstellung und Einreichung einer Liste, die diese Veränderung umsetzt. Die Verpflichtung der Geschäftsführer zur nachfolgenden Kontrolle und zur Korrektur einer aus anderen Gründen unrichtigen Liste bleibt unberührt.

Für die Pflicht des Notars, die Liste unverzüglich nach Wirksamwerden der Veränderung einzureichen, ist unerheblich, ob anschließend Unwirksamkeitsgründe eintreten können. Der Notar hat die Liste also auch dann unverzüglich nach Wirksamwerden einer Anteilsübertragung einzureichen, wenn die Beteiligten eine auflösende Bedingung oder eine Rückübertragungsklausel vereinbart haben. Ihn trifft auch keine Pflicht, den Vertrag im Hinblick auf den Eintritt der für das Wirksambleiben maßgeblichen Umstände zu überwachen. Bei Eintritt entsprechender Ereignisse besteht vielmehr eine Pflicht der Geschäftsführer zur Einreichung einer weiteren Liste nach § 40 Abs. 1 Satz 1 oder es entsteht, wenn der Notar bei dem Ereignis mitwirkt, eine neue Pflicht des Notars aus § 40 Abs. 2 Satz 1.

Hat der Notar Zweifel, ob die Veränderung, an der er mitgewirkt hat, wirksam ist – etwa wegen Zweifeln an der Geschäftsfähigkeit des Veräußerers – darf er erst dann eine entsprechende Liste zum Handelsregister einreichen, wenn die Zweifel beseitigt sind.

Die Übermittlung der Liste an die Gesellschaft dient der Information der Gesellschafter. Dies ist zum einen wegen der Regelung des § 16 Abs. 1 und zum anderen wegen der Pflicht der Geschäftsführer zur Erstellung künftiger Gesellschafterlisten gemäß § 40 Abs. 1 notwendig. Für die Übermittlung der Liste gilt § 35 entsprechend. Das bedeutet: Für die Übermittlung an einen Vertreter der Gesellschaft genügt es, die Liste an die im Handelsregister eingetragene Geschäftsanschrift zu übermitteln. Alternativ kann die Liste einer empfangsberechtigten Person nach § 10 Abs. 2 Satz 2 zugestellt werden. Im Fall der Führungslosigkeit ist die Übermittlung an einen Gesellschafter bzw. ein Aufsichtsratsmitglied möglich.

Die nach § 40 Abs. 2 Satz 2 vorgesehene Bescheinigung des Notars, die an die bereits bisher übliche Bescheinigung nach § 54 angelehnt ist, erhöht zusammen mit seiner vorangehenden Mitwirkung an der Veränderung die Richtigkeitsgewähr,

MoMiG

welche neben der mehrjährigen Widerspruchsmöglichkeit den Rechtsverlust des wahren Berechtigten rechtfertigt.

In Fällen, in denen der Notar an einer Veränderung nicht mitwirkt (Gesamtrechtsnachfolge, Zusammenlegung oder Teilung von Geschäftsanteilen), bleibt die Einreichungspflicht mit Haftungsdrohung allein bei den Geschäftsführern.

§ 40 enthält keine ausdrückliche Regelung für den Fall, dass ein Geschäftsführer eine Änderung der Liste vornehmen möchte, weil er der Ansicht ist, eine Eintragung sei zu Unrecht erfolgt. Bereits aus den allgemeinen Sorgfaltspflichten der Geschäftsführer folgt, dass in diesem Fall – wie in § 67 Abs. 5 AktG für das Aktienregister ausdrücklich ausformuliert – den Betroffenen vor Veranlassung der Berichtigung die Möglichkeit zur Stellungnahme zu geben ist.

Stellungnahme BRat

Nummer 17

Zu Artikel 1 Nr. 27 Buchstabe a (§ 40 Abs. 1 Satz 1GmbHG)

In Artikel 1 Nr. 27 Buchstabe a § 40 Abs. 1 Satz 1 sind nach den Wörtern „Liste der Gesellschafter" die Wörter „elektronisch in öffentlich beglaubigter Form" einzufügen.

Begründung

Bis zum 31. Dezember 2006 musste die Gesellschafterliste im Original beim Registergericht eingereicht werden. Mit der Einführung des elektronischen Rechtsverkehrs in Registersachen wurde dieses Erfordernis bewusst auf die Einreichung einer elektronischen Aufzeichnung reduziert. Dagegen war nach dem bisherigen Zweck der Gesellschafterliste, nämlich im Wesentlichen der Information des Registergerichts über die Beteiligungsverhältnisse zu dienen, nichts einzuwenden. Nunmehr soll jedoch die Gesellschafterliste deutlich aufgewertet und die Möglichkeit eines gutgläubigen Erwerbs an die Eintragung in die Gesellschafterliste geknüpft werden.

Nach den entsprechenden Rechtsverordnungen der Länder werden Gesellschafterlisten über das elektronische Gerichts- und Verwaltungspostfach (EGVP) übermittelt; dabei findet keine Kontrolle der Identität des Einreichenden statt. Grundsätzlich ist es jedermann möglich, einen EGVP-Zugang auf einen beliebigen Namen einzurichten.

Bisher diente die eigenhändige Unterschrift der Geschäftsführer – in Verbindung mit der im Registerakt befindlichen Namenszeichnung – noch als ein Mindestkriterium für die Feststellung der Authentizität. Durch die Veränderungen zum Jahreswechsel reicht mittlerweile ein gegebenenfalls nur schlecht lesbares grafisches Abbild einer Unterschrift aus, das ohne weitere Identitätskontrolle bei Gericht eingereicht wird. Eventuelle Manipulationsabsichten werden durch den Umstand, dass Registerdokumente, auf denen sich häufig auch Unterschriftszüge befinden, nunmehr online abgerufen werden können, erleichtert. Damit lässt sich im einfachsten Fall die Unterschrift vom abgerufenen Dokument per Grafikprogramm in eine manipulierte Gesellschafterliste hineinkopieren.

In den in der Praxis am häufigsten vorkommenden Fällen, nämlich in denen der Anteilsabtretung, besteht nach dem Entwurf kein Manipulationsrisiko, weil hier die Gesellschafterliste vom Notar in signierter Form beim Handelsregister eingereicht wird. Allerdings sind in anderen Fällen, insbesondere bei Erbfällen, der Einziehung oder Zusammenlegung von Anteilen, Veränderungen im Gesellschafterbestand ohne Mitwirkung des Notars möglich.

Jede Möglichkeit eines gutgläubigen Erwerbs geht zu Lasten des tatsächlichen Rechtsinhabers. Zu dessen Schutz darf ein gutgläubiger Erwerb nur auf der Grundlage eines verlässlichen Rechtsscheinträgers zugelassen werden. Die vom Geschäftsführer nach der Formerleichterung durch das EHUG unmittelbar eingereichte Gesellschafterliste erfüllt diese Voraussetzungen nicht. Hier bestehen erhebliche Missbrauchsrisiken, die dem Ziel des Entwurfs, die Transparenz zu erhöhen und Missbräuche zu vermeiden, deutlich entgegenstehen.

Zu Nummer 17 *[der Stellungnahme des Bundesrates]*
Zu Artikel 1 Nr. 27 Buchstabe a (§ 40 Abs. 1 Satz 1 GmbHG)
Die Bundesregierung stimmt dem Vorschlag nicht zu.

Das Beglaubigungserfordernis würde zu einem unnötigen bürokratischen Aufwand führen. Der wahre Rechtsinhaber ist auch ohne Beglaubigungserfordernis hinreichend geschützt. Ist ihm die Unrichtigkeit der Liste nicht zuzurechnen, so ist ein gutgläubiger Erwerb seines Anteils erst nach dreijähriger Unrichtigkeit der Liste möglich. Hat jemand unberechtigt eine Liste eingereicht, so hat derjenige, dessen Rechtsstellung in dieser Liste falsch wiedergegeben wird, somit drei Jahre Zeit, um eine Korrektur der Liste zu veranlassen. Dadurch wird die möglicherweise geringere vorbeugende Kontrolle der Richtigkeit der Liste ausgeglichen.

Gegenäußerung BReg

Nummer 18
Zu Artikel 1 Nr. 27 (§ 40 GmbHG)

Der Bundesrat bittet, im weiteren Verlauf des Gesetzgebungsverfahrens zu prüfen, ob in § 40 GmbHG-E für den Fall der Führungslosigkeit der Gesellschaft oder bei unbekanntem Aufenthalt der Geschäftsführer eine Pflicht der Gesellschafter zur Einreichung von Gesellschafterlisten eingeführt werden sollte.

Begründung

Insbesondere in den klassischen Bestattungsfällen führen die Beteiligten eine Intransparenz der Beteiligungsverhältnisse bewusst herbei oder lassen zumindest jedes Interesse an der Offenlegung der Gesellschafterstellung gegenüber dem Registergericht vermissen. Hier besteht eine Schutzlücke in den Fällen der Führungslosigkeit der Gesellschaft oder bei unbekanntem Aufenthalt der Geschäftsführer, da die Pflicht zur Einreichung einer Liste bei Veränderungen nach § 40 Abs. 1 Satz 1 GmbHG-E nur für die Geschäftsführer besteht.

Als Folge dieses Vorschlags müsste ein Verstoß gegen die Pflicht der Gesellschafter zur Einreichung der Gesellschafterliste entsprechend der für den Geschäftsführer vorgesehenen Regelung ebenfalls eine Schadenersatzpflicht auslösen.

Stellungnahme BRat

Zu Nummer 18 *[der Stellungnahme des Bundesrates]*
Zu Artikel 1 Nr. 27 (§ 40 GmbHG)

Der Vorschlag wurde bereits bei der Erarbeitung des Gesetzentwurfs erwogen. Nach Auffassung der Bundesregierung ist es jedoch nicht nötig und auch nicht empfehlenswert, für den Fall der Führungslosigkeit der Gesellschaft oder bei unbekanntem Aufenthalt der Geschäftsführer eine Pflicht der Gesellschafter zur Einreichung von Gesellschafterlisten einzuführen. Die Inpflichtnahme der Gesellschafter sollte auf die erforderlichen Fälle beschränkt werden. Hier ist sie nicht erforderlich: Hat die Gesellschaft keinen Geschäftsführer und tritt im Gesellschafterbestand eine Änderung ein, so wird in aller Regel der Notar die neue Liste einreichen, haben ferner die Beteiligten ohnehin ein Interesse an der Einsetzung eines

Gegenäußerung BReg

MoMiG

normalen Geschäftsführers, der das erledigt, und können andernfalls alle Betroffenen die Bestellung eines Notgeschäftsführers veranlassen, der die Liste einreicht.

Gesetzestext	**Nr. 28** In § 41 wird die Absatzbezeichnung „(1)" gestrichen.
Text RegE	*[unverändert als Gesetzestext übernommen]*
Begründung RegE	Zu Nummer 28 (Änderung von § 41) Redaktionelle Korrektur.
Stellungnahme BRat	Nummer 19 Zu Artikel 1 Nr. 28 (§ 41 GmbHG) Der Bundesrat bittet, im weiteren Verlauf des Gesetzgebungsverfahrens zu prüfen, ob in § 41 GmbHG eine Intransparenzhaftung als ergänzende gläubigerschützende Maßnahme aufgenommen werden sollte. Begründung In der Praxis ist häufig festzustellen, dass die Durchsetzung eventueller Haftungsansprüche gegen Geschäftsführer und Gesellschafter – die oftmals die einzigen vermögenswerten Positionen im Gesellschaftsvermögen darstellen – durch eine völlig unzureichende oder nicht vorhandene Buchhaltung wesentlich erschwert oder sogar unmöglich gemacht wird. Ohne eine ausreichende unternehmensinterne Dokumentation können Vermögenswerte der Gesellschaft dem Zugriff der Gläubiger entzogen werden, ohne dass entsprechende gläubigerschützende Haftungsvorschriften durchgreifen können. Ein Großteil des durch das Insolvenzverfahren vermittelten Gläubigerschutzes wird dadurch nahezu ersatzlos ausgehebelt. Von Wissenschaft und Praxis wird daher vorgeschlagen, in das Gesellschaftsrecht eine so genannte Intransparenzhaftung aufzunehmen, die in erster Linie den Geschäftsführer, ergänzend gegebenenfalls auch die Gesellschafter trifft. Dem sollte im Rahmen dieser Reform gefolgt werden. Bei schwerwiegenden Verstößen gegen die Pflicht zur unternehmensinternen Dokumentation von Geschäftsvorgängen, insbesondere bei gänzlichem Fehlen oder schwerer Mangelhaftigkeit der vorhandenen Buchführung, macht sich der nach § 41 GmbHG zur ordnungsgemäßen Buchführung verpflichtete Geschäftsführer den Gläubigern gegenüber schadenersatzpflichtig. Die einzuhaltenden Standards lassen sich aus dem HGB bestimmen, wonach die Rechnungslegung so beschaffen sein muss, dass ein sachkundiger Dritter innerhalb einer angemessenen Zeit einen ausreichenden Überblick über die Lage des Unternehmens und die Geschäftsvorfälle erlangen kann. Zumindest sollte eine Haftung für die Fälle eingeführt werden, in denen neben einer undurchsichtigen oder unzureichenden Buchführung auch noch Vermögensbewegungen zwischen Gesellschafts- und Gesellschaftervermögen festzustellen sind, die im Nachhinein zu einer undurchsichtigen Vermögensvermischung führen.

Zu Nummer 19 *[der Stellungnahme des Bundesrates]*   Gegenäuße-
Zu Artikel 1 Nr. 28 (§ 41 GmbHG)   rung BReg
Die Bundesregierung wird den Vorschlag im weiteren Verlauf des Gesetzgebungsverfahrens prüfen.

Nr. 29

Gesetzestext

§ 46 wird wie folgt geändert:

a) Nummer 2 wird wie folgt gefasst:

„2. die Einforderung der Einlagen;".

b) In Nummer 4 werden nach dem Wort „Teilung" die Wörter „die Zusammenlegung" eingefügt.

[unverändert als Gesetzestext übernommen]   Text RegE

Zu Nummer 29 (Änderung von § 46)   Begründung
Zu Buchstabe a (Neufassung der Nummer 2)   RegE
Die Formulierung wird entsprechend der Formulierung in § 28 Abs. 2 vereinfacht. Der Gesellschafter übernimmt einen Geschäftsanteil gegen die Verpflichtung, hierauf eine Einlage zu erbringen. Eingefordert werden kann daher die Einlage.
Zu Buchstabe b (Änderung der Nummer 4)
Die Vorschrift gibt die Teilung und Zusammenlegung von Geschäftsanteilen unter der Voraussetzung der Zustimmung der Gesellschaft frei. Indem sie das Verfahren regelt, setzt sie die Zulässigkeit von Teilung und Zusammenlegung voraus. Nach Aufhebung des § 17 bedarf es dazu keiner weiteren Ausführungen.
Es ist Sache der Gesellschafter zu entscheiden, ob und was sie an Teilungen und Zusammenlegungen zulassen wollen. Der Grundsatz wird auch in Zukunft sein, dass jeder Gesellschafter einen Geschäftsanteil hat. Eine Stückelung auf Nennbeträge von jeweils einem Euro macht, wiewohl rechtlich zulässig, praktisch keinen Sinn. Die Zustimmung der Gesellschaft bedarf eines Gesellschafterbeschlusses. Jede Teilung hat die Mindeststückelung nach § 5 Abs. 2 zu beachten. Dies bedarf keiner ausdrücklichen Erwähnung. Der Katalog des § 46 ist dispositiv. Der Gesellschaftsvertrag kann die Teilung und Zusammenlegung an höhere oder geringere Voraussetzungen knüpfen. Der Grundsatz der Zustimmung der Gesellschaft ist jedoch sinnvoll. Der Zustimmung des Gesellschafters, dessen Geschäftsanteile von der Zusammenlegung oder Teilung betroffen werden, bedarf es darüber hinaus nicht. Ist bei Zusammenlegung ein Geschäftsanteil noch nicht voll eingezahlt oder ist er mit einer Nachschusspflicht oder mit Rechten Dritter belastet oder nach dem Gesellschaftsvertrag mit verschiedenen Rechten und Pflichten ausgestattet als der andere, so kann die Gesellschaft dies bei ihrer Zustimmung berücksichtigen. Nach Zusammenlegung oder Teilung haben die Geschäftsführer eine aktualisierte Gesellschafterliste zum Handelsregister einzureichen. Da Änderungen der Liste auf Antrag und Nachweis erfolgen, ist es dringend anzuraten, die betreffenden Gesellschafterbeschlüsse schriftlich zu fassen.

MoMiG

Gesetzestext	**Nr. 30** § 47 Abs. 2 wird wie folgt gefasst: „(2) Jeder Euro eines Geschäftsanteils gewährt eine Stimme."
Text RegE	*[unverändert als Gesetzestext übernommen]*
Begründung RegE	**Zu Nummer 30 (Änderung von § 47 Abs. 2)** Es handelt sich um eine Folgeänderung zu Nummer 5. Da die Geschäftsanteile nicht mehr notwendigerweise durch fünfzig teilbar sein müssen, kann die Regelung in § 47 Abs. 2 nicht mehr aufrechterhalten werden. Insbesondere sind künftig Geschäftsanteile mit weniger als 50 Euro denkbar. Gesellschafter mit solchen Geschäftsanteilen müssen dennoch im Verhältnis ihrer Beteiligung an der Gesellschaft stimmberechtigt sein können. Es erscheint daher sinnvoll, für jeden Euro eines Geschäftsanteils, der nach neuer Rechtslage auf volle Euro lauten muss, eine Stimme bei Abstimmungen zu gewähren. Zu erwägen wäre zwar auch die Vergabe jeweils einer Stimme pro Geschäftsanteil mit einer Gewichtung im Verhältnis der Beteiligung an der Gesellschaft. In diesem Fall wären jedoch bei einem Stimmrechtsausschluss eines Gesellschafters nach § 47 Abs. 4 schwierige und unnötige Umrechnungen erforderlich. Insofern erleichtert die gewählte Lösung die Bestimmung der Stimmgewichte zueinander auch gegenüber der jetzigen Rechtslage ganz erheblich. Jeder hat danach so viele Stimmen wie Anteile. Es wird sich durch einen reduzierten Umrechnungsaufwand wesentlich einfacher feststellen lassen, ob in einer Abstimmung die erforderliche Stimmenmehrheit zustande gekommen ist.
Gesetzestext	**Nr. 31** *[nicht in das Gesetz aufgenommen]*
Text RegE	In § 53 Abs. 2 wird nach Satz 1 folgender Satz eingefügt: „Anstelle der notariellen Beurkundung reicht eine von dem Geschäftsführer unterzeichnete Niederschrift aus, wenn der Beschluss bei einem Gesellschaftsvertrag im Sinne des § 2 Abs. 1a die Änderung der Firma oder der Höhe des Stammkapitals ohne Sacheinlagen, die Verlegung des Sitzes oder die Auswahl eines anderen Unternehmensgegenstandes aus dem in Anlage 1 bestimmten Muster zum Gegenstand hat und an der Gesellschaft nicht mehr als drei Gesellschafter beteiligt sind."
Begründung RegE	**Zu Nummer 31 (Änderung von § 53)** Beschlüsse über spätere Änderungen eines unter Verwendung des in Anlage 1 enthaltenen Musters geschlossenen Gesellschaftsvertrags sollen ebenso wie der Gründungsvertrag nicht der Beurkundungspflicht unterfallen, sofern weiterhin nicht mehr als drei Gesellschafter vorhanden sind und sich die Änderungen auf die Firma, den Sitz der Gesellschaft, die Höhe des Stammkapitals (bei einer Kapitalerhöhung ohne Vereinbarung von Sacheinlagen) oder die Auswahl eines anderen der in dem Muster vorgegebenen Unternehmensgegenstände beschränken. Eine Beurkundung scheint hinsichtlich dieser Punkte, die schon bei der Gründung variabel

eingegeben werden können, auch zum Schutz von Minderheitsgesellschaftern nicht erforderlich. Es reicht aus, dass der Geschäftsführer die Beschlussfassung niederlegt und unterzeichnet; dieses Dokument ist dann im Rahmen einer Anmeldung der Satzungsänderung dem Notar zwecks Vornahme der Bescheinigung nach § 54 Abs. 1 Satz 2 vorzulegen.

[siehe Stellungnahme zu Art. 1 Nr. 2]

Stellungnahme BRat

[siehe Gegenäußerung zu Art. 1 Nr. 2]

Gegenäußerung BReg

Zu Nummer 31 (§ 53)

Die Änderung des § 53 zur Form der Änderung des Gesellschaftsvertrags entfällt infolge der unter Nummer 2 vorgesehenen Ersetzung des Mustergesellschaftsvertrags durch das (beurkundungspflichtige) Musterprotokoll.

Begründung Rechtsausschuss

Nr. 32

Gesetzestext

§ 55 wird wie folgt geändert:

a) In Absatz 1 werden die Wörter „jeder auf das erhöhte Kapital zu leistenden Stammeinlage" durch die Wörter „jedes Geschäftsanteils an dem erhöhten Kapital" ersetzt.

b) Absatz 2 wird wie folgt geändert:

   aa) In Satz 1 werden die Wörter „einer Stammeinlage" durch die Wörter „eines Geschäftsanteils" ersetzt.

   bb) In Satz 2 werden die Wörter „Betrag der Stammeinlage" durch die Wörter „Nennbetrag des Geschäftsanteils" ersetzt.

c) In Absatz 3 werden die Wörter „eine Stammeinlage auf das erhöhte" durch die Wörter „ein Geschäftsanteil an dem erhöhten" ersetzt.

[unverändert in den Gesetzestext übernommen]

Text RegE

Zu Nummer 32 (Änderung von § 55)

Wie bei der Gründung der Gesellschaft übernimmt der Gesellschafter bei der Kapitalerhöhung einen „Geschäftsanteil" an dem erhöhten Kapital und keine „Einlage".

Begründung RegE

MoMiG

Gesetzestext

d) Absatz 4 wird wie folgt gefasst:

„(4) Die Bestimmungen in § 5 Abs. 2 und 3 über die Nennbeträge der Geschäftsanteile sowie die Bestimmungen in § 19 Abs. 6 über die Verjährung des Anspruchs der Gesellschaft auf Leistung der Einlagen sind auch hinsichtlich der an dem erhöhten Kapital übernommenen Geschäftsanteile anzuwenden."

Text RegE

d) Absatz 4 wird wie folgt gefasst:

„(4) Die Bestimmungen in § 5 Abs. 2 und 3 über die Nennbeträge der Geschäftsanteile sowie die Bestimmungen in § 19 Abs. 5 über die Verjährung des Anspruchs der Gesellschaft auf Leistung der Einlagen sind auch hinsichtlich der an dem erhöhten Kapital übernommenen Geschäftsanteile anzuwenden."

Begründung RegE

Bei der Änderung in Absatz 4 handelt es sich zudem um eine Folgeänderung zu Nummer 5.

Stellungnahme BRat

Nummer 20

Zu Artikel 1 Nr. 32 (§ 55 GmbHG)

Der Bundesrat bittet, im weiteren Verlauf des Gesetzgebungsverfahrens zu prüfen, ob das in der wissenschaftlichen Diskussion von verschiedenen Seiten geforderte Institut des genehmigten Kapitals auch in das GmbH-Recht integriert werden sollte.

Begründung

Mit diesem aus dem Aktienrecht stammenden Mittel würde es der Gesellschaft ermöglicht, flexibel und unkompliziert auf schnelle Weise neues Kapital zu beschaffen. Damit könnten für den Erwerb von Beteiligungen, Unternehmen oder zur Realisierung von Kapitalerhöhungen kurzfristig neue Anteile geschaffen werden. Bereits im Vorfeld einer solchen Transaktion könnten damit die formellen Voraussetzungen geschaffen werden, um im richtigen Moment rasch handeln zu können.

Im Gegensatz zur Aktiengesellschaft sollte bei der Einführung des genehmigten Kapitals im GmbH-Recht keine wertmäßige Begrenzung erfolgen.

Gegenäußerung BReg

Zu Nummer 20 *[der Stellungnahme des Bundesrates]*

Zu Artikel 1 Nr. 32 (§ 55 GmbHG)

Die Bundesregierung wird den Vorschlag im weiteren Verlauf des Gesetzgebungsverfahrens prüfen.

Fassung Rechtsausschuss

[unverändert als Gesetzestext übernommen]

Zu Nummer 32 (§ 55)
Vgl. die Begründung zu den Nummern 17 und 21.

Begründung Rechtsausschuss

Nr. 32a

Nach § 55 wird folgender § 55a eingefügt:

„§ 55a

Genehmigtes Kapital

(1) Der Gesellschaftsvertrag kann die Geschäftsführer für höchstens fünf Jahre nach Eintragung der Gesellschaft ermächtigen, das Stammkapital bis zu einem bestimmten Nennbetrag (genehmigtes Kapital) durch Ausgabe neuer Geschäftsanteile gegen Einlagen zu erhöhen. Der Nennbetrag des genehmigten Kapitals darf die Hälfte des Stammkapitals, das zur Zeit der Ermächtigung vorhanden ist, nicht übersteigen.

(2) Die Ermächtigung kann auch durch Abänderung des Gesellschaftsvertrages für höchstens fünf Jahre nach deren Eintragung erteilt werden.

(3) Gegen Sacheinlagen (§ 56) dürfen Geschäftsanteile nur ausgegeben werden, wenn die Ermächtigung es vorsieht."

Gesetzestext

[nicht enthalten]

Text RegE

[unverändert als Gesetzestext übernommen]

Fassung Rechtsausschuss

Zu Nummer 32a -neu- (§ 55a -neu-)
Entsprechend der Gegenäußerung der Bundesregierung zu Nummer 20 der Stellungnahme des Bundesrates wird eine Regelung zum genehmigten Kapital eingefügt. Der neue § 55a schafft für die GmbH die für Aktiengesellschaften bereits vorgesehene Möglichkeit einer Kapitalerhöhung in Form des genehmigten Kapitals. Bei der Aktiengesellschaft liegt der Vorteil insbesondere darin, dass es zur Durchführung der beschlossenen Kapitalerhöhung mit genehmigtem Kapital keines weiteren Hauptversammlungsbeschlusses bedarf. Der Vorstand kann die Kapitalerhöhung vielmehr bei Bedarf schnell und flexibel durchführen. Bei der GmbH fällt dieser Vorteil weniger ins Gewicht, da die Einberufung einer Gesellschafterversammlung wegen der personalistischen Struktur regelmäßig mit weitaus geringerem Zeit- und Kostenaufwand verbunden ist als bei der Aktiengesellschaft. Dennoch kann auch eine GmbH Kosten sparen, da die Ausübung des genehmigten Kapitals keine weitere notariell beurkundete Änderung des Gesellschaftsvertrags erfordert, sondern nur die Anmeldung zum Handelsregister.

Begründung Rechtsausschuss

Gesetzestext	**Nr. 33**

§ 56 wird wie folgt geändert:

a) In Absatz 1 Satz 1 werden die Wörter „Betrag der Stammeinlage, auf die" durch die Wörter „Nennbetrag des Geschäftsanteils, auf den" ersetzt.

b) In Absatz 2 wird die Angabe „19 Abs. 5" durch die Angabe „19 Abs. 2 Satz 2 und Abs. 4" ersetzt.

Text RegE *[unverändert als Gesetzestext übernommen]*

Begründung RegE

Zu Nummer 33 (Änderung von § 56)

Zu Buchstabe a (Änderung von Absatz 1)
Die Formulierung entspricht der für § 5 Abs. 4 vorgeschlagenen Fassung.

Zu Buchstabe b (Änderung von Absatz 2)
Durch die Änderung werden die künftig in § 19 Abs. 2 Satz 2 enthaltene Regelung zur Aufrechnung durch den Gesellschafter sowie die Neuregelung der Rechtsfolgen bei verdeckten Sacheinlagen (§ 19 Abs. 4) auf die Kapitalerhöhung erstreckt (vgl. die Begründung zu Nummer 17). Die Aufnahme einer entsprechenden Verweisung in § 56 Abs. 2 ist erforderlich, da sich die genannten Vorschriften (anders als z. B. die allgemeine Regelung in § 19 Abs. 2 Satz 1) aufgrund der Bezugnahme auf § 5 Abs. 4 bzw. auf die Anmeldung der Gesellschaft zur Eintragung in das Handelsregister unmittelbar nur auf die GmbH-Gründung beziehen.

Gesetzestext	**Nr. 34**

In § 56a werden die Wörter „und die Bestellung einer Sicherung" sowie die Angabe „3," gestrichen, das Wort „findet" durch das Wort „finden" ersetzt und nach der Angabe „Abs. 3" die Angabe „sowie § 19 Abs. 5" eingefügt.

Text RegE In § 56a werden die Wörter „und die Bestellung einer Sicherung" sowie die Angabe „3," gestrichen.

Begründung RegE

Zu Nummer 34 (Änderung von § 56a)
Es handelt sich um eine Folgeänderung zu Nummer 8.

Fassung Rechtsausschuss *[unverändert als Gesetzestext übernommen]*

II. Materialien zum MoMiG

Zu Nummer 34 (§ 56a) | Begründung
Es handelt sich um eine redaktionelle Folgeänderung zu den für die Nummern 9 und 17 vorgesehenen Änderungen. | Rechtsausschuss

Nr. 35 | Gesetzestext

§ 57 wird wie folgt geändert:

a) In Absatz 1 wird das Wort „Stammeinlagen" durch das Wort „Geschäftsanteilen" ersetzt.

[unverändert als Gesetzestext übernommen] | Text RegE

Zu Nummer 35 (Änderung von § 57) | Begründung
Zu Buchstabe a (Änderung von Absatz 1) | RegE
Vgl. die für § 55 vorgeschlagene Änderung (Nummer 32).

b) Absatz 2 wird wie folgt geändert geändert: | Gesetzestext
   aa) In Satz 1 wird die Angabe „3," gestrichen.
   bb) Satz 2 wird wie folgt gefasst:
   „§ 8 Abs. 2 Satz 2 gilt entsprechend."

b) Absatz 2 wird wie folgt geändert: | Text RegE
   aa) In Satz 1 wird die Angabe „3," gestrichen.
   bb) Satz 2 wird wie folgt gefasst:
   „§ 8 Abs. 2 Satz 2 und 3 gilt entsprechend."

Zu Buchstabe b (Änderung von Absatz 2) | Begründung
Bei der Änderung in Absatz 2 Satz 1 handelt es sich um eine Folgeänderung zu Nummer 8. In Satz 2 erfolgt eine sprachliche Anpassung an die unter Nummer 9 Buchstabe b vorgesehene Neufassung des § 8 Abs. 2 Satz 2, der künftig keine Regelung über den Anmeldungsinhalt mehr enthält, sondern die Auslegung des Merkmals der Leistung zur endgültigen freien Verfügung der Geschäftsführer betrifft; zudem wird auch die für § 8 Abs. 2 Satz 3 vorgesehene Neuregelung zur Anforderung von Nachweisen einbezogen. | RegE

[unverändert als Gesetzestext übernommen] | Fassung Rechtsausschuss

Begründung Rechtsausschuss	**Zu Nummer 35 (§ 57)** Redaktionelle Folgeänderung zu der für Nummer 9 vorgesehenen Änderung hinsichtlich des § 8 Abs. 2.
Gesetzestext	c) In Absatz 3 Nr. 2 werden das Wort „Stammeinlagen" durch das Wort „Geschäftsanteile" und die Wörter „muß der Betrag der von jedem übernommenen Einlage" durch die Wörter „müssen die Nennbeträge der von jedem übernommenen Geschäftsanteile" ersetzt.
Text RegE	*[unverändert als Gesetzestext übernommen]*
Begründung RegE	**Zu Buchstabe c (Änderung von Absatz 3)** Die Formulierung entspricht der für § 8 Abs. 1 Nr. 3 (Nummer 9 Buchstabe a) vorgeschlagenen Änderung.

Nr. 36

Gesetzestext	§ 57b wird aufgehoben.
Text RegE	*[unverändert als Gesetzestext übernommen]*
Begründung RegE	**Zu Nummer 36 (Aufhebung des § 57b)** Es handelt sich um die Fortsetzung des durch das EHUG begonnenen Verzichts auf Zusatzbekanntmachungen.

Nr. 37

Gesetzestext	In § 57h Abs. 1 Satz 2 werden die Wörter „können auf jeden durch zehn teilbaren Betrag, müssen jedoch auf mindestens fünfzig Euro gestellt werden" durch die Wörter „müssen auf einen Betrag gestellt werden, der auf volle Euro lautet" ersetzt.
Text RegE	*[unverändert als Gesetzestext übernommen]*
Begründung RegE	**Zu Nummer 37 (Änderung von 57h Abs. 1)** Die Änderung steht im Zusammenhang mit Nummer 5. Auf die entsprechenden Ausführungen hierzu wird verwiesen.

Nr. 38

§ 571 Abs. 2 Satz 4 wird wie folgt gefasst:

„Die Geschäftsanteile, deren Nennbetrag erhöht wird, können auf jeden Betrag gestellt werden, der auf volle Euro lautet."

[unverändert als Gesetzestext übernommen]

Zu Nummer 38 (Änderung von § 571 Abs. 2)
Bezüglich der Anpassung des Betrags der Geschäftsanteile wird auf die Ausführungen unter Nummer 5 verwiesen.

Gesetzestext

Text RegE

Begründung RegE

Nr. 39

§ 58 Abs. 2 Satz 2 wird wie folgt gefasst:

„Erfolgt die Herabsetzung zum Zweck der Zurückzahlung von Einlagen oder zum Zweck des Erlasses zu leistender Einlagen, dürfen die verbleibenden Nennbeträge der Geschäftsanteile nicht unter den in § 5 Abs. 2 und 3 bezeichneten Betrag herabgehen."

[unverändert als Gesetzestext übernommen]

Zu Nummer 39 (Änderung von § 58 Abs. 2)
Folgeänderung zu Nummer 5.

Gesetzestext

Text RegE

Begründung RegE

Nr. 40

§ 58a Abs. 3 Satz 2 bis 5 wird durch folgenden Satz ersetzt:

„Die Geschäftsanteile müssen auf einen Betrag gestellt werden, der auf volle Euro lautet."

[unverändert als Gesetzestext übernommen]

Zu Nummer 40 (Änderung von § 58a Abs. 3)
Es handelt sich um eine Folgeänderung zu Nummer 5.

Gesetzestext

Text RegE

Begründung RegE

MoMiG

Gesetzestext	**Nr. 41**

§ 58f Abs. 1 Satz 2 wird wie folgt gefasst:

„Die Beschlussfassung ist nur zulässig, wenn die neuen Geschäftsanteile übernommen, keine Sacheinlagen festgesetzt sind und wenn auf jeden neuen Geschäftsanteil die Einzahlung geleistet ist, die nach § 56a zur Zeit der Anmeldung der Kapitalerhöhung bewirkt sein muss."

Text RegE   *[unverändert als Gesetzestext übernommen]*

Begründung RegE   Zu Nummer 41 (Änderung von § 58f Abs. 1)
In der Formulierung kommt wiederum zum Ausdruck, dass der Gesellschafter im Fall der Kapitalerhöhung einen neuen Geschäftsanteil und nicht eine Stammeinlage übernimmt.

Gesetzestext	**Nr. 42**

§ 60 Abs. 1 Nr. 6 wird wie folgt gefasst:

„6. mit der Rechtskraft einer Verfügung des Registergerichts, durch welche nach § 144a des Gesetzes über die Angelegenheiten der freiwilligen Gerichtsbarkeit ein Mangel des Gesellschaftsvertrags festgestellt worden ist;".

Text RegE   *[unverändert als Gesetzestext übernommen]*

Begründung RegE   Zu Nummer 42 (Änderung von § 60 Abs. 1)
Es handelt sich um eine Folgeänderung zu Nummer 17 und Artikel 12.

Gesetzestext	**Nr. 43**

§ 64 wird wie folgt geändert:

a) Absatz 1 wird aufgehoben.

b) Absatz 2 wird wie folgt geändert:

    aa) Die Absatzbezeichnung „(2)" wird gestrichen.

    bb) Nach Satz 2 wird folgender Satz eingefügt:

        „Die gleiche Verpflichtung trifft die Geschäftsführer für Zahlungen an Gesellschafter, soweit diese zur Zahlungsunfähigkeit der Gesellschaft führen mussten, es sei denn, dies war auch bei Beachtung der in Satz 2 bezeichneten Sorgfalt nicht erkennbar."

[unverändert als Gesetzestext übernommen]   Text RegE

Zu Nummer 43 (Änderung von § 64)   Begründung
Zu Buchstabe a (Aufhebung von Absatz 1)   RegE
Hinsichtlich der Begründung wird auf die Ausführungen zu Artikel 9 Nr. 3 verwiesen.

Zu Buchstabe b (Änderung des bisherigen Absatzes 2)
Nach bisheriger Rechtslage sind die Geschäftsführer einer GmbH der Gesellschaft gegenüber zum Ersatz von Zahlungen verpflichtet, die nach Eintritt der Zahlungsunfähigkeit oder nach Feststellung der Überschuldung geleistet werden. Durch die Ergänzung des bisherigen § 64 Abs. 2 sollen künftig die Geschäftsführer auch für Zahlungen an Gesellschafter haften, die die Zahlungsunfähigkeit der Gesellschaft zur Folge haben mussten, es sei denn, dass dies aus Sicht eines sorgfältigen Geschäftsführers nicht erkennbar war. Der Entwurf ergänzt hiermit die bestehenden Mechanismen, welche die Gesellschaftsgläubiger gegen Vermögensverschiebungen zwischen Gesellschaft und Gesellschaftern schützen.

Die Neuregelung überschneidet sich mit den Schutzinstrumenten des geltenden Rechts in mehreren Punkten: Nach § 30 Abs. 1 darf das zur Erhaltung des Stammkapitals erforderliche Vermögen an die Gesellschafter nicht ausgezahlt werden. Der Entwurf ergänzt dieses Verbot, indem er auch Zahlungen erfasst, die zwar das zur Erhaltung des Stammkapitals erforderliche Gesellschaftsvermögen nicht antasten, die aber die Zahlungsunfähigkeit herbeiführen müssen und tatsächlich auch herbeiführen. Das ist auch vor dem Hintergrund der Absenkung des Mindeststammkapitals eine wichtige Ergänzung des Gläubigerschutzes. Die §§ 129 ff. InsO und das Anfechtungsgesetz beschreiben einen umfassenden Katalog von gläubigerbenachteiligenden, insbesondere gesellschafterbegünstigenden Rechtshandlungen als anfechtbar. Die geplante Vorschrift geht über die Anfechtungsregeln hinaus, wenn deren zum Teil kurze Fristen abgelaufen sind, der Gläubigerbenachteiligungsvorsatz und die entsprechende Kenntnis des Empfängers nicht bewiesen werden können und die Vermutungsregeln namentlich gegenüber nahestehenden Personen nicht erfüllt sind.

Der erweiterte § 64 richtet sich gegen den Abzug von Vermögenswerten, welche die Gesellschaft bei objektiver Betrachtung zur Erfüllung ihrer Verbindlichkeiten benötigt. Damit erfasst der Entwurf einen Teilbereich der Haftung, die unter dem Stichwort „existenzvernichtender Eingriff" bekannt geworden ist. Es finden sich in dieser Bestimmung überdies Parallelen zum sog. „solvency test". Der Entwurf setzt nicht beim Gesellschafter als Empfänger der existenzbedrohenden Vermögensverschiebung an, sondern beim Geschäftsführer als deren Auslöser oder Gehilfen. Vor diesem Hintergrund beabsichtigt der Entwurf keine abschließende Regelung der Existenzvernichtungshaftung und greift demgemäß der weiteren Rechtsfortbildung nicht vor.

Mit der Änderung wird der Gefahr vorgebeugt, dass bei sich abzeichnender Zahlungsunfähigkeit von den Gesellschaftern Mittel entnommen werden. Der Begriff der „Zahlungen" ist wie in Satz 1 nicht auf reine Geldleistungen beschränkt, sondern erfasst auch sonstige vergleichbare Leistungen zu Lasten des Gesellschaftsvermögens, durch die der Gesellschaft im Ergebnis Liquidität entzogen wird. Indem der Entwurf auch im neuen Satz 3 von Zahlungen spricht, ist jedenfalls keine Einschränkung des bisherigen Begriffsverständnisses – auch hinsichtlich der Berücksichtigung von Gegenleistungen – bezweckt.

Eine Ersatzpflicht des Geschäftsführers nach dem neuen Satz 3 setzt dabei zunächst eine Kausalität für den Eintritt der Zahlungsunfähigkeit voraus. Dies ist z. B. dann nicht der Fall, wenn der Gesellschaft durch eine Gegenleistung des Gesellschafters im Ergebnis in gleichem Maße wieder liquide Vermögenswerte zugeführt werden. Weiter soll der Geschäftsführer keineswegs verpflichtet werden, jegliche Zahlungen an Gesellschafter zu ersetzen, die in irgendeiner Weise kausal für eine - möglicherweise erst mit erheblichem zeitlichem Abstand eintretende – Zahlungsunfähigkeit der Gesellschaft geworden sind. Vielmehr muss die Zahlung ohne Hinzutreten weiterer Kausalbeiträge zur Zahlungsunfähigkeit der Gesellschaft führen. Das bedeutet nicht, dass im Moment der Leistung die Zahlungsunfähigkeit eintreten muss, es muss sich in diesem Moment aber klar abzeichnen, dass die Gesellschaft unter normalem Verlauf der Dinge ihre Verbindlichkeiten nicht mehr wird erfüllen können. Außergewöhnliche Ereignisse, die die Zahlungsfähigkeit hätten retten können, mit denen man aber im Moment der Auszahlung nicht rechnen konnte, bleiben außer Betracht. Das Tatbestandsmerkmal „führen musste" macht umgekehrt aber unmissverständlich deutlich, dass nicht jede Leistung gemeint ist, die erst nach Hinzutretenden weiterer im Moment der Zahlung noch nicht feststehender Umstände zur Zahlungsunfähigkeit führt. Die Ersatzpflicht besteht zudem nur in dem Umfang („soweit"), wie der Gesellschaft tatsächlich liquide Vermögensmittel entzogen und nicht z. B. durch eine Gegenleistung des Gesellschafters ausgeglichen worden sind.

Der Satz 2 gibt dem Geschäftsführer eine Entlastungsmöglichkeit, wenn er die Tatbestandsmerkmale des Zahlungsverbots, also insbesondere ihre Geeignetheit, die Zahlungsunfähigkeit herbeizuführen, auch unter Anwendung der Sorgfalt eines ordentlichen Kaufmanns nicht erkennen konnte. Da die Herbeiführung der künftigen Zahlungsunfähigkeit zu den objektiven Bedingungen des Tatbestandes gehört, betrifft der Entlastungsbeweis Fälle, in denen der Geschäftsführer diese subjektiv aufgrund besonderer Umstände nicht erkennen konnte.

Die Erweiterung der Haftung der Geschäftsführer ist nur mit Vorsicht und Zurückhaltung vorzunehmen, weil Geschäftsführer grundsätzlich an Weisungen der Gesellschafter gebunden sind und im Falle der Fremdgeschäftsführung ein wirtschaftliches Abhängigkeitsverhältnis zum Gesellschafter bestehen kann. Grundsätzlich muss der Geschäftsführer Weisungen auch dann befolgen, wenn er sie für unternehmerisch verfehlt hält. Die Weisungsgebundenheit endet jedoch dort, wo der Geschäftsführer durch Ausführung der Weisung eine ihn treffende gesetzliche Pflicht verletzen und sich selbst gegenüber der Gesellschaft ersatzpflichtig machen würde. Dementsprechend schneidet § 43 Abs. 3, auf den § 64 verweist, dem Geschäftsführer den Einwand ab, er habe einen Beschluss der Gesellschafter befolgt. Zweifelt der Geschäftsführer, ob eine Zahlung an die Gesellschafter gegen den erweiterten § 64 verstoßen würde, muss er sein Amt niederlegen, statt die von den Gesellschaftern gewünschte Zahlung vorzunehmen. Die hier vorgeschlagene Regelung ist in ihrem Anwendungsbereich eng begrenzt und in ihren Voraussetzungen klar erkennbar und stellt damit keine Überforderung des Geschäftsführer dar.

Die in diesem Entwurf vorgenommene Erweiterung des § 64 hat einen starken insolvenzrechtlichen Bezug. Dies erleichtert es, § 64 als insolvenzrechtliche Norm zu qualifizieren und gemäß Artikel 3 Abs. 1, Artikel 4 Abs. 1 und 2 Satz 1 EuInsVO auch in Insolvenzverfahren über das Vermögen ausländischer Gesellschaften anzuwenden, deren Tätigkeitsmittelpunkt in Deutschland liegt. Die Neuregelung trägt so dazu bei, die zum Teil geringeren Gründungsvoraussetzungen ausländischer Gesellschaften zu kompensieren, die bei einer Tätigkeit in Deutschland nicht dem strengen Insolvenzrecht ihres Herkunftsstaats unterliegen.

Nr. 44	Gesetzestext

In § 65 Abs. 1 Satz 2 werden die Wörter „oder der Nichteinhaltung der Verpflichtungen nach § 19 Abs. 4" gestrichen.

[unverändert als Gesetzestext übernommen]   Text RegE

Zu Nummer 44 (Änderung von § 65 Abs. 1)   Begründung RegE
Es handelt sich um eine Folgeänderung zu Nummer 17.

Nr. 45	Gesetzestext

In § 66 Abs. 4 werden die Wörter „§ 6 Abs. 2 Satz 3 und 4" durch die Wörter „§ 6 Abs. 2 Satz 2 und 3" ersetzt.

[unverändert als Gesetzestext übernommen]   Text RegE

Zu Nummer 45 (Änderung von § 66 Abs. 4)   Begründung RegE
Es handelt sich um eine Folgeänderung zu Nummer 7. Zudem wird durch den uneingeschränkten Verweis auf § 6 Abs. 2 Satz 2 nunmehr auch ausdrücklich derjenige vom Amt des Liquidators ausgeschlossen, der als Betreuter einem Einwilligungsvorbehalt nach § 1903 BGB unterliegt.

Nr. 46	Gesetzestext

§ 71 wird wie folgt geändert:

a) In Absatz 4 wird die Angabe „§§ 36, 37, 41 Abs. 1, §" durch die Angabe „§§ 37, 41," ersetzt.

b) Absatz 5 wird wie folgt gefasst:

> „(5) Auf den Geschäftsbriefen ist anzugeben, dass sich die Gesellschaft in Liquidation befindet; im Übrigen gilt § 35a entsprechend."

[unverändert als Gesetzestext übernommen]   Text RegE

Zu Nummer 46 (Änderung von § 71)   Begründung RegE
Zu Buchstabe a (Änderung von Absatz 4)
Es handelt sich um eine Folgeänderung zu den Nummern 25 und 28.

MoMiG

Zu Buchstabe b (Änderung von Absatz 5)

Es wird gegenüber der bisherigen Rechtslage keine inhaltliche, sondern eine lediglich formale Änderung verfolgt. Das Gewollte lässt sich gesetzestechnisch sinnvoller und überschaubarer durch eine entsprechende Verweisung auf § 35a (vgl. Nummer 24) regeln. Die dort geforderten Angaben auf den Geschäftsbriefen bezüglich der Geschäftsführer gelten im Rahmen des § 71 entsprechend für die Angaben bezüglich der Liquidatoren. Im Übrigen sind auf den Geschäftsbriefen einer Gesellschaft in Liquidation die gleichen Angaben zu machen wie im Rahmen des § 35a.

Gesetzestext	**Nr. 47**

§ 82 Abs. 1 wird wie folgt geändert:

a) In Nummer 1 werden das Wort „Stammeinlagen" durch das Wort „Geschäftsanteile" und die Wörter „, Sacheinlagen und Sicherungen für nicht voll eingezahlte Geldeinlagen" durch die Wörter „und Sacheinlagen" ersetzt.

Text RegE	*[unverändert als Gesetzestext übernommen]*
Begründung RegE	**Zu Nummer 47 (Änderung von § 82 Abs. 1)** Zu Buchstabe a (Änderung der Nummer 1) In Nummer 1 wird erneut auf die Übernahme von „Geschäftsanteilen" durch die Gesellschafter bei Errichtung der Gesellschaft abgestellt. Die Differenzierung zwischen der Übernahme der Geschäftsanteile einerseits und der Einlageverpflichtung andererseits kommt in der Vorschrift wiederum zum Ausdruck. Im Übrigen handelt sich um eine Folgeänderung zu Nummer 8.
Gesetzestext	**b) In Nummer 5 werden nach dem Wort „Geschäftsführer" die Wörter „einer Gesellschaft mit beschränkter Haftung oder als Geschäftsleiter einer ausländischen juristischen Person" eingefügt.**
Text RegE	b) In Nummer 5 wird das Wort „Geschäftsführer" durch die Wörter „Geschäftsleiter einer inländischen oder ausländischen juristischen Person" ersetzt.
Begründung RegE	**Zu Buchstabe b (Änderung der Nummer 5)** Nach § 13g Abs. 2 HGB-E ist künftig auch in der Anmeldung der inländischen Zweigniederlassung einer ausländischen Gesellschaft mit beschränkter Haftung eine Versicherung nach § 8 Abs. 3 über das Nichtvorliegen von Bestellungshindernissen abzugeben; Entsprechendes gilt in Bezug auf spätere Anmeldungen für die Versicherung nach § 39 Abs. 3. In Folge dieser Änderungen wird auch die Strafbarkeit nach § 82 Abs. 1 Nr. 5 auf falsche Angaben in entsprechenden Versicherungen ausgedehnt. Auf die ausführliche Begründung zu Artikel 3 Nr. 3 Buchstabe b Doppelbuchstabe bb, Nr. 4 Buchstaben a und c, Nr. 5 Buchstaben a und c – Änderung von § 13e Abs. 3, §§ 13f und 13g HGB wird im Übrigen verwiesen.

Nummer 21 — Stellungnahme BRat

Zu Artikel 1 Nr. 47 Buchstabe b (§ 82 Abs. 1 Nr. 5 GmbHG), Artikel 5 Nr. 17 Buchstabe b (§ 399 Abs. 1 Nr. 6 AktG)

a) Artikel 1 Nr. 47 Buchstabe b ist wie folgt zu fassen:

,b) In Nummer 5 werden nach dem Wort „Geschäftsführer" die Wörter „einer Gesellschaft mit beschränkter Haftung oder Geschäftsleiter einer ausländischen juristischen Person" eingefügt.'

b) Artikel 5 Nr. 17 Buchstabe b ist wie folgt zu fassen:

,b) In Nummer 6 werden nach dem Wort „Vorstands" die Wörter „einer Aktiengesellschaft oder des Leitungsorgans einer ausländischen juristischen Person" eingefügt.'

Begründung

Der „Geschäftsleiter einer inländischen juristischen Person" existiert im GmbHG bislang nicht, ebenso wenig das „Leitungsorgan einer inländischen juristischen Person" im AktG. Die strafrechtlichen Bestimmungen in § 82 GmbHG und § 399 AktG sollten einerseits mit der notwendigen Genauigkeit formuliert werden, andererseits auch für den durchschnittlichen Normadressaten noch verständlich sein. Auf die Schaffung neuer gesellschaftsrechtlicher Termini sollte daher verzichtet werden.

Zu Nummer 21 *[der Stellungnahme des Bundesrates]* — Gegenäußerung BReg

Zu Artikel 1 Nr. 47 Buchstabe b (§ 82 Abs. 1 Nr. 5 GmbHG), Artikel 5 Nr. 17 Buchstabe b (§ 399 Abs. 1 Nr. 6 AktG)

Die Bundesregierung stimmt dem Vorschlag zu.

[unverändert als Gesetzestext übernommen] — Fassung Rechtsausschuss

Zu Nummer 47 (§ 82) — Begründung Rechtsausschuss

Auf Anregung des Bundesrates (Nummer 21) wird bzgl. inländischer Gesellschaften auf die Formulierung „Geschäftsleiter einer inländischen juristischen Person" verzichtet und stattdessen die bisherige Gesetzesformulierung „Geschäftsführer einer Gesellschaft mit beschränkter Haftung" beibehalten.

Nr. 48 — Gesetzestext

§ 84 Abs. 1 wird wie folgt geändert:

a) In Nummer 1 wird die Angabe „1." gestrichen und das Wort „oder" durch einen Punkt ersetzt.

b) Nummer 2 wird aufgehoben.

MoMiG

Text RegE	*[unverändert als Gesetzestext übernommen]*
Begründung RegE	Zu Nummer 48 (Änderung von § 84 Abs. 1) Zur Begründung vgl. die Ausführungen zu Artikel 9 Nr. 3.

Nr. 49

Gesetzestext	**Die §§ 86 und 87 werden aufgehoben.**
Text RegE	*[unverändert als Gesetzestext übernommen]*
Begründung RegE	Zu Nummer 49 (Aufhebung der §§ 86 und 87) Der bisherige Wortlaut der §§ 86 und 87 wird in das neu geschaffene Einführungsgesetz zum Gesetz betreffend die Gesellschaften mit beschränkter Haftung überführt (vgl. Begründung zu Artikel 2).

Nr. 50

Gesetzestext	**Dem Gesetz betreffend die Gesellschaften mit beschränkter Haftung wird die in der Anlage 1 zu diesem Gesetz enthaltene Anlage angefügt.**
Text RegE	Dem Gesetz betreffend die Gesellschaften mit beschränkter Haftung werden die in der Anlage 1 zu diesem Gesetz enthaltenen Anlagen angefügt.
Begründung RegE	Zu Nummer 50 (Anlagen zum GmbHG) Vgl. die Ausführungen zu Nummer 2 und 8 Buchstabe c.
Stellungnahme BRat	*[siehe Stellungnahme zu Art. 1 Nr. 2]*
Gegenäußerung BReg	*[siehe Gegenäußerung zu Art. 1 Nr. 2]*
Fassung Rechtsausschuss	*[unverändert als Gesetzestext übernommen]*
Begründung Rechtsausschuss	Zu Nummer 50 (Anlage zum GmbhG) Es handelt sich um eine Folgeänderung zu der für Nummer 8 vorgesehenen Änderung (Entfallen der Muster für die Handelsregisteranmeldung).

Nr. 51   *Gesetzestext*

Dem Gesetz betreffend die Gesellschaften mit beschränkter Haftung wird die aus der Anlage 2 zu diesem Gesetz ersichtliche Inhaltsübersicht vorangestellt. Die Untergliederungen des Gesetzes betreffend die Gesellschaften mit beschränkter Haftung erhalten die Bezeichnung und Fassung, die sich jeweils aus der Inhaltsübersicht in der Anlage zu dieser Vorschrift ergibt. Die Vorschriften des Gesetzes betreffend die Gesellschaften mit beschränkter Haftung erhalten die Überschriften, die sich jeweils aus der Inhaltsübersicht in der Anlage zu dieser Vorschrift ergeben.

[unverändert als Gesetzestext übernommen]   **Text RegE**

Zu Nummer 51 (Voranstellung einer Inhaltsübersicht)   **Begründung RegE**
Zum Zweck der Erhöhung der Übersichtlichkeit des Gesetzes betreffend die Gesellschaften mit beschränkter Haftung wird dem Gesetz eine Inhaltsübersicht vorangestellt. Die Untergliederungen und Vorschriften erhalten die Bezeichnung und Fassung aus der Anlage zu diesem Gesetz.

2.2 Änderungen des Einführungsgesetzes zum GmbHG

Gesetzestext

Artikel 2

Einführungsgesetz zum Gesetz betreffend die Gesellschaften mit beschränkter Haftung (GmbHG-Einführungsgesetz – EGGmbHG)

§ 1
Umstellung auf Euro

(1) Gesellschaften, die vor dem 1. Januar 1999 in das Handelsregister eingetragen worden sind, dürfen ihr auf Deutsche Mark lautendes Stammkapital beibehalten; Entsprechendes gilt für Gesellschaften, die vor dem 1. Januar 1999 zur Eintragung in das Handelsregister angemeldet und bis zum 31. Dezember 2001 eingetragen worden sind. Für Mindestbetrag und Teilbarkeit von Kapital, Einlagen und Geschäftsanteilen sowie für den Umfang des Stimmrechts bleiben bis zu einer Kapitaländerung nach Satz 4 die bis dahin gültigen Beträge weiter maßgeblich. Dies gilt auch, wenn die Gesellschaft ihr Kapital auf Euro umgestellt hat; das Verhältnis der mit den Geschäftsanteilen verbundenen Rechte zueinander wird durch Umrechnung zwischen Deutscher Mark und Euro nicht berührt. Eine Änderung des Stammkapitals darf nach dem 31. Dezember 2001 nur eingetragen werden, wenn das Kapital auf Euro umgestellt wird.

(2) Bei Gesellschaften, die zwischen dem 1. Januar 1999 und dem 31. Dezember 2001 zum Handelsregister angemeldet und in das Register eingetragen worden sind, dürfen Stammkapital und Stammeinlagen auch auf Deutsche Mark lauten. Für Mindestbetrag und Teilbarkeit von Kapital, Einlagen und Geschäftsanteilen sowie für den Umfang des Stimmrechts gelten die zu dem vom Rat der Europäischen Union nach Artikel 123 Abs. 4 Satz 1 des Vertrages zur Gründung der Europäischen Gemeinschaft unwiderruflich festgelegten Umrechnungskurs in Deutsche Mark umzurechnenden Beträge des Gesetzes in der ab dem 1. Januar 1999 geltenden Fassung.

(3) Die Umstellung des Stammkapitals und der Geschäftsanteile sowie weiterer satzungsmäßiger Betragsangaben auf Euro zu dem nach Artikel 123 Abs. 4 Satz 1 des Vertrages zur Gründung der Europäischen Gemeinschaft unwiderruflich festgelegten Umrechnungskurs erfolgt durch Beschluss der Gesellschafter mit einfacher Stimmenmehrheit nach § 47 des Gesetzes betreffend die Gesellschaften mit beschränkter Haftung; § 53 Abs. 2 Satz 1 des Gesetzes

betreffend die Gesellschaften mit beschränkter Haftung ist nicht anzuwenden. Auf die Anmeldung und Eintragung der Umstellung in das Handelsregister ist § 54 Abs. 1 Satz 2 und Abs. 2 Satz 2 des Gesetzes betreffend die Gesellschaften mit beschränkter Haftung nicht anzuwenden. Werden mit der Umstellung weitere Maßnahmen verbunden, insbesondere das Kapital verändert, bleiben die hierfür geltenden Vorschriften unberührt; auf eine Herabsetzung des Stammkapitals, mit der die Nennbeträge der Geschäftsanteile auf einen Betrag nach Absatz 1 Satz 4 gestellt werden, ist jedoch § 58 Abs. 1 des Gesetzes betreffend die Gesellschaften mit beschränkter Haftung nicht anzuwenden, wenn zugleich eine Erhöhung des Stammkapitals gegen Bareinlagen beschlossen und diese in voller Höhe vor der Anmeldung zum Handelsregister geleistet werden.

[unverändert als Gesetzestext übernommen] — Text RegE

§ 2
Übergangsvorschriften zum Transparenz- und Publizitätsgesetz — Gesetzestext

§ 42a Abs. 4 des Gesetzes betreffend die Gesellschaften mit beschränkter Haftung in der Fassung des Artikels 3 Abs. 3 des Transparenz- und Publizitätsgesetzes vom 19. Juli 2002 (BGBl. I S. 2681) ist erstmals auf den Konzernabschluss und den Konzernlagebericht für das nach dem 31. Dezember 2001 beginnende Geschäftsjahr anzuwenden.

[unverändert als Gesetzestext übernommen] — Text RegE

Zu Artikel 2 (Einführungsgesetz zum Gesetz betreffend die Gesellschaften mit beschränkter Haftung (GmbHG-Einführungsgesetz – EGGmbHG)) — Begründung RegE
Zu den §§ 1 und 2 (Übernahme der bisher im GmbHG enthaltenen Übergangsvorschriften)

Um zu verhindern, dass das GmbHG im Sechsten Abschnitt mit Übergangsvorschriften zu Änderungsgesetzen überfrachtet wird, werden nunmehr dem Vorbild des HGB mit dem EGHGB und des AktG mit dem EGAktG folgend die Übergangsvorschriften zum GmbHG in ein gesondertes Gesetz übernommen. Obschon für das GmbHG nicht bereits bei dessen Einführung ein entsprechendes Einführungsgesetz geschaffen wurde, ist ein entsprechendes Gesetz unter dieser Bezeichnung hier angezeigt. Ein „Einführungsgesetz" ist nicht nur dann angebracht, wenn das Gesetz erstmalig „eingeführt" wird, sondern auch, wenn es dazu dient, spätere Ergänzungen hinsichtlich ihres späteren „Einführungs"-Zeitpunktes zu definieren.

MoMiG

Die bisherigen im GmbHG enthaltenen Übergangsvorschriften der §§ 86 und 87 GmbHG gelten als §§ 1 und 2 des EGGmbHG fort. Die vorgenommenen geringfügigen Änderungen beruhen auf Anpassungen an die neue Rechtslage.

Gesetzestext

§ 3
Übergangsvorschriften zum Gesetz zur Modernisierung des GmbH-Rechts und zur Bekämpfung von Missbräuchen

(1) Die Pflicht, die inländische Geschäftsanschrift bei dem Gericht nach § 8 des Gesetzes betreffend die Gesellschaften mit beschränkter Haftung in der ab dem Inkrafttreten des Gesetzes vom 23. Oktober 2008 (BGBl. I S. 2026) am 1. November 2008 geltenden Fassung zur Eintragung in das Handelsregister anzumelden, gilt auch für Gesellschaften, die zu diesem Zeitpunkt bereits in das Handelsregister eingetragen sind, es sei denn, die inländische Geschäftsanschrift ist dem Gericht bereits nach § 24 Abs. 2 der Handelsregisterverordnung mitgeteilt worden und hat sich anschließend nicht geändert. In diesen Fällen ist die inländische Geschäftsanschrift mit der ersten die eingetragene Gesellschaft betreffenden Anmeldung zum Handelsregister ab dem 1. November 2008, spätestens aber bis zum 31. Oktober 2009 anzumelden. Wenn bis zum 31. Oktober 2009 keine inländische Geschäftsanschrift zur Eintragung in das Handelsregister angemeldet worden ist, trägt das Gericht von Amts wegen und ohne Überprüfung kostenfrei die ihm nach § 24 Abs. 2 der Handelsregisterverordnung bekannte inländische Anschrift als Geschäftsanschrift in das Handelsregister ein; in diesem Fall gilt die mitgeteilte Anschrift zudem unabhängig von dem Zeitpunkt ihrer tatsächlichen Eintragung ab dem 31. Oktober 2009 als eingetragene inländische Geschäftsanschrift der Gesellschaft, wenn sie im elektronischen Informations- und Kommunikationssystem nach § 9 Abs. 1 des Handelsgesetzbuchs abrufbar ist. Ist dem Gericht keine Mitteilung im Sinne des § 24 Abs. 2 der Handelsregisterverordnung gemacht worden, ist ihm aber in sonstiger Weise eine inländische Geschäftsanschrift bekannt geworden, so gilt Satz 3 mit der Maßgabe, dass diese Anschrift einzutragen ist, wenn sie im elektronischen Informations- und Kommunikationssystem nach § 9 Abs. 1 des Handelsgesetzbuchs abrufbar ist. Dasselbe gilt, wenn eine in sonstiger Weise bekanntgewordene inländische Anschrift von einer früher nach § 24 Abs. 2 der Handelsregisterverordnung mitgeteilten Anschrift abweicht. Eintragungen nach den Sätzen 3 bis 5 werden abweichend von § 10 des Handelsgesetzbuchs nicht bekannt gemacht.

§ 3
Übergangsvorschriften zum Gesetz zur Modernisierung des GmbH-Rechts und zur Bekämpfung von Missbräuchen

(1) Die Pflicht, die inländische Geschäftsanschrift bei dem Gericht nach § 8 des Gesetzes betreffend die Gesellschaften mit beschränkter Haftung in der ab dem Inkrafttreten des Gesetzes vom ... (BGBl. I S. ...) am ... [Einsetzen: Datum des Inkrafttretens dieses Gesetzes] geltenden Fassung zur Eintragung in das Handelsregister anzumelden, gilt auch für Gesellschaften, die zu diesem Zeitpunkt bereits in das Handelsregister eingetragen sind, wenn die inländische Geschäftsanschrift dem Gericht nicht bereits nach § 24 Abs. 2 der Handelsregisterverordnung mitgeteilt worden ist oder sich geändert hat. In diesen Fällen ist die inländische Geschäftsanschrift mit der ersten die eingetragene Gesellschaft betreffenden Anmeldung zum Handelsregister ab dem ... [Einsetzen: Datum des Inkrafttretens dieses Gesetzes], spätestens aber bis zum 31. März 2009 anzumelden. Wenn bis zum 31. März 2008 keine inländische Geschäftsanschrift zur Eintragung in das Handelsregister angemeldet worden ist, trägt das Gericht von Amts wegen und ohne Überprüfung kostenfrei die ihm nach § 24 Abs. 2 der Handelsregisterverordnung bekannte inländische Anschrift als Geschäftsanschrift in das Handelsregister ein; in diesem Fall gilt die mitgeteilte Anschrift zudem unabhängig von dem Zeitpunkt ihrer tatsächlichen Eintragung ab dem 31. März 2009 als eingetragene inländische Geschäftsanschrift der Gesellschaft, wenn sie im Handelsregister abrufbar ist. Die Eintragung nach Satz 3 wird abweichend von § 10 des Handelsgesetzbuchs nicht bekannt gemacht.

Text RegE

Zu § 3 (Übergangsvorschriften aufgrund des vorliegenden Gesetzgebungsvorhabens)
Die Vorschrift enthält sämtliche Übergangsregelungen, die aufgrund der Änderungen des GmbHG erforderlich geworden sind.

Zu Absatz 1 Die in diesem Gesetz neu vorgesehenen Anmeldungsverpflichtungen bzgl. einer inländischen Geschäftsanschrift erfordern eine Regelung, ob und ggf. bis zu welchem Zeitpunkt die bereits im Handelsregister eingetragenen Gesellschaften dieser Pflicht nachzukommen haben. Da dem Registergericht aufgrund der Regelung des § 24 Abs. 2 und 3 HRV die Lage der Geschäftsräume bereits mitgeteilt worden sein sollte, besteht eine Anmeldepflicht für diese Gesellschaften nur dann, wenn bislang noch keine inländische Anschrift mitgeteilt worden ist oder sich eine Änderung ergeben hat. Zudem kann die GmbH eine von der mitgeteilten Lage der Geschäftsräume abweichende Geschäftsanschrift anmelden (vgl. Begründung zu Artikel 1 Nr. 9 Buchstabe d).

Der Pflicht zur Anmeldung der inländischen Geschäftsanschrift ist grundsätzlich zusammen mit der ersten die Gesellschaft betreffenden Anmeldung zum Handelsregister nachzukommen. Hier sollte auch vom Notar bei der Beglaubigung der Anmeldung darauf geachtet werden, dass dies korrekt erledigt wird, um fehlerhafte Anmeldungen, Zwischenbescheide und dadurch Eintragungsverzögerungen zu vermeiden. Spätestens muss die „Nachmeldung" bis zum 31. März 2009 erfolgen. Die Übergangsfrist vermeidet eine übermäßige Belastung sowohl der Register als auch der mittelständischen Wirtschaft. Ein vollständiger Verzicht auf eine feste Übergangsfrist für „Nachmeldungen" ist demgegenüber angesichts der beabsichtigten Verbesserung des Gläubigerschutzes nicht möglich, da andernfalls insbesondere die Wirkungen des § 185 Nr. 2 ZPO-E (vgl. Artikel 8) möglicherweise auf längere Zeit nicht eingreifen bzw. unterlaufen werden könnten.

Begründung RegE

MoMiG

Nach Ablauf der Übergangsfrist tragen die Registergerichte die ihnen mitgeteilten inländischen Anschriften ohne inhaltliche Prüfung als Geschäftsanschrift der Gesellschaft ein; die Eintragung erfolgt kostenfrei und eine besondere Bekanntmachung nach § 10 HGB findet nicht statt. Auch auf diese Weise wird die Belastung in Grenzen gehalten. Zudem gilt eine dem Registergericht mitgeteilte Geschäftsanschrift, die im Handelsregister (über die Unternehmensträgerdaten) abrufbar ist, unabhängig von dem Datum ihrer tatsächlichen Eintragung im Handelsregister ab dem 31. März 2009 als eingetragene Geschäftsanschrift der GmbH. Es wird damit den Registergerichten ein gewisser Spielraum gegeben, die Umtragung gestreckt über einen angemessenen Zeitraum vorzunehmen. Die Geltung der mitgeteilten Geschäftsanschrift hilft, eine ungerechtfertigte Privilegierung einzelner Gesellschaften aufgrund solcher Verzögerungen bei der Eintragung zu vermeiden.

Fassung Rechtsausschuss

[unverändert als Gesetzestext übernommen]

Begründung Rechtsausschuss

Zu Artikel 2 (Einführungsgesetz zum Gesetz betreffend die Gesellschaften mit beschränkter Haftung)

Zu § 3

Zu Absatz 1

Die Änderungen gehen zurück auf Nummer 22 der Gegenäußerung der Bundesregierung zur Stellungnahme des Bundesrates. Die dort angesprochene Umfrage der Bundesregierung unter den Landesjustizverwaltungen hat ergeben, dass zwar in den meisten, aber nicht in allen Bundesländern gewährleistet ist, dass die nach geltendem Recht im Handelsregistersystem zu der Gesellschaft gespeicherte (vom Unternehmen selbst nach § 24 Abs. 2 HRV mitgeteilte oder dem Gericht in sonstiger Weise bekannt gewordene) inländische Geschäftsanschrift auch online abrufbar ist. Angesichts der mit der künftigen Eintragung der Geschäftsanschrift verbundenen Folgen (z. B. hinsichtlich einer öffentlichen Zustellung nach § 185 ZPO-E) kann vor diesem Hintergrund die Eintragung einer Geschäftsanschrift, die nicht vom Unternehmen selbst mitgeteilt, sondern dem Gericht auf andere Weise bekannt geworden ist, abweichend von dem Vorschlag des Bundesrats nur unter der Einschränkung zugelassen werden, dass diese Anschrift auch online abrufbar war. Denn nur dann hatte das Unternehmen die Chance, vor Ablauf der Übergangsfrist zu überprüfen, welche Anschrift eingetragen würde und ob diese auch zutreffend ist.

Die Übergangsfrist selbst wird angesichts der seit Verabschiedung des Regierungsentwurfs verstrichenen Zeit zur Entlastung der Unternehmen und der Registergerichte vom 31. März auf den 31. Oktober 2009 verlängert.

Gesetzestext

(2) § 6 Abs. 2 Satz 2 Nr. 3 Buchstabe a, c, d und e des Gesetzes betreffend die Gesellschaften mit beschränkter Haftung in der ab dem 1. November 2008 geltenden Fassung ist auf Personen, die vor dem 1. November 2008 zum Geschäftsführer bestellt worden sind, nicht anzuwenden, wenn die Verurteilung vor dem 1. November 2008 rechtskräftig geworden ist. Entsprechendes gilt für § 6 Abs. 2 Satz 3 des Gesetzes betreffend die Gesellschaften mit beschränkter Haftung in der ab dem 1. November 2008 geltenden Fassung, soweit die Verurteilung wegen einer Tat erfolgte, die den Straftaten im Sinne des Satzes 1 vergleichbar ist.

(2) § 6 Abs. 2 Satz 2 Nr. 3 Buchstabe a, c, d und e des Gesetzes betreffend die Gesellschaften mit beschränkter Haftung in der ab dem (Einsetzen: Datum des Inkrafttretens dieses Gesetzes) geltenden Fassung ist auf Personen, die vor dem ... (Einsetzen: Datum des Inkrafttretens dieses Gesetzes) zum Geschäftsführer bestellt worden sind, nicht anzuwenden, wenn die Verurteilung vor dem ... (Einsetzen: Datum des Inkrafttretens dieses Gesetzes) rechtskräftig geworden sind. Entsprechendes gilt für § 6 Abs. 2 Satz 3 des Gesetzes betreffend die Gesellschaften mit beschränkter Haftung in der ab dem ... (Einsetzen: Datum des Inkrafttretens dieses Gesetzes) geltenden Fassung, soweit die Verurteilung wegen einer Tat erfolgte, die den Straftaten im Sinne des Satzes 1 vergleichbar ist.

Text RegE

Zu Absatz 2

Absatz 2 bestimmt, dass bei Personen, die bereits vor Inkrafttreten des MoMiG zum Geschäftsführer bestellt worden sind, Verurteilungen nach den neu in den Katalog des § 6 Abs. 2 Satz 2 Nr. 3 Buchstabe a, c, d und e GmbHG-E aufgenommenen Straftaten (vgl. Artikel 1 Nr. 7) nicht zum Verlust der Befähigung, Geschäftsführer einer GmbH sein zu können, führen, wenn die Verurteilung bereits vor Inkrafttreten des MoMiG rechtskräftig geworden ist. Entsprechendes gilt für Verurteilungen wegen vergleichbarer Auslandsstraftaten (§ 6 Abs. 2 Satz 3 GmbHG-E). Damit wird dem Gebot des Vertrauensschutzes Rechnung getragen.

Begründung RegE

[unverändert als Gesetzestext übernommen]

Fassung Rechtsausschuss

Zu Absatz 2

Es handelt sich um eine redaktionelle Korrektur.

Begründung Rechtsausschuss

(3) Bei Gesellschaften, die vor dem 1. November 2008 gegründet worden sind, findet § 16 Abs. 3 des Gesetzes betreffend die Gesellschaften mit beschränkter Haftung in der ab dem 1. November 2008 geltenden Fassung für den Fall, dass die Unrichtigkeit in der Gesellschafterliste bereits vor dem 1. November 2008 vorhanden und dem Berechtigten zuzurechnen ist, hinsichtlich des betreffenden Geschäftsanteils frühestens auf Rechtsgeschäfte nach dem 1. Mai 2009 Anwendung. Ist die Unrichtigkeit dem Berechtigten im Fall des Satzes 1 nicht zuzurechnen, so ist abweichend von dem 1. Mai 2009 der 1. November 2011 maßgebend.

Gesetzestext

[unverändert als Gesetzestext übernommen]

Text RegE

Zu Absatz 3

Die Übergangsregelung ermöglicht den Altgesellschaften ein allmähliches Hineinwachsen in die Möglichkeit des gutgläubigen Erwerbs nach § 16 GmbHG, ohne sie mit Verwaltungsaufwand zu belasten und ohne unangemessene Härten aufgrund nachlässiger Führung der Gesellschafterlisten in der Vergangenheit eintreten zu lassen.

Begründung BReg

Gesetzestext	(4) § 19 Abs. 4 und 5 des Gesetzes betreffend die Gesellschaften mit beschränkter Haftung in der ab dem 1. November 2008 geltenden Fassung gilt auch für Einlagenleistungen, die vor diesem Zeitpunkt bewirkt worden sind, soweit sie nach der vor dem 1. November 2008 geltenden Rechtslage wegen der Vereinbarung einer Einlagenrückgewähr oder wegen einer verdeckten Sacheinlage keine Erfüllung der Einlagenverpflichtung bewirkt haben. Dies gilt nicht, soweit über die aus der Unwirksamkeit folgenden Ansprüche zwischen der Gesellschaft und dem Gesellschafter bereits vor dem 1. November 2008 ein rechtskräftiges Urteil ergangen oder eine wirksame Vereinbarung zwischen der Gesellschaft und dem Gesellschafter getroffen worden ist; in diesem Fall beurteilt sich die Rechtslage nach den bis zum 1. November 2008 geltenden Vorschriften.
Text RegE	(4) § 8 Abs. 2 Satz 2 und § 19 Abs. 4 des Gesetzes betreffend die Gesellschaften mit beschränkter Haftung in der ab dem ... (Einsetzen: Datum des Inkrafttretens dieses Gesetzes) geltenden Fassung gelten auch für Einlagenleistungen, die vor diesem Zeitpunkt bewirkt worden sind, soweit sie nach der vor dem ... (Einsetzen: Datum des Inkrafttretens dieses Gesetzes) geltenden Rechtslage wegen der Vereinbarung einer Einlagenrückgewähr oder wegen einer verdeckten Sacheinlage keine Erfüllung der Einlagenverpflichtung bewirkt haben. Dies gilt nicht, soweit über die aus der Unwirksamkeit folgenden Ansprüche zwischen der Gesellschaft und dem Gesellschafter bereits vor dem ... (Einsetzen: Datum des Inkrafttretens dieses Gesetzes) ein rechtskräftiges Urteil ergangen oder eine wirksame Vereinbarung zwischen der Gesellschaft und dem Gesellschafter getroffen worden ist; in diesem Fall beurteilt sich die Rechtslage nach den bis zum ... (Einsetzen: Datum des Inkrafttretens dieses Gesetzes) geltenden Vorschriften.
Begründung RegE	**Zu Absatz 4** Die Übergangsregelung bestimmt den zeitlichen Anwendungsbereich der in § 8 Abs. 2 Satz 2 und § 19 Abs. 4 GmbHG-E enthaltenen Neuregelungen zur Erfüllung der Einlageschuld.
Stellungnahme BRat	**Nummer 22** Zu Artikel 2 (§ 3 Abs. 1 Satz 3 EGGmbHG), Artikel 4 (Artikel 64 Satz 3 EGHGB), Artikel 6 Nr. 2 (§ 18 Satz 3 EGAktG) In Artikel 2 § 3 Abs. 1 Satz 3, Artikel 4 Artikel 64 Satz 3 und Artikel 6 Nr. 2 § 18 Satz 3 sind jeweils nach dem Wort „bekannte" die Wörter „oder in sonstiger Weise bekannt gewordene" einzufügen. Begründung § 3 Abs. 1 Satz 3 EGGmbHG-E, § 18 Satz 3 EGAktG-E und Artikel 64 Satz 3 EGHGB-E bestimmen, dass nach Ablauf der Übergangsfrist, innerhalb derer die Anmeldung der Geschäftsanschrift zum Handelsregister zu erfolgen hat, das Registergericht ersatzweise die ihm nach § 24 Abs. 2 HRV bekannte Anschrift als Geschäftsanschrift ohne Prüfung auf Richtigkeit in das Handelsregister einträgt.

Gleiches gilt hinsichtlich der Zweigniederlassungen für die nach § 24 Abs. 3 HRV mitgeteilte Anschrift.

Dabei geht der Entwurf davon aus, dass einfach die dem Registergericht gemäß § 24 HRV bisher mitgeteilte Anschrift automatisch durch technische Umschreibung eingetragen werden soll. Bei den dem Gericht bekannten und im System gespeicherten Adressen handelt es sich jedoch nicht stets um solche, die gemäß § 24 HRV mitgeteilt wurden, sondern auch um Adressen, die dem Gericht auf sonstige Art und Weise, z. B. durch den üblichen Schriftverkehr oder im Zuge von Zustellungen, bekannt geworden sind.

Es wäre daher – im Gegensatz zu dem mit dem Entwurf verfolgten Ziel – mit Mehrarbeit für die Registergerichte verbunden, müssten sie in jedem Fall die ursprüngliche, nach § 24 HRV mitgeteilte Anschrift ermitteln. Wird jedoch entsprechend dem oben genannten Vorschlag auch die Eintragung einer anderen dem Gericht bekannten Anschrift ermöglicht, dient dies nicht nur der Arbeitserleichterung für die Gerichte, sondern geht auch mit einer erhöhten Aktualität der von Amts wegen eingetragenen Anschrift einher.

Zu Nummer 22 [der Stellungnahme des Bundesrates]
Zu Artikel 2 (§ 3 Abs. 1 Satz 3 EGGmbHG), Artikel 4 (Artikel 64 Satz 3 EGHGB), Artikel 6 Nr. 2 (§ 18 Satz 3 EGAktG)

Gegenäußerung BReg

Dem Anliegen des Bundesrates wird dem Grunde nach zugestimmt, da die Umtragung der Geschäftsanschrift möglichst unbürokratisch ablaufen sollte. Allerdings muss auch gewährleistet bleiben, dass die genannten Übergangsvorschriften weiterhin ihre Entlastungsfunktion zugunsten der bereits im Handelsregister eingetragenen Unternehmen behalten. Nach der im Regierungsentwurf vorgesehenen Konzeption sollen diese Unternehmen nicht verpflichtet sein, eine inländische Geschäftsanschrift zur Eintragung im Handelsregister anzumelden, wenn sie dem Registergericht bereits nach § 24 der Handelsregisterverordnung (HRV) eine Geschäftsanschrift mitgeteilt haben. Sie sollen dann für den Fall, dass sie keine abweichende Anschrift eintragen lassen wollen, untätig bleiben und sich darauf verlassen können, dass nach Ablauf der Übergangsfrist diese ihnen bekannte Anschrift (für sie kostenfrei) in das Handelsregister eingetragen wird. Es darf dabei auch nicht vergessen werden, dass es insbesondere für juristische Personen wichtig ist zu wissen, welche Anschrift das Registergericht nach Verstreichen der Übergangsfrist eintragen würde, da bei diesen die Zustellungsmöglichkeit unter der eingetragenen inländischen Geschäftsanschrift mit der Zulässigkeit einer öffentlichen Zustellung verknüpft werden soll.

Diese Ausgangslage würde sich ändern, wenn es dem Registergericht entsprechend dem Vorschlag des Bundesrates gestattet wäre, eine von der mitgeteilten Anschrift abweichende, zwischenzeitlich „bekannt gewordene" Anschrift einzutragen. Das Unternehmen könnte sich dann nicht mehr darauf verlassen, dass die von ihm selbst mitgeteilte Anschrift eingetragen würde, da sie im System von dem Gericht durch eine später „bekannt gewordene" Anschrift ersetzt worden sein könnte. Es wäre dabei auch denkbar, dass zwar die nach § 24 HRV mitgeteilte Anschrift noch gültig ist, nicht aber die dem Registergericht später auf sonstige Weise „bekannt gewordene", die möglicherweise von dem Unternehmen zwischenzeitlich bereits wieder aufgegeben worden ist.

Dem Anliegen des Bundesrates könnte aber auch vor diesem Hintergrund entsprochen werden, wenn die im Handelsregistersystem zu dem jeweiligen Unternehmen aktuell gespeicherte (mitgeteilte oder sonst bekannt gewordene) Anschrift, die nach Ablauf der Übergangsfrist eingetragen werden würde, in jedem Fall online (z. B. über die Unternehmensträgerdaten) abrufbar wäre. Das Unternehmen könnte dann rechtzeitig und ohne unzumutbaren Aufwand überprüfen, ob die im System hinterlegte Anschrift auch zutreffend ist, und sich dann auf verlässlicher Basis entscheiden, entweder eine abweichende inländische Geschäftsanschrift anzumelden oder die Übergangsfrist verstreichen zu lassen. Die Bundesregierung wird daher mit einem gesondert an die Landesjustizverwaltung gestellten Auskunftsersuchen vor einer abschließenden Bewertung zunächst aufklären, ob eine entsprechende Abrufbarkeit der „in sonstiger Weise bekannt gewordenen" Anschriften gewährleistet ist.

Fassung Rechtsausschuss *[unverändert als Gesetzestext übernommen]*

Begründung Rechtsausschuss

Zu Absatz 4

Es handelt sich um eine redaktionelle Folgeänderung zu den für Artikel 1 Nr. 9 und 17 vorgesehenen Änderungen.

2.3 Änderungen des Handelsgesetzbuches

| Artikel 3 | Gesetzestext |

Änderung des Handelsgesetzbuches

Das Handelsgesetzbuch in der im Bundesgesetzblatt Teil III, Gliederungsnummer 4100-1, veröffentlichten bereinigten Fassung, zuletzt geändert durch Artikel 10 des Gesetzes vom 12. August 2008 (BGBl. I S. 1666), wird wie folgt geändert:

| Nr. 01 | Gesetzestext |

[nicht in das Gesetz aufgenommen]

[nicht enthalten] — **Text RegE**

Nummer 23 — **Stellungnahme BRat**
Zu Artikel 3 Nr. 01 – neu – (§ 8a Abs. 2 HGB)
Der Bundesrat bittet, im weiteren Verlauf des Gesetzgebungsverfahrens zu prüfen, ob in § 8a Abs. 2 HGB nach dem Wort „Handelsregisters," die Wörter „die elektronische Übermittlung gerichtlicher Dokumente," eingefügt werden sollten.

Begründung
Mit dieser Regelung könnte die Möglichkeit geschaffen werden, die mit dem EHUG eingeführten Regelungen zur elektronischen Einreichung von Dokumenten an die Registergerichte auch für die Rückübermittlung von gerichtlichen Dokumenten zu nutzen. Hierzu bedarf es der Ermächtigung für die Landesregierungen, Vorgaben hinsichtlich der elektronischen Übermittlung von gerichtlichen Dokumenten sowie der Dateiformate der Dokumente zu machen. Um zu gewährleisten, dass Dokumente im Handelsregisterbereich bundesweit in einem einheitlichen Datenformat übermittelt werden können, haben sich die Länder bereits auf die Einführung einheitlicher Standards verständigt.

Mit der Regelung kann dem Bedürfnis nach einer verbindlichen Normierung, gegebenenfalls auch für einzelne Nutzergruppen, zur Einführung einer elektronischen Übermittlung von Eintragungsmitteilungen, gerichtlichen Entscheidungen und sonstigen Schriftstücken Rechung getragen werden. Dadurch können insbesondere der mit den Eintragungsmitteilungen verbundene Aufwand reduziert und die entsprechenden Kosten gesenkt werden.

Zu Nummer 23 *[der Stellungnahme des Bundesrates]* — **Gegenäußerung BReg**
Zu Artikel 3 Nr. 01 – neu – (§ 8a Abs. 2 HGB)
Der Vorschlag, im elektronischen Registerverfahren die Möglichkeit zu eröffnen, nicht nur Anträge elektronisch einzureichen, sondern auch gerichtliche Schriftstü-

MoMiG

cke auf gleichem Wege an die Beteiligten zurückzuübermitteln, ist sinnvoll und grundsätzlich zu begrüßen.

Allerdings besteht derzeit für die vorgeschlagene umfassende Verordnungsermächtigung keine ausreichende Grundlage. Das FGG enthält – mit Ausnahme von § 21 Abs. 2 Satz 2 – keine Vorschriften für die elektronische Übermittlung von Dokumenten bzw. die elektronische Aktenführung. Im Rahmen des EHUG wurde in § 8 HGB lediglich die elektronische Führung des Handelsregisters, in § 9 HGB die Einsichtnahme in das Register auf elektronischem Wege und in § 12 HGB die elektronische Anmeldung und Einreichung von Dokumenten geregelt und entsprechend der Umfang der Verordnungsermächtigung in § 8a HGB ausgestaltet. Weitergehende gesetzliche Regelungen über eine umfassende elektronische Abwicklung des Handelsregisterverfahrens bestehen nicht.

Da die Möglichkeit einer elektronischen Übermittlung von Benachrichtigungen an Beteiligte im Rahmen des § 38a HRV besteht und damit ein nicht unerheblicher Teil der „gerichtlichen Schriftstücke" elektronisch übermittelt werden kann, wird auch kein Bedürfnis gesehen, im Vorfeld des FGG-Reformgesetzes für das Handelsregisterverfahren Spezialregelungen zu schaffen.

Nr. 1

§ 13 wird wie folgt geändert:

a) In Absatz 1 Satz 1 werden nach dem Wort „Ortes" die Wörter „und der inländischen Geschäftsanschrift" eingefügt.

b) In Absatz 2 werden nach dem Wort „Ortes" die Wörter „sowie der inländischen Geschäftsanschrift" eingefügt.

Text RegE   *[unverändert als Gesetzestext übernommen]*

Stellungnahme BRat

Nummer 24

Zu Artikel 3 Nr. 1 (§ 13 HGB)

Der Bundesrat bittet, im weiteren Verlauf des Gesetzgebungsverfahrens zu prüfen, ob die Möglichkeit zur Bestellung eines weiteren Empfangsvertreters auf alle im Handelsregister eingetragenen Firmen ausgedehnt werden kann.

Begründung

Aus § 13 HGB-E ergibt sich die Verpflichtung zur Anmeldung einer inländischen Geschäftsanschrift für alle eingetragenen Kaufleute unabhängig von der Rechtsform, in welcher das Unternehmen organisiert ist. Das ist folgerichtig und sinnvoll. Nicht nachvollziehbar ist allerdings, warum die Möglichkeit, einen weiteren Empfangsvertreter eintragen zu lassen, ausschließlich juristischen Personen vorbehalten bleibt. Die Überlegungen, die zur Möglichkeit der Eintragung eines Empfangsvertreters bei diesen führen (Vermeidung von Risiken aus öffentlichen Zustellungen) gelten in gleicher Weise auch für Firmeninhaber anderer Rechtsformen.

Zu Nummer 24 *[der Stellungnahme des Bundesrates]*   Gegenäuße-
Zu Artikel 3 Nr. 1 (§ 13 HGB)   rung BReg

Die Bundesregierung hält eine entsprechende Ergänzung nicht für geboten. Die Möglichkeit, zusätzlich zu der Geschäftsanschrift auch eine empfangsberechtigte Person mit einer inländischen Anschrift in das Handelsregister eintragen zu lassen, ist bewusst auf juristische Personen beschränkt worden. Sie dient bei diesen als zusätzliche Absicherung gegen die neu vorgesehenen Möglichkeiten einer öffentlichen Zustellung, die nach der Konzeption von § 15a HGB-E und § 185 Nr. 2 ZPO-E dann nicht möglich sein soll, wenn ein Zugang unter der für eine empfangsberechtigte Person eingetragenen Anschrift bewirkt werden kann. Auf die sonstigen im Handelsregister eingetragenen Unternehmen wie etwa Einzelkaufleute oder Personenhandelsgesellschaften finden die genannten Regelungen aber entgegen der Auffassung des Bundesrates keine Anwendung, da sie in ihrem Wortlaut ausdrücklich auf „juristische Personen" beschränkt wurden. Insofern würde die Möglichkeit der Eintragung eines zusätzlichen Empfangsvertreters einschließlich des damit verbundenen Aufwands für die Registergerichte bei diesen Unternehmen wenig Sinn machen.

Nr. 2   Gesetzestext

§ 13d wird wie folgt geändert:

a) In Absatz 2 werden nach dem Wort „Ort" die Wörter „und die inländische Geschäftsanschrift" eingefügt.

b) In Absatz 3 werden die Wörter „und Bekanntmachungen" durch die Wörter „, Bekanntmachungen und Änderungen einzutragender Tatsachen" ersetzt.

[unverändert als Gesetzestext übernommen]   Text RegE

Nummer 25   Stellungnah-
Zu Artikel 3 Nr. 2 (§ 13d HGB)   me BRat

Der Bundesrat bittet, im weiteren Verlauf des Gesetzgebungsverfahrens zu prüfen, ob die Erfüllung der in der Praxis häufig missachteten Eintragungspflicht für Zweigniederlassungen ausländischer Gesellschaften durch geeignete Sanktionen und Maßnahmen unterstützt werden sollte.

Begründung

Eine Vielzahl von Zweigniederlassungen ausländischer Gesellschaften wird trotz der gesetzlichen Verpflichtung hierzu nicht zum Handelsregister angemeldet. Die Möglichkeit, die Anmeldung der Zweigniederlassung durch ein Zwangsgeld zu erzwingen (§ 14 HGB i. V. m. § 132 ff. FGG) stellt keine hinreichende Sanktion dar, da das Registergericht in den meisten Fällen überhaupt keine Kenntnis vom Bestehen der Zweigniederlassung erlangt. Hier könnte durch Schaffung weitergehender Sanktionen zusätzlicher Druck auf die jeweiligen Vertretungsorgane ausgeübt werden, die Zweigniederlassung zum Handelsregister anzumelden.

Weiterhin könnten die Registergerichte durch einen verbesserten Informationsfluss mit den Gewerbe- und Finanzämtern zusätzliche Erkenntnisse zum Bestehen von Zweigniederlassungen erlangen. Hierzu sollte eine Rechtsgrundlage geschaf-

MoMiG

fen werden. Ein gegenseitiger Informationsaustausch dieser Stellen findet derzeit nicht statt.

Gegenäußerung BReg

Zu Nummer 25 *[der Stellungnahme des Bundesrates]*
Zu Artikel 3 Nr. 2 (§ 13d HGB)
Die Bundesregierung wird der Prüfbitte des Bundesrates im weiteren Gesetzgebungsverfahren nachkommen.

Gesetzestext

Nr. 3

§ 13e wird wie folgt geändert:

a) Absatz 2 wird wie folgt geändert:

aa) In Satz 2 werden die Wörter „und, wenn der Gegenstand des Unternehmens oder die Zulassung zum Gewerbebetrieb im Inland der staatlichen Genehmigung bedarf, auch diese" gestrichen.

bb) In Satz 3 werden die Wörter „die Anschrift" durch die Wörter „eine inländische Geschäftsanschrift" ersetzt.

Text RegE

[unverändert als Gesetzestext übernommen]

Gesetzestext

cc) Nach Satz 3 wird folgender Satz eingefügt:

„Daneben kann eine Person, die für Willenserklärungen und Zustellungen an die Gesellschaft empfangsberechtigt ist, mit einer inländischen Anschrift zur Eintragung in das Handelsregister angemeldet werden; Dritten gegenüber gilt die Empfangsberechtigung als fortbestehend, bis sie im Handelsregister gelöscht und die Löschung bekannt gemacht worden ist, es sei denn, dass die fehlende Empfangsberechtigung dem Dritten bekannt war."

Text RegE

cc) Nach Satz 3 wird folgender Satz eingefügt:

„Daneben kann eine Person, die für Zustellungen an die Gesellschaft empfangsberechtigt ist, mit einer inländischen Anschrift zur Eintragung in das Handelsregister angemeldet werden; Dritten gegenüber gilt die Empfangsberechtigung als fortbestehend, bis sie im Handelsregister gelöscht und die Löschung bekannt gemacht worden ist, es sei denn, dass die fehlende Empfangsberechtigung dem Dritten bekannt war."

dd) In dem neuen Satz 5 Nr. 4 wird das Wort „Gemeinschaften" durch das Wort „Union" ersetzt.   *Gesetzestext*

b) Absatz 3 wird wie folgt geändert:

   aa) Die Wörter „Absatz 2 Satz 4 Nr. 3" werden durch die Wörter „Absatz 2 Satz 5 Nr. 3" ersetzt.

   bb) Folgender Satz wird angefügt:

> „Für die gesetzlichen Vertreter der Gesellschaft gelten in Bezug auf die Zweigniederlassung § 76 Abs. 3 Satz 2 und 3 des Aktiengesetzes sowie § 6 Abs. 2 Satz 2 und 3 des Gesetzes betreffend die Gesellschaften mit beschränkter Haftung entsprechend."

[unverändert als Gesetzestext übernommen]   *Text RegE*

c) Nach Absatz 3 wird folgender Absatz 3a eingefügt: *Gesetzestext*

> „(3a) An die in Absatz 2 Satz 5 Nr. 3 genannten Personen als Vertreter der Gesellschaft können unter der im Handelsregister eingetragenen inländischen Geschäftsanschrift der Zweigniederlassung Willenserklärungen abgegeben und Schriftstücke zugestellt werden. Unabhängig hiervon können die Abgabe und die Zustellung auch unter der eingetragenen Anschrift der empfangsberechtigten Person nach Absatz 2 Satz 4 erfolgen."

c) Nach Absatz 3 wird folgender Absatz 3a eingefügt: *Text RegE*

> „(3a) An die in Absatz 2 Satz 5 Nr. 3 genannten Personen als Vertreter der Gesellschaft können unter der im Handelsregister eingetragenen inländischen Geschäftsanschrift der Zweigniederlassung Willenserklärungen abgegeben und Schriftstücke zugestellt werden. Unabhängig hiervon kann die Zustellung auch unter der eingetragenen Anschrift der empfangsberechtigten Person nach Absatz 2 Satz 4 erfolgen."

d) In Absatz 4 werden die Wörter „Absatz 2 Satz 4 Nr. 3" durch die Wörter „Absatz 2 Satz 5 Nr. 3" ersetzt.   *Gesetzestext*

[unverändert als Gesetzestext übernommen]   *Text RegE*

MoMiG

Fassung Rechtsausschuss	*[unverändert als Gesetzestext übernommen]*
Begründung Rechtsausschuss	Zu Artikel 3 (Änderung des Handelsgesetzbuchs) Zu Nummer 3 (§ 13e) Zur Begründung vgl. die Ausführungen zu Artikel 1 Nr. 13.

Gesetzestext

Nr. 4

§ 13f wird wie folgt geändert:

a) In Absatz 2 Satz 2 wird die Angabe „Abs. 3" durch die Angabe „Abs. 2 und 3" ersetzt.

b) In Absatz 3 werden die Wörter „in § 13e Abs. 2 Satz 4 vorgeschriebenen Angaben" durch die Wörter „Angaben nach § 13e Abs. 2 Satz 3 bis 5" ersetzt.

c) In Absatz 5 wird die Angabe „§ 81 Abs. 1 und 2, § 263" durch die Angabe „§§ 81, 263" ersetzt.

Text RegE *[unverändert als Gesetzestext übernommen]*

Gesetzestext

Nr. 5

§ 13g wird wie folgt geändert:

a) In Absatz 2 Satz 2 wird die Angabe „Abs. 4" durch die Angabe „Abs. 3 und 4" ersetzt.

b) In Absatz 3 werden die Wörter „in § 13e Abs. 2 Satz 4 vorgeschriebenen Angaben" durch die Wörter „Angaben nach § 13e Abs. 2 Satz 3 bis 5" ersetzt.

c) In Absatz 5 wird die Angabe „§ 39 Abs. 1 und 2, § 65" durch die Angabe „§§ 39, 65" ersetzt.

Text RegE *[unverändert als Gesetzestext übernommen]*

Gesetzestext

Nr. 6

Nach § 15 wird folgender § 15a eingefügt:

„§ 15a

Öffentliche Zustellung

Ist bei einer juristischen Person, die zur Anmeldung einer inländischen Geschäftsanschrift zum Handelsregister verpflichtet ist, der

Zugang einer Willenserklärung nicht unter der eingetragenen Anschrift oder einer im Handelsregister eingetragenen Anschrift einer für Zustellungen empfangsberechtigten Person oder einer ohne Ermittlungen bekannten anderen inländischen Anschrift möglich, kann die Zustellung nach den für die öffentliche Zustellung geltenden Vorschriften der Zivilprozessordnung erfolgen. Zuständig ist das Amtsgericht, in dessen Bezirk sich die eingetragene inländische Geschäftsanschrift der Gesellschaft befindet. § 132 des Bürgerlichen Gesetzbuchs bleibt unberührt."

[unverändert als Gesetzestext übernommen] — **Text RegE**

Nummer 26
Zu Artikel 3 Nr. 6 (§ 15a Satz 1 HGB), Artikel 8 Nr. 1 (§ 185 Nr. 2 ZPO) — **Stellungnahme BRat**

Der Bundesrat bittet, im weiteren Verlauf des Gesetzgebungsverfahrens zu prüfen, ob in § 15a Satz 1 HBG-E und § 185 Nr. 2 ZPO-E jeweils die Wörter „anderen inländischen Anschrift möglich" durch die Wörter „anderen Anschrift, die im räumlichen Geltungsbereich der Verordnung (EG) Nr. 1348/2000 des Rates vom 29. Mai 2000 über die Zustellung gerichtlicher und außergerichtlicher Schriftstücke in Zivil- und Handelssachen in den Mitgliedstaaten gelegen ist, durch die Post möglich" ersetzt werden sollten.

Begründung

Aus europa- und verfassungsrechtlicher Sicht stößt die in § 15a Satz 1 HGB-E und § 185 Nr. 2 ZPO-E vorgesehene Regelung auf Bedenken, wonach eine öffentliche Zustellung (lediglich) dann nicht erfolgen darf, wenn „die Zustellung ... unter einer ohne Ermittlungen bekannten anderen inländischen Anschrift möglich [ist]".

Denn innerhalb der Europäischen Union – mit Ausnahme Dänemarks – hat die Auslandszustellung nicht mehr den aufwändigen Weg des § 183 Abs. 1 Nr. 2 und 3 ZPO zu nehmen, sondern kann durch schlichtes Einschreiben mit Rückschein bewirkt werden (§ 1068 Abs. 1 ZPO i. V. m. Artikel 14 Abs. 1 der Verordnung (EG) Nr. 1348/2000 des Rates vom 29. Mai 2000 über die Zustellung gerichtlicher und außergerichtlicher Schriftstücke in Zivil- und Handelssachen in den Mitgliedstaaten). Ein sachliches Unterscheidungskriterium zwischen Zustellungen, die im Inland möglich sind, und solchen, die im EU-Ausland möglich sind, ist daher nur schwer zu erkennen. Zwar mag die Zustellung durch Einschreiben und Rückschein in manchen EU-Mitgliedstaaten längere Zeit in Anspruch nehmen als im Inland. Die hierdurch verursachte Verzögerung dürfte jedoch gegenüber dem zeitlich langwierigen Prozess, den die alternativ durchzuführende, öffentliche Zustellung darstellt, kaum ins Gewicht fallen. Daher läuft die Entwurfsregelung in den Fällen mit Bezug zu einem EU-Mitgliedstaat Gefahr, eine gleichheitswidrige (Artikel 3 GG) und sachlich nicht gerechtfertigte Verkürzung des Anspruchs auf rechtliches Gehör (Artikel 103 Abs. 1 GG) infolge der voreilig ermöglichten öffentlichen Zustellung zu bewirken.

Gegenäuße-rung BReg	**Zu Nummer 26** *[der Stellungnahme des Bundesrates]* **Zu Artikel 3 Nr. 6 (§ 15a Satz 1 HGB) und Artikel 8 Nr. 1 (§ 185 Nr. 2 ZPO)** Die Bundesregierung wird im weiteren Verlauf des Gesetzgebungsverfahrens prüfen, ob eine entsprechende Ergänzung beschränkt auf Zweigniederlassungen ausländischer Kapitalgesellschaften (§ 13e HGB) aufgenommen werden sollte. In Hinblick auf deutsche Kapitalgesellschaften und ihre Zweigniederlassungen wird der Vorschlag jedoch abgelehnt. Wie bereits in der Begründung zum Regierungsentwurf ausgeführt, verstoßen § 15a HGB-E und § 185 ZPO-E nicht gegen die Verordnung (EG) Nr. 1348/2000, da diese keine Anwendung auf die hier in Rede stehenden Regelungen über Inlandszustellungen findet. Darüber hinaus ist die vorgesehene Beschränkung auf Zustellungsversuche unter bekannten inländischen Anschriften auch sachlich gerechtfertigt: Ziel der Bundesregierung ist es, durch möglichst einfache und unkomplizierte Zustellungsregelungen Missbräuchen in den sog. Bestattungsfällen wirksam zu begegnen, in denen häufig das inländische Geschäftslokal geschlossen wird und die Geschäftsführer „abtauchen" oder ihren Wohnsitz ins Ausland verlegen. Der Gesetzentwurf sieht insofern eine ausgewogene Lösung vor. Zum Schutze der Gesellschaft darf eine öffentliche Zustellung nur stattfinden, wenn ein Zugang weder unter der im Handelsregister eingetragenen inländischen Anschrift noch unter der möglicherweise eingetragenen inländischen Anschrift einer empfangsberechtigten Person noch unter einer ohne Ermittlungen bekannten anderen inländischen Anschrift möglich ist. Zugunsten der Gläubiger sind die Zustellversuche aber sämtlich auf inländische Anschriften beschränkt. Von einer nach deutschem Recht inkorporierten und im deutschen Handelsregister eingetragenen juristischen Person kann verlangt werden, dass sie einer Obliegenheit genügt, im Inland auch eine zustellungsfähige Anschrift vorzuhalten und auf diese Weise für ihre Gläubiger leicht erreichbar zu sein. Nach Auskünften der Praxis ist die Zustellung im Ausland zudem auch im Geltungsbereich der Verordnung (EG) Nr. 1348/2000 häufig mit Problemen und Verzögerungen verbunden. Ein Zustellungsversuch unter einer bekannten inländischen Anschrift kann daher einem Zustellungsversuch unter einer bekannten ausländischen Anschrift im Anwendungsbereich der Verordnung nicht gleichgesetzt werden. Die Verpflichtung zum Versuch einer Auslandszustellung würde die Gläubiger weiterhin potentiell von einer Verfolgung ihrer Rechte abschrecken, und von einer effektiven Bekämpfung der „Bestattungsindustrie" könnte nicht mehr gesprochen werden. Die Beschränkung auf inländische Anschriften ist daher sachlich gerechtfertigt. Praktisch ist es aber möglich und in vielen Fällen vielleicht auch sinnvoll, dass der Gläubiger an eine ihm bekannte ausländische Anschrift zustellt, wenn er weiß, dass der Schuldner im Grunde zuverlässig ist, sich der Zustellung nicht entzieht und die ausländische Anschrift verlässlich erscheint. Das mag er aber selbst entscheiden.
Gesetzestext	**Nr. 7** In § 29 werden die Wörter „und den Ort" durch die Wörter „, den Ort und die inländische Geschäftsanschrift" ersetzt.
Text RegE	*[unverändert als Gesetzestext übernommen]*

| Nr. 8 | Gesetzestext |

In § 31 Abs. 1 werden das Wort „sowie" durch ein Komma ersetzt und nach dem Wort „Ort" die Wörter „sowie die Änderung der inländischen Geschäftsanschrift" eingefügt.

[unverändert als Gesetzestext übernommen] — Text RegE

| Nr. 9 | Gesetzestext |

§ 106 Abs. 2 Nr. 2 wird wie folgt gefasst:

„2. die Firma der Gesellschaft, den Ort, an dem sie ihren Sitz hat, und die inländische Geschäftsanschrift;".

[unverändert als Gesetzestext übernommen] — Text RegE

| Nr. 10 | Gesetzestext |

In § 107 werden die Wörter „geändert oder" durch das Wort „geändert," ersetzt und nach dem Wort „verlegt" die Wörter „, die inländische Geschäftsanschrift geändert" eingefügt.

[unverändert als Gesetzestext übernommen] — Text RegE

| Nr. 11 | Gesetzestext |

§ 129a wird aufgehoben.

[unverändert als Gesetzestext übernommen] — Text RegE

| Nr. 12 | Gesetzestext |

§ 130a wird wie folgt geändert:
a) Absatz 1 wird aufgehoben.
b) Die Absätze 2 bis 4 werden die Absätze 1 bis 3.
c) Der bisherige Absatz 2 wird wie folgt geändert:
   aa) In Satz 1 werden die Wörter „die Zahlungsunfähigkeit der Gesellschaft" durch die Wörter „bei einer Gesellschaft, bei der kein Gesellschafter eine natürliche Person ist, die Zahlungsunfähigkeit" ersetzt.

bb) Folgende Sätze werden angefügt:

„Entsprechendes gilt für Zahlungen an Gesellschafter, soweit diese zur Zahlungsunfähigkeit der Gesellschaft führen mussten, es sei denn, dies war auch bei Beachtung der in Satz 2 bezeichneten Sorgfalt nicht erkennbar. Die Sätze 1 bis 3 gelten nicht, wenn zu den Gesellschaftern der offenen Handelsgesellschaft eine andere offene Handelsgesellschaft oder Kommanditgesellschaft gehört, bei der ein persönlich haftender Gesellschafter eine natürliche Person ist."

d) In dem bisherigen Absatz 3 Satz 1 werden die Angabe „Absatz 1" durch die Wörter „§ 15a Abs. 1 der Insolvenzordnung" ersetzt und die Wörter „, nachdem die Zahlungsunfähigkeit der Gesellschaft eingetreten ist oder sich ihre Überschuldung ergeben hat" gestrichen.

e) In dem bisherigen Absatz 4 wird die Angabe „1 bis 3" durch die Angabe „1 und 2" ersetzt.

Text RegE *[unverändert als Gesetzestext übernommen]*

Gesetzestext

Nr. 13

Die §§ 130b und 172a werden aufgehoben.

Text RegE *[unverändert als Gesetzestext übernommen]*

Gesetzestext

Nr. 14

In § 177a Satz 1 werden die Angabe „, 130a und 130b" durch die Angabe „und 130a" und die Wörter „Satz 1 zweiter Halbsatz" durch die Angabe „Satz 4" ersetzt.

Text RegE *[unverändert als Gesetzestext übernommen]*

2.4 Änderungen des Einführungsgesetzes zum HGB

Artikel 4 — Gesetzestext

Änderung des Einführungsgesetzes zum Handelsgesetzbuch

Dem Einführungsgesetz zum Handelsgesetzbuch in der im Bundesgesetzblatt Teil III, Gliederungsnummer 4101-1, veröffentlichten bereinigten Fassung, zuletzt geändert durch Artikel 11 des Gesetzes vom 12. August 2008 (BGBl. I S. 1666), wird nach dem Sechsundzwanzigsten Abschnitt[1] folgender Siebenundzwanzigster Abschnitt angefügt:

„Siebenundzwanzigster Abschnitt
Übergangsvorschriften zum Gesetz zur Modernisierung des GmbH-Rechts und zur Bekämpfung von Missbräuchen

Artikel 64

Die Pflicht, die inländische Geschäftsanschrift bei dem Gericht nach den §§ 13, 13d, 13e, 29 und 106 des Handelsgesetzbuchs in der ab dem Inkrafttreten des Gesetzes vom 23. Oktober 2008 (BGBl. I S. 2026) am 1. November 2008 geltenden Fassung zur Eintragung in das Handelsregister anzumelden, gilt auch für diejenigen, die zu diesem Zeitpunkt bereits in das Handelsregister eingetragen sind, es sei denn, die inländische Geschäftsanschrift ist dem Gericht bereits nach § 24 Abs. 2 oder Abs. 3 der Handelsregisterverordnung mitgeteilt worden und hat sich anschließend nicht geändert. In diesen Fällen ist die inländische Geschäftsanschrift mit der ersten das eingetragene Unternehmen betreffenden Anmeldung zum Handelsregister ab dem 1. November 2008, spätestens aber bis zum 31. Oktober 2009 anzumelden. Wenn bis zum 31. Oktober 2009 keine inländische Geschäftsanschrift zur Eintragung in das Handelsregister angemeldet worden ist, trägt das Gericht von Amts wegen und ohne Überprüfung kostenfrei die ihm nach § 24 Abs. 2, bei Zweigniederlassungen die nach § 24 Abs. 3 der Handelsregisterverordnung bekannte inländische Anschrift als Geschäftsanschrift in das Handelsregister ein; in diesem Fall gilt bei Zweigniederlassungen nach § 13e Abs. 1 des Handelsgesetzbuchs die mitgeteilte Anschrift zudem unabhängig von dem Zeitpunkt ihrer tatsäch-

---

[1] Der Sechsundzwanzigste Abschnitt ist in Artikel 5 des Entwurf eines Gesetzes zur Reform des Versicherungsvertragsrechts (BT-Drucks. 16/3945) vorgesehen.

lichen Eintragung ab dem 31. Oktober 2009 als eingetragene inländische Geschäftsanschrift, wenn sie im elektronischen Informations- und Kommunikationssystem nach § 9 Abs. 1 der Handelsgesetzbuchs abrufbar ist. Ist dem Gericht keine Mitteilung im Sinne des § 24 Abs. 2 oder Abs. 3 der Handelsregisterverordnung gemacht worden, ist ihm aber in sonstiger Weise eine inländische Geschäftsanschrift bekannt geworden, so gilt Satz 3 mit der Maßgabe, dass diese Anschrift einzutragen ist, wenn sie im elektronischen Informations- und Kommunikationssystem nach § 9 Abs. 1 des Handelsgesetzbuchs abrufbar ist. Dasselbe gilt, wenn eine in sonstiger Weise bekanntgewordene inländische Anschrift von einer früher nach § 24 Abs 2 oder Abs. 3 der Handelsregisterverordnung mitgeteilten Anschrift abweicht. Eintragungen nach den Sätzen 3 bis 5 werden abweichend von § 10 des Handelsgesetzbuchs nicht bekannt gemacht."

Text RegE

Dem Einführungsgesetz zum Handelsgesetzbuch in der im Bundesgesetzblatt Teil III, Gliederungsnummer 4101-1, veröffentlichten bereinigten Fassung, zuletzt geändert durch Artikel ... des Gesetzes vom ..., wird nach dem Sechsundzwanzigsten Abschnitt[2] folgender Siebenundzwanzigster Abschnitt angefügt:

„Siebenundzwanzigster Abschnitt

Übergangsvorschriften zum Gesetz zur Modernisierung des GmbH-Rechts und zur Bekämpfung von Missbräuchen

Artikel 64

Die Pflicht, die inländische Geschäftsanschrift bei dem Gericht nach den §§ 13, 13d, 13e, 29 und 106 des Handelsgesetzbuchs in der ab dem Inkrafttreten des Gesetzes vom ... (BGBl. I S. ...) am ... [Einsetzen: Datum sechs Kalendermonate nach Inkrafttreten dieses Gesetzes] geltenden Fassung zur Eintragung in das Handelsregister anzumelden, gilt auch für diejenigen, die zu diesem Zeitpunkt bereits in das Handelsregister eingetragen sind, wenn die inländische Geschäftsanschrift dem Gericht nicht bereits nach § 24 Abs. 2 oder Abs. 3 der Handelsregisterverordnung mitgeteilt worden ist oder sich geändert hat. In diesen Fällen ist die inländische Geschäftsanschrift mit der ersten das eingetragene Unternehmen betreffenden Anmeldung zum Handelsregister ab dem ... [Einsetzen: Datum sechs Kalendermonate nach Inkrafttreten dieses Gesetzes], spätestens aber bis zum 31. März 2009 anzumelden. Wenn bis zum 31. März 2009 keine inländische Geschäftsanschrift zur Eintragung in das Handelsregister angemeldet worden ist, trägt das Gericht von Amts wegen und ohne Überprüfung kostenfrei die ihm nach § 24 Abs. 2, bei Zweigniederlassungen die nach § 24 Abs. 3 der Handelsregisterverordnung bekannte inländische Anschrift als Geschäftsanschrift in das Handelsregister ein; in diesem Fall gilt bei Zweigniederlassungen nach § 13e Abs. 1 des Handelsgesetzbuchs die mitgeteilte Anschrift zudem unabhängig von dem Zeitpunkt ihrer tatsächlichen Eintragung ab dem 31. März 2009 als eingetragene inländische Ge-

---

[2] Der Sechsundzwanzigste Abschnitt ist in Artikel 5 des Entwurfs eines Gesetzes zur Reform des Versicherungsvertragsrechts (BT-Drucks. 16/3945) vorgesehen.

schäftsanschrift, wenn sie im Handelsregister abrufbar ist. Die Eintragung nach Satz 3 wird abweichend von § 10 des Handelsgesetzbuchs nicht bekannt gemacht."

[siehe Stellungnahme zu Art. 2] **Stellungnahme BRat**

[siehe Gegenäußerung zu Art. 2] **Gegenäußerung BReg**

[unverändert als Gesetzestext übernommen] **Fassung Rechtsausschuss**

Zu Artikel 4 (Änderung des Einführungsgesetzes zum Handelsgesetzbuch)
Vgl. die Begründung zur Änderung von Artikel 2 (§ 3 Abs. 1 EGGmbHG-E).

Begründung Rechtsausschuss

2.5 Änderungen des Aktiengesetzes

Gesetzestext

Artikel 5
Änderung des Aktiengesetzes

Das Aktiengesetz vom 6. September 1965 (BGBl. I S. 1089), zuletzt geändert durch Artikel 3 des Gesetzes vom 12. August 2008 (BGBl. I S. 1666), wird wie folgt geändert:

Gesetzestext

Nr. 1

§ 5 wird wie folgt geändert:

a) Absatz 1 wird wie folgt geändert:

    aa) Die Absatzbezeichnung „(1)" wird gestrichen.

    bb) Nach dem Wort „Ort" werden die Wörter „im Inland" eingefügt.

b) Absatz 2 wird aufgehoben.

Text RegE

[unverändert als Gesetzestext übernommen]

Gesetzestext

Nr. 2

§ 36 Abs. 2 Satz 2 wird aufgehoben.

Text RegE

[unverändert als Gesetzestext übernommen]

Gesetzestext

Nr. 3

§ 37 wird wie folgt geändert:

a) Absatz 2 wird wie folgt geändert:

    aa) In Satz 1 werden die Wörter „§ 76 Abs. 3 Satz 3 und 4" durch die Wörter „§ 76 Abs. 3 Satz 2 Nr. 2 und 3 sowie Satz 3" ersetzt.

    bb) Satz 2 wird wie folgt gefasst:

        „Die Belehrung nach § 53 Abs. 2 des Bundeszentralregistergesetzes kann schriftlich vorgenommen werden; sie kann auch durch einen Notar oder einen im Ausland bestellten Notar, durch einen Vertreter eines vergleichbaren rechtsberatenden Berufs oder einen Konsularbeamten erfolgen."

b) Absatz 3 wird wie folgt gefasst:

„(3) In der Anmeldung sind ferner anzugeben:
1. eine inländische Geschäftsanschrift,
2. Art und Umfang der Vertretungsbefugnis der Vorstandsmitglieder."

c) Absatz 4 wird wie folgt geändert:

aa) In Nummer 4 wird das Semikolon am Ende durch einen Punkt ersetzt.

bb) Nummer 5 wird aufgehoben.

[unverändert als Gesetzestext übernommen]   Text RegE

Nr. 4

Gesetzestext

§ 39 Abs. 1 wird wie folgt geändert:

a) In Satz 1 werden nach den Wörtern „Sitz der Gesellschaft," die Wörter „eine inländische Geschäftsanschrift," eingefügt.

[unverändert als Gesetzestext übernommen]   Text RegE

b) Nach Satz 1 wird folgender Satz eingefügt: Gesetzestext

„Wenn eine Person, die für Willenserklärungen und Zustellungen an die Gesellschaft empfangsberechtigt ist, mit einer inländischen Anschrift zur Eintragung in das Handelsregister angemeldet wird, sind auch diese Angaben einzutragen; Dritten gegenüber gilt die Empfangsberechtigung als fortbestehend, bis sie im Handelsregister gelöscht und die Löschung bekannt gemacht worden ist, es sei denn, dass die fehlende Empfangsberechtigung dem Dritten bekannt war."

b) Nach Satz 1 wird folgender Satz eingefügt: Text RegE

„Wenn eine Person, die für Zustellungen an die Gesellschaft empfangsberechtigt ist, mit einer inländischen Anschrift zur Eintragung in das Handelsregister angemeldet wird, sind auch diese Angaben einzutragen; Dritten gegenüber gilt die Empfangsberechtigung als fortbestehend, bis sie im Handelsregister gelöscht und die Löschung bekannt gemacht worden ist, es sei denn, dass die fehlende Empfangsberechtigung dem Dritten bekannt war."

MoMiG

Fassung Rechtsausschuss	*[unverändert als Gesetzestext übernommen]*
Begründung Rechtsausschuss	Zu Artikel 5 (Änderung des Aktiengesetzes) Zu Nummer 4 (§ 39 Abs. 1) Zur Begründung vgl. die Ausführungen zu Artikel 1 Nr. 13.

Gesetzestext

Nr. 5

§ 57 Abs. 1 wird wie folgt gefasst:

„(1) Den Aktionären dürfen die Einlagen nicht zurückgewährt werden. Als Rückgewähr gilt nicht die Zahlung des Erwerbspreises beim zulässigen Erwerb eigener Aktien. Satz 1 gilt nicht bei Leistungen, die bei Bestehen eines Beherrschungs- oder Gewinnabführungsvertrags (§ 291) erfolgen oder durch einen vollwertigen Gegenleistungs- oder Rückgewähranspruch gegen den Aktionär gedeckt sind. Satz 1 ist zudem nicht anzuwenden auf die Rückgewähr eines Aktionärsdarlehens und Leistungen auf Forderungen aus Rechtshandlungen, die einem Aktionärsdarlehen wirtschaftlich entsprechen."

Text RegE

§ 57 Abs. 1 wird wie folgt gefasst:

„(1) Den Aktionären dürfen die Einlagen nicht zurückgewährt werden. Als Rückgewähr gilt nicht die Zahlung des Erwerbspreises beim zulässigen Erwerb eigener Aktien. Satz 1 gilt nicht bei Leistungen, die zwischen den Vertragsteilen eines Beherrschungs- oder Gewinnabführungsvertrags (§ 291) erfolgen oder durch einen vollwertigen Gegenleistungs- oder Rückgewähranspruch gegen den Aktionär gedeckt sind. Satz 1 ist zudem nicht anzuwenden auf die Rückgewähr eines Aktionärsdarlehens und Leistungen auf Forderungen aus Rechtshandlungen, die einem Aktionärsdarlehen wirtschaftlich entsprechen."

Fassung Rechtsausschuss	*[unverändert als Gestzestext übernommen]*
Begründung Rechtsausschuss	Zu Nummer 5 (§ 57 Abs. 1) Zur Begründung vgl. die Ausführungen zu Artikel 1 Nr. 20.

Nr. 6 Gesetzestext

§ 76 Abs. 3 Satz 2 bis 4 wird durch folgende Sätze ersetzt:

„Mitglied des Vorstands kann nicht sein, wer

1. als Betreuter bei der Besorgung seiner Vermögensangelegenheiten ganz oder teilweise einem Einwilligungsvorbehalt (§ 1903 des Bürgerlichen Gesetzbuchs) unterliegt,

2. aufgrund eines gerichtlichen Urteils oder einer vollziehbaren Entscheidung einer Verwaltungsbehörde einen Beruf, einen Berufszweig, ein Gewerbe oder einen Gewerbezweig nicht ausüben darf, sofern der Unternehmensgegenstand ganz oder teilweise mit dem Gegenstand des Verbots übereinstimmt,

3. wegen einer oder mehrerer vorsätzlich begangener Straftaten

   a) des Unterlassens der Stellung des Antrags auf Eröffnung des Insolvenzverfahrens (Insolvenzverschleppung),

   b) nach den §§ 283 bis 283d des Strafgesetzbuchs (Insolvenzstraftaten),

   c) der falschen Angaben nach § 399 dieses Gesetzes oder § 82 des Gesetzes betreffend die Gesellschaften mit beschränkter Haftung,

   d) der unrichtigen Darstellung nach § 400 dieses Gesetzes, § 331 des Handelsgesetzbuchs, § 313 des Umwandlungsgesetzes oder § 17 des Publizitätsgesetzes,

[unverändert als Gesetzestext übernommen] Text RegE

   e) nach den §§ 263 bis 264a oder den §§ 265b bis 266a des Strafgesetzbuchs zu einer Freiheitsstrafe von mindestens einem Jahr Gesetzestext

verurteilt worden ist; dieser Ausschluss gilt für die Dauer von fünf Jahren seit der Rechtskraft des Urteils, wobei die Zeit nicht eingerechnet wird, in welcher der Täter auf behördliche Anordnung in einer Anstalt verwahrt worden ist.

MoMiG

Satz 2 Nr. 3 gilt entsprechend bei einer Verurteilung im Ausland wegen einer Tat, die mit den in Satz 2 Nr. 3 genannten Taten vergleichbar ist."

Text RegE

e) nach den §§ 265, 266 oder § 266a des Strafgesetzbuchs zu einer Freiheitsstrafe von mindestens einem Jahr

verurteilt worden ist; dieser Ausschluss gilt für die Dauer von fünf Jahren seit der Rechtskraft des Urteils, wobei die Zeit nicht eingerechnet wird, in welcher der Täter auf behördliche Anordnung in einer Anstalt verwahrt worden ist.

Satz 2 Nr. 3 gilt entsprechend bei einer Verurteilung im Ausland wegen einer Tat, die mit den in Satz 2 Nr. 3 genannten Taten vergleichbar ist."

Stellungnahme BRat

Nummer 27

Zu Artikel 5 Nr. 6 (§ 76 Abs. 3 Satz 2 Nr. 3 Buchstabe e AktG)

Artikel 5 Nr. 6 § 76 Abs. 3 Satz 2 Nr. 3 Buchstabe e ist wie folgt zu fassen:

„e) nach den §§ 263 bis 264a oder §§ 265b bis 266a des Strafgesetzbuchs oder nach § 5 des Gesetzes über die Sicherung der Bauforderungen zu einer Freiheitsstrafe von mindestens einem Jahr".

Begründung

Die im Gesetzentwurf der Bundesregierung enthaltene Regelung orientiert sich an den Vorschlägen des Gesetzentwurfs des Bundesrates zum Gesetz zur Sicherung von Werkunternehmeransprüchen und zur verbesserten Durchsetzung von Forderungen (Forde- rungssicherungsgesetz, Bundesratsdrucksache 878/05 (Beschluss)), was grundsätzlich zu begrüßen ist, in der vorliegenden Form aber zu kurz greift.

Die Aufnahme der Straftatbestände der §§ 263, 263a, 264, 264a StGB als Ausschlusstatbestände erscheint angezeigt, weil derjenige, der deswegen zu einer Freiheitsstrafe von mindestens einem Jahr verurteilt worden ist, deutlich zum Ausdruck gebracht hat, dass er eine zweifelhafte Einstellung zu fremden Vermögensmassen hat. Da eine Aktiengesellschaft als Kapitalgesellschaft über eigenes, dem Vorstand überantwortetes Vermögen verfügt, kommt es nicht darauf an, ob eine Verurteilung nach den genannten Vorschriften im Zusammenhang mit der Tätigkeit als Vorstandsmitglied oder einer sonstigen wirtschaftlichen Tätigkeit steht oder nicht. Personen, die wegen Vermögensdelikten zu hohen Strafen verurteilt worden sind, sind per se nicht geeignet, Aufgaben innerhalb des Vorstandes einer Aktiengesellschaft auszuüben. Bei derartigen Verurteilungen besteht regelmäßig keine Vertrauensbasis für eine ordnungsgemäße und an den Regeln des Wirtschaftslebens ausgerichtete Geschäftsführung. In dieser Strafrechtskategorie spielt auch die eher im Bagatellbereich anzusiedelnde Abgrenzungsproblematik von Betrug und Diebstahl keine Rolle mehr.

Im Übrigen ist die Aufnahme der Straftatbestände der §§ 263 und 264 StGB auch innerhalb eines künftigen Gesetzes zur Einrichtung eines Registers über unzuverlässige Unternehmen geplant, dem eine vergleichbare Interessenlage zu Grunde liegt.

Die Aufnahme der Strafvorschrift wegen Zuwiderhandlung gegen die Baugeldverwendungspflicht aus dem Gesetz über die Sicherung der Bauforderungen in den

Katalog des § 76 Abs. 3 AktG-E ist angemessen, da das Interesse der Baugeldgläubiger an der zweckentsprechenden Verwendung von Baugeld ebenso gewichtig ist.

Zu Nummer 27 *[der Stellungnahme des Bundesrates]*
Zu Artikel 5 Nr. 6 (§ 76 Abs. 3 Satz 2 Nr. 3 Buchstabe e AktG)
Dem Vorschlag wird zugestimmt, soweit weitere Vorschriften des Strafgesetzbuchs in den Katalog des § 76 Abs. 3 AktG aufgenommen werden sollen.
Soweit eine Verurteilung nach dem Gesetz über die Sicherung der Bauforderungen einbezogen werden soll, wird der Antrag abgelehnt. Die Ausführungen zu Nummer 9 Buchstabe a gelten entsprechend.

Gegenäußerung BReg

[unverändert als Gesetzestext übernommen]

Fassung Rechtsausschuss

Zu Nummer 6 (§ 76 Abs. 3)
Die Änderung geht zurück auf eine Anregung des Bundesrates (Nummer 27 der Stellungnahme); auf die Ausführungen zur Änderung von Artikel 1 Nr. 7 Buchstabe a wird verwiesen.

Begründung Rechtsausschuss

Nr. 6a

Gesetzestext

Dem § 71a Abs. 1 wird folgender Satz angefügt:
„Satz 1 gilt zudem nicht für Rechtsgeschäfte bei Bestehen eines Beherrschungs- oder Gewinnabführungsvertrags (§ 291)."

[nicht enthalten]

Text RegE

[unverändert als Gesetzestext übernommen]

Fassung Rechtsausschuss

Zu Nummer 6a -neu- (§ 71a Abs. 1)
Es handelt sich um eine Klarstellung zum Zwecke der Vermeidung eines Widerspruchs zu der unter Nummer 5 für § 57 Abs. 1 vorgesehenen Änderung.

Begründung Rechtsausschuss

Nr. 7

Gesetzestext

§ 78 wird wie folgt geändert:
a) Dem Absatz 1 wird folgender Satz angefügt:
„Hat eine Gesellschaft keinen Vorstand (Führungslosigkeit), wird die Gesellschaft für den Fall, dass ihr gegenüber Willenserklärungen abgegeben oder Schriftstücke zugestellt werden, durch den Aufsichtsrat vertreten."

MoMiG

b) Absatz 2 wird wie folgt geändert:

aa) In Satz 2 werden nach dem Wort „Vorstandsmitglied" die Wörter „oder im Fall des Absatzes 1 Satz 2 gegenüber einem Aufsichtsratsmitglied" eingefügt.

Text RegE *[unverändert als Gesetzestext übernommen]*

Gesetzestext

bb) Folgende Sätze werden angefügt:

„An die Vertreter der Gesellschaft nach Absatz 1 können unter der im Handelsregister eingetragenen Geschäftsanschrift Willenserklärungen gegenüber der Gesellschaft abgegeben und Schriftstücke für die Gesellschaft zugestellt werden. Unabhängig hiervon können die Abgabe und die Zustellung auch unter der eingetragenen Anschrift der empfangsberechtigten Person nach § 39 Abs. 1 Satz 2 erfolgen."

Text RegE

bb) Folgende Sätze werden angefügt:

„An die Vertreter der Gesellschaft nach Absatz 1 können unter der im Handelsregister eingetragenen Geschäftsanschrift Willenserklärungen gegenüber der Gesellschaft abgegeben und Schriftstücke für die Gesellschaft zugestellt werden. Unabhängig hiervon kann die Zustellung auch unter der eingetragenen Anschrift der empfangsberechtigten Person nach § 39 Abs. 1 Satz 2 erfolgen."

Stellungnahme BRat *[siehe Stellungnahme zu Art 1 Nr. 23]*

Gegenäußerung Reg *[siehe Gegenäußerung zu Art 1 Nr. 23]*

Fassung Rechtsausschuss *[unverändert als Gesetzestext übernommen]*

Begründung Rechtsausschuss

Zu Nummer 7 (§ 78)

Zur Begründung vgl. die Ausführungen zu Artikel 1 Nr. 13.

Nr. 8 — Gesetzestext

§ 79 wird aufgehoben.

[unverändert als Gesetzestext übernommen] — Text RegE

Nr. 9 — Gesetzestext

In § 80 Abs. 4 Satz 1 werden nach den Wörtern „Absätze 1 bis 3" die Wörter „für die Angaben bezüglich der Haupt- und der Zweigniederlassung" eingefügt.

[unverändert als Gesetzestext übernommen] — Text RegE

Nr. 10 — Gesetzestext

In § 81 Abs. 3 Satz 1 werden die Wörter „§ 76 Abs. 3 Satz 3 und 4" durch die Wörter „§ 76 Abs. 3 Satz 2 Nr. 2 und 3 sowie Satz 3" ersetzt.

[unverändert als Gesetzestext übernommen] — Text RegE

Nr. 11 — Gesetzestext

§ 92 wird wie folgt geändert:

a) Absatz 2 wird aufgehoben.

b) Der bisherige Absatz 3 wird Absatz 2 und folgender Satz wird angefügt:

„Die gleiche Verpflichtung trifft den Vorstand für Zahlungen an Aktionäre, soweit diese zur Zahlungsunfähigkeit der Gesellschaft führen mussten, es sei denn, dies war auch bei Beachtung der in § 93 Abs. 1 Satz 1 bezeichneten Sorgfalt nicht erkennbar."

[unverändert als Gesetzestext übernommen] — Text RegE

Nr. 12 — Gesetzestext

§ 93 Abs. 3 Nr. 6 wird wie folgt gefasst:

„6. Zahlungen entgegen § 92 Abs. 2 geleistet werden,".

[unverändert als Gesetzestext übernommen] — Text RegE

Gesetzestext	**Nr. 12a** In § 105 Abs. 2 Satz 1 wird das Wort „behinderten" durch das Wort „verhinderten" ersetzt.
Text RegE	*[nicht enthalten]*
Fassung Rechtsausschuss	*[unverändert als Gesetzestext übernommen]*
Begründung Rechtsausschuss	Zu den Nummern 12a -neu- und 12b -neu- (§§ 105, 107) Sprachliche Anpassungen.
Gesetzestext	**Nr. 12b** In § 107 Abs. 1 Satz 3 wird das Wort „behindert" durch das Wort „verhindert" ersetzt.
Text RegE	*[nicht enthalten]*
Fassung Rechtsausschuss	*[unverändert als Gesetzestext übernommen]*
Begründung Rechtsausschuss	Zu den Nummern 12a -neu- und 12b -neu- (§§ 105, 107) Sprachliche Anpassungen.
Gesetzestext	**Nr. 13** Dem § 112 wird folgender Satz angefügt: „§ 78 Abs. 2 Satz 2 gilt entsprechend."
Text RegE	*[unverändert als Gesetzestext übernommen]*
Gesetzestext	**Nr. 14** § 181 Abs. 2 Satz 2 wird aufgehoben.
Text RegE	*[unverändert als Gesetzestext übernommen]*

Nr. 15 — Gesetzestext

§ 216 Abs. 1 Satz 2 wird aufgehoben.

[unverändert als Gesetzestext übernommen] — Text RegE

Nr. 16 — Gesetzestext

In § 265 Abs. 2 Satz 2 werden die Wörter „§ 76 Abs. 3 Satz 3 und 4" durch die Wörter „§ 76 Abs. 3 Satz 2 und 3" ersetzt.

[unverändert als Gesetzestext übernommen] — Text RegE

Nr. 16a — Gesetzestext

In § 291 Abs. 3 werden die Wörter „auf Grund" durch die Wörter „bei Bestehen" ersetzt.

[nicht enthalten] — Text RegE

[unverändert als Gesetzestext übernommen] — Fassung Rechtsausschuss

Zu Nummer 16a -neu- (§ 291 Abs. 3) — Begründung Rechtsausschuss
Es handelt sich um eine Anpassung an die vorgesehene Neufassung des § 30 Abs. 1 Satz 2 GmbHG und des § 57 Abs. 1 Satz 3 AktG („bei Bestehen").

Nr. 17 — Gesetzestext

§ 399 Abs. 1 wird wie folgt geändert:

a) In Nummer 1 werden die Wörter „, Sachübernahmen und Sicherungen für nicht voll einbezahlte Geldeinlagen" durch die Wörter „und Sachübernahmen" ersetzt.

[unverändert als Gesetzestext übernommen] — Text RegE

b) In Nummer 6 werden nach dem Wort „Vorstands" die Wörter „einer Aktiengesellschaft oder des Leitungsorgans einer ausländischen juristischen Person" eingefügt. — Gesetzestext

b) In Nummer 6 wird das Wort „Vorstands" durch die Wörter „Leitungsorgans einer inländischen oder ausländischen juristischen Person" ersetzt. — Text RegE

Stellungnahme BRat	*[siehe Stellungnahme zu Art. 1 Nr. 47]*
Gegenäußerung BReg	*[siehe Gegenäußerung zu Art 1 Nr. 47]*
Fassung Rechtsausschuss	*[unverändert als Gesetzestext übernommen]*
Begründung Rechtsausschuss	Zu Nummer 17 (§ 399 Abs. 1) Vgl. Begründung zu Artikel 1 Nr. 47.

Gesetzestext	Nr. 18
	§ 401 Abs. 1 wird wie folgt geändert: a) In Nummer 1 werden die Angabe „1." gestrichen und das Wort „ oder" durch einen Punkt ersetzt. b) Nummer 2 wird aufgehoben.
Text RegE	*[unverändert als Gesetzestext übernommen]*

2.6 Änderungen des Einführungsgesetzes zum AktG

| Artikel 6 | Gesetzestext |

Änderung des Einführungsgesetzes zum Aktiengesetz

Das Einführungsgesetz zum Aktiengesetz vom 6. September 1965 (BGBl. I S. 1185), zuletzt geändert durch Artikel 12 Abs. 10 des Gesetzes vom 10. November 2006 (BGBl. I S. 2553), wird wie folgt geändert:

| Nr. 1 | Gesetzestext |

In § 4 Abs. 1 Satz 3 wird die Angabe „Abs. 2 Satz 2" gestrichen.

[unverändert als Gesetzestext übernommen]   Text RegE

| Nr. 2 | Gesetzestext |

Nach § 17 werden folgende §§ 18 und 19 eingefügt:

„§ 18

Übergangsvorschrift zu den §§ 37 und 39 des Aktiengesetzes

Die Pflicht, die inländische Geschäftsanschrift bei dem Gericht nach § 37 des Aktiengesetzes in der ab dem Inkrafttreten des Gesetzes vom 23. Oktober 2008 (BGBl. I S. 2026) am 1. November 2008 geltenden Fassung zur Eintragung in das Handelsregister anzumelden, gilt auch für Gesellschaften, die zu diesem Zeitpunkt bereits in das Handelsregister eingetragen sind, es sei denn, die inländische Geschäftsanschrift ist dem Gericht bereits nach § 24 Abs. 2 der Handelsregisterverordnung mitgeteilt worden und hat sich anschließend nicht geändert. In diesen Fällen ist die inländische Geschäftsanschrift mit der ersten die eingetragene Gesellschaft betreffenden Anmeldung zum Handelsregister ab dem 1. November 2008, spätestens aber bis zum 31. Oktober 2009 anzumelden. Wenn bis zum 31. Oktober 2009 keine inländische Geschäftsanschrift zur Eintragung in das Handelsregister angemeldet worden ist, trägt das Gericht von Amts wegen und ohne Überprüfung kostenfrei die ihm nach § 24 Abs. 2 der Handelsregisterverordnung bekannte inländische Anschrift als Geschäftsanschrift in das Handelsregister ein; in diesem Fall gilt die mitgeteilte Anschrift zudem unabhängig von dem Zeitpunkt ihrer tatsächlichen Eintragung ab dem 31. Oktober 2009 als eingetragene inländische Geschäftsanschrift der Gesellschaft, wenn sie im elektronischen Informations- und Kommunikationssystem nach § 9 Abs. 1 des Handelsgesetzbuchs abrufbar ist. Ist dem Gericht keine Mitteilung im Sinne des § 24 Abs. 2 der Handelsregisterverordnung gemacht worden, ist ihm aber in sonstiger Weise eine inländische Geschäftsanschrift bekannt geworden, so gilt Satz 3 mit der Maßgabe, dass diese Anschrift einzutragen ist, wenn sie im elektronischen Informations- und Kommunikationssystem nach § 9 Abs. 1 des Handelsgesetzbuchs abrufbar ist. Dasselbe gilt, wenn eine in sonstiger Weise bekanntgewordene inländische Anschrift von einer früher nach § 24 Abs 2 der Handelsregisterverordnung mitgeteilten Anschrift abweicht. Eintragungen nach den Sätzen 3 bis 5 werden abweichend von § 10 des Handelsgesetzbuchs nicht bekannt gemacht.

Text RegE

Nach § 17 werden folgende §§ 18 und 19 eingefügt:

„§ 18

Übergangsvorschrift zu den §§ 37 und 39 des Aktiengesetzes

Die Pflicht, die inländische Geschäftsanschrift bei dem Gericht nach § 37 des Aktiengesetzes in der ab dem Inkrafttreten des Gesetzes vom ... (BGBl. I S. ...) am ... [Einsetzen: Datum sechs Kalendermonate nach Inkrafttreten dieses Gesetzes] geltenden Fassung zur Eintragung in das Handelsregister anzumelden, gilt auch für Gesellschaften, die zu diesem Zeitpunkt bereits in das Handelsregister eingetragen sind, wenn die inländische Geschäftsanschrift dem Gericht nicht bereits nach § 24 Abs. 2 der Handelsregisterverordnung mitgeteilt worden ist oder sich geändert hat. In diesen Fällen ist die inländische Geschäftsanschrift mit der ersten die eingetragene Gesellschaft betreffenden Anmeldung zum Handelsregister ab dem ... [Einsetzen: Datum sechs Kalendermonate nach Inkrafttreten dieses Gesetzes], spätestens aber bis zum 31. März 2009 anzumelden. Wenn bis zum 31. März 2009 keine inländische Geschäftsanschrift zur Eintragung in das Handelsregister angemeldet worden ist, trägt das Gericht von Amts wegen und ohne Überprüfung kostenfrei die ihm nach § 24 Abs. 2 der Handelsregisterverordnung bekannte inländische Anschrift als Geschäftsanschrift in das Handelsregister ein; in diesem Fall gilt die mitgeteilte Anschrift zudem unabhängig von dem Zeitpunkt ihrer tatsächlichen Eintragung ab dem 31. März 2009 als eingetragene inländische Geschäftsanschrift der Gesellschaft, wenn sie im Handelsregister abrufbar ist. Die Eintragung nach Satz 3 wird abweichend von § 10 des Handelsgesetzbuchs nicht bekannt gemacht.

Stellungnahme BRat

[siehe Stellungnahme zu Art. 2]

Gegenäußerung BReg

[siehe Gegenäußerung zu Art. 2]

II. Materialien zum MoMiG

§ 19 **Gesetzestext**
Übergangsvorschrift zu § 76 Abs. 3 Satz 2 Nr. 3 und Satz 3 des Aktiengesetzes

§ 76 Abs. 3 Satz 2 Nr. 3 Buchstabe a, c, d und e des Aktiengesetzes in der ab dem Inkrafttreten des Gesetzes vom 23. Oktober 2008 (BGBl. I S. 2026) am 1. November 2008 geltenden Fassung ist auf Personen, die vor diesem Tag zum Vorstandsmitglied bestellt worden sind, nicht anzuwenden, wenn die Verurteilung vor dem 1. November 2008 rechtskräftig geworden ist. Entsprechendes gilt für § 76 Abs. 3 Satz 3 des Aktiengesetzes in der ab dem 1. November 2008 geltenden Fassung, soweit die Verurteilung wegen einer Tat erfolgte, die den Straftaten im Sinne des Satzes 1 vergleichbar ist."

[unverändert als Gesetzestext übernommen] **Text RegE**

Zu Artikel 6 (Änderung des Einführungsgesetzes zum Aktiengesetz) **Begründung**
Vgl. die Begründung zur Änderung von § 3 Abs. 1 EGGmbHG-E unter Artikel 2. **Rechtsausschuss**

2.7 Änderung des Gerichtsverfassungsgesetzes

Gesetzestext

Artikel 6a
Änderung des Gerichtsverfassungsgesetzes

In § 74c Abs. 1 Nr. 1 des Gerichtsverfassungsgesetzes in der Fassung der Bekanntmachung vom 9. Mai 1975 (BGBl. I S. 1077), das zuletzt durch Artikel 3 des Gesetzes vom 8. Juli 2008 (BGBl. I S. 1212) geändert worden ist, werden nach den Wörtern „dem Gesetz gegen den unlauteren Wettbewerb" ein Komma und die Wörter „der Insolvenzordnung" eingefügt.

Text RegE

[nicht enthalten]

Fassung Rechtsausschuss

[unverändert als Gesetzestext übernommen]

Begründung Rechtsausschuss

Zu Artikel 6a -neu- (Änderung des § 74c des Gerichtsverfassungsgesetzes)

Infolge der vorgesehenen Verlagerung der Strafbarkeit der Insolvenzverschleppung aus den einzelnen Gesellschaftsrechtsgesetzen in die Insolvenzordnung (vgl. Artikel 9 Nr. 3) ist künftig in § 74c die Zuständigkeit der Wirtschaftsstrafkammer auch für Straftaten nach der Insolvenzordnung anzuordnen.

2.8 Änderung des Verwaltungszustellungsgesetzes

Artikel 6b Änderung des Verwaltungszustellungsgesetzes § 10 Abs. 1 Satz 1 des Verwaltungszustellungsgesetzes vom 12. August 2005 (BGBl. I S. 2354) wird wie folgt geändert:	Gesetzestext

Nr. 1

In Nummer 1 wird das Wort „oder" am Ende durch ein Komma ersetzt.

Nr. 2

Nach Nummer 1 wird folgende Nummer 2 eingefügt:

„2. bei juristischen Personen, die zur Anmeldung einer inländischen Geschäftsanschrift zum Handelsregister verpflichtet sind, eine Zustellung weder unter der eingetragenen Anschrift noch unter einer im Handelsregister eingetragenen Anschrift einer für Zustellungen empfangsberechtigten Person oder einer ohne Ermittlungen bekannten anderen inländischen Anschrift möglich ist oder".

Nr. 3

Die bisherige Nummer 2 wird die Nummer 3.

[nicht enthalten]	**Text RegE**
[unverändert als Gesetzestext übernommen]	**Fassung Rechtsausschuss**
Zu Artikel 6b -neu- (Änderung des § 10 des Verwaltungszustellungsgesetzes) § 10 Abs. 1 Nr. 1 und 2 entspricht § 185 Nr. 1 und 2 ZPO bisherige Fassung) und soll daher künftig ebenso wie der § 185 ZPO geändert werden (vgl. Artikel 8 Nr. 2). Ebenso wie bei der Zustellung nach ZPO bestehen im Rahmen des Zustellungsverfahrens der Bundesbehörden, der bundesunmittelbaren Körperschaften, Anstalten und Stiftungen des öffentlichen Rechts und der Landesfinanzbehörden ein Bedarf, die öffentliche Zustellung an Gesellschaften zu erleichtern, die ihre Geschäftsräume geschlossen haben und postalisch nicht mehr erreichbar sind. Die Änderung des § 10 ist somit erforderlich, um die im Regierungsentwurf enthaltenen Regelungen zur Bekämpfung des Missbrauchs- und Bestattungsfälle zu komplettieren.	**Begründung Rechtsausschuss**

2.9 Änderung des Rechtspflegergesetzes

Gesetzestext

Artikel 7
Änderung des Rechtspflegergesetzes

In § 17 Nr. 1 Buchstabe f des Rechtspflegergesetzes vom 5. November 1969 (BGBl. I S. 2065), das zuletzt durch Artikel 78 Abs. 3 des Gesetzes vom 23. November 2007 (BGBl. I S. 2614) geändert worden ist, wird die Angabe „und 144b" gestrichen.

Text RegE *[unverändert als Gesetzestext übernommen]*

2.10 Änderung der Zivilprozessordnung

Artikel 8 **Änderung der Zivilprozessordnung** Die Zivilprozessordnung in der Fassung der Bekanntmachung vom 5. Dezember 2005 (BGBl. I S. 3202, 2006 I S. 431), die zuletzt durch Artikel 8 des Gesetzes vom 12. August 2008 (BGBl. I S. 1666) geändert worden ist, wird wie folgt geändert:	Gesetzestext
Nr. 1 In § 22 werden nach dem Wort „ihnen" die Wörter „oder von dem Insolvenzverwalter" eingefügt und das Wort „ihre" durch das Wort „die" ersetzt.	Gesetzestext
[Nr. 1 des RegE ist nunmehr mit Änderungen in Artikel 8 Nr. 2 geregelt; s. unten]	Text RegE
[unverändert als Gesetzestext übernommen]	Fassung Rechtsausschuss
Zu Artikel 8 (Änderung) der Zivilprozessordnung Zu Nummer 1 -neu- (§ 22) Der besondere Gerichtsstand der Mitgliedschaft (§ 22 ZPO) soll auf Anregung aus der insolvenzrechtlichen Praxis dahingehend ausgeweitet werden, dass am Ort der Gesellschaft nicht nur Klagen der Gesellschaft gegen die Gesellschafter, sondern auch Klagen des Insolvenzverwalters gegen die Gesellschafter möglich sind. Die Änderung dient der Vereinfachung der Verwaltung der Masse und über die vorgesehene Zuständigkeitskonzentration zugleich auch der Justizentlastung. Hintergrund ist insbesondere die Sorge, dass der auf Grundlage des geltenden Rechts angenommenen analogen Anwendung des § 22 ZPO in solchen Fällen angesichts der Wechselwirkung zur Aufgabe der sog. Rechtsprechungsregeln (vgl. Artikel 1 Nr. 20) der Boden entzogen und der Insolvenzverwalter so gezwungen sein könnte, jeden Gesellschafter z. B. an dessen Wohnsitz zu verklagen.	Begründung Rechtsausschuss
Nr. 2 § 185 wird wie folgt geändert: a) Nach Nummer 1 wird folgende Nummer 2 eingefügt: „2. bei juristischen Personen, die zur Anmeldung einer inländischen Geschäftsanschrift zum Handelsregister verpflichtet sind, eine Zustellung weder unter der eingetragenen An-	Gesetzestext

MoMiG

schrift noch unter einer im Handelsregister eingetragenen Anschrift einer für Zustellungen empfangsberechtigten Person oder einer ohne Ermittlungen bekannten anderen inländischen Anschrift möglich ist,".

b) Die bisherigen Nummern 2 und 3 werden die Nummern 3 und 4.

Text RegE

Nr. 1 *[des RegE]*

Nach Nummer 1 wird folgende Nummer 2 eingefügt:

„2. bei juristischen Personen, die zur Anmeldung einer inländischen Geschäftsanschrift zum Handelsregister verpflichtet sind, eine Zustellung weder unter der eingetragenen Anschrift noch unter einer im Handelsregister eingetragenen Anschrift einer für Zustellungen empfangsberechtigten Person oder einer ohne Ermittlungen bekannten anderen inländischen Anschrift möglich ist,".

Nr. 2 *[des RegE]*

Die bisherigen Nummern 2 und 3 werden die Nummern 3 und 4.

Stellungnahme BRat *[siehe Stellungnahme zu Art. 3 Nr. 6]*

Gegenäußerung BReg *[siehe Gegenäußerung Art. 3 Nr. 6]*

2.11 Änderungen der Insolvenzordnung

| Artikel 9 | Gesetzestext |

Änderung der Insolvenzordnung

Die Insolvenzordnung vom 5. Oktober 1994 (BGBl. I S. 2866), zuletzt geändert durch Artikel 6 Abs. 3 des Gesetzes vom 17. Oktober 2008 (BGBl. I S. 1982), wird wie folgt geändert:

| Nr. 1 | Gesetzestext |

Dem § 10 Abs. 2 wird folgender Satz angefügt:

„Ist der Schuldner eine juristische Person und hat diese keinen organschaftlichen Vertreter (Führungslosigkeit), so können die an ihm beteiligten Personen gehört werden; Absatz 1 Satz 1 gilt entsprechend."

[unverändert als Gesetzestext übernommen] — Text RegE

| Nr. 2 | Gesetzestext |

§ 15 wird wie folgt geändert:

a) Dem Absatz 1 wird folgender Satz angefügt:

„Bei einer juristischen Person ist im Fall der Führungslosigkeit auch jeder Gesellschafter, bei einer Aktiengesellschaft oder einer Genossenschaft zudem auch jedes Mitglied des Aufsichtsrats zur Antragstellung berechtigt."

b) Absatz 2 wird wie folgt geändert:

aa) In Satz 1 werden nach dem Wort „Gesellschaftern" die Wörter „, allen Gesellschaftern der juristischen Person, allen Mitgliedern des Aufsichtsrats" eingefügt.

bb) Nach Satz 1 wird folgender Satz eingefügt:

„Zusätzlich ist bei Antragstellung durch Gesellschafter einer juristischen Person oder Mitglieder des Aufsichtsrats auch die Führungslosigkeit glaubhaft zu machen."

cc) In dem bisherigen Satz 2 werden nach dem Wort „Gesellschafter" die Wörter „, Gesellschafter der juristischen Person, Mitglieder des Aufsichtsrats" eingefügt.

MoMiG

Text RegE

§ 15 wird wie folgt geändert:

a) Dem Absatz 1 wird folgender Satz angefügt:

„Bei einer juristischen Person ist im Fall der Führungslosigkeit auch jeder Gesellschafter zur Antragstellung berechtigt."

b) Absatz 2 wird wie folgt geändert:

aa) In Satz 1 werden nach dem Wort „Gesellschaftern" die Wörter „, allen Gesellschaftern der juristischen Person" eingefügt.

bb) In Satz 2 werden nach dem Wort „Gesellschafter" die Wörter „, Gesellschafter der juristischen Person" eingefügt.

Stellungnahme BRat

Nummer 28

Zu Artikel 9 Nr. 2 (§ 15 Abs. 1 Satz 2, Abs. 2 Satz 1, 1a – neu –, 2 InsO)

Artikel 9 Nr. 2 ist wie folgt zu fassen:

,2. § 15 wird wie folgt geändert:

a) Dem Absatz 1 wird folgender Satz angefügt:

„Im Fall der Führungslosigkeit ist bei einer Gesellschaft mit beschränkter Haftung auch jeder Gesellschafter, bei einer Aktiengesellschaft oder einer Genossenschaft auch jedes Mitglied des Aufsichtsrates zur Antragstellung berechtigt."

b) Absatz 2 wird wie folgt geändert:

aa) In Satz 1 werden nach dem Wort „Gesellschaftern" die Wörter „allen Gesellschaftern der Gesellschaft mit beschränkter Haftung, allen Mitgliedern des Aufsichtsrates" eingefügt.

bb) Nach Satz 1 wird folgender Satz eingefügt:

„Wird der Antrag von dem Gesellschafter einer Gesellschaft mit beschränkter Haftung oder einem Mitglied des Aufsichtsrates gestellt, ist auch die Führungslosigkeit glaubhaft zu machen."

cc) In Satz 2 werden nach dem Wort „Gesellschaftern" die Wörter „Gesellschafter der Gesellschaft mit beschränkter Haftung, Mitglieder des Aufsichtsrates" eingefügt.'

Begründung

Vom Ansatz her ist das geplante Antragsrecht der Gesellschafter bei Führungslosigkeit einer GmbH zu begrüßen. Es ist notwendig als Ergänzung zur Antragspflicht des § 15a Abs. 3 InsO-E. Die Fassung des Gesetzentwurfs dürfte indes zu Problemen in der insolvenzgerichtlichen Praxis führen. Eine falsche rechtliche Einschätzung bzw. Bewertung des Gesellschafters über die Wirksamkeit der Niederlegung des Amtes durch den Geschäftsführer wird zu einem Streit über die Antragsberechtigung führen. So könnte z. B. der Geschäftsführer den Standpunkt vertreten, er habe sein Amt nicht niedergelegt oder die Amtsniederlegung oder die Beschlussfassung über seine Abberufung seien unwirksam. Er – und nicht die Gesellschafter – sei weiterhin antragsbefugt. Nach seiner Auffassung liege ein Insolvenzgrund nicht vor, so dass eine Antragspflicht nicht bestehe. Der Insolvenzantrag sei mithin zu Unrecht durch den Gesellschafter gestellt worden.

Dass ein unbegründeter Insolvenzantrag der Gesellschaft großen Schaden zufügen kann, liegt auf der Hand. Vor diesem Hintergrund sollte die Zulässigkeit des Insolvenzantrags eines Gesellschafters davon abhängig gemacht werden, dass er die Führungslosigkeit der Gesellschaft glaubhaft zu machen hat. Nur auf diese Weise kann ein hinreichender Schutz vor unbegründeten Insolvenzanträgen eines Gesellschafters erreicht werden.

Darüber hinaus ist das Antragsrecht auch den Mitgliedern des Aufsichtsrates einer Aktiengesellschaft oder einer Genossenschaft einzuräumen, da § 15a Abs. 3 InsO-E auch für sie eine Antragspflicht vorsieht.

Zu Nummer 28 *[der Stellungnahme des Bundesrates]*
Zu Artikel 9 Nr. 2 (§ 15 InsO)
Die Bundesregierung stimmt dem Vorschlag zu.

| | Gegenäuße-rungBReg |

[unverändert als Gesetzestext übernommen]

| | Fassung Rechts-ausschuss |

Zu Artikel 9 (Änderung der Insolvenzordnung)
Zu Nummer 2 (§ 15)
Zu Buchstabe a (Absatz 1)
Es wird die Stellungnahme des Bundesrates zu Nummer 28 aufgegriffen und die für § 15a Abs. 3 vorgesehene Insolvenzantragspflicht der Aufsichtsratsmitglieder einer AG oder Genossenschaft im Fall der Führungslosigkeit in Absatz 1 um ein entsprechendes Antragsrecht ergänzt.

Zu Buchstabe b (Absatz 2)
Auch in Absatz 2 ist das künftige Antragsrecht der Aufsichtsratsmitglieder einer AG bzw. Genossenschaft nachzuvollziehen. Zudem wird ebenfalls auf Anregung des Bundesrates (Nummer 28) vorgesehen, dass im Fall der Insolvenzantragstellung durch Gesellschafter oder Aufsichtsratsmitglieder zum Schutz vor unberechtigten Insolvenzanträgen auch die Führungslosigkeit der Gesellschaft glaubhaft gemacht werden muss.

| | Begründung Rechts-ausschuss |

Nr. 3

Nach § 15 wird folgender § 15a eingefügt:

„§ 15a

Antragspflicht bei juristischen Personen und Gesellschaften ohne Rechtspersönlichkeit

(1) Wird eine juristische Person zahlungsunfähig oder überschuldet, haben die Mitglieder ohne schuldhaftes Zögern, spätestens aber drei Wochen nach Eintritt der Zahlungsunfähigkeit oder Überschuldung, einen Insolvenzantrag zu stellen. Das Gleiche gilt für die organschaftlichen Vertreter der zur Vertretung der Gesellschaft

| | Gesetzestext |

MoMiG

ermächtigten Gesellschafter oder die Abwickler bei einer Gesellschaft ohne Rechtspersönlichkeit, bei der kein persönlich haftender Gesellschafter eine natürliche Person ist; dies gilt nicht, wenn zu den persönlich haftenden Gesellschaftern eine andere Gesellschaft gehört, bei der ein persönlich haftender Gesellschafter eine natürliche Person ist.

(2) Bei einer Gesellschaft im Sinne des Absatzes 1 Satz 2 gilt Absatz 1 sinngemäß, wenn die organschaftlichen Vertreter der zur Vertretung der Gesellschaft ermächtigten Gesellschafter ihrerseits Gesellschaften sind, bei denen kein Gesellschafter eine natürliche Person ist, oder sich die Verbindung von Gesellschaften in dieser Art fortsetzt.

Text RegE *[unverändert als Gesetzestext übernommen]*

Gesetzestext (3) Im Fall der Führungslosigkeit einer Gesellschaft mit beschränkter Haftung ist auch jeder Gesellschafter, im Fall der Führungslosigkeit einer Aktiengesellschaft oder einer Genossenschaft ist auch jedes Mitglied des Aufsichtsrats zur Stellung des Antrags verpflichtet, es sei denn, diese Person hat von der Zahlungsunfähigkeit und der Überschuldung oder der Führungslosigkeit keine Kenntnis.

Text RegE (3) Im Fall der Führungslosigkeit einer Gesellschaft mit beschränkter Haftung (§ 35 Abs. 1 Satz 2 des Gesetzes betreffend die Gesellschaften mit beschränkter Haftung) ist auch jeder Gesellschafter, im Fall der Führungslosigkeit einer Aktiengesellschaft (§ 78 Abs. 1 Satz 2 des Aktiengesetzes) oder einer Genossenschaft (§ 24 Abs. 1 Satz 2 des Genossenschaftsgesetzes) ist auch jedes Mitglied des Aufsichtsrats zur Stellung des Antrags verpflichtet, es sei denn, dieser oder dieses hat von der Zahlungsunfähigkeit und der Überschuldung oder der Führungslosigkeit keine Kenntnis.

Stellungnahme BRat

Nummer 29

Zu Artikel 9 Nr. 3 (§ 15a Abs. 3 InsO)

In Artikel 9 Nr. 3 § 15a Abs. 3 sind vor den Wörtern „keine Kenntnis" die Wörter „ohne grobes Verschulden" einzufügen.

Begründung

Unbefriedigend ist die Regelung der subjektiven Tatbestandsseite von § 15a Abs. 3 InsO-E („es sei denn, ..."), und zwar im Hinblick auf den dort geforderten Verschuldensmaßstab.

Verschuldensmaßstab ist nach dem Wortlaut der Entwurfsregelung die positive Kenntnis des Gesellschafters; nur wenn er Kenntnis von den objektiven Tatbestandsvoraussetzungen hatte, trifft ihn die Insolvenzantragspflicht. Dies ist sachlich zu kurz gegriffen. Denn es ist nicht einzusehen, warum derjenige Gesellschafter, der grob fahrlässig keine Kenntnis hat, nicht ebenso der Antragspflicht und insbesondere den sich daraus ergebenden Haftungsfolgen im Falle pflichtwidrigen Unterlassens (§ 823 Abs. 2 BGB) unterliegen soll, zumal das Erfordernis positiver Kenntnis allzu weite Missbrauchs- und Umgehungsmöglichkeiten bietet. Im Übrigen steht der Wortlaut in gewissem Widerspruch zu der Entwurfsbegründung (Bundesratsdrucksache 354/07, S. 128), wonach die subjektive Tatbestandsvoraussetzung immerhin auch dann bejaht werden soll, wenn sich der Gesellschafter bewusst der Kenntnis verschließt.

Zu Nummer 29 *[der Stellungnahme des Bundesrates]* | Gegenäußerung BReg
Artikel 9 Nr. 3 (§ 15a Abs. 3 InsO)

Der Vorschlag wird abgelehnt. Nach der in § 15a Abs. 3 InsO-E vorgesehenen Beweislastverteilung muss der Gesellschafter bzw. das Aufsichtsratsmitglied beweisen, dass er von dem Eröffnungsgrund oder der Führungslosigkeit keine Kenntnis hatte. In der Praxis kann die Unkenntnis mit Ausnahme von kleinbeteiligten Gesellschaftern kaum nachgewiesen werden; eine zusätzliche Ausdehnung des subjektiven Tatbestands auf die Fälle der groben Fahrlässigkeit erscheint deshalb entbehrlich.

Zur Klarstellung sei zudem darauf hingewiesen, dass sich die vom Bundesrat zitierte Begründung des Regierungsentwurfs auf Fälle bezieht, in denen die Rechtsprechung z. B. im Rahmen der Antragspflicht nach § 92 Abs. 2 AktG der positiven Kenntnis vom Eröffnungsgrund die sog. böswillige Unkenntnis gleichgesetzt hat. Es ist kein Grund ersichtlich, warum diese Rechtsprechung nicht auf die Antragspflicht bei Führungslosigkeit nach § 15a Abs. 3 InsO-E übertragen werden sollte.

(4) Mit Freiheitsstrafe bis zu drei Jahren oder mit Geldstrafe wird bestraft, wer entgegen Absatz 1 Satz 1, auch in Verbindung mit Satz 2 oder Absatz 2 oder Absatz 3, einen Insolvenzantrag nicht, nicht richtig oder nicht rechtzeitig stellt. | Gesetzestext

(5) Handelt der Täter in den Fällen des Absatzes 4 fahrlässig, ist die Strafe Freiheitsstrafe bis zu einem Jahr oder Geldstrafe."des Vertretungsorgans oder die Abwickler

[unverändert als Gesetzestext übernommen] | Text RegE

Nummer 30 | Stellungnahme BRat
Zu Artikel 9 Nr. 3 (§ 15a InsO)

Der Bundesrat bittet, im weiteren Verlauf des Gesetzgebungsverfahrens die Auswirkungen des § 15a InsO-E auf nach deutschem Recht gegründete, aber mit Schwerpunkt im Ausland tätige Gesellschaften zu überprüfen.

Begründung

Der vorgesehene § 15a InsO-E erfasst die Insolvenzantragspflicht abstrakt für alle juristischen Personen unabhängig von ihrer Rechtsform und verschiebt diese Regelung von den bisherigen Standorten in den einzelnen Gesellschaftsgesetzen in das Insolvenzrecht. Erklärtes Ziel dieser Änderungen ist es unter anderem, zukünftig auch Auslandsgesellschaften unter die Antragspflicht fallen zu lassen, also Gesellschaften mit nur statuarischem Sitz im Ausland, aber tatsächlicher Geschäftstätigkeit in Deutschland. Hintergrund hierfür ist, dass das Insolvenzstatut an den Mittelpunkt der wirtschaftlichen Tätigkeit und nicht an die Rechtsform des schuldnerischen Unternehmens anknüpft, vgl. die §§ 4 und 335 InsO, Artikel 3 Abs. 1 EuInsVO. Durch die Einbeziehung der Auslandsgesellschaften mit Verwaltungssitz und Betrieb in Deutschland sollen Schutzlücken vermieden werden (vgl. die Entwurfsbegründung, Bundesratsdrucksache 354/07, S. 127).

Diese insolvenzrechtliche Qualifizierung der Insolvenzantragspflicht hat aber auch Auswirkungen auf die Pflichten von nach deutschem Recht gegründeten juristischen Personen, die ihrerseits Verwaltungssitz und Betrieb im Ausland unterhalten. Das beabsichtigte MoMiG ermöglicht durch Änderung des § 4a GmbHG Gesellschaften mit beschränkter Haftung erstmals, in Deutschland lediglich einen statuarischen Satzungssitz zu unterhalten, während der gesamte Geschäftsbetrieb im Ausland angesiedelt ist. Gleichartige Änderungen sind für Aktiengesellschaften vorgesehen.

Bei einer insolvenzrechtlichen Anknüpfung der Insolvenzantragspflicht an den Mittelpunkt des tatsächlichen Interesses würde diese Pflicht zukünftig für die im Ausland ansässigen Gesellschaften deutscher Rechtsform nicht mehr gelten. Vielmehr würde für die Beurteilung der Insolvenzantragspflicht das am Ort der betrieblichen Niederlassung geltende Recht anzuwenden sein. Demnach werden zwar durch § 15a InsO-E Schutzlücken betreffend die in Deutschland ansässigen Auslandsgesellschaften vermieden, aber eventuelle neue Schutzlücken bei den im Ausland ansässigen Gesellschaften deutscher Rechtsform geschaffen.

Die Begründung des Gesetzentwurfs setzt sich mit dieser Folge der beabsichtigten Neuregelung nicht auseinander. Bei der gebotenen Abwägung der Vor- und Nachteile der beabsichtigten Änderung wird nach Ansicht des Bundesrates auch zu berücksichtigen sein, dass eine insolvenzrechtliche Abknüpfung der Insolvenzantragspflicht zu einer Flucht deutscher Gesellschaften führen könnte, indem in einer (drohenden) Krise der Betriebssitz in ein anderes Land mit weniger strengen oder ohne Insolvenzantragspflichten verlegt wird.

Gegenäußerung BReg

Zu Nummer 30 *[der Stellungnahme des Bundesrates]*

Zu Artikel 9 Nr. 3 (§ 15a InsO)

Die Bundesregierung hat die Auswirkungen geprüft und ist zu folgendem Ergebnis gekommen: Mit der insolvenzrechtlichen Anknüpfung der Antragspflichten in § 15a InsO-E wird im Interesse des inländischen Rechtsverkehrs erreicht, dass alle in Deutschland tätigen juristischen Personen (Gesellschaften) einer einheitlichen Insolvenzantragspflicht unterliegen. Liegt der Mittelpunkt der Interessen (COMI) einer nach deutschem Recht gegründeten Gesellschaft in einem anderen Mitgliedstaat, so obliegt es primär diesem Staat, für die Sicherheit seines Rechtsverkehrs zu sorgen und für die Gläubiger ein entsprechendes Schutzniveau zu schaffen. Sinnvoll wäre es, dass der jeweilige andere Staat wie Deutschland die Insolvenzantragspflichten insolvenzrechtlich und nicht gesellschaftsrechtlich qualifiziert. Eine insolvenzrechtliche Anknüpfung in allen EU-Staaten würde dem Schutz der Gläubiger am besten gerecht.

Die in dem Antrag geäußerten Befürchtungen hinsichtlich einer möglichen Flucht deutscher Gesellschaften ins Ausland sind in dem Umfang nicht gerechtfertigt. Denn entgegen den Ausführungen ist für ein Entfallen der Antragspflicht nicht ausreichend, dass lediglich der Betriebssitz ins Ausland verlagert wird.

II. Materialien zum MoMiG

Nummer 31	**Stellungnahme BRat**
Zu Artikel 9 Nr. 3 (§ 15a InsO)	

Der Bundesrat bittet, im weiteren Verlauf des Gesetzgebungsverfahrens zu prüfen, ob die Insolvenzverschleppungshaftung mit einer Beweislastumkehr verbunden werden sollte. Die Beweislast dafür, dass die Befriedigungsaussichten der Gläubiger durch Insolvenzverschleppungsverluste nicht verschlechtert worden sind, sollte dem Insolvenzverschlepper obliegen.

Begründung

Nach bislang geltendem Recht haftet der Insolvenzverschlepper gegebenenfalls aus § 823 Abs. 2 BGB i. V. m. § 64 Abs. 1 GmbHG bzw. § 92 Abs. 2 AktG gegenüber den Gesellschaftsgläubigern auf Ersatz des durch die Insolvenzverschleppung entstandenen Schadens. Durch die Überführung der Antragspflicht in die Insolvenzordnung dürfte sich hieran nichts ändern.

In der Praxis führt jedoch häufig der Nachweis zu Schwierigkeiten, dass durch die Insolvenzverschleppung die Befriedungsaussichten des jeweiligen Gläubigers tatsächlich geringer geworden sind. Dem in Anspruch genommen Insolvenzverschlepper ist in entsprechenden Fällen der Gegenbeweis eher möglich und damit zumutbar, als einem außenstehenden Gläubiger.

Durch eine Beweislastumkehr zu der Frage, ob durch die Insolvenzverschleppung ein Quotenschaden entstanden ist, könnte man die Situation vieler Gläubiger verbessern und gleichzeitig Verstöße gegen die Insolvenzantragspflicht effektiv sanktionieren.

Zu Nummer 31 *[der Stellungnahme des Bundesrates]*	**Gegenäußerung BReg**
Zu Artikel 9 Nr. 3 (§ 15a InsO)	

Die Bundesregierung wird den Vorschlag des Bundesrates prüfen.

[unverändert als Gesetzestext übernommen]	**Fassung Rechtsausschuss**
Zu Nummer 3 (§ 15a)	**Begründung Rechtsausschuss**

In Absatz 3 werden aus redaktionellen Gründen die Verweise auf die in den jeweiligen Einzelgesetze enthaltenen Legaldefinitionen der „Führungslosigkeit" gestrichen, die angesichts der in der Insolvenzordnung selbst enthaltenen Definition (§ 10 Abs. 2) entbehrlich sind.

Nr. 4	**Gesetzestext**

Dem § 19 Abs. 2 wird folgender Satz angefügt:

„Forderungen auf Rückgewähr von Gesellschafterdarlehen oder aus Rechtshandlungen, die einem solchen Darlehen wirtschaftlich entsprechen, für die gemäß § 39 Abs. 2 zwischen Gläubiger und Schuldner der Nachrang im Insolvenzverfahren hinter den in § 39 Abs. 1 Nr. 1 bis 5 bezeichneten Forderungen vereinbart worden ist, sind nicht bei den Verbindlichkeiten nach Satz 1 zu berücksichtigen."

Text RegE	Dem § 19 Abs. 2 wird folgender Satz angefügt: „Forderungen auf Rückgewähr von Gesellschafterdarlehen, die in einem Insolvenzverfahren über das Vermögen einer Gesellschaft nach § 39 Abs. 1 Nr. 5 berichtigt werden, sind nicht bei den Verbindlichkeiten nach Satz 1 zu berücksichtigen."
Fassung Rechtsausschuss	*[unverändert als Gesetzestext übernommen]*
Begründung Rechtsausschuss	**Zu Nummer 4 (§ 19 Abs. 2)** Zur Wahrung der Interessen außenstehender Gläubiger ist eine Passivierung gesetzlich subordinierter Gesellschafterdarlehen (§ 39 Abs. 1 Nr. 5) grundsätzlich nicht notwendig, da ihre Interessen bereits durch die nachrangige Befriedigung der Gesellschafter gewahrt werden. Der BGH verlangt bisher aber für eine Ausklammerung aus der Überschuldungsbilanz einen sog. „qualifizierten Rangrücktritt". An einer ausdrücklichen Rangrücktrittserklärung des Gesellschafter-Kreditgebers als Voraussetzung für die Befreiung von der Passivierungspflicht soll festgehalten werden. Denn mit der Erklärung des Rangrücktritts durch den Gesellschafter (ggf. nach Aufforderung durch den Geschäftsführer) ist eine Warnfunktion verbunden, die sich bewährt hat. Insbesondere besteht durch die beibehaltene Voraussetzung einer aktiven Handlung seitens der Gesellschafter zur Befreiung von der Passivierungspflicht keine Gefahr einer unkontrollierbaren Zunahme masseloser Insolvenzen. Zudem wird die Entscheidung, ob die Forderung zu passivieren ist, künftig für den Geschäftsführer sehr einfach und rechtssicher zu treffen sein. Nur Forderungen, die mit einem ausdrücklichen Rangrücktritt versehen sind, darf er in der Überschuldungsbilanz außer Betracht lassen. Von etwaigen Abgrenzungsschwierigkeiten wird er dadurch enthoben, dass – anders als im Regierungsentwurf – auch Forderungen, die zwar nicht auf einem Darlehen beruhen, denen aber eine gleichstehende Rechtshandlung zugrunde liegt, einbezogen werden. Welchen Inhalt die Rangrücktrittserklärung haben muss, ist künftig vom Gesetz vorgegeben. Die Abschaffung des Eigenkapitalersatzrechts erfordert es nämlich, die vom BGH aufgestellten Anforderungen an die Rangrücktrittserklärung anzupassen. Denn die vom BGH geforderte Gleichstellung der Gesellschafterleistung mit statutarischem Eigenkapital findet künftig keine Berechtigung mehr im Gesetz. Aus Gründen des Gläubigerschutzes ist sie auch nicht notwendig. Nachrangige Berichtigung im Insolvenzverfahren reicht aus. Durch die Abgabe der Rangrücktrittserklärung rückt der Gesellschafter-Kreditgeber gemäß § 39 Abs. 2 aber noch einen Rang hinter den Gesellschafter-Kreditgeber, der keine Rangrücktrittserklärung abgegeben hat (§ 39 Abs. 1 Nr. 5). Da § 39 Abs. 2 eine Auslegungsregel enthält, ist ausdrücklich der Rücktritt hinter die (gesetzlich subordinierten) Ansprüche (§ 39 Abs. 1 Nr. 1 bis 5) zu erklären. Sollte ungeachtet des Nachrangs eine Rückzahlung des Darlehens erfolgen, so gelten die Anfechtungstatbestände der §§ 44a, 135 Abs. 1 und 2 bzw. der § 6 Abs. 1, § 6a AnfG.
Gesetzestext	**Nr. 4a** In § 26 Abs. 3 Satz 1 werden vor dem Wort „Gesellschaftsrechts" die Wörter „Insolvenz- oder" eingefügt.

[nicht enthalten] — **Text RegE**

[unverändert als Gesetzestext übernommen] — **Fassung Rechtsausschuss**

Zu Nummer 4a - neu - (§ 26 Abs. 3) — **Begründung Rechtsausschuss**

In § 26 Abs. 3, der bislang auf das Unterlassen der Antragstellung „entgegen den Vorschriften des Gesellschaftsrechts" abstellt, sind künftig als Folgeänderung zu der vorgesehenen Überführung der Insolvenzantragspflicht aus den einzelnen gesellschaftsrechtlichen Gesetzen in die Insolvenzordnung (§ 15a) auch die Vorschriften des Insolvenzrechts einzubeziehen. Zusätzlich wird aber auch die bisherige Anknüpfung an die Vorschriften des Gesellschaftsrechts beibehalten, um auch eine durch Vorschriften des internationalen Insolvenzrechts eventuell erfolgende gesellschaftsrechtliche Einordnung der Antragspflicht ausländischer Rechtsordnungen abzudecken.

Nr. 5 — Gesetzestext

§ 39 wird wie folgt geändert:

a) Absatz 1 Nr. 5 wird wie folgt gefasst:

„5. nach Maßgabe der Absätze 4 und 5 Forderungen auf Rückgewähr eines Gesellschafterdarlehens oder Forderungen aus Rechtshandlungen, die einem solchen Darlehen wirtschaftlich entsprechen."

b) Folgende Absätze 4 und 5 werden angefügt:

„(4) Absatz 1 Nr. 5 gilt für Gesellschaften, die weder eine natürliche Person noch eine Gesellschaft als persönlich haftenden Gesellschafter haben, bei der ein persönlich haftender Gesellschafter eine natürliche Person ist. Erwirbt ein Gläubiger bei drohender oder eingetretener Zahlungsunfähigkeit der Gesellschaft oder bei Überschuldung Anteile zum Zweck ihrer Sanierung, führt dies bis zur nachhaltigen Sanierung nicht zur Anwendung von Absatz 1 Nr. 5 auf seine Forderungen aus bestehenden oder neu gewährten Darlehen oder auf Forderungen aus Rechtshandlungen, die einem solchen Darlehen wirtschaftlich entsprechen.

(5) Absatz 1 Nr. 5 gilt nicht für den nicht geschäftsführenden Gesellschafter einer Gesellschaft im Sinn des Absatzes 4 Satz 1, der mit zehn Prozent oder weniger am Haftkapital beteiligt ist."

MoMiG

Text RegE   *[unverändert als Gesetzestext übernommen]*

Stellungnahme BRat

Nummer 32

Zu Artikel 9 Nr. 5 (§ 39 Abs. 1 Nr. 5, Abs. 4 und 5 InsO)

Der Bundesrat bittet, im weiteren Verlauf des Gesetzgebungsverfahrens zu prüfen, ob der Anwendungsbereich der generellen Nachrangigkeit von Gesellschafterdarlehen zu § 39 Abs. 1 Nr. 5, Abs. 4 und 5 InsO-E genauer definiert werden sollte.

Begründung

Nach dem Gesetzentwurf soll in § 39 Abs. 1 Nr. 5 InsO-E auf das Merkmal „kapitalersetzend" verzichtet und damit jedes Gesellschafterdarlehen in der Insolvenz nachrangig gestellt werden. Nach der Begründung (Bundesratsdrucksache 354/07, S. 130) soll der Anwendungsbereich rechtsformneutral festgelegt werden und neben den deutschen Kapitalgesellschaften auch Personengesellschaften, bei denen keine natürliche Person als persönlich haftender Gesellschafter beteiligt ist, sowie ausländische Gesellschaften erfassen.

Problematisch erscheint insoweit jedoch die im Entwurf vorgesehene Kombination der Formulierungen „nach Maßgabe der Absätze 4 und 5" in § 39 Abs. 1 Nr. 5 InsO-E und „Absatz 1 Nr. 5 gilt für Gesellschaften, die weder eine natürliche Person noch eine Gesellschaft als persönlich haftenden Gesellschafter haben, bei der ein persönlich haftender Gesellschafter eine natürliche Person ist" in § 39 Abs. 4 InsO-E. Beide Bestimmungen zusammen vermitteln den Eindruck, als sei die Anwendung des § 39 Abs. 1 Nr. 5 InsO-E lediglich auf die in Absatz 4 näher beschriebenen Personengesellschaften ohne eine natürliche Person als persönlich haftender Gesellschafter zulässig.

Die in der Praxis äußerst relevante Anwendung auf Kapitalgesellschaften, insbesondere auch auf die GmbH und die Unternehmergesellschaft, lässt sich aus dem Wortlaut der Bestimmungen dagegen nicht ohne Weiteres erschließen, denn bei diesen gibt es bereits begrifflich keinen persönlich haftenden Gesellschafter. Um hier Missverständnisse zu vermeiden und einen Gleichlauf zwischen Begründung und Gesetzeswortlaut herzustellen, sollte der Anwendungsbereich der Bestimmung im weiteren Gesetzgebungsverfahren deutlicher formuliert werden, etwa durch die ausdrückliche Erstreckung des § 39 Abs. 4 InsO-E auf inländische und ausländische Kapitalgesellschaften sowie die genannten Personengesellschaften.

Gegenäußerung BReg

Zu Nummer 32 *[der Stellungnahme des Bundesrates]*

Zu Artikel 9 Nr. 5 (§ 39 Abs. 1 Nr. 5, Abs. 4 und 5 InsO)

Anders als im Referentenentwurf wird in § 39 Abs. 4 InsO-E hinsichtlich der Definition der erfassten Gesellschaften gerade nicht die Formulierung „zu deren persönlich haftenden Gesellschaftern ... gehört" verwendet. Die stattdessen vorgesehene Formulierung „Gesellschaften, die weder eine natürliche Person noch eine Gesellschaft als persönlich haftenden Gesellschafter haben, ..." bringt bereits zum Ausdruck, dass auch Gesellschaften wie etwa die GmbH, AG oder Limited erfasst werden, die überhaupt keinen und damit selbstverständlich auch keine natürliche Person oder andere Gesellschaft als persönlich haftenden Gesellschafter haben (können). Die Bundesregierung wird aber prüfen, ob der Anwendungsbereich gleichwohl noch klarer definiert werden sollte.

Nr. 6	Gesetzestext

Nach § 44 wird folgender § 44a eingefügt:

„§ 44a

Gesicherte Darlehen

In dem Insolvenzverfahren über das Vermögen einer Gesellschaft kann ein Gläubiger nach Maßgabe des § 39 Abs. 1 Nr. 5 für eine Forderung auf Rückgewähr eines Darlehens oder für eine gleichgestellte Forderung, für die ein Gesellschafter eine Sicherheit bestellt oder für die er sich verbürgt hat, nur anteilsmäßige Befriedigung aus der Insolvenzmasse verlangen, soweit er bei der Inanspruchnahme der Sicherheit oder des Bürgen ausgefallen ist."

[unverändert als Gesetzestext übernommen] — Text RegE

Nr. 7	Gesetzestext

§ 101 wird wie folgt geändert:

a) In Absatz 1 Satz 2 wird der Punkt am Satzende durch ein Semikolon ersetzt und folgender Halbsatz angefügt:

„verfügt der Schuldner über keinen Vertreter, gilt dies auch für die Personen, die an ihm beteiligt sind."

b) Folgender Absatz 3 wird angefügt:

„(3) Kommen die in den Absätzen 1 und 2 genannten Personen ihrer Aus-kunfts- und Mitwirkungspflicht nicht nach, können ihnen im Fall der Abweisung des Antrags auf Eröffnung des Insolvenzverfahrens die Kosten des Verfahrens auferlegt werden."

[unverändert als Gesetzestext übernommen] — Text RegE

Nr. 8	Gesetzestext

§ 135 wird wie folgt gefasst:

„§ 135

Gesellschafterdarlehen

(1) Anfechtbar ist eine Rechtshandlung, die für die Forderung eines Gesellschafters auf Rückgewähr eines Darlehens im Sinne des § 39 Abs. 1 Nr. 5 oder für eine gleichgestellte Forderung

MoMiG

    1. Sicherung gewährt hat, wenn die Handlung in den letzten zehn Jahren vor dem Antrag auf Eröffnung des Insolvenzverfahrens oder nach diesem Antrag vorgenommen worden ist, oder

    2. Befriedigung gewährt hat, wenn die Handlung im letzten Jahr vor dem Eröffnungsantrag oder nach diesem Antrag vorgenommen worden ist."

Text RegE   *[unverändert als Gesetzestext übernommen]*

Gesetzestext   „(2) Anfechtbar ist eine Rechtshandlung, mit der eine Gesellschaft einem Dritten für eine Forderung auf Rückgewähr eines Darlehens innerhalb der in Absatz 1 Nr. 2 genannten Fristen Befriedigung gewährt hat, wenn ein Gesellschafter für die Forderung eine Sicherheit bestellt hatte oder als Bürge haftete; dies gilt sinngemäß für Leistungen auf Forderungen, die einem Darlehen wirtschaftlich entsprechen.

(3) Wurde dem Schuldner von einem Gesellschafter ein Gegenstand zum Gebrauch oder zur Ausübung überlassen, so kann der Aussonderungsanspruch während der Dauer des Insolvenzverfahrens, höchstens aber für eine Zeit von einem Jahr ab der Eröffnung des Insolvenzverfahrens nicht geltend gemacht werden, wenn der Gegenstand für die Fortführung des Unternehmens des Schuldners von erheblicher Bedeutung ist. Für den Gebrauch oder die Ausübung des Gegenstandes gebührt dem Gesellschafter ein Ausgleich; bei der Berechnung ist der Durchschnitt der im letzten Jahr vor Verfahrenseröffnung geleisteten Vergütung in Ansatz zu bringen, bei kürzerer Dauer der Überlassung ist der Durchschnitt während dieses Zeitraums maßgebend.

(4) § 39 Abs. 4 und 5 gilt entsprechend."

Text RegE   „(2) Anfechtbar ist eine Rechtshandlung, mit der eine Gesellschaft einem Dritten für eine Forderung auf Rückgewähr eines Darlehens im Sinne des § 39 Abs. 1 Nr. 5 oder für eine gleichgestellte Forderung innerhalb der in Absatz 1 Nr. 2 genannten Fristen Befriedigung gewährt hat, wenn ein Gesellschafter für die Forderung eine Sicherheit bestellt hatte oder als Bürge haftete."

Fassung Rechtsausschuss   *[unverändert als Gesetzestext übernommen]*

Zu Nummer 8 (§ 135)

Begründung Rechtsausschuss

Bei den Änderungen in Absatz 2 handelt es sich um redaktionelle Korrekturen. Der bisher vorgesehene Verweis auf § 39 Abs. 1 Nr. 5 wird gestrichen, da diese Vorschrift keine Definition der in § 135 Abs. 2 angesprochenen Drittdarlehen enthält. Als Folge werden die bisher über den Verweis auf § 39 Abs. 1 Nr. 5 automatisch mit einbezogenen Regelungen des § 39 Abs. 4 und 5 in dem neuen Absatz ausdrücklich erwähnt; entsprechendes gilt hinsichtlich der Definition der gleichgestellten Forderungen aus § 39 Abs. 1 Nr. 5, die nunmehr ausdrücklich in den Absatz 2 aufgenommen wird.

Der neu vorgesehene Absatz 3 betrifft die bisherige Fallgruppe der sog. „eigenkapitalersetzenden Nutzungsüberlassung". Als Folge des Wegfalls des Merkmals „kapitalersetzend" als Anknüpfungspunkt für die Regelungen zu Gesellschafterdarlehen und gleichgestellten Forderungen ist die dogmatische Grundlage der bisherigen Rechtsprechung zur eigenkapitalersetzenoen Nutzungsüberlassung entfallen und besteht die Gefahr, dass dem Unternehmen mit der Eröffnung des Insolvenzverfahrens die für eine Betriebsfortführung notwendigen Gegenstände, d. h., bewegliche und unbewegliche Sachen sowie Rechte, nicht mehr zur Verfügung stehen. Es würde der Zweckbestimmung des Insolvenzverfahrens sowie der Treuepflicht der Gesellschafter widersprechen, wenn zum Gebrauch oder zur Ausübung überlassene Gegenstände nach Insolvenzeröffnung jederzeit zurückverlangt werden könnten, obwohl diese zur Betriebsfortführung von erheblicher Bedeutung sind (ähnlich § 26a der österreichischen Konkursordnung). Selbst wenn der Gesellschafter keinen wesentlichen Beitrag zur Sanierung der Gesellschaft leisten will, ergibt sich aus seiner gesellschaftsrechtlichen Treuepflicht, dass er alles zu unterlassen hat, was die Interessen der Gesellschaft nachhaltig schädigt. In § 135 Abs. 3 wird deshalb eine Regelung geschaffen, nach der ein Gesellschafter seinen Aussonderungsanspruch während der Dauer des Insolvenzverfahrens, höchstens aber für eine Zeit von einem Jahr ab dessen Eröffnung, nicht geltend machen kann. Bestehen ernsthafte Sanierungschancen, wird es dem Insolvenzverwalter regelmäßig innerhalb der Jahresfrist möglich sein, eine Vereinbarung zu erreichen, die die Fortsetzung des schuldnerischen Unternehmens ermöglicht. Nach Ablauf dieser Frist ist es sachgerecht, dass der Gesellschafter die Gegenstände herausverlangen kann, während sie bis zu diesem Zeitpunkt zu den vereinbarten Konditionen für die Fortführung des Betriebes weiterhin zur Verfügung stehen.

War für die Überlassung der Gegenstände ein Entgelt vereinbart, so stellt dieses nach Verfahrenseröffnung eine Masseverbindlichkeit dar. Dies gilt auch dann, wenn der Insolvenzverwalter, der die Weiternutzung des Vermögensgegenstandes beansprucht, an dem Vertragsverhältnis nicht mehr festhalten will und von seinem Sonderkündigungsrecht Gebrauch macht, beispielsweise, wenn dessen Laufzeit über den Jahreszeitraum hinausgeht. Der Gesellschafter soll damit dieselbe Vergütung erhalten, die ihm bis zur Verfahrenseröffnung tatsächlich zugeflossen ist; ihm soll hingegen kein darüber hinausgehendes Sonderopfer abverlangt werden. War etwa für eine Gebrauchsüberlassung eine bestimmte Vergütung vereinbart, wurde diese jedoch nicht entrichtet, so bestimmt sich die Höhe des Ausgleichs nach dem im letzten Jahr vor der Verfahrenseröffnung tatsächlich vom Schuldner Geleisteten.

Die Neuregelung ist - abgesehen von dem bereits erwähnten Begriff des „Gegenstandes" - auch im Hinblick auf die „erhebliche Bedeutung" für die Fortführung des Betriebes an die Terminologie der Insolvenzordnung angeglichen (vgl. § 21 Abs. 2 Satz 1 Nr. 5). Um einen Gleichlauf mit dem Anwendungsbereich der Regelungen zu Gesellschafterdarlehen und gleich gestellten Forderungen sowie mit dem Sanierungs- und Kleinbeteiligungsprivileg zu erreichen, wird über den neuen Absatz 4 die entsprechende Anwendung des § 39 Abs. 4 und 5 angeordnet.

Gesetzestext	**Nr. 9**

Dem § 143 wird folgender Absatz 3 angefügt:

„(3) Im Fall der Anfechtung nach § 135 Abs. 2 hat der Gesellschafter, der die Sicherheit bestellt hatte oder als Bürge haftete, die dem Dritten gewährte Leistung zur Insolvenzmasse zu erstatten. Die Verpflichtung besteht nur bis zur Höhe des Betrags, mit dem der Gesellschafter als Bürge haftete oder der dem Wert der von ihm bestellten Sicherheit im Zeitpunkt der Rückgewähr des Darlehens oder der Leistung auf die gleichgestellte Forderung entspricht. Der Gesellschafter wird von der Verpflichtung frei, wenn er die Gegenstände, die dem Gläubiger als Sicherheit gedient hatten, der Insolvenzmasse zur Verfügung stellt."

Text RegE	*[unverändert als Gesetzestext übernommen]*

Gesetzestext	**Nr. 10**

In § 345 Abs. 2 Satz 2 wird die Angabe „§ 13e Abs. 2 Satz 4 Nr. 3" durch die Angabe „§ 13e Abs. 2 Satz 5 Nr. 3" ersetzt.

Text RegE	*[unverändert als Gesetzestext übernommen]*

2.12 Änderung des Einführungsgesetzes zur InsO

Artikel 10 — Gesetzestext

Änderung des Einführungsgesetzes zur Insolvenzordnung

Nach Artikel 103c des Einführungsgesetzes zur Insolvenzordnung[3] vom 5. Oktober 1994 (BGBl. I S. 2911), das zuletzt durch Artikel 9a des Gesetzes vom 12. Dezember 2007 (BGBl. I S. 2840) geändert worden ist, wird folgender Artikel 103d eingefügt:

„Artikel 103d

Überleitungsvorschrift zum Gesetz zur Modernisierung des GmbH-Rechts und zur Bekämpfung von Missbräuchen

Auf Insolvenzverfahren, die vor dem Inkrafttreten des Gesetzes vom 23. Oktober 2008 (BGBl. I S. 2026) am 1. November 2008 eröffnet worden sind, sind die bis dahin geltenden gesetzlichen Vorschriften weiter anzuwenden. Im Rahmen von nach dem 1. November 2008 eröffneten Insolvenzverfahren sind auf vor dem 1. November 2008 vorgenommene Rechtshandlungen die bis dahin geltenden Vorschriften der Insolvenzordnung über die Anfechtung von Rechtshandlungen anzuwenden, soweit die Rechtshandlungen nach dem bisherigen Recht der Anfechtung entzogen oder in geringerem Umfang unterworfen sind."

[unverändert als Gesetzestext übernommen] — Text RegE

---

[3] Artikel 103c des Einführungsgesetzes zur Insolvenzordnung wird durch Artikel 3 Nr. 2 des Gesetzes zur Vereinfachung des Insolvenzverfahrens vom 13. April 2007 (BGBl. I S. 509) eingefügt.

2.13 Änderungen des Anfechtungsgesetzes

Gesetzestext

Artikel 11
Änderung des Anfechtungsgesetzes

Das Anfechtungsgesetz vom 5. Oktober 1994 (BGBl. I S. 2911) wird wie folgt geändert:

Gesetzestext

Nr. 1

§ 6 wird durch folgende §§ 6 und 6a ersetzt:

„§ 6
Gesellschafterdarlehen

(1) Anfechtbar ist eine Rechtshandlung, die für die Forderung eines Gesellschafters auf Rückgewähr eines Darlehens im Sinne des § 39 Abs. 1 Nr. 5 der Insolvenzordnung oder für eine gleichgestellte Forderung

1. Sicherung gewährt hat, wenn die Handlung in den letzten zehn Jahren vor Erlangung des vollstreckbaren Schuldtitels oder danach vorgenommen worden ist, oder

2. Befriedigung gewährt hat, wenn die Handlung im letzten Jahr vor Erlangung des vollstreckbaren Schuldtitels oder danach vorgenommen worden ist.

Wurde ein Antrag auf Eröffnung eines Insolvenzverfahrens nach § 26 Abs. 1 der Insolvenzordnung abgewiesen, bevor der Gläubiger einen vollstreckbaren Schuldtitel erlangt hat, so beginnt die Anfechtungsfrist mit dem Antrag auf Eröffnung des Insolvenzverfahrens.

(2) Die Anfechtung ist ausgeschlossen, wenn nach dem Schluss des Jahres, in dem der Gläubiger den vollstreckbaren Schuldtitel erlangt hat, drei Jahre verstrichen sind. Wurde die Handlung später vorgenommen, so ist die Anfechtung drei Jahre nach dem Schluss des Jahres ausgeschlossen, in dem die Handlung vorgenommen worden ist."

Text RegE *[unverändert als Gesetzestext übernommen]*

„§ 6a Gesicherte Darlehen Anfechtbar ist eine Rechtshandlung, mit der eine Gesellschaft einem Dritten für eine Forderung auf Rückgewähr eines Darlehens innerhalb der in § 6 Abs. 1 Satz 1 Nr. 2 und Satz 2 genannten Fristen Befriedigung gewährt hat, wenn ein Gesellschafter für die Forderung eine Sicherheit bestellt hatte oder als Bürge haftete; dies gilt sinngemäß für Leistungen auf Forderungen, die einem Darlehen wirtschaftlich entsprechen. § 39 Abs. 4 und 5 der Insolvenzordnung und § 6 Abs. 2 gelten entsprechend."	Gesetzestext
„§ 6a Gesicherte Darlehen Anfechtbar ist eine Rechtshandlung, mit der eine Gesellschaft einem Dritten für eine Forderung auf Rückgewähr eines Darlehens im Sinne des § 39 Abs. 1 Nr. 5 der Insolvenzordnung oder für eine gleichgestellte Forderung innerhalb der in § 6 Abs. 1 Satz 1 Nr. 2 und Satz 2 genannten Fristen Befriedigung gewährt hat, wenn ein Gesellschafter für die Forderung eine Sicherheit bestellt hatte oder als Bürge haftete. § 6 Abs. 2 gilt entsprechend."	Text RegE
[unverändert als Gesetzestext übernommen]	Fassung Rechtsausschuss
Zu Artikel 11 (Änderung des Anfechtungsgesetzes) Zu Nummer 1 (§ 6a) Vgl. Begründung zur Änderung von § 135 Abs. 2 InsO-E (Artikel 9 Nr. 8).	Begründung Rechtsausschuss

Nr. 2	
In § 7 Abs. 1 wird die Angabe „§§ 3, 4 und 6" durch die Angabe „§§ 3 und 4" ersetzt.	Gesetzestext
[unverändert als Gesetzestext übernommen]	Text RegE

Nr. 3	
Dem § 11 wird folgender Absatz 3 angefügt: „(3) Im Fall der Anfechtung nach § 6a hat der Gesellschafter, der die Sicherheit bestellt hatte oder als Bürge haftete, die Zwangsvollstreckung in sein Vermögen bis zur Höhe des Betrags zu dulden, mit dem er als Bürge haftete oder der dem Wert der von ihm be-	Gesetzestext

stellten Sicherheit im Zeitpunkt der Rückgewähr des Darlehens oder der Leistung auf die gleichgestellte Forderung entspricht. Der Gesellschafter wird von der Verpflichtung frei, wenn er die Gegenstände, die dem Gläubiger als Sicherheit gedient hatten, dem Gläubiger zur Verfügung stellt."

Text RegE *[unverändert als Gesetzestext übernommen]*

Gesetzestext

Nr. 4

§ 18 Abs. 2 wird wie folgt geändert:

a) Die Angabe „§§ 3, 4 und 6" wird durch die Angabe „§§ 3 und 4" ersetzt.

b) Folgender Satz wird angefügt:

„Satz 1 gilt für die in den §§ 6 und 6a bestimmten Fristen entsprechend mit der Maßgabe, dass an die Stelle der gerichtlichen Geltendmachung des Anfechtungsanspruchs die Erlangung des vollstreckbaren Schuldtitels tritt."

Text RegE *[unverändert als Gesetzestext übernommen]*

Gesetzestext

Nr. 5

Dem § 20 wird folgender Absatz 3 angefügt:

„(3) Die Vorschriften dieses Gesetzes in der ab dem Inkrafttreten des Gesetzes vom 23. Oktober 2008 (BGBl. I S. 2026) am 1. November 2008 geltenden Fassung sind auf vor dem 1. November 2008 vorgenommene Rechtshandlungen nur anzuwenden, soweit diese nicht nach dem bisherigen Recht der Anfechtung entzogen oder in geringerem Umfang unterworfen sind; andernfalls sind die bis zum 1. November 2008 anwendbaren Vorschriften weiter anzuwenden."

Text RegE *[unverändert als Gesetzestext übernommen]*

2.14 Änderungen des Gesetzes über die Angelegenheiten der freiwilligen Gerichtsbarkeit

Artikel 12 Änderung des Gesetzes über die Angelegenheiten der freiwilligen Gerichtsbarkeit Das Gesetz über die Angelegenheiten der freiwilligen Gerichtsbarkeit in der im Bundesgesetzblatt Teil III, Gliederungsnummer 315-1, veröffentlichten bereinigten Fassung, das zuletzt durch Artikel 2 des Gesetzes vom 4. Juli 2008 (BGBl. I S. 1188) geändert worden ist, wird wie folgt geändert:	Gesetzestext
[Fassung des RegE siehe unten Nr. 2]	Text RegE
Nr. 1 § 142 wird wie folgt geändert: a) Absatz 1 Satz 1 wird wie folgt gefasst: „Ist eine Eintragung im Register wegen des Mangels einer wesentlichen Voraussetzung unzulässig, kann das Registergericht sie von Amts wegen löschen." b) Dem Absatz 2 wird folgender Satz angefügt: „§ 141a Abs. 2 Satz 1 und 2 gilt entsprechend."	Gesetzestext
[nicht enthalten]	Text RegE
Nummer 33 Zu Artikel 12 Nr. 1 – neu – (§ 141b – neu –) Artikel 12 ist wie folgt zu fassen: ‚Artikel 12 Änderung des Gesetzes über die Angelegenheiten der freiwilligen Gerichtsbarkeit Das Gesetz über die Angelegenheiten der freiwilligen Gerichtsbarkeit in der im Bundesgesetzblatt Teil III, Gliederungsnummer 315-1, veröffentlichten bereinigten Fassung, zuletzt geändert durch ... (BGBl. I S. ...), wird wie folgt geändert: 1. Nach § 141a wird folgender § 141b eingefügt: „§ 141b Löschung von Zweigniederlassungen von Unternehmen mit Sitz oder Hauptniederlassung im Ausland	Stellungnahme BRat

(1) Das Registergericht kann die Zweigniederlassung eines Unternehmens mit Sitz oder Hauptniederlassung im Ausland löschen, wenn das Unternehmen in dem für seinen Sitz oder seine Hauptniederlassung zuständigen Register gelöscht ist.

(2) Das Registergericht hat den Inhaber des Unternehmens oder bei einer juristischen Person ihren ständigen Vertreter von der beabsichtigten Löschung zu benachrichtigen und ihm zugleich eine angemessene Frist zur Geltendmachung eines Widerspruchs zu bestimmen.

(3) Für das weitere Verfahren gilt § 141a Abs. 2 und 3 entsprechend."

Begründung

Aus Anlass der Änderung des FGG in Artikel 12 des Entwurfs sollte eine weitere Ergänzung der Löschungsvorschriften erfolgen.

Erfährt das Registergericht, bei dem die Zweigniederlassung eines im Ausland ansässigen Unternehmens eingetragen ist, von dem Erlöschen eines Unternehmens im Register der Hauptniederlassung, sollte aus Gründen des Verkehrsschutzes eine Möglichkeit geschaffen werden, auch die Zweigniederlassung von Amts wegen zu löschen. Da die Eintragungen in dem ausländischen Register sich dem hiesigen Rechtsverkehr nicht ohne Weiteres erschließen, könnte sonst das bereits gelöschte Unternehmen als „Zweigniederlassung" jahrelang wenn nicht rechtlich, so doch dem Anschein nach weiter existieren.

Es kann nicht unbedingt damit gerechnet werden, dass das Erlöschen der Firma stets vom Leitungsorgan des Unternehmens auch dem Register der Zweigniederlassung mitgeteilt wird. Dies gilt insbesondere dann, wenn die Eintragung der Hauptniederlassung in dem Gründungs-Mitgliedstaat nur wegen der dortigen besonders einfachen Gründungsvorschriften erfolgte und es dem Unternehmen für seine unternehmerischen Zwecke allein auf die Eintragung der Zweigniederlassung ankommt. Auch kann es vorkommen, dass dem Leitungsorgan jegliches weitere Interesse an dem Gesamtunternehmen fehlt, etwa nach durchgeführtem Insolvenzverfahren oder einer Löschung der Gesellschaft wegen Vermögenslosigkeit.

Die registergerichtliche Praxis behilft sich zurzeit bei derartigen Fallkonstellationen noch mit einer analogen Anwendung der übrigen Löschungsvorschriften von § 141 ff. FGG. Im Hinblick auf die Vielzahl der zwischenzeitlich hier eingetragenen Zweigniederlassungen ausländischer Gesellschaften sollte eine ausdrückliche gesetzliche Regelung erfolgen.

Gegenäußerung BReg	Zu Nummer 33 *[der Stellungnahme des Bundesrates]* Zu Artikel 12 Nr. 2 – neu – (§ 141b FGG – neu –) Die Auffassung des Bundesrates, dass es sinnvoll sei, eine eindeutige gesetzliche Grundlage für die Löschung von Zweigniederlassungen von Unternehmen mit Sitz Ausland im Falle der Löschung der Hauptniederlassung vorzusehen, wird von der Bundesregierung geteilt. Die Bundesregierung hat deshalb im Rahmen der anstehenden FGG-Reform eine solche eindeutige gesetzliche Grundlage mit dem neuen § 395 FamFG-E vorgesehen: Indem es in § 395 Abs. 1 FamFG-E heißt „Ist eine Eintragung ... unzulässig" statt bisher in § 142 Abs. 1 FGG „unzulässig war", soll künftig klargestellt werden, dass eine Löschung auch dann möglich ist, wenn eine Eintragung nachträglich, d. h. hier infolge der Löschung der Hauptniederlassung, unzulässig geworden ist. Die Bundesregierung wird jedoch gleichwohl prüfen, ob ein Bedürfnis für eine speziell auf Zweigniederlassungen von Unternehmen mit Sitz im Ausland zugeschnittene Regelung besteht und ob eine solche Regelung bereits vor Inkrafttreten der FGG-Reform greifen sollte.

[unverändert als Gesetzestext übernommen] | **Fassung Rechtsausschuss**

Zu Artikel 12 (Änderung des Gesetzes über die Angelegenheiten der freiwilligen Gerichtsbarkeit) | **Begründung Rechtsausschuss**

Zu Nummer 1 -neu- (§ 142)

Die Änderung geht zurück auf die Gegenäußerung der Bundesregierung zu Nummer 33 der Stellungnahme des Bundesrates. Durch die geänderte Formulierung von § 142 Abs. 1 Satz 1 wird klargestellt, dass eine Löschung auch dann möglich ist, wenn eine Eintragung erst nachträglich unzulässig wird. Für das weitere Verfahren gelten § 141a Abs. 2 Satz 1 und 2 entsprechend. Ein Verweis auf § 141a Abs. 3 wird entgegen dem Vorschlag des Bundesrates nicht aufgenommen, da im Verfahren nach § 142 nur festgestellt werden muss, ob die Eintragung unzulässig ist, nicht aber, bei welchen Gesellschaften Vermögenslosigkeit vorliegen muss.

Nr. 2 | Gesetzestext

2. § 144b wird aufgehoben.

§ 144b des Gesetzes über die Angelegenheiten der freiwilligen Gerichtsbarkeit in der im Bundesgesetzblatt Teil III, Gliederungsnummer 315-1, veröffentlichten bereinigten Fassung, das zuletzt durch Artikel ... des Gesetzes vom ... (BGBl. I S. ....) geändert worden ist, wird aufgehoben. | **Text RegE**

Nummer 33 | **Stellungnahme BRat**
Zu Artikel 12 2 – neu –(§ 144b FGG)

2. § 144b wird aufgehoben.'

Begründung

[siehe Stellungnahme zu Nr. 1]

2.15 Änderungen der Handelsregisterverordnung

Gesetzestext

Artikel 13
Änderung der Handelsregisterverordnung

Die Handelsregisterverordnung vom 12. August 1937 (Reichsministerialblatt S. 515), zuletzt geändert durch das Artikel 17a des Gesetzes vom 21. Dezember 2007 (BGBl. I S. 3089), wird wie folgt geändert:

Gesetzestext

Nr. 1

1. Nach § 9 Abs. 1 Satz 2 wird folgender Satz eingefügt:

„Ein Widerspruch gegen eine Eintragung in der Gesellschafterliste (§ 16 Abs. 3 Satz 3 des Gesetzes betreffend die Gesellschaften mit beschränkter Haftung) ist der Gesellschafterliste zuzuordnen und zudem besonders hervorzuheben."

Text RegE

[unverändert als Gesetzestext übernommen]

Gesetzestext

Nr. 2

In § 23 Satz 2 wird das Wort „einzuholen" durch das Wort „einholen" ersetzt.

Text RegE

[unverändert als Gesetzestext übernommen]

Gesetzestext

Nr. 3

§ 24 wird wie folgt geändert:

a) Absatz 2 wird wie folgt gefasst:

„(2) Bei der Anmeldung ist die Lage der Geschäftsräume anzugeben. Dies gilt nicht, wenn die Lage der Geschäftsräume als inländische Geschäftsanschrift zur Eintragung in das Handelsregister angemeldet wird oder bereits in das Handelsregister eingetragen worden ist. Eine Änderung der Lage der Geschäftsräume ist dem Registergericht unverzüglich mitzuteilen; Satz 2 gilt entsprechend."

b) In Absatz 3 werden die Wörter „von deren Geschäftsanschrift" durch die Wörter „der Lage ihrer Geschäftsräume" ersetzt.

[unverändert als Gesetzestext übernommen]	Text RegE

Nr. 3a
Gesetzestext

§ 29 Abs. 1 wird wie folgt geändert:

a) In Nummer 3 wird der Punkt am Ende durch ein Semikolon ersetzt.

b) Folgende Nummer 4 wird angefügt:

„4. für die Eintragung der inländischen Geschäftsanschrift."

[nicht enthalten]	Text RegE
[unverändert als Gesetzestext übernommen]	Fassung Rechtsausschuss

Zu Artikel 13 (Änderung der Handelsregisterverordnung) Zu Nummer 3a -neu- (§ 29) Die künftig u. a. für GmbHs und AGs vorgesehene Eintragung der inländischen Geschäftsanschrift in das Handelsregister sollte nicht durch den Richter oder Rechtspfleger durchgeführt werden müssen, sondern dem Urkundsbeamten der Geschäftsstelle übertragen werden. Dies schließt nicht aus, dass im Fall der Ersteintragung von Unternehmen oder bei der Eintragung von Satzungsänderungen, die mit einer Anschriftänderung einhergehen, auch die Eintragung der Anschrift durch den Richter oder Rechtspfleger im Rahmen seiner Zuständigkeit mit verfügt oder mit erledigt wird (vgl. § 6 RPflG i. V. m. § 4 Abs. 1 Satz 2 HRV).	Begründung Rechtsausschuss

Nr. 4
Gesetzestext

§ 34 wird wie folgt geändert:

a) Nach Satz 1 wird folgender Satz eingefügt:

„Ist eine inländische Geschäftsanschrift eingetragen, so ist diese anstelle der Lage der Geschäftsräume anzugeben."

b) In dem bisherigen Satz 2 wird das Wort „diese" durch die Wörter „die in Satz 1 genannten" ersetzt.

[unverändert als Gesetzestext übernommen]	Text RegE

Gesetzestext	**Nr. 5**
	In § 40 Nr. 2 Buchstabe b werden nach dem Wort „Sitz" die Wörter „, bei Einzelkaufleuten und Personenhandelsgesellschaften die inländische Geschäftsanschrift" und nach dem Wort „Postleitzahl" die Wörter „, der inländischen Geschäftsanschrift" eingefügt.
Text RegE	*[unverändert als Gesetzestext übernommen]*
Gesetzestext	**Nr. 6**
	§ 43 wird wie folgt geändert:
	a) In Nummer 2 Buchstabe b werden nach dem Wort „Sitz" die Wörter „, bei Aktiengesellschaften, bei einer SE, bei Kommanditgesellschaften auf Aktien und Gesellschaften mit beschränkter Haftung die inländische Geschäftsanschrift sowie gegebenenfalls Familienname und Vorname oder Firma und Rechtsform sowie inländische Anschrift einer für Willenserklärungen und Zustellungen empfangsberechtigten Person," und nach dem Wort „Postleitzahl" die Wörter „, der inländischen Geschäftsanschrift" eingefügt.
	b) In Nummer 4 Satz 3 wird die Angabe „§ 13e Abs. 2 Satz 4 Nr. 3" durch die Angabe „§ 13e Abs. 2 Satz 5 Nr. 3" ersetzt.
Text RegE	*[unverändert als Gesetzestext übernommen]*
Gesetzestext	**Nr. 6a**
	Die Anlage 3 wird wie folgt gefasst:
	„Anlage 3 (zu § 33 Abs. 3)
	Muster für Bekanntmachungen
	Amtsgericht Charlottenburg – Registergericht –, Aktenzeichen: HRB 8297
	In ( ) gesetzte Angaben der Anschrift und des Geschäftszweiges erfolgen ohne Gewähr:
	Neueintragungen
	27.06.2009
	HRB 8297 Jahn & Schubert GmbH, Berlin, Behrenstr. 9, 10117 Berlin. Gesellschaft mit beschränkter Haftung. Ge-

genstand: der Betrieb einer Buchdruckerei. Stammkapital: 30.000 EUR. Allgemeine Vertretungsregelung: Ist nur ein Geschäftsführer bestellt, so vertritt er die Gesellschaft allein. Sind mehrere Geschäftsführer bestellt, so wird die Gesellschaft durch zwei Geschäftsführer oder durch einen Geschäftsführer gemeinsam mit einem Prokuristen vertreten. Geschäftsführerin: Wedemann, Frauke, Berlin *18.05.1986, einzelvertretungsberechtigt mit der Befugnis im Namen der Gesellschaft mit sich im eigenen Namen oder als Vertreter eines Dritten Rechtsgeschäfte abzuschließen. Gesellschaftsvertrag vom 13.01.2009 mit Änderung vom 17.01.2009.
Bekannt gemacht am: 30.06.2009."

[nicht enthalten] — Text RegE

[unverändert als Gesetzestext übernommen] — Fassung Rechtsausschuss

Zu Nummer 6a -neu- (Anlage 3) — Begründung Rechtsausschuss
Auf Anregung der Länder wird zur Klarstellung in der Anlage 3 der Begriff „Geschäftsanschrift" durch die untechnische Formulierung „Anschrift" ersetzt, da eine „Geschäftsanschrift" bei der, in dem Muster verwendeten Rechtsform der GmbH nicht in Klammern gesetzt, sondern in das Handelsregister eingetragen wird (vgl. auch § 34 HRV-E).

Nr. 7
Gesetzestext

In Anlage 4 werden in Spalte 2 Buchstabe b nach dem Wort „Niederlassung," die Wörter „inländische Geschäftsanschrift" eingefügt.

[unverändert als Gesetzestext übernommen] — Text RegE

Nr. 8
Gesetzestext

In Anlage 5 werden in Spalte 2 Buchstabe b nach dem Wort „Niederlassung," die Wörter „inländische Geschäftsanschrift, empfangsberechtigte Person" eingefügt.

[unverändert als Gesetzestext übernommen] — Text RegE

	Nr. 9
Gesetzestext	In Anlage 6 Nr. 2 Buchstabe b werden nach dem Wort „Niederlassung," die Wörter „inländische Geschäftsanschrift" eingefügt.
Text RegE	*[unverändert als Gesetzestext übernommen]*

	Nr. 10
Gesetzestext	In Anlage 7 Nr. 2 Buchstabe b werden nach dem Wort „Niederlassung," die Wörter „inländische Geschäftsanschrift, empfangsberechtigte Person" eingefügt.
Text RegE	*[unverändert als Gesetzestext übernommen]*

2.16 Änderungen der Genossenschaftsregisterverordnung

Artikel 14 Änderung der Genossenschaftsregisterverordnung Die Genossenschaftsregisterverordnung in der Fassung der Bekanntmachung vom 16. Oktober 2006 (BGBl. I S. 2230), geändert durch Artikel 5 Abs. 4 des Gesetzes vom 10. November 2006 (BGBl. I S. 2553), wird wie folgt geändert:	Gesetzestext
Nr. 1 In § 26 Nr. 2 werden nach den Wörtern „Europäischen Genossenschaft" die Wörter „ sowie bei einer Europäischen Genossenschaft die inländische Geschäftsanschrift und gegebenenfalls Familienname und Vorname oder Firma und Rechtsform sowie inländische Anschrift einer für Willenserklärungen und Zustellungen empfangsberechtigten Person," eingefügt.	Gesetzestext
[unverändert als Gesetzestext übernommen]	Text RegE
Nr. 2 In Anlage 1 werden in Spalte 2 Buchstabe b nach dem Wort „Niederlassung," die Wörter „inländische Geschäftsanschrift und empfangsberechtigte Person der Europäischen Genossenschaft," eingefügt.	Gesetzestext
[unverändert als Gesetzestext übernommen]	Text RegE
Nr. 3 In Anlage 2 Nr. 2 Buchstabe b werden nach dem Wort „Niederlassung," die Wörter „inländische Geschäftsanschrift und empfangsberechtigte Person der Europäischen Genossenschaft," eingefügt.	Gesetzestext
[unverändert als Gesetzestext übernommen]	Text RegE

2.17 Änderungen der Kostenordnung

Gesetzestext

Artikel 15
Änderung der Kostenordnung

Die Kostenordnung in der im Bundesgesetzblatt Teil III, Gliederungsnummer 361-1, veröffentlichten bereinigten Fassung, zuletzt geändert durch Artikel 1 des Gesetzes vom 7. Juli 2008 (BGBl. I S. 1191), wird wie folgt geändert:

Gesetzestext

Nr. 1

In § 39 Abs. 4 werden nach dem Wort „Wert" die Wörter „mindestens auf 25 000 Euro und" eingefügt.

Text RegE *[unverändert als Gesetzestext übernommen]*

Gesetzestext

Nr. 2

Dem § 41a Abs. 1 Nr. 1 wird folgender Halbsatz angefügt:

„der Wert beträgt mindestens 25 000 Euro;".

Text RegE *[unverändert als Gesetzestext übernommen]*

Gesetzestext

Nr. 2a

Nach § 41c wird folgender § 41d eingefügt:

„§ 41d
Verwendung von Musterprotokollen

Die in § 39 Abs. 4, § 41a Abs. 1 Nr. 1 und Abs. 4 Nr. 1, auch in Verbindung mit § 41c Abs. 1, bestimmten Mindestwerte gelten nicht für die Gründung einer Gesellschaft gemäß § 2 Abs. 1a des Gesetzes betreffend die Gesellschaften mit beschränkter Haftung und, wenn von dem in der Anlage zu dem Gesetz betreffend die Gesellschaften mit beschränkter Haftung bestimmten Musterprotokoll nicht abgewichen wird, für Änderungen des Gesellschaftsvertrags."

Text RegE *[nicht enthalten]*

[unverändert als Gesetzestext übernommen] | **Fassung Rechtsausschuss**

Zu Artikel 15 (Änderung der Kostenordnung) | **Begründung**
Zu Nummer 2a -neu- (§ 41d -neu-) | **Rechts**
Durch die Regelung wird die unter Artikel 1 Nr. 2 vorgesehene Verwendung von Musterprotokollen kostenrechtlich privilegiert und dadurch die GmbH-Gründung vereinfacht. | **ausschuss**

Nr. 3 | Gesetzestext

In § 88 Abs. 2 Satz 1 wird die Angabe „oder § 144b" gestrichen.

[unverändert als Gesetzestext übernommen] | **Text RegE**

2.18 Änderungen des EWIV-Ausführungsgesetzes

Gesetzestext

Artikel 16
Änderung des EWIV-Ausführungsgesetzes

Das EWIV-Ausführungsgesetz vom 14. April 1988 (BGBl. I S. 514), zuletzt geändert durch Artikel 12 Abs. 9 des Gesetzes vom 10. November 2006 (BGBl. I S. 2553), wird wie folgt geändert:

Gesetzestext

Nr. 1

§ 3 Abs. 3 Satz 2 wird wie folgt gefasst:

„Die Belehrung nach § 53 Abs. 2 des Bundeszentralregistergesetzes kann schriftlich vorgenommen werden; sie kann auch durch einen Notar oder einen im Ausland bestellten Notar, durch einen Vertreter eines vergleichbaren rechtsberatenden Berufs oder einen Konsularbeamten erfolgen."

Text RegE

[unverändert als Gesetzestext übernommen]

Gesetzestext

Nr. 2

In § 11 Satz 2 werden die Wörter „der entsprechenden Anwendung des § 130a des Handelsgesetzbuchs" durch die Wörter „des § 15a Abs. 1 Satz 2 der Insolvenzordnung" ersetzt.

Text RegE

[unverändert als Gesetzestext übernommen]

Gesetzestext

Nr. 3

§ 15 wird aufgehoben.

Text RegE

[unverändert als Gesetzestext übernommen]

2.19 Änderungen des Umwandlungsgesetzes

| Artikel 17 | Gesetzestext |

Änderung des Umwandlungsgesetzes

Das Umwandlungsgesetz vom 28. Oktober 1994 (BGBl. I S. 3210, 1995 I S. 428), zuletzt geändert durch Artikel 1 des Gesetzes vom 19. April 2007 (BGBl. I S. 542), wird wie folgt geändert:

| Nr. 1 | Gesetzestext |

§ 46 Abs. 1 Satz 3 wird wie folgt gefasst:

„Er muss auf volle Euro lauten."

[unverändert als Gesetzestext übernommen] — Text RegE

| Nr. 2 | Gesetzestext |

§ 51 Abs. 2 wird wie folgt gefasst:

„(2) Wird der Nennbetrag der Geschäftsanteile nach § 46 Abs. 1 Satz 2 abweichend vom Betrag der Aktien festgesetzt, so muss der Festsetzung jeder Aktionär zustimmen, der sich nicht mit seinem gesamten Anteil beteiligen kann."

[unverändert als Gesetzestext übernommen] — Text RegE

| Nr. 3 | Gesetzestext |

In § 54 Abs. 3 Satz 1 werden die Wörter „sowie § 5 Abs. 1 zweiter Halbsatz und Abs. 3 Satz 2 des Gesetzes betreffend die Gesellschaften mit beschränkter Haftung nicht anzuwenden; jedoch muß der Nennbetrag jedes Teils der Geschäftsanteile mindestens fünfzig Euro betragen und durch zehn teilbar sein" durch die Wörter „nicht anzuwenden; jedoch muss der Nennbetrag jedes Teils der Geschäftsanteile auf volle Euro lauten" ersetzt.

[unverändert als Gesetzestext übernommen] — Text RegE

Gesetzestext	**Nr. 4** § 55 Abs. 1 Satz 2 wird aufgehoben.
Text RegE	*[unverändert als Gesetzestext übernommen]*
Gesetzestext	**Nr. 5** § 241 Abs. 1 Satz 2 wird aufgehoben.
Text RegE	*[unverändert als Gesetzestext übernommen]*
Gesetzestext	**Nr. 6** In § 242 werden die Wörter „und ist dies nicht durch § 243 Abs. 3 Satz 2 bedingt" gestrichen.
Text RegE	*[unverändert als Gesetzestext übernommen]*
Gesetzestext	**Nr. 7** § 243 Abs. 3 Satz 2 wird wie folgt gefasst: „Bei einer Gesellschaft mit beschränkter Haftung muss er auf volle Euro lauten."
Text RegE	*[unverändert als Gesetzestext übernommen]*
Gesetzestext	**Nr. 8** *[im Gesetz entfallen]*
Text RegE	Nr. 8 In § 246 Abs. 3 wird nach der Angabe „Abs. 2" die Angabe „Satz 1" eingefügt.
Begründung Rechts-ausschuss	Zu Artikel 17 (Änderung des Umwandlungsgesetzes) Zu Nummer 8 (§ 246 Abs. 3) Die Änderung von § 246 UmwG kann infolge der Änderung von Artikel 1 Nr. 9 (§ 8 Abs. 2 GmbHG-E) entfallen. Zu Anlage 1 In die Anlage 1 wird der Text des unter Artikel 1 Nr. 2 anstelle des Mustergesellschaftsvertrags vorgesehenen Musterprotokolls aufgenommen; zudem entfallen

die für den Mustergesellschaftsvertrag vorgesehenen Muster für die Handelsregisteranmeldung (vgl. auch Artikel 1 Nr. 8).

Zu Anlage 2

In der Inhaltsübersicht zum GmbHG werden die Einfügung eines neuen § 55a sowie die Änderungen in den Anlagen zum GmbHG nachvollzogen.

Nr. 9

In § 258 Abs. 2 und § 273 werden jeweils die Wörter „durch zehn teilbarer Geschäftsanteil von mindestens fünfzig Euro" durch die Wörter „Geschäftsanteil, dessen Nennbetrag auf volle Euro lautet," ersetzt.

Gesetzestext

[unverändert als Gesetzestext übernommen]

Text RegE

2.20 Änderungen des SE-Ausführungsgesetzes

Gesetzestext

Artikel 18
Änderung des SE-Ausführungsgesetzes

Das SE-Ausführungsgesetz vom 22. Dezember 2004 (BGBl. I S. 3675), zuletzt geändert durch Artikel 12 Abs. 11 des Gesetzes vom 10. November 2006 (BGBl. I S. 2553), wird wie folgt geändert:

Gesetzestext

Nr. 1

Die Inhaltsübersicht wird wie folgt geändert:

a) Die Angabe zu § 2 wird wie folgt gefasst:

„§ 2 (weggefallen)".

b) Die Angabe zu § 42 wird wie folgt gefasst:

„§ 42 (weggefallen)".

Text RegE

[unverändert als Gesetzestext übernommen]

Gesetzestext

Nr. 2

§ 2 wird aufgehoben.

Text RegE

[unverändert als Gesetzestext übernommen]

Gesetzestext

Nr. 3

§ 21 Abs. 2 Satz 2 wird wie folgt gefasst:

„In der Anmeldung sind Art und Umfang der Vertretungsbefugnis der geschäftsführenden Direktoren anzugeben."

Text RegE

[unverändert als Gesetzestext übernommen]

Gesetzestext

Nr. 4

In § 22 Abs. 5 Satz 2 werden nach dem Wort „Gesellschaft" die Wörter „hat der Verwaltungsrat den Insolvenzantrag nach § 15a Abs. 1 der Insolvenzordnung zu stellen;" eingefügt und die Angabe „gilt § 92 Abs. 2 und 3" durch die Angabe „§ 92 Abs. 2 gilt" ersetzt.

Text RegE

[unverändert als Gesetzestext übernommen]

Nr. 5 — Gesetzestext

§ 41 wird wie folgt geändert:

a) Dem Absatz 1 wird folgender Satz angefügt:

„Hat eine Gesellschaft keine geschäftsführenden Direktoren (Führungslosigkeit), wird die Gesellschaft für den Fall, dass ihr gegenüber Willenserklärungen abgegeben oder Schriftstücke zugestellt werden, durch den Verwaltungsrat vertreten."

b) Absatz 2 wird wie folgt geändert:

aa) In Satz 2 werden nach dem Wort „Direktor" die Wörter „oder im Fall des Absatzes 1 Satz 2 gegenüber einem Mitglied des Verwaltungsrats" eingefügt.

bb) Folgender Satz wird angefügt:

„§ 78 Abs. 2 Satz 3 und 4 des Aktiengesetzes gilt entsprechend."

[unverändert als Gesetzestext übernommen] — Text RegE

Nr. 6 — Gesetzestext

§ 42 wird aufgehoben.

[unverändert als Gesetzestext übernommen] — Text RegE

Nr. 7 — Gesetzestext

§ 53 Abs. 4 Nr. 2 wird wie folgt geändert:

a) In Buchstabe a wird die Angabe „a)" gestrichen und die Angabe „§ 92 Abs. 2 des Aktiengesetzes oder" durch die Angabe „§ 15a Abs. 1 Satz 1 der Insolvenzordnung" ersetzt.

b) Buchstabe b wird aufgehoben.

[unverändert als Gesetzestext übernommen] — Text RegE

2.21 Änderungen des Genossenschaftsgesetzes

Gesetzestext

Artikel 19
Änderung des Genossenschaftsgesetzes

Das Genossenschaftsgesetz in der Fassung der Bekanntmachung vom 16. Oktober 2006 (BGBl. I S. 2230), zuletzt geändert durch Artikel 2 des Gesetzes vom 3. September 2007 (BGBl. I S. 2178), wird wie folgt geändert:

Gesetzestext

Nr. 1

Die Inhaltsübersicht wird wie folgt geändert:

a) Die Angabe zu § 99 wird wie folgt gefasst:

„§ 99 Zahlungsverbot bei Zahlungsunfähigkeit oder Überschuldung".

b) Die Angabe zu § 148 wird wie folgt gefasst:

„§ 148 Pflichtverletzung bei Verlust".

Text RegE *[unverändert als Gesetzestext übernommen]*

Gesetzestext

Nr. 2

Dem § 24 Abs. 1 wird folgender Satz angefügt:

„Hat eine Genossenschaft keinen Vorstand (Führungslosigkeit), wird die Genossenschaft für den Fall, dass ihr gegenüber Willenserklärungen abgegeben oder Schriftstücke zugestellt werden, durch den Aufsichtsrat vertreten."

Text RegE *[unverändert als Gesetzestext übernommen]*

Gesetzestext

Nr. 3

§ 25 wird wie folgt geändert:

a) In Absatz 1 Satz 3 werden nach dem Wort „Vorstandsmitglied" die Wörter „oder im Fall des § 24 Abs. 1 Satz 2 gegenüber einem Aufsichtsratsmitglied" eingefügt.

b) Absatz 4 wird aufgehoben.

Text RegE *[unverändert als Gesetzestext übernommen]*

Nr. 4	Gesetzestext

§ 99 wird wie folgt geändert:
a) Die Überschrift wird wie folgt gefasst:
„§ 99
Zahlungsverbot bei Zahlungsunfähigkeit oder Überschuldung".
b) Absatz 1 wird aufgehoben.
c) In Absatz 2 wird die Absatzbezeichnung „(2)" gestrichen.

[unverändert als Gesetzestext übernommen]   Text RegE

Nr. 5	Gesetzestext

§ 148 wird wie folgt geändert:
a) In der Überschrift werden die Wörter „, Überschuldung oder Zahlungsunfähigkeit" gestrichen.
b) In Nummer 1 wird die Angabe „1." gestrichen und das Wort „oder" durch einen Punkt ersetzt.
c) Nummer 2 wird aufgehoben.

[unverändert als Gesetzestext übernommen]   Text RegE

2.22 Änderungen des SCE-Ausführungsgesetzes

Artikel 20
Änderung des SCE-Ausführungsgesetzes

Das SCE-Ausführungsgesetz vom 14. August 2006 (BGBl. I S. 1911), zuletzt geändert durch Artikel 12 Abs. 11a des Gesetzes vom 10. November 2006 (BGBl. I S. 2553), wird wie folgt geändert:

Gesetzestext — Nr. 1

In der Inhaltsübersicht wird die Angabe zu § 24 wie folgt gefasst:

„§ 24 (weggefallen)".

Text RegE

[unverändert als Gesetzestext übernommen]

Gesetzestext — Nr. 2

§ 17 Abs. 2 Satz 2 wird wie folgt gefasst:

„In der Anmeldung sind Art und Umfang der Vertretungsbefugnis der geschäftsführenden Direktoren anzugeben."

Text RegE

[unverändert als Gesetzestext übernommen]

Gesetzestext — Nr. 3

In § 18 Abs. 4 Satz 2 werden nach dem Wort „Genossenschaft" die Wörter „hat der Verwaltungsrat den Insolvenzantrag nach § 15a Abs. 1 der Insolvenzordnung zu stellen; zudem" eingefügt.

Text RegE

[unverändert als Gesetzestext übernommen]

Gesetzestext — Nr. 4

In § 22 Abs. 3 Satz 2 wird die Angabe „§ 99 Abs. 1 Satz 2" durch die Angabe „§ 98" ersetzt.

Text RegE

[unverändert als Gesetzestext übernommen]

Nr. 5 — Gesetzestext

§ 23 wird wie folgt geändert:

a) Dem Absatz 1 wird folgender Satz angefügt:

„Hat eine Europäische Genossenschaft keine geschäftsführenden Direktoren (Führungslosigkeit), wird die Europäische Genossenschaft für den Fall, dass ihr gegenüber Willenserklärungen abgegeben oder Schriftstücke zugestellt werden, durch den Verwaltungsrat vertreten."

b) In Absatz 2 Satz 2 werden nach dem Wort „Direktor" die Wörter „oder im Fall des Absatzes 1 Satz 2 gegenüber einem Mitglied des Verwaltungsrats" eingefügt.

[unverändert als Gesetzestext übernommen] — Text RegE

Nr. 6 — Gesetzestext

§ 24 wird aufgehoben.

[unverändert als Gesetzestext übernommen] — Text RegE

Nr. 7 — Gesetzestext

In § 36 Abs. 1 Satz 1 werden nach der Angabe „151 des Genossenschaftsgesetzes," die Wörter „des § 15a Abs. 4 und 5 der Insolvenzordnung," eingefügt.

[unverändert als Gesetzestext übernommen] — Text RegE

2.23 Änderung des Gesetzes über Unternehmensbeteiligungsgesellschaften

Gesetzestext

Artikel 21
Änderung des Gesetzes über Unternehmensbeteiligungsgesellschaften

In § 24 des Gesetzes über Unternehmensbeteiligungsgesellschaften in der Fassung der Bekanntmachung vom 9. September 1998 (BGBl. I S. 2765), das zuletzt durch Artikel 2 des Gesetzes vom 12. August 2008 (BGBl. I S. 1672) geändert worden ist, werden die Wörter „so findet eine Zurechnung nach den Regeln über den Eigenkapitalersatz insoweit nicht statt" durch die Wörter „ist § 39 Abs. 1 Nr. 5 der Insolvenzordnung insoweit nicht anzuwenden" ersetzt.

Text RegE *[unverändert als Gesetzestext übernommen]*

2.24 Änderung des Partnerschaftsgesellschaftsgesetzes

Artikel 22 Gesetzestext
Änderung des Partnerschaftsgesellschaftsgesetzes
In § 5 Abs. 2 des Partnerschaftsgesellschaftsgesetz vom 25. Juli 1994 (BGBl. I S. 1744), das zuletzt durch Artikel 12 Abs. 12 des Gesetzes vom 10. Novemver 2006 (BGBl. I S. 2553) geändert worden ist, werden nach dem Wort „anzuwenden" die Wörter „; eine Pflicht zur Anmeldung einer inländischen Geschäftsanschrift besteht nicht" eingefügt.

[unverändert als Gesetzestext übernommen] Text RegE

2.25 Änderung der Abgabenordnung

Gesetzestext

Artikel 23
Änderung der Abgabenordnung

In § 191 Abs. 1 Satz 2 zweiter Halbsatz der Abgabenordnung in der Fassung der Bekanntmachung vom 1. Oktober 2002 (BGBl. I S. 3866, 2003 I S. 61), die zuletzt durch Artikel 7a des Gesetzes vom 13. August 2008 (BGBl. I S. 1690) geändert worden ist, wird die Angabe „§§ 3, 4 und 6" durch die Angabe „§§ 3 und 4" ersetzt.

Text RegE *[unverändert als Gesetzestext übernommen]*

2.26 Änderung des Kreditwesengesetzes

Artikel 24 — Gesetzestext

Änderung des Kreditwesengesetzes

In § 46c des Kreditwesengesetzes in der Fassung der Bekanntmachung vom 9. September 1998 (BGBl. I S. 2776), das zuletzt durch Artikel 6 Abs. 1 des Gesetzes vom 17. Oktober 2008 (BGBl. I S. 1982) geändert worden ist, werden die Wörter „und nach § 32b Satz 1 des Gesetzes betreffend die Gesellschaften mit beschränkter Haftung" gestrichen.

[unverändert als Gesetzestext übernommen] — **Text RegE**

2.27 Inkrafttreten

Gesetzestext

Artikel 25
Inkrafttreten

Dieses Gesetz tritt am ersten Tag des auf die Verkündung folgenden Kalendermonats in Kraft.

Text RegE

[unverändert als Gesetzestext übernommen]

Stellungnahme BRat

Nummer 34

Zu Artikel 25 (Inkrafttreten)

Der Bundesrat bittet, im weiteren Verlauf des Gesetzgebungsverfahrens zu prüfen, ob die Bestimmungen zum gutgläubigen Erwerb von Geschäftsanteilen abweichend von den übrigen Bestimmungen des beabsichtigten Gesetzes erst zum 1. Juli 2008 in Kraft treten sollten.

Begründung

Die beabsichtigten Regelungen der Zuordnung eines Widerspruchs zu einer Gesellschafterliste sind nur mit aufwändigen technischen Veränderungen der eingesetzten Software umzusetzen. Vor diesem Hintergrund sollte diese besondere Regelung frühestens am 1. Juli 2008 in Kraft treten.

Eine zeitnähere technische Umsetzung ist auf Grund der erforderlichen gravierenden Strukturänderungen in den IT-Anwendungen nicht sicherzustellen. Dies gilt insbesondere im Hinblick darauf, dass neben den Anpassungen der jeweils in den Ländern eingesetzten Softwarelösungen die entsprechenden Anpassungen auch im gemeinsamen Registerportal der Länder nachvollzogen werden müssen. Derzeit sind die Portale noch nicht darauf ausgelegt, auch Abhängigkeiten zwischen einzelnen Dokumenten darzustellen.

Gegenäußerung BReg

Zu Nummer 34 *[der Stellungnahme des Bundesrates]*

Zu Artikel 25 (Inkrafttreten)

Die Bundesregierung wird den Vorschlag des Bundesrates im weiteren Gesetzgebungsverfahren prüfen. Nach der im Regierungsentwurf vorgesehenen Konzeption soll der wahre Berechtigte die Möglichkeit haben, den gutgläubigen Erwerb seines GmbH-Anteils dadurch auszuschließen, dass er im Registerordner die Zuordnung eines Widerspruchs zu der insoweit unrichtigen Gesellschafterliste veranlasst. Diese Schutzmöglichkeit ist ihm genommen, solange die Zuordnung eines Widerspruchs bereits mangels technischer Umsetzbarkeit scheitert. Ohne die Widerspruchsmöglichkeit würden aber die schutzwürdigen Interessen des wahren Berechtigten vor einem Rechtsverlust nicht hinreichend berücksichtigt. Daher kann die vorgesehene Regelung zum gutgläubigen Erwerb insgesamt erst dann in Kraft treten, wenn die erforderlichen technischen Änderungen vollzogen und anwendungsbereit sind.

2.28 Anlage 1 zu Artikel 1 Nr. 50

Anlage 1 (zu Artikel 1 Nr. 50)	Gesetzestext

Anlage (zu § 2 Abs. 1a)

a) **Musterprotokoll für die Gründung einer Einpersonengesellschaft**

UR. Nr. ....

Heute, den ....,

erschien vor mir, ...,

Notar/in mit dem Amtssitz in ....,

Herr/Frau[1] ....

.... [2]

1. Der Erschienene errichtet hiermit nach § 2 Abs. 1a GmbHG eine Gesellschaft mit beschränkter Haftung unter der Firma _......................... mit dem Sitz in ....

2. Gegenstand des Unternehmens ist ....

3. Das Stammkapital der Gesellschaft beträgt .... € (i.W. .... Euro) und wird vollständig von Herrn/Frau[1] .... (Geschäftsanteil Nr. 1) übernommen. Die Einlage ist in Geld zu erbringen, und zwar sofort in voller Höhe/zu 50 % sofort, im Übrigen sobald die Gesellschafterversammlung ihre Einforderung beschließt[3].

4. Zum Geschäftsführer der Gesellschaft wird Herr/Frau[4] ...., geboren am ...., wohnhaft in ...., bestellt. Der Geschäftsführer ist von den Beschränkungen des § 181 des Bürgerlichen Gesetzbuchs befreit.

5. Die Gesellschaft trägt die mit der Gründung verbundenen Kosten bis zu einem Gesamtbetrag von 300 €, höchstens jedoch bis zum Betrag ihres Stammkapitals. Darüber hinausgehende Kosten trägt der Gesellschafter.

6. Von dieser Urkunde erhält eine Ausfertigung der Gesellschafter, beglaubigte Ablichtungen die Gesellschaft und das Registergericht (in elektronischer Form) sowie eine einfache Abschrift das Finanzamt – Körperschaftsteuerstelle –.

7. Der Erschienene wurde vom Notar/von der Notarin insbesondere auf folgendes hingewiesen: ....

Hinweise:
1) Nicht Zutreffendes streichen. Bei juristischen Personen ist die Anrede Herr/Frau wegzulassen.
2) Hier sind neben der Bezeichnung des Gesellschafters und den Angaben zur notariellen Identitätsfeststellung ggf. der Güterstand und die Zustimmung des Ehegatten sowie die Angaben zu einer etwaigen Vertretung zu vermerken.
3) Nicht Zutreffendes streichen. Bei der Unternehmergesellschaft muss die zweite Alternative gestrichen werden.
4) Nicht Zutreffendes streichen.

MoMiG

b) Musterprotokoll für die Gründung einer Mehrpersonengesellschaft mit bis zu drei Gesellschaftern

UR. Nr. ....

Heute, den ....,
erschienen vor mir, ...,
Notar/in mit dem Amtssitz in .... ,
Herr/Frau[1)]

....
....
....[2)],

Herr/Frau[1]

....
....
....[2],

Herr/Frau[1]

....
....
....[2],

1. Die Erschienenen errichten hiermit nach § 2 Abs. 1a GmbHG eine Gesellschaft mit beschränkter Haftung unter der Firma .... mit dem Sitz in ....

2. Gegenstand des Unternehmens ist ....

3. Das Stammkapital der Gesellschaft beträgt ....€ (i.W. ....Euro) und wird wie folgt übernommen:

Herr/Frau[1] .... übernimmt einen Geschäftsanteil mit einem Nennbetrag in Höhe von .... € (i.W. .... Euro) (Geschäftsanteil Nr. 1),

Herr/Frau[1] .... übernimmt einen Geschäftsanteil mit einem Nennbetrag in Höhe von .... € (i.W. .... Euro) (Geschäftsanteil Nr. 2),

Herr/Frau[1] .... übernimmt einen Geschäftsanteil mit einem Nennbetrag in Höhe von .... € (i.W. .... Euro) (Geschäftsanteil Nr. 3).

Die Einlagen sind in Geld zu erbringen, und zwar sofort in voller Höhe/zu 50 % sofort, im Übrigen sobald die Gesellschafterversammlung ihre Einforderung beschließt[3)].

Hinweise:

1) Nicht Zutreffendes streichen. Bei juristischen Personen ist die Anrede Herr/Frau wegzulassen.

2) Hier sind neben der Bezeichnung des Gesellschafters und den Angaben zur notariellen Identitätsfeststellung ggf. der Güterstand und die Zustimmung des Ehegatten sowie die Angaben zu einer etwaigen Vertretung zu vermerken.

3) Nicht Zutreffendes streichen. Bei der Unternehmergesellschaft muss die zweite Alternative gestrichen werden.

4. Zum Geschäftsführer der Gesellschaft wird Herr/Frau[4] ...., geboren am ...._, wohnhaft in ...._, bestellt. Der Geschäftsführer ist von den Beschränkungen des § 181 des Bürgerlichen Gesetzbuchs befreit.

5. Die Gesellschaft trägt die mit der Gründung verbundenen Kosten bis zu einem Gesamtbetrag von 300 €, höchstens jedoch bis zum Betrag ihres Stammkapitals. Darüber hinausgehende Kosten tragen die Gesellschafter im Verhältnis der Nennbeträge ihrer Geschäftsanteile.

6. Von dieser Urkunde erhält eine Ausfertigung jeder Gesellschafter, beglaubigte Ablichtungen die Gesellschaft und das Registergericht (in elektronischer Form) sowie eine einfache Abschrift das Finanzamt – Körperschaftsteuerstelle –.

7. Die Erschienenen wurden vom Notar/von der Notarin insbesondere auf folgendes hingewiesen: ...."

---

[4] Nicht Zutreffendes streichen.

Text RegE

Anlage 1 (zu Artikel 1 Nr. 50)

Anlage 1 (zu § 2)

Muster
für den Gesellschaftsvertrag

§ 1
Firma

Die Firma der Gesellschaft lautet[1)]

o _____ GmbH.

o _____ Unternehmergesellschaft (haftungsbeschränkt).[2)]

§ 2
Sitz

Sitz der Gesellschaft ist

_____.[3)]

§ 3
Gegenstand

Gegenstand des Unternehmens[4)]

o ist der Handel mit Waren.

o ist die Produktion von Waren.

o sind Dienstleistungen.

Hinweise:

1) Zutreffende Variante ankreuzen. Es kann nur eine Variante ausgewählt werden. Wird die Variante mit dem Firmenbestandteil „GmbH" gewählt, muss das Stammkapital mindestens € 10.000,00 betragen. Bei der Alternative mit dem Firmenbestandteil „Unternehmergesellschaft (haftungsbeschränkt)" ist das Stammkapital frei bestimmbar, muss jedoch mindestens € 1,00 betragen.

2) Einsetzen: Bestandteil, den die Firma (=Name) neben dem Element „GmbH" bzw. „Unternehmergesellschaft (haftungsbeschränkt)" enthalten soll. Hierbei ist u.a. Folgendes zu beachten:

– Die Firma muss zur Kennzeichnung der GmbH geeignet sein, also von den angesprochenen Verkehrskreisen als Namen verstanden werden.

– Der Firma muss Unterscheidungskraft zukommen; zum einen muss die Firma geeignet sein, bei dem angesprochenen Verkehrskreis die Assoziation zu einem ganz bestimmten Unternehmen zu wecken, zum anderen muss sie sich von allen in demselben Ort oder in derselben Gemeinde bereits bestehenden und in das Handels- oder Genossenschaftsregister eingetragenen Firmen deutlich unterscheiden.

– Die Firma darf nicht irreführend sein.

3) Einsetzen: Politische Gemeinde im Inland.

4) Zutreffende Variante ankreuzen. Es kann nur eine Variante ausgewählt werden.

§ 4
Stammkapital

Das Stammkapital der Gesellschaft beträgt € _____ 5)

§ 5
Geschäftsanteile

Vom Stammkapital übernehmen bei der Gründung:6)

a) Herr/Frau/Juristische Person: _____ 7)
einen Geschäftsanteil mit einem Nennbetrag in Höhe von € _____ 8)

b)9) Herr/Frau/Juristische Person: _____
                                                                            10)

einen Geschäftsanteil mit einem Nennbetrag in Höhe von € _____ 11)

c)12) Herr/Frau/Juristische Person: _____ 13)

einen Geschäftsanteil mit einem Nennbetrag in Höhe von € _____ 14)

Die Einlagen auf die Geschäftsanteile sind von jedem Gesellschafter in Geld zu erbringen und zwar15)

o   sofort in voller Höhe.16)

o   zu 50 % sofort, im Übrigen sobald die Gesellschafterversammlung ihre Einforderung beschließt.

---

5) Einsetzen: Höhe des Stammkapitals, mindestens € 10.000,00. Bei der Unternehmergesellschaft (haftungsbeschränkt) kann das Stammkapital frei gewählt werden, muss jedoch mindestens € 1,00 betragen.

6) Jeder Gesellschafter muss einen Geschäftsanteil übernehmen. Kein Gesellschafter kann mehrere Geschäftsanteile übernehmen.

7) Einsetzen: Nachname, Vorname, Geburtsdatum und Wohnort eines Gesellschafters.

8) Einsetzen: Nennbetrag des Geschäftsanteils, den der betreffende Gesellschafter übernimmt. Der Nennbetrag des Geschäftsanteils muss auf volle Euro lauten. Wird die Gesellschaft nur durch eine Person gegründet, muss der Nennbetrag des Geschäftsanteils dem Betrag des Stammkapitals entsprechen.

9) Wird die Gesellschaft nur durch einen Gesellschafter gegründet sind b) und c) vollständig zu streichen.

10) Einsetzen: Nachname, Vorname, Geburtsdatum und Wohnort des Gesellschafters, der den anderen Geschäftsanteil übernimmt.

11) Einsetzen: Nennbetrag des Geschäftsanteils, den der betreffende Gesellschafter übernimmt. Der Nennbetrag des Geschäftsanteils muss auf volle Euro lauten. Die Summe der Nennbeträge der Geschäftsanteile aller Gesellschafter muss dem Betrag des Stammkapitals entsprechen.

12) Wird die Gesellschaft nur durch einen oder zwei Gesellschafter gegründet, ist c) vollständig zu streichen. Mehr als drei Gesellschafter sind nicht möglich.

13) Einsetzen: Nachname, Vorname, Geburtsdatum und Wohnort des Gesellschafters, der den anderen Geschäftsanteil übernimmt.

14) Einsetzen: Nennbetrag des Geschäftsanteils, den der betreffende Gesellschafter übernimmt. Der Nennbetrag des Geschäftsanteils muss auf volle Euro lauten. Die Summe der Nennbeträge der Geschäftsanteile aller Gesellschafter muss dem Betrag des Stammkapitals entsprechen.

15) Zutreffende Variante ankreuzen.

16) Diese Variante muss gewählt werden, wenn eine Unternehmergesellschaft (haftungsbeschränkt) gegründet werden soll (vgl. Fußnote 1).

MoMiG

§ 6
Vertretung

Die Gesellschaft hat einen Geschäftsführer. Dieser vertritt stets einzeln und ist berechtigt, die Gesellschaft bei der Vornahme von Rechtsgeschäften mit sich selbst oder als Vertreter eines Dritten uneingeschränkt zu vertreten.

§ 7
Gründungsaufwand

Die Gesellschaft trägt die mit der Gründung verbundenen Kosten, insbesondere Beratungs-, Notar-, Gerichts- und Veröffentlichungskosten sowie etwaige Steuern bis zu einem Gesamtbetrag von € 400,00. Darüber hinausgehende Kosten trägt der Gesellschafter bzw. tragen die Gesellschafter im Verhältnis der Nennbeträge ihrer Geschäftsanteile.

_____, den _____ 17)

_____   _____ 18)

Gesetzestext   *[Anlage 2 des RegE im Gestz entfallen]*

Text RegE   **Anlage 2** (zu § 7)

Muster
für die Handelsregisteranmeldung

An das Amtsgericht

– Registergericht –

Errichtung einer Gesellschaft mit beschränkter Haftung

Es werden vorgelegt:

1. elektronisch beglaubigte Abschrift des Gesellschaftsvertrages,

2. elektronische Aufzeichnung des Gesellschafterbeschlusses über die Bestellung zum Geschäftsführer,

3. elektronische Aufzeichnung der Liste der Gesellschafter mit den Nennbeträgen der übernommenen Geschäftsanteile.

Die Gesellschaft wird zur Eintragung in das Handelsregister angemeldet.

Die Geschäftsanschrift der Gesellschaft lautet:

_____ 1)

_____

----

17) Einsetzen: Ort und Datum der Unterzeichnung des Gesellschaftsvertrags.

18) Die Anmeldung ist von allen Gesellschaftern zu unterzeichnen. Die Unterschriften sind von einem Notar zu beglaubigen.

1) Einsetzen: Inländische Geschäftsanschrift der Gesellschaft.

Die allgemeine Vertretungsregelung lautet wie folgt:

Die Gesellschaft hat einen Geschäftsführer. Dieser vertritt stets einzeln und ist berechtigt, die Gesellschaft bei der Vornahme von Rechtsgeschäften mit sich selbst oder als Vertreter eines Dritten uneingeschränkt zu vertreten.

Ich wurde zum Geschäftsführer bestellt.

Ich versichere was folgt:

1. Auf die Einlageverpflichtungen sind folgende Beträge einbezahlt worden:

Gesellschafter[2)]	Nennbetrag des Geschäftsanteils in €[3)]	Einzahlungsbetrag in €[4)]

2. Der Gegenstand der Leistungen befindet sich endgültig in der freien Verfügung der Geschäftsführung; das Stammkapital ist insbesondere nicht durch Verbindlichkeiten vorbelastet, mit Ausnahme des in der Satzung übernommenen Gründungsaufwands.

3. Ich bin weder wegen einer oder mehrerer vorsätzlich begangener Straftaten nach den §§ 265b, 266 oder § 266a des Strafgesetzbuchs (Kreditbetrug, Untreue, Vorenthalten und Veruntreuen von Arbeitsentgelt) zu einer Freiheitsstrafe von mindestens einem Jahr, der Insolvenzverschleppung, nach den §§ 283 bis 283d des Strafgesetzbuchs (Bankrott, Verletzung der Buchführungspflicht, Gläubigerbegünstigung, Schuldnerbegünstigung), der falschen Angaben nach § 82 des Gesetzes betreffend die Gesellschaften mit beschränkter Haftung oder § 399 des Aktiengesetzes, der unrichtigen Darstellung nach § 400 des Aktiengesetzes, § 331 des Handelsgesetzbuchs, § 313 des Umwandlungsgesetzes oder § 17 des Publizitätsgesetzes oder im Ausland wegen einer mit den genannten Taten vergleichbaren Straftat verurteilt worden, noch ist mir durch gerichtliches Urteil oder vollziehbare Entscheidung einer Verwaltungsbehörde die Ausübung eines Berufs, Berufszweiges, Gewerbes oder Gewerbezweiges untersagt worden.

4. Ich bin über meine unbeschränkte Auskunftspflicht gegenüber dem Registergericht belehrt worden, ebenso darüber, dass falsche Versicherungen strafbar sind.

_____, den _____ [5)]

_____
[6)]

---

2) Einsetzen: Vor- und Zunamen aller Gesellschafter.
3) Einsetzen: Nennbetrag des von dem jeweiligen Gesellschafter übernommenen Geschäftsanteils.
4) Einsetzen: Betrag, den der jeweilige Gesellschafter einbezahlt. Dieser Betrag entspricht bei einer Unternehmergesellschaft (haftungsbeschränkt) dem Nennbetrag des Geschäftsanteils, den der Gesellschafter übernommen, bei allen anderen GmbHs mindestens der Hälfte des Nennbetrags des Geschäftsanteils, den der Gesellschafter übernommen hat.
5) Einsetzen: Ort und Datum der Unterzeichnung der Anmeldung.
6) Die Anmeldung ist von dem Geschäftsführer zu unterzeichnen. Diese Unterschrift ist von einem Notar zu beglaubigen.

MoMiG

Der Anmeldung ist die Legitimation der Geschäftsführer beizufügen. Dies kann durch Beifügung des folgenden Beschlusses geschehen:

Niederschrift über eine Gesellschafterversammlung

Der/Die[1] Gesellschafter der Firma _____ [2]

mit dem Sitz in _____ [3]

fasst/fassen[4] hiermit unter Verzicht auf Einhaltung aller nicht zwingenden Frist- und Formvorschriften hinsichtlich Einberufung und Abhaltung einer Gesellschafterversammlung einstimmig folgenden

Gesellschafterbeschluss:

_____ [5], geboren am _____, wohnhaft

_____ [6] wird zum Geschäftsführer bestellt.

_____, den _____ [7]

_____ [8]

Hinweise:

1) Bei einer Ein-Personen-GmbH ist „der", bei einer Mehrpersonen-GmbH „die" auszuwählen.
2) Einsetzen: Bezeichnung gemäß § 1 des Gesellschaftsvertrages.
3) Einsetzen: Ortsangabe gemäß § 2 des Gesellschaftsvertrages.
4) Bei einer Ein-Personen-GmbH ist „fasst", bei einer Mehrpersonen-GmbH „fassen" auszuwählen.
5) Einsetzen: Vor- und Nachname des Geschäftsführers.
6) Einsetzen: Wohnort des Geschäftsführers.
7) Einsetzen: Ort und Datum der Beschlussfassung.
8) Der Beschluss ist von sämtlichen Gesellschaftern zu unterzeichnen.

Der Anmeldung ist folgende Liste beizufügen:

Liste der Gesellschafter

der Firma _____ [1]

mit dem Sitz in _____ [2]

mit den Nennbeträgen der übernommenen Geschäftsanteile

Nummer des Geschäftsanteils[3]	Nachname, Vorname, Geburtsdatum, Wohnort[4]	Nennbetrag in €[5]
1		
2		
3		

_____, den _____ [6]
_____ [7]

Hinweise:
1) Einsetzen: Bezeichnung gemäß § 1 des Gesellschaftsvertrages.
2) Einsetzen: Ortsangabe gemäß § 2 des Gesellschaftsvertrages.
3) Werden weniger als drei Geschäftsanteile übernommen, sind die überzähligen Zeilen zu streichen. Die Anteile sind fortlaufend mit arabischen Ziffern zu nummerieren.
4) Einsetzen: Daten jedes Gesellschafters.
5) Einsetzen: Nennbetrag des von dem betreffenden Gesellschafter gemäß § 3 des Gesellschaftsvertrages übernommenen Geschäftsanteils.
6) Einsetzen: Ort und Datum der Unterzeichnung der Gesellschafterliste.
7) Die Liste ist von dem Geschäftsführer zu unterzeichnen.

2.29 Anlage 2 zu Artikel 1 Nr. 51

Anlage 2 (zu Artikel 1 Nr. 51)

„Inhaltsübersicht

Abschnitt 1

Errichtung der Gesellschaft

§ 1 Zweck; Gründerzahl
§ 2 Form des Gesellschaftsvertrags
§ 3 Inhalt des Gesellschaftsvertrags
§ 4 Firma
§ 4a Sitz der Gesellschaft
§ 5 Stammkapital; Geschäftsanteil
§ 5a Unternehmergesellschaft
§ 6 Geschäftsführer
§ 7 Anmeldung der Gesellschaft
§ 8 Inhalt der Anmeldung
§ 9 Überbewertung der Sacheinlagen
§ 9a Ersatzansprüche der Gesellschaft
§ 9b Verzicht auf Ersatzansprüche
§ 9c Ablehnung der Eintragung
§ 10 Inhalt der Eintragung
§ 11 Rechtszustand vor der Eintragung
§ 12 Bekanntmachungen der Gesellschaft

Abschnitt 2

Rechtsverhältnisse der Gesellschaft und der Gesellschafter

§ 13 Juristische Person; Handelsgesellschaft
§ 14 Einlagepflicht
§ 15 Übertragung von Geschäftsanteilen
§ 16 Rechtsstellung bei Wechsel der Gesellschafter oder Veränderung des Umfangs ihrer Beteiligung; Erwerb vom Nichtberechtigten

§ 17 (weggefallen)
§ 18 Mitberechtigung am Geschäftsanteil
§ 19 Leistung der Einlagen
§ 20 Verzugszinsen
§ 21 Kaduzierung
§ 22 Haftung der Rechtsvorgänger
§ 23 Versteigerung des Geschäftsanteils
§ 24 Aufbringung von Fehlbeträgen
§ 25 Zwingende Vorschriften
§ 26 Nachschusspflicht
§ 27 Unbeschränkte Nachschusspflicht
§ 28 Beschränkte Nachschusspflicht
§ 29 Ergebnisverwendung
§ 30 Kapitalerhaltung
§ 31 Erstattung verbotener Rückzahlungen
§ 32 Rückzahlung von Gewinn
§ 33 Erwerb eigener Geschäftsanteile
§ 34 Einziehung von Geschäftsanteilen

Abschnitt 3
Vertretung und Geschäftsführung

§ 35   Vertretung der Gesellschaft
§ 35a Angaben auf Geschäftsbriefen
§ 36   (weggefallen)
§ 37   Beschränkungen der Vertretungsbefugnis
§ 38   Widerruf der Bestellung
§ 39   Anmeldung der Geschäftsführer
§ 40   Liste der Gesellschafter
§ 41   Buchführung
§ 42   Bilanz
§ 42a Vorlage des Jahresabschlusses und des Lageberichts
§ 43   Haftung der Geschäftsführer

MoMiG

        § 43a Kreditgewährung aus Gesellschaftsvermögen
        § 44   Stellvertreter von Geschäftsführern
        § 45   Rechte der Gesellschafter
        § 46   Aufgabenkreis der Gesellschafter
        § 47   Abstimmung
        § 48   Gesellschafterversammlung
        § 49   Einberufung der Versammlung
        § 50   Minderheitsrechte
        § 51   Form der Einberufung
        § 51a Auskunfts- und Einsichtsrecht
        § 51b Gerichtliche Entscheidung über das Auskunfts- und Einsichtsrecht
        § 52   Aufsichtsrat"

Text RegE   *[unverändert als Gesetzestext übernommen]*

Gesetzestext

        „Abschnitt 4
     Abänderungen des Gesellschaftsvertrags

        § 53   Form der Satzungsänderung
        § 54   Anmeldung und Eintragung der Satzungsänderung
        § 55   Erhöhung des Stammkapitals
        § 55a Genehmigtes Kapital
        § 56   Kapitalerhöhung mit Sacheinlagen
        § 56a Leistungen auf das neue Stammkapital
        § 57   Anmeldung der Erhöhung
        § 57a Ablehnung der Eintragung
        § 57b (weggefallen)
        § 57c Kapitalerhöhung aus Gesellschaftsmitteln
        § 57d Ausweisung von Kapital- und Gewinnrücklagen
        § 57e Zugrundelegung der letzten Jahresbilanz; Prüfung
        § 57f   Anforderungen an die Bilanz
        § 57g Vorherige Bekanntgabe des Jahresabschlusses

§ 57h Arten der Kapitalerhöhung
§ 57i Anmeldung und Eintragung des Erhöhungsbeschlusses
§ 57j Verteilung der Geschäftsanteile
§ 57k Teilrechte; Ausübung der Rechte
§ 57l Teilnahme an der Erhöhung des Stammkapitals
§ 57m Verhältnis der Rechte; Beziehungen zu Dritten
§ 57n Gewinnbeteiligung der neuen Geschäftsanteile
§ 57o Anschaffungskosten
§ 58 Herabsetzung des Stammkapitals
§ 58a Vereinfachte Kapitalherabsetzung
§ 58b Beträge aus Rücklagenauflösung und Kapitalherabsetzung
§ 58c Nichteintritt angenommener Verluste
§ 58d Gewinnausschüttung
§ 58e Beschluss über die Kapitalherabsetzung
§ 58f Kapitalherabsetzung bei gleichzeitiger Erhöhung des Stammkapitals
§ 59 (weggefallen)"

„Abschnitt 4
Abänderungen des Gesellschaftsvertrags

Text RegE

§ 53 Form der Satzungsänderung
§ 54 Anmeldung und Eintragung der Satzungsänderung
§ 55 Erhöhung des Stammkapitals
§ 56 Kapitalerhöhung mit Sacheinlagen
§ 56a Leistungen auf das neue Stammkapital
§ 57 Anmeldung der Erhöhung
§ 57a Ablehnung der Eintragung
§ 57b (weggefallen)
§ 57c Kapitalerhöhung aus Gesellschaftsmitteln
§ 57d Ausweisung von Kapital- und Gewinnrücklagen
§ 57e Zugrundelegung der letzten Jahresbilanz; Prüfung
§ 57f Anforderungen an die Bilanz
§ 57g Vorherige Bekanntgabe des Jahresabschlusses
§ 57h Arten der Kapitalerhöhung
§ 57i Anmeldung und Eintragung des Erhöhungsbeschlusses

MoMiG

§ 57j Verteilung der Geschäftsanteile
§ 57k Teilrechte; Ausübung der Rechte
§ 57l Teilnahme an der Erhöhung des Stammkapitals
§ 57m Verhältnis der Rechte; Beziehungen zu Dritten
§ 57n Gewinnbeteiligung der neuen Geschäftsanteile
§ 57o Anschaffungskosten
§ 58   Herabsetzung des Stammkapitals
§ 58a Vereinfachte Kapitalherabsetzung
§ 58b Beträge aus Rücklagenauflösung und Kapitalherabsetzung
§ 58c Nichteintritt angenommener Verluste
§ 58d Gewinnausschüttung
§ 58e Beschluss über die Kapitalherabsetzung
§ 58f Kapitalherabsetzung bei gleichzeitiger Erhöhung des Stammkapitals
§ 59   (weggefallen)"

Gesetzestext

„Abschnitt 5
Auflösung und Nichtigkeit der Gesellschaft

§ 60 Auflösungsgründe

§ 61 Auflösung durch Urteil

§ 62 Auflösung durch eine Verwaltungsbehörde

§ 63 (weggefallen)

§ 64 Haftung für Zahlungen nach Zahlungsunfähigkeit oder Überschuldung

§ 65 Anmeldung und Eintragung der Auflösung

§ 66 Liquidatoren

§ 67 Anmeldung der Liquidatoren

§ 68 Zeichnung der Liquidatoren

§ 69 Rechtsverhältnisse von Gesellschaft und Gesellschaftern

§ 70 Aufgaben der Liquidatoren

§ 71 Eröffnungsbilanz; Rechte und Pflichten

§ 72 Vermögensverteilung

§ 73 Sperrjahr

§ 74 Schluss der Liquidation

§ 75 Nichtigkeitsklage

§ 76 Heilung von Mängeln durch Gesellschafterbeschluss

§ 77 Wirkung der Nichtigkeit

Abschnitt 6
Ordnungs-, Straf- und Bußgeldvorschriften

§ 78 Anmeldepflichtige

§ 79 Zwangsgelder

§ 80 (weggefallen)

§ 81 (weggefallen)

§ 82 Falsche Angaben

§ 83 (weggefallen)

§ 84 Verletzung der Verlustanzeigepflicht

§ 85 Verletzung der Geheimhaltungspflicht"

[unverändert als Gesetzestext übernommen]	Text RegE
„Anlage"	Gesetzestext
„Anlagen Anlage 1 Anlage 2"	Text RegE

3. Weitere Materialien

3.1 Referentenentwurf des MoMiG

(Stand 29. 5. 2006)

Entwurf eines Gesetzes zur Modernisierung des GmbH-Rechts und zur Bekämpfung von Missbräuchen (MoMiG)

Vom...

Der Bundestag hat das folgende Gesetz beschlossen:

Artikel 1
Änderung des Gesetzes betreffend die Gesellschaften mit beschränkter Haftung

Das Gesetz betreffend die Gesellschaften mit beschränkter Haftung in der im Bundesgesetzblatt Teil III, Gliederungsnummer 4123-1, veröffentlichten bereinigten Fassung, zuletzt geändert durch Artikel ... des Gesetzes vom ..., wird wie folgt geändert:

1. Der Überschrift des Gesetzes wird die Abkürzung „(GmbHG)" angefügt.
2. § 4a wird wie folgt geändert:
    a) Absatz 1 wird wie folgt geändert:
        aa) Die Absatzbezeichnung „(1)" wird gestrichen.
        bb) Nach dem Wort „Ort" werden die Wörter „im Inland" eingefügt.
    b) Absatz 2 wird aufgehoben.
3. § 5 wird wie folgt geändert:
    a) In Absatz 1 werden die Wörter „fünfundzwanzigtausend Euro, die Stammeinlage jedes Gesellschafters muß mindestens hundert Euro" durch die Angabe „10 000 Euro" ersetzt.
    b) Absatz 2 wird wie folgt gefasst:
        „(2) Der Betrag der Stammeinlage jedes Gesellschafters muss auf volle Euro lauten."
    c) Absatz 3 Satz 2 wird aufgehoben.
4. § 6 Abs. 2 wird wie folgt geändert:
    a) Satz 2 wird wie folgt gefasst:
        „Geschäftsführer kann nicht sein, wer
        1. als Betreuter bei der Besorgung seiner Vermögensangelegenheiten ganz oder teilweise einem Einwilligungsvorbehalt (§ 1903 des Bürgerlichen Gesetzbuchs) unterliegt,
        2. aufgrund eines gerichtlichen Urteils oder einer vollziehbaren Entscheidung einer Verwaltungsbehörde einen Beruf, einen Berufszweig, ein Gewerbe oder einen Gewerbezweig nicht ausüben darf, sofern der Unternehmensgegenstand ganz oder teilweise mit dem Gegenstand des Verbots übereinstimmt,

3. wegen einer vorsätzlich begangenen Straftat nach
   - a) § 82 oder § 84,
   - b) den §§ 399 bis 401 des Aktiengesetzes oder
   - c) den §§ 283 bis 283d des Strafgesetzbuchs

   verurteilt worden ist; dieser Ausschluss gilt für die Dauer von fünf Jahren seit der Rechtskraft des Urteils, wobei die Zeit nicht eingerechnet wird, in welcher der Täter auf behördliche Anordnung in einer Anstalt verwahrt worden ist."

   b) Die Sätze 3 und 4 werden aufgehoben.

5. § 7 Abs. 2 Satz 3 wird aufgehoben.
6. § 8 wird wie folgt geändert:
   - a) Absatz 1 wird wie folgt geändert:
     - aa) Nummer 6 wird wie folgt gefasst:

       „6. in dem Fall, dass der Gegenstand des Unternehmens der staatlichen Genehmigung bedarf, der Nachweis der Genehmigung."

     - bb) Folgende Sätze werden angefügt:

       „Der Nachweis nach Nummer 6 kann durch die Versicherung ersetzt werden, dass die Genehmigung bei der zuständigen Stelle beantragt worden ist. Wird die Erteilung der Genehmigung nicht innerhalb von drei Monaten oder einer vom Gericht gesetzten anderen Frist nach der Eintragung der Gesellschaft in das Handelsregister nachgewiesen, so wird die Gesellschaft von Amts wegen gelöscht; § 141a Abs. 2 des Gesetzes über die Angelegenheiten der freiwilligen Gerichtsbarkeit gilt entsprechend. Rechtsmittel können nur darauf gestützt werden, dass die Genehmigung bei Ablauf der in Satz 3 genannten Frist bereits bestandskräftig erteilt war."

   - b) Absatz 2 Satz 2 wird aufgehoben.
   - c) Absatz 3 wird wie folgt geändert:
     - aa) In Satz 1 werden die Wörter „§ 6 Abs. 2 Satz 3 und 4" durch die Wörter „§ 6 Abs. 2 Satz 2 Nr. 2 und 3" ersetzt.
     - bb) Satz 2 wird wie folgt gefasst:

       „Die Belehrung nach § 53 Abs. 2 des Bundeszentralregistergesetzes kann auch durch einen Notar vorgenommen werden."

   - d) Absatz 4 wird wie folgt gefasst:

     „(4) In der Anmeldung sind ferner anzugeben

     1. eine inländische Geschäftsanschrift,

     2. Art und Umfang der Vertretungsbefugnis der Geschäftsführer."

7. § 10 wird wie folgt geändert:
   - a) In Absatz 1 Satz 1 werden nach den Wörtern „Sitz der Gesellschaft," die Wörter „eine inländische Geschäftsanschrift," eingefügt.
   - b) Dem Absatz 2 wird folgender Satz angefügt:

     „Sofern eine Person, die für Zustellungen an die Gesellschaft empfangsberechtigt ist, mit einer inländischen Anschrift zur Eintragung in das Handelsregister angemeldet wird, sind auch diese Angaben einzutragen; Dritten gegenüber gilt die Empfangsberechtigung als fortbestehend, bis sie im Handelsregister gelöscht und die Löschung bekannt gemacht worden ist, es sei denn, dass die fehlende Empfangsberechtigung dem Dritten bekannt war."

8. § 16 wird wie folgt gefasst:

„§ 16
Rechtsstellung bei der Übertragung von Geschäftsanteilen

(1) Im Verhältnis zur Gesellschaft gilt als Gesellschafter nur, wer als solcher in der zum Handelsregister eingereichten Gesellschafterliste eingetragen ist. Die Änderung der Liste durch die Geschäftsführer erfolgt auf Mitteilung und Nachweis.

(2) Für die zur Zeit der Einreichung der Gesellschafterliste zum Handelsregister (§ 40 Abs. 1 Satz 1) rückständigen Leistungen auf den Geschäftsanteil haftet der Erwerber neben dem Veräußerer.

(3) Zugunsten desjenigen, der einen Geschäftsanteil oder ein Recht daran durch Rechtsgeschäft erwirbt, gilt der Inhalt der Gesellschafterliste insoweit als richtig, als die den Geschäftsanteil betreffende Eintragung im Zeitpunkt des Erwerbs seit mindestens drei Jahren unrichtig in der Gesellschafterliste enthalten und kein Widerspruch zum Handelsregister eingereicht worden ist. Dies gilt nicht, wenn dem Erwerber die Unrichtigkeit bekannt ist."

9. § 17 wird wie folgt geändert:
 a) Absatz 4 wird wie folgt gefasst:

   „(4) Bei der Teilung von Geschäftsanteilen ist § 5 Abs. 2 entsprechend anzuwenden."

 b) Absatz 5 wird aufgehoben.
 c) Absatz 6 wird Absatz 5.

10. § 19 wird wie folgt geändert:
 a) Absatz 4 wird aufgehoben.
 b) Die Absätze 5 und 6 werden die Absätze 4 und 5.

11. Dem § 30 Abs. 1 werden folgende Sätze angefügt:

„Wird das Stammkapital durch eine Vorleistung aufgrund eines Vertrags mit einem Gesellschafter angegriffen, so gilt das Verbot des Satzes 1 nicht, wenn die Leistung im Interesse der Gesellschaft liegt. Satz 1 ist zudem auf die Rückgewähr eines Gesellschafterdarlehens auch dann nicht anzuwenden, wenn das Darlehen der Gesellschaft in einem Zeitpunkt gewährt worden ist, in dem Gesellschafter der Gesellschaft als ordentliche Kaufleute Eigenkapital zugeführt hätten; gleiches gilt für Leistungen auf Forderungen aus Rechtshandlungen, die einer solchen Darlehensgewährung wirtschaftlich entsprechen."

12. In § 31 Abs. 5 Satz 3 wird die Angabe „§ 19 Abs. 6 Satz 2" durch die Angabe „§ 19 Abs. 5 Satz 2" ersetzt.

13. Die §§ 32a und 32b werden aufgehoben.

14. § 35 wird wie folgt geändert:
 a) Dem Absatz 1 werden folgende Sätze angefügt:

   „An die Vertreter der Gesellschaft können unter der im Handelsregister eingetragenen Geschäftsanschrift Willenserklärungen abgegeben und Schriftstücke zugestellt werden. Unabhängig hiervon kann die Zustellung auch unter der eingetragenen Anschrift der empfangsberechtigten Person nach § 10 Abs. 2 Satz 2 erfolgen."

 b) Dem Absatz 2 wird folgender Satz angefügt:

„Hat eine Gesellschaft keinen Geschäftsführer (Führungslosigkeit), so wird die Gesellschaft für den Fall, dass ihr gegenüber Willenserklärungen abgegeben oder Schriftstücke zugestellt werden, durch jeden Gesellschafter vertreten; ist für die Gesellschaft ein Aufsichtsrat bestellt, so wird sie durch diesen vertreten."

15. In § 35a Abs. 4 Satz 1 werden nach den Wörtern „Absätze 1 bis 3" die Wörter „für die Angaben bezüglich der Haupt- und der Zweigniederlassung" eingefügt.

16. In § 39 Abs. 3 Satz 1 werden die Wörter „§ 6 Abs. 2 Satz 3 und 4" durch die Wörter „§ 6 Abs. 2 Satz 2 Nr. 2 und 3" ersetzt.

17. § 40 wird wie folgt geändert:

   a) Absatz 1 wird wie folgt geändert:

   aa) Satz 2 wird wie folgt gefasst:

   „Hat ein Notar an Veränderungen nach Satz 1 mitgewirkt, so hat er unverzüglich nach deren Wirksamwerden die Liste in Vertretung der Geschäftsführer zum Handelsregister einzureichen."

   bb) Folgender Satz wird angefügt:

   „Ist die Liste durch den Notar einzureichen, so muss sie mit seiner Bescheinigung versehen sein, dass er an den Veränderungen mitgewirkt und die geänderte Liste den Geschäftsführern übermittelt hat, die übrigen Eintragungen mit dem Inhalt der bisherigen Liste übereinstimmen und aus den ihm vorliegenden Unterlagen nichts ersichtlich ist, was die Richtigkeit der Liste in Frage stellt."

   b) In Absatz 2 werden nach dem Wort „haften" die Wörter „dem Veräußerer, dem Erwerber und" eingefügt.

18. § 47 Abs. 2 wird wie folgt gefasst:

   „(2) Jeder Euro eines Geschäftsanteils gewährt eine Stimme."

19. § 55 Abs. 4 wird wie folgt gefasst:

   „(4) Die Bestimmungen in § 5 Abs. 1 bis 3 über den Betrag der Stammeinlagen sind auch hinsichtlich der auf das erhöhte Kapital zu leistenden Stammeinlagen anzuwenden."

20. In § 56 Abs. 2 wird die Angabe „19 Abs. 5" durch die Angabe „19 Abs. 4" ersetzt.

21. In § 56a wird die Angabe „3," gestrichen.

22. § 57 Abs. 2 wird wie folgt geändert:

   a) In Satz 1 wird die Angabe „3," gestrichen.

   b) Satz 2 wird aufgehoben.

23. In § 57h Abs. 1 Satz 2 werden die Wörter „können auf jeden durch zehn teilbaren Betrag, müssen jedoch auf mindestens fünfzig Euro gestellt werden" durch die Wörter „müssen auf einen Betrag gestellt werden, der auf volle Euro lautet" ersetzt.

24. § 57l Abs. 2 Satz 4 wird wie folgt gefasst:

   „Die Geschäftsanteile, deren Nennbetrag erhöht wird, können auf jeden Betrag gestellt werden, der auf volle Euro lautet."

25. § 58a Abs. 3 wird wie folgt geändert:

   a) Satz 2 wird wie folgt gefasst:

   „Die Geschäftsanteile müssen auf einen Betrag gestellt werden, der auf volle Euro lautet."

   b) Die Sätze 3 bis 5 werden aufgehoben.

26. § 60 Abs. 1 wird wie folgt geändert:
    a) Nummer 6 wird wie folgt gefasst:
    „6. mit der Rechtskraft einer Verfügung des Registergerichts, durch welche nach § 144a des Gesetzes über die Angelegenheiten der freiwilligen Gerichtsbarkeit ein Mangel des Gesellschaftsvertrags festgestellt worden ist;"
    b) In Nummer 7 werden nach dem Wort „Gesellschaft" die Wörter „wegen Nichtvorlage des Nachweises der Genehmigung nach § 8 Abs. 1 Satz 3 oder" eingefügt.
27. § 64 wird wie folgt geändert:
    a) Absatz 1 Satz 2 wird durch folgende Sätze ersetzt:
    „Im Fall der Führungslosigkeit der Gesellschaft (§ 35 Abs. 2 Satz 4) oder bei unbekanntem Aufenthalt der Geschäftsführer ist auch jeder Gesellschafter zur Stellung des Antrages verpflichtet, es sei denn, er hat von der Zahlungsunfähigkeit und der Führungslosigkeit keine Kenntnis. Die Sätze 1 und 2 gelten sinngemäß, wenn sich eine Überschuldung der Gesellschaft ergibt."
    b) Nach Absatz 2 Satz 2 wird folgender Satz eingefügt:
    „Die gleiche Verpflichtung trifft die Geschäftsführer, wenn durch Zahlungen an Gesellschafter die Zahlungsunfähigkeit der Gesellschaft herbeigeführt wird, es sei denn, dass diese Folge auch bei Beachtung der in Satz 2 bezeichneten Sorgfalt nicht erkennbar war."
28. In § 65 Abs. 1 Satz 2 werden die Wörter „oder der Nichteinhaltung der Verpflichtungen nach § 19 Abs. 4" gestrichen.
29. In § 66 Abs. 4 werden die Wörter „§ 6 Abs. 2 Satz 3 und 4" durch die Wörter „§ 6 Abs. 2 Satz 2 Nr. 2 und 3" ersetzt.
30. § 71 Abs. 5 wird wie folgt gefasst:
    „(5) Auf den Geschäftsbriefen ist anzugeben, dass sich die Gesellschaft in Liquidation befindet; im Übrigen gilt § 35a entsprechend."
31. § 84 Abs. 1 Nr. 2 wird wie folgt gefasst:
    „2. als Geschäftsführer entgegen § 64 Abs. 1 Satz 1, auch in Verbindung mit Satz 3, als Gesellschafter entgegen § 64 Abs. 1 Satz 2, auch in Verbindung mit Satz 3, oder als Liquidator entgegen § 71 Abs. 4 unterlässt, bei Zahlungsunfähigkeit oder Überschuldung die Eröffnung des Insolvenzverfahrens zu beantragen."
32. Die §§ 86 und 87 werden aufgehoben.
33. Dem Gesetz betreffend die Gesellschaften mit beschränkter Haftung wird die aus der Anlage zu dieser Vorschrift ersichtliche Inhaltsübersicht vorangestellt. Die Untergliederungen des Gesetzes betreffend die Gesellschaften mit beschränkter Haftung erhalten die Bezeichnung und Fassung, die sich jeweils aus der Inhaltsübersicht in der Anlage zu dieser Vorschrift ergibt. Die Vorschriften des Gesetzes betreffend die Gesellschaften mit beschränkter Haftung erhalten die Überschriften, die sich jeweils aus der Inhaltsübersicht in der Anlage zu dieser Vorschrift ergeben.

Artikel 2
Einführungsgesetz zum Gesetz betreffend die Gesellschaften mit beschränkter Haftung (GmbHG-Einführungsgesetz – EGGmbHG)

§ 1
Umstellung auf Euro

(1) Gesellschaften, die vor dem 1. Januar 1999 in das Handelsregister eingetragen worden sind, dürfen ihr auf Deutsche Mark lautendes Stammkapital beibehalten; Entsprechendes gilt für Gesellschaften, die vor dem 1. Januar 1999 zur Eintragung in das Handelsregister angemeldet und bis zum 31. Dezember 2001 eingetragen worden sind. Für Mindestbetrag und Teilbarkeit von Kapital, Einlagen und Geschäftsanteilen sowie für den Umfang des Stimmrechts bleiben bis zu einer Kapitaländerung nach Satz 4 die bis dahin gültigen Beträge weiter maßgeblich. Dies gilt auch, wenn die Gesellschaft ihr Kapital auf Euro umgestellt hat; das Verhältnis der mit den Geschäftsanteilen verbundenen Rechte zueinander wird durch Umrechnung zwischen Deutscher Mark und Euro nicht berührt. Eine Änderung des Stammkapitals darf nach dem 31. Dezember 2001 nur eingetragen werden, wenn das Kapital auf Euro umgestellt wird.

(2) Bei Gesellschaften, die zwischen dem 1. Januar 1999 und dem 31. Dezember 2001 zum Handelsregister angemeldet und in das Register eingetragen worden sind, dürfen Stammkapital und Stammeinlagen auch auf Deutsche Mark lauten. Für Mindestbetrag und Teilbarkeit von Kapital, Einlagen und Geschäftsanteilen sowie für den Umfang des Stimmrechts gelten die zu dem vom Rat der Europäischen Union nach Artikel 123 Abs. 4 Satz 1 des Vertrages zur Gründung der Europäischen Gemeinschaft unwiderruflich festgelegten Umrechnungskurs in Deutsche Mark umzurechnenden Beträge des Gesetzes in der ab dem 1. Januar 1999 geltenden Fassung.

(3) Die Umstellung des Stammkapitals und der Geschäftsanteile sowie weiterer satzungsmäßiger Betragsangaben auf Euro zu dem nach Artikel 123 Abs. 4 Satz 1 des Vertrages zur Gründung der Europäischen Gemeinschaft unwiderruflich festgelegten Umrechnungskurs erfolgt durch Beschluss der Gesellschafter mit einfacher Stimmenmehrheit nach § 47 des Gesetzes betreffend die Gesellschaften mit beschränkter Haftung; § 53 Abs. 2 Satz 1 jenes Gesetzes ist nicht anzuwenden. Auf die Anmeldung und Eintragung der Umstellung in das Handelsregister ist § 54 Abs. 1 Satz 2 und Abs. 2 Satz 2 des Gesetzes betreffend die Gesellschaften mit beschränkter Haftung nicht anzuwenden. Werden mit der Umstellung weitere Maßnahmen verbunden, insbesondere das Kapital verändert, bleiben die hierfür geltenden Vorschriften unberührt; auf eine Herabsetzung des Stammkapitals, mit der die Nennbeträge der Geschäftsanteile auf einen Betrag nach Absatz 1 Satz 4 gestellt werden, ist jedoch § 58 Abs. 1 des Gesetzes betreffend die Gesellschaften mit beschränkter Haftung nicht anzuwenden, wenn zugleich eine Erhöhung des Stammkapitals gegen Bareinlagen beschlossen und diese in voller Höhe vor der Anmeldung zum Handelsregister geleistet werden.

§ 2
Übergangsvorschriften zum Transparenz- und Publizitätsgesetz

§ 42a Abs. 4 des Gesetzes betreffend die Gesellschaften mit beschränkter Haftung in der Fassung des Artikels 3 Abs. 3 des Transparenz- und Publizitätsgesetzes vom 19. Juli 2002 (BGBl. I S. 2681) ist erstmals auf den Konzernabschluss und den Konzernlagebericht für das nach dem 31. Dezember 2001 beginnende Geschäftsjahr anzuwenden.

§ 3
Übergangsvorschriften zum Gesetz zur Modernisierung des GmbH-Rechts und zur Bekämpfung von Missbräuchen

(1) Die Pflicht, die inländische Geschäftsanschrift bei dem Gericht nach § 8 des Gesetzes betreffend die Gesellschaften mit beschränkter Haftung in der ab dem Inkrafttreten des Gesetzes vom ... (BGBl. I S. ...) am 1. Oktober 2007 geltenden Fassung zur Eintragung anzumelden, gilt auch für Gesellschaften, die zu diesem Zeitpunkt bereits in das Handelsregister eingetragen sind, sofern sich die dem Gericht nach § 24 Abs. 2 der Handelsregisterverordnung mitgeteilte Geschäftsanschrift geändert hat. Wenn von diesen Gesellschaften bis zum 31. März 2008 keine inländische Geschäftsanschrift zur Eintragung in das Handelsregister angemeldet worden ist, trägt das Gericht von Amts wegen kostenfrei die ihm nach § 24 Abs. 2 der Handelsregisterverordnung bekannte Anschrift als Geschäftsanschrift in das Handelsregister ein. Die Eintragung nach Satz 2 wird nicht bekannt gemacht.

(2) § 6 Abs. 2 Satz 2 Nr. 3 Buchstabe a und b des Gesetzes betreffend die Gesellschaften mit beschränkter Haftung in der ab dem 1. Oktober 2007 geltenden Fassung ist auf Verurteilungen wegen Straftaten, die vor diesem Tage rechtskräftig geworden sind, nicht anzuwenden.

(3) Bei Gesellschaften, die vor dem 1. Oktober 2007 gegründet worden sind, beginnt die Dreijahresfrist des § 16 Abs. 3 Satz 1 des Gesetzes betreffend die Gesellschaften mit beschränkter Haftung in der ab dem 1. Oktober 2007 geltenden Fassung frühestens am 1. Januar 2010. Abweichend von Satz 1 ist in den Fällen, in denen zwischen dem 1. Oktober 2007 und dem 1. Januar 2010 eine Gesellschafterliste mit einer notariellen Bescheinigung nach § 40 Abs. 1 Satz 3 des Gesetzes betreffend die Gesellschaften mit beschränkter Haftung zum Handelsregister eingereicht wird, in der die den Geschäftsanteil betreffende Unrichtigkeit enthalten ist, für den Fristbeginn der Tag der Einreichung dieser Liste maßgebend.

Artikel 3
Änderung des Handelsgesetzbuchs

Das Handelsgesetzbuch in der im Bundesgesetzblatt Teil III, Gliederungsnummer 4100-1, veröffentlichten bereinigten Fassung, zuletzt geändert durch [Entwurf eines Gesetzes über elektronische Handelsregister und Genossenschaftsregister sowie das Unternehmensregister, BT-Drucks. 16/960], wird wie folgt geändert:

1. § 13 wird wie folgt geändert:
   a) In Absatz 1 Satz 1 werden nach dem Wort „Ortes" die Wörter „und der inländischen Geschäftsanschrift" eingefügt.
   b) In Absatz 2 Satz 2 werden nach dem Wort „Sitzes" die Wörter „unter Angabe des Ortes sowie der inländischen Geschäftsanschrift der Zweigniederlassung und des Zusatzes, falls der Firma der Zweigniederlassung ein solcher beigefügt ist," eingefügt.
   c) In Absatz 3 Satz 2 Nr. 3 werden nach dem Wort „Zweigniederlassung" die Wörter „und der inländischen Geschäftsanschrift" eingefügt.

2. § 13d wird wie folgt geändert:
   a) In Absatz 2 werden nach dem Wort „Ort" die Wörter „und die inländische Geschäftsanschrift" eingefügt.
   b) In Absatz 3 werden die Wörter „und Bekanntmachungen" durch die Wörter „, Bekanntmachungen und Änderungen einzutragender Tatsachen" ersetzt.

MoMiG

3. § 13e wird wie folgt geändert:
   a) Absatz 2 wird wie folgt geändert:
      aa) In Satz 3 werden die Wörter „die Anschrift" durch die Wörter „eine inländische Geschäftsanschrift" ersetzt.
      bb) Nach Satz 3 wird folgender Satz eingefügt:
          „Daneben kann eine Person, die für Zustellungen an die Gesellschaft empfangsberechtigt ist, mit einer inländischen Anschrift zur Eintragung in das Handelsregister angemeldet werden; Dritten gegenüber gilt die Empfangsberechtigung als fortbestehend, bis sie im Handelsregister gelöscht und die Löschung bekannt gemacht worden ist, es sei denn, dass die fehlende Empfangsberechtigung dem Dritten bekannt war."
      cc) In dem neuen Satz 5 Nr. 4 wird die Angabe „Gemeinschaften" durch die Angabe „Union" ersetzt.
   b) Absatz 3 wird wie folgt geändert:
      aa) Die Wörter „Absatz 2 Satz 4 Nr. 3" werden durch die Wörter „Absatz 2 Satz 5 Nr. 3" ersetzt.
      bb) Folgender Satz wird angefügt:
          „Für die gesetzlichen Vertreter der Gesellschaft gelten in Bezug auf die Zweigniederlassung § 76 Abs. 3 Satz 2 des Aktiengesetzes und § 6 Abs. 2 Satz 2 des Gesetzes betreffend die Gesellschaften mit beschränkter Haftung entsprechend."
   c) Nach Absatz 3 wird folgender Absatz 3a eingefügt:
      „(3a) An die in Absatz 2 Satz 5 Nr. 3 genannten Personen als Vertreter der Gesellschaft können unter der im Handelsregister eingetragenen inländischen Geschäftsanschrift der Zweigniederlassung Willenserklärungen abgegeben und Schriftstücke zugestellt werden. Unabhängig hiervon kann die Zustellung auch unter der eingetragenen Anschrift der empfangsberechtigten Person nach Absatz 2 Satz 4 erfolgen."
   d) In Absatz 4 werden die Wörter „Absatz 2 Satz 4 Nr. 3" durch die Wörter „Absatz 2 Satz 5 Nr. 3" ersetzt.
4. § 13f wird wie folgt geändert:
   a) In Absatz 2 Satz 2 wird die Angabe „Abs. 3" durch die Angabe „Abs. 2 und 3" ersetzt.
   b) In Absatz 3 werden die Wörter „in § 13e Abs. 2 Satz 4 vorgeschriebenen Angaben" durch die Wörter „Angaben nach § 13e Abs. 2 Satz 3 bis 5" ersetzt.
   c) In Absatz 5 wird die Angabe „§ 81 Abs. 1 und 2, § 263" durch die Angabe „§§ 81, 263" ersetzt.
5. § 13g wird wie folgt geändert:
   a) In Absatz 2 Satz 2 wird die Angabe „§ 8 Abs. 1 Nr. 2, Abs. 4" durch die Angabe „§ 8 Abs. 1 Satz 1 Nr. 2, Abs. 3 und 4" ersetzt.
   b) In Absatz 3 werden die Wörter „in § 13e Abs. 2 Satz 4 vorgeschriebenen Angaben" durch die Wörter „Angaben nach § 13e Abs. 2 Satz 3 bis 5" ersetzt.
   c) In Absatz 5 wird die Angabe „§ 39 Abs. 1 und 2, § 65" durch die Angabe „§§ 39, 65" ersetzt.
6. Nach § 15 wird folgender § 15a eingefügt:

„§ 15a
Öffentliche Zustellung

Ist bei einer juristischen Person oder einer Zweigniederlassung nach § 13e Abs. 1, die zur Anmeldung einer inländischen Geschäftsanschrift zum Handelsregister verpflichtet ist, die Zustellung einer Willenserklärung nicht unter der eingetragenen Anschrift oder einer sich aus dem Handelsregister ergebenden Anschrift einer für Zustellungen empfangsberechtigten Person oder einer ohne Ermittlungen bekannten anderen inländischen Anschrift möglich, kann die Zustellung nach den für die öffentliche Zustellung geltenden Vorschriften der Zivilprozessordnung erfolgen. Zuständig ist das Amtsgericht, in dessen Bezirk sich die eingetragene inländische Geschäftsanschrift der Gesellschaft befindet. § 132 des Bürgerlichen Gesetzbuchs bleibt unberührt."

7. In § 29 werden die Wörter „und den Ort" durch die Wörter „, den Ort und die inländische Geschäftsanschrift" ersetzt.

8. § 106 Abs. 2 Nr. 2 wird wie folgt gefasst:

„2. die Firma der Gesellschaft, den Ort, an dem sie ihren Sitz hat, und die inländische Geschäftsanschrift;".

9. § 129a wird aufgehoben.

10. § 130a wird wie folgt geändert:

a) Dem Absatz 2 wird folgender Satz angefügt:

„§ 64 Abs. 2 Satz 3 des Gesetzes betreffend die Gesellschaften mit beschränkter Haftung ist entsprechend anzuwenden."

b) In Absatz 3 Satz 1 werden die Wörter: „nachdem die Zahlungsunfähigkeit der Gesellschaft eingetreten ist oder sich ihre Überschuldung ergeben hat" gestrichen.

11. § 172a wird aufgehoben.

12. In § 325a Abs. 1 Satz 1 werden die Wörter „Europäischen Wirtschaftsgemeinschaft" durch die Wörter „Europäischen Union" und die Angabe „§ 13e Abs. 2 Satz 4 Nr. 3" durch die Angabe „§ 13e Abs. 2 Satz 5 Nr. 3" ersetzt.

Artikel 4
Änderung des Einführungsgesetzes zum Handelsgesetzbuch

Das Einführungsgesetz zum Handelsgesetzbuch in der im Bundesgesetzblatt Teil III, Gliederungsnummer 4101-1, veröffentlichten bereinigten Fassung, zuletzt geändert durch [Entwurf eines Gesetzes über elektronische Handelsregister und Genossenschaftsregister sowie das Unternehmensregister, BT-Drucks. 16/960], wird wie folgt geändert:

1. Artikel 40 wird aufgehoben.

2. Nach dem Vierundzwanzigsten Abschnitt wird folgender Fünfundzwanzigster Abschnitt angefügt:

„Fünfundzwanzigster Abschnitt
Übergangsvorschriften zum Gesetz zur Modernisierung des GmbH-Rechts und zur Bekämpfung von Missbräuchen
Artikel 62

Die Pflicht, die inländische Geschäftsanschrift bei dem Gericht nach den §§ 13, 13d, 13e, 29 und 106 des Handelsgesetzbuchs in der ab dem Inkrafttreten des Gesetzes vom ... (BGBl. I S. ...) am 1. Oktober 2007 geltenden Fassung zur Eintragung anzumelden, gilt auch für diejenigen, die zu diesem Zeitpunkt bereits in das Handels-, Genossenschafts-

oder Partnerschaftsregister eingetragen sind, sofern sich die dem Gericht nach § 24 Abs. 2 oder Abs. 3 der Handelsregisterverordnung mitgeteilte Geschäftsanschrift geändert hat. Wenn von diesen bis zum 31. März 2008 keine inländische Geschäftsanschrift zur Eintragung in das Handelsregister angemeldet worden ist, trägt das Gericht von Amts wegen kostenfrei die ihm nach § 24 Abs. 2, bei Zweigniederlassungen die nach § 24 Abs. 3 der Handelsregisterverordnung bekannte Anschrift als Geschäftsanschrift in das Handels-, Genossenschafts- oder Partnerschaftsregister ein. Die Eintragung nach Satz 2 wird nicht bekannt gemacht."

Artikel 5
Änderung des Aktiengesetzes

Das Aktiengesetz vom 6. September 1965 (BGBl. I S. 1089), zuletzt geändert durch Artikel ... des Gesetzes vom ..., wird wie folgt geändert:

1. § 5 wird wie folgt geändert:
   a) Absatz 1 wird wie folgt geändert:
      aa) Die Absatzbezeichnung „(1)" wird gestrichen.
      bb) Nach dem Wort „Ort" werden die Wörter „im Inland" eingefügt.
   b) Absatz 2 wird aufgehoben.

2. § 37 wird wie folgt geändert:
   a) Absatz 2 wird wie folgt geändert:
      aa) In Satz 1 werden die Wörter „§ 76 Abs. 3 Satz 3 und 4" durch die Wörter „§ 76 Abs. 3 Satz 2 Nr. 2 und 3" ersetzt.
      bb) Satz 2 wird wie folgt gefasst:
         „Die Belehrung nach § 53 Abs. 2 des Bundeszentralregistergesetzes kann auch durch einen Notar vorgenommen werden."
   b) Absatz 3 wird wie folgt gefasst:
      „(3) In der Anmeldung sind ferner anzugeben
      1. eine inländische Geschäftsanschrift,
      2. Art und Umfang der Vertretungsbefugnis der Vorstandsmitglieder."

3. § 39 Abs. 1 wird wie folgt geändert:
   a) In Satz 1 werden nach den Wörtern „Sitz der Gesellschaft," die Wörter „eine inländische Geschäftsanschrift," eingefügt.
   b) Nach Satz 1 wird folgender Satz eingefügt:
      „Sofern eine Person, die für Zustellungen an die Gesellschaft empfangsberechtigt ist, mit einer inländischen Anschrift zur Eintragung in das Handelsregister angemeldet wird, sind auch diese Angaben einzutragen; Dritten gegenüber gilt die Empfangsberechtigung als fortbestehend, bis sie im Handelsregister gelöscht und die Löschung bekannt gemacht worden ist, es sei denn, dass die fehlende Empfangsberechtigung dem Dritten bekannt war."

4. Dem § 57 Abs. 1 werden folgende Sätze angefügt:
   „Vorleistungen der Gesellschaft aufgrund eines Vertrages mit einem Aktionär sind keine Rückgewähr von Einlagen, wenn die Leistung im Interesse der Gesellschaft liegt. Satz 1 ist zudem auf die Rückgewähr eines Aktionärsdarlehens auch dann nicht anzuwenden, wenn das Darlehen der Gesellschaft in einem Zeitpunkt gewährt worden ist, in dem die Zufuhr von Eigenkapital erforderlich gewesen wäre; Gleiches gilt für Leis-

tungen auf Forderungen aus Rechtshandlungen, die einer solchen Darlehensgewährung wirtschaftlich entsprechen."

5. § 76 Abs. 3 wird wie folgt geändert:

a) Satz 2 wird wie folgt gefasst:

„Mitglied des Vorstands kann nicht sein, wer

1. als Betreuter bei der Besorgung seiner Vermögensangelegenheiten ganz oder teilweise einem Einwilligungsvorbehalt (§ 1903 des Bürgerlichen Gesetzbuchs) unterliegt,

2. aufgrund eines gerichtlichen Urteils oder einer vollziehbaren Entscheidung einer Verwaltungsbehörde einen Beruf, einen Berufszweig, ein Gewerbe oder einen Gewerbezweig nicht ausüben darf, sofern der Unternehmensgegenstand ganz oder teilweise mit dem Gegenstand des Verbots übereinstimmt,

3. wegen einer vorsätzlich begangenen Straftat nach

    a) den §§ 399 bis 401,

    b) § 82 oder § 84 des Gesetzes betreffend die Gesellschaften mit beschränkter Haftung oder

    c) den §§ 283 bis 283d des Strafgesetzbuchs

verurteilt worden ist; dieser Ausschluss gilt für die Dauer von fünf Jahren seit der Rechtskraft des Urteils, wobei die Zeit nicht eingerechnet wird, in welcher der Täter auf behördliche Anordnung in einer Anstalt verwahrt worden ist."

b) Die Sätze 3 und 4 werden aufgehoben.

6. § 78 wird wie folgt geändert:

a) Dem Absatz 1 wird folgender Satz angefügt:

„Hat eine Gesellschaft keinen Vorstand (Führungslosigkeit), so wird die Gesellschaft für den Fall, dass ihr gegenüber Willenserklärungen abgegeben oder Schriftstücke zugestellt werden, durch den Aufsichtsrat vertreten."

b) Dem Absatz 2 werden folgende Sätze angefügt:

„An die Vertreter der Gesellschaft können unter der im Handelsregister eingetragenen Geschäftsanschrift Willenserklärungen abgegeben und Schriftstücke zugestellt werden. Unabhängig hiervon kann die Zustellung auch unter der eingetragenen Anschrift der empfangsberechtigten Person nach § 39 Abs. 1 Satz 2 erfolgen."

7. In § 80 Abs. 4 Satz 1 werden nach den Wörtern „Absätze 1 bis 3" die Wörter „für die Angaben bezüglich der Haupt- und der Zweigniederlassung" eingefügt.

8. In § 81 Abs. 3 Satz 1 und § 265 Abs. 2 Satz 2 werden jeweils die Wörter „§ 76 Abs. 3 Satz 3 und 4" durch die Wörter „§ 76 Abs. 3 Satz 2 Nr. 2 und 3" ersetzt.

9. Dem § 92 Abs. 3 wird folgender Satz angefügt:

„Die gleiche Verpflichtung trifft den Vorstand, wenn durch Zahlungen an Aktionäre die Zahlungsunfähigkeit der Gesellschaft herbeigeführt wird, es sei denn, dass diese Folge auch bei Beachtung der in § 93 Abs. 1 Satz 1 bezeichneten Sorgfalt nicht erkennbar war."

10. § 93 Abs. 3 Nr. 6 wird wie folgt gefasst:

„6. Zahlungen entgegen § 92 Abs. 3 geleistet werden,".

Artikel 6
Änderung des Einführungsgesetzes zum Aktiengesetz

Nach § 17 des Einführungsgesetzes zum Aktiengesetz vom 6. September 1965 (BGBl. I S. 1185), das zuletzt durch Artikel ... des Gesetzes vom ... geändert worden ist, werden folgende §§ 18 und 19 eingefügt:

„§ 18
Übergangsvorschrift zu den §§ 37 und 39 des Aktiengesetzes

Die Pflicht, die inländische Geschäftsanschrift bei dem Gericht nach § 37 des Aktiengesetzes in der ab dem Inkrafttreten des Gesetzes vom ... (BGBl. I S. ...) am 1. Oktober 2007 geltenden Fassung zur Eintragung anzumelden, gilt auch für Gesellschaften, die zu diesem Zeitpunkt bereits in das Handelsregister eingetragen sind, sofern sich die dem Gericht nach § 24 Abs. 2 der Handelsregisterverordnung mitgeteilte Geschäftsanschrift geändert hat. Wenn von diesen Gesellschaften bis zum 31. März 2008 keine inländische Geschäftsanschrift zur Eintragung in das Handelsregister angemeldet worden ist, trägt das Gericht von Amts wegen kostenfrei die ihm nach § 24 Abs. 2 der Handelsregisterverordnung bekannte Anschrift als Geschäftsanschrift in das Handelsregister ein. Die Eintragung nach Satz 2 wird nicht bekannt gemacht.

§ 19
Übergangsvorschrift zu § 76 Abs. 3 Satz 2 Nr. 3 des Aktiengesetzes

§ 76 Abs. 3 Satz 2 Nr. 3 Buchstabe a und b des Aktiengesetzes in der ab dem Inkrafttreten des Gesetzes vom ... (BGBl. I S. ...) am 1. Oktober 2007 geltenden Fassung ist auf Verurteilungen wegen Straftaten, die vor diesem Tag rechtskräftig geworden sind, nicht anzuwenden."

Artikel 7
Änderung des Rechtspflegergesetzes

In § 17 Nr. 1 Buchstabe f des Rechtspflegergesetzes vom 5. November 1969 (BGBl. I S. 2065), das zuletzt durch Artikel ... des Gesetzes vom ... geändert worden ist, wird die Angabe „und 144b" gestrichen.

Artikel 8
Änderung der Zivilprozessordnung

§ 185 der Zivilprozessordnung in der Fassung der Bekanntmachung vom 5. Dezember 2005 (BGBl. I S. 3202, 2006 I S. 431), die zuletzt durch Artikel ... des Gesetzes vom ... geändert worden ist, wird wie folgt gefasst:

„§ 185
Öffentliche Zustellung

Die Zustellung kann durch öffentliche Bekanntmachung (öffentliche Zustellung) erfolgen, wenn

1. der Aufenthaltsort einer Person unbekannt und eine Zustellung an einen Vertreter oder Zustellungsbevollmächtigten nicht möglich ist,

2. bei juristischen Personen, die zur Anmeldung einer inländischen Geschäftsanschrift zum Handelsregister verpflichtet sind, eine Zustellung weder unter der eingetragenen Anschrift noch unter einer sich aus dem Handelsregister ergebenden Anschrift einer für Zustellungen empfangsberechtigten Person oder einer ohne Ermittlungen bekannten anderen inländischen Anschrift möglich ist,
3. eine Zustellung im Ausland nicht möglich ist oder keinen Erfolg verspricht oder
4. die Zustellung nicht erfolgen kann, weil der Ort der Zustellung die Wohnung einer Person ist, die nach den §§ 18 bis 20 des Gerichtsverfassungsgesetzes der Gerichtsbarkeit nicht unterliegt."

Artikel 9
Änderung der Insolvenzordnung

Die Insolvenzordnung vom 5. Oktober 1994 (BGBl. I S. 2866), zuletzt geändert durch Artikel ... des Gesetzes vom ..., wird wie folgt geändert:

1. Dem § 10 Abs. 2 wird folgender Satz angefügt:

    „Ist der Schuldner eine juristische Person und hat diese keinen organschaftlichen Vertreter (Führungslosigkeit), so können die an ihm beteiligten Personen gehört werden; Absatz 1 Satz 1 gilt entsprechend."

2. Dem § 15 Abs. 1 wird folgender Satz angefügt:

    „Bei einer juristischen Person ist im Fall der Führungslosigkeit oder bei unbekanntem Aufenthalt der Vertreter auch jeder Gesellschafter zur Antragstellung berechtigt."

3. Dem § 19 Abs. 2 wird folgender Satz angefügt:

    „Forderungen auf Rückgewähr von Gesellschafterdarlehen und gleichgestellte Forderungen, die nach § 39 Abs. 1 Nr. 5 in einem Insolvenzverfahren über das Vermögen einer Gesellschaft nachrangig berichtigt werden, sind nicht bei den Verbindlichkeiten nach Satz 1 zu berücksichtigen."

4. § 39 wird wie folgt geändert:

    a) Absatz 1 Nr. 5 wird wie folgt gefasst:

    „5. nach Maßgabe der Absätze 4 und 5 Forderungen auf Rückgewähr eines Gesellschafterdarlehens oder Forderungen aus Rechtshandlungen, die einem solchen Darlehen wirtschaftlich entsprechen."

    b) Folgende Absätze 4 und 5 werden angefügt:

    „(4) Absatz 1 Nr. 5 gilt für Gesellschaften, bei denen kein persönlich haftender Gesellschafter eine natürliche Person ist und zu deren persönlich haftenden Gesellschaftern auch keine Gesellschaft gehört, bei der ein persönlich haftender Gesellschafter eine natürliche Person ist. Erwirbt ein Gläubiger bei drohender Zahlungsunfähigkeit der Gesellschaft Anteile zum Zweck ihrer Sanierung, führt dies bis zur Beseitigung der drohenden Zahlungsunfähigkeit nicht zur Anwendung von Absatz 1 Nr. 5 auf seine Forderungen aus bestehenden oder neu gewährten Darlehen oder auf Forderungen aus Rechtshandlungen, die einem solchen Darlehen wirtschaftlich entsprechen.

    (5) Absatz 1 Nr. 5 gilt nicht für den nicht geschäftsführenden Gesellschafter einer Gesellschaft im Sinn des Absatzes 4 Satz 1, der mit zehn Prozent oder weniger am Haftkapital beteiligt ist."

5. Nach § 44 wird wie folgender § 44a eingefügt:

„§ 44a
Gesicherte Darlehen

(1) In dem Insolvenzverfahren über das Vermögen einer Gesellschaft kann ein Gläubiger für eine Forderung aus Darlehen, für die ein Gesellschafter eine Sicherheit bestellt oder für die er sich verbürgt hat, nur anteilsmäßige Befriedigung aus der Insolvenzmasse verlangen, soweit er bei der Inanspruchnahme der Sicherheit oder des Bürgen ausgefallen ist.

(2) Hat die Gesellschaft ein Darlehen im letzten Jahr vor dem Antrag auf Eröffnung des Insolvenzverfahrens oder nach diesem Antrag an einen Dritten zurückerstattet, so hat der Gesellschafter, der für das Darlehen eine Sicherheit bestellt hatte oder als Bürge haftete, den zurückgezahlten Betrag zur Insolvenzmasse zu erstatten; § 146 gilt entsprechend. Die Verpflichtung besteht nur bis zur Höhe des Betrags, mit dem der Gesellschafter als Bürge haftete oder der dem Wert der von ihm bestellten Sicherheit im Zeitpunkt der Rückerstattung des Darlehens entspricht. Der Gesellschafter wird von der Verpflichtung frei, wenn er die Gegenstände, die dem Gläubiger als Sicherheit gedient hatten, der Insolvenzmasse zur Verfügung stellt.

(3) § 39 Abs. 4 und 5 gilt entsprechend. Die Absätze 1 und 2 gelten zudem sinngemäß für andere Rechtshandlungen, die der Darlehensgewährung wirtschaftlich entsprechen."

6. § 101 wird wie folgt geändert:

a) In Absatz 1 Satz 2 wird der Punkt am Satzende durch ein Semikolon ersetzt und folgender Halbsatz angefügt:

„verfügt der Schuldner über keinen Vertreter, so gilt dies auch für die Personen, die an ihm beteiligt sind."

b) Folgender Absatz 3 wird angefügt:

„(3) Kommen die in Absatz 1 und 2 genannten Personen ihrer Auskunfts- und Mitwirkungspflicht nicht nach, so können ihnen im Falle der Abweisung des Antrags auf Eröffnung des Insolvenzverfahrens die Kosten des Verfahrens auferlegt werden."

7. § 135 wird wie folgt gefasst:

„§ 135
Gesellschafterdarlehen

Anfechtbar ist eine Rechtshandlung, die für die Forderung eines Gesellschafters auf Rückgewähr eines Darlehens oder für eine gleichgestellte Forderung (§ 39 Abs. 1 Nr. 5)

1. Sicherung gewährt hat, wenn die Handlung in den letzten zehn Jahren vor dem Antrag auf Eröffnung des Insolvenzverfahrens oder nach diesem Antrag vorgenommen worden ist, oder

2. Befriedigung gewährt hat, wenn die Handlung im letzten Jahr vor dem Eröffnungsantrag oder nach diesem Antrag vorgenommen worden ist."

8. In § 345 Abs. 2 Satz 2 wird die Angabe „§ 13e Abs. 2 Satz 4 Nr. 3" durch die Angabe „§ 13e Abs. 2 Satz 5 Nr. 3" ersetzt.

Artikel 10
Änderung des Einführungsgesetzes zur Insolvenzordnung

Nach Artikel 103b des Einführungsgesetzes zur Insolvenzordnung vom 5. Oktober 1994 (BGBl. I S. 2911), das zuletzt durch Artikel ... des Gesetzes vom ... geändert worden ist, wird folgender Artikel 103c eingefügt:

„Artikel 103c
Überleitungsvorschrift zum Gesetz zur Modernisierung des GmbH-Rechts
und zur Bekämpfung von Missbräuchen

Auf Insolvenzverfahren, die vor dem Inkrafttreten des Gesetzes vom ... (BGBl. I S. ...) am 1. Oktober 2007 eröffnet worden sind, sind die bis dahin geltenden gesetzlichen Vorschriften weiter anzuwenden."

Artikel 11
Änderung des Anfechtungsgesetzes

Das Anfechtungsgesetz vom 5. Oktober 1994 (BGBl. I S. 2911), das zuletzt durch Artikel ... des Gesetzes vom ... geändert worden ist, wird wie folgt geändert:

1. § 6 wird durch folgende §§ 6 und 6a ersetzt:

„§ 6
Gesellschafterdarlehen

(1) Anfechtbar ist eine Rechtshandlung, die für die Forderung eines Gesellschafters auf Rückgewähr eines Darlehens oder für eine gleichgestellte Forderung (§ 39 Abs. 1 Nr. 5 der Insolvenzordnung)

1. Sicherung gewährt hat, wenn die Handlung in den letzten zehn Jahren vor Erlangung des vollstreckbaren Schuldtitels oder danach vorgenommen worden ist, oder
2. Befriedigung gewährt hat, wenn die Handlung im letzten Jahr vor Erlangung des vollstreckbaren Schuldtitels oder danach vorgenommen worden ist.

Wurde ein Antrag auf Eröffnung eines Insolvenzverfahrens nach § 26 Abs. 1 der Insolvenzordnung abgewiesen, bevor der Gläubiger einen vollstreckbaren Schuldtitel erlangt hat, so beginnt die Anfechtungsfrist mit dem Antrag auf Eröffnung des Insolvenzverfahrens.

(2) Die Verjährung des Anfechtungsanspruchs nach Absatz 1 richtet sich nach den Regelungen über die regelmäßige Verjährung nach dem Bürgerlichen Gesetzbuch.

§ 6a
Gesicherte Darlehen

(1) Anfechtbar ist eine Rechtshandlung, mit der eine Gesellschaft einem Dritten für ein Darlehen innerhalb der in § 6 Abs. 1 Satz 1 Nr. 2 und Satz 2 genannten Fristen Befriedigung gewährt, wenn ein Gesellschafter für das Darlehen eine Sicherheit bestellt hatte oder als Bürge haftete. § 39 Abs. 4 und 5 der Insolvenzordnung und § 6 Abs. 2 gelten entsprechend.

(2) Absatz 1 gilt sinngemäß für andere Rechtshandlungen, die der Darlehensgewährung wirtschaftlich entsprechen."

2. In § 7 Abs. 1 wird die Angabe „§§ 3, 4 und 6" durch die Angabe „§§ 3 und 4" ersetzt
3. Dem § 11 wird folgender Absatz 3 angefügt:

„(3) Im Fall der Anfechtung nach § 6a hat der Gesellschafter die Zwangsvollstreckung in sein Vermögen bis zur Höhe des Betrags zu dulden, mit dem er als Bürge haftete oder der dem Wert der von ihm bestellten Sicherheit im Zeitpunkt der Rückgewähr des Darlehens oder der Leistung auf die einem Darlehen wirtschaftlich entsprechende Forderung entspricht. Der Gesellschafter wird von der Verpflichtung frei, wenn er die Gegenstände, die dem Gläubiger als Sicherheit gedient hatten, dem Gläubiger zur Verfügung stellt."

Artikel 12
Änderung des Gesetzes über die Angelegenheiten der freiwilligen Gerichtsbarkeit

§ 144b des Gesetzes über die Angelegenheiten der freiwilligen Gerichtsbarkeit in der im Bundesgesetzblatt Teil III, Gliederungsnummer 315–1, veröffentlichten bereinigten Fassung, das zuletzt durch Artikel ... des Gesetzes vom ... geändert worden ist, wird aufgehoben.

Artikel 13
Änderung der Handelsregisterverordnung

Die Handelsregisterverordnung vom 12. August 1937 (Reichsministerialblatt S. 515) zuletzt geändert durch [Entwurf eines Gesetzes über elektronische Handelsregister und Genossenschaftsregister sowie das Unternehmensregister, BT-Drucks. 16/960], wird wie folgt geändert:

1. In § 9 Abs. 1 wird nach Satz 2 folgender Satz eingefügt:

„Ein Widerspruch gegen eine Eintragung in der Gesellschafterliste (§ 16 Abs. 3 Satz 1 des Gesetzes betreffend die Gesellschaften mit beschränkter Haftung) ist der Gesellschafterliste zuzuordnen."

2. In § 24 Abs. 2 Satz 1 werden nach dem Wort „Geschäftsräume" die Wörter „und, falls dies gesetzlich bestimmt ist, die inländische Geschäftsanschrift" eingefügt.

3. In § 40 Nr. 2 Buchstabe b werden nach dem Wort „Sitz" die Wörter „, bei Einzelkaufleuten und Personenhandelsgesellschaften die Geschäftsanschrift" und nach dem Wort „Ortes" die Wörter „, der Geschäftsanschrift" eingefügt.

4. § 43 wird wie folgt geändert:

a) In Nummer 2 Buchstabe b werden nach dem Wort „Sitz" die Wörter „, bei Aktiengesellschaften und Gesellschaften mit beschränkter Haftung die inländische Geschäftsanschrift sowie Name und inländische Anschrift einer für Willenserklärungen und Zustellungen empfangsberechtigten Person," und nach dem Wort „Ortes" die Wörter „, der Geschäftsanschrift" eingefügt.

b) In Nummer 4 Satz 3 wird die Angabe „§ 13e Abs. 2 Satz 4 Nr. 3" durch die Angabe „§ 13e Abs. 2 Satz 5 Nr. 3" ersetzt.

Artikel 14
Änderung der Kostenordnung

Die Kostenordnung in der im Bundesgesetzblatt Teil III, Gliederungsnummer 361–1, veröffentlichten bereinigten Fassung, zuletzt geändert durch Artikel ... des Gesetzes vom ..., wird wie folgt geändert:

1. In § 39 Abs. 4 werden nach dem Wort „Wert" die Wörter „mindestens auf 25 000 Euro und" eingefügt.
2. Dem § 41a Abs. 1 Nr. 1 wird folgender Halbsatz angefügt: „der Wert beträgt mindestens 25 000 Euro;".
3. In § 88 Abs. 2 Satz 1 wird die Angabe „oder § 144b" gestrichen.

Artikel 15
Änderung des Umwandlungsgesetzes

Das Umwandlungsgesetz vom 28. Oktober 1994 (BGBl. I S. 3210, 1995 I S. 428), zuletzt geändert durch Artikel ... des Gesetzes vom ..., wird wie folgt geändert:

1. § 46 Abs. 1 Satz 3 wird wie folgt gefasst:
   „Er muss auf volle Euro lauten."
2. § 51 Abs. 2 wird wie folgt gefasst:
   „(2) Wird der Nennbetrag der Geschäftsanteile nach § 46 Abs. 1 Satz 2 abweichend vom Betrag der Aktien festgesetzt, so muss der Festsetzung jeder Aktionär zustimmen, der sich nicht mit seinem gesamten Anteil beteiligen kann."
3. In § 54 Abs. 3 Satz 1 werden die Wörter „sowie § 5 Abs. 1 zweiter Halbsatz und Abs. 3 Satz 2 des Gesetzes betreffend die Gesellschaften mit beschränkter Haftung nicht anzuwenden; jedoch muß der Nennbetrag jedes Teils der Geschäftsanteile mindestens fünfzig Euro betragen und durch zehn teilbar sein" durch die Wörter „nicht anzuwenden" ersetzt.
4. § 55 Abs. 1 Satz 2 wird aufgehoben.
5. In § 241 Abs. 1 Satz 2 wird die Angabe „§ 17 Abs. 6" durch die Angabe „§ 17 Abs. 5" ersetzt.
6. In § 242 werden die Wörter „und ist dies nicht durch § 243 Abs. 3 Satz 2 bedingt" gestrichen.
7. § 243 Abs. 3 Satz 2 wird wie folgt gefasst:
   „Bei einer Gesellschaft mit beschränkter Haftung muss er auf volle Euro lauten."
8. In § 258 Abs. 2 und § 273 werden jeweils die Wörter „durch zehn teilbarer Geschäftsanteil von mindestens fünfzig Euro" durch die Wörter „Geschäftsanteil, dessen Betrag auf volle Euro lautet," ersetzt.

Artikel 16
Änderung des SE-Ausführungsgesetzes

Das SE-Ausführungsgesetz vom 22. Dezember 2004 (BGBl. I 3675), zuletzt geändert durch Artikel ... des Gesetzes vom ..., wird wie folgt geändert:

1. In der Inhaltsübersicht wird die Angabe zu § 2 wie folgt gefasst:
   „§ 2 (weggefallen)".

2. § 2 wird aufgehoben.
3. § 21 Abs. 2 Satz 2 wird wie folgt gefasst:
   „In der Anmeldung sind eine inländische Geschäftsanschrift sowie Art und Umfang der Vertretungsbefugnis der geschäftsführenden Direktoren anzugeben."
4. § 41 wird wie folgt geändert:
   a) Dem Absatz 1 wird folgender Satz angefügt:
      „Hat eine Gesellschaft keine geschäftsführende Direktoren (Führungslosigkeit), so wird die Gesellschaft für den Fall, dass ihr gegenüber Willenserklärungen abgegeben oder Schriftstücke zugestellt werden, durch den Verwaltungsrat vertreten."
   b) Dem Absatz 2 wird folgender Satz angefügt:
      „§ 78 Abs. 2 Satz 4 und 5 des Aktiengesetzes gilt entsprechend."

Artikel 17
Änderung der Abgabenordnung

In § 191 Abs. 1 Satz 2 der Abgabenordnung in der Fassung der Bekanntmachung vom 1. Oktober 2002 (BGBl. I S. 3866, 2003 I S. 61), die zuletzt durch Artikel ... des Gesetzes vom ... geändert worden ist, wird die Angabe „§§ 3, 4 und 6" durch die Angabe „§§ 3 und 4" ersetzt.

Artikel 18
Änderung des Kreditwesengesetzes

In § 46c des Kreditwesengesetzes in der Fassung der Bekanntmachung vom 9. September 1998 (BGBl. I S. 2776), das zuletzt durch Artikel ... des Gesetzes vom ... geändert worden ist, werden nach den Wörtern „Die nach" die Wörter „§ 44a Abs. 2 Satz 1 und" eingefügt und die Wörter „und nach § 32b Satz 1 des Gesetzes betreffend die Gesellschaften mit beschränkter Haftung" gestrichen.

Artikel 19
Inkrafttreten

Dieses Gesetz tritt am 1. Oktober 2007 in Kraft.

Anlage zu Artikel 1 Nr. 33

Gesetz betreffend die Gesellschaften mit beschränkter Haftung (GmbHG)

Inhaltsübersicht:
Abschnitt 1
Errichtung der Gesellschaft

§ 1 Zweck; Gründerzahl
§ 2 Form des Gesellschaftsvertrags
§ 3 Inhalt des Gesellschaftsvertrags
§ 4 Firma
§ 4a Sitz der Gesellschaft
§ 5 Stammkapital; Stammeinlage
§ 6 Geschäftsführer
§ 7 Anmeldung der Gesellschaft
§ 8 Inhalt der Anmeldung
§ 9 Überbewertung der Sacheinlagen
§ 9a Ersatzansprüche der Gesellschaft
§ 9b Verzicht auf Ersatzansprüche
§ 9c Ablehnung der Eintragung
§ 10 Inhalt der Eintragung
§ 11 Rechtszustand vor der Eintragung
§ 12 Bekanntmachungen der Gesellschaft

Abschnitt 2
Rechtsverhältnisse der Gesellschaft und der Gesellschafter

§ 13 Juristische Person; Handelsgesellschaft
§ 14 Geschäftsanteil
§ 15 Übertragung von Geschäftsanteilen
§ 16 Rechtsstellung bei der Übertragung von Geschäftsanteilen
§ 17 Veräußerung von Teilen eines Geschäftsanteils
§ 18 Mitberechtigung am Geschäftsanteil
§ 19 Einzahlungen auf die Stammeinlage
§ 20 Verzugszinsen
§ 21 Kaduzierung
§ 22 Haftung der Rechtsvorgänger
§ 23 Versteigerung des Geschäftsanteils

§ 24   Aufbringung von Fehlbeträgen
§ 25   Zwingende Vorschriften
§ 26   Nachschusspflicht
§ 27   Unbeschränkte Nachschusspflicht
§ 28   Beschränkte Nachschusspflicht
§ 29   Ergebnisverwendung
§ 30   Kapitalerhaltung
§ 31   Erstattung verbotener Rückzahlungen
§ 32   Rückzahlung von Gewinn
§ 32a (weggefallen)
§ 32b (weggefallen)
§ 33   Erwerb eigener Geschäftsanteile
§ 34   Einziehung von Geschäftsanteilen

Abschnitt 3
Vertretung und Geschäftsführung

§ 35   Vertretung der Gesellschaft
§ 35a   Angaben auf Geschäftsbriefen
§ 36   Wirkung der Vertretung
§ 37   Beschränkungen der Vertretungsbefugnis
§ 38   Widerruf der Bestellung
§ 39   Anmeldung der Geschäftsführer
§ 40   Liste der Gesellschafter
§ 41   Buchführung
§ 42   Bilanz
§ 42a   Vorlage des Jahresabschlusses und des Lageberichts
§ 43   Haftung der Geschäftsführer
§ 43a   Kreditgewährung aus Gesellschaftsvermögen
§ 44   Stellvertreter von Geschäftsführern
§ 45   Rechte der Gesellschafter
§ 46   Aufgabenkreis der Gesellschafter
§ 47   Abstimmung
§ 48   Gesellschafterversammlung
§ 49   Einberufung der Versammlung
§ 50   Minderheitsrechte
§ 51   Form der Einberufung
§ 51a   Auskunfts- und Einsichtsrecht
§ 51b   Gerichtliche Entscheidung über das Auskunfts- und Einsichtsrecht
§ 52   Aufsichtsrat

Abschnitt 4
Abänderungen des Gesellschaftsvertrags

§ 53   Form der Satzungsänderung
§ 54   Anmeldung und Eintragung der Satzungsänderung
§ 55   Erhöhung des Stammkapitals
§ 56   Kapitalerhöhung mit Sacheinlagen
§ 56a Leistungen auf das neue Stammkapital
§ 57   Anmeldung der Erhöhung
§ 57a Ablehnung der Eintragung
§ 57b Bekanntmachung der Eintragung
§ 57c Kapitalerhöhung aus Gesellschaftsmitteln
§ 57d Ausweisung von Kapital- und Gewinnrücklagen
§ 57e Zugrundelegung der letzten Jahresbilanz; Prüfung
§ 57f Anforderungen an die Bilanz
§ 57g Vorherige Bekanntgabe des Jahresabschlusses
§ 57h Arten der Kapitalerhöhung
§ 57i Anmeldung und Eintragung des Erhöhungsbeschlusses
§ 57j Verteilung der Geschäftsanteile
§ 57k Teilrechte; Ausübung der Rechte
§ 57l Teilnahme an der Erhöhung des Stammkapitals
§ 57m Verhältnis der Rechte; Beziehungen zu Dritten
§ 57n Gewinnbeteiligung der neuen Geschäftsanteile
§ 57o Anschaffungskosten
§ 58   Herabsetzung des Stammkapitals
§ 58a Vereinfachte Kapitalherabsetzung
§ 58b Beträge aus Rücklagenauflösung und Kapitalherabsetzung
§ 58c Nichteintritt angenommener Verluste
§ 58d Gewinnausschüttung
§ 58e Beschluss über die Kapitalherabsetzung
§ 58f Kapitalherabsetzung bei gleichzeitiger Erhöhung des Stammkapitals
§ 59   (weggefallen)

Abschnitt 5
Auflösung und Nichtigkeit der Gesellschaft

§ 60   Auflösungsgründe
§ 61   Auflösung durch Urteil
§ 62   Auflösung durch eine Verwaltungsbehörde
§ 63   (weggefallen)
§ 64   Insolvenzantragspflicht; Haftung

§ 65 Anmeldung und Eintragung der Auflösung
§ 66 Liquidatoren
§ 67 Anmeldung der Liquidatoren
§ 68 Zeichnung der Liquidatoren
§ 69 Rechtsverhältnisse von Gesellschaft und Gesellschaftern
§ 70 Aufgaben der Liquidatoren
§ 71 Eröffnungsbilanz; Rechte und Pflichten
§ 72 Vermögensverteilung
§ 73 Sperrjahr
§ 74 Schluss der Liquidation
§ 75 Nichtigkeitsklage
§ 76 Heilung von Mängeln durch Gesellschafterbeschluss
§ 77 Wirkung der Nichtigkeit

Abschnitt 6
Ordnungs-, Straf- und Bußgeldvorschriften

§ 78 Anmeldepflichtige
§ 79 Zwangsgelder
§ 80 (weggefallen)
§ 81 (weggefallen)
§ 82 Falsche Angaben
§ 83 (weggefallen)
§ 84 Verletzung der Insolvenzantragspflicht
§ 85 Verletzung der Geheimhaltungspflicht

Begründung

I. Allgemeiner Teil

Das GmbH-Recht ist seit der Novelle von 1980 nahezu unverändert geblieben. Demgemäß haben die Justizministerinnen und -minister der Länder am 14. November 2002 das Bundesministerium der Justiz gebeten, die Reformbedürftigkeit der Gesellschaft mit beschränkter Haftung zu prüfen. Das Bundesministerium der Justiz hat aus diesem Anlass Reformvorschläge von Experten aus Justiz, Wissenschaft und Praxis eingeholt, die sich im Wesentlichen mit der missbräuchlichen Verwendung von GmbHs in Unternehmenskrisen befassen.

Weiterer Prüfungsbedarf ergab sich aus der Rechtsprechung des Europäischen Gerichtshofs. Insbesondere seit dessen Urteil in der Rechtssache *Inspire Art* vom 30. September 2003 (Rs. C-167/01) steht die Rechtsform der deutschen GmbH in Konkurrenz zu GmbH-verwandten Gesellschaften aus den Mitgliedstaaten der Europäischen Union, die aufgrund der EU-weiten Niederlassungsfreiheit auch in Deutschland tätig werden dürfen. Im Vergleich zum deutschen Recht werden in vielen Mitgliedstaaten der Europäischen Union geringere Anforderungen an die Gründungsformalien und die Aufbringung eines gezeichneten Kapitals (Mindeststammkapital) bei Gründung einer GmbH gestellt.

Die Reform des GmbH-Rechts verfolgt vor diesem Hintergrund zwei Richtungen: Zum einen soll die Rechtsform der GmbH besser gegen Missbräuche geschützt werden. Zum anderen soll die Attraktivität der deutschen GmbH gegenüber konkurrierenden ausländischen Rechtsformen gesteigert werden. Beides trägt dem Umstand Rechnung, dass die GmbH als Betätigungsform für mittelständische Unternehmer von besonderer Bedeutung ist.

In einem ersten Schritt hatte die Bundesregierung im Juni 2005 einen Gesetzentwurf zur Neuregelung des Mindestkapitals der GmbH (MindestkapG) beschlossen (BR-Drucks. 619/05). Die hierin vorgesehene Absenkung des Mindeststammkapitals auf 10.000 Euro sollte bereits zum 1. Januar 2006 in Kraft treten. Der Entwurf des MindestkapG ist in der 15. Wahlperiode nicht mehr Gesetz geworden und sein Inhalt daher in den vorliegenden Entwurf integriert worden.

Es wird erneut vorgeschlagen, die Vorschriften über die Aufbringung des Mindeststammkapitals an die tatsächlichen Anforderungen der Praxis anzupassen. Dies geschieht auch mit Blick auf die EuGH-Rechtsprechung und den zunehmenden Wettbewerb der Gesellschaftsrechtsformen in Europa. Die Wettbewerbsfähigkeit der deutschen Gesellschaft mit beschränkter Haftung soll im europäischen Vergleich erhalten und gestärkt werden. Gleichzeitig sollen jedoch die bestehenden Vorteile des deutschen GmbH-Rechts nicht aufgegeben werden. Der Entwurf sieht daher vor, das Mindeststammkapital von bisher 25.000 Euro auf 10.000 Euro zu senken. Das bewährte Haftkapitalsystem der GmbH wird durch eine Anpassung des Mindestkapitals nicht in Frage gestellt. Dieses System kann somit auch im Rahmen der anstehenden Erörterung des Haftkapitalsystems auf europäischer Ebene überzeugend vertreten werden.

Weiter werden die Kapitalaufbringung und die Übertragung von Geschäftsanteilen durch eine individuellere Bestimmbarkeit der Stammeinlagengröße erleichtert. Hierdurch können die Beteiligungsverhältnisse bei der Gründung, bei der Anteilsübertragung und im Erbfall besser an die Bedürfnisse der Gesellschafter bzw. an die jeweiligen Erbteile angepasst werden. Dies kommt insbesondere mittelständischen und familiär geführten Unternehmen zugute.

Die Gründung von Gesellschaften, die ein genehmigungspflichtiges Unternehmen betreiben wollen, wird dadurch erleichtert, dass die erforderliche Genehmigung nach der Eintragung nachgereicht werden kann. Auf diese Weise kann die ordnungsgemäß gegründete GmbH die zur Geschäftsaufnahme nötigen Investitionen selbst vornehmen, ohne nach Erteilung der Genehmigung den Unternehmensgegenstand zeit- und kostenintensiv ändern zu müssen.

Durch die Aufwertung der zum Handelsregister einzureichenden Gesellschafterliste wird der Gesellschafterbestand für Außenstehende zukünftig transparenter sein. Hiervon profitieren potentielle Geschäftspartner einer GmbH, die sich leichter informieren können, wer hinter der Gesellschaft steht. Das hierdurch geschaffene Vertrauen wirkt sich positiv auf die Geschäftsaussichten der Gesellschaft aus. Die Gesellschafterliste dient zudem als Anknüpfungspunkt für einen gutgläubigen Erwerb von Geschäftsanteilen. Der mit großem Aufwand verbundene lückenlose Nachweis aller in der Vergangenheit erfolgten Anteilsabtretungen bis zurück zur Gründungsurkunde wird hierdurch entbehrlich, so dass mehr Rechtssicherheit erreicht und Transaktionskosten gesenkt werden.

Missbräuche durch so genannte „Firmenbestatter", die angeschlagene GmbHs durch Abberufung von Geschäftsführern und durch Aufgabe des Geschäftslokals einer ordnungsgemäßen Insolvenz und Liquidation zu entziehen suchen, werden vor allem auf zwei Wegen bekämpft: Erstens wird die Zustellung an die GmbH in solchen Fällen erleichtert. Zweitens werden bei Führungslosigkeit und Insolvenzreife der Gesellschaft auch die Gesellschafter verpflichtet, den Insolvenzantrag zu stellen. Zudem werden die Geschäftsführer zur Erstattung verpflichtet, wenn sie durch Zahlungen an Gesellschafter die Zahlungsunfähigkeit der Gesellschaft herbeiführen. Durch das Zusammenspiel der Maßnahmen sollen redliche Unternehmer und ihre Geschäftspartner geschützt werden.

Weiter wird das Recht der Gesellschafterdarlehen neu geregelt. Eine (insolvenzrechtlich platzierte) Sonderregelung für Gesellschafterdarlehen wird beibehalten, da die Alternativen wie etwa eine Durchgriffshaftung nicht überzeugender sind. Der insolvenzrechtliche Anwendungsbereich der Regeln über Gesellschafterdarlehen wird dabei im Grundansatz rechtsformneutral festgelegt und damit auch auf entsprechende Auslandsgesellschaften erstreckt. Dabei werden Gesellschafterdarlehen im Insolvenzfall stets mit Nachrang versehen; im Fall der Rückzahlung durch die Gesellschaft im Jahr vor der Insolvenz kann der Betrag durch Insolvenzanfechtung wieder zur Masse gezogen werden. Es gibt also künftig keine Unterscheidung zwischen „kapitalersetzenden" und „normalen" Gesellschafterdarlehen. In der Insolvenz ist das Darlehen sowieso nachrangig gestellt, und im Jahr vor der Insolvenz soll aus Gründen der Vereinfachung auf eine besondere Qualifizierung verzichtet werden. Im Grunde geht es hier um fragwürdige Auszahlungen an Gesellschafter in einer kritischen Zeitspanne, die einem konsequenten Anfechtungsregime zu unterwerfen sind.

Zugleich wird die parallele Anwendung des Rechts der Kapitalerhaltung auf Gesellschafterdarlehen verhindert. Als Fremdkapital gegebene Beträge sind nicht dem Eigenkapital zuzurechnen. Auf diese Weise wird die verwirrende Doppelspurigkeit der sog. Rechtsprechungsregelungen und der Novellen-Regelungen über die eigenkapitalersetzenden Gesellschafterdarlehen beseitigt. Das Recht der Gesellschaft mit beschränkter Haftung wird dadurch wesentlich einfacher und für die mittelständische Zielgruppe verständlicher.

Hauptproblem der Verlagerung des Schutzes vor Auszahlungen in die Insolvenzanfechtung sind allerdings die Fälle der Masselosigkeit. Wo es keine Eröffnung gibt, gibt es auch keine Insolvenzanfechtung. In diesen Fällen muss die Anfechtung also dem einzelnen Gläubiger zustehen.

Die Gesetzgebungskompetenz des Bundes folgt aus Artikel 74 Abs. 1 Nr. 1 GG („das bürgerliche Recht", „das gerichtliche Verfahren") und Artikel 74 Abs. 1 Nr. 11 GG („das Recht der Wirtschaft"). Die Notwendigkeit einer bundesgesetzlichen Regelung nach Artikel 72 Abs. 2 GG ergibt sich daraus, dass die Änderungen insbesondere das Gesetz betreffend die Gesellschaften mit beschränkter Haftung, das Handelsgesetzbuch, das Einführungsgesetz zum Handelsgesetzbuch, das Aktiengesetz, das Einführungsgesetz zum Aktiengesetz, die Zivilprozessordnung, die Insolvenzordnung, das Anfechtungsgesetz, das Umwandlungsgesetz und die Kostenordnung betreffen. Diese Bereiche sind bereits bundesrechtlich geregelt und das Erfordernis einer bundeseinheitlichen Regelung für die Rechtsform der GmbH ist angesichts der herausragenden Bedeutung dieser Gesellschaftsform für die deutsche Wirtschaft nach wie vor gegeben. Der allgemeine und der internationale Rechtsverkehr erwarten die GmbH als standardisierte und gleichmäßig ausgestaltete

Gesellschaftsform für den Mittelstand. Es handelt sich mit ca. 900.000 Gesellschaften um die gängigste Rechtsform in Deutschland. Unterschiedliche Regelungen je nach dem Bundesland des Registersitzes würden die Wirtschaftseinheit Deutschlands und damit die Funktionsfähigkeit und das Ansehen des deutschen Wirtschaftsstandortes schwer beeinträchtigen. Da das Wirtschaften heute nicht mehr überwiegend regional, sondern bundesweit und international stattfindet, würden unterschiedliche Regelungen zur Verwirrung des Rechtsverkehrs führen und die gesamtwirtschaftlichen Transaktionskosten erhöhen. Sie würden zudem zu Wettbewerbsverzerrungen zwischen Unternehmen in unterschiedlichen Bundesländern und damit zu erheblichen Nachteilen für die Gesamtwirtschaft führen. Insofern sind bundesweit einheitliche Regelungen für die Gesellschaftsform der GmbH weiterhin zwingend geboten.

Das neu zu schaffende Ergänzungsgesetz zum Recht betreffend die Gesellschaften mit beschränkter Haftung betrifft Übergangsvorschriften zum bundesgesetzlich geregelten Gesetz betreffend die Gesellschaften mit beschränkter Haftung und ist deshalb notwendigerweise ebenfalls durch Bundesgesetz zu regeln.

Der Gesetzentwurf hat keine messbaren finanziellen Auswirkungen auf die öffentlichen Haushalte von Bund, Ländern und Kommunen. Für die Wirtschaft werden bei GmbH-Neugründungen, die die Aufbringung von 25.000 Euro als Stammkapital nicht erfordern, Kostenersparnisse eintreten.

II. Besonderer Teil

Zu Artikel 1

Änderung des Gesetzes betreffend die Gesellschaften mit beschränkter Haftung

Zu Nummer 1 – Ergänzung der Überschrift durch eine Kurzbezeichnung

Dem Gesetz betreffend die Gesellschaften mit beschränkter Haftung wird in der Überschrift die bereits geläufige Abkürzung „GmbHG" hinzugefügt.

Zu Nummer 2 – Änderung von § 4a

Durch die Streichung des § 4a Abs. 2 und der älteren Parallelnorm des § 5 Abs. 2 AktG (s. Artikel 5 Nr. 1) soll es deutschen Gesellschaften ermöglicht werden, einen Verwaltungssitz zu wählen, der nicht notwendig mit dem Satzungssitz übereinstimmt. Damit soll der Spielraum deutscher Gesellschaften erhöht werden, ihre Geschäftstätigkeit auch ausschließlich im Rahmen einer (Zweig-) Niederlassung, die alle Geschäftsaktivitäten erfasst, außerhalb des deutschen Hoheitsgebiets zu entfalten.

EU-Auslandsgesellschaften, deren Gründungsstaat eine derartige Verlagerung des Verwaltungssitzes erlaubt, ist es auf Grund der EuGH-Rechtsprechung nach den Urteilen *Überseering* vom 5. November 2002 (Rs. C-208/00) und *Inspire Art* vom 30. September 2003 (Rs. C-167/01) bereits heute rechtlich gestattet, ihren effektiven Verwaltungssitz in einem anderen Staat – also auch in Deutschland – zu wählen. Diese Auslandsgesellschaften sind in Deutschland als solche anzuerkennen. Umgekehrt steht diese Möglichkeit deutschen Gesellschaften schon aufgrund der Regelung in § 4a Abs. 2 GmbHG und § 5 Abs. 2 AktG nicht zur Verfügung. Es ist für ein ausländisches Unternehmen nicht möglich, sich bei der Gründung eines Unternehmens für die Rechtsform der deutschen Aktiengesellschaft bzw. der GmbH zu entscheiden, wenn die Geschäftstätigkeit ganz oder überwiegend aus dem Ausland geführt werden soll. Es ist einer deutschen Konzernmutter nicht möglich, ihre ausländischen Tochtergesellschaften mit der Rechtsform der GmbH zu gründen. Unabhängig von der Frage, ob die neuere EuGH-Rechtsprechung zur Niederlassungsfreiheit gemäß Artikel 43 und 48 EG allein die Freiheit des Zuzuges von Gesellschaften in einen Mitgliedstaat verlangt hat oder damit konsequenterweise auch der Wegzug von Gesellschaften ermöglicht werden müsse, sind Gesellschaften, die nach deutschem Recht gegründet worden sind, in ihrer Mobilität unterlegen.

In Zukunft soll für die deutsche Rechtsform der Aktiengesellschaft und der GmbH durch die Möglichkeit, sich mit der Hauptverwaltung an einem Ort unabhängig von dem in der Satzung oder im Gesellschaftsvertrag gewählten Sitz niederzulassen, ein *level playing field*, also gleiche Ausgangsbedingungen gegenüber vergleichbaren Auslandsgesellschaften geschaffen werden. Freilich bleibt es nach dem Entwurf dabei, dass die Gesellschaften eine Geschäftsanschrift im Inland im Register eintragen und aufrechterhalten müssen. Die Neuregelungen zur Zustellung in Deutschland erhalten durch die Mobilitätserleichterungen zusätzliches Gewicht.

Zu Nummer 3 – Änderung von § 5

Durch die Änderung des § 5 sollen die Kapitalaufbringung bei der Gründung und die Übertragung der Geschäftsanteile erleichtert werden.

Zu diesem Zweck wird zum einen in § 5 Abs. 1 die Höhe des Mindeststammkapitals der Gesellschaft von bisher 25.000 Euro auf 10.000 Euro abgesenkt. Rechnung getragen wird damit einer zunehmenden Kritik von Praxis und Wissenschaft an Höhe und Sinnhaftigkeit des bisherigen Mindeststammkapitals. Einerseits wird durch die Beibehaltung eines nennenswerten Mindeststammkapitals berücksichtigt, dass diesem die Funktion einer Seriositätsschwelle beigemessen wird. Andererseits wird mit der Absenkung gerade Kleinunternehmen und Existenzgründern ermöglicht, bei geringem Kapitalbedarf leichter eine Gesellschaft zu gründen als bisher. Dabei ist der Wandel des Wirtschaftslebens seit der Schaffung des GmbH-Gesetzes in Rechnung zu stellen: Heute sind die Mehrzahl der Neugründungen nicht mehr Produktionsunternehmen, sondern Unternehmen aus dem Dienstleistungssektor (über 85 %). Dienstleistungsbetriebe können aber unter Umständen mit relativ geringem Startkapital gegründet werden. Für manche dieser Gesellschaften war das bisherige Mindeststammkapital überhöht.

Der Entwurf befindet sich mit 10.000 Euro auch im europäischen Vergleich in angemessenem Rahmen.

Unternehmen mit höherem Kapitalbedarf sind freilich auch in Zukunft gut beraten, schon bei Gründung ein höheres Kapital zu zeichnen. Für viele solche Unternehmen waren auch in der Vergangenheit 25.000 Euro von Anfang an zu niedrig. So wird beispielsweise eine mit Eigenkapital besser ausgestattete GmbH wesentlich einfacher einen Bankkredit ohne zusätzliche persönliche Sicherheiten erhalten. Einer Unterkapitalisierungshaftung redet der Entwurf mit der Absenkung des Mindeststammkapitals nicht das Wort.

Weiter sollen die Gesellschafter die Größe der von ihnen zu übernehmenden Stammeinlagen individueller als bisher bestimmen können. Als einzige Begrenzung ist vorgesehen, dass jede Stammeinlage auf einen Betrag in vollen Euro (mindestens also einen Euro) lauten muss. Bislang muss die Stammeinlage jedes Gesellschafters mindestens 100 Euro betragen (§ 5 Abs. 1). Hierauf soll künftig verzichtet werden. Zum Schutz der Gesellschaftsgläubiger trägt der Mindestbetrag der einzelnen Stammeinlage nichts bei. Die Kapitalerhaltung nach den § 30 Abs. 1, § 31 Abs. 1 orientiert sich an dem zur Erhaltung des Stammkapitals als Ganzem erforderlichen Vermögen. Demgegenüber ist die Größe der jeweiligen Stammeinlage nur für die Ausfallhaftung der Mitgesellschafter gemäß den §§ 24, 31 Abs. 3 von Belang. Auch hier dient sie nur dazu, die von den Mitgesellschaftern zu erstattenden Beträge nach dem Verhältnis ihrer Geschäftsanteile zu berechnen. An dieser Funktion als Rechengröße ändert sich auch dann nichts, wenn die Größe der Stammeinlagen individuell bestimmt werden kann. Dem Schutz der Gesellschaftsgläubiger dient als Ausschüttungssperre weiterhin das gezeichnete Kapital.

Mit dem neu gefassten § 5 Abs. 2 braucht der Betrag der Stammeinlage jedes Gesellschafters nur noch auf volle Euro zu lauten. Hierbei handelt es sich in erster Linie um eine Folgeänderung zur Neuregelung des § 5 Abs. 1. Zudem wird eine Liberalisierung der Teilbarkeitsregel für Stammeinlagen gegenüber den bisherigen Vorgaben in § 5 Abs. 3 Satz 2 verfolgt.

Das Verbot der Übernahme mehrerer Stammeinlagen bei Errichtung der Gesellschaft nach § 5 Abs. 2 wird aufgehoben. Als Zweck des Verbots der Übernahme mehrerer Stammeinlagen wurde bislang angeführt, dass für die Gründung von Gesellschaften die Einheit der Stammeinlage und des Geschäftsanteils sichergestellt sowie darüber hinaus die Personalisierung der Beteiligung an der Gesellschaft gestärkt und eine geringere Fungibilität erreicht werden sollte.

In der Literatur werden die Argumente zur Rechtfertigung der Vorschrift jedoch schon seit langem mit überzeugenden Gründen angezweifelt. Zunächst muss bereits überdacht werden, ob im Recht der GmbH überhaupt noch ein schutzwürdiges Regelungsinteresse daran besteht, die Fungibilität der Geschäftsanteile so gering wie möglich zu halten. Diese Grundsatzdiskussion kann hier allerdings dahinstehen, da durch die Aufhebung des bisherigen § 5 Abs. 2 für die Geschäftsanteile der GmbH nicht annähernd eine zur Aktiengesellschaft vergleichbare Handelbarkeit entsteht. Das größte Hemmnis für eine freie Übertragbarkeit der Geschäftsanteile bei der GmbH stellt nach wie vor das Erfordernis der notariellen Beurkundung nach § 15 Abs. 3 dar. Die Entstehung eines Handels mit Geschäftsanteilen von GmbHs wie bei Aktien kann daher ausgeschlossen werden. Das Verbot der Übernahme mehrerer Stammeinlagen hat in diesem Zusammenhang nur – wenn überhaupt – eine äußerst untergeordnete Bedeutung und ist daher entbehrlich. Durch die Stärkung der Gesellschafterliste und die Schaffung der Möglichkeit eines gutgläubigen Erwerbs von Geschäftsanteilen wird zudem einer Unübersichtlichkeit der Beteiligungsverhältnisse wirksam begegnet.

Auch vermag das Argument, dass für die Gründung die Einheit der Stammeinlage und des Geschäftsanteils sichergestellt werden müsse, nicht zu überzeugen. Denn bereits unmittelbar nach der Eintragung der Gesellschaft in das Handelsregister ist nach § 15 Abs. 2 der Erwerb weiterer Geschäftsanteile unter Erhaltung ihrer Selbständigkeit zulässig. Daneben kann aber auch der einheitliche Anteil nach § 17 zum Zweck der Veräußerung geteilt werden, was durch den vorliegenden Entwurf weiter erleichtert werden soll (vgl. die Begründung zu Nummer 9 Buchstabe b). Folglich sollte dies auch schon in der Gründungsphase möglich sein. Das Verbot der Übernahme mehrerer Stammeinlagen bei Errichtung der Gesellschaft kann auch nicht mit einer Stärkung der personellen Beteiligung an der Gesellschaft begründet werden, wenn bereits kurze Zeit nach der Gründung ein Erwerb weiterer Geschäftsanteile bzw. eine Aufteilung von Anteilen zulässig ist. Die bisherige Regelung des § 5 Abs. 2 kann deshalb aufgehoben werden.

Daneben muss die Teilbarkeitsregelung in § 5 Abs. 3 Satz 2 an den neu gefassten § 5 Abs. 1 angepasst werden. Die Vorschrift ist daher aufzuheben und in § 5 Abs. 2 neu zu fassen. Die Gestaltung der Beträge von Stammeinlagen einer GmbH und – davon abhängig – der Geschäftsanteile (§ 14) wird durch die bisherige gesetzliche Vorgabe in § 5 Abs. 3 Satz 2 erheblich eingegrenzt. Durch die Bestimmung, dass der Betrag der Stammeinlage in Euro grundsätzlich durch fünfzig teilbar sein muss, wird in manchen Fällen eine exakte Aufteilung eines Anteils in einem gewünschten Verhältnis verhindert. Bereits seit langem wird deshalb diskutiert, § 5 Abs. 3 Satz 2 gänzlich aufzuheben. Das Bundesministerium der Justiz hat diese Frage bereits im Jahr 1997 im Zuge der bevorstehenden Euro-Umstellung den interessierten Kreisen vorgelegt. Die eingegangenen Stellungnahmen fielen unterschiedlich aus, das Meinungsbild war sehr gespalten. Zuspruch für die Aufhebung der Vorschrift kam vor allem aus den Reihen der Wirtschafts- und Beraterverbände, wohingegen die Landesjustizverwaltungen sich damals überwiegend für eine Beibehaltung der Teilbarkeitsregelung aussprachen.

Gerade die Wirtschaftsverbände fordern bereits seit geraumer Zeit eine völlige Aufhebung der Teilbarkeitsregel in § 5 Abs. 3 Satz 2, die häufig als eine unnötige Belastung der betrieblichen Praxis empfunden wird. Dies gilt insbesondere für kleine Familienbetriebe, die oftmals aus Anlass von Erbauseinandersetzungen oder Vorgängen der vorweggenommenen Erbfolge zu Kapitalerhöhungen gezwungen sind, damit die Geschäftsanteile durch fünfzig teilbar bleiben.

Zwar wurde bislang gegen eine Aufhebung des § 5 Abs. 3 Satz 2 vor allem die Befürchtung vorgebracht, dass darunter die Übersichtlichkeit der Beteiligungsverhältnisse leiden würde. Im Blick der Kritiker stehen die Fälle, in denen eine rechnerisch exakte Teilung eines Geschäftsanteils Beträge mit zahlreichen Nachkommastellen erzeugen würde, z. B. bei einer Aufteilung eines Anteils mit einem Nennbetrag von 10.000 Euro auf drei Gesellschafter. Aufgrund der Neufassung des § 5 Abs. 2 ist jedoch sichergestellt, dass der Betrag der Stammeinlagen und folglich auch der Betrag der Geschäftsanteile künftig auf volle Euro lauten müssen. Verhindert wird demzufolge, dass bei Teilungen Beträge mit unübersichtlichen Nachkommastellen sowie dadurch bedingte Rundungsprobleme entstehen.

Mit dieser gesetzlichen Änderung ist im Übrigen in keiner Weise die Einrichtung oder Förderung eines Kapitalmarktsegments zum Börsenhandel von GmbH-Anteilen geplant, was in der Vergangenheit häufig als Kritik gegen die Aufhebung des § 5 Abs. 3 Satz 2 vorgebracht wurde.

Zu Nummer 4 – Änderung von § 6

Die bisherigen Ausschlusstatbestände in § 6 Abs. 2 Satz 3 werden erweitert. Die Regelung greift die Vorschläge des Bundesratsentwurfs eines Gesetzes zur Sicherung von Werkunternehmeransprüchen und zur verbesserten Durchsetzung von Forderungen (Forderungssicherungsgesetz – FoSiG, BT-Drucks. 16/511) in modifizierter Form auf. Die Erweiterung erstreckt sich auf zentrale Bestimmungen des Wirtschaftsstrafrechts.

Bei den Ausschlussgründen werden zukünftig auch die aktienrechtlichen Straftatbestände der falschen Angaben gemäß § 399 AktG, der unrichtigen Darstellung gemäß § 400 AktG und der vorsätzlichen Pflichtverletzung bei Verlust, Überschuldung oder Zahlungsunfähigkeit gemäß § 401 Abs. 1 AktG erfasst. In die Ausschlussgründe einbezogen werden auch Verurteilungen nach den Paralleltatbeständen des GmbH-Rechts (§§ 82 und 84 Abs. 1). Wer als Gesellschafter oder Geschäftsführer im Zusammenhang mit der Gründung einer Gesellschaft, der Erhöhung oder Herabsetzung des Stammkapitals oder in öffentlichen Mitteilungen vorsätzlich falsche Angaben macht (§ 82) oder vorsätzlich seine Pflichten bei Verlust, Zahlungsunfähigkeit oder Überschuldung verletzt (§ 84 Abs. 1), ist für eine Geschäftsführertätigkeit nicht geeignet.

Die Erweiterung der Ausschlusstatbestände wird dadurch gegenüber dem Vorschlag des Bundesrats abgemildert, dass allgemein nur vorsätzlich begangene Straftaten zur Amtsunfähigkeit führen sollen. Nicht erfasst werden also fahrlässige Insolvenzstraftaten (§ 283 Abs. 4 und 5, § 283b Abs. 2 StGB). Diese Beschränkung soll Zweifeln an der Verhältnismäßigkeit der bisherigen Vorschrift begegnen. Demgegenüber stärkt die Einbeziehung insbesondere der Strafbarkeit wegen vorsätzlicher Insolvenzverschleppung (§ 401 Abs. 1 Nr. 2 AktG; § 84 Abs. 1 Nr. 2) den Gleichbehandlungsgrundsatz.

Der vorliegende Entwurf verzichtet darauf, ein Berufsverbot an Verurteilungen wegen Bestimmungen des allgemeinen Strafrechts zu knüpfen. Zwar werden Straftaten wie etwa der Betrug, die Untreue oder das Vorenthalten und Veruntreuen von Arbeitsentgelt nicht selten auch von Vertretungsorganen einer Kapitalgesellschaft begangen. Diese Straftatbestände stehen jedoch – anders als die spezialgesetzlichen Vorschriften – in keinem notwendigen inneren Zusammenhang zur Geschäftsleitungstätigkeit. Im Hinblick auf den Aufgabenbereich und die Tragweite seiner Tätigkeit muss der Geschäftsführer einer GmbH wie das Vorstandsmitglied einer Aktiengesellschaft zwar uneingeschränkt zuverlässig sein. Die Zuverlässigkeit soll angesichts der Eingriffsintensität eines auch nur zeitlich befristeten Berufsverbots aber von Gesetzes wegen nur dann in Frage gestellt werden, wenn die hierfür relevanten Straftaten wenigstens typischerweise mit der Vorstands- und Geschäftsführerstellung verbunden sind.

Um die Übersichtlichkeit der Vorschrift des § 6 Abs. 2 zu erhöhen, werden die bisherigen Sätze 2 bis 4 in dem neu gefassten Satz 2 zusammengefasst. Es handelt sich bei der Aufzählung der zur Inhabilität führenden Fälle in den Nummern 1 und 2 um eine lediglich formale Änderung. Nummer 3 erfährt eine inhaltliche Erweiterung um die oben aufgeführten Straftatbestände.

Der Entwurf des FoSiG sieht darüber hinaus zugunsten der Gesellschaft eine Schadensersatzhaftung derjenigen Gesellschafter vor, die eine nach § 6 Abs. 2 amtsunfähige Person die Geschäfte führen lassen. Von der Übernahme einer entsprechenden Regelung wurde jedoch Abstand genommen, weil eine solche Binnenhaftung weder effektiv noch mit der Gesetzessystematik vereinbar wäre. Eine Haftung für geschäftliche Fehlentscheidungen des faktischen Geschäftsführers würde dem Grundsatz des GmbH-Rechts widersprechen, dass der Alleingesellschafter oder die einverständlich handelnden Gesellschafter für einen Schaden nicht verantwortlich sind, den sie selbst oder die mit ihrem Einverständnis handelnden Geschäftsführer ihrer eigenen Gesellschaft zufügen. Ausnahmen hiervon bestehen im Wesentlichen nur in Bezug auf die zwingenden Kapitalerhaltungsregeln. Ergänzend greift die zivilrechtliche Verantwortlichkeit der Gesellschafter nach § 826 BGB oder bei existenzvernichtendem Eingriff ein. Die vom Bundesrat vorgeschlagene weitergehende Haftung zielt insbesondere darauf ab, Umgehungen des § 6 Abs. 2 zu vermeiden (vgl. BT-Drucks. 16/511, S. 25 f). Das Gewährenlassen einer amtsunfähigen Person in der Geschäftsführung ist allerdings nicht der einzige Weg, die Bestellungsverbote zu missachten. Vielmehr haben Gesellschafter, die wegen einschlägiger Verurteilungen selbst nicht Geschäftsführer sein können, aufgrund der gesetzlichen Ausgestaltung der Geschäftsführerstellung die Möglichkeit, eine unbescholtene Person als Geschäftsführer einzusetzen und durch Weisungen zu steuern. Hierdurch können amtsunfähige Personen mittelbar die Geschäftspolitik einer GmbH maßgeblich beeinflussen. Gerade derartige ‚Strohmannkonstruktionen' lassen sich jedoch mit einer Gesellschafterhaftung, die an der faktischen Geschäftsführung durch amtsunfähige Personen ansetzt, nicht verhindern.

Anders stellt sich die Haftungssituation bei Aktiengesellschaften dar. Die Bestellung des Vorstandes gemäß § 84 Abs. 1 AktG gehört zu den wichtigsten Pflichten des Aufsichtsrats. Verletzen die Aufsichtsratsmitglieder bei der Bestellung oder durch Gewährenlassen einer amtsunfähigen Person ihre Pflichten, haften sie der Gesellschaft auf Schadensersatz. Entsprechendes gilt gemäß § 52 Abs. 1 für GmbHs, die über einen Aufsichtsrat verfügen, soweit der Gesellschaftsvertrag nichts anderes vorsieht. Die Verantwortlichkeit des Kontrollorgans und ihre je nach Rechtsform zwingende oder fakultative Ausgestaltung entspricht dem nach dem gesetzlichen Leitbild abgestuften Verhältnis von Aktiengesellschaft und GmbH. Dieses Verhältnis, das durch eine unterschiedliche Satzungsstrenge und Kontrolldichte beider Rechtsformen gekennzeichnet ist, soll nicht durch eine Haftung der GmbH-Gesellschafter verschoben werden.

Zu Nummer 5 – Änderung von § 7 Abs. 2

Die besonderen Sicherungen bei Gründung einer Einpersonengesellschaft sind nach Auskunft der Praxis verzichtbar und bedeuten lediglich eine unnötige Komplizierung der GmbH-Gründung. Diese Regelungen gehen über das von der Einpersonen-GmbH-Richtlinie (89/667/EWG) vom 21. Dezember 1989 Geforderte hinaus und sollen gestrichen werden. Dies führt zu weiteren Deregulierungen durch Streichung von § 8 Abs. 2 Satz 2 und § 19 Abs. 4.

Zu Nummer 6 – Änderung von § 8
Zu Buchstabe a – Änderung von Absatz 1 Nr. 6

Mit der Änderung soll die Handelsregistereintragung von Gesellschaften erleichtert werden, deren Unternehmensgegenstand genehmigungspflichtig ist. Bislang kann die Gesellschaft nur dann eingetragen werden, wenn bereits bei der Anmeldung zur Eintragung die staatliche Genehmigungsurkunde vorliegt. Zukünftig soll anstelle der Genehmigung die Versicherung genügen, dass die Genehmigung bei der zuständigen Stelle beantragt worden ist. Um zu verhindern, dass dauerhaft Gesellschaften ohne Betriebsgenehmigung im Handelsregister verzeichnet sind, muss die Erteilung der Genehmigung innerhalb von drei Monaten bzw. einer vom Registergericht gesetzten anderweitigen Frist nach Eintragung beim Registergericht nachgewiesen werden. Andernfalls ist die Gesellschaft von Amts wegen zu löschen und wird aufgelöst (vgl. Nummer 26 Buchstabe b). Den Geschäftsführern soll jedoch ein beschränktes Widerspruchsrecht in Anlehnung an § 141a Abs. 2 FGG gewährt werden. Ein Rechtsanspruch auf eine andere Frist als die Regelfrist von drei Monaten besteht nicht.

Die bisherige Rechtslage erschwert die Unternehmensgründung erheblich. Da die Genehmigung in vielen Fällen nur der Gesellschaft als juristischer Person erteilt werden kann, diese aber mangels Eintragung als solche nicht existiert (§ 11 Abs. 1), müssen im Vorgriff auf die endgültige Genehmigung Vorbescheide erteilt werden. Solange die Gesellschaft nicht eingetragen ist, können mit der Gründung verbundene Rechtsgeschäfte wie etwa die Anmietung von Geschäftsräumen oder die Einstellung von Personal nur durch die Vor-GmbH getätigt werden. Hierdurch sind die Stammeinlagen häufig jedoch schon vor der Eintragung angegriffen, was eine Unterbilanzhaftung der Gesellschafter auslösen kann. Um dies zu vermeiden, behilft sich die Praxis, soweit sie nicht wahrheitswidrig einen genehmigungsfreien Unternehmensgegenstand angibt, mit der Gründung einer GmbH, deren Geschäftsgegenstand zunächst enger gehalten (etwa: Errichtung eines Gaststättengebäudes) und nach der Erteilung der Genehmigung erweitert wird (im Beispiel: Betrieb einer Gaststätte). Die hierzu erforderliche Satzungsänderung verursacht zusätzliche Kosten, da eine Gesellschafterversammlung einberufen werden muss, deren Beschluss der notariellen Beurkundung bedarf (§ 53 Abs. 2). Zudem muss die Änderung sodann im Register vollzogen werden. Die bevorstehende Umstellung auf das elektronische Handelsregister kann nur die Eintragung als solche beschleunigen; sie vermag jedoch an den beschriebenen Hemmnissen nichts zu ändern.

Die angestrebte Erleichterung von Unternehmensgründungen darf allerdings nicht dazu ermutigen, ein Unternehmen ohne die erforderliche Genehmigung zu betreiben. Dementsprechend streng ist die Sanktion für den Fall auszugestalten, dass die Genehmigung nicht nachgereicht wird. Die drohende Amtslöschung mit der Folge der zwangsweisen Auflösung wird die Geschäftsführer dazu anhalten, die Erteilung der Genehmigung zu betreiben und beim Register nachzuweisen. Daneben droht die Haftung für falsche gründungsbezogene Angaben (§ 9a Abs. 1). Um eine zusätzliche Belastung der Registergerichte zu vermeiden, knüpft die Amtslöschung lediglich an das Nichtvorliegen der Genehmigung bei Ablauf einer klar bezeichneten Frist an. Weitere Voraussetzungen hat das Registergericht nicht zu beachten. Dabei wird nicht verkannt, dass sich die jeweiligen Genehmigungsverfahren in ihrer Dauer erheblich unterscheiden können. Dies ist angesichts der in Betracht kommenden Fälle unvermeidbar. So reichen die staatlichen Genehmigungserfordernisse von Bankgeschäften über den Betrieb einer Gaststätte bis hin zum Handel mit Waffen und Sprengstoff. Die Gründer müssen daher, bevor sie die Gesellschaft zur Eintragung anmelden, die voraussichtliche Dauer des Genehmigungsverfahrens in Erfahrung bringen und den Zeitpunkt der Antragstellung hiernach wählen. Der Entwurf gibt daher eine Regel-Frist von drei Monaten vor. Es steht dem Ermessen des Gerichts, bei besonderen Sach- und Rechtslagen eine kürzere oder vor allem längere Frist festzusetzen. Dadurch soll mehr Flexibilität gegeben werden. Härten im Einzelfall werden durch die Widerspruchsmöglichkeit abgemildert. Dies ist etwa dann von Belang, wenn die Genehmigung erst kurz vor Fristablauf bestandskräftig geworden ist und aus diesem Grund nicht rechtzeitig nachgereicht werden kann. Die Rechtsmittel (Widerspruch; sofortige Beschwerde) sind auf derartige Fälle zu beschränken, um zu vermeiden, dass Gesellschaften ohne Betriebsgenehmigung während der Dauer eines über mehrere Instanzen betriebenen Genehmigungsverfahrens im Handelsregister verbleiben.

Obwohl der Entwurf die Eintragung von Gesellschaften erleichtert, die ein genehmigungspflichtiges Unternehmen betreiben, bleiben die Eintragungsanforderungen bei Kapitalgesellschaften (vgl. den unveränderten § 37 Abs. 4 Nr. 5 AktG) strenger als bei Einzelkaufleuten und Personengesellschaften (vgl. § 7 HGB). Diese unterschiedliche Behandlung ist auch weiterhin dadurch gerechtfertigt, dass bei Kapitalgesellschaften die Haftung auf das Gesellschaftsvermögen beschränkt ist. Während bei Einzelkaufleuten und Personengesellschaften durch die persönliche Haftung ein unmittelbarer Anreiz für gesetzeskonformes Verhalten besteht, muss eine entsprechende Sanktion bei Kapitalgesellschaften ausdrücklich angeordnet werden. Auch der neugefasste § 8 Abs. 1 gewährleistet demgemäß, dass falsche Angaben bei der Gründung gesellschafts- und strafrechtliche Folgen nach sich ziehen können.

Anders als die bisherige Fassung spricht der Entwurf nicht mehr von einer Genehmigungs*urkunde*. Mit Blick auf die bevorstehende Schaffung eines elektronischen Handelsregisters soll neutral nur der Nachweis der Genehmigung gefordert werden. In welcher Form der Nachweis zu erbringen ist, richtet sich nach den handelsregisterrechtlichen Vorschriften des § 12 HGB in der jeweiligen Fassung.

Zu Buchstabe b – Änderung von Absatz 2

Die Streichung des Satzes 2 ist Folgeänderung zur Streichung des § 7 Abs. 2 Satz 3. Von einer Änderung des Satzes 1 wurde Abstand genommen. Grundsätzlich reicht die Versicherung nach Satz 1 aus und kann im Rahmen der Anmeldung der GmbH leicht den künftig elektronisch einzureichenden übrigen Anmeldedokumenten in elektronischer Form beigefügt werden. Weitere Nachweise (Einzahlungsbelege etc.) sind grundsätzlich nicht erforderlich.

Zu Buchstabe c – Änderung von Absatz 3
Bei der Änderung unter Doppelbuchstabe aa handelt es sich um eine Folgeänderung zu Nummer 4 Buchstabe a. Unter Doppelbuchstabe bb wird die Vorschrift dem Bundeszentralregistergesetz in seiner aktuellen Fassung angepasst.

Zu Buchstabe d – Änderung von Absatz 4
In der Anmeldung ist künftig neben der Angabe von Art und Umfang der Vertretungsbefugnis der Geschäftsführer – insofern ist mit der Formulierung keine inhaltliche Änderung verbunden – stets eine inländische Geschäftsanschrift anzugeben.

Der bisherige Rechtszustand war unbefriedigend und hat zu Zustellungsproblemen zu Lasten der Gläubiger der GmbH geführt. Die verpflichtende Angabe der Geschäftsanschrift wurde bereits im Zuge der Handelsrechtsreform diskutiert. Zwar sind die Gesellschaften schon heute zur Mitteilung ihrer Geschäftsanschrift und diesbezüglicher Änderungen verpflichtet und ist es schon heute möglich, die säumigen Gesellschaften unter Androhung von Zwangsgeld zur Mitteilung anzuhalten (vgl. § 125 Abs. 3 Satz 2 FGG i. V. m. § 14 HGB, § 24 HRV). Praktische Bedeutung hat diese Möglichkeit bisher allerdings nicht, da die Registergerichte nur tätig werden, wenn sich Anhaltspunkte für eine Pflichtverletzung der Unternehmen hinsichtlich der Mitteilung der Anschrift und ihrer Änderung ergeben. Die Richtigkeit der Anschriften und der Anschriftenänderungen ist nicht ausreichend sichergestellt. Sie werden bisher zudem nicht Registerinhalt.

Da natürliche Personen einen über das Einwohnermeldeamt feststellbaren zustellungsfähigen Wohnsitz besitzen, soll nun auch für juristische Personen eine in einem öffentlichen Register einsehbare Anschrift fixiert werden. Angelehnt ist die Regelung an § 3 Nr. 4 des österreichischen Firmenbuchgesetzes (FBG).

In der Regel wird die angegebene Geschäftsanschrift mit der Anschrift des Geschäftslokals, dem Sitz der Hauptverwaltung oder des maßgeblichen Betriebes übereinstimmen. Besitzt die Gesellschaft solche Einrichtungen nicht oder nicht mehr, wird eine andere Anschrift als „Geschäftsanschrift" angegeben werden müssen. Dies gilt zum Beispiel dann, wenn die Gesellschaft ihren Verwaltungssitz über eine Zweigniederlassung im Ausland hat. In Betracht kommt in solchen Fällen die (inländische) Wohnanschrift eines Geschäftsführers, eines oder des alleinigen Gesellschafters, sofern er sich dazu bereit erklärt, oder die inländische Anschrift eines als Zustellungsbevollmächtigten eingesetzten Vertreters (z. B. Steuerberater, Rechtsberater). Der Gesellschaft ist freigestellt, den Ort der inländischen Anschrift zu wählen, sie hat aber die gesetzliche Pflicht, eine solche Anschrift zur Eintragung anzumelden.

Unter dieser Anschrift, die für Dritte im Handelsregister jederzeit – und künftig auch online – einsehbar ist, kann an den oder die Vertreter der Gesellschaft wirksam zugestellt werden (vgl. ausführlich die Begründung zu Nummer 14).

Die eingetragene Anschrift kann im Register auch nicht ohne Eintragung einer neuen Zustellungsanschrift gelöscht werden. Dies widerspräche schon Sinn und Zweck der Regelung, resultiert aber auch aus der Funktion des Handelsregisters. Die Pflicht, auch Änderungen von anmeldepflichtigen Tatsachen eintragen zu lassen, ergibt sich zum einen aus der Aufgabe des Registers, stets die richtige Auskunft über die eingetragenen Verhältnisse zu geben. Zum anderen haben auch die betroffenen Gesellschaften ein eigenes Interesse daran, ständig für die Richtigkeit des Registers zu sorgen. Denn an die Verletzung der Aktualisierungspflicht ist die erleichterte öffentliche Zustellung nach diesem Entwurf geknüpft. Der Hintergrund ist auch hier, dass es der Gesellschaft nicht ermöglicht werden darf, beispielsweise durch Unterlassen von Änderungsmitteilungen bei Verlegung der Geschäftsräume, durch Schließung des Geschäftslokals, durch Umzug des Geschäftsführers ins Ausland, durch Zulassen der Führungslosigkeit oder ähnlichem sich den Gläubigern zu entziehen.

Zu Nummer 7 – Änderung von § 10
Zu Buchstabe a – Änderung von Absatz 1

Es handelt sich um eine Folgeänderung zu Nummer 6 Buchstabe d. Die bei der Anmeldung anzugebende inländische Geschäftsanschrift ist in das Handelsregister einzutragen.

Zu Buchstabe b – Änderung von Absatz 2

Zusätzlich zu der zwingenden Eintragung einer inländischen Geschäftsanschrift wird es den Gesellschaften in Zukunft gestattet sein, eine Person ins Register eintragen zu lassen, die den Gläubigern als zusätzlicher Zustellungsempfänger neben den Vertretern der Gesellschaft dient (vgl. Begründung zu Nummer 14 Buchstabe a und Artikel 8).

Ob es sich bei dieser weiteren Empfangsperson um einen Gesellschafter oder eine sonstige rechtsgeschäftlich empfangsberechtigte Person wie beispielsweise einen Steuerberater oder Notar handelt, bleibt den Gesellschaften überlassen. Diese Regelung ist ausdrücklich nur als Option ausgestaltet. Es handelt sich dabei nicht um eine gesetzliche Pflicht. Zusätzlicher Aufwand und bürokratische Auflagen für die mittelständische Wirtschaft sollen gerade vermieden werden. Die normale GmbH und damit die ganz überwiegende Zahl der Gesellschaften werden keinen Grund haben, diesen Weg einzuschlagen und werden ihn folglich auch nicht gehen. Von der zusätzlichen Option werden vernünftigerweise nur solche Gesellschaften Gebrauch machen, die Bedenken haben, ob die eingetragene Geschäftsanschrift tatsächlich ununterbrochen für Zustellungen geeignet sein wird und sich dadurch Risiken aus öffentlichen Zustellungen ergeben könnten.

Die Anmeldung steht also im Ermessen der Gesellschaften. Es liegt lediglich eine eintragungsfähige Tatsache vor, keine eintragungspflichtige. Daher kommt § 15 HGB nicht unmittelbar zur Anwendung. Um Unklarheiten zu vermeiden, die bei Anordnung einer entsprechenden Anwendung des § 15 HGB hätten auftreten können, bedurfte es der Klarstellung in Halbsatz 2. Wird von der Möglichkeit der Eintragung dieser weiteren Empfangsperson Gebrauch gemacht, so erstreckt sich auch die Registerpublizität auf die eingetragenen Tatsachen. Hierdurch werden die Gesellschaften dazu angehalten, die Angaben zur Person stets aktuell zu halten, da ansonsten eine Zustellung an eine nicht mehr empfangsberechtigte Person droht, die dem Dritten gegenüber aufgrund des neuen Halbsatzes 2 noch als empfangszuständig gilt. Die Ausdehnung der Registerpublizität nach dem Vorbild des § 15 HGB hilft dem Gläubiger allerdings nur in den Fällen, in denen die rechtsgeschäftliche Vollmacht lediglich im Innenverhältnis beendet wurde. Scheitert hingegen ein Zustellversuch an die eingetragene Person unter der eingetragenen Anschrift aus tatsächlichen Gründen, weil die Anschrift nämlich nicht mehr existiert, so hilft die Fiktion der fortbestehenden Empfangsberechtigung hier nicht weiter. Dem Gläubiger ist aber nun die Möglichkeit der Zustellung nach § 185 Nr. 2 ZPO-E eröffnet (vgl. die Begründung zu Artikel 8).

Zu Nummer 8 – Änderung von § 16
Zu Absatz 1

Die vorgeschlagene Änderung entspricht neben dem konkreten Ziel der Missbrauchsbekämpfung auch dem allgemeinen Anliegen, Transparenz über die Anteilseignerstrukturen der GmbH zu schaffen und Geldwäsche zu verhindern. Dies entspricht den Forderungen der Financial Action Task Force Against Money Laundering (FATF), die dies in ihren 40 Empfehlungen fixiert hat. Die Bestimmungen zur Gesellschafterliste sind bereits durch das Handelsrechtsreformgesetz vom 22. Juni 1998 (BGBl. I S. 1474 ff) nachgebessert und verschärft worden. Es bestehen jedoch weiterhin Lücken, z. B. bei der Auslandsbeurkundung, die nunmehr geschlossen werden.

Die Änderung des § 16 lehnt sich an das Regelungsmuster des § 67 Abs. 2 AktG an. Danach gilt künftig im Verhältnis zur GmbH nur der in der zum Handelsregister eingereichten Gesellschafterliste Eingetragene als Gesellschafter. Die Vorschrift bedeutet allerdings nicht, dass die Eintragung für den Erwerb des Geschäftsanteils Wirksamkeitsvoraussetzung wäre. Die Wirksamkeit der Übertragung ist – abgesehen vom neu zu regelnden Fall des gutgläubigen Erwerbs – auch weiterhin unabhängig von der Eintragung in die Gesellschafterliste. Ohne die Eintragung bleibt dem Neugesellschafter allerdings die Ausübung seiner Mitgliedschaftsrechte verwehrt, da ihm gegenüber der Gesellschaft erst mit Eintragung in die Gesellschafterliste die Gesellschafterstellung zukommt. Die Gesellschafterliste wird dogmatisch an das Aktienregister bei der Namensaktie angenähert, bei dem sich Probleme aus der relativen Rechtsstellung nicht ergeben haben.

Dem eintretenden Gesellschafter steht daher ein Rechtsanspruch auf Eintragung in die Gesellschafterliste zu. Eine entsprechende einklagbare Verpflichtung der Gesellschaft gegenüber dem Neugesellschafter ist bei § 67 Abs. 2 AktG ohne ausdrückliche gesetzliche Regelung anerkannt. Gleiches gilt aufgrund der Parallelität der Vorschriften künftig auch für die GmbH. Insbesondere finden auch für den Anspruch auf Eintragung in die Gesellschafterliste die Regeln des einstweiligen Rechtsschutzes Anwendung. In der Praxis wird es auf diese Rechtsfragen aber nur sehr selten ankommen. In der Zukunft wird nämlich im Normalfall der rechtsgeschäftlichen Anteilsabtretung die Einreichung der geänderten Gesellschafterliste im Zusammenhang mit der Beurkundung vom Notar veranlasst werden (§ 40 Abs. 1 Satz 2).

Abgesehen davon gilt aber, dass mit dem Anteilserwerb ein gesetzliches Schuldverhältnis zwischen dem jeweiligen Gesellschafter und der Gesellschaft entsteht, aufgrund dessen dem ausscheidenden wie dem eintretenden Gesellschafter ein Anspruch auf unverzügliche Aktualisierung der Gesellschafterliste zusteht. Bereits nach allgemeinem bürgerlichen Leistungsstörungsrecht folgt aus der Verletzung dieser Pflicht ein Schadensersatzanspruch. Um etwaige Zweifel zu vermeiden, soll dieser Schadensersatzanspruch des Alt- und des Neugesellschafters in § 40 Abs. 2 ausdrücklich fixiert werden (vgl. Nummer 17).

Die Formulierung „die Änderung der Liste durch die Geschäftsführer erfolgt auf Mitteilung und Nachweis" lehnt sich ebenfalls an § 67 AktG, dort Absatz 3 an. Die Regelung macht klar, dass die Änderung der Gesellschafterliste eine Pflicht der Geschäftsführer ist und dass sie dabei eine Prüfungspflicht haben. Der zu prüfende Nachweis ist im Normalfall die Abtretung durch den in der Gesellschafterliste bisher ausgewiesenen Gesellschafter (zum Umfang der Prüfungspflicht s. ausf. zu Absatz 3). Das Registergericht nimmt die Listen lediglich entgegen und hat keine inhaltliche Prüfungspflicht.

Ein besonderes Eintragungsrecht gegenüber dem Registergericht benötigen die Gesellschafter hingegen nicht. Erlangt das Registergericht glaubhafte Kenntnis davon, dass die Geschäftsführer ihrer Verpflichtung zur Aktualisierung der Gesellschafterliste nicht nachkommen, wird es nach § 132 Abs. 1 FGG dazu anhalten, eine neue Liste einzureichen. Diese Kenntnis kann dem Registergericht auch dadurch vermittelt werden, dass der Veräußerer oder der Erwerber dem Registergericht die Abtretung mitteilt. Veräußerer und Erwerber sind demnach nicht schutzlos, wenn sie Zweifel daran haben, ob der Geschäftsführer eine neue Liste zum Register gereicht hat. Darüber hinaus wird nach der vorgesehenen Neufassung des § 40 Abs. 1 Satz 2 auch der Notar in die Verpflichtung zur Einreichung einer aktualisierten Gesellschafterliste einbezogen, sofern er an der Veränderung mitgewirkt hat. Ferner hat ein Dritter, der sich eines Anteils berühmt, ein Widerspruchsrecht gegenüber dem Registergericht.

Durch die Neuregelung wird der Gesellschafterbestand also stets aktuell, lückenlos und unproblematisch nachvollziehbar sein, denn es entspricht nunmehr einem Eigeninteresse des Erwerbers, für die Eintragung in die Gesellschafterliste durch den Geschäftsführer Sorge zu tragen. Aber auch der Veräußerer kann ein Interesse daran haben, sein Ausscheiden wirksam werden zu lassen. Nach vollständiger Einführung der elektronischen Handelsregister in Deutschland, spätestens zum 1. Januar 2007, wird eine Online-Abfrage bzw. eine jederzeitige Einsichtnahme auch hinsichtlich der Gesellschafterliste möglich sein, insbesondere auch veranlasst durch die geänderte 1. Gesellschaftsrechtliche Richtlinie (2003/58/EG).

Die Vorschrift gilt nicht nur bei rechtsgeschäftlicher Übertragung durch Abtretung, sondern bei allen Formen des Anteilsübergangs, insbesondere auch bei der Gesamtrechtsnachfolge. Die Verkehrsfähigkeit von GmbH-Anteilen wird hierdurch nicht eingeschränkt, da die Eintragung in die Gesellschafterliste sehr zeitnah erfolgen kann, wozu auch die künftige elektronische Einreichung beitragen wird.

Zu Absatz 2

Im neu gefassten § 16 Abs. 2 wird die bisherige Regelung in § 16 Abs. 3 aufgegriffen. Zeitlicher Anknüpfungspunkt ist hierfür – Absatz 1 folgend – nicht mehr die Anmeldung des Erwerbs bei der Gesellschaft, sondern der Zeitpunkt der Einreichung der aktualisierten Gesellschafterliste zum Handelsregister. Für die bisherige Regelung in § 16 Abs. 2 besteht kein gesondertes Regelungsbedürfnis, da sich die dort geregelten Rechtsfolgen bisher schon aus § 16 Abs. 1 ableiten ließen.

Zu Absatz 3

Mit dem neuen § 16 Abs. 3 wird der gutgläubige Erwerb von Geschäftsanteilen ermöglicht. Bislang geht der Erwerber eines Geschäftsanteils das Risiko ein, dass der Anteil einem anderen als dem Veräußerer zusteht. In der Praxis hat der Erwerber zwei Möglichkeiten, dieses Risiko zu minimieren. Verlangt der Erwerber vom Veräußerer eine möglichst lückenlose Vorlage aller relevanten Abtretungsurkunden bis zurück zur Gründungsurkunde, so ist dies für den Veräußerer – wenn überhaupt – häufig nur mit hohem Aufwand möglich. Selbst dann ist nicht sicher, dass die beurkundeten Abtretungen auch materiell wirksam sind. Der Erwerber verlangt daher vom Veräußerer eine Garantie, dass der Geschäftsanteil dem Veräußerer zusteht. Auch wenn aber der Erwerber den Veräußerer aus dieser Rechtsmängelhaftung in Anspruch nimmt, kann der Veräußerer dem Erwerber gegen den Willen des wahren Berechtigten den Anteil nicht verschaffen. Hat der Erwerber das von der Gesellschaft betriebene Unternehmen bereits nach seinen Vorstellungen umgestaltet, bevor der Dritte sein Recht geltend macht, ist die Rückabwicklung des Anteilskaufvertrags oft mit großen Schwierigkeiten verbunden. Insgesamt ist dies ein schwerfälliges System mit unnötig hohen Transaktionskosten und Rechtsunsicherheiten.

Der Entwurf begegnet diesen Schwierigkeiten dadurch, dass der Gesellschafter mit seiner Eintragung in die Gesellschafterliste nicht nur gegenüber der Gesellschaft, sondern auch gegenüber Dritten legitimiert wird. Die Vorschrift lehnt sich teilweise an § 892 BGB an. Wer einen Geschäftsanteil oder etwa ein Pfandrecht daran erwirbt, soll darauf vertrauen dürfen, dass die in der Gesellschafterliste verzeichnete Person auch wirklich Gesellschafter ist. Das Handelsregister trägt zur Sicherheit des Rechtsverkehrs bei, da nach jeder Veränderung im Gesellschafterbestand eine aktuelle Gesellschafterliste zum Handelsregister eingereicht werden muss und dann – künftig online – allgemein zugänglich ist. Mit der bevorstehenden Einführung des elektronischen Handelsregisters können die Gesellschafterlisten auch rückwirkend eingesehen werden, so dass Veränderungen transparent sind.

Da die Gesellschafterliste privat geführt wird und das Handelsregister nicht prüfende, sondern nur verwahrende und die allgemeine Kenntnisnahme ermöglichende Stelle ist, ist ein vollständiger Gleichlauf zum guten Glauben an den Inhalt des Grundbuchs wegen des Fehlens einer strengen, objektiven und vorgelagerten Richtigkeitsprüfung der Liste jedoch nicht möglich. Er ist zur Erreichung des gesetzgeberischen Ziels aber auch nicht nötig. Denn an der Abtretung beteiligten Personen sollen die Mühen, Kosten und Unsicherheiten der mitunter sehr langen Abtretungskette seit Gründung der Gesellschaft erspart werden. Es geht vor allem um Rechtssicherheit über längere Zeiträume. Der gute Glaube an die Gesellschafterliste wird daher „insoweit" geschützt, als die betreffende Angabe bereits mindestens drei Jahre unrichtig in der Gesellschafterliste enthalten ist und kein Widerspruch gegen die Liste in dem betreffenden Punkt zum Handelsregister eingereicht worden ist. Der Erwerber wird damit in seinem guten Glauben darauf geschützt, dass der Veräußerer vor drei Jahren Gesellschafter in dem in der Liste angegeben Umfang war. Ist also z. B. der Veräußerer seit 1. Januar 2010 zu Unrecht in der Gesellschafterliste eingetragen, so kann der Erwerber im Jahre 2013 den betreffenden Geschäftsanteil gutgläubig von ihm erwerben. Ist zwischenzeitlich eine neue Liste eingereicht worden, die sich auf eine Änderung bei einem anderen Geschäftsanteil bezog, hinsichtlich des in Rede stehenden Anteils aber kontinuierlich die ältere Liste fortgeschrieben hat, so ist der Rechtsschein insoweit nicht unterbrochen. Keinen Schutz hat der Erwerber demgegenüber davor, dass der Veräußerer in der Zwischenzeit, also vor weniger als drei Jahren, seinen Anteil weiterveräußert hat und dies nicht in der Liste nachgetragen wurde. Man wird in Zukunft also nur noch eine – in der Regel sehr kurze – Kette von Veräußerungen bis zu dem Dreijahres-Stichtag nachweisen und garantieren müssen.

Die vorgesehene Regelung berücksichtigt die schutzwürdigen Interessen des wahren Berechtigten. Dieser hat nach Eintritt der Unrichtigkeit in der Gesellschafterliste in jedem Fall drei Jahre Zeit, einen Widerspruch zum Handelsregister einzureichen und auf diese Weise einen gutgläubigen Erwerb des ihm zustehenden Anteils auszuschließen. Da die Gesellschafterliste künftig online einsehbar ist, ist es dem Berechtigten nach dem Erwerb eines Anteils auch ohne nennenswerten Aufwand möglich nachzuprüfen, ob der Wechsel auch in der Liste nachvollzogen worden ist oder eine Änderung zu seinen Ungunsten stattgefunden hat.

Wird ein Widerspruch zum Handelsregister eingereicht, so wird dieser nicht auf inhaltliche Richtigkeit geprüft, nicht eingetragen und auch nicht bekannt gemacht. Er wird aber in den Registerordner aufgenommen und der Gesellschafterliste zugeordnet (vgl. § 9 HRV in der Fassung durch Artikel 13 Nr. 1 des Entwurfs). Damit ist der Widerspruch über das elektronische Handelsregister für Jedermann online einsehbar. Ein solcher Widerspruch zerstört die Gutglaubenswirkung des Absatzes 3, allerdings nicht die relative Gesellschafterstellung nach Absatz 1. Der Widerspruch beseitigt auch nicht die Möglichkeit des tatsächlich Berechtigten, seinen Anteil wirksam zu veräußern. Besteht Uneinigkeit zwischen mehreren Prätendenten, so ist diese zwischen den Beteiligten zivilrechtlich zu klären. Gleichfalls ist in einem zivilrechtlichen Verfahren die Verpflichtung des Geschäftsführers zur Korrektur der Liste oder die Rücknahme eines Widerspruchs einzuklagen.

Da die Führung der Liste den Geschäftsführern obliegt, ergeben sich durch die Regelung des § 16 Abs. 3 für die Registergerichte keine zusätzlichen Belastungen. Dem Geschäftsführer kann allerdings nicht diejenige Prüfung aufgebürdet werden, die nach bisherigem Recht schon den Erwerber vor erhebliche Schwierigkeiten stellt. Für die Schadensersatzpflicht nach § 40 Abs. 2 ist anerkannt, dass der Geschäftsführer schuldhaft gehandelt haben muss. Den Geschäftsführer wird also, wenn er über einen Gesellschafterwechsel informiert wird, aber von dessen materieller Unwirksamkeit nichts erfährt, regelmäßig kein Verschulden treffen. Auch der Geschäftsführer kann sich ohne weitere Anhaltspunkte darauf verlassen, dass der in der Gesellschafterliste eingetragene Gesellschafter zum Verkauf der Anteile legitimiert war. Er nimmt die Änderung der Gesellschafterliste auf „Nachweis" vor. Dies bedeutet, dass der Erwerber ihm z. B. den Erwerb im Wege der Gesamtrechtsnachfolge durch Erbschein nachweist. Eine Haftung kommt daher vor allem in Fällen in Betracht, in denen der Geschäftsführer zu Lasten des wahren Berechtigten mit dem Veräußerer und/oder dem Erwerber kollusiv zusammenwirkt.

Zu Nummer 9 – Änderung von § 17

Zu Buchstabe a – Änderung von Absatz 4

Es handelt sich um eine Folgeänderung zu Nummer 3.

Zu den Buchstaben b und c – Aufhebung von Absatz 5

Mit der Aufhebung des Verbots, mehrere Teile von Geschäftsanteilen gleichzeitig an denselben Erwerber zu übertragen, wird die Teilung und Übertragung von Geschäftsanteilen weiter erleichtert. Die Änderung steht in engem Zusammenhang mit der Änderung des § 5 (vgl. die Begründung zu Nummer 3). Da Stammeinlagen künftig auf einen beliebigen vollen Euro-Betrag lauten können, die Gesellschafter mehrere Stammeinlagen übernehmen können und auf die Teilbarkeit durch fünfzig verzichtet wird, ist es konsequent, die Übertragung mehrerer Teile von Geschäftsanteilen an denselben Erwerber zuzulassen. Wünschen die Gesellschafter eine stärker personalistische Gesellschaftsstruktur, können sie die Teilung nach dem bisherigen § 17 Abs. 6 (künftig: Abs. 5) auch weiterhin ausschließen. Auch im Übrigen soll § 17 beibehalten werden. Außer im Fall der Veräußerung und Vererbung besteht – abgesehen vom speziell geregelten Fall der Umwandlung (§ 241 Abs. 1 Satz 2 UmwG) – kein Bedürfnis für die Teilung der Geschäftsanteile. Um Streitigkeiten zu vermeiden, soll die Genehmigung der Teilung auch in Zukunft dokumentiert werden.

Zu Nummer 10 – Aufhebung von § 19 Abs. 4

Es handelt sich um eine Folgeänderung zur Streichung des § 7 Abs. 2 Satz 3.

Zu Nummer 11 – Änderung von § 30 Abs. 1

Zu Satz 2 -neu-

Die Ergänzung des § 30 Abs. 1 durch einen zweiten Satz (und parallel die Änderung des § 57 AktG) erfolgt vor dem Hintergrund der Unsicherheit über die Zulässigkeit von Leistungen im Rahmen von Verträgen, bei denen die schuldrechtliche Gegenforderung der Gesellschaft „zeitlich hinausgeschoben" und damit nicht sofort realisierbar ist, im Allgemeinen, und von Darlehen durch die GmbH an Gesellschafter („*upstream-loans*") im Besonderen und der in Konzernen sehr verbreiteten Praxis des sog. cash-pooling. Die Praxis des cash-pooling ist im Grundsatz ökonomisch sinnvoll und dient regelmäßig auch dem Interesse von Konzerntöchtern. Die Anwendung der Kapitalerhaltungsregeln auf das cash-pooling kann abhängig von ihrer Interpretation international tätige Konzerne vor erhebliche praktische Schwierigkeiten stellen. Dies wurde unter anderem in der Folge der neueren Rechtsprechung des Bundesgerichtshofs (II ZR 171/01 vom 24. November 2003) deutlich. Es entstand eine erhebliche Rechtsunsicherheit für die Praxis.

Der BGH hat in seinem Urteil vom 24. November 2003 ausgeführt, dass Kreditgewährungen an Gesellschafter, die nicht aus Rücklagen oder Gewinnvorträgen, sondern zulasten des gebundenen Vermögens der GmbH erfolgen, auch dann als verbotene Auszahlungen von Gesellschaftsvermögen zu bewerten sind, wenn der Rückzahlungsanspruch gegen den Gesellschafter im Einzelfall vollwertig sein sollte. Dabei ging der BGH freilich von Darlehen mit längerer Laufzeit und von einem besonderen „Ausplünderungsfall" aus. Bei solchen langfristigen Ausleihungen ist in der Tat besondere Vorsicht geboten, denn die wirtschaftliche Situation des Gesellschafters und seine Kreditwürdigkeit zum Zeitpunkt der Ausleihung können sich im Laufe der Zeit verändern.

Die hier vorgeschlagene Neuregelung bringt zunächst eindeutig zum Ausdruck, dass Leistungen aus und im Rahmen der freien Rücklagen im Hinblick auf die Kapitalerhaltungsregeln völlig unproblematisch sind, gleichviel ob damit eine Kreditierung verbunden ist oder nicht. Bei solchen Leistungen aufgrund von Verträgen findet zudem ein Aktivtausch mit der Gegenleistung statt.

Problematischer und deshalb besonders zu regeln sind aber die Fälle der Vorleistung (Kreditvergabe, Leistung bei Stundung der Gegenleistung) während des Bestehens einer Unterbilanz und der Vorleistung, die in die Unterbilanz führt. Zu einer Leistung, die in die Unterbilanz führt, kommt man, wenn man zunächst die geschuldete, aber erst später zu bewirkende Gegenleistung bzw. den Rückzahlungsanspruch rechnerisch außer Ansatz lässt. In diesen beiden Fällen sind höhere Anforderungen zu stellen.

Der BGH deutet im oben genannten Urteil an, dass die Gewährung eines Darlehens aus gebundenem Vermögen in der genannten Situation in eng begrenzten Ausnahmen dennoch zulässig sein kann. Nämlich dann, wenn die Darlehensvergabe im Interesse der Gesellschaft liegt, die Darlehensbedingungen dem Drittvergleich standhalten und die Kreditwürdigkeit des Gesellschafters selbst bei Anlegung strengster Maßstäbe außerhalb jedes vernünftigen Zweifels steht oder die Rückzahlung des Darlehens durch werthaltige Sicherungen voll gewährleistet ist. Der Entwurf möchte diese sehr eng gefassten Ausnahmen weiter fassen. Dabei kann vorab festgestellt werden, dass die Kriterien „Drittvergleich" und „Kreditwürdigkeit des Schuldners" oder „Sicherheiten" allesamt auch im Rahmen der Bewertung des

Gesellschaftsinteresses zu prüfen sind und deshalb für eine gesetzliche Regelung keiner besonderen Erwähnung bedürfen.

Als Interessen-Indiz kann gewertet werden, dass

- der Kredit einem Drittvergleich standhält, er also angemessen verzinst ist und auch hinsichtlich der sonstigen Bedingungen im üblichen Rahmen liegt,
- eine Stundung im Rahmen kaufmännisch üblicher Zahlungsziele liegt,
- der Anspruch auf die Gegenleistung oder die Darlehensrückzahlung bilanziell vollwertig ist (§ 253 HGB),
- die Kreditgewährung kurzfristig kündbar ist,
- Vorkehrungen getroffen sind, die es dem Geschäftsführer der Tochtergesellschaft möglich machen, eine wesentliche Verschlechterung der Bonität des Schuldners frühzeitig zu erkennen.

Die genannten Indizien sind nicht abschließend und brauchen nicht kumulativ vorzuliegen. Der Drittvergleich stellt darauf ab, ob die Gesellschaft einem Dritten, der nicht Gesellschafter ist, zu selben oder schlechteren Bedingungen ein Darlehen gewährt oder ein Vertragsverhältnis mit ihm eingegangen wäre. Dieser Drittvergleich muss sich auf die spezifische Situation des Gesellschafters beziehen. Der Vergleich mit bloßen allgemein üblichen Darlehensbedingungen ohne Berücksichtigung der Situation des Gesellschafters reicht nicht aus. Dabei ist auch zu beachten, dass es sich im Falle des cash-pooling in der Regel um sehr kurzfristig gewährte Darlehen handelt, bei denen naturgemäß geringere Anforderungen an die Bonität des Darlehensnehmers gestellt werden können als bei langfristig gewährten Darlehen.

§ 30 Abs. 1 Satz 2 ist allgemein unter Einbeziehung aller Verträge, bei denen die Gesellschaft in Vorleistung tritt und die folglich ein Kreditelement enthalten, formuliert, dürfte aber insbesondere beim cash-pooling helfen. Gerade die Fälle des sog. cash-pooling in vernünftiger Handhabung unterscheiden sich wesentlich von der vom BGH entschiedenen Fallgestaltung. Das cash-pooling in der üblichen Ausgestaltung liegt regelmäßig auch im Interesse der Tochtergesellschaft und die Ausleihungen sind kurzfristig. Durch die Konzernfinanzierung im Rahmen des cash-pooling wird das grundsätzliche Ziel des BGH, die Kapitalerhaltung der Gesellschaft zu wahren, nicht in Frage gestellt, wenn bestimmte Voraussetzungen erfüllt werden, die das Gesetz mit dem Bezug auf das Gesellschaftsinteresse deutlich macht.

Die Präzisierung des § 30 hat Auswirkung auf die Haftung des Geschäftsführers nach § 43 Abs. 3. Außerhalb des Anwendungsbereichs des § 30 werden Kreditgewährungen der Gesellschaft durch die Geschäftsführer an die Gesellschafter an § 43 Abs. 1 gemessen.

Eine parallele Interessenprüfung im Rahmen der Kapitalaufbringung sieht der Entwurf nicht vor, da davon auszugehen ist, dass die in §§ 30 GmbHG, 57 AktG geregelten Maßstäbe ohne weiteres auch dorthin übertragen werden können.

Zu Satz 3 -neu-

Durch die Anfügung eines neuen Satz 3 soll die Fortgeltung der sog. Rechtsprechungsregeln zu den eigenkapitalersetzenden Gesellschafterdarlehen aufgegeben werden, indem generell angeordnet wird, dass Gesellschafterdarlehen und gleichgestellte Leistungen auch dann nicht wie haftendes Eigenkapital zu behandeln sind, wenn sie in einem Zeitpunkt gewährt worden sind, in dem die Gesellschafter als ordentliche Kaufleute der Gesellschaft Eigenkapital zugeführt hätten. Die Rechtsfigur des eigenkapitalersetzenden Gesellschafterdarlehens wird damit aufgegeben. Tilgungsleistungen auf solche Forderungen können folglich keine nach Satz 1 verbotenen Auszahlungen des zur Erhaltung des Stammkapitals erforderlichen Vermögens sein.

Durch den Verzicht auf die Rechtsprechungsregelungen zu eigenkapitalersetzenden Gesellschafterdarlehen und den gleichzeitigen Ausbau der sog. Novellen-Regelungen (vgl.

insbesondere Artikel 9 Nr. 4, 5 und 7 sowie Artikel 11) wird die Rechtslage erheblich einfacher und übersichtlicher gestaltet. Wie der BGH, der damit den durch diesen Entwurf eingeschlagenen Weg bereits vorzeichnet, in seiner neuesten Rechtsprechung selbst ausführt, dient dieser Schritt „größerer Rechtssicherheit und einfacherer Handhabbarkeit der Eigenkapitalgrundsätze" (Urteil vom 30. Januar 2006, II ZR 357/03).

Als Konsequenz der Aufgabe der Rechtsprechungsregeln kann künftig die Rückzahlung eines Gesellschafterdarlehens nicht mehr unter Berufung auf eine analoge Anwendung des § 30 verweigert werden. Ernst zu nehmende Schutzlücken entstehen dadurch nicht oder werden durch flankierende Regelungen im Anfechtungsrecht geschlossen. Die Rückzahlung des Gesellschafterkredits ist während des normalen Lebens der Gesellschaft grundsätzlich unproblematisch und wird erst in der Insolvenz kritisch, so dass es wenig Bedarf für andere Instrumente gibt; zudem werden Zahlungen im Vorfeld der Insolvenz regelmäßig im Ein-Jahreszeitraum vor der Insolvenz stattfinden und damit von § 135 InsO erfasst. Des Weiteren ist zugunsten der Gläubiger für den Fall der Anfechtung außerhalb des Insolvenzverfahrens eine Korrektur der Anfechtungsfrist nach § 6 AnfG vorgesehen. Auch wird im Anfechtungsgesetz eine Schutzlücke geschlossen, die die durch das Fehlen einer dem geltenden § 32b entsprechenden Regelung bedingt war (vgl. Artikel 11 Nr. 1). Zuletzt ist auf die geplante Neuregelung in § 64 Abs. 2 Satz 3 hinzuweisen, die schon die Zahlungsunfähigkeit herbeiführende Leistungen an Gesellschafter dem Zahlungsverbot unterwirft.

Zu Nummer 12 – Änderung von § 31 Abs. 5

Es handelt sich um eine Folgeänderung zu Nummer 10.

Zu Nummer 13 – Aufhebung der §§ 32a und 32b

Die Regelungen zu den Gesellschafterdarlehen werden in das Insolvenzrecht verlagert, wo sie systematisch auch hingehören (vgl. insbesondere Artikel 9 Nr. 4 und 5). Zugleich werden damit Regelungs-Redundanzen zwischen GmbH-Recht und Insolvenzrecht abgebaut. Das Anliegen von § 32a Abs. 1 ist der Sache nach seit Inkrafttreten der InsO 1999 dort in § 39 geregelt. Auf die Qualifizierung „kapitalersetzend" wird künftig verzichtet. Das bedeutet eine erhebliche Vereinfachung des Rechts der GmbH, das sich an die mittelständische Wirtschaft richtet und folglich vor allem einfach und leicht handhabbar sein soll. Grundgedanke der Regelung ist, dass die Organe und Gesellschafter der gesunden GmbH einen einfachen und klaren Rechtsrahmen vorfinden. Rückzahlungen auf Gesellschafterdarlehen werden überhaupt erst ein Jahr vor und in der Insolvenz der Gesellschaft kritisch.

Zu Nummer 14 – Änderung von § 35

Zu Buchstabe a – Änderung von Absatz 1

Durch die Ergänzung des § 35 Abs. 1 wird das Verfahren des Zugangs von Willenserklärungen sowie für Zustellungen an die Vertreter der Gesellschaft deutlich vereinfacht. Alle Vertreter der Gesellschaft sind nun unter der eingetragenen Geschäftsanschrift zu erreichen. Unter dieser Geschäftsanschrift kann ohne weiteres an sie zugestellt werden. Hierdurch findet eine Kanalisation auf diese Geschäftsanschrift statt, unter der, solange dort tatsächlich ein Geschäftslokal besteht oder der zurechenbare Rechtsschein eines Geschäftsraums gesetzt worden ist, wirksam Willenserklärungen zugehen und Zustellungen bewirkt werden können. Sollte hier eine Zustellung unmöglich sein, so droht den Gesellschaften künftig die Zustellung im Wege der öffentlichen Bekanntgabe nach § 185 Nr. 2 ZPO-E (vgl. die Ausführungen zu Artikel 8).

Die vorgesehene Regelung zum Zugang von Willenserklärungen (§ 35 Abs. 1 Satz 2 1. Alt.) begründet eine unwiderlegliche Vermutung, dass der Geschäftsführer unter der eingetragenen Adresse erreicht werden kann. Dass dies unter der eingetragenen Anschrift ist, wird danach unwiderleglich vermutet. Irrelevant für den Zugang einer Willenserklärung ist also – wie auch sonst – die tatsächliche Kenntnisnahme; die Vermutung bezieht sich daher auf die Möglichkeit der Kenntnisnahme. Irrelevant ist folglich ebenfalls der dem Erklärenden bekannte Umstand, dass der Geschäftsführer sich dauerhaft im Ausland aufhält oder untergetaucht ist.

Obwohl es den im Inland tätigen Gesellschaften obliegt, ihren Geschäftspartnern gegenüber erreichbar zu sein, und bei der Verletzung dieser Verpflichtung der sofortige Übergang zur öffentlichen Zustellung nicht unangemessen erscheint, wird den Gesellschaften die Möglichkeit eingeräumt, diese drastische Konsequenz abzuwenden.

Künftig eröffnet § 10 Abs. 2 Satz 2 den Gesellschaften den Weg der Eintragung einer zusätzlichen Person nebst Anschrift in das Handelsregister (vgl. die Begründung zu Nummer 7). Dieser weiteren empfangsberechtigten Person kann jederzeit zugestellt werden, unabhängig davon, ob eine Zustellung an die Vertreter der Gesellschaft unter der Geschäftsanschrift möglich ist. Diese Variante bietet dem Gläubiger eine zusätzliche Möglichkeit der Zustellung an die Gesellschaft.

Für die Gesellschaft aber bedeutet die Eintragung einer weiteren Empfangsperson eine zweite Chance zur Kenntniserlangung von einem zuzustellenden Schriftstück, bevor der Gläubiger den Schritt der öffentlichen Bekanntgabe gehen kann (vgl. § 185 Nr. 2 ZPO-E). Doch bleibt es allein den Gesellschaften überlassen, sich gegen öffentliche Zustellungen in dieser Weise abzusichern. Die Kann-Vorschrift der Zustellungsmöglichkeit an die Empfangsperson eröffnet folglich eine zusätzliche Option, von der die durchschnittliche GmbH keinen Gebrauch machen wird. An diese Person kann nur zugestellt werden, wenn eine solche überhaupt in das Handelsregister eingetragen wurde. Verpflichtet zur Zustellung an die Person ist der Gläubiger nur nach Maßgabe von § 185 Nr. 2 ZPO-E, wenn die öffentliche Bekanntgabe beantragt werden soll.

Zu Buchstabe b – Änderung von Absatz 2

Mit der Ergänzung des § 35 Abs. 2 wird insbesondere dem Fall vorgebeugt, dass die Gesellschafter versuchen, durch eine Abberufung der Geschäftsführer Zustellungen und den Zugang von Erklärungen an die Gesellschaft zu vereiteln. Dieser Praxis wird nunmehr ein Riegel vorgeschoben, indem für den Fall der – vorliegend legal definierten – „Führungslosigkeit" der Gesellschaft jeder einzelne Gesellschafter ersatzweise zum Empfangsvertreter für die Gesellschaft wird. Sollte für die GmbH ein Aufsichtsrat bestellt sein, so vertritt dieser die Gesellschaft anstelle der Geschäftsführer entsprechend.

Verhindert wird hierdurch insbesondere, dass der Gesellschaft im Fall der Vertreterlosigkeit (Führungslosigkeit) nicht mehr zugestellt werden kann. § 170 Abs. 1 Satz 2 ZPO bestimmt, dass eine Zustellung an die Gesellschaft selbst als nicht prozessfähige Person unwirksam ist. Vielmehr muss an den gesetzlichen oder rechtsgeschäftlichen Vertreter zugestellt werden, vgl. §§ 170 Abs. 1 Satz 1, 171 Satz 1 ZPO. Ist ein solcher jedoch nicht vorhanden, so scheitern die Gläubiger der Gesellschaft bei der Verfolgung ihrer Ansprüche regelmäßig schon daran, dass Zustellungen gegenüber der Gesellschaft nicht bewirkt werden können.

In diesen Fällen würde den Gläubigern auch die Vorschrift des § 185 Nr. 2 ZPO-E nicht weiterhelfen, da § 170 Abs. 1 Satz 2 ZPO einer öffentlichen Zustellung entgegensteht. Durch die inländische Geschäftsanschrift wird lediglich ein Ort, an dem Zustellungen möglich sind (vgl. Buchstabe a), in das Register aufgenommen. Hierdurch allein ist den Gläubigern jedoch nicht gedient, wenn die Gesellschaft führungslos ist, da in diesem Fall keine Person vorhanden ist, der mit Wirkung für die Gesellschaft wirksam zugestellt werden kann. Da von der Eintragung einer weiteren Empfangsperson auch abgesehen werden kann, bringt diese Möglichkeit allein noch keine Besserung der Situation.

Demgegenüber schafft die Änderung des § 35 Abs. 2 Abhilfe, indem bei Führungslosigkeit der Gesellschaft die Gesellschafter bzw. der Aufsichtsrat zum Empfangsvertreter für die Gesellschaft bestimmt werden. Die Gläubiger können daher künftig in diesem Fall unter der im Register eingetragenen inländischen Geschäftsanschrift wirksam an die Gesellschaft zustellen.

Zu Nummer 15 – Änderung von § 35a Abs. 4

Durch die Änderung wird klargestellt, dass auch inländische Zweigniederlassungen ausländischer Gesellschaften künftig die Angaben nach § 35a Abs. 1 bis 3 auf ihren Geschäftsbriefen machen müssen und zwar in Form einer doppelten Angabeverpflichtung. Diese bezieht sich sowohl auf die ausländische Haupt- als auch auf die inländische Zweigniederlassung. Damit soll der bisherige Meinungsstreit über das Bestehen einer doppelten Angabeverpflichtung zugunsten einer Stärkung der Transparenz und des Gläubigerschutzes entschieden werden.

Die Neuregelung ist vereinbar mit der „Zweigniederlassungsrichtlinie" (89/666/EWG) und stellt eine europarechtskonforme Berücksichtigung der aktuellen EuGH-Rechtsprechung dar. Die Pflichtangaben der Gesellschaft auf den Geschäftsbriefen und Bestellscheinen ergeben sich aus dem ausländischen Recht bzw. auch aus der 1. Gesellschaftsrechtlichen Richtlinie (68/151/EWG, „Publizitätsrichtlinie"). Die Angaben haben in deutscher Sprache zu erfolgen. Deutsche Gesellschaften mit beschränkter Haftung und Auslandsgesellschaften werden damit in vollem Umfang gleichbehandelt.

Zu Nummer 16 – Änderung von § 39 Abs. 3

Es handelt sich um eine Folgeänderung zu Nummer 4.

Zu Nummer 17 – Änderung von § 40

Der Entwurf macht nicht den Vorschlag, die Gesellschafter der Eintragungspflicht in das Handelsregister zu unterwerfen. Es kann bei der herkömmlichen Gesellschafterliste bleiben. Dies minimiert auch den Prüfungs-Aufwand bei den Registergerichten. Da aber an die Gesellschafterliste, die über mehrere Jahre unrichtig und zudem widerspruchslos geblieben ist, die Möglichkeit des gutgläubigen Erwerbs geknüpft ist, soll die Richtigkeitsgewähr der Liste erhöht werden.

Unverändert bleibt die Pflicht der Geschäftsführer, die Liste neu zu formulieren und zu unterzeichnen. Gemäß Absatz 2 haften die Geschäftsführer bei schuldhaft falscher Ausfertigung der Liste auch dem Erwerber und dem Veräußerer auf Schadensersatz. Nach der Neuregelung erfolgt die Änderung der Liste – entsprechend der Regelung beim Aktienregister – auf Mitteilung und Nachweis (§ 16 Abs. 1 Satz 2). Den Geschäftsführern obliegt daher eine Prüfpflicht. Dadurch sollte im Regelfall die gebotene Sorgfalt bei Abgabe der Liste gewährleistet sein.

Durch die vorgesehene Neufassung des § 40 Abs. 1 Satz 2 soll nun der Notar verstärkt in die Aktualisierung der Gesellschafterliste einbezogen werden. Nicht gemeint sind Fälle, in denen ein Notar selbst Gesellschafter war oder wird, also Beteiligter ist. In den meisten Fällen der Veränderung der Personen oder der Beteiligungshöhe wirkt ein Notar in amtlicher Eigenschaft mit. Diese historische Ausgangslage wird vom vorliegenden Entwurf nicht geändert. Es bietet sich unter dieser Voraussetzung aber an, dass der z. B. an einer Abtretung eines Geschäftsanteils mitwirkende Notar zugleich dafür Sorge trägt, dass die Einreichung der neuen Liste vollzogen wird. Dadurch wird das Verfahren besonders einfach und unbürokratisch und die Änderung der Gesellschafterliste kann gelegentlich der Abtretungsbeurkundung gleich miterledigt werden. Schon bisher war der Notar zu einer Mitteilung an das Registergericht verpflichtet. Die bisherige Regelung in § 40 Abs. 1 Satz 2 war aber unbefriedigend, da die Mitteilung an das Gericht erstens redundant war und die eigentliche geänderte Liste nicht ersetzte, zweitens nach Meinung mancher nur einen bloßen Hinweis ohne Nennung der betroffenen Personen enthielt und drittens bereits vor Wirksamkeit einer Abtretung erfolgte, also möglicherweise ins Leere ging, wenn die Abtretung nachträglich am Nichteintritt einer Bedingung o. ä. noch scheiterte. Es ist daher sinnvoll und drängt sich zur Vereinfachung der Verfahrensabläufe im Interesse aller Beteiligten geradezu auf, mit der Abtretung zugleich auch die Folgeformalien mit zu erledigen. Ohne Eintragung in der Gesellschafterliste wird der neue Gesellschafter relativ zur Gesellschaft nicht berechtigt. Also muss die Berichtigung der Liste ohnehin zeitgleich mit der Abtretung erledigt werden.

Die nach § 40 Abs. 1 Satz 3 vorgesehene Bescheinigung des Notars, die an die bereits bisher übliche Bescheinigung nach § 54 angelehnt ist, erhöht zusätzlich die Richtigkeitsgewähr, welche neben der mehrjährigen Widerspruchsmöglichkeit den gutgläubigen Erwerb rechtfertigt. Dabei wird der Notar verpflichtet, die von ihm erstellte aktualisierte Gesellschafterliste vor Einreichung zum Handelsregister auch den Geschäftsführern zur Kenntnis zu bringen, so dass diese entsprechend ihrer Verantwortlichkeit für die Aktualisierung der Liste in die Lage versetzt werden, unverzüglich etwa erforderliche Korrekturen vorzunehmen. In der Praxis der GmbH findet sich zudem sehr häufig eine Identität von Geschäftsführern und Gesellschaftern, so dass diese bei dem Abtretungsvorgang ohnehin zugegen sind.

In Fällen, in denen der Notar an einer Veränderung nicht mitwirkt (Gesamtrechtsnachfolge), bleibt die Einreichungspflicht mit Haftungsdrohung allein bei den Geschäftsführern.

Zu Nummer 18 – Änderung von § 47 Abs. 2

Es handelt sich um eine Folgeänderung zu Nummer 3. Da die Geschäftsanteile nicht mehr notwendigerweise durch fünfzig teilbar sein müssen, kann die Regelung in § 47 Abs. 2 nicht mehr aufrechterhalten werden. Insbesondere sind künftig Geschäftsanteile mit weniger als 50 Euro denkbar. Gesellschafter mit solchen Geschäftsanteilen müssen dennoch im Verhältnis ihrer Beteiligung an der Gesellschaft stimmberechtigt sein können.

Es erscheint daher sinnvoll, für jeden Euro eines Geschäftsanteils, der nach neuer Rechtslage auf volle Euro lauten muss, eine Stimme bei Abstimmungen zu gewähren. Zu erwägen wäre zwar auch die Vergabe jeweils einer Stimme pro Geschäftsanteil mit einer Gewichtung im Verhältnis der Beteiligung an der Gesellschaft. In diesem Fall wären jedoch bei einem Stimmrechtsausschluss eines Gesellschafters nach § 47 Abs. 4 schwierige und unnötige Umrechnungen erforderlich. Insofern erleichtert die gewählte Lösung die Bestimmung der Stimmgewichte zueinander auch gegenüber der jetzigen Rechtslage ganz erheblich. Jeder hat danach so viele Stimmen wie Anteile. Es wird sich durch einen reduzierten Umrechnungsaufwand wesentlich einfacher feststellen lassen, ob in einer Abstimmung die erforderliche Stimmenmehrheit zustande gekommen ist.

Zu Nummer 19 – Änderung von § 55 Abs. 4

Es handelt sich um eine Folgeänderung zu Nummer 3.

Zu Nummer 20 – Änderung von § 56 Abs. 2

Es handelt sich um eine Folgeänderung zu Nummer 10.

Zu Nummer 21 – Änderung von § 56a

Es handelt sich um eine Folgeänderung zu Nummer 5.

Zu Nummer 22 – Änderung von § 57 Abs. 2

Es handelt sich um Folgeänderungen zu Nummer 5 und Nummer 6 Buchstabe b.

Zu Nummer 23 – Änderung von 57h Abs. 1

Die Änderung steht im Zusammenhang mit Nummer 3. Auf die entsprechenden Ausführungen hierzu wird verwiesen.

Zu Nummer 24 – Änderung von § 57l Abs. 2
Bezüglich der Anpassung des Betrags der Geschäftsanteile wird auf die Ausführungen unter Nummer 3 verwiesen.

Zu Nummer 25 – Änderung von § 58a Abs. 3
Es handelt sich um eine Folgeänderung zu Nummer 3.

Zu Nummer 26 – Änderung von § 60 Abs. 1

Zu Buchstabe a
Es handelt sich um eine Folgeänderung zu Nummer 10 und Artikel 12.

Zu Buchstabe b
Die Änderung steht im Zusammenhang mit der für § 8 Abs. 1 vorgesehenen erleichterten Anmeldung von Gesellschaften, die ein genehmigungspflichtiges Unternehmen betreiben (vgl. die Begründung zu Nummer 6 Buchstabe a). Wird die Erteilung der Genehmigung nicht innerhalb von drei Monaten oder der anderweitigen Frist nach der Eintragung der Gesellschaft nachgewiesen, ist die Gesellschaft von Amts wegen aus dem Handelsregister zu löschen. Die für § 60 Abs. 1 Nr. 7 vorgesehene Ergänzung bewirkt, dass die gelöschte Gesellschaft durch die Löschung automatisch aufgelöst wird. Die Löschung einer Gesellschaft ohne Betriebsgenehmigung wird der Löschung einer vermögenslosen Gesellschaft an die Seite gestellt, da in beiden Fällen ein vergleichbares Bedürfnis besteht, die Gesellschaft vom Rechtsverkehr fernzuhalten. Das Registergericht ist im Fall der ausbleibenden Betriebsgenehmigung nicht gehalten, die Gesellschaft zur Nachreichung der Genehmigungsurkunde aufzufordern. Zum Schutz des Rechtsverkehrs ist vielmehr eine sofortige Löschung angezeigt, welche die Gesellschaft in sehr engen Grenzen durch einen erfolgreichen Widerspruch abwenden kann. Die Registergerichte werden durch diesen rechtlich und tatsächlich sehr einfachen Vorgang nicht belastet.

Zu Nummer 27 – Änderung von § 64
Zu Buchstabe a – Änderung von Absatz 1
Durch die Änderung in § 64 Abs. 1 wird eine Stärkung des Gläubigerschutzes erzielt, indem die Gesellschafter im Wege einer Ersatzzuständigkeit selbst in die Pflicht genommen werden, bei Zahlungsunfähigkeit bzw. Überschuldung einen Insolvenzantrag zu stellen. Diese Pflicht trifft die Gesellschafter bei Führungslosigkeit der Gesellschaft, aber auch schon im Vorfeld der Vertreterlosigkeit, wenn der Aufenthalt der Geschäftsführer für die Gesellschafter unbekannt ist.

Eine Umgehung der Insolvenzantragspflicht soll hierdurch verhindert werden. Daneben soll ein mittelbarer Anreiz geschaffen werden, wieder ordnungsgemäß aktionsfähige Vertreter für die juristische Person zu bestellen, da die Verpflichtung zur Antragstellung für die Gesellschafter lediglich subsidiärer Natur ist. Sobald für die Gesellschaft wieder ein Geschäftsführer wirksam bestellt worden ist, geht die Antragspflicht auf diesen über. Die Gesellschafter stehen somit nur dann in der Pflicht, wenn die Gesellschaft keinen Geschäftsführer hat oder der Aufenthalt aller ihrer Geschäftsführer unbekannt ist. Die Bestimmung trägt dem Gedanken Rechnung, dass die Gesellschafter einer GmbH zwar grundsätzlich als Kapitalgeber die Geschäftsleitung an angestellte Geschäftsführer delegieren können, dass sie aber auch die Verpflichtung haben, die Gesellschaft nicht zum Schaden des Rechtsverkehrs führungslos zu lassen.

Die Antragspflicht besteht für den Gesellschafter allerdings dann nicht, wenn er von der Zahlungsunfähigkeit, der Überschuldung oder der Geschäftsführerlosigkeit keine Kenntnis hat. Den Gesellschafter trifft hierfür die volle Beweislast. Er muss deshalb darlegen, dass er die Umstände, die auf die Zahlungsunfähigkeit, die Überschuldung und die Geschäftsführerlosigkeit schließen lassen, nicht kannte. Die Antragspflicht des Gesellschafters soll nicht schon dann entfallen, wenn der Gesellschafter nur eines der beiden Elemente – entweder den Insolvenzgrund oder die Führungslosigkeit – nicht kennt. Nach der Formulierung des Entwurfs wird für den Fall der Führungslosigkeit vermutet, dass die Gesellschafter sowohl den Insolvenzgrund als auch die Führungslosigkeit kennen. Eine ausufernde Nachforschungspflicht wird dem einzelnen Gesellschafter hiermit nicht auferlegt. Hat nämlich der Gesellschafter Kenntnis vom Insolvenzgrund, so ist dies für ihn ein Anlass nachzuforschen, warum der Geschäftsführer keinen Insolvenzantrag stellt. Der Gesellschafter wird dann die Führungslosigkeit erkennen. Umgekehrt hat der Gesellschafter, der die Führungslosigkeit kennt, einen Anlass nachzuforschen, wie es um die Vermögensverhältnisse der Gesellschaft steht; er wird dann auch den Insolvenzgrund erkennen. Informationshindernisse stehen den Gesellschaftern wegen § 51a nicht entgegen. Mit Kenntnis im Sinne der geplanten Vorschrift ist die positive Kenntnis gemeint; Kennenmüssen genügt grundsätzlich nicht. Die Rechtsprechung lässt es allerdings in vergleichbaren Fällen genügen, dass sich die Person, auf deren Kenntnis es ankommt, bewusst der Kenntnis verschlossen hat. Nach der Intention des Entwurfs soll dieses bewusste Verschließen vor der Kenntnis auch in Bezug auf die Insolvenzantragspflicht der Gesellschafter der positiven Kenntnis gleichstehen.

Der Pflicht jedes Gesellschafters zur Stellung eines Insolvenzantrags nach dem neuen § 64 Abs. 1 Satz 2 korrespondiert die Änderung in Artikel 9 Nr. 2, wonach künftig gemäß § 15 Abs. 1 Satz 2 InsO-E auch jedem Gesellschafter persönlich das Recht zur Stellung des Insolvenzantrags nach § 15 Abs. 1 Satz 1 InsO zusteht.

Zu Buchstabe b – Änderung von Absatz 2

Nach bisheriger Rechtslage sind die Geschäftsführer einer GmbH der Gesellschaft gegenüber zum Ersatz von Zahlungen verpflichtet, die nach Eintritt der Zahlungsunfähigkeit oder nach Feststellung der Überschuldung geleistet werden. Durch die Ergänzung des § 64 Abs. 2 sollen künftig die Geschäftsführer auch für Zahlungen an Gesellschafter haften, wenn durch diese Zahlungen die Zahlungsunfähigkeit der Gesellschaft herbeigeführt wird, es sei denn, dass diese Folge aus Sicht eines sorgfältigen Geschäftsführers nicht erkennbar war. Der Entwurf ergänzt hiermit die bestehenden Mechanismen, welche die Gesellschaftsgläubiger gegen Vermögensverschiebungen zwischen Gesellschaft und Gesellschaftern schützen.

Die Neuregelung überschneidet sich mit den Schutzinstrumenten des geltenden Rechts in mehreren Punkten: Nach § 30 Abs. 1 darf das zur Erhaltung des Stammkapitals erforderliche Vermögen an die Gesellschafter nicht ausgezahlt werden. Der Entwurf ergänzt dieses Verbot, indem er auch Zahlungen erfasst, die zwar das zur Erhaltung des Stammkapitals erforderliche Gesellschaftsvermögen nicht antasten, die aber die Zahlungsunfähigkeit herbeiführen. Das ist auch vor dem Hintergrund der Absenkung des Mindeststammkapitals eine sinnvolle Ergänzung des Gläubigerschutzes. Die §§ 129 ff InsO und das Anfechtungsgesetz beschreiben einen umfassenden Katalog von gläubigerbenachteiligenden, insbesondere gesellschafterbegünstigenden Rechtshandlungen als anfechtbar. Die geplante Vorschrift geht über die Anfechtungsregeln hinaus, wenn deren zum Teil kurze Fristen abgelaufen sind, der Gläubigerbenachteiligungsvorsatz und die entsprechende Kenntnis des Empfängers nicht bewiesen werden können und die Vermutungsregeln namentlich gegenüber nahestehenden Personen nicht erfüllt sind.

Der erweiterte § 64 Abs. 2 richtet sich gegen den Abzug von Vermögenswerten, welche die Gesellschaft bei objektiver Betrachtung zur Erfüllung ihrer Verbindlichkeiten benötigt. Damit erfasst der Entwurf einen Teilbereich der Haftung, die unter dem Stichwort „existenzvernichtender Eingriff" bekannt geworden ist. Es finden sich in dieser Bestimmung überdies Parallelen zum sog. „solvency test". Der Entwurf setzt nicht beim Gesellschafter als Empfänger der existenzbedrohenden Vermögensverschiebung an, sondern beim Geschäftsführer als deren Auslöser oder Gehilfen. Vor diesem Hintergrund beabsichtigt der

Entwurf keine abschließende Regelung der Existenzvernichtungshaftung und greift demgemäß der weiteren Rechtsfortbildung nicht vor.

Mit der Änderung wird der Gefahr vorgebeugt, dass bei sich abzeichnender Zahlungsunfähigkeit Mittel entnommen werden. Der Begriff der „Zahlungen" ist wie in § 64 Abs. 2 Satz 1 nicht auf reine Geldleistungen beschränkt, sondern erfasst auch sonstige vergleichbare Leistungen zu Lasten des Gesellschaftsvermögens. Im Einzelnen ist der Kreis der Leistungen, die als erstattungspflichtige Zahlungen angesehen werden, in Rechtsprechung und Wissenschaft noch nicht abschließend geklärt. Insbesondere ist umstritten, ob und inwieweit Gegenleistungen, die der Gesellschaft aufgrund ihrer eigenen Leistung zufließen, abzuziehen sind. Der Klärung dieser Fragen soll durch den Entwurf nicht vorgegriffen werden. Indem der Entwurf auch im neuen § 64 Abs. 2 Satz 3 von Zahlungen spricht, ist jedenfalls keine Einschränkung des bisherigen Begriffsverständnisses bezweckt.

Die Erweiterung der Haftung der Geschäftsführer ist nur mit Vorsicht und Zurückhaltung vorzunehmen, weil Geschäftsführer grundsätzlich an Weisungen der Gesellschafter gebunden sind und im Falle der Fremdgeschäftsführung ein wirtschaftliches Abhängigkeitsverhältnis zum Gesellschafter bestehen kann. Grundsätzlich muss der Geschäftsführer Weisungen auch dann befolgen, wenn er sie für unternehmerisch verfehlt hält. Die Weisungsgebundenheit endet jedoch dort, wo der Geschäftsführer durch Ausführung der Weisung eine ihn treffende gesetzliche Pflicht verletzen und sich selbst gegenüber der Gesellschaft ersatzpflichtig machen würde. Dementsprechend schneidet § 43 Abs. 3, auf den § 64 Abs. 2 verweist, dem Geschäftsführer den Einwand ab, er habe einen Beschluss der Gesellschafter befolgt. Zweifelt der Geschäftsführer, ob eine Zahlung an die Gesellschafter gegen den erweiterten § 64 Abs. 2 verstoßen würde, muss er sein Amt niederlegen, statt die von den Gesellschaftern gewünschte Zahlung vorzunehmen. Die hier vorgeschlagene Regelung ist in ihrem Anwendungsbereich eng begrenzt und in ihren Voraussetzungen klar erkennbar und stellt damit keine Überforderung der Geschäftsführer dar.

Die in diesem Entwurf vorgenommene Erweiterung des § 64 Abs. 2 hat einen starken insolvenzrechtlichen Bezug. Dies erleichtert es, § 64 Abs. 2 als insolvenzrechtliche Norm zu qualifizieren und gemäß Artikel 3 Abs. 1, 4 Abs. 1 und 2 Satz 1 EuInsVO auch in Insolvenzverfahren über das Vermögen ausländischer Gesellschaften anzuwenden, deren Tätigkeitsmittelpunkt in Deutschland liegt. Die Neuregelung trägt so dazu bei, die zum Teil geringeren Gründungsvoraussetzungen ausländischer Gesellschaften zu kompensieren, die bei einer Tätigkeit in Deutschland nicht dem strengen Insolvenzrecht ihres Herkunftsstaats unterliegen.

Zu Nummer 28 – Änderung von § 65 Abs. 1

Es handelt sich um eine Folgeänderung zu Nummer 10.

Zu Nummer 29 – Änderung von § 66 Abs. 4

Es handelt sich um eine Folgeänderung zu Nummer 4.

Zu Nummer 30 – Änderung von § 71 Abs. 5

Es wird gegenüber der bisherigen Rechtslage keine inhaltliche, sondern eine lediglich formale Änderung verfolgt. Das Gewollte lässt sich gesetzestechnisch sinnvoller und überschaubarer durch eine entsprechende Verweisung auf § 35a (vgl. Nummer 15) regeln. Die dort geforderten Angaben auf den Geschäftsbriefen bezüglich der Geschäftsführer gelten im Rahmen des § 71 entsprechend für die Angaben bezüglich der Liquidatoren. Im Übrigen sind auf den Geschäftsbriefen einer Gesellschaft in Liquidation die gleichen Angaben zu machen wie im Rahmen des § 35a.

Zu Nummer 31 – Änderung von § 84 Abs. 1

Es handelt sich um eine Folgeänderung zu Nummer 27 Buchstabe a.

Zu Nummer 32 – Aufhebung der §§ 86 und 87

Der bisherige Wortlaut der §§ 86 und 87 wird in das neu geschaffene Einführungsgesetz zum Gesetz betreffend die Gesellschaften mit beschränkter Haftung überführt (vgl. Begründung zu Artikel 2).

Zu Nummer 33 – Voranstellung einer Inhaltsübersicht

Zum Zweck der Erhöhung der Übersichtlichkeit des Gesetzes betreffend die Gesellschaften mit beschränkter Haftung wird dem Gesetz eine Inhaltsübersicht vorangestellt. Die Untergliederungen und Vorschriften erhalten die Bezeichnung und Fassung aus der Anlage zu diesem Gesetz. Damit werden nun auch für die Vorschriften des Gesetzes betreffend die Gesellschaften mit beschränkter Haftung amtliche Überschriften eingeführt.

Zu Artikel 2

Einführungsgesetz zum Gesetz betreffend die Gesellschaften mit beschränkter Haftung (GmbHG-Einführungsgesetz – EGGmbHG)

Zu § 1 und § 2 – Übernahme der bisher im GmbHG enthaltenen Übergangsvorschriften

Um zu verhindern, dass das GmbHG im Sechsten Abschnitt mit Übergangsvorschriften zu Änderungsgesetzen überfrachtet wird, werden nunmehr dem Vorbild des HGB mit dem EGHGB und des AktG mit dem EGAktG folgend die Übergangsvorschriften zum GmbHG in ein gesondertes Gesetz übernommen. Obschon für das GmbHG nicht bereits bei dessen Einführung ein entsprechendes Einführungsgesetz geschaffen wurde, ist ein entsprechendes Gesetz unter dieser Bezeichnung hier angezeigt. Ein „Einführungsgesetz" ist nicht nur dann angebracht, wenn das Gesetz erstmalig „eingeführt" wird, sondern auch, wenn es dazu dient, spätere Ergänzungen hinsichtlich ihres späteren „Einführungs"-Zeitpunktes zu definieren.

Die bisherigen im GmbHG enthaltenen Übergangsvorschriften der §§ 86 und 87 GmbHG gelten als §§ 1 und 2 des EGGmbHG fort. Die vorgenommen geringfügigen Änderungen beruhen auf Anpassungen an die neue Rechtslage.

Zu § 3 – Übergangsvorschriften aufgrund des vorliegenden Gesetzgebungsvorhabens

Die Vorschrift enthält sämtliche Übergangsregelungen, die aufgrund der Änderungen des GmbHG erforderlich geworden sind.

Zu Absatz 1

Zur Begründung wird auf die Ausführungen zu Artikel 4 Nr. 2 verwiesen.

Zu Absatz 2

Absatz 2 bestimmt, dass Verurteilungen nach den neu in den Katalog des § 6 Abs. 2 Satz 2 Nr. 3 Buchstabe a und b GmbHG-E aufgenommenen Straftaten (vgl. Artikel 1 Nr. 4 Buchstabe a), die bereits vor Inkrafttreten dieses Gesetzes rechtskräftig geworden sind, nicht zum Verlust der Befähigung, Geschäftsführer einer GmbH sein zu können, führen. Damit wird dem Gebot des Vertrauensschutzes Rechnung getragen, indem an rechtskräftige Verurteilungen keine neuen, vom Angeklagten zum Zeitpunkt der Rechtskraft des Urteils nicht absehbaren Rechtsfolgen geknüpft werden.

Zu Absatz 3

Die Übergangsregelung ermöglicht den Altgesellschaften ein allmähliches Hinweinwachsen in die Möglichkeit des gutgläubigen Erwerbs nach § 16 GmbHG, ohne sie mit Verwaltungsaufwand zu belasten und ohne unangemessene Härten aufgrund nachlässiger Führung der Gesellschafterlisten in der Vergangenheit eintreten zu lassen.

Zu Artikel 3

Änderung des Handelsgesetzbuchs

Zu den Nummern 1 bis 5, 7 und 8 – Änderung der §§ 13, 13d, 13e, 13f, 13g, 29 und 106
Die Neuregelungen stehen im Zusammenhang mit den Änderungen in den §§ 8 Abs. 4, 10 GmbHG sowie den § 37 Abs. 3, § 39 AktG und ergänzen diese Vorschriften (vgl. im Einzelnen die Begründung unter Artikel 1 Nr. 6 Buchstabe d sowie Nr. 7). Bezweckt wird eine Zustellungserleichterung zugunsten der Gläubiger. Die Änderungen im Handelsgesetzbuch sollen dies durch die Eintragung einer inländischen Geschäftsanschrift auch für Zweigniederlassungen von Unternehmen sicherstellen. In diesem Zusammenhang ist aufgrund der Rechtsprechung des Europäischen Gerichtshofs klarzustellen, dass es sich auch bei einer hundertprozentigen inländischen Zweigniederlassung einer ausländischen Gesellschaft um eine Zweigniederlassung im Sinne des Handelsgesetzbuchs handelt. Dies bedeutet, dass die inländische Niederlassung einer Gesellschaft, die im Ausland registriert ist, auch dann als „Zweigniederlassung" im Sinne des Handelsgesetzbuchs zu behandeln ist, wenn der Verwaltungssitz im Inland liegt und eine geschäftlichen Aktivitäten der Auslandsgesellschaft zu 100 Prozent in der inländischen Niederlassung entfaltet werden. Es kann in diesen Fällen daher nicht mehr von einer „Scheinauslandsgesellschaft" gesprochen werden. Vielmehr handelt es sich um eine normale Auslandsgesellschaft, deren inländische Geschäftsaktivität aufgrund der Zweigniederlassungs-Richtlinie der EU und dem deutschen Umsetzungsrecht nach dem deutschen Handelsgesetzbuch zu beurteilen ist.

Durch die Änderungen wird auch für inländische Zweigniederlassungen ausländischer Gesellschaften die Verpflichtung geschaffen, eine inländische Geschäftsanschrift bei der Eintragung ins Handelsregister anzugeben. Diese Regelung steht im Einklang mit den europarechtlichen Bestimmungen. Bereits nach derzeitiger Rechtslage ist nach § 13e Abs. 2 bei der Eintragung einer Zweigniederlassung in das Handelsregister die Anschrift der Gesellschaft anzugeben. Insoweit dürfte der Anwendungsbereich der Richtlinie 89/666/EWG über die Offenlegung von Zweigniederlassungen, die in einem Mitgliedstaat von Gesellschaften bestimmter Rechtsformen, die dem Recht eines anderen Mitgliedstaates unterliegen, errichtet wurden, eröffnet sein. Nach Artikel 2 Abs. 1 Buchstabe a der Richtlinie erstreckt sich die Pflicht zur Offenlegung auch auf die Angabe der Anschrift der Zweigniederlassung. Die Verpflichtung, eine inländische Geschäftsanschrift anzugeben, geht nicht über die von Artikel 2 Abs. 1 Buchstabe a der Richtlinie vorgesehene Offenlegungspflicht hinaus. Durch die Änderung soll eine Zustellungserleichterung zugunsten der Gläubiger geschaffen werden. So wird es Gläubigern ermöglicht, Willenserklärungen wirksam zugehen zu lassen sowie Zustellungen an die Vertreter der Gesellschaft unter der inländischen Geschäftsanschrift vorzunehmen (vgl. die Ausführungen zu Artikel 1 Nr. 6 Buchstabe d). Es handelt sich lediglich um eine geringfügige Erweiterung bereits bestehender Eintragungsanforderungen, die nationale Zustellungsregelungen ergänzt. Insoweit ist zu beachten, dass die Regelung inländischer Zustellungen grundsätzlich in die Kompetenz der Mitgliedstaaten fällt. Denn weder das Haager Zustellungsübereinkommen vom 15. November 1965 noch die Europäische Zustellungsverordnung (EuZVO vom 29. Mai 2000, Nr. 1348/2000) finden hier nach den jeweiligen Artikel 1 Abs. 1 auf Inlandszustellungen Anwendung.

Aufgrund der Erweiterung der §§ 29, 106 Abs. 2 Nr. 2 werden auch Einzelkaufleute und Personenhandelsgesellschaften künftig verpflichtet, bei der Anmeldung zur Eintragung in das Handelsregister neben dem Ort auch die genaue Anschrift der Handelsniederlassung bzw. des Sitzes anzugeben. Entsprechend sind diesbezügliche Änderungen zur Eintragung anzumelden. Durch die verbesserte Transparenz wird eine faktisch wirkende Zustellungserleichterung erzielt, da die Anschrift des Geschäftslokals nun für jedermann öffentlich zugänglich ist. Der für Zustellungen an juristische Personen eingeführte vereinfachte Weg zu öffentlichen Zustellungen bleibt allerdings den Gläubigern von Einzelkaufleuten und Personenhandelsgesellschaften versperrt. Aus diesem Grunde fehlt es hier zwar an einem faktischen Zwang zur Pflege und Aktualisierung der Eintragungen (vgl. die Begründung zu Artikel 1 Nr. 6 Buchstabe d); über § 13 Abs. 1 Satz 2 besteht aber eine ausdrückliche Pflicht, auch Änderungen eintragen zu lassen.

Zu Nummer 3 Buchstabe b Doppelbuchstabe bb, Nummer 4 Buchstabe a und c, Nummer 5 Buchstabe a und c – Änderung von § 13e Abs. 3, §§ 13f und 13g

Die Regelungen stehen im Zusammenhang mit den Änderungen der Inhabilitätskataloge in § 76 AktG und § 6 GmbHG (vgl. die Begründung zu Artikel 1 Nr. 4) und dienen der Schließung bekannter Lücken zwischen den verschiedenen nationalen Gesellschaftsrechten, um den Schutz des Rechtsverkehrs zu wahren. Nach bisheriger Rechtslage können die Bestellungsverbote zumal für Vertreter von GmbHs nach § 6 Abs. 2 GmbHG in den Fällen von Auslandsgesellschaften mit Tätigkeitsschwerpunkt im Inland, fälschlich als „Scheinauslandsgesellschaften" bezeichnet, unterlaufen werden. Hierbei gründen etwa Personen, die wegen § 6 Abs. 2 GmbHG nicht Geschäftsführer einer deutschen GmbH sein können, eine Auslandsgesellschaft, mit der sie über eine hundertprozentige Zweigniederlassung in Deutschland agieren. Bei Gründung dieser Auslandsgesellschaften erfolgt häufig gerade keine Kontrolle durch die ausländische Registrierungsbehörde, ob die Entstehungsvoraussetzungen nach deutschem Recht gegeben sind. Zwar kennen auch die jeweiligen ausländischen Gesellschaftsrechte Bestellungsverbote *(directors' disqualifications)*, regelmäßig allerdings nur bei Verstößen gegen ihre jeweiligen nationalen Rechtsvorschriften. Um zu verhindern, dass die inländischen Bestellungshindernisse umgangen werden, sind für die gesetzlichen Vertreter einer inländischen Zweigniederlassung, die gesetzlichen Vertreter der ausländischen Kapitalgesellschaft also, dieselben Eignungsvoraussetzungen wie für einen Geschäftsführer einer inländischen Kapitalgesellschaft anzulegen. Die Frage, ob die Bestellungshindernisse des § 6 Abs. 2 GmbHG bereits bei geltendem Recht bei der Gründung einer inländischen Zweigniederlassung einer Gesellschaft mit beschränkter Haftung mit Sitz im Ausland zu berücksichtigen sind, ist erst jüngst dem BGH zur Entscheidung vorgelegt worden (Thüringer OLG, Beschluss vom 9. März 2006, DB 2006, S. 720 ff).

Die künftig für § 13e Abs. 3 Satz 2 geplante Regelung sieht vor, dass gesetzliche Vertreter ausländischer Gesellschaften eine Zweigniederlassung im Inland insbesondere dann nicht gründen können, wenn sie eine der in den Katalogen des § 76 AktG und des § 6 GmbHG bezeichneten Straftaten begangen haben. Klarzustellen ist, dass sich der Ausschluss der Vertreter ausschließlich nach deutschem Recht richtet. Es wird aufgrund der Neuregelung also nur geprüft werden, ob sich die gesetzlichen Vertreter nach den in § 76 Abs. 3 AktG bzw. § 6 Abs. 2 GmbHG genannten, zur Inhabilität führenden Straftaten nach dem deutschen Strafrecht strafbar gemacht haben. Eventuell vergleichbare Taten nach ausländischem Recht bleiben unberücksichtigt. Zwar wäre es wünschenswert, die Eignung der gesetzlichen Vertreter auch im Hinblick auf vergleichbare ausländische Straftatbestände zu prüfen. Eine solche Prüfung würde jedoch die Registergerichte zusätzlich belasten und Unsicherheiten über die Zulässigkeit der Bestellung hervorrufen.

Zwar wird demzufolge die Gründung und der Betrieb einer Zweigniederlassung einer ausländischen GmbH insoweit einer Beschränkung unterworfen, als die Person des gesetzlichen Vertreters der Auslandsgesellschaft in Deutschland bestimmte Voraussetzungen zu erfüllen hat. Diese Beschränkungen treffen inländische Gesellschaften aber in der gleichen Weise. Die Neuregelung verstößt daher nicht gegen höherrangiges Europarecht. Die vorgesehenen Beschränkungen widersprechen insbesondere nicht der Richtlinie 89/666/EWG über die Offenlegung von Zweigniederlassungen, die in einem Mitgliedstaat von Gesellschaften bestimmter Rechtsformen, die dem Recht eines anderen Mitgliedstaates unterliegen, errichtet wurden. Diese Richtlinie enthält lediglich Pflichten zur Offenlegung einer Reihe von Angaben und Urkunden. Sie enthält dagegen keine Regelung über die Eignung eines Vertreters einer Gesellschaft, sondern beschränkt sich darauf, eine Offenlegungspflicht für die Bestellung, das Ausscheiden und die Personalien der Vertreter vorzusehen.

Die Beschränkungen sind damit am Maßstab des Primärrechts zu überprüfen. Sie fallen in den Anwendungsbereich der nach Artikel 43 Abs. 1 Satz 2 EG auch für die Gründung von Agenturen, Zweigniederlassungen oder Tochtergesellschaften im Hoheitsgebiet eines anderen Mitgliedstaates gewährleisteten Niederlassungsfreiheit. Nach der Rechtsprechung des Gerichtshofs ist nach Artikel 43 EG jede Regelung verboten, die geeignet ist, die Ausübung der durch den EG-Vertrag garantierten grundlegenden Freiheiten durch die Gemeinschaftsangehörigen, einschließlich der Staatsangehörigen des Mitgliedstaates, der die Regelung erlassen hat, zu behindern oder weniger attraktiv zu machen (Rs. C-19/92 *Kraus*, Slg. 1993, I 1663 Rz. 32).

Durch die Erstreckung der im Inland für Geschäftsführer geltenden einschränkenden Voraussetzungen auf die Vertreter von ausländischen Gesellschaften wird die Gründung einer Zweigniederlassung in der Bundesrepublik zwar von zusätzlichen Voraussetzungen abhängig gemacht und damit jedenfalls potentiell erschwert. Im Ergebnis ist diese Beschränkung der Niederlassungsfreiheit jedoch gerechtfertigt und verstößt nicht gegen Gemeinschaftsrecht. Wie der Gerichtshof in ständiger Rechtsprechung wiederholt festgestellt hat, verstoßen solche Regelungen nicht gegen die grundlegenden Freiheiten des Vertrages, die aus zwingenden Gründen des Allgemeininteresses gerechtfertigt sind (Rs. C 55/94 *Gebhard*, Slg. 1995, I 4165 Rz. 37; Rs. C-208/00 *Überseering*, Slg. 2002, I 9919 Rz. 92), sofern sie in nichtdiskriminierender Weise angewandt werden, zur Erreichung des angestrebten Ziels geeignet sind und nicht gegen den Grundsatz der Verhältnismäßigkeit verstoßen.

Die Ausschlusskriterien für die Vertreter von Niederlassungen ausländischer Gesellschaften gelten, wie sich bereits aus der Verweisung auf die für Vorstandsmitglieder und Geschäftsführer deutscher Kapitalgesellschaften geltenden Ausschlusstatbestände ergibt, auch für die vertretungsberechtigten Organe inländischer Gesellschaften. Eine Diskriminierung ausländischer Gesellschaften liegt damit nicht vor. Als rechtfertigendes zwingendes Erfordernis kommt hier der Schutz des geschäftlichen Verkehrs vor ungeeigneten Vertretern einer Gesellschaft in Betracht. Von der Vertretung ausgeschlossen werden solche Personen, die als Betreuter einem Einwilligungsvorbehalt unterliegen und damit ähnlich einem beschränkt Geschäftsfähigen zu behandeln sind, die einem Berufsverbot unterliegen, das mit dem Gegenstand der Gesellschaft übereinstimmt, und die einschlägige Vorstrafen aufweisen. Der Gerichtshof hat in der Rechtssache *Gebhard* die Sicherung eines bestimmten Ausbildungsstandes als Rechtfertigungsgrund anerkannt. In einer weiteren Entscheidung hat er die Sicherung der Qualifikation eines bestimmten Berufsstandes und damit der fachlichen Eignung als Rechtfertigung angesehen (Rs. C-298/99 *Kommission gegen Italien*, Slg. 2002 I, 3129 Rz. 38). Die hier vorliegende Anknüpfung an Merkmale, die für eine persönliche Eignung zur ordnungsgemäßen Wahrnehmung geschäftlicher Belange von entscheidender Bedeutung sind, stellt damit ebenfalls eine hinreichende Rechtfertigung dar.

Nach den für § 13f Abs. 2 und § 13g Abs. 2 vorgesehenen Änderungen ist künftig in der Anmeldung der inländischen Zweigniederlassung die Versicherung abzugeben, dass keine Bestellungshindernisse bestehen; gleiches soll auch für die spätere Anmeldung neuer Vorstandsmitglieder bzw. Geschäftsführer gelten (§ 13f Abs. 5 und § 13g Abs. 5).

Zu Nummer 6 – Einfügung eines § 15a

Die Einfügung dieser Regelung steht in engem Zusammenhang mit der Neufassung des § 185 Nr. 2 ZPO-E (s. dazu Artikel 8 sowie die dazugehörige Begründung). Anknüpfungspunkt der Verortung in diesem Abschnitt ist die Zugehörigkeit zur eintragungspflichtigen Geschäftsanschrift im Handelsregister und die durch das Handelsregister ermöglichte Zugangs- und Zustellungserleichterung bei juristischen Personen des Handelsrechts. Der Begriff „juristische Person" wird deshalb verwendet, damit deutlich wird, dass die Zustellungserleichterung nicht im Falle von Personengesellschaften greift, auch wenn sie zur Eintragung einer Geschäftsadresse im Handelsregister verpflichtet sind. Dies betrifft insbesondere die Gesellschaftsformen der OHG und KG. Es soll vermieden werden, dass die persönlich haftenden Gesellschafter dieser Gesellschaftsformen der erleichterten Zustellungsmöglichkeit unterfallen. Denn bei diesen existiert stets eine persönliche und unbeschränkte Haftung mindestens eines Gesellschafters, während die Haftung juristischer Personen auf das Gesellschaftsvermögen begrenzt ist.

Der Begriff „juristische Person" in diesem Zusammenhang stellt folglich insbesondere auf die Gesellschaftsformen GmbH und Aktiengesellschaft ab und gilt damit auch für die geschäftsführende Gesellschaft einer GmbH & Co. KG. Eine Erhöhung des persönlichen Risikos für die hinter der juristischen Person stehenden Gesellschafter allein auf Grund der erleichterten Zugangsmöglichkeit von Willenserklärungen entsteht nicht.

Für eingetragene Genossenschaften ist keine Änderung vorgesehen. Zwar sind auch Genossenschaften juristische Personen und gelten grundsätzlich als Kaufleute im Sinne des Handelsgesetzbuchs (§ 17 GenG); zudem sind sie in das Genossenschaftsregister einzutragen (§ 10 GenG). Zustellungserleichterungen wie gegenüber Aktiengesellschaften und GmbHs erscheinen jedoch gegenüber Genossenschaften als unnötig, da diese aufgrund ihrer Tätigkeit besonders in Landwirtschaft und Wohnungsbau eher ortsgebunden sind als Aktiengesellschaften und GmbHs. Eine vergleichbare Praxis, durch Wohnsitzverlagerung der gesetzlichen Vertreter in das Ausland eine Zustellung zu erschweren, besteht nach vorliegenden Informationen bei eingetragenen Genossenschaften nicht.

Damit der Zugang der Willenserklärung überhaupt gemäß den Zustellungsvorschriften der ZPO erfolgen kann, müssen gemäß § 15a mehrere Voraussetzungen vorliegen, so dass die juristische Person nicht schutzlos der öffentlichen Zustellung gemäß der neu geschaffenen Regelung des § 185 Nr. 2 ZPO-E ausgesetzt ist. Die Voraussetzungen liegen erst vor, wenn die Zustellung einer Willenserklärung nicht

1. unter der eingetragenen Anschrift oder
2. einer sich aus dem Handelsregister ergebenden Anschrift einer für Zustellungen empfangsberechtigten Person oder
3. einer ohne Ermittlungen bekannten anderen inländischen Anschrift möglich ist.

Indem der Entwurf vorsieht, dass auch eine Zustellung unter den beiden letztgenannten Voraussetzungen möglich ist, stellt er zugleich eindeutig und zweifelsfrei fest: Eine Zustellung im Ausland muss in diesen Fällen selbst dann nicht versucht werden, wenn ein ausländischer Wohnsitz eines Geschäftsführers oder einer sonstigen empfangsbereiten Person positiv bekannt ist. Ferner muss nur dann an eine andere inländische Anschrift, die sich nicht aus dem Handelsregister ergibt, zugestellt werden, wenn diese entweder dem Antragsteller oder dem Gericht bekannt ist. Bekannt ist die Anschrift, wenn man sie in allen Bestandteilen kennt. Es ist nicht ausreichend, wenn man weiß, dass der Geschäftsführer in Deutschland, in einer bestimmten Stadt oder bestimmten Straße wohnt und weitere Nachforschungen nötig wären, um die Anschrift zu präzisieren. Auch das Nachfragen beim Einwohnermeldeamt oder das Nachschlagen im Telefonbuch ist nicht gefordert. Diese strenge Regelung soll Streitigkeiten über die Wirksamkeit von Zustellungen vermeiden, die entstehen könnten, wenn der die Zustellung betreibende Gläubiger den Umfang der ihm obliegenden Nachforschungen nicht im Voraus sicher bestimmen könnte.

Beim Zugang von Willenserklärungen an Gesellschaften stellt sich das gleiche Problem wie für die zivilprozessuale Zustellung von Schriftstücken (vgl. Begründung zu Artikel 8). Dort, wo sich kein Geschäftslokal mehr befindet, kann auch die Willenserklärung nicht in den Machtbereich der Gesellschaft gelangen. Ein Zugang bleibt aus. Neben der Regelung des prozessualen Zustellungsrechts ist daher auch eine materiell-rechtliche Vorschrift notwendig. Denn die prozessuale Rechtsverfolgung setzt oftmals wirksame materiell-rechtliche Willenserklärungen voraus, etwa Mahnungen, Fristsetzungen oder Gestaltungserklärungen (Rücktritt, Kündigung, Anfechtung etc.). Können schon diese Erklärungen nicht zugehen und damit nicht wirksam werden, so fehlt oft schon die Voraussetzung für ein anschließendes gerichtliches Verfahren.

Der Entwurf musste daher auch diese materiell-rechtliche Seite mit in den Blick nehmen. Demgemäß wurde das für die öffentliche Zustellung von Schriftstücken an Gesellschaften gem. § 185 ZPO geltende Verfahren entsprechend auf die Zustellung von Willenserklärungen übertragen. Von einer grundsätzlichen Neuregelung des § 132 BGB wurde Abstand genommen, da sich die vorgeschlagene Änderung nur auf juristische Personen des Handelsrechts bezieht, weshalb eine Regelung im allgemeinen Handelsrecht ausreichend ist.

Zu Nummer 9 und 11 – Aufhebung der §§ 129a, 172a

Bei der Aufhebung der §§ 129a, 172a HGB handelt es sich um eine Folgeänderung zur Aufhebung der §§ 32a und 32b GmbHG (vgl. Artikel 1 Nr. 13). Der Regelungsgehalt gilt aufgrund der rechtsformneutralen Formulierung der vorgesehenen insolvenzrechtlichen Bestimmungen zu den Gesellschafterdarlehen weiter. Einer Sonderregelung zur OHG und zur KG bedarf es nicht mehr.

Zu Nummer 10 – Änderung des § 130a

Folgeänderung zur Änderung des § 64 Abs. 2 GmbHG auch für die OHG, bei der kein persönlich haftender Gesellschafter eine natürliche Person ist. Entsprechendes gilt über § 177a für die KG.

Zu Nummer 12 – Änderung von § 325a Abs. 1

Es handelt sich um eine Anpassung an die bestehende Rechtslage bzw. um eine Folgeänderung zu Nummer 3 Buchstabe a Doppelbuchstabe bb.

Zu Artikel 4

Änderung des Einführungsgesetzes zum Handelsgesetzbuch

Zu Nummer 1 – Aufhebung von Artikel 40

Artikel 40 ist aufzuheben, da der Regelungsinhalt der Vorschrift in Artikel 62 aufgeht (vgl. hierzu die Ausführungen zu Nummer 2).

Zu Nummer 2 – Anfügung von Artikel 62

Die aufgrund dieses Gesetzes neu geschaffenen Anmeldungsverpflichtungen nach dem Handelsgesetzbuch erfordern eine Regelung, bis zu welchem Zeitpunkt die bereits in die öffentlichen Register eingetragenen Unternehmen diesen Pflichten nachzukommen haben. Da die Anschrift aufgrund der Regelung des § 24 Abs. 2 und 3 HRV bereits dem Registergericht mitgeteilt worden, aber später möglicherweise nicht aktualisiert worden ist, gilt die Anmeldepflicht nur dann, wenn sich eine Änderung ergeben hat. Um der Pflicht zur Anmeldung der Eintragung der Geschäftsanschrift bei dem Gericht nachzukommen, erscheint eine Frist bis spätestens zum 31. März 2008 als angemessen und sachgerecht. Mit dieser Übergangsregelung wird eine übermäßige Belastung sowohl der Register als auch der mittelständischen Wirtschaft vermieden. Im Zusammenhang mit der beabsichtigten Verbesserung des Gläubigerschutzes muss jedoch eine möglichst schnelle Eintragung der Geschäftsanschrift gewährleistet sein, da andernfalls die Wirkungen des § 185 Nr. 2 ZPO-E (vgl. Artikel 8) nicht eingreifen können. Die Aktualisierung der Anschrift stellt eine Pflicht dar, die die Unternehmen im eigenen Interesse unbedingt erfüllen sollten. Nach Ablauf der Übergangsfrist können die den Registergerichten bekannten Anschriften ohne Prüfung automatisch durch technische Umschreibung als Eintragung behandelt werden. Eine besondere Bekanntmachung findet nicht statt.

MoMiG

Zu Artikel 5

Änderung des Aktiengesetzes

Die Änderungen des Aktiengesetzes beruhen auf dem Gedanken, dass sich die insoweit hinsichtlich der Änderungen des Gesetzes betreffend die Gesellschaften mit beschränkter Haftung angestellten Erwägungen (vgl. die Begründung zu Artikel 1) auf das Recht der Aktiengesellschaften sinnvoll übertragen lassen. Auch hier bestehen gleichgelagerte Regelungsbedürfnisse. Nicht zu übertragen ist allerdings die Absenkung des Mindestkapitals, die mit diesem Gesetzentwurf für die GmbH angestrebt wird (vgl. die Allgemeine Begründung). Dies ist schon aus europarechtlichen Gründen nicht möglich (Kapitalrichtlinie), wäre aber zudem wegen der – auch für die kleine AG unverändert geltenden – Struktur- und Komplexitätsunterschiede zwischen GmbH und Aktiengesellschaft nicht anzuraten.

Zu Nummer 1 – Änderung von § 5
Siehe hierzu im Einzelnen die Begründung zu Artikel 1 Nr. 2.

Zu Nummer 2 – Änderung von § 37
Zu Buchstabe a – Änderung von Absatz 2
Bei der Änderung unter Doppelbuchstabe aa handelt es sich um eine Folgeänderung zu Nummer 5. Unter Doppelbuchstabe bb wird die Vorschrift dem Bundeszentralregistergesetz in seiner aktuellen Fassung angepasst.

Zu Buchstabe b – Änderung von Absatz 3
Zur Begründung vgl. die Ausführungen zu Artikel 1 Nr. 6 Buchstabe d.

Zu Nummer 3 – Änderung von § 39 Abs. 1
Zur Begründung vgl. die Ausführungen zu Artikel 1 Nr. 7.

Zu Nummer 4 – Änderung von § 57 Abs. 1
Zu Satz 3 -neu-
Die Änderung des § 57 stellt den Gleichlauf zur Änderung des § 30 GmbHG her, auch wenn die Problematik des cash-pooling und der upstream-loans zwischen AG-Tochter gegenüber der Mutter aufgrund der Sonderregelungen der §§ 311 ff und der dort vorgesehenen Nachteilsausgleichspflicht weit weniger praktische Bedeutung haben als bei der GmbH. In den hier interessierenden Fällen wird es sich regelmäßig um Beherrschungskonstellationen handeln.

Hinsichtlich der Begründung wird auf die Ausführungen zu Artikel 1 Nr. 11 verwiesen.

Zu Satz 4 -neu-
Die in das Insolvenzrecht verlagerten Regelungen der §§ 32a und b GmbHG erfassen künftig auch Aktiengesellschaften, so dass parallel zum GmbH-Recht (vgl. Artikel 1 Nr. 11) auch für den Bereich des Aktienrechts auf die sog. Rechtsprechungsregeln zu kapitalersetzenden Aktionärsdarlehen verzichtet werden kann.

Zu Nummer 5 – Änderung von § 76 Abs. 3
Zur Begründung vgl. die Ausführungen zu Artikel 1 Nr. 4.

Zu Nummer 6 – Änderung von § 78
Zur Begründung vgl. die Ausführungen zu Artikel 1 Nr. 14.

Zu Nummer 7 – Änderung von § 80 Abs. 4
Zur Begründung vgl. die Ausführungen zu Artikel 1 Nr. 15.

Zu Nummer 8 – Änderung von § 81 Abs. 3 und § 265 Abs. 2
Es handelt sich um Folgeänderungen zu Nummer 5.

Zu Nummer 9 und 10 – Änderung der §§ 92, 93
Es handelt sich um Folgeänderungen zur Änderung des § 64 Abs. 2 GmbHG.

Zu Artikel 6

Änderung des Einführungsgesetzes zum Aktiengesetz

Zu § 18
Zur Begründung vgl. die Ausführungen zu Artikel 4 Nr. 2.

Zu § 19
Um dem Gebot des Vertrauensschutzes Rechnung zu tragen, bestimmt § 19, dass Verurteilungen wegen Straftaten nach dem neu gefassten § 76 Abs. 3 Satz 2 Nr. 3 Buchstabe a und b AktG-E, die vor Inkrafttreten dieses Gesetzes rechtskräftig geworden sind, nicht zum Verlust der Befähigung führen sollen, Mitglied des Vorstandes einer Aktiengesellschaft zu sein.

Zu Artikel 7

Änderung des Rechtspflegergesetzes

Es handelt sich um eine Folgeänderung zu Artikel 12.

Zu Artikel 8

Änderung der Zivilprozessordnung

Die Änderung erleichtert öffentliche Zustellungen an Gesellschaften, die ihre Geschäftsräume geschlossen haben und die postalisch nicht erreichbar sind (typische Konstellation in den sog. „Missbrauchs- und Bestattungsfällen"). Die Vorschrift ist damit zentraler Bestandteil des Reformkonzeptes dieses Gesetzentwurfs.

Bisher sind diese Fälle durch erhebliche Verzögerungen bei der Zustellung zu Lasten der Gläubiger gekennzeichnet. Denn für eine (Ersatz-)Zustellung nach den §§ 178, 180, 181 fehlt es meist an einem Zustellungsadressaten bzw. an einem Geschäftsraum. Da die Zustellung ein faktischer Vorgang ist, helfen Fiktionen, etwa dergestalt, dass man vermutet, der Geschäftsraum der Gesellschaft befinde sich unter der anzugebenden Geschäftsanschrift, nicht weiter. Insbesondere zu § 181 gilt es klarzustellen: Voraussetzung der Zustellung durch Niederlegung ist das Vorhandensein eines Geschäftslokals der Gesellschaft oder der zurechenbare Rechtsschein des Vorhandenseins eines solchen, was in den Missbrauchsfällen (Schließung des Geschäftslokals und kein Briefkasten vorhanden) gerade nicht der Fall ist und auch nicht durch eine Fiktion – auch nicht einer solchen, die § 15 Abs. 1 HGB unterfallen würde – bewirkt werden könnte.

Die Gesetzesänderung soll bei juristischen Personen den Zugang zu öffentlichen Zustellungen erleichtern, ohne dabei in Grundprinzipien des Verfahrensrechts einzugreifen. Die Zustellung in Gestalt der öffentlichen Bekanntgabe bleibt ultima ratio, die neue Vorschrift des § 185 Nr. 2 trägt dem in besonderem Maße Rechnung.

Berücksichtigung fand die Kritik an der öffentlichen Zustellung als fiktive Form des Zugangs an die Vertreter, da mit einer tatsächlichen Kenntniserlangung praktisch kaum zu rechnen sei. Vor dem Hintergrund der aufgezeigten Zustellungsschwierigkeiten war das Verfahren gleichwohl dringend zu vereinfachen.

Zu bedenken ist auch, dass die Änderungen lediglich juristische Personen betreffen, die mit ihrer Geschäftsadresse in das Handelsregister eingetragen werden müssen. Beide Voraussetzungen erfüllen nur die GmbH und die AG und vergleichbare Auslandsgesellschaften mit inländischer Zweigniederlassung. Neben ihrer Eigenschaft als eigenständige Rechtspersönlichkeiten unterliegen diese Gesellschaften aufgrund ihrer Kaufmannseigenschaft erhöhten rechtlichen Pflichten und Obliegenheiten. Als Beispiele seien hier nur die Rügepflicht gemäß § 377 HGB oder die Formfreiheit der Bürgschaft nach § 350 HGB genannt. Durch die Änderungen im Zustellungsverfahren obliegt es den Gesellschaften nunmehr, ihre Erreichbarkeit sicherzustellen, anderenfalls droht ihnen die öffentliche Zustellung.

Der für eine öffentliche Zustellung jetzt vorgesehene Verfahrensablauf ist in drei Abschnitte unterteilt. Zunächst ist den Vertretern der Gesellschaft (vgl. § 170) unter der eingetragenen Geschäftsanschrift zuzustellen. Durch die Öffentlichkeit des Handelsregisters lässt sich diese Anschrift ohne weiteres in Erfahrung bringen. Insbesondere nach der Umstellung der Handelsregister auf ein elektronisch geführtes zentrales Unternehmensregister zum Januar 2007 wird die Einsichtnahme in das Register jederzeit gewährleistet sein.

Den Regelungen liegt der Gedanke zugrunde, dass es den Gesellschaften obliegt, bei Aufnahme von Geschäften entsprechende Empfangseinrichtungen für ihre Geschäftspartner zur Verfügung zu stellen. Bleibt ein Zustellversuch unter der Geschäftsanschrift erfolglos, weil unter der eingetragenen Anschrift kein Geschäftslokal vorhanden ist, kommt als nächster Schritt die Zustellung an eine eintragungsfähige weitere Empfangsperson nach § 10 Abs. 2 Satz 2 GmbHG-E, § 13e Abs. 2 Satz 4 HGB-E, § 39 Abs. 1 Satz 2 AktG-E in Betracht. Dieser Zwischenschritt trägt dem ultima ratio-Gedanken der öffentlichen Zustellung Rechnung und bietet andererseits den Gesellschaften eine zweite Chance, der öffentlichen Bekanntgabe vorzubeugen. Dies kann schon für die zwischenzeitliche Nichterreichbarkeit wegen eines Umzuges von Bedeutung sein.

Ist aber auch bei der weiteren Empfangsperson der Zustellversuch erfolglos geblieben oder war eine solche Person nicht eingetragen und ist ohne Ermittlungen auch keine andere inländische Anschrift bekannt, so ist der Weg zur öffentlichen Bekanntgabe ohne weitere Zwischenschritte frei. Denn auf die zeitaufwendige und schwierige Recherche nach den Wohnanschriften der Vertreter der Gesellschaft, unter Umständen sogar im Ausland, kommt es wegen der Kanalisation auf die inländische Geschäftsanschrift nicht mehr an. Der neue § 185 Nr. 2 stellt dies klar. Zu berücksichtigen sind nur solche Anschriften, die sich unmittelbar aus dem Handelsregister ergeben.

Dem Antragsteller werden keine weiteren Recherchen aufgezwungen, und es kommt auf ausländische Anschriften nicht mehr an, um nach Maßgabe des neuen § 185 Nr. 2 die öffentliche Bekanntgabe beantragen zu können. Denn eintragungsfähig sind lediglich inländische Anschriften (vgl. nur §§ 8 Abs. 4, 10 Abs. 2 Satz 2 GmbHG-E). Die Erleichterung der Zustellung besteht also vor allem darin, dass es den Gläubigern nicht mehr zugemutet wird, langwierige Recherchen nach etwaigen Vertretern oder deren Aufenthalt anzustellen. Auch ist der Gläubiger nicht mehr verpflichtet, eine Zustellung im Ausland zu bewirken, selbst wenn ihm die ausländische Anschrift der Vertreter der Gesellschaft positiv bekannt ist. Obwohl der Antragsteller von weiteren Recherchen entbunden ist, wird er gleichwohl im Interesse einer zügigen Zustellung eine ihm bekannte Wohnanschrift eines gesetzlichen

Vertreters dem Gericht mitteilen, ist doch eine direkte Zustellung im Inland weniger zeitaufwendig als die öffentliche Bekanntgabe (vgl. § 188).

Klarzustellen ist in diesem Zusammenhang, dass der Richter eine öffentliche Zustellung jedenfalls nicht mit der Begründung ablehnen darf, dass eine ausländische Wohnanschrift bekannt sei und daher eine Auslandszustellung vorzunehmen sei, insbesondere weil die Grenze des neuen § 185 Nr. 3 (bisher Nr. 2) noch nicht erreicht sei. Dies wäre eine unzulässige Vermischung der für § 185 Nr. 2 und 3 vorgesehenen Alternativen; ihre Voraussetzungen müssen nicht kumulativ vorliegen.

Die Ermessensentscheidung des Gerichts ist auch insoweit durch das materielle Recht vorgeprägt, als in den § 13e Abs. 3a HGB-E, § 78 Abs. 2 AktG-E, § 35 Abs. 1 GmbHG-E eine Obliegenheit zur Erreichbarkeit im Inland statuiert ist. Die Verletzung wird u. a. durch die neu geschaffene Regelung des § 185 Nr. 2 sanktioniert.

Den Gläubigern bleibt es natürlich unbenommen, die Zustellung sowohl an die Vertreter der Gesellschaft als auch an die weitere Empfangsperson parallel vorzunehmen. Denn ein Rangverhältnis besteht nicht, empfangsberechtigt sind stets sowohl die Vertreter als auch die Empfangsperson.

Durch die Neuregelung wird vor allem eine erhebliche Beschleunigung der öffentlichen Zustellung erreicht. Denn in den Missbrauchsfällen spielt der Zeitfaktor für die Zustellung von Forderungen und Titeln eine erhebliche Rolle. Je mehr Zeit verstreicht, desto leichter ist es, zu Lasten der Gläubiger die Vermögensverhältnisse der Gesellschaft zu verschleiern und Vermögen zu Lasten der Insolvenzmasse abzuziehen. Bisher waren, um die Voraussetzungen des § 185 Nr. 1 zu erfüllen, hohe Anforderungen zu überwinden, so dass die öffentliche Zustellung erhebliche Zeit in Anspruch nahm. Eingehende Nachweise und Ermittlungen waren nötig, die durch die Gläubiger beigebracht bzw. geführt werden mussten. Denn es obliegt bislang den Parteien, im Rahmen des § 185 Nr. 1 den unbekannten Aufenthalt der Vertreter zu belegen.

Insbesondere die Fälle, in denen die Vertreter einer Gesellschaft ins Ausland abtauchten, stellten die bisherige Praxis vor erhebliche Probleme. Nachforschungen, selbst im europäischen Ausland wie z. B. Spanien oder Tschechien, sind schwierig und mit nicht unerheblichem Aufwand und Kosten verbunden. Und selbst wenn eine Anschrift ermittelt werden kann, ist eine Auslandszustellung oftmals so zeitraubend, dass sich der mit der Zustellung letztlich erstrebte Erfolg des Gläubigers, finanzielle Befriedigung zu erlangen, nicht mehr realisieren lässt.

Nunmehr müssen die im Inland am Wirtschaftsleben teilnehmenden Gesellschaften auch die Erreichbarkeit im Inland sicherstellen, anderenfalls kann ihnen öffentlich zugestellt werden. Künftig wird es den Gesellschaften also nicht mehr möglich sein, sich den Zustellungen dadurch zu entziehen, dass ihre Vertreter unbekannt verzogen sind oder ihren Aufenthalt ins Ausland verlegt haben.

Die Änderung ist verfassungsrechtlich unter dem Gesichtspunkt des Artikels 103 Abs. 1 GG (rechtliches Gehör) vertretbar. Artikel 103 Abs. 1 GG fordert Regelungen, die sicherstellen, dass der Betroffene von für ihn erheblichen Informationen zuverlässig Kenntnis erlangt. Bei der Ausgestaltung dieses Rechts ist aber auch zu berücksichtigen, dass potentielle Kläger in der Lage sein müssen, in angemessener Zeit ihre durch Artikel 14 Abs. 1 GG geschützten Ansprüche durchzusetzen. Hier ist abzuwägen. Insbesondere ist zu berücksichtigen, dass es in der Hand der juristischen Person liegt, bei einer Geschäftsverlegung auch die Eintragung im Handelsregister entsprechend ändern zu lassen und damit der öffentlichen Zustellung die Grundlage zu entziehen. Auch bietet sich den Gesellschaften durch die Eintragung einer weiteren Empfangsperson eine zusätzliche Gelegenheit, die Erreichbarkeit sicherzustellen. Hierdurch ist gewährleistet, dass juristische Personen, deren Verantwortliche erreichbar sein wollen, zuverlässig von für sie erheblichen Informationen Kenntnis erlangen.

Zudem besteht bei juristischen Personen ein Bedürfnis nach beschleunigter Zustellung, da diese einfacher und schneller ‚untertauchen' können als natürliche Personen, insbesondere weil sie nur eine juristische Fiktion darstellen. Aus dem zuletzt genannten Grund lässt sich deshalb auch eine Differenzierung zwischen natürlichen und juristischen Personen, die zur Eintragung der Geschäftsanschrift im Handelsregister verpflichtet sind, unter dem Gesichtspunkt des Artikel 3 Abs. 1 GG rechtfertigen. Hinzu kommt, dass natürliche Personen persönlich und unbeschränkt haften, während beim Einsatz einer juristischen Person die Haftung auf das Gesellschaftsvermögen begrenzt werden kann.

Die alternative Erwägung, für juristische Personen die Pflicht zur Bestellung eines inländischen Zustellungsbevollmächtigten zu schaffen, ist demgegenüber nicht sinnvoll. Sehr zweifelhaft ist zum einen, ob dies angesichts der Richtlinie 89/666/EWG des Rates vom 21. Dezember 1989 („Zweigniederlassungsrichtlinie") auch für Zweigniederlassungen von Auslandsgesellschaften gelten kann. Zum anderen würden sich viele der derzeitigen Probleme auch dann stellen, wenn der Zustellungsbevollmächtigte untertaucht oder anderweitig postalisch nicht erreichbar ist. Denn auch durch dessen Bestellung würde keine Zustellungsfiktion geschaffen. Hinzu kommt, dass ein Zustellungsbevollmächtigter in aller Regel eine Vergütung verlangen wird. Dies würde zusätzliche Kosten für die Gesellschaften produzieren und so die Wettbewerbsfähigkeit der Rechtsform der GmbH weiter beeinträchtigen. Sinnvoller war es daher, die öffentliche Zustellung zu erleichtern, die abzuwenden den Gesellschaften ohne weiteres möglich ist.

Ebenfalls nicht aufgegriffen wurde der Vorschlag der Einführung einer Zustellungsfiktion. Danach hätte eine nachgewiesene Absendung einer Willenserklärung an die eingetragene Zustellungsanschrift die Fiktion der Zustellung ausgelöst. Das vorgeschlagene Konzept der erleichterten öffentlichen Zustellung erscheint demgegenüber weniger eingriffsintensiv gegenüber den betroffenen Gesellschaften.

Zu Artikel 9

Änderung der Insolvenzordnung

Zu Nummer 1 – Änderung von § 10 Abs. 2

Bisher kommt es im Fall der Führungslosigkeit einer Gesellschaft zu Verzögerungen bei der Eröffnung des Insolvenzverfahrens, die sich erheblich zu Lasten der Gläubiger auswirken können.

Im Insolvenzverfahren ist zwischen der tatsächlichen Anhörung und der Gewährung rechtlichen Gehörs zu unterscheiden. Wird vom Gesetz ausdrücklich eine Anhörung vorgeschrieben, so unterliegt diese strengeren Anforderungen als die Gewährung rechtlichen Gehörs. So darf die gesetzlich vorgeschriebene Anhörung nur in den engen Grenzen des § 10 unterbleiben, während die Gewährung rechtlichen Gehörs lediglich bedeutet, dass dem Schuldner Gelegenheit zur Äußerung gegeben werden muss.

Bei juristischen Personen ist nach § 10 Abs. 2 grundsätzlich jeder organschaftliche Vertreter anzuhören. Die Anhörung der Vertreter kann nach § 10 Abs. 2 nur unterbleiben, wenn einer der in § 10 Abs. 1 genannten Hinderungsgründe vorliegt. Eine übermäßige Verzögerung im Sinne von § 10 Abs. 1 Satz 1 kann dabei auch dann gegeben sein, wenn eine GmbH den oder die Geschäftsführer abberufen hat oder diese ihr Amt niedergelegt haben und kein neuer Geschäftsführer bestellt worden ist.

Aufgrund der vorgelegten Ergänzung des § 10 Abs. 2 kann das Gericht die Gesellschafter im Fall der Führungslosigkeit anhören. Dem Gericht wird diesbezüglich ein Ermessen eingeräumt. Auf diese Weise wird die Möglichkeit geschaffen, anhand des konkreten Einzelfalls individuell zu entscheiden, ob eine Anhörung notwendig und sinnvoll erscheint. Dies wird bei großen Publikumsgesellschaften selten der Fall sein. Zu einem anderen Ergebnis wird man jedoch häufig bei kleinen überschaubaren Kapitalgesellschaften – regelmäßig bei GmbHs – kommen, wenn die Anhörung der beteiligten Personen Erfolg verspricht.

Zu Nummer 2 – Änderung von § 15 Abs. 1

Dem zur Stellung eines Insolvenzantrags nach § 64 Abs. 1 Satz 2 GmbHG-E verpflichteten Gesellschafter (vgl. Artikel 1 Nr. 27 Buchstabe a) muss auch ein entsprechendes Recht zustehen. § 15 Abs. 1 wird daher durch die Neuregelung entsprechend ergänzt.

Zu Nummer 3 – Änderung von § 19 Abs. 2

Soweit Rückerstattungsansprüche aus Gesellschafterdarlehen und gleichgestellte Forderungen in der Insolvenz nachrangig berichtigt werden (§ 39 Abs. 1 Nr. 5 in der Fassung des Entwurfs), besteht keine Notwendigkeit, diese Forderungen in der Überschuldungsbilanz im Rahmen der bestehenden Verbindlichkeiten als Passiva anzusetzen, da die Interessen der außenstehenden Gläubiger bereits durch den Rangrücktritt hinreichend gewahrt sind.

In seinem Urteil vom 8. Januar 2001 (BGHZ 146, 264 ff) hat der BGH demgegenüber eine Passivierung auch von Forderungen aus eigenkapitalersetzenden Gesellschafterleistungen für erforderlich gehalten. Eine Ausnahme könne nur dann gemacht werden, wenn der betreffende Gesellschafter einen Rangrücktritt mit dem Inhalt erklärt habe, „er wolle wegen der genannten Forderung erst nach der Befriedigung sämtlicher Gesellschaftsgläubiger und – bis zur Abwendung der Krise – auch nicht vor, sondern nur zugleich mit den Einlagerückgewähransprüchen seiner Mitgesellschafter berücksichtigt, also so behandelt werden, als handele es sich bei seiner Gesellschafterleistung um statutarisches Kapital." Der BGH begründet diese Entscheidung insbesondere mit dem Anliegen, den antragspflichtigen Geschäftsführer nicht mit den Unwägbarkeiten der Entscheidung, ob eine Gesellschafterleistung als eigenkapitalersetzend einzustufen ist, belasten zu wollen.

Durch den vorliegenden Gesetzentwurf soll jedoch in § 39 Abs. 1 Nr. 5 auf das Merkmal „kapitalersetzend" verzichtet und damit jedes Gesellschafterdarlehen in der Insolvenz nachrangig gestellt werden (vgl. hierzu unter Nummer 4). Die Entscheidung, ob eine Forderung dem gesetzlich angeordneten Rangrücktritt nach § 39 Abs. 1 Nr. 5 unterfällt, wird damit künftig wesentlich einfacher und rechtssicherer zu treffen sein. Zwar mag im Einzelfall noch eine Unsicherheit bestehen können, ob eine Forderung aus einer Rechtshandlung vorliegt, die einem Gesellschafterdarlehen wirtschaftlich entspricht. Dennoch überwiegt bei einer Gesamtbetrachtung das Interesse an der Erhaltung des Unternehmens, so dass Forderungen, die von § 39 Abs. 1 Nr. 5 erfasst werden, auch ohne Rangrücktrittserklärung des Gesellschafters generell nicht als Passiva in der Überschuldungsbilanz zu erfassen sind.

Zu Nummer 4 – Änderung von § 39

Zu Buchstabe a

Auf das Merkmal „kapitalersetzend" wird verzichtet. Es gibt nach dem neuen Konzept keine „kapitalersetzenden Gesellschafterdarlehen" mehr. Jedes Gesellschafterdarlehen ist bei Eintritt der Insolvenz nachrangig. Dies entspricht international verbreiteten Regelungsmustern. Die Regelung wird dadurch wesentlich einfacher und stellt zugleich den darlehengewährenden Gesellschafter nicht schlechter als bisher, denn auch bisher waren stehen gelassene Altdarlehen in aller Regel ab Eintritt der Krise – also schon im Vorfeld der Insolvenz – als kapitalersetzend umqualifiziert. Im Übrigen wird der bisherige § 32a Abs. 3 Satz 1 GmbHG sachlich übernommen.

Zu Buchstabe b

Der Anwendungsbereich wird rechtsformneutral festgelegt. Damit sind die deutschen Gesellschaftsrechtsformen, und zwar die Gesellschaft mit beschränkter Haftung, die Aktiengesellschaft, die Kommanditgesellschaft auf Aktien, die Genossenschaft, die Kommanditgesellschaft und die offene Handelsgesellschaft, bei der kein persönlich haftender Gesellschafter eine natürliche Person ist und zu deren persönlich haftenden Gesellschaftern auch keine Gesellschaft mit einer natürlichen Person als persönlich haftendem Gesellschafter gehört, ebenso wie die Europäische Gesellschaft (SE) erfasst. Des Weiteren erfasst die Regelung auch entsprechende Auslandsgesellschaften (z. B. die englische Limited mit Zweigniederlassung in Deutschland), wenn deren Insolvenz nach deutschem Recht abgewickelt wird (Artikel 3 Abs. 1 i. V. m. Artikel 4 Abs. 1 der Verordnung des Rates über Insolvenzverfahren (EuInsVO vom 29. Mai 2000, Nr. 1346/2000).

Die Bestimmungen der § 32a Abs. 3 Satz 2 und 3 GmbHG werden übernommen. Diese Ausnahmeregelungen gelten künftig unter den bereits genannten Voraussetzungen auch für die offene Handelsgesellschaft und die Kommanditgesellschaft unmittelbar, so dass die Sonderregelungen der §§ 129a und 172a HGB überflüssig werden. Das Kleinbeteiligtenprivileg orientiert sich bei der Aktiengesellschaft jedoch nicht an der Rechtsprechung (BGHZ 90, 381), sondern übernimmt hier ebenfalls die 10 %-Grenze. Für eine generelle Differenzierung zwischen GmbH und Aktiengesellschaft ist ein Grund nicht ersichtlich. Dies gilt allemal für eine unterschiedliche Behandlung von GmbH und geschlossener, kleiner Aktiengesellschaft. Durch die Aufgabe der Rechtsprechungsregeln ist die Problematik der Gesellschafterdarlehen und ihre Differenzierung gegenüber Darlehen Dritter ohnehin wesentlich entschärft, spielt während des Lebens der gesunden Gesellschaft keine Rolle mehr und kommt nur noch in der Insolvenz zur Geltung.

Zu Nummer 5 – Einfügung von § 44a

§ 32a Abs. 2 und § 32b GmbHG werden in angepasster Form in das Insolvenzrecht übernommen und dabei über den in Absatz 3 vorgesehenen Verweis auf § 39 Abs. 4 insbesondere rechtsformneutral ausgestaltet. Der Verzicht auf das Merkmal „Krise" bedeutet für die Rechtspraxis eine ganz erhebliche Erleichterung. Vor allem die Anwendung des GmbH-Rechts wird dadurch deutlich erleichtert. Die GmbH gewinnt im Wettbewerb der Rechtsformen an Attraktivität.

Zu Nummer 6 – Änderung von § 101

Die Fassung des § 23 GKG nach dem Kostenrechtsmodernisierungsgesetz ist geeignet, Gläubiger von der Stellung eines Insolvenzantrags abzuhalten, da sie im Falle der Masselosigkeit nicht nur für die Gerichtsgebühren, sondern auch für die Auslagen einzustehen haben. Wird etwa ein Gutachter vom Insolvenzgericht mit der Prüfung beauftragt, ob ein Eröffnungsgrund vorliegt oder ob Sanierungsmöglichkeiten bestehen (vgl. § 22 Abs. 1 Nr. 3), so könnten auch diese Kosten dem antragstellenden Gläubiger aufgebürdet werden. Eine solche Kostenfolge erscheint jedoch ungerecht, wenn die Abweisung im Wesentlichen auf der Verletzung verfahrensrechtlicher Mitwirkungspflichten des Schuldners beruht. Die vorliegende Änderung ist deshalb geeignet, diesem Missstand zu begegnen.

Neben einer disziplinierenden Wirkung für die Geschäftsführer, Gesellschafter und die sonstigen in Absatz 1 und 2 genannten Personen hat dies den weiteren kostenrechtlichen Vorteil, dass ein antragstellender Gläubiger nach § 31 Abs. 2 Satz 1 GKG nur in Anspruch genommen wird, wenn eine Zwangsvollstreckung in das bewegliche Vermögen der genannten Personen erfolglos geblieben ist oder aussichtslos erscheint.

Zu Nummer 7 – Änderung von § 135

Auch hier kann auf das Tatbestandsmerkmal „kapitalersetzend" verzichtet werden. Rückzahlungen auf Gesellschafterdarlehen im fraglichen Zeitraum sind nach der vorgeschlagenen Regelung stets anfechtbar.

Zu Nummer 8 – Änderung von § 345 Abs. 2

Es handelt sich um eine Folgeänderung zu Artikel 3 Nr. 3 Buchstabe a Doppelbuchstabe bb.

Zu Artikel 10

Änderung des Einführungsgesetzes zur Insolvenzordnung

Die Übergangsvorschrift bestimmt den zeitlichen Anwendungsbereich der neuen insolvenzrechtlichen Bestimmungen.

Zu Artikel 11

Änderung des Anfechtungsgesetzes

Zu Nummer 1 – Neufassung von § 6 und Einfügung eines § 6a

Zu § 6

Die Überschrift drückt aus, dass es nicht mehr um „Kapitalersatz" geht, sondern um die Regelung von Gesellschafterdarlehen. Auf den Begriff „kapitalersetzend" wird folglich verzichtet, sämtliche Rückzahlungen im fraglichen Zeitraum können anfechtbar sein (vgl. dazu oben zu § 135 InsO).

Bei der Anfechtung außerhalb des Insolvenzverfahrens soll zudem der Zeitpunkt, von dem an die Anfechtungsfrist von einem bzw. zehn Jahren zurückgerechnet wird, vorverlegt werden. Damit soll dem Gläubiger in seinem Dilemma geholfen werden, dass er zunächst viel Zeit verliert, um einen Vollstreckungstitel zu erlangen, und sodann erst nach vergeblichem Vollstreckungsversuch bei dem Schuldner die Anfechtung ausspricht und dadurch die Befriedigungshandlung aus dem Anfechtungszeitraum heraus fällt. Durch die Zustellungserleichterungen in diesem Gesetzentwurf wird es zum einen den Gläubigern deutlich erleichtert, einen Vollstreckungstitel zu erwirken. Zum anderen knüpfen die Anfechtungsfristen des künftigen § 6 Abs. 1 an den Zeitpunkt der Erlangung des vollstreckbaren Schuldtitels als Berechnungsbeginn an und nicht mehr an die Geltendmachung der Anfechtung. Für den Fall, dass ein Antrag auf Eröffnung des Insolvenzverfahrens allein mangels Masse nach § 26 InsO abgewiesen worden ist, bevor der Gläubiger den Vollstreckungstitel erlangt hat, ist dieser Zeitpunkt für ihn der günstigere. Nach § 6 Abs. 1 Satz 2 ist in diesem Fall entsprechend der Regelung des § 135 InsO der Zeitpunkt des Antrags auf Eröffnung des Insolvenzverfahrens maßgebend, da die Anfechtbarkeit bei einem grundsätzlich begründeten Insolvenzantrag für die Fälle des Fehlens und des Vorhandenseins ausreichender Masse nicht divergieren sollte.

Der anzufügende Absatz 2 gestaltet die Fristen des Absatzes 1 von einer Ausschlussfrist in eine Verjährungsfrist um. Auch hierdurch erfolgt eine Angleichung an die parallelen Regelungen der §§ 135, 146 InsO.

Zu § 6a

Durch die neue Bestimmung des § 6a werden die Regelungen des § 32b GmbHG bzw. künftig § 44a Abs. 2 InsO auch für den Anwendungsbereich des Anfechtungsgesetzes übernommen. Hierdurch wird eine bislang durch die sog. Rechtsprechungsregeln geschlossene Lücke beseitigt, da der derzeitige § 32b GmbHG nur bei eröffnetem Insolvenzverfahren gilt.

Zu Nummer 2 – Änderung von § 7 Abs. 1

Es handelt sich um eine Folgeänderung zu der Umgestaltung der Anfechtungsfristen in § 6 Abs. 1, nach der künftig nicht mehr der Zeitpunkt der Anfechtung Berechnungsbeginn sein wird.

MoMiG

Zu Nummer 3 – Änderung von § 11

Die in § 11 in der geltenden Fassung enthaltenen Regelungen zu den Rechtsfolgen der Anfechtung passen nicht für den Fall des neu eingefügten § 6a, da hier – parallel zur Rechtslage bei § 32b GmbHG bzw. künftig § 44a Abs. 2 InsO – nicht der Drittgläubiger das von der Gesellschaft Erlangte zur Verfügung stellen soll, sondern vielmehr der durch die Rückerstattung der Gesellschaft frei gewordene Gesellschafter, der als Bürge haftete oder die Sicherung bestellt hatte. Auch die Regelung des § 32b Satz 3 GmbHG wird übernommen.

Zu Artikel 12

Änderung des Gesetzes über die Angelegenheiten der freiwilligen Gerichtsbarkeit

Es handelt sich um eine Folgeänderung zu Artikel 1 Nr. 10.

Zu Artikel 13

Änderung der Handelsregisterverordnung

Es handelt sich um Folgeänderungen zu Artikel 1 Nr. 6 Buchstabe d, Nr. 7 und 8, Artikel 3 Nr. 1, 3, 7 und 8 sowie Artikel 5 Nr. 2 Buchstabe b und Nr. 3.

Zu Artikel 14

Änderung der Kostenordnung

Zu Nummer 1 – Änderung von § 39 Abs. 4

Die Herabsetzung des Mindeststammkapitals von 25.000 Euro auf 10.000 Euro hat Auswirkungen auf die Höhe der Notargebühren bei der Beurkundung von Gesellschaftsverträgen. Die Notargebühr für die Beurkundung eines Gesellschaftsvertrags würde unter Zugrundelegung eines Stammkapitals von 10.000 Euro im Falle einer mehrgliedrigen Gesellschaft lediglich 108 Euro und im Falle einer Ein-Personen-GmbH sogar nur 54 Euro betragen. Diese Gebührenhöhe würde dem tatsächlichen Arbeitsaufwand des Notars selbst in einfach gelagerten Fällen kaum gerecht. Durch die Einführung eines Mindestgeschäftswerts von 25.000 Euro soll das derzeitige Gebührenniveau erhalten bleiben.

Dieser Mindestgeschäftswert findet ein Vorbild in dem Geschäftswert für die Beurkundung von Gesellschafterbeschlüssen ohne bestimmten Geldwert. Nach § 41c Abs. 1 i. V. m. § 41a Abs. 4 Nr. 1 beträgt dieser ebenfalls mindestens 25.000 Euro.

Bei Einführung des Mindestgeschäftswerts wird in Kauf genommen, dass dieser zukünftig auch für die Beurkundung von Gesellschaftsverträgen von Personengesellschaften ohne Rücksicht auf ggf. wertmäßig geringere Einlageverpflichtungen Anwendung findet. Dieses Ergebnis ist vertretbar, da derartige Verträge ohnehin kein Formzwang besteht. Sofern ausnahmsweise eine notarielle Beurkundung erforderlich ist, beispielsweise wenn sich ein Gesellschafter zur Einbringung eines Grundstücks oder eines GmbH-Geschäftsanteils in die Gesellschaft verpflichtet, werden die maßgeblichen Geschäftswerte, in den Beispielsfällen der Verkehrswert des Grundstücks bzw. des Geschäftsanteils, häufig den Betrag von 25 000 Euro ohnehin übersteigen.

Zu Nummer 2 – Änderung von § 41a Abs. 1

Aus den in Nummer 1 genannten Gründen ist die Einführung eines Mindestgeschäftswerts auch für die erste Anmeldung einer Kapitalgesellschaft angezeigt. Dem Notar obliegen hierbei erweiterte Belehrungspflichten (§ 8 Abs. 3 GmbHG). Es wäre systemwidrig, hierfür einen geringeren Geschäftswert zugrunde zu legen, als dies bei der ersten Anmeldung eines Einzelkaufmannes der Fall ist (Geschäftswert 25.000 Euro), bei der diese erweiterten Belehrungspflichten nicht bestehen.

Zu Nummer 3 – Änderung von § 88 Abs. 2
Es handelt sich um eine Folgeänderung zu Artikel 12.

Zu Artikel 15

Änderung des Umwandlungsgesetzes

Es handelt sich um Folgeänderungen zu Artikel 1 Nr. 3; Nummer 5 ist eine Folgeänderung zu Artikel 1 Nr. 9 Buchstabe b und c.

Zu Artikel 16

Änderung des SE-Ausführungsgesetzes

Die Änderungen vollziehen die Änderungen in Artikel 5 Nr. 1, 2 Buchstabe b und Nr. 6 für die Europäische Gesellschaft (SE) nach.

Zu Artikel 17

Änderung der Abgabenordnung

Es handelt sich um eine Folgeänderung zu der Neubestimmung der Anfechtungsfristen in § 6 AnfG.

Zu Artikel 18

Änderung des Kreditwesengesetzes

Es handelt sich um eine Folgeänderung zu der geplanten Aufhebung des § 32b GmbHG und der Übernahme der Regelung in § 44a InsO.

Zu Artikel 19

Inkrafttreten

Die Vorschrift regelt das Inkrafttreten des Gesetzes.

3.2 Reden zur 2. und 3. Lesung des MoMiG im Dt. Bundestag (Auszug)

Berlin, Donnerstag, den 26. Juni 2008

Beginn: 9.01 Uhr

Präsident Dr. Norbert Lammert:

Die Sitzung ist eröffnet. Guten Morgen, liebe Kolleginnen und Kollegen! Ich begrüße Sie alle herzlich.

Vor Eintritt in unsere Tagesordnung möchte ich – sicherlich im Namen des ganzen Hauses – der deutschen Fußballnationalmannschaft herzlich zum Einzug ins Finale der Europameisterschaft gratulieren.

(Beifall)

– Ich sehe stehende Ovationen bei einzelnen Mitgliedern des Hauses.

Ich beziehe in diese Gratulation ausdrücklich die türkische Mannschaft ein, die mit bewundernswertem Einsatz, großem Kampfgeist und stetiger Fairness dieses Spiel ganz wesentlich mitbestimmt hat.

(Beifall)

Sowohl Kampfgeist als auch Fairness hat auch die überwiegende Mehrheit der deutschen wie der türkischen Fans gezeigt, die sich im Stadion sowie auf den Straßen und Plätzen dementsprechend bewegt und dargestellt haben. Ich glaube, der gestrige Abend hat zur Gemeinschaft der Türken und Deutschen in Deutschland erheblich beigetragen.

(Beifall)

Nun müssen wir nach den außerordentlichen Ereignissen zu den normalen Geschäften zurückkehren, was nicht ganz leicht fällt. Wir beginnen mit der Wahl eines Mitglieds des Beirats bei der Bundesbeauftragten für die Unterlagen des Staatssicherheitsdienstes. Die Fraktion der CDU/CSU schlägt erneut Professor Manfred Wilke vor. Sind Sie damit einverstanden? – Das ist der Fall. Damit ist Professor Wilke für eine weitere Amtszeit gewählt.

Interfraktionell ist vereinbart worden, die verbundene Tagesordnung um die in der Zusatzpunktliste aufgeführten Punkte zu erweitern:

Ich rufe unsere Tagesordnungspunkte 5 a und 5 b auf:

a) Zweite und dritte Beratung des von der Bundesregierung eingebrachten Entwurfs eines Gesetzes zur Modernisierung des GmbH-Rechts und zur Bekämpfung von Missbräuchen (MoMiG)

– Drucksache – 16/6140

Beschlussempfehlung und Bericht des Rechtsausschusses (6. Ausschuss)

– Drucksache – 16/9737

Berichterstattung:

Abgeordnete Dr. Jürgen Gehb

Klaus Uwe Benneter

Mechthild Dyckmans

Ulrich Maurer

Jerzy Montag

b) Beratung der Beschlussempfehlung und des Berichts des Rechtsausschusses (6. Ausschuss) zu dem Antrag der Abgeordneten Mechthild Dyckmans, Birgit Homburger, Hartfrid Wolff (Rems-Murr), weiterer Abgeordneter und der Fraktion der FDP

GmbH-Gründungen beschleunigen und entbürokratisieren

– Drucksachen – 16/671, 16/9737

Berichterstattung:

Abgeordnete Dr. Jürgen Gehb

Klaus Uwe Benneter

Mechthild Dyckmans

Ulrich Maurer

Jerzy Montag

Zu dem Gesetzentwurf der Bundesregierung liegt je ein Entschließungsantrag der FDP-Fraktion und der Fraktion Bündnis 90/Die Grünen vor.

Nach einer interfraktionellen Vereinbarung sind für die Aussprache 90 Minuten vorgesehen. – Ich höre dazu keinen Widerspruch. Dann ist auch das so beschlossen.

Ich eröffne die Aussprache und erteile das Wort zunächst der Bundesministerin der Justiz, Brigitte Zypries.

(Beifall bei Abgeordneten der SPD)

Brigitte Zypries, Bundesministerin der Justiz:

Vielen Dank. – Herr Präsident! Meine sehr geehrten Damen und Herren Kolleginnen und Kollegen! Die Reform des GmbH-Rechts, die wir heute verabschieden, ist, wie Herr Gehb – ich glaube, gegenüber der *FAZ* – schon gesagt hat, eine historische Reform.

(Dr. Guido Westerwelle (FDP): Schon wieder eine!)

Es ist in der Tat eine Überarbeitung des GmbH-Rechts, wie wir sie seit 1892 noch nicht gehabt haben. Es ist eine ganz massive Entrümpelung und eine Anpassung dieses Rechts an die veränderten gesellschaftlichen Verhältnisse. Insofern bedanke ich mich dafür, dass wir so weit gekommen sind. Ich glaube, mit mir danken ganz viele Bürgerinnen und Bürger, auch junge Menschen, die Unternehmen gründen wollen. Unser Haus verzeichnet zwar zu vielen Themen Eingänge, aber es war auffällig, dass gerade zur Reform des GmbH-Rechts viele Briefe und E-Mails kamen. Die Menschen haben uns gefragt: Wann seid ihr denn endlich so weit? - Die Reform ist schließlich sehr umfangreich beraten worden. Die meisten wollen keine **Limited**, sondern eine vereinfachte GmbH, und dass sie keine Limited wollen, ist eine richtige und gute Entscheidung.

Dankenswerterweise ist im Zusammenhang mit der Reform unseres GmbH-Rechts in den Zeitungen häufig verbreitet worden, welche Nachteile es bringt, wenn man zwar zunächst die Limited wählt, dann aber nach einem Jahr feststellt, dass man seine Geschäftsabschlüsse leider in Englisch und in London vorlegen muss. Das ist dann für viele Menschen eine Überraschung. Insofern ist es richtig und gut, dass wir mit diesem Gesetzentwurf eine konkurrenzfähige Gesellschaftsform zur Verfügung stellen.

Meine Damen und Herren, wir haben hinsichtlich der Gründung einer GmbH einen Aspekt sehr lange und sehr sorgfältig diskutiert, und dieser betrifft die Änderungen beim **Mindeststammkapital**. Wie Sie wissen, hat es eine vollständige Änderung gegenüber dem Regierungsentwurf gegeben. Wir haben seinerzeit eine Absenkung des Mindeststammkapitals auf 10 000 Euro vorgeschlagen, weil man ein gewisses Kapital braucht, um eine Gesellschaft zu gründen. Denn ohne Kapital kann man nicht einmal ein Telefon anmelden oder einen Schreibtisch kaufen.

Hierzu gab es andere Auffassungen, und wir haben gute Diskussionen geführt. Darüber hinaus fand eine sehr gute Sachverständigenanhörung statt, die uns geholfen hat, den richtigen Weg zu finden. Deswegen gibt es jetzt neben der Form der alten GmbH – so will ich es einmal sagen – mit 25 000 Euro Mindeststammkapital die neue Variante der GmbH, die sogenannte **Unternehmergesellschaft** (haftungsbeschränkt), die insbesondere durch den Einsatz eines einzelnen Abgeordneten dieses Hauses in das Gesetz aufgenommen wurde. Vielen Dank, Herr Dr. Gehb, für diese weitreichenden Vorschläge, die wir aufgegriffen haben!

(Beifall bei der CDU/CSU und der SPD – Jerzy Montag (BÜNDNIS 90/DIE GRÜNEN): Er hätte gern mehr gewollt! – Klaus Uwe Benneter (SPD): Wir haben es ins GmbH-Gesetz gepackt! Er wollte es extra!)

– Na gut, so nickelich sind wir nicht.

(Dr. Guido Westerwelle (FDP): Nicht mal beim Lob seid ihr euch einig! Nicht einmal ein Lob gönnt ihr euch!)

Wir schaffen damit für die Existenzgründer in diesem Lande genau das, was sie erwarten, nämlich eine Kapitalgesellschaft ohne festes Mindeststammkapital. Das wird Unternehmungsgründungen erheblich erleichtern und damit auch die Innovationskraft in Deutschland stärken. Wichtig ist doch, dass neue Ideen auch schnell in die Tat umgesetzt werden können. Das ist es, was wir wollen, um den Wissensstandort Deutschland voranzubringen.

Es ist nicht so, als ob wir nur die Unternehmensgründung erleichtern würden, indem wir das Kapital absenken und kleinere Änderungen vornehmen. Vielmehr – ich habe es schon am Anfang gesagt – reformieren wir das GmbH-Recht umfassend, und zwar zum ersten Mal. Eine Vielzahl von Reformen kennen wir aus dem Aktienrecht. Man spricht beim Aktienrecht bereits von der „Aktienrechtsreform in Permanenz".

Beim GmbH-Recht ist genau das Gegenteil der Fall: Es ist eher eine **Geschichte** gescheiterter Reformvorhaben. Der erste Anlauf erfolgte bereits 1937, im Anschluss an die Aktienrechtsreform, und blieb im Zweiten Weltkrieg stecken. Der zweite Reformanlauf Anfang der 70er-Jahre schaffte es nicht bis in den Rechtsausschuss. Rückblickend muss man wohl sagen: Das war eine ganz gute Entscheidung. Denn man wollte damals das GmbH-Recht mit rund 300 Paragrafen im Grunde dem Aktienrecht anpassen und der Aktiengesellschaft, die damals erste Siegeszüge antrat, eine vergleichbare Rechtsform an die Seite stellen.

Ich meine, es war gut, dass man es so nicht gemacht hat. Denn wir brauchen keine zweite Aktiengesellschaft. Vielmehr brauchen wir die GmbH als eine **Rechtsform für den Mittelstand**, also für die vielen Hunderttausenden von kleinen Unternehmungen, die das Rückgrat der deutschen Wirtschaft bilden sollen. Diese Gesellschaftsform muss flexibel sein. Sie muss anpassungsfähig sein, und sie muss vor allen Dingen einfach zu verstehen und zu handhaben sein.

(Beifall bei der SPD sowie bei Abgeordneten der CDU/CSU)

Genau dieses stellen wir jetzt mit dem überarbeiteten GmbH-Recht sicher. Wir verfolgen ein **Konzept der starken Deregulierung**. Das heißt, wir wollen die Gründung der GmbH sehr viel einfacher und vor allen Dingen sehr viel schneller machen. Das ist unser Ziel. Vieles, was vor 100 Jahren im Verwaltungsablauf noch selbstverständlich war, ist heute nicht mehr notwendig. Ich nenne als Beispiel die nachgeschalteten Verwaltungsgenehmigungen. Es ist heute beispielsweise noch üblich, dass man, wenn man eine Gaststätte aufmachen will, zunächst ein Gesundheitszeugnis braucht und sich erst danach die GmbH eintragen lassen kann. Künftig kann dies parallel laufen, was zu einer Beschleunigung führt. Das mag zwar nur ein kleines Beispiel sein, aber es ist eines von vielen Beispielen, die zeigen, dass wir die Geschwindigkeit bei der GmbH-Eintragung deutlich erhöhen.

Gleichzeitig bekämpfen wir quasi als Gegengewicht die Missbräuche am „Lebensende" einer GmbH sehr nachdrücklich. Insbesondere die sogenannten **Bestattungsfälle** von GmbHs, denen sich schon ein eigener Gewerbezweig widmet, sollen härter verfolgt werden. Gescheiterte Unternehmer werden sich in Zukunft also nicht mehr ihrer Verantwortung entziehen können. Das MoMiG verlagert die Gewichte weg von einer vorbeugenden Formstrenge hin zu einer nachsorgenden Kontrolle, die erst im Krisenfall eingreift, dann aber mit größerer Schärfe als in der Vergangenheit. Die Reform knüpft also an das an, was wir gemeinhin mit dem mündigen Verbraucher oder mit dem aufgeklärten Bürger und der aufgeklärten Bürgerin meinen. Die Idee ist, dass sie sich informieren und möglichst vernünftige Entscheidungen treffen sollen. Nur im Versagensfall soll eingegriffen werden.

Ein weiteres grundlegendes Ziel des Entwurfs ist die Rückkehr zum bilanziellen Denken im **Haftungskapitalsystem** der GmbH. Das betrifft sowohl die Kapitalaufbringung als auch die Kapitalerhaltung. Das Stichwort ist hier Cash-Pooling, ein Begriff, den insbesondere die Töchter von größeren Unternehmen kennen und der deshalb für die Großkonzerne unserer Wirtschaft von Bedeutung ist.

Auch wenn viele Bürgerinnen und Bürger gewollt hätten, dass die Reform etwas eher in Kraft tritt, meine ich: Es war gut, dass wir diese große Reform nicht übers Knie gebrochen haben. Dass sie jetzt ein Jahr später als ursprünglich geplant vollendet wird, ist meines Erachtens kein Schaden. Denn wir können heute sagen: Wir werden ein Gesetz verabschieden, das im Hause intensiv unter Zuhilfenahme des Sachverstandes der Abgeordneten beraten worden ist und in das die Meinung vieler Sachverständiger eingeflossen ist.

Ich möchte mich bei Ihnen allen recht herzlich dafür bedanken, dass am Ende eine Reform dabei herausgekommen ist, von der wir sagen können: Sie wird uns helfen, die Rechtsform für den Mittelstand zukunftsfest für die nächsten Jahre zu gestalten. Das ist ein wichtiges Signal für den Wirtschaftsstandort Deutschland.

(Beifall bei der SPD und der CDU/CSU)

Präsident Dr. Norbert Lammert:

Das Wort erhält nun die Kollegin Mechthild Dyckmans, FDP-Fraktion.

(Beifall bei der FDP)

Mechthild Dyckmans (FDP):

Herr Präsident! Meine lieben Kolleginnen und Kollegen! Um es gleich vorweg zu sagen, lieber Kollege Gehb: Der ganz große Wurf ist diese Reform nach Meinung der FDP nicht.

(Beifall bei der FDP)

Frau Ministerin, die Ziele, die Sie sich mit dieser Reform gesetzt haben, begrüßen wir. Die Umsetzung ist allerdings gerade in dem von dem Kollegen Gehb so besonders herausgestellten Teil nicht gelungen.

Wirtschafts- und Mittelstandspolitik heißt für die FDP zum einen, strukturelle Probleme abzubauen. Unsere Unternehmen müssen von überflüssiger Bürokratie befreit werden. Deshalb unterstützen wir auch die mit der Reform angestrebte Deregulierung. Dass Sie den FDP-Vorschlag aufgenommen haben, die Eintragung ins Handelsregister von der Vorlage behördlicher Genehmigungen zu lösen, begrüßen wir ausdrücklich. Beschleunigung bei der Handelsregistereintragung haben wir aber auch schon durch das gemeinsam in dieser Legislaturperiode verabschiedete EHUG erreicht. So ist die Gründung einer GmbH nach neuesten Zahlen bei uns in Deutschland heute schon in durchschnittlich sechs Werktagen möglich. Der EU-weite Durchschnitt liegt bei dem Doppelten. Wir sind also bisher gar nicht so schlecht.

Wichtig ist für uns Liberale auch eine **Vereinfachung des GmbH-Rechts**. Gesetze müssen verständlich und in der Praxis handhabbar sein. Gerade das GmbH-Gesetz war jedoch sehr kompliziert, und die dazu entwickelte Rechtsprechung des BGH war kaum noch nachvollziehbar. Eigenkapitalersetzende Darlehen, Cash-Pooling, verdeckte Sacheinlage – dies alles sind Begriffe, bei denen sich Unternehmer und Rechtsanwälte die Haare rauften. Es wurde Zeit für eine Vereinfachung und für die Schaffung von Rechtssicherheit. Es wird sich aber erst in Zukunft herausstellen, ob die gefundenen Regeln tatsächlich die richtigen Lösungen sind; die Sachverständigen hatten hier doch noch einige Bedenken.

Das dritte Ziel des Gesetzentwurfes, das Sie angesprochen haben, die **Missbrauchsbekämpfung**, haben Sie für die Voll-GmbH, wie wir meinen, im Großen und Ganzen nicht schlecht umgesetzt. Leider zerstören Sie mögliche Erfolge durch die Einführung der Mini-GmbH.

In den letzten Tagen ist mir gerade aus dem Bundesjustizministerium immer wieder vorgehalten worden, man habe mit der GmbH-Reform einen sehr liberalen Gesetzentwurf vorgelegt und verstehe daher überhaupt nicht, warum die FDP diesem Gesetzentwurf nicht zustimme.

(Jerzy Montag (BÜNDNIS 90/DIE GRÜNEN): Das verstehen wir auch nicht! –
Dr. Norbert Röttgen (CDU/CSU): Versuchen Sie, das mal zu erklären!)

– Ich werde es Ihnen erklären. – Wir tragen den Gesetzentwurf nicht mit, weil Sie mit der **Mini-GmbH** einen Systembruch begehen, der nicht notwendig ist und der – im Gegenteil – dem Wirtschaftsstandort schaden wird.

(Beifall bei der FDP sowie bei Abgeordneten der LINKEN – Silke Stokar von Neuforn (BÜNDNIS 90/DIE GRÜNEN): Quatsch!)

Liberale Politik heißt für uns nicht Beliebigkeit, heißt nicht Rosinenpickerei, heißt nicht, ohne ordnungspolitischen Rahmen jeden gerade so agieren zu lassen, wie es für ihn am einfachsten ist. Liberale Politik bedeutet Glaubwürdigkeit, Verlässlichkeit und Übernahme von Verantwortung für wirtschaftliches Handeln. All dies haben Sie bei der Mini-GmbH nicht.

(Beifall bei der FDP sowie bei Abgeordneten der LINKEN)

Sie verlassen den ordnungspolitischen Rahmen, indem Sie eine Kapitalgesellschaft ohne Kapital zulassen, und das, obwohl Sie – wenn auch spät – wieder zu der Einsicht gekommen sind, dass die Absenkung des **Mindeststammkapitals** für die GmbH gerade nicht der richtige Weg ist.

Auch wenn Kollege Gehb immer wieder glaubt, mich darüber belehren zu müssen, dass das Stammkapital keine Voraussetzung für Gläubigerschutz ist, so kann ich nur sagen: Jawohl, lieber Jürgen, das weiß ich.

(Jerzy Montag (BÜNDNIS 90/DIE GRÜNEN): Ja, das ist auch so!)

Aber das Stammkapital ist ein wichtiges Signal

(Dr. Jürgen Gehb (CDU/CSU): Das stimmt!)
für Wirtschaftskraft, für Seriosität und damit letztendlich auch für Gläubigerschutz.

(Beifall bei der FDP sowie bei Abgeordneten der LINKEN – Jerzy Montag (BÜNDNIS 90/DIE GRÜNEN): Das ist doch Unsinn! – Dr. Jürgen Gehb (CDU/CSU): Darum lassen wir es bei der GmbH auch bei den 25 000 Euro!)
Wer nicht einmal bereit ist, einen bestimmten Betrag für seine unternehmerische Idee einzusetzen, um damit die Ernsthaftigkeit seines Unternehmens zu unterstreichen, wird scheitern.

(Silke Stokar von Neuforn (BÜNDNIS 90/DIE GRÜNEN): Unglaublich so etwas! – Klaus Uwe Benneter (SPD): Das ist die rosa Welt der FDP!)
Wie begründen Sie denn die Beibehaltung des Mindeststammkapitals? Da spricht man davon, das Ansehen der GmbH als verlässlicher Rechtsform des Mittelstandes nicht beschädigen zu wollen und dass das Stammkapital als Seriositätsschwelle notwendig sei. Das alles liest sich doch wie die Argumentation der FDP. Warum aber gelten diese Argumente nicht für die **Mini-GmbH**? Sie nehmen sehenden Auges in Kauf, dass unseriöse Gesellschaften am Wirtschaftsleben teilnehmen. Ihnen ist es egal, welcher wirtschaftliche Schaden da entsteht.

(Beifall bei der FDP – Jerzy Montag (BÜNDNIS 90/DIE GRÜNEN): So ein Quatsch!)
Mit der Einführung der Mini-GmbH – Frau Ministerin hat es gesagt – wollen Sie auf die britische Limited eingehen, obwohl Sie wissen, dass eine solche Gesellschaftsform nicht notwendig ist. Waren Sie, Frau Ministerin, es nicht, die ausdrücklich vor dem Gehb-Modell gewarnt hat?

(Dr. Jürgen Gehb (CDU/CSU): Das kann nicht sein!)
Haben Sie nicht noch kurz vor Verabschiedung des Regierungsentwurfs in der *FAZ* erklärt – ich zitiere Sie –:
Die Mini-GmbH ist ein Zugeständnis an den Koalitionspartner . . .
Und – das haben Sie heute noch einmal gesagt –:
Ganz ohne Kapital kann man kein Unternehmen gründen, auch nicht im Dienstleistungssektor.
Was hat Sie nun eigentlich vom Gegenteil überzeugt? Das haben Sie heute nicht erklärt. Die Sachverständigenanhörung im Rechtsausschuss kann es nicht gewesen sein. Die Mehrheit der Sachverständigen war weder von der Notwendigkeit noch gar von der Seriosität der Mini-GmbH überzeugt.

(Silke Stokar von Neuforn (BÜNDNIS 90/DIE GRÜNEN): Wer braucht die FDP?)
Es ist richtig: Wir hatten in den letzten Jahren einen kurzfristigen Boom von **Limiteds** in Deutschland, kurzfristig deshalb, weil nur ungefähr die Hälfte der Limiteds statistisch das erste Geschäftsjahr überlebt und nur 3 Prozent – ich wiederhole: 3 Prozent – die ersten beiden Jahre. Demgegenüber sind die GmbHs viel stabiler. Nur 2,5 Prozent der GmbHs geraten im ersten Jahr in finanzielle Schwierigkeiten.

Es ist also richtig, dass ein Großteil der Limiteds wirtschaftlich keinen Erfolg hatte. Warum? Diese Limiteds sind schlicht überschuldet. Das liegt nicht am britischen Recht, sondern an der fehlenden Finanzstärke dieser Limiteds. So wurde das Insolvenzverfahren bei 70 Prozent der Limited-Insolvenzen im Jahr 2006 mangels Masse nicht einmal eröffnet. Von diesen Insolvenzen – das bitte ich zu beachten – waren knapp 1 500 Arbeitnehmer in

Deutschland betroffen, und die ausstehenden Forderungen beliefen sich auf rund 130 Millionen Euro. So viel zum gesamtwirtschaftlichen Schaden.

(Beifall bei der FDP)

Mini-GmbHs werden dasselbe Schicksal erleiden wie die Limiteds. Sie werden bei Lieferanten, bei Banken und bei Behörden auf Vorbehalte treffen. Sie sind hoch insolvenzanfällig. Man kann natürlich sagen: Das ist das Risiko des einzelnen Geschäftsmannes. Es wird auch die Meinung vertreten, man könne die Mini-GmbH doch erst einmal ausprobieren. Wir Liberale fragen aber auch nach dem potenziellen **wirtschaftlichen Schaden**.

(Jörg van Essen (FDP): So ist es!)

Wir fragen: Wer sind denn die Verlierer dieser Reform? Eine ganz klare Antwort hat der Sachverständige Professor Goette bei der Anhörung gegeben: Verlierer ist die Allgemeinheit. Der Fiskus, die Sozialkassen und die kleinen Gläubiger sind die Gelackmeierten. – Das sind nicht meine Worte, sondern die Worte von Professor Goette. Bei jedem insolventen Unternehmen gibt es Gläubiger, die ihr Geld nie sehen. Steuern und Sozialabgaben – das wissen wir – sind das erste, was eine Firma nicht mehr zahlt, wenn sie wirtschaftliche Schwierigkeiten hat. Arbeitnehmer und deren Familien sind von dem wirtschaftlichen Fiasko besonders betroffen.

Es wird versucht, die Mini-GmbH als „**Einstiegsvariante**" zur GmbH hinzustellen, so in der *FAZ*, nach einer Pressemitteilung von Herrn Gehb. Wenn sie das denn wenigstens wäre, wenn man wirklich die Möglichkeit geschaffen hätte, zunächst mit einem geringen Mindestkapital zu beginnen, dann aber die GmbH mit einer festen Frist zu einer Voll-GmbH zwingend aufschließen zu lassen und umzufirmieren, dann wäre das noch ein gangbarer Weg gewesen. Eine solche Verpflichtung sieht der Gesetzentwurf aber nicht vor. Man hält bewusst an den zwei eigenständigen Formen fest, und das ist falsch. Das ganze Konzept der Mini-GmbH wird nicht gebraucht. Es nutzt niemandem.

Zum Abschluss möchte ich auf eine ganz besondere Variante des Gesetzes eingehen. Das GmbH-Gesetz wird ein gesetzliches **Musterprotokoll für Notare** enthalten. Ausgerechnet der Notar, der am besten ausgebildete Jurist,

(Michael Grosse-Brömer (CDU/CSU): Danke schön! Vielen Dank!)

der zu Recht weiterhin alle Gründungen vornehmen soll, bekommt gesetzliche Beratung. Diesen Unsinn kann man einfach nicht mitmachen.

(Beifall bei der FDP)

Es ist nicht Aufgabe des Gesetzgebers, Musterverträge, Mustersatzungen und Musterprotokolle vorzugeben. Glauben Sie wirklich, man kann unseren Alltag in gesetzliche Muster pressen? Wollen wir demnächst darüber nachdenken und darüber diskutieren, welche Formularhandbücher für Notare und Rechtsanwälte künftig Gesetzesrang erhalten sollen? Nein, diesen Unsinn machen wir von der FDP nicht mit.

(Beifall bei der FDP)

Lassen Sie mich noch einen kurzen Satz zu dem Entschließungsantrag der Grünen sagen: Das ist Rosinenpickerei pur. Sie wollen zum einen eine Haftungsbeschränkung bei Kapitalgesellschaften und zum anderen die steuerliche Behandlung als Personengesellschaft.

(Jerzy Montag (BÜNDNIS 90/DIE GRÜNEN): Richtig! Das wollen wir!
Und Gläubigerschutz!)

– Das ist genau der Punkt. Dazu sagen Sie so gut wie gar nichts.

(Jerzy Montag (BÜNDNIS 90/DIE GRÜNEN): Aber natürlich!)
Wie der Gläubigerschutz aussehen soll, sagen Sie nicht. Das ist genau der Punkt. Sie wollen zwar, dass die Unternehmen Gewinne machen, aber die Risiken und die Schäden wollen Sie sozialisieren und auf die Allgemeinheit verlagern. Da machen wir nicht mit.

(Beifall bei der FDP)

Zur vorliegenden Reform kann ich nur sagen: Ja, wir brauchen eine Kultur der Selbstständigkeit. Ja, wir brauchen Existenzgründer, also Menschen, die bereit sind, wirtschaftliche Verantwortung für sich und andere zu übernehmen. Ja, wir brauchen eine starke, seriöse, schnell und unbürokratisch zu gründende GmbH. Aber nein, wir brauchen weder eine Mini-GmbH noch ein gesetzliches Musterprotokoll. Manchmal ist weniger schlicht mehr.

Danke schön.

(Beifall bei der FDP)

Präsident Dr. Norbert Lammert:
Dr. Jürgen Gehb ist der nächste Redner für die CDU/CSU-Fraktion.

(Beifall bei der CDU/CSU)

Dr. Jürgen Gehb (CDU/CSU):
Herr Präsident! Meine Damen und Herren! Manche Gesetzesvorhaben kommen völlig unspektakulär daher und entpuppen sich erst bei näherer Betrachtung als politische Schwergewichte. In diese Kategorie fällt auch die GmbH-Reform. Sie ist nicht nur die umfassendste Reform des GmbH-Rechts seit dem Bestehen der GmbH im Jahre 1892, sondern sie wird auch von manch einem in der Fachliteratur, aber auch in der gängigen Literatur, die jedermann zugänglich ist, als kleine Revolution bezeichnet. Frau Ministerin und Kollegin Dyckmans, der Herrgott verzeihe Ihnen Ihre Übertreibungen, die Sie mir bei der Urheberschaft zugebilligt haben, und mir, dass ich sie ganz gerne gehört habe.

In den verschiedensten Zirkeln, zum Beispiel auf dem Deutschen Juristentag und bei Podiumsdiskussionen, wird schon sehr lange über die GmbH, über Defizite und über mögliche Veränderungen diskutiert. Nun ist das Diskutieren das eine, das Umsetzen ist das andere. Dazu braucht man nämlich Gestaltungskraft. Die Große Koalition ist auf dem Gebiet der Rechtspolitik handlungswillig und vor allen Dingen handlungsfähig.

(Beifall bei der CDU/CSU sowie bei Abgeordneten der SPD)

Die Große Koalition wird hier und heute den Entwurf eines Gesetzes zur Modernisierung des GmbH-Rechts und zur Bekämpfung von Missbräuchen verabschieden. Letztlich kommt es nicht darauf an, ob man Zeitungsartikel schreibt, ob man Interviews gibt oder ob man Fachaufsätze verfasst, es kommt nur darauf an, was schwarz auf weiß im Bundesgesetzblatt steht. In einigen Wochen wird dies im Gesetzblatt stehen. Das ist die Leistung der Großen Koalition.

(Beifall bei der CDU/CSU und der SPD)

Ich möchte ohne Anspruch auf Vollständigkeit – und schon gar nicht wie in einer Rechtsvorlesung – wenigstens stakkatohaft auf einige Gesichtspunkte eingehen und sie aufzählen. Es gibt – das ist schon genannt worden – die berüchtigten Beerdigungsfälle, also Firmenbestattungen am Ende einer Gesellschaft. Es gibt die verzwickten verdeckten Sacheinlagen. Es gibt die großen verdrussbereitenden eigenkapitalersetzenden Darlehen und sonstige Leistungen, Nutzungsüberlassungen und Vorratsgesellschaften. Schließlich geht es um das ganz kontrovers diskutierte Cash-Pooling-System und vieles mehr. All diese damit verbundenen Ärgernisse schaffen wir ab. Die geplante Modernisierung werden wir erreichen. All den Missbrauch, den es bisher gegeben hat, werden wir verhindern.

(Beifall bei der CDU/CSU sowie bei Abgeordneten der SPD – Mechthild Dyckmans (FDP): Wir sprechen uns wieder!)

Lassen Sie uns einen kurzen Augenblick Zeit nehmen und bei der Frage verweilen: Warum ist eine **Reform des GmbH-Rechts notwendig**? Die GmbH wird ja als das Erfolgsmodell seit ihrer Geburtsstunde 1892 bezeichnet, und 1 Million Gesellschaften mit beschränkter Haftung sind ein schlagender Beweis dafür.

(Beifall bei Abgeordneten der CDU/CSU und der SPD)

Aber alle Erfolgsmodelle, ob es sich um Autos oder sonstige Waren und Güter handelt, kommen natürlich irgendwann in die Jahre und behalten ihren Erfolgsmodellcharakter nur, wenn sie den Zeiten angepasst werden. Das haben wir getan.

(Klaus Uwe Benneter (SPD): Neues Design!)

– „Neues Design" sagt Herr Benneter.

(Mechthild Dyckmans (FDP): Aber mehr auch nicht! Auf das Design kommt es nicht an!)

Zu diesen bisher nur nationalen Gesichtspunkten einer Veränderung des GmbH-Rechts und einer Reform an Haupt und Gliedern gesellt sich eine europäische Variante, nämlich – die Kenner von Ihnen wissen es – die **europäische Rechtsprechung** des EuGH. Ich nenne nur die Verfahren Centros, Daily Mail, Überseering oder Inspire Art. Sie haben dazu geführt, dass wir aus unseren geradezu paradiesischen Verhältnissen – jedenfalls hinsichtlich der Exklusivität der deutschen Rechtsordnung – jäh auf den Boden der Wirklichkeit zurückgeworfen worden sind. Plötzlich stellen wir fest, dass sich deutsche Firmengründer auch anderer europäischer Rechtsformen bedienen können, zum Beispiel einer französischen oder einer spanischen. Beispielhaft bzw. pars pro toto sei die englische Limited erwähnt, die in quantitativer Hinsicht – das ist schon gesagt worden – noch immer eine große Bedeutung hat.

Diese europäischen Herausforderungen kann man nicht bewältigen, wenn man nur eine Änderung der GmbH-Konfiguration, wie wir sie kennen, vornimmt. Es ist nun einmal nicht möglich, eine Allzweckwaffe bzw. eine – ich formuliere es einmal volkstümlich – eierlegende Wollmilchsau zu schaffen. Man kann nicht einen Sportwagenfahrer, der gerne Porsche fährt, einen sechsfachen Familienvater, der einen Caravan braucht, und eine biedere Familie, die gerne ein Mittelklasseauto fährt, oder den Single mit einem Smart gleichzeitig bedienen.

Daher haben wir gesagt: Neben der Änderung bei der GmbH, die wir alle für notwendig halten und die wir ja vorgenommen haben, müssen wir auch eine spezifische Antwort auf die Herausforderungen der **englischen Limited** geben. Das haben wir mit der sogenannten haftungsbeschränkten Unternehmergesellschaft, kurz „UG" genannt, getan. Sie wird ihren Platz in § 5 a des Gesetzes zur Modernisierung des GmbH-Rechts finden, und das wird auch so bleiben.

Meine Damen und Herren, was zeichnet eine **haftungsbeschränkte Unternehmergesellschaft** aus? Der Beweggrund, der uns zu dieser Regelung veranlasst hat, war, dass wir eine preiswerte, schnelle und unkomplizierte Gründung ermöglichen und auch die GmbH von dem Ballast, den sie mit sich bringt, entschlacken wollten. Unser Angebot ist die Gründung einer Gesellschaft mit einem Stammkapital von 1 Euro. Allerdings besteht die Pflicht zur Thesaurierung eines Viertels des jährlichen Gewinns, bis man das Stammkapital der GmbH eingezahlt hat.

Liebe Mechthild Dyckmans, aus diesem Grunde haben wir die Höhe des Stammkapitals der GmbH bei 25 000 Euro belassen. Denn aufgrund des Angebots einer Einstiegsvariante war ein „Herumfummeln" an der Stellschraube Stammkapital – nach dem Motto: 25 000 Euro, 10 000 Euro, 5 000 Euro; wer bietet mehr, wer bietet weniger? – gar nicht mehr nötig. Wir konnten diese zugegebenermaßen bedeutungsvolle Seriositätsschwelle beibehalten.

Weil Sie eben von Konkursen geredet haben, möchte ich Sie fragen: Wissen Sie eigentlich, wie hoch die Insolvenzsumme im Falle des Konkurses einer klassischen GmbH ist? Im Schnitt beträgt diese Insolvenzsumme 800 000 Euro. 25 000 Euro Haftungskapital, mit dem man das abfangen will, ist auch nur eine Quantité négligable. Daher haben wir die Hürde für die Gründung bei einem Stammkapital von 1 Euro eingebaut.

Im Gegensatz zu den erfolglosen Versuchen in der Vergangenheit, allerdings bei politisch anders gearteten Konstellationen – ich erinnere nur an das Mindestkapitalgesetz oder an das MiKaTraG –, haben wir es nun geschafft, der klassischen GmbH unter Beibehaltung ihrer Attraktivität für diejenigen, die sich ihrer schon bedienen, eine kleine Schwester zur Seite zu stellen.

Meine Damen und Herren, es ging uns nicht nur darum, eine Regelung zu schaffen, die ein geringes Stammkapital vorsieht, sondern auch darum, die **Gründungskosten** zu verringern. Wer mit einer Einmann-GmbH vorliebnehmen will und zum Notar geht, der zahlt 20 Euro Notargebühren und 100 Euro Registergebühren. Das Ganze geht auch noch ziemlich schnell, und die Gründungskosten bleiben mit ungefähr 150 Euro deutlich unter den Kosten für die Gründung einer Limited.

Nun wird kritisiert, das Gründungsprotokoll sei Quatsch, und man brauche es nicht. Ich sage Ihnen: Wenn Sie heute zum Arzt gehen und sagen, dass Sie ein bestimmtes Rezept brauchen, dann greift der Arzt in eine Schublade, holt seinen 08/15-Rezeptblock heraus und schreibt es auf. Das kostet Privatpatienten wie mich, die den 2,3-fachen Satz zahlen müssen, 20,11 Euro. Wer mehr will, wem dieses Basismodell, dieser Smart Standard, nicht reicht, wer lieber einen Smart mit Schiebedach, parfümierten Haftreifen

(Heiterkeit)

und Ledersitzen will, der muss natürlich mehr zahlen. Wer mehr will, muss abhängig vom Geschäftswert von mindestens 25 000 Euro – da lacht das Herz, Herr Benneter, nicht wahr? – mit nach oben offenen Grenzen, freilich degressiv, mehr zahlen. Das wollen wir auch. Mehr Leistung – mehr Gegenleistung; das ist auch auf anderen Gebieten so, das ist ein ganz einfaches Prinzip.

Wenn ich schon für die Urheberschaft der Unternehmergesellschaft verantwortlich gemacht werde, will ich sagen: Solange etwas Erfolg hat, wollen alle der Urheber gewesen sein. So ist es auch diesmal: Es ist kurios, wer sich jetzt alles als Erfinder der UG geriert. Bei Misserfolg steht man allerdings als Waisenknabe da. Aber abwarten!

Es ist nicht nur der rechtspolitische Sprecher der Union, der sich für die UG ausgesprochen hat, auch aus der Wirtschaft kamen Rufe nach einer solchen Rechtsform. Ich erinnere daran, dass der Chefjustiziar des DIHK, Herr Dr. Möllering gesagt hat: Wir brauchen noch eine zusätzliche Rechtsform für die ganz Kleinen.

(Beifall bei Abgeordneten der CDU/CSU sowie des Abg. Klaus Uwe Benneter (SPD))

Auch aus der Wissenschaft kamen entsprechende Stimmen. So gehen Teile dieser Idee auf den Nestor, auf den Doyen der deutschen Gesellschaftsrechtslehre, Herrn Professor Dr. Lutter zurück; die UG hat ihm viel zu verdanken. Auch Professor Heribert Hirte hat uns mit zahlreichen Vorschlägen flankierend zur Seite gestanden. Ihm ist ebenso zu danken wie den Mitarbeitern des Justizministeriums, die, was die UG angeht, zwar zum Jagen getragen werden mussten – freilich, Herr Seibert – aber das dann wunderbar begleitet haben.

(Beifall bei Abgeordneten der CDU/CSU)

Wir haben nicht nur national Rückenwind: Der Präsident der Wirtschaftskammer Österreichs hat erklärt, dass er auf ein ähnliches Gesetz wie für die GmbH-Reform in Deutschland nebst der UG warte. Wir brauchen uns nicht zu wundern, wenn die Österreicher demnächst mit einer ähnlichen Gesellschaftsrechtsform aufwarten.

(Klaus Uwe Benneter (SPD): Die müssen aber Lizenzgebühren zahlen!)

Last, but not least: Wer gelegentlich liest – *dieses* „liest" wird zugegebenermaßen anders geschrieben –, konnte gestern im *Handelsblatt* lesen, dass die Europäische Kommission, so Binnenmarktkommissar McCreevy, eine **Europäische Privatgesellschaft** einführen will: die sogenannte Societas Privata Europaea – in keiner meiner Reden darf ein lateinischer Ausdruck fehlen.

Präsident Dr. Norbert Lammert:
Herr Kollege, nach der Geschäftsordnung des Bundestages wäre es zulässig, auf lateinische Begriffe zu verzichten.

(Joachim Stünker (SPD): Die Amtssprache ist Deutsch!)

Dr. Jürgen Gehb (CDU/CSU):
Ich mache nur das, was zulässig ist – obwohl manche hier, was die freie Rede angeht, eigentlich gänzlich gegen die Geschäftsordnung verstoßen.

(Mechthild Dyckmans (FDP): Ja, leider!)

Die Europäische Kommission schlägt vor, dass es für die Gründung einer Societas Privata Europaea genügen soll, 1 Euro einzubringen. Ich möchte einmal wissen, wie Sie dagegen angehen wollen, Frau Dyckmans! Aber wollen wir warten, bis die Europäische Kommission endlich zu Potte kommt? Nein. Hic et nunc, hier und jetzt, heute machen wir das!

(Beifall bei Abgeordneten der CDU/CSU sowie bei Abgeordneten der SPD)

Ganz zum Schluss: Verehrte Frau Dyckmans, liebe Mechthild,

(Mechthild Dyckmans (FDP): Lieber Jürgen!)

bei der ganzen Kritik, die du vorgelesen hast, hättest du dir an deinem parlamentarischen Urahnen, dem nationalliberalen Abgeordneten Dr. Bamberger ein Beispiel nehmen sollen, der sich schon am 21. März 1892 in der 199. Sitzung des Reichstages bei der Einführung der GmbH neben der Aktiengesellschaft – die übrigens genauso bekämpft worden ist wie jetzt die UG, die neben der GmbH eingeführt werden soll – wahrscheinlich – ich war nicht Zeitzeuge, auch wenn ich manchmal fast so aussehe –

(Heiterkeit)

ganz lässig hingestellt und erklärt hat: Allen Verzagten und allen Kritikern sei gesagt, dass sie sich erst einmal anschauen sollen, wie sich das Neue in der Praxis bewährt. – Das empfehle ich auch. Wir sollten nicht aus Angst vor dem Tode Selbstmord begehen! Wir sollten uns anstecken lassen von dem Optimismus der Pioniere des Gesellschaftsrechts!

(Beifall bei der CDU/CSU sowie bei Abgeordneten der SPD)

Wir sollten nicht kleinkariert und kleinmütig an einer Gesellschaftsrechtsreform herummäkeln, die – davon bin ich überzeugt – sowohl den Gründungswilligen als auch den Investoren als auch den großen Konzernen einen Rechtsrahmen bietet, innerhalb dessen die Leute ihre unternehmerische Findigkeit, ihren Ideenreichtum umsetzen können. Ich bin der Meinung, mit der Reform, die wir heute verabschieden, wird die GmbH, wird das Gesellschaftsrecht fit für das 21. Jahrhundert.

Vielen Dank, liebe Kolleginnen und Kollegen.

(Beifall bei der CDU/CSU und der SPD)

Präsident Dr. Norbert Lammert:
Das Wort erhält nun die Kollegin Sabine Zimmermann, Fraktion Die Linke.

(Beifall bei der LINKEN – Dr. Carl-Christian Dressel (SPD): Die erzählt jetzt wohl was von anderen Pionieren!)

Sabine Zimmermann (DIE LINKE):
Herr Präsident! Liebe Kolleginnen und Kollegen! Meine Damen und Herren! Herr Dr. Gehb, Sie sprachen eben von einem neuen Design für das Gesetz. Ich denke, es geht nicht um die Fassade, sondern um den Inhalt. Deswegen muss ich Ihnen hier wirklich widersprechen.

(Beifall bei der LINKEN)

Wir beraten heute einen Gesetzentwurf in zweiter und dritter Lesung, der den Namen, den er trägt, aus unserer Sicht nicht verdient.

(Andreas Schmidt (Mülheim) (CDU/CSU): Aha!)

Wir haben diesen Gesetzentwurf im Ausschuss – ich muss sagen: in seltener Einmütigkeit mit der FDP – abgelehnt.

(Jerzy Montag (BÜNDNIS 90/DIE GRÜNEN): Das muss der FDP zu denken geben!)

Dies werden wir auch heute tun. Aus unserer Sicht gibt es keinen Anlass, die bewährte Rechtsform der GmbH durch eine neue Unterform zu ergänzen. Diese sogenannte Unternehmergesellschaft ist missbrauchsanfällig, bietet keinen hinreichenden Gläubigerschutz und ist deshalb uns unserer Sicht völlig überflüssig.

(Beifall bei der LINKEN)

Als Grund für diese Gesellschaftsform hat Dr. Gehb – ich muss ihn wieder zitieren – in der ersten Lesung am 20. September 2007 Folgendes gesagt:

Wir stehen in einem europäischen Wettbewerb nicht nur hinsichtlich der Erzeugung von Gütern und Dienstleistungen, sondern auch hinsichtlich der Rechtsordnungen und der Rechtsformen. Diesen Wettbewerb nehmen wir an. Wir wollen und müssen ihn gewinnen.

(Dr. Jürgen Gehb (CDU/CSU): Gehb, ja!)

Für mich stellt sich die Frage, ob dieser von Ihnen ausgerufene Wettbewerb zwangsläufig so aussehen muss, dass die niedrigsten Standards anzusetzen sind. Wenn überhaupt ein Vergleich zwischen Rechtsordnungen gezogen werden kann, dann sollte dies aus der Sicht meiner Fraktion nach dem Maßstab der Verwirklichung sozialstaatlicher und demokratischer Grundsätze erfolgen. Dies scheint mir hier nicht der Motor und der Maßstab der Veränderung gewesen zu sein.

Sie unterstellen, dass viele **Gründer** darauf angewiesen sind, möglichst viel Kapital mit einem möglichst geringen Risiko zu erwirtschaften. Warum dies das Beste ist, kann uns allerdings niemand begründen. Warum muss ein Unternehmer, der als Marktteilnehmer Gewinne erzielt, von den Risiken seines Tuns möglichst freigestellt werden? Ich frage Sie: Wie wollen Sie das den Millionen Arbeitslosen erklären, denen in den vergangenen Jahren immer mehr Risiken der Lebenssicherung aufgebürdet worden sind?

(Zuruf des Abg. Klaus Uwe Benneter (SPD))

– Ja, ich frage auch Herrn Benneter zum Beispiel. Sie sind ja in einer sozialen, demokratischen Partei, deren Mitglied ich auch einmal war.

(Dr. Carl-Christian Dressel (SPD): Sie wollen wahrscheinlich eh nur einen VEB! – Jerzy Montag (BÜNDNIS 90/DIE GRÜNEN): Sollen wir die GmbH ganz auflösen?)

Die Gründer, die Sie mit 1 Euro mal eben eine Gesellschaft gründen lassen wollen, werden am Markt tätig sein. Die Unternehmergesellschaft wird also Arbeitnehmerinnen und Arbeitnehmer beschäftigen und darüber hinaus viele weitere Gläubiger haben.

Was macht dieser Unternehmer denn, wenn er statt der erwarteten Gewinne ganz im Gegenteil Verluste einfährt?

(Joachim Stünker (SPD): Was macht er heute denn?)

Er wird früher oder später logischerweise in die **Insolvenz** gehen. Meine Kollegin von der FDP hat es gesagt: Wer dann die Kosten trägt, scheint Ihnen gleichgültig zu sein.

(Jerzy Montag (BÜNDNIS 90/DIE GRÜNEN): Das, was Sie machen wollen, wäre ein wirtschaftspolitischer Niedergang!)

– Dass Sie nicht unserer Meinung sind, ist ja allgemein bekannt.

(Joachim Stünker (SPD): Sie reden doch schwach!)

Ebenso gehen Sie darüber hinweg, dass die neuen Unternehmen, die mit einer weitestgehenden Haftungsbeschränkung entstehen sollen, sehr viel häufiger pleitegehen. Gerade das lehrt ja die Erfahrung mit den britischen Limiteds. Von den Unternehmern, die sich in Deutschland für diese britische Rechtsform entschieden haben, ist ein hoher Prozentsatz längst insolvent. Mit ihrer grandiosen Innovation, mit ihren Unternehmergesellschaften, organisieren Sie einen Wettbewerb der Pleiterekorde.

Wenn es um Arbeitslose und Rentner geht, dann drehen Sie jeden Cent dreimal um. Wenn es aber um Gründer geht, dann soll es egal sein, wie viel Geld für Rechtsstreitigkeiten und sonstige Folgekosten verloren geht. Möglichst schnell und möglichst einfach sollen Unternehmen gegründet werden. Viel mehr als ein Dogma haben Sie hier nicht zu bieten.

Sie alle haben sicherlich schon von Fällen gehört, in denen die Zahlung der Arbeitslöhne angefochten wurde und die Löhne an den Insolvenzverwalter zurückgezahlt werden mussten. Versetzen Sie sich jetzt doch bitte einmal in die Lage eines Arbeiters oder eines Angestellten. Sollen sie, wenn sie bei einem solchen Unternehmen beschäftigt sind, ihren Lohn etwa gleich beim Insolvenzverwalter abgeben, weil sie ja schließlich wussten, dass sie bei einer GmbH light arbeiten, die eben immer ein bisschen mehr Risiko in sich birgt? Ich habe dies bewusst zugespitzt

(Klaus Uwe Benneter (SPD): Das hat doch mit diesen Fällen überhaupt nichts zu tun!)

– es hat garantiert etwas damit zu tun –, weil die Koalition, wie uns scheint, anders an eine GmbH-Reform herangeht, als wir das tun würden. Während sich die Koalition fragt, mit welchen Rechtsordnungen sie um die Wette eifern kann, richten wir unseren Blick auch auf die Arbeitnehmerinnen und Arbeitnehmer und fragen uns, wie wir deren Situation in solchen GmbHs verbessern können. Hierzu gibt es allerhand Anknüpfungspunkte im Bereich der Demokratisierung der Entscheidungsprozesse in den Unternehmen.

Auch der Gläubigerschutz muss gestärkt werden. Denn dadurch werden Arbeitsplätze erhalten und andere Unternehmen – vor allem im Mittelstand – davor geschützt, bei einer Krise des Vertragspartners selbst in eine Krise zu geraten.

Es gäbe also viel zu tun. Mit der **Unternehmergesellschaft** marschiert die Koalition in die entgegengesetzte Richtung und vermindert den Gläubigerschutz. In der Begründung zur Einführung dieser Unternehmergesellschaft wird lapidar auf die Vielzahl von Gründungen in der Form der Limited hingewiesen. Wie viele Gründungen aber gibt es genau? Wie viele sind schon wieder gelöscht worden? Warum ist das geschehen, und wie ergeht es den Gläubigern solcher Limiteds? Welche Probleme ergeben sich für die Gründer selbst?

All diese Fragen sind nicht seriös beantwortet worden, sonst hätten Sie diesen Gesetzentwurf nicht in dieser Form vorgelegt. Zum Teil sind die von mir genannten Fragen in der Anhörung des Rechtsausschusses beantwortet worden. Die Antworten fielen deutlich gegen die Unternehmergesellschaft aus. Es wurde klar herausgestellt, dass der faktische Verzicht auf das Stammkapital ein Risiko für die Gläubiger darstellt. Es wurde auf die französischen GmbHs mit weniger als 7 500 Euro Stammkapital hingewiesen. Ebenso wurde deutlich darauf hingewiesen, dass die englischen Limiteds viel insolvenzanfälliger sind als Unternehmen nach dem bislang geltenden deutschen Recht. Ähnliches droht nun mit der Einführung der unterkapitalisierten Unternehmergesellschaft.

Gegen diese von uns und vielen Sachverständigen geäußerten Warnungen führen Sie merkwürdige Argumente an. Über das Argument, selbst die 25 000 Euro der GmbH, die als Stammkapital aufzubringen sind, seien nichts im Vergleich zu den gewöhnlich auftretenden Schulden, kann man sich nur wundern. Man fragt sich, ob es sich dabei um Zynismus oder Gedankenlosigkeit handelt.

Sie vergessen auch die Seriositätsschwelle, die vom Stammkapital ausgeht. Die Ansparpflicht für das Stammkapital, die für die neue Unternehmergesellschaft gelten soll, mag für Sie eine kleine Beruhigungspille sein. Aus unserer Sicht ist das aber keine Lösung.

(Beifall bei der LINKEN)

Es ist auch nicht gesagt, dass der Gesetzentwurf den Gründern selbst wirklich hilft. Denn sie kommen damit eher zu dem Trugschluss, dass nichts leichter ist, als ein Unternehmen zu gründen. Im Zweifel sind die Gründer besser beraten, wenn sie durch entsprechende Hürden davon abgehalten werden, unwirtschaftliche Unternehmungen zu gründen. Wegen mangelnder Kreditwürdigkeit werden sie von den Banken sowieso nur dann Geld bekommen, wenn sie persönlich haften.

(Klaus Uwe Benneter (SPD): Ja! Das hat doch nichts mit Stammkapital zu tun!
Man muss immer selber haften!)

– Ja, aber auch das kann durch Ihren Gesetzentwurf zu einem Problem werden; denn Sie fördern die Leichtfertigkeit im Umgang mit unternehmerischen Entscheidungen.

(Jerzy Montag (BÜNDNIS 90/DIE GRÜNEN): Das ist wirklich Blödsinn!)

– Sie haben gleich die Möglichkeit, darauf einzugehen.

(Jerzy Montag (BÜNDNIS 90/DIE GRÜNEN): Das werde ich auch!)

Ein zu schnelles und leichtfertiges Eingehen persönlicher Haftungsrisiken wird durch Ihr Gesetz indirekt gefördert. Wenn die Gründer mit ihrer Geschäftsidee falsch liegen, sind sie doppelt hart getroffen: als Unternehmer gescheitert und in persönlichen Schulden versunken.

Sie haben an keiner Stelle den Bedarf für die Einführung der Unternehmergesellschaft nachgewiesen. Wenn Sie den Vergleich der Rechtsordnungen sozial verantwortlich und ernsthaft durchführen würden, dann wären ganz andere Schlussfolgerungen zwingend notwendig. Dann gäbe es längst den Mindestlohn. Da Sie aber diesen Vergleich nicht sozial verantwortlich durchführen, kann man nur mit Schrecken abwarten, welche Neuerungen uns beim großen Wettbewerb der Rechtsordnungen erwarten.

Alles in allem kann man zur Einführung der Unternehmergesellschaft nur festzustellen: Wie Sie hier auf den Namen „Gesetzentwurf ... zur Bekämpfung von Missbräuchen" kommen, ist schleierhaft und vollkommen unverständlich. Sie öffnen dem Missbrauch Tür und Tor.

(Dr. Jürgen Gehb (CDU/CSU): Manchen wird das Recht immer verborgen und schleierhaft bleiben!)

Wir werden dem nicht zustimmen.

Danke.

(Beifall bei der LINKEN – Dr. Carl-Christian Dressel (SPD): Das gehört mit zu dem größten Unfug, den ich hier je gehört habe!)

Präsident Dr. Norbert Lammert:
Nun hat der Kollege Jerzy Montag das Wort für die Fraktion Bündnis 90/Die Grünen.

Jerzy Montag (BÜNDNIS 90/DIE GRÜNEN):
Herr Präsident! Meine Damen und Herren! Als ich vorgestern die *FAZ* gelesen habe, war ich fast geneigt, den Einstieg meiner heutigen Rede zu verändern; denn dort steht, von 2006 bis 2008 sei die Zahl der Neugründungen erschreckend zurückgegangen. Ich dachte: Oh Gott! Was ist passiert? Ich habe ein ganz anderes Bild. – Aber am Ende des gleichen Zeitungsartikels steht der Satz, verantwortlich für den Rückgang seien vor allem die gute Konjunktur in den vergangenen Jahren und die damit einhergehende Entspannung auf dem Arbeitsmarkt. Die höhere Nachfrage auf dem Arbeitsmarkt erklärt also die gesunkene Zahl der Gründungen. Danach war ich ein bisschen beruhigt. Ich habe mich dann den Zahlen des Statistischen Bundesamtes zugewandt. Danach gab es im Jahr 2006 in Deutschland 53 000 GmbH-Neugründungen, 12 500 sogenannte Neuzuzüge und 8 000 Übernahmen – dabei handelt es sich um die Errichtung einer GmbH durch Kauf, Erbe oder Rechtsformänderung –, insgesamt 77 500 GmbHs.

Das GmbH-Recht ist seit fast 30 Jahren unverändert. Die angestrebte Reform ist die größte und strukturell entscheidendste seit der Gründung dieser Rechtsform.

(Beifall beim BÜNDNIS 90/DIE GRÜNEN sowie bei Abgeordneten der CDU/CSU und der SPD)

Unternehmer haben ein Interesse, sich bei überschaubarem Risiko wirtschaftlich zu betätigen, einem Risiko, das auf die wirtschaftliche Betätigung begrenzt ist und nicht ihr Privatvermögen betrifft.

(Beifall bei Abgeordneten des BÜNDNISSES 90/DIE GRÜNEN und der SPD)

Dies ist seit über 100 Jahren ein Erfolgsmodell in Deutschland. Insbesondere der Linken sage ich: Der Mittelstand bildet den Kern dieses Modells mit überschaubarem wirtschaftlichen Risiko. Das ist auch der Kern dessen, mit dem in Deutschland die Arbeitslosigkeit bekämpft werden kann.

(Beifall beim BÜNDNIS 90/DIE GRÜNEN, bei der CDU/CSU und der SPD)

Sie wollen dieses Modell mit Ihren populistischen Äußerungen grundsätzlich schleifen. Damit greifen Sie unmittelbar in die Bekämpfung der Arbeitslosigkeit ein und erhöhen die Arbeitslosigkeit, statt mitzuhelfen, sie zu mindern.

(Beifall beim BÜNDNIS 90/DIE GRÜNEN, bei der CDU/CSU und der SPD)

Über die Jahrzehnte haben sich Schwächen beim GmbH-Recht herausgebildet. Wir haben Lücken erkannt, genauso wie die Rechtsprechung. Es haben sich neue Entwicklungen ergeben, die neue Regelungen erfordern. Mit dem Gesetz werden alle Probleme angepackt, von der Geburt bis zur Insolvenz und zur sogenannten Bestattung. Das ist der Kern des GmbH-Rechts. Wir unterstützen dieses Reformwerk und werden ihm zustimmen.

Liebe Kolleginnen und Kollegen von der FDP, Sie suchen krampfhaft nach zwei, drei Punkten – und seien sie noch so unbedeutend –, um Ihre Ablehnung zu begründen. Das ist angesichts des Reformwerks überhaupt nicht angemessen.

(Beifall beim BÜNDNIS 90/DIE GRÜNEN, bei der CDU/CSU und der SPD)

Punkt eins ist das beurkundungspflichtige Musterprotokoll, liebe Kollegin Dyckmans. Fakt ist – die Kollegen Notare werden mir das bestätigen –: Die Notare haben das längst und brauchen kein Musterprotokoll. Sie haben sich längst auf das Gesetz vorbereitet und haben in ihrer eigenen Mustersammlung, die sie bei ihrem Verband kaufen, bereits ein entsprechendes Musterprotokoll, das sie per Knopfdruck abrufen können. Es stimmt, dieses beurkundungspflichtige Musterprotokoll wird nicht gebraucht. Aber das ist kein Grund, den Gesetzentwurf abzulehnen. Man muss wirklich mit der Lupe suchen, um so etwas zu finden.

(Beifall beim BÜNDNIS 90/DIE GRÜNEN, bei der CDU/CSU und der SPD)

Punkt zwei ist die Debatte über das sogenannte Gründungskapital. Ich sehe, dass man bei der Argumentation hin und her laviert. Die Bundesjustizministerin Zypries hat einmal gesagt: Es ist vernünftig, die Höhe des **Mindeststammkapitals** auf 10 000 Euro abzusenken, alles andere bringt nichts. Jetzt ist genau das Gegenteil eingetreten. Es ist etwas Neues hinzugekommen, nämlich die UG. Die Höhe des Mindestkapitals ist nicht auf 10 000 abgesenkt worden; sie ist bei 25 000 Euro geblieben, so wie wir es immer hatten.

(Dr. Jürgen Gehb (CDU/CSU): Das Bessere ist immer der Feind des Guten!)

– Hören Sie mir bis zum Ende zu. Die andere Argumentation ist: Diese Summe hat die Funktion einer Seriositätsschwelle. Ich halte das alles für Argumente neben der Sache. Wir haben von den Sachverständigen gehört – das wissen wir doch –, dass dies keine Seriositätsschwelle ist.

(Beifall des Abg. Klaus Uwe Benneter (SPD))

Ob man 10 000 Euro, davon 50 Prozent als Bareinlage, oder 25 000 Euro, davon 50 Prozent als Bareinlage, braucht, ist, je nach dem, wie man sich betätigen will, entweder viel oder gar nichts. Wenn man ein Darlehen braucht und dafür Schulden machen muss, gilt sowieso die persönliche Haftung. Sie sagen selber: Bei einer durchschnittlichen Insolvenzsumme von 800 000 Euro spielen 10 000 oder 25 000 Euro überhaupt keine Rolle.

Die Frage über die Höhe des Gründungskapitals mag im 19. Jahrhundert eine Rolle gespielt haben. Heute ist das unerheblich. Deswegen ist die Frage, ob die Große Koalition und das Bundesjustizministerium bei dieser Position mal so und mal anders argumentiert haben, unwichtig, wenn es darum geht, wie man diesen Gesetzentwurf bewertet. Das ist der zweite Punkt, bei dem ich Ihnen vorwerfe, dass Sie ein Haar in der Suppe suchen.

(Beifall des Abg. Klaus Uwe Benneter (SPD))

Punkt drei. Viele junge Leute haben eine Idee und wollen Unternehmer werden und suchen daher nach einer neuen und modernen Form, in der sie sich betätigen können. Diesem Bedürfnis muss man Rechnung tragen. Wenn man das nicht tut, dann verschließt man viele Möglichkeiten und verbaut den jungen Menschen Zukunftschancen. Man muss ihnen vielmehr ein Angebot machen, damit sie mit einer Beschränkung in Höhe des finanziellen

Risikos, das sie in ihrem Gewerbe oder in ihrem Unternehmen tragen können, anfangen können, sodass sie nicht auf ihr persönliches Vermögen zurückgreifen müssen.

Aufgrund der europäischen Rechtsprechung können diese neuen Unternehmer **ausländische Rechtsformen** wählen. Wir waren uns fast alle einig, dass dies durch ein deutsches Angebot insbesondere deswegen verbessert werden muss, weil diese Rückgriffe auf englisches, spanisches oder französisches Recht für die Betroffenen ab dem zweiten Jahr zu erheblichen Nachteilen führen. Insofern haben wir hier auch eine Schutzfunktion.

(Beifall beim BÜNDNIS 90/DIE GRÜNEN und bei der SPD sowie bei Abgeordneten der CDU/CSU)

Die von Ihnen vorgeschlagene UG ist nicht so schlecht, wie ihre Feinde und Gegner sie machen wollen. Aber wir Grünen sagen: Sie hat genau für diese Personen einen strukturellen Nachteil. Weil dieses Angebot als Kapitalgesellschaft ausgestaltet ist, führt dies notwendigerweise dazu, dass die Steuer von den ersten 3 Euro Gewinn, die dieses Unternehmen macht, 1 Euro einbehält.

(Klaus Uwe Benneter (SPD): Na, na, na! Weniger! Ein Viertel! Was ist ein Viertel von 3 Euro?)

30 Prozent gehen für die Körperschaftsteuer und weitere Steuern ab. Von den ersten 4 Euro, Herr Benneter, die ein solcher Jungunternehmer aus dem Unternehmen als Gewinn entnimmt, nimmt sich die Steuer wiederum 1 Euro, also 25 Prozent. Das ist kontraproduktiv.

Wir sagen: Die UG, wie Sie sie gemacht haben, hat nicht so viele Fehler, dass man deswegen das ganze Gesetz ablehnen muss, Frau Dyckmans.

(Mechthild Dyckmans (FDP): Das müssen Sie schon uns überlassen!)

Das ist nicht glaubwürdig. Wir Grünen haben ein besseres Angebot, nämlich die Personengesellschaft mit beschränkter Haftung.

(Beifall beim BÜNDNIS 90/DIE GRÜNEN)

Mit unserem Entschließungsantrag sagen wir: Verbinden wir doch die Vorzüge der UG

(Dr. Jürgen Gehb (CDU/CSU): Mit den Nachteilen!)

mit einer steuerrechtlichen Lösung in Form einer Privatgesellschaft.

Damit komme ich zu Ihnen, Frau Kollegin Dyckmans. Sie werfen uns vor, Rosinenpickerei zu betreiben und uns um Gläubiger und um Dritte nicht zu kümmern. Ich darf Ihnen dazu aus unserem Entschließungsantrag vorlesen, weil Sie offensichtlich nicht in der Lage waren, bis zum Schluss zu lesen, sonst hätten Sie uns keine solchen Vorwürfe gemacht:

Besonderes Augenmerk ist bei der Gestaltung einer solchen neuen Gesellschaftsform auf verbesserten Gläubigerschutz durch strenge Rechnungslegungs- und Publizitätspflichten, erhöhte Verantwortung der Gesellschafter für die ausreichende Kapitalisierung der von ihnen betriebenen Gesellschaft und andere Maßnahmen zum Schutz von Gesellschaft, ... Gesellschafter und Gläubiger zu richten.

Der Vorwurf gegen uns, wir würden uns diesem Problem nicht widmen, ist also falsch, widerlegt durch dieses Zitat.

Der Gesetzentwurf, den die Koalition vorgelegt hat, ist gut und richtig. Wir werden ihm zustimmen. Die paar Schönheitsfehler haben wir benannt und zu Protokoll gegeben. Das ist aber kein Grund, den Gesetzentwurf abzulehnen.

(Klaus Uwe Benneter (SPD): Sehr gut!)
Ich komme zum Schluss. Herr Präsident, meine Damen und Herren, es ist für mich eine einmalige Situation: Erstmals, seitdem ich im Hohen Hause Abgeordneter bin, habe ich meine Redezeit nicht vollständig ausgeschöpft. Das wird sich nicht wiederholen.

(Heiterkeit und Beifall beim BÜNDNIS 90/DIE GRÜNEN, bei der CDU/CSU
und der SPD)

Präsident Dr. Norbert Lammert:
Herr Kollege, diese Drohung wird ohnehin im Protokoll vermerkt. Ich werde sie aber den Kollegen im Präsidium gewissermaßen als Vorwarnung mit auf den Weg geben.

(Heiterkeit – Dr. Norbert Röttgen (CDU/CSU): War aber nicht seine
schlechteste Rede!)

Als nächster Redner erhält der Kollege Klaus Uwe Benneter für die SPD-Fraktion das Wort.

(Beifall bei der SPD)

Klaus Uwe Benneter (SPD):
Herr Kollege Montag, in der Kürze liegt die Würze.

(Volker Kauder (CDU/CSU): Das lässt hoffen!)

Herr Präsident! Meine Damen und Herren! Die Rechtsform der GmbH ist ein **Erfolgsmodell**. Das ist, Frau Dyckmans, gelebter Mittelstand. GmbH bedeutet heute Wertschätzung und Anerkennung.

(Mechthild Dyckmans (FDP): Das meine ich auch!)

Die GmbH ist seit mehr als 100 Jahren ein gesellschaftsrechtliches und wirtschaftspolitisches Erfolgsmodell.

(Mechthild Dyckmans (FDP): Da stimmen wir Ihnen voll zu!)

– Dann sagen Sie das hier auch und machen Sie es nicht schlechter, als es ist.
Bei 82 Millionen Einwohnern 1 Million GmbHs, das zeigt, dass viele Menschen ihr Können, ihre Arbeitskraft, ihre ganze Kreativität in solche erfolgreiche Unternehmungen oft über Generationen hinweg investieren.

(Beifall bei der SPD – Mechthild Dyckmans (FDP): Wir wollen, dass es so bleibt!)

Dennoch – das ist nicht zu verkennen – haben sich etliche **Mängel** über ein Jahrhundert – 1892 liegt ja doch schon so weit zurück – eingestellt. Kreativ sind ja nicht nur die Unternehmer gewesen, sondern kreativ waren auch die Rechtsanwender, beispielsweise die professionellen GmbH-Bestatter, die das bestehende Recht dazu genutzt haben, sich der Insolvenz und der Liquidation zu entziehen. Ihr probates Mittel war, marode GmbHs bewusst in Führungsverantwortungslosigkeit und vor allen Dingen Nichterreichbarkeit zu steuern. Diesen Firmenbestattern legen wir jetzt das Handwerk,

(Beifall bei der SPD und der CDU/CSU)

und zwar durch klare Zustellungsregelungen, durch eine verschärfte Haftung der Geschäftsführer bei unverantwortlichen Auszahlungen an Gesellschafter in der Krise der Gesellschaft und durch erweiterte Gesellschafterpflichten bei Führungslosigkeit der GmbH. Das alles sind Antworten auf Ihre Behauptung, wir würden eine leichtsinnige Reform machen.

Kreativ war ja auch die Rechtsprechung. Das ist bei Hunderttausenden GmbHs kein Wunder. Sie hat in manchen Bereichen dazu geführt, dass das Recht für die Anwender überhaupt nicht mehr nachvollziehbar war. Das betraf die Rechtsprechung zu den **Rechtsfolgen verdeckter Sacheinlagen**, die im Insolvenzfall wertmäßig nochmals und dann doppelt erbracht werden mussten. Die meisten GmbH-Gesellschafter, wenn man einmal von Konzerntöchtern absieht, haben ja keine großen Rechtsabteilungen im Rücken. Diese wurden bisher mit weit übertriebenen Rechtsfolgen überrumpelt. Das konnte niemand mehr nachvollziehen.

Wir gestalten jetzt die Rechtsfolgen verdeckter Sacheinlagen besser und einfacher. Die gefundene Anrechnungslösung, wonach die Sacheinlage nach Eintragung der Gesellschaft auf die an sich vereinbarte Geldeinlage angerechnet wird, ist korrekt. Sie verleitet den Geschäftsführer nicht zum Lügen. In der Sachverständigenanhörung wurde die noch im Regierungsentwurf vorgesehene Lösung zu Recht moniert. Wir stellen jetzt klar, dass der Gesellschafter für die Werthaltigkeit seiner Einlage beweispflichtig ist und bleibt.

Meine Damen und Herren, kreativ waren auch die Registerrichter. Bisher war vorgegeben, dass die GmbH-Gründer alle erforderlichen **verwaltungsrechtlichen Genehmigungen** für das Unternehmen beizubringen hatten. Daraus wurde auch noch die Forderung, Negativatteste vorzulegen, also dass eine Behörde bescheinigt, dass eine Erlaubnis gerade nicht erforderlich ist.

Welche Blüten das treibt, habe ich selbst erlebt. An mich hat sich ein junger Mann gewandt, der die Idee hatte, Autorückscheiben mit Abtönfolien gegen zu viel Sonne und vielleicht auch gegen zu viele neugierige Blicke anderer Autofahrer zu bekleben. Er sollte ein Negativattest beibringen, das besagt, dass es sich bei seinem Vorhaben nicht um ein Kfz-Handwerk handelt. Als er dann bei der Kfz-Innung war, wurde ihm gesagt, er solle erst einmal ein Negativattest beibringen, welches besage, dass es kein Glaserhandwerk sei. Da er beide Negativatteste nicht beibringen konnte, hat auch das Registergericht die Eintragung verweigert. Solcher Art sind die Blüten, die Unternehmensgründer zum Wahnsinn treiben konnten.

Wir machen damit grundsätzlich Schluss. Wir trennen Gesellschaftsrecht und Verwaltungsrecht. Verwaltungsrechtliche Fragen gehören in den Bereich der Verwaltung und nicht in den des Registergerichts. Die GmbH kann sich gründen und erst dann die erforderlichen Genehmigungen für das Unternehmen einholen. Die zuständigen Behörden können sich darum kümmern, ob eine gegründete GmbH Genehmigungen braucht und wofür diese erforderlich sind.

In vielen unkomplizierten Standardfällen ermöglichen wir künftig rasche, kostengünstige GmbH-Gründungen mit einem **notariellen Musterprotokoll**. Für 126 Euro können Sie jetzt eine GmbH mit einem normalen Stammkapital von 25 000 Euro gründen. Die Gründung einer Unternehmergesellschaft mit 1 Euro Stammkapital – darauf hat der Kollege Gehb schon hingewiesen – kostet jetzt 20 Euro. Jetzt bemängeln Sie, Frau Dyckmans, dass wir als Gesetzgeber uns als Gouvernante für Notare aufspielen und für diese ein Protokoll entworfen haben. Richtig, das können die auch alleine; das weiß ich aus eigenem Erleben.

> (Dr. Jürgen Gehb (CDU/CSU): Vielleicht nicht jeder! Sie schon, Sie haben bei uns hier eine gute Schulung!)

– Ich schon, gut. – Das Musterprotokoll, Frau Dyckmans, ist keine Hilfestellung für Notare, sondern für die potenziellen Gründer, für die Laien.

> (Beifall bei der SPD und der CDU/CSU)

Ein Blick ins Gesetz – also heute ins Internet –, und die Gründer wissen, dass das kein bürokratisches Monstrum, sondern ein kurzes, verständliches, lesbares Musterprotokoll ist.

Ich denke, das ist das, worauf es ankommt. Das macht Unternehmensgründern Mut und die entsprechende Laune. Dagegen können Sie eigentlich nichts haben, auch Sie, Frau Dyckmans, nicht.

(Mechthild Dyckmans (FDP): Also, für die Laune machen wir doch kein Gesetz!)

Der EuGH hat 2002 eine in Deutschland eigentlich gut eingeübte, funktionierende Rechtspraxis ausgehebelt. Gründungs- und Verwaltungssitz durften danach nicht auseinanderfallen. Das ist aufgehoben worden und mit der Niederlassungsfreiheit in Europa begründet worden. In der Folge hatten wir zunehmend die Rechtsform der britischen Limited, das heißt, es konnten nach englischem Recht Gesellschaften mit beschränkter Haftung ohne irgendein Mindestkapital gegründet werden. Von den sehr üblen Folgen wurden wir erst viel später überrascht.

Wir reagieren auf diese Rechtsprechung. Jetzt sind einmal wir kreativ. Wir erlauben künftig deutschen GmbHs, ihren Betrieb ins **Ausland** zu legen und zu verlegen. Das war bisher für eine deutsche GmbH nicht möglich. Jetzt besteht die Möglichkeit, dass deutsche Unternehmen ihre europäischen Auslandstöchter in der ihnen bekannten Rechtsform der GmbH gründen und führen. Das ist für deutsche exportorientierte Unternehmen eine große Verbesserung. Bisher mussten deutsche Unternehmen in jedem Mitgliedstaat eine nach dortigem Recht geregelte Gesellschaft gründen. Das war logischerweise mit vielen Gesellschafts-, Rechts- und Formfragen und erst recht mit hohen Kosten verbunden. Jetzt wird unsere deutsche GmbH exportfähig.

Weiterhin wurde ein für uns Sozialdemokraten wichtiges Anliegen geregelt, nämlich in der Insolvenz die **Sanierungschancen** und damit die Arbeitsplätze nach Möglichkeit zu erhalten. Anders als von der Linken hier behauptet, haben wir die für die Insolvenzpraxis wichtige Nutzungsüberlassung in der Insolvenz klarer geregelt. Es geht dabei um die Gegenstände, die man braucht, die der Gesellschaft von den Gesellschaftern überlassen waren, die aber für die Betriebsfortführung und zur Sanierung von erheblicher Bedeutung sind und bei denen immer die Gefahr bestand, dass sie sofort ausgesondert wurden und damit die Chancen auf Sanierung zunichte gemacht wurden. Die Herausgabe dieser Gegenstände können die Gesellschafter jetzt ein Jahr lang nicht verlangen. Das ist ein klarer Zeitraum. In diesem Zeitraum ist eine Sanierung möglich, sie kann in dieser Zeit gelingen.

Wir schaffen mit der **Unternehmergesellschaft** (haftungsbeschränkt) ein neues Angebot für Firmengründer, die eben kein Mindeststammkapital von 25 000 Euro brauchen und mit weniger auskommen können. Interessanterweise behauptet jetzt die Linke Arm in Arm mit der FDP, die Limiteds in Deutschland hätten gezeigt, dass unseriöse Unternehmensgründer es darauf anlegen würden, Mitarbeiter, Sozialversicherungen und den Fiskus zu schröpfen. Diese seien die Leidtragenden, wenn von Anfang an unsolide und zahlungsunfähige Unternehmergesellschaften (haftungsbeschränkt) in Deutschland agieren würden. Die Unternehmergesellschaft ist nicht in erster Linie eine Antwort auf die Limited, sondern auf die weitverbreiteten und wohlbegründeten Zweifel an der Sinnhaftigkeit eines gesetzlich vorgegebenen Mindeststammkapitals. Es gibt viele Praktiker, die behaupten, das Stammkapital habe allenfalls in der Insolvenz eine Funktion, nämlich dann, wenn es in irgendeiner Art und Weise nicht ordentlich eingezahlt wurde und deshalb nachgezahlt werden müsse. Das Stammkapital soll ein Ausweis von Solidität und Seriosität sein, Frau Dyckmans. Das ist doch ein Witz!

(Mechthild Dyckmans (FDP): Das haben Sie doch selber gesagt!)

– Gehen Sie einmal auf die Hamburger Reeperbahn. Dort können Sie immer etliche Herren treffen, die locker 25 000 Euro in bar in der Tasche haben. Bei diesen Herren ist das sicherlich kein Ausweis von Seriosität.

(Dr. Jürgen Gehb (CDU/CSU): Das ist aber nicht die klassische Gründerklientel!)

Sie meinen, dass derjenige, der weniger 25 000 Euro einsetzen will oder kann, nicht in den Genuss der beschränkten Haftung kommen soll. Damit fallen Sie Dr. Bamberger doch in den Rücken und in der über einhundertjährigen Geschichte der GmbH weit zurück. Dieses Misstrauen war 1892 angebracht. Damals mussten GmbH-Gründer 20 000 Goldmark aufbringen; das war zu der Zeit ein Vermögen. Deshalb gab es Skepsis und Argwohn gegenüber Kapitalgesellschaften. Frau Dyckmans, Sie als Neoliberale machen sich diese heute zu eigen. Das ist nicht nachzuvollziehen.

Präsident Dr. Norbert Lammert:
Herr Kollege Benneter, denken Sie bitte an Ihre Redezeit.

Klaus Uwe Benneter (SPD):
Herr Präsident, ich komme zum Fazit: Wir behalten unser Erfolgsmodell, die klassische GmbH, die wir rundum erneuert haben. Nach dem gleichen Erfolgsrezept bekommen wir eine ansehnliche Unternehmergesellschaft, der wir mit einiger Berechtigung eine gute Zukunft voraussagen können.

(Beifall bei der SPD und der CDU/CSU)

Präsident Dr. Norbert Lammert:
Kollege Benneter hat nun die Redezeit verbraucht, die Kollege Montag freundlicherweise nicht genutzt hat. Damit sind wir wieder im Limit, womit keine neue Rechtsform für unsere Debatten gemeint ist.
Der nächste Redner ist der Kollege Andreas Lämmel für die CDU/CSU-Fraktion.

(Beifall bei der CDU/CSU)

Andreas G. Lämmel (CDU/CSU):
Herr Präsident! Meine sehr geehrten Damen und Herren! MoMiG – das ist ein schöner Name für ein Gesetz, verglichen mit den Bezeichnungen manch anderer Gesetze, die wir im Deutschen Bundestag verabschieden.

Das MoMiG ist insgesamt ein außerordentlich gut gelungenes Gesetzeswerk. Gestern hat eine große Tageszeitung, das *Handelsblatt,* Folgendes dazu geschrieben:

„Mo" steht für Modernisierung und Benutzerfreundlichkeit. Der Wortbestandteil „Mi" drückt aus, dass sich die Geschäftsführer bei Missbrauch wärmer anziehen müssen.

Diese große Wirtschaftszeitung hat noch einmal deutlich gemacht, dass es sich bei dieser Reform um die größte seit 100 Jahren handelt. Wir sehen es also nicht nur selber so, sondern es wird auch von außen bestätigt, dass diese **GmbH-Reform** sehr wichtig für unser Land ist.

Die drei Teile des Gesetzes betreffen erstens die Erleichterung und Beschleunigung von Unternehmensgründungen – dazu ist schon viel gesagt worden –, zweitens die Erhöhung der Attraktivität der GmbH als Rechtsform – auch dazu ist schon einiges gesagt worden – und drittens die Bekämpfung von Missbräuchen.

Ich will mich mit den Argumenten auseinandersetzen, welche die FDP und die Linke vorgebracht haben. Es ist schon erstaunlich, dass die Wirtschaftskompetenz heutzutage von der FDP offensichtlich langsam zu den Grünen wandert; denn die Unterstützung, die das MoMiG bei den Grünen findet, ist bemerkenswert.

(Jerzy Montag (BÜNDNIS 90/DIE GRÜNEN): Danke!)

Frau Dyckmans, es ist schon erstaunlich, dass keiner der FDP-Wirtschaftspolitiker heute hier vertreten ist. Sie sind offenbar nicht gekommen, weil sie Ihre Auffassung möglicherweise nicht ganz teilen.

(Christian Lange (Backnang) (SPD): Sie haben sich mit Grausen abgewandt! – Garrelt Duin (SPD): Sie haben geahnt, was sie hören müssen!)

Ich kann mich an Zeiten erinnern, in denen die FDP und erst recht die Linken Erleichterungen für Unternehmensgründer, eine zweite Chance für Unternehmer, die schon einmal gescheitert sind, und die Entbürokratisierung von Unternehmensgründungen gefordert haben. Insofern kann ich Ihre Argumentation, die Sie heute von diesem Pult aus geführt haben, nicht nachvollziehen.

(Beifall bei der CDU/CSU sowie bei Abgeordneten der SPD – Mechthild Dyckmans (FDP): Dann haben Sie nicht zugehört! Für eine Entbürokratisierung sind wir auch!)

Wenn wir uns das **Gründungsgeschehen** ansehen, stellen wir fest, dass in guten Zeiten von deutschen Gründern in einem Monat 3 000 GmbHs und 1 000 Limiteds gegründet werden. Man muss also zur Kenntnis nehmen, dass das Gründungsgeschehen in Deutschland sich absolut verändert hat.

Mit dem Einzug des Internets in unser tägliches Leben haben sich Geschäftsmodelle entwickelt, die nicht erst 25 000 Euro Grundkapital brauchen, um eine Gesellschaft zu gründen; dieses Geld kann schon genutzt werden, um ein paar Computer oder andere Gerätschaften zu kaufen und das Geschäft aufzubauen.

(Beifall bei der CDU/CSU)

Hätten wir diese **Unternehmergesellschaft** nach 1990 in Ostdeutschland schon gehabt, hätte sich manches menschliche Drama vermeiden lassen. Viele haben sich in eine Rechtsform begeben, bei der im Falle der Insolvenz bis ins Privatvermögen durchgegriffen wird, und die Betroffenen sind heute Sozialhilfeempfänger. Das wollen wir verhindern. Wir wollen jungen Gründern mit der beschränkten Haftung eine Möglichkeit geben, ihr Geschäftsmodell abzusichern, ohne ihr gesamtes Privatvermögen in das Geschäft einbringen zu müssen.

(Beifall der Abg. Dr. Martina Krogmann (CDU/CSU))

Zum Thema **Musterprotokolle.** Auch an dieser Stelle kann ich nur staunen. Die FDP begibt sich hier auf den Pfad, eine einzelne Berufsgruppe – vermeintlich – zu schützen.

(Mechthild Dyckmans (FDP): Schützen?)

Wir hätten natürlich sehr gern die Mustersatzung ermöglicht – das muss ich ganz deutlich sagen –, aber die Mehrheit hat sich letztendlich für das Musterprotokoll entschieden. Die Mustersatzung wäre noch etwas weiter gehend gewesen und hätte, wirtschaftspolitisch gesehen, für einfache Unternehmensgründungen viele Vorteile geboten, viele Kosten, auch Beratungskosten, gespart.

(Mechthild Dyckmans (FDP): Noch billiger hätte es kaum sein können!)

Das wäre eine starke Entbürokratisierung gewesen.

Aber auch das Musterprotokoll ist ein großer Schritt voran. Herr Montag, ich glaube, Sie haben es gesagt: Man muss das vom Unternehmen und nicht vom Notar her sehen. Die Frage ist: Wie viele Gänge muss der Unternehmer machen? Wie viel Beratungsleistung muss er einkaufen, um überhaupt zur Unternehmensgründung zu kommen?

Allein diese Punkte des Gesetzentwurfs sind ganz entscheidend.

Das dritte Thema ist der **Missbrauch.** Wir haben nach der deutschen Einheit in Ostdeutschland einige Erfahrungen mit dem Missbrauch von GmbHs sammeln müssen. Der Schaden, der dadurch verursacht worden und letztlich bei der Gesellschaft verblieben ist, ist erheblich gewesen.

(Mechthild Dyckmans (FDP): Genau!)

Das hat das Modell der sozialen Marktwirtschaft in den Augen vieler in Misskredit gebracht.

(Mechthild Dyckmans (FDP): Eben!)

Um ihr Vermögen geprellte Unternehmer fragen sich natürlich, wieso es möglich ist, mit einer GmbH solchen Missbrauch zu betreiben.

Insofern ist es sehr wichtig, dass solchen Missbräuchen ein Ende gesetzt wird. Damit wird auch die Rechtssicherheit erhöht, und es kann der gute Ruf Deutschlands in Bezug auf Rechtssicherheit, wenig Korruption und wenig Missbrauch erhalten werden.

Frau Zimmermann, sich mit Ihren Argumenten auseinanderzusetzen, lohnt nicht. Sie würden am liebsten wieder VEBs gründen – das wissen wir –,

(Zurufe von der LINKEN: Oh! – Ulla Lötzer (DIE LINKE):
Lassen Sie sich was Neues einfallen!)

aber Ihr Modell ist pleitegegangen. Ohne beschränkte Haftung ist es absolut pleitegegangen.

Zusammenfassend lässt sich sagen: Bedenkenträger gab es damals, als das GmbH-Recht eingeführt wurde. Bedenkenträger gibt es heute. Bedenkenträger wird es auch morgen noch geben. Bedenkenträger wird es immer geben. Aber uns liegt ein Gesetzeswerk vor, auf das wir stolz sein können. Herzlichen Dank allen Beteiligten, die mit dafür gekämpft haben.

Vielen Dank.

(Beifall bei der CDU/CSU und der SPD)

Präsident Dr. Norbert Lammert:

Ich erteile das Wort nun dem Kollegen Garrelt Duin, SPD-Fraktion.

Garrelt Duin (SPD):

Herr Präsident! Liebe Kolleginnen und Kollegen! Ich will mir ein Beispiel an dem Kollegen Montag nehmen. – Als Jurist stimme ich dem zu, was die Vorredner aus den verschiedenen Fraktionen, zumindest aus den Koalitionsfraktionen und eben auch Herr Montag von den Grünen, deutlich gemacht haben, nämlich dass wir hier auf einem juristisch wertvollen und richtigen Weg sind. Als Wirtschaftspolitiker, als der ich hier spreche, möchte ich das ebenso unterstreichen. Ich bin nämlich der festen Überzeugung, dass mit dieser **Reform des GmbH-Rechts** etwas getan wird, was in Deutschland nach den vielen Jahren, wo wir das Gesetz unangetastet gelassen haben, wirklich notwendig ist. Ich möchte nicht von „überfällig" sprechen, aber jetzt ist wirklich der richtige Zeitpunkt, um das auf den Weg zu bringen.

Liebe Kolleginnen und Kollegen, wir wissen, die deutsche Wirtschaft lebt von den kleinen und mittleren Unternehmen. 3,4 Millionen kleine und mittlere Unternehmen sowie Selbstständige prägen die Wirtschaft in unserem Land. 99,7 Prozent aller Unternehmen in Deutschland sind solche kleinen und mittleren Unternehmen. Neben der Sicherung des Bestandes dieser Unternehmen müssen wir uns besonders um die Gründung von neuen Unternehmen bemühen. Wir müssen Menschen ermuntern, dass sie den Mut aufbringen, ein Unternehmen zu gründen.

(Mechthild Dyckmans (FDP): Aber Gründung reicht nicht aus!
Sie müssen auch bestehen!)

Eine entsprechende Dynamik brauchen wir in Deutschland in den nächsten Jahren. Ich bin sicher, mit diesem Gesetz und anderen Maßnahmen, auf die ich gleich zu sprechen komme, gehen wir den richtigen Weg, um für eine solche Dynamik zu sorgen.

(Beifall bei der SPD sowie bei Abgeordneten der CDU/CSU)

Herr Montag, Sie haben recht mit dem, was Sie aus einem Zeitungsartikel von dieser Woche zitiert haben. Aus dem in der letzten Woche veröffentlichten „KfW-Gründungsmonitor 2008" geht hervor, dass die **Zahl der Neugründungen** 2007 im Vergleich zum Jahr 2006 deutlich zurückgegangen ist. Im Vergleich zum Jahr 2006 beträgt der Rückgang 21 Prozent. Damit liegt die Zahl der Neugründungen auf dem niedrigsten Stand seit der Jahrtausendwende. Sie, Herr Montag, haben schon auf die Gründe dafür hingewiesen: Aufgrund des wirtschaftlichen Aufschwungs haben sich viele wieder in abhängige Beschäftigungsverhältnisse begeben. Unter anderem dadurch ist dieser Rückgang zu erklären.

Es ist jetzt aber die Aufgabe der Politik, Anreize zu setzen, um zu Existenzgründungen zu ermutigen. Wir haben ja in dieser Woche auch weitere entsprechende Maßnahmen auf den Weg gebracht. Denken Sie an das Forderungssicherungsgesetz und die Förderung von Wagniskapital. Damit und mit der GmbH-Reform sind wichtige Schritte getan, um die Attraktivität der GmbH im internationalen Wettbewerb zu steigern, ihre Neugründung unbürokratischer zu gestalten und - das ist von den Justizpolitikern hier eben ausreichend deutlich gemacht worden – wirkungsvoll Missbräuche bei Insolvenzen zu bekämpfen.

Es wäre möglich gewesen, grundsätzlich ein Mindeststammkapital von 10 000 Euro vorzusehen. Wir haben darüber in den Ausschüssen diskutiert. Aber die jetzt gefundene Lösung – einmal die **klassische GmbH** mit einem Stammkapital von 25 000 Euro und **die GmbH-Variante** mit geringeren Kapitalanforderungen – entspricht absolut den Anforderungen, die zu Beginn unserer Beratungen als ursprüngliche Maßgabe galten. Ich bin davon überzeugt, dass wir mit dieser Reform verhindern, dass die Zahl von mittleren und kleinen Unternehmen zurückgeht. Vielmehr setzen wir notwendige Anreize, damit das nicht eintritt.

Insgesamt müssen wir aber darauf achten, dass wir das **Gründungsklima** in Deutschland weiter verbessern. Da reichen solche Gesetze wie das heute zu verabschiedende allein nicht aus. Es muss vielmehr einen noch engeren Schulterschluss bzw. einen noch engeren Dialog zwischen Wirtschaft und Politik geben. Wer heute Unternehmer ist, muss Politik verstehen; daran führt kein Weg vorbei. Wir als Politiker müssen aber auch versuchen, zu verstehen, was einen Unternehmer antreibt. Wir müssen nicht als Lobbyist seiner Interessen auftreten; aber wir müssen ein Verständnis dafür entwickeln, welche Nöte und Sorgen er hat, damit er seine unternehmerische Tätigkeit voll ausfüllen kann. Dazu gehört, dass wir Dinge wie Wettbewerbsfähigkeit, Innovation und Mut zum Risiko im Blick haben.

Wir müssen den Menschen sagen, dass wir ihren Mut zum Risiko, ein Unternehmen zu gründen, auch belohnen wollen. Wir dürfen ihnen nicht – das klang bei Ihnen, Frau Zimmermann, eben so durch – Angst machen, dass das alles wieder schiefgehen könnte und große Gefahren drohten.

(Beifall bei der SPD sowie bei Abgeordneten der CDU/CSU)

Vielmehr müssen wir ihnen den Rücken stärken, wenn sie ein Unternehmen gründen wollen.

(Sabine Zimmermann (DIE LINKE): Es kann aber auch etwas schiefgehen!)

Wir wollen die Selbstständigkeit neben dem GmbH-Gesetz auch durch **Bürokratieabbau** fördern. Den Ausführungen der Vorredner zum Bürokratieabbau möchte ich mich ausdrücklich anschließen. Wir haben im Rahmen der GmbH-Reform nicht die Interessen der Notare zu vertreten, sondern wir sind dafür da, die Interessen von Existenzgründern zu vertreten. Ich glaube, dass wir das hier auch deutlich gemacht haben.

(Beifall bei der SPD sowie bei Abgeordneten der CDU/CSU – Dr. Jürgen Gehb (CDU/CSU): Beide!)
Wir tun auch mit dem Meister-BAföG etwas zur Förderung der Selbstständigkeit. Wir wollen die Schulungs- und Beratungsmöglichkeiten für Gründerinnen und Gründer ausbauen. Wir werden sicherlich auch im Bereich der Bildung – wie können wir das Thema Wirtschaft in die Schulen hineinbringen? – noch das eine oder andere auf den Weg bringen müssen.

Damit ich meinem Versprechen gerecht werde, die Redezeit nicht ganz auszuschöpfen, will ich mit Folgendem schließen: Wir als Große Koalition wollen den **Unternehmergeist** in Deutschland wecken – hoffentlich mit der Unterstützung von vielen. Die hier eingeleiteten Maßnahmen im GmbH-Gesetz weisen in die richtige Richtung. Lassen Sie uns den Menschen Mut machen, ein Unternehmen zu gründen und dadurch Arbeitsplätze in Deutschland zu schaffen! Wenn die Politik sagt: „Es droht zu viel; lass es lieber sein; schau, dass du irgendwie anders durchs Leben kommst", dann werden die Menschen diesen Mut nicht finden. Lassen Sie uns mit einem klaren Beispiel und auch deutlichen Worten vorangehen! Heute ist jedenfalls dafür ein guter Tag.

Vielen Dank.

(Beifall bei der SPD und der CDU/CSU)

Präsident Dr. Norbert Lammert:
Letzte Rednerin zu diesem Tagesordnungspunkt ist die Kollegin Daniela Raab, CDU/CSU-Fraktion.

(Beifall bei Abgeordneten der CDU/CSU)

Daniela Raab (CDU/CSU):
Herr Präsident! Meine sehr verehrten Damen und Herren! Es ist die Krux eines jeden letzten Redners, dass im Prinzip alles Richtige und – rechts und links von mir - bedauerlicherweise auch alles Falsche schon gesagt wurde. Volker Beck hat vorhin gerufen: Offensichtlich hat die Große Koalition keine wirklich wichtigen Tagesordnungspunkte mehr. Warum sonst sollten wir die GmbH-Reform in der Kernzeit debattieren? – Ich glaube, lieber Kollege Beck, Sie haben auch an den Ausführungen Ihres Kollegen Montag gemerkt

(Volker Beck (Köln) (BÜNDNIS 90/DIE GRÜNEN): So habe ich es nicht gesagt! Aber früher hätten Sie vor 18 Uhr keine Chance gehabt!)

– sehen Sie, wir haben daraus gelernt –:

(Volker Beck (Köln) (BÜNDNIS 90/DIE GRÜNEN): Wir sind ja schon erleichtert, dass es diesmal nicht wieder der Sportbericht ist!)

Die GmbH-Reform ist ein wichtiges Werk.

Liebe Kollegen, insbesondere der Regierungskoalition und der Grünen, die Rechtspolitiker haben bewiesen, dass sie etwas sehr Gutes zu Ende bringen können, vor allem, dass sie nicht nur Rechtspolitik können, sondern auch Wirtschaftspolitik. Auch diese Debatte zeigt: Uns liegt ein Gesetzentwurf vor, der sowohl vom klassischen Mittelstand als auch von potenziellen kleinen Existenzgründern sehnsüchtig erwartet wurde.

Alles, was wir für die **klassische GmbH** tun – wo wir sie aufmöbeln, wo wir sie modernisieren, wo wir sie auch den Zeiten, in denen wir leben, anpassen –, ist schon aufgeführt worden. Lieber Kollege Gehb, ich bin dir wirklich ausgesprochen dankbar, dass du hier der Vorreiter warst und wir dich dabei unterstützen durften. Natürlich mussten wir uns überlegen, wie wir damit umgehen, dass die Limited auch in Deutschland immer mehr Anhänger findet und dass die Limited ganz offensichtlich eine Gesellschaftsform ist, die in unser

Rechtssystem nicht passt und vor der wir die Menschen vielleicht ein Stück weit bewahren müssen. Wenn wir uns die Daten aus Deutschland, aus Großbritannien und den Niederlanden – dort wird die Limited vorwiegend verwendet –, die uns vorliegen, anschauen, dann müssen wir feststellen: Sie weist eine hohe Frühsterblichkeit auf, und sie ist damit am Markt de facto schon gescheitert.

Nachdem wir das gesehen hatten, war die Entscheidung klar: Wir wollen keine verwässerte GmbH, wir wollen keine nur abgespeckte Mini-GmbH. Liebe Frau Kollegin Dyckmans, eine Mini-GmbH ist das nicht. Dieser Ausdruck ist nicht nur despektierlich, sondern auch falsch.

(Mechthild Dyckmans (FDP): Komisch, dass sich dieser Begriff aber ganz schnell eingebürgert hat!)

Der Kollege Jürgen Gehb hat sich auf den Weg gemacht und überlegt, was wir tun können. Es gab einige Widerstände, auch aus den eigenen Reihen. Lieber Jürgen, wir können uns gut erinnern: Wir konnten nicht sofort alle auf unsere Seite ziehen, als wir für dein Modell einer „Unternehmergesellschaft (haftungsbeschränkt)" plädiert haben; aber wir haben nunmehr auch das geschafft. Wir mussten einige Kompromisse schließen, die aber absolut akzeptabel sind.

Wir haben jetzt eine **Unternehmergesellschaft** ohne Stammkapital. Wir haben dennoch eine Haftungsbeschränkung. Wir haben unglaublich leichte Gründungsmechanismen, die wir im Prinzip auch auf die GmbH anwenden können. Wir ermöglichen gleichzeitig das Aufwachsen dieser Unternehmergesellschaft zur GmbH, wenn die Voraussetzungen letztendlich erfüllt sind. Damit, liebe Kollegen von der FDP, ist die UG nicht nur eine bessere Limited – das wäre eine Beleidigung für diese wirklich schöne Rechtsform –, sondern die einzig richtige und funktionierende Gesellschaftsform für kleine Existenzgründer.

Wir beweisen nämlich, dass beides geht: Rechtssicherheit, und zwar in einem sehr ausgeprägten Maße, und dennoch überschaubare Gründungsmodalitäten. Ich glaube, gerade an dieser Stelle ist es durchaus angebracht, dass wir uns selber einmal auf die Schulter klopfen; wir tun dies ja nicht oft. Denn genau diese Kombination, wenig Vorschriften und dennoch Rechtssicherheit zu schaffen, gelingt uns in diesem Hohen Haus leider viel zu selten. Wir können hier beispielhaft voranschreiten; denn wir beweisen: Wir schaffen auch mit wenigen, aber guten und überschaubaren Vorschriften eine ganz sichere Rechtslage für alle Beteiligten.

(Beifall bei der CDU/CSU und der SPD)

Es ist schon viel auf die **FDP** repliziert worden. Ich möchte nicht alles wiederholen, aber es erstaunt mich, und ich bin ein bisschen enttäuscht; das sage ich Ihnen ganz ehrlich. Ich war gestern im Ausschuss enttäuscht, und ich bin es auch heute wieder

Wir hören immer so viel von: Ihr müsst mutig voranschreiten. Ihr müsst etwas für den Wirtschaftsstandort tun. Nutzt die Chancen, die wir euch geben. – Dann schaffen wir in fast ganz großer Übereinstimmung hier im Hause ein Instrument, aber dann wird haarklein rumgezuppelt und rumgezupft und geguckt, wo vielleicht noch irgendwo etwas stecken könnte, was zu kritisieren wäre. Vielleicht haben Sie einfach ein Problem damit, dass wir schneller waren und vor Ihnen darauf gekommen sind.

(Beifall bei Abgeordneten der CDU/CSU)

Ich meine, wir werden in den nächsten Jahren sicherlich erfolgreich evaluieren können, dass gerade diese haftungsbeschränkte Unternehmergesellschaft auf dem Markt ankommt und genutzt wird. Die Justizministerin hat völlig zu Recht gesagt: Diese Rechtsform ist vor Ort sehnsüchtig erwartet worden.

Wir alle haben zahlreiche E-Mails von potenziellen Existenzgründern bekommen, die schlicht und ergreifend auf den gesetzgeberischen **Startschuss** warten, damit sie sich selbst in die Startlöcher bewegen und etwas vorwärts bringen können.

MoMiG

Ich sage Ihnen eines: Wir haben die GmbH-Reform geschafft. Wir werden heute noch das Forderungssicherungsgesetz schaffen, und wir machen die FGG-Reform. Es ist insofern eine gute Woche für die Rechtspolitik.

(Dr. Jürgen Gehb (CDU/CSU): Eine Woche der Rechtspolitik!)

Ich richte einen Dank an diejenigen, die organisieren, wann wir debattieren dürfen. Denn wir haben endlich schöne Debattenzeiten und können beweisen, dass Rechtspolitik mitten im Leben steht

(Joachim Stünker (SPD): Und alles ohne Streit! – Zuruf von der CDU/CSU: Rechtspolitik läuft am besten in der Großen Koalition!)

und wichtige Gesetzesvorhaben voranbringt, die die Menschen persönlich betreffen. In diesem Sinne: Machen wir weiter so! Es kann fast noch besser werden. Danke schön.

(Beifall bei der CDU/CSU und der SPD)

Präsident Dr. Norbert Lammert:
Ich schließe die Aussprache.

Wir kommen zur Abstimmung über den von der Bundesregierung eingebrachten Entwurf eines Gesetzes zur Modernisierung des GmbH-Rechts und zur Bekämpfung von Missbräuchen. Der Rechtsausschuss empfiehlt unter Buchstabe a seiner Beschlussempfehlung auf Drucksache 16/9737, den Gesetzentwurf der Bundesregierung auf der Drucksache 16/6140 in der Ausschussfassung anzunehmen. Ich bitte diejenigen, die dem Gesetzentwurf in dieser Ausschussfassung zustimmen wollen, um das Handzeichen. – Wer stimmt dagegen? – Wer enthält sich der Stimme? – Damit ist der Gesetzentwurf in zweiter Beratung mit großer Mehrheit angenommen.

Wir kommen zur

dritten Beratung

und Schlussabstimmung. Ich bitte diejenigen, die dem Gesetzentwurf zustimmen wollen, sich zu erheben. – Wer möchte dagegen stimmen? – Möchte sich jemand der Stimme enthalten? – Damit ist der Gesetzentwurf mit den Stimmen der CDU/CSU-Fraktion, der SPD-Fraktion und der Fraktion Bündnis 90/Die Grünen gegen die Stimmen der FDP-Fraktion und der Fraktion Die Linken angenommen.

Wir kommen zur Abstimmung über die Entschließungsanträge. Wer stimmt für den Entschließungsantrag der Fraktion der FDP auf Drucksache 16/979 6? – Wer ist dagegen? – Wer enthält sich der Stimme? Der Entschließungsantrag ist mehrheitlich abgelehnt.

Wer stimmt für den Entschließungsantrag der Fraktion Bündnis 90/Die Grünen auf Drucksache 16/979 5? – Wer stimmt dagegen? – Wer enthält sich der Stimme? – Damit ist auch dieser Entschließungsantrag mit großer Mehrheit abgelehnt.

Wir kommen zum Tagesordnungspunkt 5 b und setzen die Abstimmungen über die Beschlussempfehlung des Rechtsausschusses auf der Drucksache 16/9737 fort. Der Ausschuss empfiehlt unter Buchstabe b seiner Beschlussempfehlung die Ablehnung des Antrags der Fraktion der FDP auf Drucksache 16/671 mit dem Titel „GmbH-Gründungen beschleunigen und entbürokratisieren". Wer stimmt dieser Beschlussempfehlung zu? – Wer stimmt dagegen? – Wer enthält sich? – Auch diese Beschlussempfehlung ist mit Mehrheit angenommen.

Ich rufe nun Tagesordnungspunkt 6 sowie den Zusatzpunkt 4 auf:

6. Beratung der Großen Anfrage der Abgeordneten Jürgen Trittin, Marieluise Beck (Bremen), Volker Beck (Köln), weiterer Abgeordneter und der Fraktion BÜNDNIS 90/DIE GRÜNEN

[...]

III. Materialien zum MindestkapG

Gesetzentwurf der Bundesregierung
[Kabinettsbeschluss vom 1. 6. 2005]

Anlage 1

Entwurf eines Gesetzes zur Neuregelung des Mindestkapitals der GmbH (MindestkapG)

A. Problem und Ziel

Existenzgründungen sollen erleichtert und die deutsche Gesellschaft mit beschränkter Haftung (GmbH) soll im internationalen Wettbewerb der Rechtsformen gestärkt werden. Der Bundeskanzler hat in den am 17. März 2005 angekündigten 20 Maßnahmen zur Fortsetzung der Agenda 2010 das Ziel vorgestellt, im Zusammenhang mit den Maßnahmen zum Bürokratieabbau die Gründung einer GmbH erheblich zu erleichtern. Dazu gehört die substanzielle Herabsetzung des Mindeststammkapitals.

B. Lösung

Der Entwurf des MindestkapG sieht vor, dass das gesetzliche Mindeststammkapital von derzeit 25 000 Euro auf 10 000 Euro abgesenkt wird. Die Rechtsform der GmbH wird dadurch gegen Wettbewerbsdruck europäischer Alternativen gestärkt, ohne dass das bewährte Haftkapitalsystem und die für den Gläubigerschutz sinnvolle Seriositätsschwelle eines gesetzlichen Startkapitals aufgegeben werden.

C. Alternative

Keine.

D. Finanzielle Auswirkungen auf die öffentlichen Haushalte

Es entstehen keine zusätzlichen Kosten für Bund und Länder.

E. Sonstige Kosten

Für die Wirtschaft werden bei solchen GmbH-Neugründungen, die die Aufbringung von 25 000 Euro als Startkapital nicht erfordern (vor allem im Dienstleistungsbereich), Kostenersparnisse eintreten.

Entwurf

Gesetz zur Neuregelung des Mindestkapitals der GmbH (MindestkapG)

Vom...

Der Bundestag hat das folgende Gesetz beschlossen:

Artikel 1
Änderung des Gesetzes betreffend die Gesellschaften mit beschränkter Haftung

Das Gesetz betreffend die Gesellschaften mit beschränkter Haftung in der im Bundesgesetzblatt Teil III, Gliederungsnummer 4123-1, veröffentlichten bereinigten Fassung, zuletzt geändert durch Artikel ... des Gesetzes vom ..., wird wie folgt geändert:

1. Der Überschrift des Gesetzes wird die Abkürzung „(GmbHG)" angefügt.
2. In § 5 Abs. 1 wird das Wort „fünfundzwanzigtausend" durch das Wort „zehntausend" ersetzt.

Artikel 2
Inkrafttreten

Dieses Gesetz tritt am 1. Januar 2006 in Kraft.

III. Materialien zum MindestkapG

Begründung

I. Allgemeiner Teil

Das Recht der Gesellschaft mit beschränkter Haftung (GmbH) ist seit 1980 keiner größeren Revision unterzogen worden. Entsprechend haben am 14. November 2002 die Justizministerinnen und Justizminister der Länder das Bundesministerium der Justiz gebeten zu prüfen, ob und inwieweit das Recht der Gesellschaft mit beschränkter Haftung reformbedürftig ist.

Aus diesem Anlass ersuchte das Bundesministerium der Justiz die Landesjustizverwaltungen, Experten aus Justiz, Wissenschaft und Praxis sowie mit der Materie vertraute Verbände, entsprechende Stellungnahmen zu erforderlichen Änderungen im GmbH-Recht vorzulegen. Diese sollten insbesondere Lösungsvorschläge zur missbräuchlichen Verwendung der GmbH in der Krise enthalten. Neben Empfehlungen zu insolvenzrechtlichen Fragen war auch die Benennung weiterer reformbedürftiger Punkte gewünscht, wobei darauf geachtet werden sollte, eine Verdrängung des Mittelstandes aus der Rechtsform der GmbH auszuschließen. Die auf den Problemkreis nachhaltig einwirkende Rechtsprechung des Europäischen Gerichtshofs war zwar nicht Anstoß für die rechtspolitische Initiative, sollte aber bei den Stellungnahmen im Blick behalten werden. Zwischenzeitlich erging am 30. September 2003 das Urteil des Europäischen Gerichtshofs in der Rechtssache „Inspire Art" (Aktenzeichen C-167/01), dessen mögliche Folgen bereits in einigen Stellungnahmen berücksichtigt werden konnten.

In den eingeholten Empfehlungen wurde die Notwendigkeit gesetzgeberischen Tätigwerdens bezüglich Veränderungen im Recht der GmbH ganz überwiegend bejaht und entsprechendes Tatsachenmaterial übermittelt. Diese Vorschläge betrafen in einem Schwerpunkt Verbesserungsmöglichkeiten für den Bereich der sogenannten „Bestattungsfälle", in denen die GmbH zum Schaden ihrer Gläubiger einer ordentlichen Liquidation oder Insolvenz entzogen wird und die Gesellschafter und Geschäftsführer sich ihrer Verantwortung entziehen. Es zeigte sich bei den Antworten aber auch, dass insbesondere die unterschiedliche Ausge-staltung der gesellschaftsrechtlichen Systeme in den europäischen Mitgliedstaaten zu einer Umgehung der deutschen Vorschriften zum Gläubigerschutz im GmbH-Recht führen kann.

Im Vergleich zum deutschen Recht werden in vielen Mitgliedstaaten der Europäischen Union geringere Anforderungen an die Aufbringung eines gezeichneten Kapitals (Mindeststammkapital) bei Gründung einer GmbH gestellt.

Mit den vom Bundeskanzler Ende März 2005 angekündigten 20 Maßnahmen zur Fortsetzung der Agenda 2010 ist beabsichtigt, im Zusammenhang mit den Maßnahmen zum Bürokratieabbau die Gründung einer GmbH erheblich zu erleichtern. So soll die GmbH-Gründung in Zukunft in wenigen Tagen möglich sein. Umgesetzt werden soll dies durch die Einführung des elektronischen Handelsregisters und die substanzielle Absenkung des gesetzlichen Mindeststammkapitals. Beide Maßnahmen zielen darauf, die Rechtsform der GmbH gegen Wettbewerbsdruck europäischer Alternativen zu stärken, ohne das bewährte Haftkapitalsystem aufgeben und die zum Gläubigerschutz erforderliche Gründungsprüfung abzuschaffen.

Die von Wissenschaft und Praxis angeregten Reformen sollen daher in zwei Schritten gesetzgeberisch umgesetzt werden.

In einem ersten Schritt geht es mit dem vorliegenden Gesetzentwurf darum, die Vorschriften über die Aufbringung des Mindeststammkapitals an die tatsächlichen Anforderungen der Praxis anzupassen. Dies geschieht auch mit Blick auf die EuGH-Rechtsprechung und den zunehmenden Wettbewerb der Gesellschaftsrechtsformen in Europa. Die Wettbewerbsfähigkeit der deutschen Gesellschaft mit beschränkter Haftung soll auch im europäischen Vergleich erhalten und gestärkt werden. Gleichzeitig sollen jedoch die bestehenden

Vorteile des deutschen GmbH-Rechts nicht aufgegeben werden. Der Entwurf sieht daher vor, das Mindeststammkapital von bisher 25 000 Euro auf 10 000 Euro zu senken.

Das bewährte Haftkapitalsystem der GmbH soll durch diese Anpassung insgesamt erhalten bleiben. Dieses System kann somit auch im Rahmen der anstehenden Erörterung des Haftkapitalsystems auf europäischer Ebene überzeugend vertreten werden.

In einem zweiten Gesetz zur umfassenderen Reform des GmbH-Rechts sollen dann die weiteren Ergebnisse der Stellungnahmen aus Wissenschaft und Praxis umgesetzt werden. Dabei wird es, neben einer gewissen Deregulierung des GmbH-Innenrechts, um die in der Praxis und der Rechtsprechung in erheblichem Maße aufgetretene Problematik der missbräuchlichen Verwendung der Rechtsform der GmbH gehen. Der Entwurf wird insbesondere die Vorschläge aufgreifen, die der Bekämpfung dieser Missbräuche dienen. Der Schwerpunkt wird darin liegen, Verbesserungsmöglichkeiten für den Bereich der bereits erwähnten sogenannten „Bestattungsfälle" zu schaffen. In diesem Zusammenhang werden insbesondere Maßnahmen zur Zustellungserleichterung bei Führungslosigkeit und geschlossenem Geschäftslokal getroffen werden. Weiter wird das Gesetz unter Ausschöpfung der Möglichkeiten nach der Zweigniederlassungsrichtlinie der EU Missbräuche bekämpfen, die auf Grund der unterschiedlichen Ausgestaltung der gesellschaftsrechtlichen Systeme in den europäischen Mitgliedstaaten zu einer Umgehung der deutschen Vorschriften zum Gläubigerschutz im GmbH-Recht geführt haben. Die Regelungsaufgaben des zweiten Schrittes werden durch den jetzt vollziehbaren ersten Schritt nicht präjudiziert.

Bei allen Änderungen wurde und wird im Blick behalten, dass die Rechtsform der GmbH für den deutschen Mittelstand attraktiv bleiben muss. Die Auswirkungen auf die redlichen mittelständischen Betriebe, die sich der Rechtsform der GmbH aus lauteren Motiven – insbesondere auch aufgrund der grundsätzlich positiv zu beurteilenden bestehenden Haftungsbeschränkung – bedienen, wurden im Einzelnen geprüft. Dabei wurde dafür Sorge getragen, dass der Mittelstand keinen weiteren Belastungen unterworfen wird.

Die Gesetzgebungskompetenz des Bundes folgt aus Artikel 74 Abs. 1 Nr. 1 GG („das bürgerliche Recht", „das gerichtliche Verfahren") und Artikel 74 Abs. 1 Nr. 11 GG („das Recht der Wirtschaft"). Die Regelung ist gemäß Artikel 72 Abs. 2 GG zur Wahrung der Rechts- und Wirtschaftseinheit im Bundesgebiet erforderlich. Die Änderungen betreffen das Gesetz betreffend die Gesellschaften mit beschränkter Haftung, dieser Bereich ist bereits bundesrechtlich geregelt und es besteht auch weiterhin das Erfordernis einer bundesgesetzlichen Regelung, da die Notwendigkeit einer bundeseinheitlichen Regelung für die GmbH angesichts der herausragenden Bedeutung dieser Gesellschaftsform auf dem Kapitalmarkt nach wie vor gegeben ist. Die Kapitalmärkte und der allgemeine Rechtsverkehr erwarten die GmbH als standardisierte und gleichmäßig ausgestaltete Gesellschaftsform für den Mittelstand. Es handelt sich mit ca. 900 000 Gesellschaften um die gängigste Rechtsform. Unterschiedliche Regelungen zu dem Mindeststammkapital je nach dem Bundesland des Gesellschaftssitzes würden die Wirtschaftseinheit Deutschlands und damit die Funktionsfähigkeit und das Ansehen des deutschen Wirtschaftsstandortes schwer beeinträchtigen. Da das Wirtschaften heute nicht mehr überwiegend regional, sondern bundesweit und international stattfindet, würden unterschiedliche Regelungen zur Verwirrung des Rechtsverkehrs führen und die gesamtwirtschaftlichen Transaktionskosten erhöhen. Sie würden zudem zu Wettbewerbsverzerrungen zwischen Unternehmen in unterschiedlichen Bundesländern und damit zu erheblichen Nachteilen für die Gesamtwirtschaft führen. Insofern ist eine bundesweit einheitliche Regelung des Mindeststammkapitals weiterhin zwingend geboten.

Der Gesetzentwurf hat keine messbaren finanziellen Auswirkungen auf die öffentlichen Haushalte von Bund, Ländern und Kommunen. Für die Wirtschaft werden bei GmbH-Neugründungen, die die Aufbringung von 25 000 Euro als Stammkapital nicht erfordern, Kostenersparnisse eintreten.

II. Besonderer Teil

Zu Artikel 1
Änderung des Gesetzes betreffend die Gesellschaften mit beschränkter Haftung

Zu Nummer 1
Dem Gesetz betreffend die Gesellschaften mit beschränkter Haftung wird in der Überschrift die bereits geläufige Abkürzung „GmbHG" hinzugefügt.

Zu Nummer 2
Durch die Änderung des § 5 Abs. 1 wird die Höhe des Mindeststammkapitals der Gesellschaft von bisher 25 000 Euro auf 10 000 Euro abgesenkt.

Rechnung getragen wird damit einer zunehmenden Kritik in Praxis und Wissenschaft an der Höhe des bisherigen Mindeststammkapitals. Einerseits wird durch die Beibehaltung eines nennenswerten Mindeststammkapitals berücksichtigt, dass diesem die Funktion einer Seriositätsschwelle zukommt. Es verhindert, ohne einen umfassenden Gläubigerschutz und namentlich Insolvenzschutz zu gewährleisten, dass Geschäftsrisiken in der Gründungsphase sofort zur Gläubigerschädigung führen müssten.

Andererseits wird mit der Absenkung gerade Kleinunternehmen und Existenzgründern ermöglicht, bei geringem Kapitalbedarf leichter eine Gesellschaft zu gründen als bisher. Dabei ist der Wandel des Wirtschaftslebens seit der Schaffung des GmbH-Gesetzes in Rechnung zu stellen: Heute sind die Mehrzahl der Neugründungen nicht mehr Produktionsunternehmen, sondern Unternehmen aus dem Dienstleistungssektor (über 85 %). Dienstleistungsbetriebe können aber unter Umständen mit relativ geringem Startkapital gegründet werden. Für manche dieser Gesellschaften war das bisherige Mindeststammkapital überhöht.

Eine Mindestkapitalgrenze von 10 000 Euro kennzeichnet die Größe, bei der namentlich für kleine Dienstleistungsgesellschaften, für die ein berechtigtes Bedürfnis nach Haftungsbeschränkung noch gerechtfertigt erscheinen kann, eine ausreichende Startkapitalausstattung erreicht wird, ohne dass die Gesellschaft damit typischerweise unterkapitalisiert wäre. Der Entwurf befindet sich mit 10 000 Euro auch im europäischen Vergleich in angemessenem Rahmen.

Unternehmen mit höherem Kapitalbedarf sind freilich auch in Zukunft gut beraten, schon bei Gründung ein höheres Kapital zu zeichnen. Für viele solche Unternehmen waren auch 25 000 Euro von Anfang an zu niedrig. So wird beispielsweise eine mit Eigenkapital besser ausgestattete GmbH wesentlich einfacher einen Bankkredit ohne zusätzliche persönliche Sicherheiten erhalten. Aus diesem Grund ist auch nicht zu erwarten, dass sich durch die Neuregelung des § 5 Abs. 1 die Zahl der unterkapitalisierten Gesellschaften merklich erhöhen wird.

Zu Artikel 2

Inkrafttreten
Dieses Gesetz soll am 1. Januar 2006 in Kraft treten, um möglichst rasch ein Signal zur Erleichterung der Unternehmensgründung zu setzen.

Stichwortverzeichnis
zu Teil I. Einführung

Abtretung
- Beschlussfassung, Gesellschafterliste S. 62
- Geschäftsanteile, Beurkundungserfordernis S. 70 f.
- Geschäftsanteile, Vollständigkeitsgrundsatz S. 71AG
- Bestehen eines Beherrschungs-/Gewinnabführungsvertrags S. 35

Agenda 2010 S. 2

Anfechtungsgesetz
- Anknüpfungszeitpunkt, Titelerlangung S. 52
- Jahresfrist S. 52

Anteilsstückelung
- GmbH S. 54 f.; s.a. Geschäftsanteile

Auslandsgesellschaften
- s.a. Limited
- Bestellungsverbote S. 92
- Gründung, Vorlage v. Genehmigungen S. 72
- inländische Geschäftsanschrift, Eintragung S. 76 f.
- Insolvenzanfechtung, Anwendungsbereich S. 51 f.
- öffentliche Zustellung S. 79
- Zahlungsverbot, Krisensituation S. 89 f.

Ausplünderungsfälle
- Anwendungsbereich d. Regelung S. 88 f.
- Existenzvernichtungshaftung S. 87 f.
- Prognose, Zahlungsfähigkeit S. 86 f.
- Schutzlücke S. 85
- Zahlung, Begriff S. 89

Ausschüttungssperre
- bilanzielle S. 14 f., 17
- GmbH, Stammkapital S. 14 f.
- situative S. 15 ff.
- solvency test S. 15 ff.
- Vergleich mit solvency test S. 17

Basisgesellschaft S. 9

Beherrschungs-/Gewinnabführungsvertrag
- Kapitalerhaltung S. 35

Bestattungsfälle
- Bestattungsbranche S. 73 ff.
- inländische Geschäftsanschrift, Eintragung S. 76 f.
- öffentliche Zustellung S. 78 f.
- Reformthemen S. 5
- Zustellungserleichterungen S. 77 f.

Beurkundung
- Protokoll, Bundesrat-Vorschlag S. 70
- Unterschriftenbeglaubigung S. 68 f.
- Verlesung v. Anhängen, Vollständigkeitsgrundsatz S. 71

Bilanz
- Verlesung, durch Notar S. 71

Bundesrat
- Stellungnahme, RegE S. 9 f.

Bundesregierung
- Gegenäußerung S. 10

Cash pooling
- Darlehen an Gesellschafter, Ausnahmemöglichkeiten S. 29 f.
- Darlehen an Gesellschafter, Rechtsprechung S. 28 f.
- Kapitalaufbringungsgrundsatz S. 37 f.

Darlehen
- s.a. Gesellschafterdarlehen
- Begriff d. Kredits S. 41 f.

Darlehen - an Gesellschafter
- s.a. Cash pooling; Private Equity
- Ausnahmemöglichkeiten S. 30 f.
- Bestehen eines Beherrschungs-/Gewinnabführungsvertrags S. 35
- BGH-Rechtsprechung S. 28 ff.

Stichwortverzeichnis

- bilanzielle Betrachtungsweise S. 32 ff.
- Drittvergleich S. 30, 32
- im Interesse d. Gesellschaft S. 30 ff.
- Kreditwürdigkeit S. 30
- Regelungsvorschläge S. 33 f.
- Unterbilanzsituation S. 29 f.
- upstream-loans S. 29, 34 f.
- upstream-securities S. 29, 34 f.

DAV – Handelsechtssausschuss
- Stellungnahme, RefE S. 9

Deutscher Juristentag
- Stellungnahme, RefE S. 9

Differenzhaftung
- Kapitalaufbringung, Kontrollsystem S. 21
- verdeckte Sacheinlage, GmbH S. 22 ff.

EHUG
- Auswirkungen S. 8

Eigenkapitalersatz
- Abtretung d. Anteils S. 42
- Abtretung d. Forderung S. 42
- Forderungsausfall, Anschaffungskosten S. 42 f.
- Kleinbeteiligungsprivileg S. 1
- Novellenregelungen S. 39
- Nutzungsüberlassungen S. 43 f.
- Rangrücktritt S. 40 f.; s.a. dort
- Rechtsprechungsregeln, Abschaffung S. 48 ff.
- Rückzahlung, Anfechtungsfrist S. 44 f., 46 f.
- Sanierungsprivileg S. 1
- Sicherheiten, Anfechtbarkeit S. 46 f.
- Wegfall d. Prüfung S. 42

Ein-Euro-GmbH S. 11 f.

Ein-Personen-GmbH
- Gründung S. 73
- Kapitalaufbringung S. 73

Einzelkaufmann mbH S. 9

EuroEG S. 1

Europäischer Rat
- Förderung d. Unternehmensgründung S. 5

Existenzvernichtung
- Haftung S. 87 f.

Finanzmarktstabilisierungsgesetz S. 48

Firmenbestattung
- s. Bestattungsfälle S.

Firmenbildung
- GmbH-Gründung, Vereinfachung S. 68

FlexCap S. 9

Forderungssicherungsgesetz
- Bestellungsverbote S. 90 ff.

Forum shopping S. 57, 59

Genehmigtes Kapital
- Neuregelung, GmbH S. 27 f.

Genehmigungen
- Vorlage, bei Gründung S. 71 ff.

Gerichtsstand
- Gründungstheorie, Folgen d. Übernahme S. 58

Geschäftsanschrift
- inländische, Eintragung S. 76 f., 80

Geschäftsanteile
- Abtretung, Beurkundungserfordernis S. 70 f.
- Abtretung, Gesellschafterliste S. 62
- Abtretung, Vollständigkeitsgrundsatz S. 71
- Anteilsstückelung S. 54 f.
- Begriffswechsel, Stammeinlage S. 53 f.
- Fungibilität S. 55 f.
- gutgläubiger Erwerb S. 62 ff.; s.a. dort
- mehrere Anteile S. 55
- Mindestnennbetrag S. 54 f.
- nicht existente Geschäftsanteile, gutgläubiger Erwerb S. 63 f.
- Stimmrecht S. 56
- Teilbarkeit S. 55

Stichwortverzeichnis

- Vorratsteilung S. 55
- Zusammenlegung S. 55

Geschäftsbriefangaben
- Haftkapital S. 3

Geschäftsführer
- Bestellungsverbote S. 90 ff.
- fehlender, Insolvenzantragspflicht S. 82 f.
- fehlender, Zustellungen S. 80 f.
- unbekannter Aufenthalt, Insolvenzantrag S. 83

Gesellschafterdarlehen
- Abtretung d. Anteils S. 42
- Abtretung d. Forderung S. 42
- Anfechtung nach d. Anfechtungsgesetz S. 52 f.
- Austauschverträge S. 42
- Begriff d. Kredits S. 41 f.
- Darlehensforderung, Passivierungspflicht S. 47
- Forderungsausfall, Anschaffungskosten S. 42 f.
- gestundete Forderungen S. 41
- Insolvenzanfechtung, Anwendung auf Auslandsgesellschaften S. 51 f.
- Kleinbeteiligungsklausel S. 47, 50 f.
- Novellenregelungen S. 39
- Nutzungsüberlassungen S. 43 f.
- Rangrücktritt S. 40 f.; s.a. dort
- Rechtsprechungsregeln, Abschaffung S. 48 ff.
- Rückzahlung, Anfechtungsfrist S. 44 f., 46 f.
- Sanierungskredit S. 47, 50 f.
- Sicherheiten, Anfechtbarkeit S. 46 f.

Gesellschafterliste
- Einreichung durch Notar S. 67
- Eintragungserfordernis S. 61 f.
- Ersitzungsfrist S. 66 f.
- Geschäftsanteil, Abtretung S. 62
- gutgläubiger Erwerb v. Geschäftsanteilen S. 63
- Nichteintragung S. 62

- Unrichtigkeit S. 64 f.
- Unrichtigkeit, Zurechenbarkeit S. 65
- Widerspruch S. 65, 67

Gesellschaftsformen
- Basisgesellschaft S. 9
- Ein-Euro-GmbH S. 11 f.
- Einzelkaufmann mbH S. 9
- FlexCap S. 9
- GmbH-light S. 9
- KmbH S. 9
- PGmbH S. 9
- UGG S. 9
- Unternehmensgründergesellschaft S. 9

Gläubigerschutz
- s.a. Darlehen – an Gesellschafter; Gesellschafterdarlehen; Kapitalerhaltung: Missbrauchsbekämpfung
- Anfechtung nach d. Anfechtungsgesetz S. 52 f.
- Eigenkapitalersatz, Abschaffung d. Rechtsprechungsregeln S. 48 ff.
- GmbH, Stammkapital S. 14 ff.
- Masseärmut, Anfechtungsfrist S. 52 f.
- solvency test S. 15 ff.

GmbH
- Anteilsstückelung S. 54 f.
- Ausplünderungsfälle S. 85 ff.
- Beschlüsse, nach Anteilsabtretung S. 62
- Bestattungsbranche S. 73 ff.
- Bestehen eines Beherrschungs-/Gewinnabführungsvertrags S. 35
- Bestellungsverbote S. 90 ff.
- Darlehen, an Gesellschafter S. 28 ff.; s.a. dort
- Ein-Euro-GmbH S. 11 f.
- Firmenbildung S. 68
- Führungslosigkeit, Insolvenzantragspflicht S. 82 f.
- Führungslosigkeit, Zustellungen S. 80 f.
- genehmigtes Kapital, Neuregelung S. 27 f.

Stichwortverzeichnis

- Geschäftsanteile, gutgläubiger Erwerb S. 62 ff.
- Gesellschafterliste S. 61 f.; s.a. dort
- Gründung, Beurkundungsprotokoll S. 70
- Gründung, Musterprotokoll S. 70
- Gründung, Mustersatzung S. 68
- Gründung, Vorlage v. Genehmigungen S. 71 ff.
- Hin- und Herzahlungsfälle S. 26 f.
- Kapitalaufbringung, Kontrollsystem S. 21 f.
- Mindestnennbetrag S. 54 f.
- Mindeststammkapital S. s. dort
- Mindeststammkapital, Diskussion S. 20 ff.
- Reformbedürftigkeit S. 2
- Sacheinlage, gerichtliche Überprüfung S. 25 f.
- Satzungssitz, freie Wählbarkeit S. 56
- Stammeinlage, Begriffswechsel S. 53 f.; s.a. Geschäftsanteile
- Stimmrecht S. 56
- Unternehmensgegenstand S. 68 f.
- verdeckte Sacheinlage, Anrechnungslösung S. 25
- verdeckte Sacheinlage, Differenzhaftung S. 23 f.
- verdeckte Sacheinlage, gesetzliche Regelung S. 22 f.
- verdeckte Sacheinlage, Heilung S. 26
- verdeckte Sacheinlage, Strafbarkeitsdiskussion S. 24
- Zahlungsverbot S. 84 ff.

GmbH & Co.KG
- Gründungstheorie, Folgen d. Übernahme S. 59

GmbHG
- Novellen, vergangene S. 1
- Reformthemen S. 5 ff., 10 f.

GmbH-light S. 9

Gründung
- Beurkundungsprotokoll S. 70

- Ein-Personen-GmbH S. 73
- Firmenbildung S. 68
- Musterprotokoll S. 70
- Mustersatzung S. 68
- Notargebühren S. 70
- Unternehmensgegenstand S. 68 f.
- Unterschriftenbeglaubigung S. 68 f.
- Vorlage v. Genehmigungen S. 71 ff.

Gründungstheorie
- Folgen d. Übernahme S. 57 ff.
- Gerichtsstand S. 58
- GmbH & Co.KG S. 59
- Mitbestimmung, Auswirkungen S. 59 ff.
- Übernahme S. 56
- Umwandlungsfälle S. 58
- Vollstreckung, Auswirkungen S. 58

Gutglaubensschutz
- Empfangsberechtigter, zusätzlicher S. 78

Gutgläubiger Erwerb
- auf Gundlage d. Gesellschafterliste S. 63
- Ausnahmen S. 64 ff.
- Ersitzungsfrist S. 66 f.
- nicht existenter Geschäftsanteile S. 63 f.
- Regelungsalternativen S. 63
- v. Nichtberechtigten S. 64 f.
- Widerspruch, g. Gesellschafterliste S. 65, 67

Handelsrechtsreform S. 1

Hin- und Herzahlung
- Erfüllungskonzept S. 27
- gesetzliche Regelung, GmbH S. 38
- gesetzliche Regelung, GmbH S. 26 f.
- Offenlegungspflicht S. 27
- Offenlegungspflicht S. 38

IFRS
- solvency test S. 16

Stichwortverzeichnis

Insolvenz
- Antragspflicht, Führungslosigkeit S. 82 f.
- Antragspflicht, Neuregelung S. 81 ff.
- Antragsrecht S. 84
- Ausplünderungsfälle S. 85 ff.
- Bestattungsbranche S. 73 ff.
- Bezeichnung als GmbH, fälschliche S. 20
- Darlehensforderung, Anschaffungskosten S. 42 f.
- Darlehensforderung, Passivierungspflicht S. 47
- Gesellschafterdarlehen, Rangrücktritt S. 40 f.; s.a. dort
- Insolvenztourismus S. 82
- Massearmut, Gläubigerschutz S. 52 f.
- Mindestkapital, Funktion S. 14 f.
- solvency test S. 15 ff.
- vergleichbare Forderungen, Rangrücktrittsvereinbarung S. 48
- Zahlungsverbot S. 84 ff.

Insolvenzanfechtung
- Anfechtungsfrist, Darlehensrückzahlung S. 44 f., 46 f.
- Anwendung auf Auslandsgesellschaften S. 51 f.
- Nutzungsüberlassungen, Rückgabe S. 45
- Sicherheiten, Anfechtbarkeit S. 46 f.
- Zuständigkeitskonzentration S. 45

Insolvenzrecht
- Überführung d. Eigenkapitalersatzregelungen S. 39 ff.

Inventar
- Verlesung, durch Notar S. 71

Jahresabschluss
- Verlust, Rücklagenverwendung S. 19

KapAEG S. 1
Kapitalaufbringung
- Cash pool S. 37 f.

- Ein-Personen-GmbH S. 73
- Hin- und Herzahlung, GmbH S. 26 f.
- Hin- und Herzahlungsfälle S. 38 f.
- Kontrollsystem, Diskussion S. 21 f.

Kapitalaufholung
- freiwillige Rücklage S. 19
- gesetzliche Rücklage S. 19
- Mindestkapital, Erreichen S. 19
- Rechtsformzusatz, Weiterführung S. 19

Kapitalerhaltung
- s.a. Ausschüttungssperre; Kapitalaufholung
- Bestehen eines Beherrschungs-/Gewinnabführungsvertrags S. 35
- Darlehen, an Gesellschafter S. 28 ff.; s.a. dort
- Private Equity S. 36
- Sinnhaftigkeit, Meinungen S. 39
- Vollwertigkeitsgebot S. 32 ff., 36

Kapitalerhöhung
- genehmigtes Kapital, Neuregelung S. 27 f.
- Rücklagenverwendung S. 19

Kapitalherabsetzung
- vereinfachte S. 1

Kleinbeteiligungsprivileg S. 1
KmbH S. 9
KMU
- Förderung d. Unternehmensgründung S. 5

KonTraG S. 1
Kredit
- Begriff S. 41 f.

Limited
- s.a. Auslandsgesellschaften
- Abwehrgesetzgebung S. 7 f.
- Insolvenzanfechtung, Anwendungsbereich S. 51 f.
- Verbreitung S. 5 ff.
- Vorteile, vermeintliche S. 7

Stichwortverzeichnis

– Zahlungsverbot, Krisensituation S. 89 f.
MiKaTraG S. 2
MindestKapG
– Ankündigung S. 2
– Entwurf, Eckpunkte S. 2 f.
– Gesetzgebungsverfahren S. 4
– Haftkapital, Angabe auf Geschäftsbriefen S. 3
Mindestnennbetrag
– GmbH S. 54 f.; s.a. Geschäftsanteile
Mindeststammkapital
– Absenkung S. 11 f.
– akkumulierendes Stammkapitalkonzept S. 15
– Ausschüttungssperre S. 14 f.
– Ein-Euro-GmbH S. 11 f.
– Funktion S. 14 f.
– Gläubigerschutz S. 14 ff.
– GmbH, Absenkungsdiskussion S. 20
– Kapitalaufholung, UG S. 19
– Ländervergleich S. 12 f.
– MindestKapG S. 2 f.
– Novelle v. 1981 S. 1
– Seriositätsschwelle S. 14
– Sinnhaftigkeit, Meinungen S. 39
– solvency test S. 15 ff.
– UG (haftungsbeschränkt) S. 19
Missbrauchsbekämpfung
– Ausplünderungsfälle S. 85 ff.
– Bestattungsbranche S. 73 ff.
– Bestellungsverbote S. 90 ff.
– Empfangsberechtigter, Gutglaubenschutz S. 78
– Existenzvernichtungshaftung S. 87 f.
– Existenzvernichtungshaftung S. 87 f.
– Insolvenzantragspflicht S. 81 ff.
– öffentliche Zustellung S. 78 f.
– Zustellungserleichterungen S. 76 ff.
Mitbestimmung

– Gründungstheorie, Folgen d. Übernahme S. 59 ff.
MoMiG
– s.a. Referentenentwurf; Regierungsentwurf
– Bundesrat, Stellungnahme S. 9 f.
– Bundesregierung, Gegenäußerung S. 10
– Gesetzgebungsverfahren S. 9
– In-Kraft-Treten S. 10
– Koalitionsvereinbarung S. 4
– Lesung S. 10
– RefE S. 9
– Reformthemen S. 5 ff., 10 f.
– RegE S. 9 f.
– Verkündung S. 10
Musterprotokoll S. 70
Mustersatzung S. 68

Notar
– Gebühren S. 70
– Geschäftsanteile, Abtretung S. 70 f.
– Gesellschafterliste, Einreichung S. 67
– GmbH-Gründung, Mitwirkungserfordernis S. 68 ff.
– Unterschriftenbeglaubigung S. 68 f.
– Verlesung v. Anhängen, Vollständigkeitsgrundsatz S. 71
Nutzungsüberlassungen
– Rangrücktritt S. 43 f.
– Rückgabe, Insolvenzanfechtung S. 45
– Wahlrecht S. 43
– Weiternutzungsberechtigung S. 44

PGmbH S. 9
Private-Equity
– Gesetzvorhaben S. 36
– Vollwertigkeitsgebot S. 36

Rangrücktritt
– Abtretung d. Anteils S. 42

- Abtretung d. Forderung S. 42
- Austauschverträge S. 42
- Darlehenszinsen S. 43
- Gesellschafterdarlehen S. 40 f.
- Kleingesellschafterdarlehen S. 47
- Nutzungsüberlassungen S. 43 f.
- Passivierung, vergleichbare Forderungen S. 48
- Sanierungsprivileg S. 47

Rechtsformzusatz
- Diskussion S. 18
- Funktion S. 18
- Kapitalaufholung S. 19
- Nichtführung S. 19 f.
- Rechtsscheinhaftung S. 20
- Registerkontrolle S. 20

Rechtsscheinhaftung
- Bezeichnung als GmbH, fälschliche S. 20

Referentenentwurf
- 66. DJT, Stellungnahme S. 9
- Darlehen an Gesellschafter, Ausnahmemöglichkeiten S. 29 f.
- Führungslosigkeit, Insolvenzantragspflicht S. 83
- Geschäftsführer, unbekannter Aufenthalt S. 83
- GmbH-Gründung, Vereinfachung S. 68
- Gründung, Vorlage v. Genehmigungen S. 71 f.
- Handelsrechtsausschuss DAV, Stellungnahme S. 9
- Kapitalaufbringungsgrundsatz, cash pooling S. 37 f.
- Koalitionsvereinbarung S. 4
- Stellungnahmefrist S. 9
- Bundesrat, Stellungnahme S. 9 f.
- Bundesregierung, Gegenäußerung S. 10
- Hauptthemen S. 10 f.
- Mindestkapital, Absenkung S. 12

Rücklage
- freiwillige, Kapitalaufholung UG S. 19
- gesetzliche, Kapitalaufholung UG S. 19
- Mindestkapital, Erreichen S. 19

Sacheinlage
- Bewertung, Registerkontrolle S. 25 f.

Sanierungskredit
- Gesellschafterdarlehen, Rangrücktritt S. 47

Sanierungsprivileg S. 1

Satzung
- Änderung S. 69
- Mustersatzung S. 68

Satzungssitz
- freie Wählbarkeit S. 56

Scheinauslandsgesellschaften
- Reformthemen S. 5

Sicherheiten
- Insolvenzanfechtung S. 46 f.

Sitztheorie
- Aufgabe S. 56 ff.; s.a. Gründungstheorie

Sitzverlegung
- GmbH & Co.KG S. 59
- IPR-Regelung S. 57
- Satzungssitz, freie Wählbarkeit S. 56 f.

Solvency test
- Ausplünderungsfälle S. 86 f.
- balance sheet solvency test S. 16
- Bescheinigung S. 16
- Bewertung, in Deutschland S. 17
- cash flow solvency test S. 16
- Formulierungsvorschlag S. 17
- Inhalt S. 16
- Regelungsbeispiele S. 16
- Rickford Bericht S. 16
- two-part solvency test S. 16

Stammeinlage
- Begriff, Änderung S. 53 f.; s.a. Geschäftsanteile

Stammkapital
- s.a. Mindeststammkapital

Stichwortverzeichnis

- Angabe auf Geschäftsbriefen S. 3
- Ein-Personen-GmbH S. 73
- hälftiger Verlust, UG S. 19
- Kapitalaufholung, UG S. 19

Stimmrecht S. 56

Übergangsregelungen
- Eintragung d. Geschäftsanschrift S. 80
- MoMiG S. 92 f.

Überschuldungsbilanz
- Passivierung, Gesellschafterdarlehen S. 47
- Passivierung, vergleichbare Forderungen S. 48

UG & Co.KG
- Zulässigkeit S. 19

UG (haftungsbeschränkt)
- akkumulierendes Stammkapitalkonzept S. 15
- Bezeichnung als GmbH, fälschliche S. 20
- Ein-Euro-GmbH S. 11 f.
- Firmenbildung S. 68
- Gründung, Musterprotokoll S. 70
- Gründung, Vorlage v. Genehmigungen S. 71 ff.
- Kapitalaufholung S. 19
- Kapitalverlust, hälftiger S. 19
- Komplementärstellung S. 19
- Rechtsformzusatz, Diskussion S. 18
- Rechtsformzusatz, Funktion S. 18
- Rechtsformzusatz, Nichtführung S. 19 f.
- rechtspolitische Entstehung S. 17 f.
- Regelungskonzept S. 18
- Registerkontrolle S. 20
- Umfirmierung S. 19
- Unternehmensgegenstand S. 68 f.

UGG S. 9

Umwandlung

- Gründungstheorie, Folgen d. Übernahme S. 58
- UG (haftungsbeschränkt) S. 19

Unterbilanz
- bilanzielle Betrachtungsweise S. 32 ff.
- Darlehen an Gesellschafter, Rechtsprechung S. 28 ff.

Unternehmensgegenstand
- GmbH-Gründung, Vereinfachung S. 68 f.
- Gründung, Vorlage v. Genehmigungen S. 71 ff.

Unternehmensgründergesellschaft S. 9

Unternehmergesellschaft
- s. UG (haftungsbeschränkt)

Upstream-loans
- Rückzahlungsanspruch, Vollwertigkeit S. 34 f.

Upstream-securities
- Rückzahlungsanspruch, Vollwertigkeit S. 34 f.

Verdeckte Sacheinlage
- Anrechnungslösung, GmbH S. 25
- Differenzhaftung, GmbH S. 23 f.
- gesetzliche Regelung, GmbH S. 22 ff.
- Heilung, GmbH S. 26
- Hin- und Herzahlung, GmbH S. 26 f.
- Strafbarkeitsdiskussion, GmbH S. 24

Verlustvortrag
- Rücklagenverwendung S. 19

Verwaltungssitz
- Gerichtsstand S. 58
- Vollstreckung, Auswirkungen S. 58

Vorratsteilung S. 55

Zinsen
- Gesellschafterdarlehen, Rangrücktritt S. 43

Zustellung
- Empfangsberechtigter, Gutglaubenschutz S. 78

- Empfangsberechtigter, zusätzlicher S. 77 f.
- Erleichterungen S. 76 ff.
- führungslose GmbH S. 80 f.
- inländische Geschäftsanschrift, Eintragung S. 76 f., 80
- öffentliche S. 78 f.
- öffentliche, Zuständigkeit S. 79
- ohne Ermittlung bekannte Anschriften S. 78
- Vermutung, unwiderlegliche S. 80

Zwangsvollstreckung
- Gründungstheorie, Folgen d. Übernahme S. 58

Zweigniederlassung
- inländische Geschäftsanschrift, Eintragung S. 76 f.
- inländische, Bestellungsverbote S. 92
- inländische, öffentliche Zustellung S. 79
- inländische, Zahlungsverbot S. 89 f.